# *EL MATRIMONIO CRISTIANO Y LA FAMILIA*

# BIBLIOTECA
DE
# AUTORES CRISTIANOS

*Declarada de interés nacional*

**346**



LA EDITORIAL CATOLICA, S.A. — APARTADO 466

MADRID • MCMLXXXVI

# HISTORIA SALUTIS

Serie monográfica de Teología dogmática

# *HISTORIA SALUTIS*

## PLAN GENERAL DE LA SERIE

1. *Introducción a la Dogmática.*

**I. Fase precristiana.**

2. *Dios y el hombre. La creación* (S. Vergés).
3. *Antropología del hombre caído.*

**II. Cristo y su obra.**

4. *De los Evangelios al Jesús histórico. Introducción a la Cristología* (2.ª ed.) (J. Caba).
5. *El Jesús de los Evangelios* (J. Caba).
6. *Cristo, el misterio de Dios. Cristología y soteriología,* 2 vols. (M. M. González Gil).
7. *María en la obra de la salvación* (C. Pozo).
8. *Dios revelado por Cristo* (2.ª ed.) (S. Vergés-J. M. Dalmáu).
9. *La Iglesia de la Palabra,* 2 vols. (J. Collantes).
10. *La salvación en las religiones no cristianas* (P. Damboriena).

**III. Los tiempos de la Iglesia.**

11. *Antropología del hombre justificado.*
12. *La fe y sus desarrollos.*
13. *Teología del signo sacramental* (M. Nicoláu).
14. *Los sacramentos de la iniciación cristiana.*
15. *Ministros de Cristo. Sacerdocio y sacramento del orden* (M. Nicoláu).
16. *El misterio eucarístico* (J. A. Sayés).
17. *La penitencia* (P. Adnès).
18. *La unción de los enfermos* (M. Nicoláu).
19. *El matrimonio cristiano y la familia* (2.ª ed.) (J. L. Larrabe).

**IV. El final de la historia de la salvación.**

20. *Teología del más allá* (2.ª ed.) (C. Pozo).

**V. Síntesis.**

21. *La fe de la Iglesia. Las ideas y los hombres en los documentos doctrinales del Magisterio* (3.ª ed.) (J. Collantes).

# EL MATRIMONIO CRISTIANO Y LA FAMILIA

POR

JOSE LUIS LARRABE

PROFESOR DE TEOLOGÍA DOGMÁTICA
EN LA UNIVERSIDAD COMILLAS, DE MADRID

*SEGUNDA EDICION*

BIBLIOTECA DE AUTORES CRISTIANOS

MADRID • MCMLXXXVI

*Con licencia del Arzobispado de Madrid-Alcalá (13-XI-1986)*


Depósito legal: M. 41.674-1986
ISBN: 84-220-1271-5
Impreso en España. Printed in Spain

# INDICE GENERAL

# *PRESENTACION*

DON José Luis Larrabe, profesor de la Universidad Pontificia Comillas y del Seminario de Madrid, no necesita ser presentado a los lectores que se interesan por los temas teológicos, y mucho menos a aquellos cuyo campo de atención recae especialmente sobre la teología sacramental, y más en concreto sobre la teología del matrimonio. Una vez más podemos comprobar con gozo que la serie *Historia salutis,* al dilatarse con este nuevo volumen, ofrece una monografía de madurez, que ha sido preparada por numerosos estudios previos, aumentada y actualizada en esta nueva edición.

No es nuestra intención —ni es éste el momento apropiado para ello— presentar una bibliografía completa de don José Luis Larrabe, ni siquiera reagrupar aquí sus títulos más importantes. Nos parece, por el contrario, útil para el lector recordar que don José Luis Larrabe, como especialista en temas de teología sacramental, es autor de una monografía sobre *La Ley evangélica en la Historia de la Salvación. Evangelio y sacramento en el mundo actual* (Madrid 1968) y de otra sobre *El sacramento como encuentro de salvación* (Madrid 1971). A un tema más específico está dedicada su obra *Los sacramentos de la iniciación cristiana* (Vitoria 1969).

Dentro del campo de la teología del matrimonio, el presente volumen tiene como preparación, además de diversos artículos, dos importantes estudios: *El matrimonio cristiano en la época actual* (2.ª ed., que contiene también un comentario de la encíclica *Humanae vitae,* Madrid 1969) y *El matrimonio cristiano a la luz de la Sagrada Escritura* (Madrid 1972).

Al editarse el primer volumen de nuestra serie —primero en orden de aparición— señalábamos que era el nuevo método teológico prescrito por el Concilio Vaticano II (decreto *Optatam totius* n.16) el que hacía necesario abordar la elaboración y publicación de una nueva serie de monografías de teología dogmática, en las que ese método y su espíritu se aplicaran plenamente (véase nuestro prólogo a la monografía de C. Pozo *Teología del más allá:* BAC 282, p.IX-X). Nos complace encontrar en don José Luis Larrabe un teólogo sumamente sensible a la renovación del método teológico aportado por el Concilio. Constituye buena prueba de ello el hecho de que al año siguiente a la clausura del Concilio publicara, al otro lado del Atlántico, un estudio sobre *La renovación conciliar de los estudios eclesiásticos* (Buenos Aires 1966).

El presente tratado es fiel reflejo de ese espíritu, a la vez que ofrece una visión completa de la teología del matrimonio. Su estructura es genética. Se abre con el estudio del matrimonio en el Antiguo Testamento (p.1.ª c.I), tanto en el plan primitivo de Dios como en la perspectiva evangélica. La visión del matrimonio en el Antiguo Testamento se cierra con unas páginas sumamente bellas, que preludian los grandes temas del Nuevo Testamento: el amor de Yahvé, Esposo, a Israel, su esposa. ¿No hay en ello un reflejo anticipado del tema del amor de Cristo a la Iglesia, que es el punto de referencia de la sacramentalidad del matrimonio cristiano? (cf. Ef 5,25).

El estudio del matrimonio en el Nuevo Testamento (p.1.ª c.2) es completo, y establece su sacramentalidad. Nos parece interesante que ya aquí —como sucederá en el estudio de los Santos Padres (p.2.ª)— el análisis de la teología neotestamentaria del matrimonio no omita una referencia a la virginidad y celibato por el reino de los cielos. Matrimonio y virginidad serán dos términos en relación constante en la exposición de la doctrina patrística, y creemos que con ventajas para una profundización de ambos conceptos y no sólo de uno de ellos.

Tras una tercera parte *(El matrimonio en la historia)* consagrada a la teología medieval del matrimonio, a la doctrina de Santo Tomás sobre la virtud de la castidad y al pensamiento protestante, antiguo y reciente, sobre el matrimonio, una cuarta parte estudia *El matrimonio cristiano en la actualidad.* Los nuevos temas son tratados con amplitud para recoger cuanto de positivo aporta la perspectiva moderna. Especial atención se presta a la doctrina del Concilio

Vaticano II. Sus ejes son, sin duda, el matrimonio como comunidad de amor y el tema de la paternidad responsable. La posible tensión entre ambos ejes plantea delicados problemas de moral matrimonial, a los que dio respuesta la encíclica *Humanae vitae* y *Familiaris consortio*. Aunque el presente volumen es un tratado de teología dogmática sobre el matrimonio, ha sido un acierto del autor no omitir ese estudio. Así, los problemas morales no quedan desvinculados de los principios dogmáticos, que son el presupuesto ineludible para afrontar su solución sin unilateralidad.

Nos alegra presentar hoy una nueva edición de este volumen sobre *El matrimonio cristiano y la familia* moderno y completo.

CÁNDIDO POZO, S. I.
JUSTO COLLANTES, S. I.
JOSÉ CABA, S. I.

28 de agosto de 1986, fiesta de San Agustín, en el XVI Centenario de su conversión.

# *BIBLIOGRAFIA*

Presento aquí la bibliografía tenida en cuenta para la redacción de este libro. Profundidad, modernidad y aportaciones nuevas en favor del matrimonio han sido los criterios fundamentales de su selección.

Y dentro de esta selección de libros he puesto un asterisco o dos en función del mayor interés para este tema.

A una bibliografía, existente o futura, no se le puede poner punto final ni pretender que sea completa. Pido disculpas en este sentido. Gracias.

**Sobre el mensaje bíblico para el matrimonio cristiano:**


ANTOINE, P., *Contrôle des naissances et doctrine de l'Église. Les fondement évangéliques:* Rev. de l'Action Populaire 116, 261-277.

*BARTH, K., *Kirchliche Dogmatik* III 1 (1947); III 2 (1948); III 4 (1951).

BONSIRVEN, J., *Le divorce dans le Nouveau Testament* (Paris 1948).

*— *Mariage et virginité d'après l'Évangile* (Le Puy 1946).

— *"Nisi fornicationis causa". Comment résoudre cette "crux interpretum":* Rech. Science Religieuse 35 (1948) 442-464.

*BOURGEAULT, G., *Décalogue et Morale Chrétienne* (Paris, Desclée, 1971) 484 págs.

*CASTELLINO, G., *L'abito di nozze nella parabola del convito e una lettera di Mari (Mt 22,1-14):* Estudios Eclesiásticos. Miscelánea P. Andrés Fernández 34 (1960) 819-824.

*CHARLIER, J. P., *Le signe de Cana.* Essai de théologie johannique (Paris, Office General du Livre, 1959) 93 págs.

**CLEMENTS, R. E., *Prophecy and Convenant* (SCM Press, London [3]1968) 135 págs.

COLABORACIÓN, *La interpretación de la Biblia* (Barcelona, Herder, 1970) 174 págs.

*COLE, W. G., *Sex and Love in the Bible* (London 1960).

*DE KRUJIF, T. C., *La sexualité dans la Bible* (Paris, Apostolat, 1971) 144 págs.

*DE VAUX, R., *Instituciones del Antiguo Testamento* (Herder, 1964) 772 págs.

**DUBARLE, A. M., *Amor y fecundidad en la Biblia* (Ediciones Paulinas, 1970) 113 págs.

*— *L'amour humain dans le Cantique des Cantiques:* Rev. Biblique (1954) 67-86.

*DUPONT, J., *Mariage et divorce selon l'Évangile* (Bruges, Desclée, 1959).

**DUQUOC, CH., *Réflexion théologique sur la sexualité:* Lumière et Vie 97 (1970) 89-108. (Trata de cómo la revelación ilumina el sentido humano de la sexualidad.) Cf. su condensación en "Selecciones de Teología" 39 (1971) 259-260.

*ERICH FROMM, *Y seréis como dioses* v.2 (Buenos Aires, Paidos [s.a.]).

**FESTORAZZI, FRANCO, *Matrimonio e verginità nella Biblia*, en *Matrimonio e verginità*. Hildephonsiana: La Scuola Cattolica (1963) 51-158. (Es un estudio excelente de ambos temas: matrimonio y virginidad, y de su mutua relación.)

*FEUILLET, A., *Las bodas de Caná y la estructura del cuarto evangelio:* Selecciones de Teología 5 (1963) 21-18.

**— *Le mystère de l'amour divin dans la théologie johannique* (Paris, Gabalda, 1972). (Excelente el c.3 sobre la reciprocidad de la Alianza y el c.5: Dios es amor.)

**GELIN, A., *Las ideas fundamentales del Antiguo Testamento* (Bilbao, Desclée, 1965) 130 págs.

*GIBLET, J., *La alianza de Dios con los hombres*, en *Grandes Temas Bíblicos* (Fax, 1966) p.37-55.

*GONZÁLEZ, ANGEL, *La ética de la Alianza* (Madrid, Escuela Bíblica, 1970) 63 págs.

*— *La Historia Bíblica, signo particular de liberación universal* (Madrid, Escuela Bíblica, 1970) 63 págs.

**GRELOT, P., *El problema del pecado original* (Herder, 1970) 167 págs.

**— *La couple humain dans l'Écriture.* (Nueva edición aumentada con estudios anejos.) (Cerf, 1964) 156 págs.

*— *La evolución del matrimonio como institución en el A. T.:* Concilium 55 (1970) p.198ss.

*— *Oseas, profeta del amor conyugal:* Selecciones de Teología 17 (1966) 76-78.

HAACKER, K., *Ehescheidung und Wiederverheiratung in Neuen Testament:* Th. Q. 151 (1971) 28-38.

*HAAG, HERBERT, *Al mattino del tempo* (Queriniana, 1966) 62 págs.

— *El pecado original en la Biblia y en la doctrina de la Iglesia* (Fax, 1969) 166 págs.

*HÄRING, B., *La morale del discorso della montagna* (Alba, Ed. Paoline, 1967) 284 págs.

*HARRINGTON, W., *Jesus attitude toward divorce:* Irish Theol. Quart. 37,3 (1970) 199ss.

*— *Marriage in Scripture*, en *The meaning of christian marriage* (Dublin, Gill and Son, 1963) p.14-35.

**KITTEL, GERHARD, *Chair* (Labor et Fides, 1971) 139 págs. [original en T.W.N.T. VII p.98-151].

*KRINETZKI, L., O.S.B., *Notas introductorias a la exégesis del Cantar de los Cantares:* Selecciones de Teología 17 (1966) 89-92.

*LAMADRID, A., *Teología de las tradiciones Yavista y Sacerdotal* (Madrid, Escuela Bíblica, 1970) 84 págs.

*LEGRAND, L., *La doctrina bíblica de la virginidad* (Estella, Verbo Divino, 1967) 202 págs.

LEÓN-DUFOUR, XAVIER, *Matrimonio*, en *Vocabulario de Teología Bíblica* (Herder, 1967) p.450-453.

MALY, EUGÈNE H., *Génesis*, en *Comentario Bíblico "San Jerónimo"* I (Madrid, Cristiandad, 1971) p.59ss.

*MOHR, W., *Sentido bíblico del hombre* (Madrid, Marova, 1970) 223 págs.

MOINGT, J., *Le divorce pour motif d'impudicité:* Rc.Sc.Rel. 56 (1968) 337-384.

MONTAGNINI, F., *Il matrimonio nella legge rivelata*, en *Enciclopedia del matrimonio* (Brescia, Queriniana, 1960) p.115-149.

*PIPER, O., *L'Évangile et vie sexuelle* (Delachaux y Niestlé, 1953) 208 págs.
*POHIER, J. M., *Aproximación a los fundamentos de la moral sexual cristiana:* Selecciones de Teología 39 (1971) 261-279.
RAMLOT, M. L., *El Cantar de los Cantares, "una llama de Yahvé":* Selecciones de Teología 17 (1966) 82-88.
*RENCKENS, H., *Creación, paraíso y pecado original* (Madrid, Guadarrama, 1969) 293 págs.
*ROBERT, A.-FEUILLET, A., *Introduction à la Bible* I-II (Desclée and Cie, 1959). [Comenta muy bien 1 Cor 7.]
*RONDET, HENRI, S.I., *El pecado original* (Plaza y Janés, 1970) 348 págs.
SCHARBERT, JOSEF, *¿Pecado original?* (Estella, Verbo Divino, 1972) 173 págs.
*SCHEIFLER, JOSÉ RAMÓN, *Misterio del hombre en la Biblia* (Mensajero-Deya, 1964) 75 págs.
SCHNEIDER, G., *Jesu Wort über die Ehescheidung in der Ueberlieferung des Neuen Testament:* Tierer Th.Z. 80 (1971) 65-87.
SPADAFORA, F., *Matrimonio*, en *Diccionario Bíblico* (Barcelona, Editorial Litúrgica Española, 1959) p.394-396.
**SPICQ, C., O.P., *Théologie Morale du Nouveau Testament* I-II (Paris, Gabalda, 1965).
**SOULEN, R. N., *Marriage and divorce.* A problem in New Testament Interpretation: Interpr. 23, 439-450.
THOMPSON, T. L., *A Catholic View on divorce:* Jour. Ecum. Stud. 6,1 (1969) 53-67.
TRILLING, WOLFGANG, *El Evangelio según San Mateo* I (Herder, 1970) [trata del adulterio y divorcio, comentando Mt 5,27-32]; cf. p.121-127.
— *El Evangelio según San Mateo* II (Herder, 1970). [En las páginas 158-168 trata del matrimonio y celibato, comentando Mt 19,9.]
TROADEC, HENRY, O.P., *Comentario a los Evangelios Sinópticos* (Fax, 1972).
**VAN IMSCHOOT, P., *Teología del Antiguo Testamento* (Fax, 1969) 842 págs. [Trata de los relatos de la creación; cf. p.136ss; 139ss.]
**VAWTER, BRUCE, *Paso a paso por el Génesis* (Estella, Verbo Divino, 1971).
VARIOS, *El inciso de Mateo:* Sel. Teol. 35 (1970) 258-264.
*VOLLEBREGT, G. N., O.Praem., *The Bible on the marriage* (Sheed and Ward, 1965) 114 págs.
**VON ALLMEN, J. J., *Maris et femmes d'après Saint Paul:* Cahiers Théologiques 29 (Neuchâtel 1951).
*— *Matrimonio*, en *Vocabulario Bíblico* (Madrid, Marova, 1968) p.191-196.
**VON RAD, GERHARD, *Teología del Antiguo Testamento.* I: Teología de las Tradiciones Históricas de Israel (Ediciones Sígueme, 1969) 591 págs. [De los relatos de la creación habla desde las páginas 189ss.]
*WALTER, EUGEN, *Primera Carta a los Corintios* (Barcelona, Herder, 1971). [En las páginas 104-142 trata del matrimonio y de la virginidad, comentando el c.7.]
**ZERWICK, MAX, S.I., *Carta a los Efesios* (Herder, 1967). En el capítulo V trata de la nueva vida en pureza y en luz, comentando Ef 5,3-14; cf. p.143-157; en el VI trata de la casa cristiana, comentando Ef 5,21-6,9; cf. p. 157-173.

**Indisolubilidad del matrimonio: afirmación y dificultades:**

*ABATE, A., *The Dissolution of the Marriage Bond* (New York 1962).
*ACCADEMIA ALFONSIANA, *La legge naturale, la legge della Chiesa e il divorzio* (Roma 1968) 59 págs.
*BASSETT, W. W., *El matrimonio, ¿es indisoluble?* (Santander, Sal Terrae, 1971) 220 págs.

BECK, GEORGE ANDREW, *The contemporary crisis,* en la obra *The meaning of christian marriage* (Dublin, Gill and Son, 1963) p.1-13.

*BERHNARD, J., *A propos de l'indissolubilité du mariage chrétien:* Revue des Sciences religieuses 1-2 (1970) 34-48.

BLIEWEIS, T., *Todavía hay matrimonios felices* (Barcelona, Herder, 1967) 324 págs.

*BONSIRVEN, J., *Le divorce dans le Nouveau Testament* (Tournai 1949).

BRUNETTA, G.-MACCHI, A.-ROSA, L., *Divorzio in Italia?* (Milano, Centro Studi Sociali, 1970) 73 págs.

BRUNORI, E., *Il divorzio spiegato al popolo* (Firenze, Fiorentina, 1970) 141 págs.

CAMPANINI, G., *Sul problema del divorzio:* Vita e pensiero 12 (1969) 30ss.

CARRIER, MARCEL, *Matrimonios de no cristianos en la Iglesia. Una experiencia en Japón:* Pentecostés 32 (1973) 51-56.

CASELLA, G., *Divorzio: dogma o ragione?:* Studium 4 (1969) 256ss.

**CASTAÑO, J. F., O.P., *Nota bibliographica circa indissolubilitatis matrimonii actualissimam quaestionem:* Angelicum (1972) 463-502.

*CERETI, G., *Matrimonio e indissolubilità: nuove prospettive* (Bologna, Dehoniane, 1971) 447 págs.

COLABORACIÓN, *¿Divorcio en España?* (Barcelona, Nova Terra, 1972) 189 páginas.

**CROUZEL, H., *L'Église primitive face au divorce* (Paris, Beauchesne, 1971) 410 págs.

*— *Remariage after Divorce in the Primitive Church:* The Irish Theological Quarterly 1 (1971) 21-41.

*CUNNINGHAM, T. P., *The bond of marriage,* en *The meaning of christian marriage* (Dublin, Gill and Son) p.92-113.

DELAIS, GIOVANNA, *Dossier su i figli del divorzio* (Napoli, Dehoniane, 1971) 104 págs.

DELAIS, J., *Le dossier des enfants du divorce* (Paris, Gallimard, 1967).

— *Le guide blanc du divorce* (Paris, Fayard, 1971) 255 págs.

DELPINI, F., *Divorzio dei coniugi nel diritto romano e nella dottrina della Chiesa fino al secolo V* (Turin 1956).

**DUPONT, J., *Mariage et divorce dans l'Évangile, Mt 19,3-12* (Bruges 1959).

*ESCUDÉ, J., *Matrimonio religioso y matrimonio civil en España:* Colligite 65 (1971) 42-44.

*FAGIOLO, V., *Divorzio e indissolubilità matrimoniale* (Roma, S.E., 1967).

FLETCHER, J., *Situation Ethics.* The New Morality (Philadelphia, Westminster) 176 págs.

FRANSEN, P., *Divorcio en caso de adulterio en el concilio de Trento:* Concilium 55 (1970) 249ss.

*GEREST, R. C., *Quand les chrétiens ne se mariaient pas à l'Église.* Histoire des cinq premiers siècles: Lum. et Vie 82 XVI (1971) 3,31.

**HÄRING, B., *Assistenza religiosa ai divorziati e a quanti vivono in un matrimonio nullo.* Estratto da "Concilium" 5 (1970) 11 págs.

**— *Atención pastoral a los divorciados y a los casados inválidamente:* Concilium 55 (1970) 283ss.

*HARRINGTON, W., *Jesus' Attitude Towards Divorce:* The Irish Theological Quarterly 3 (1970) 199-209.

*HENRY, A. M., *Les divorcés remariés dans la communauté chrétienne:* Parole et Mission 44 (1969) 7-19.

*HOFFMANN, P., *Las palabras de Jesús sobre el divorcio y su interpretación en la tradición neotestamentaria:* Concilium 55 (1970) 210ss.

IDOC, *Sul divorzio* (Verone, Arnoldo Mondadori, 1970) 346 págs.

*LAHIDALGA, J. M., DE, *Indisolubilidad del matrimonio y divorcio en la Iglesia, hoy: estado de la cuestión:* Lumen 20 (1971) 289-330.

*LAURENTIN, R., *La prassi della solubilità del matrimonio nella Chiesa cattolica orientale e occidentale:* Il Regno 131 (1967) 68ss.

**LECLERCQ, J., *El matrimonio cristiano* (Madrid, Patmos).

*LECLERCQ, M., *Le divorce et l'Église* (Paris, Fayard, 1969) 156 págs.

**LEDOUX, M., DR., *La solitude dans la vie conjugale:* Le Supplément 96 (1971) 72-79.

LOCHT, P., *Matrimonio Civil y Matrimonio Religioso* (Madrid, Paulinas, 1973) 263 págs.

*LOZANO, F., *Divorcio y nuevo matrimonio* (Estella, Verbo Divino, 1971) 335 págs.

MARTINI, M. E., *E un diritto il divorzio?* (Roma, Sales, 1970) 136 págs.

MURRAY, J., *Il Divorzio* (Modena, Voce della Biblia, 1971) 139 págs.

NAUROIS, L. DE, *El problema de la disolución del matrimonio por la Iglesia:* Colligite 65 (1971) 21-26.

O'CALLAGHAN, D., *Theology and Divorce:* The Irish Theological Quarterly 3 (1970) 210-222.

ORFEI, R., *Il problema del divorzio in Italia:* Rivista di teologia morale 2 (1969) 163ss.

PALAZZINI, P., *Indissolubilità del matrimonio* (Roma 1952).

**POSPISHIL, V. J., *Divorcio y nuevo matrimonio* (Buenos Aires, Carlos Lohlé, 1969) 199 págs.

*QUESNELL, Q., *Eunucos por el Reino (Mt 19,10-12) e indisolubilidad matrimonial:* Sel. Teol. 35 (1970) 265-271.

RIBES, B., *Vers un assouplissement de la legislation sur le divorce?:* Études (junio 1970) 843-861.

RIESGO, L., *¿El divorcio es un mal?* (Madrid, P.P.C., 1970) 39 págs.

ROLIN, C., *La femme devant le divorce* (Paris, Casterman, 1968).

ROUSSEAU, O., *Divorcio y nuevas nupcias. Oriente y Occidente:* Concilium (1967) 110-139.

RUSSO, B., *Il divorzio nel Vaticano II e nella tradizione giuridica della Chiesa:* Rasegna di teologia 8-9 (1967); 1 (1968) 12s.

— *Le teorie divorziste nel precodice della Chiesa:* Rasegna di teologia 9-10 (1968); 3-4 (1969).

*SHANER, D. W., *A christian View of Divorce* (Leiden, Brille, 1969).

**SOULEN, R. N., *Matrimonio y divorcio.* Un problema de interpretación del N.T.: Sel. Teol. 35 (1970) 249-257.

*STEININGER, V., *Divorzio anche per chi accetta il Vangelo?* (Brescia, Herder-Morcelliana, 1969) 191 págs.

*SWIDLER, L., *Jesús y la dignidad de la mujer:* Sel. Teol. 42 (1972) 121-125.

*TEICHTWEIER, G., *Unauflöslickeit der Ehe?:* Theologie der Gegenwart 12 (1969) 125-135. Trad. en "Selecciones de Teología" 35 (1970).

*WINKLHOFER, ALOIS, *La Iglesia en los Sacramentos* (Fax, 1971) 289 págs. [En p.203-221 trata del matrimonio: especial interés en el tema de la indisolubilidad y sus dificultades en el mundo actual.]

**Bibliografía sobre teología del matrimonio:**

*ABELLÁN, P. M., S.I., *El fin y la significación sacramental del matrimonio desde San Anselmo hasta Guillermo de Auxerre* (Granada, Colegio de la Compañía de Jesús, 1939) 210 págs.

*— *L'idée divine du mariage:* Études Carmélitaines 23 (1938) 165-203.

*ADAM, K., *Die sakramentale Weihe der Ehe* (Freiburg i.B. 1930).

*ADNÉS, P., *Le mariage:* Colección "Le Mystère Chrétien" (Desclée, 1961) 218 págs. Trad. española (Barcelona, Herder).
*AHERN, B. M., *Realismo de la unión del cristiano con el Cuerpo de Cristo:* Selecciones de Teología 1 (1962) 17-21.
**ALVES PEREIRA, B., *La doctrine du mariage selon S. Agustin* (Paris 1930).
*ANCIAUX, PAUL, *Le sacrement du mariage* (Louvain, Nauwelaerts, 1963) 324 páginas.
*ARNOLD, F., *Sinnlichkeit und Sexualität im Lichte von Theologie und Seelsorge:* Anima 8 (1953) 326-338.
*AUER, A., *Matrimonio,* en *Conceptos Fundamentales de la Teología* II (Ed. Cristiandad, 1966) p.602-614. [Buena bibliografía alemana en p.614.]
BIÉLER, A., *L'homme et la femme dans la morale calviniste* (Genève, Labor et Fides, 1963) 160 págs.
*BOEKLE, FRANZ, y otros autores, *El derecho natural* (Herder, 1966) 141 págs.
*BOISSARD, E., *Questions théologiques sur le mariage* (Paris, Du Cerf, 1948) 134 págs.
BROUDÉHOUX, J. P., *Mariage et famille.* Chez Clément d'Alexandrie (Paris, Beauchesne, 1970) 238 págs.
*CAFFAREL, H., *Matrimonio. Nuevas perspectivas* (Madrid 1962).
COLABORACIÓN, *Masculin et féminin:* Lumière et Vie 106 (1972), todo el número.
**CRESPY, G.-EVDOKIMOV, P.-DUQUOC, CH., *Le mariage* (Tours, Mame, 1966) 189 págs.
*DELHAYE, PH., *Fijación dogmática de la teología medieval:* Concilium 55 (1970) p.243ss.
*D'HEILLY, A., *Amour et sacrement* (Lyon 1962).
**DE LOCHT, P., *Mariage et sacrement de mariage* (Paris, Centurion, 1970) 247 págs.
*DUQUOC, CH., *Reflexión teológica sobre la sexualidad:* Sel. Teol. 39 (1971) 259-279.
— *Matrimonio: Amor e Institución:* ibid., 32 (1969) 285-294.
**EVDOKIMOV, P., *Sacrement de l'amour.* Le mystère conjugal a la lumière de la tradition orthodoxe (Paris, L'Épi, 1962) 269 págs.
**FUCHS, JOSÉ, *De castitate et ordine sexuali* (Romae, PUG, 1962).
*— *Die sexualethik des heiligen Thomas von Aquin* (Koln, J. P. Bachem, 1949) 329 págs.
*GENEVOIS, M. A., *Le mariage selon le dessein de Dieu* (Paris 1951).
*GIL DELGADO, FRANCISCO, *El Matrimonio.* Problemas y horizontes nuevos (Alameda, 1967) 200 págs.
*INSTITUTO DE SOCIOLOGÍA Y PASTORAL, *Perspectivas doctrinales sobre el matrimonio* (Barcelona, Estela, 1969) 182 págs.
*LADOMÉRSZKY, N., *Saint Augustin, Docteur du mariage chrétien* (Roma, Officium Libri Catholici, 1942) 163 págs.
*LANGE, ERNST, *Matrimonio,* en *Dizionario del pensiero protestante* (Herder-Morcelliana, 1970) p.309-321.
*LARRABE, JOSÉ LUIS, *El matrimonio cristiano en la época actual* (Madrid, Stvdium, [2]1969) 227 págs.
*LE BRAS, G., *Mariage,* en *Dict. Théol. Catholique* IX col.2077-2317.
*LECLERCQ, J., *Matrimonio natural y matrimonio cristiano* (Barcelona, Herder, 1967) 178 págs.
**MAX THURIAN, *Marriage and Celibacy* (London, SCM Press, 1969) 126 páginas.
*MCCOOL, G. A., *La filosofía de la persona humana en la teología de K. Rahner:* Selecciones de Teología 12 (1964) 283-296.

McDONAGH, E., *Marriage and virginity*, en *The meaning of christian marriage* (Dublin, Gill and Son, 1963) p.164-178.
— *Source of life*, en *The meaning of christian marriage* (Dublin, Gill and Son, 1963) p.75-91.
MORET, J., ... *Ce qui manque à la Passion du Christ* (Paris, Saint-Paul, 1971) 71 págs.
O'RIORDAN, GIOV., *La Teologia morale moderna del sacramento del matrimonio* (Academia Alfonsiana, 1970-71) 195 págs.
*O'RIORDAN, SEÁN, *Courtship*, en *The meaning of christian marriage* (Dublin, Gill and Son, 1963) p.149-163.
*PALMIERI, DOMINGO, *De Poenitentia et Matrimonio* (Romae 1879).
*QUÉRÉ-JAULMES, F., *Le mariage dans l'Église ancienne* (Paris, Centurion, 1969) 336 págs.
*RAES, A., S.I., *Le mariage dans les Églises d'Orient* (Bélgica, Chevetogne, 1959) 200 págs.
*RAHNER, K.-GORRES, A., *Il corpo nel piano della redenzione* (Brescia, Queriniana, 1969) 59 págs.
**— *Sul matrimonio* (Brescia, Queriniana, 1967) 33 págs.
**RANKE-HEINEMANN, *Para una teología del matrimonio:* Selecciones de Teología 10 (1964) 87-96.
**RATZINGER, J., *Zur Theologie der Ehe:* Tüb. Theol. Quart. 149 (1969) 53-74. Cf. Selecciones de Teología 35 (1970) 237-248.
*REUTER, A., *Sancti Aurelii Augustini doctrina de bonis matrimonii* (Roma, PUG, 1942) 273 págs.
*RINCÓN, T., *El matrimonio, misterio y signo.* Siglos IX al XIII (Pamplona, Universidad de Navarra, 1971) 444 págs.
RITZER, K., *El derecho profano y la concepción eclesiástica del matrimonio en Occidente:* Concilium 55 (1970) 226ss.
**— *Le mariage dans les Églises chrétiennes.* Du I au XI siècle (Paris, Du Cerf, 1970) 494 págs.
*ROBINSON, J. A., *Le corps.* Étude sur la théologie de Saint Paul (Lyon, Du Chalet, 1966) 143 págs.
*RONDET, HENRI, *Introducción a la teología del matrimonio* (Herder, 1962) 192 págs.
*RONDET, H.-BOUDES, E.-MARTELET, G., *Péché originel et péché d'Adam* (Paris, Du Cerf, 1969) 103 págs.
*ROSMINI, ANTONIO, *Del matrimonio* (Padova, Cedam, 1972) 191 págs.
*SALDÓN, E., *El matrimonio, misterio y signo.* Del siglo I a San Agustín (Pamplona, Universidad de Navarra, 1971) 156 págs.
*SCHAHL, C., *La doctrine des fins du mariage dans la théologie scholastique* (Paris 1940).
**SCHILLEBEECKX, E., *El Matrimonio.* Realidad terrena y misterio de salvación I (Salamanca, Sígueme, 1968) 359 págs.
*— *Le mariage est un sacrement* (Bruxelas 1961).
*TEJERO, E., *El matrimonio, misterio y signo.* Siglos XIV al XVI (Pamplona, Universidad de Navarra, 1971) 566 págs.
THIEL, J. F., *La antropología cultural y la institución matrimonial:* Concilium 55 (1970) 169ss.

**Bibliografía sobre amor y sacramento del matrimonio:**

ABIVEN, M. et G., *Vivre a Deux.* Affectivité, sexualité, amour (Paris, Centurion, 1967) 134 págs.
*ANGEL, A., *Évangile - Amour - Fécondité* (Paris, Ouvrières, 1970) 206 págs.

ARCHAMBAULT, P., *La famille oeuvre d'amour* (Paris 1950).
*ASMUSSEN, H., *Das Geheimnis der Liebe* (Stuttgart 1952).
**AUBERT, J. M., *Sexualité, amour et mariage* (Paris, Beauchesne, 1970) 142 págs.
**BOUYER, L., *Woman and Man with God* (London 1960).
BRUSTON, H., *Le mariage: une vocation:* Lum. et Vie 82 XVI (1967) 93-107.
**CABODEVILLA, J. M., *Hombre y mujer* (Madrid, BAC, 1960) 539 págs.
**CAFFAREL, H., *Propos sur l'amour et la grâce* (Paris 1956). Traducido al español (Madrid 1961).
**CHARBONNEAU, P. E., *Sentido cristiano del matrimonio* (Barcelona, Herder, 1967) 293 págs.
*CHRISTIAN, A., *Este sacramento es grande* (Bilbao 1962).
*D'ARCY, M. C., *La double nature de l'amour* (Paris 1947).
*DE BOURBON-BUSSET, J., *Homme et femme il les créa* (Paris, Fayard, 1969) 101 págs.
**DE SMEDT, E. J., *El amor conyugal* (Barcelona, Herder, 1965) 173 págs.
*D'HEILY, A., *Amour et sacrement* (Paris, Du Cerf, 1970) 145 págs.
**DUQUOC, CHRISTIAN, O.P., *Le mariage aujourd'hui: amour et institution:* Lum. et Vie 82 XVI (1967) 33-62.
FLANAGAN, DONAL, "The sacrament of marriage", en *The meaning of christian marriage* (Dublin, Gill and Son, 1963) 36-61.
**GARRONE, G. M., *Charité conjugale et charité virginale:* La Vie Sp. 76 (1947) 734-747.
GIUSEPPE, F., *Matrimonio "società d'amore"* (Roma, Coletti, 1966) 184 págs.
GÖSSMANN, E., *L'homme et la femme* (Toulouse, Privat, 1965) 126 págs.
*GUITTON, J., *Essay on Human Love* (London 1951).
*HAERING, B., *Community of Love,* en *The meaning of christian marriage* (Dublin, Gill and Son, 1963) p.62-74.
HEER, F., *El matrimonio, corazón del mundo* (Barcelona, Nova Terra, 1966) 65 págs.
*HORTELANO, A., *Io-tu comunità d'amore* (Assisi, Cittadella, 1967) 111 páginas.
KIERKEGAARD, S., *Dos diálogos sobre el primer amor y el matrimonio* (Madrid, Guadarrama, 1961) 392 págs.
**LARRABE, J. L., *El sacramento como encuentro de salvación* (Madrid, Fax, 1971) 333 págs.
**LECLERCQ, J., *El matrimonio cristiano* (Madrid, Patmos, 1962).
*MASSABKI, CH., O.S.B., *Le sacrement de l'amour* (Paris, L'Orante, 1959) 228 págs.
*MOLL, W., *La triple réponse de l'Amour* (Paris, Ouvrières, 1967) 190 págs.
O'CALLAGHAN, D., *Sobre la sacramentalidad del matrimonio:* Concilium 55 (1970) 261ss.
*OECHSLIN, R. L., *Vivir en acción de gracias:* Selecciones de Teología 15 (1965) 269-271.
QUARELLO, E., *L'amore e il peccato.* Affermazione e negazione dell uomo (Bologna, Dehoniane, 1971) 61 págs.
*ROCK, A., O.P., *Sex, love and the life of the spirit* (Chicago, The Priory Press, 1966) 236 págs.
TERRUWE, A., *Amour et équilibre* (Paris, Apostolat, 1969) 101 págs.
*TESSAROLO, A., *Saggio teologico su l'amore coniugale* (Roma, Sales, 1965) 125 págs.
THIBAULT, O., *L'amour cet inconnu...* (Paris, Lethielleux, 1966) 119 págs.
**TILLARD, J. M., *El matrimonio es una comunión:* Selecciones de Teología 15 (1965) 235-240.
*VACA, C., O.S.A., *El amor y el matrimonio* (Madrid, Cid, 1954) 157 págs.

*VOLK, H., *Das Sakrament der Ehe* (Münster 1959).
**VON GAGERN, FRIEDRICH, *Matrimonio felice* (Turin, Borla, 1967).
**— *Partenaires pour la vie* (Tournai-Paris, Casterman, 1967) 320 págs.
*VON HILDEBRAND, D., *L'Église face au problème de l'amour* (Paris, Apostolat, 1969) 120 págs.
*VONIER, A., O.S.B., *L'Esprit et l'Épouse* (Paris, Du Cerf, 1947) 219 págs.
*WALTER, E., *Esencia y poder del amor* (Madrid 1960).

## Bibliografía sobre época moderna del matrimonio: origen, causas, características:

*BOIGELOT, T., *Du sens et de la fin du mariage:* Nouv. Rev. Théol. 66 (1939) 5-33.
— *Réponse au Dr. H. Doms:* Nouv. Rev. Théol. 66 (1939) 539-550.
*COLABORACIÓN, *Aux sources de la morale conjugale* (Paris, Duculot, 1967) 175 págs.
*DAVID, J., S.I., *Nouveaux aspects de la Doctrine catholique du Mariage* (Paris, Desclée, 1966) 160 págs.
*DOMS, HERBERT, *Amorces d'une conception personnaliste du mariage d'après St. Thomas:* R.T. 45 (1939) 754-763.
**— *Bisexualidad y Matrimonio*, en *Mysterium Salutis* II t.2 (Madrid, Cristiandad, 1969) p.795-841.
*— *Der Einbau der Sexualität in die menschliche Personlichkeit* (Colonia 1959).
*— *Dieses Geheimnis ist Gross* (Koln, Wort und Werk, 1960) 121 págs.
**— *Gatteneinheit und nachkommenschaft* (Mainz, Matthias-Grünewald, 1965) 145 págs.
**— *Vom Sinn und Zweck der Ehe* (Breslau 1935). Trad. francesa: *Du sens et de la fin du mariage* (Paris, Desclée, 1937).
DURAND, A., *Sécularisation et présence de Dieu* (Paris, Du Cerf, 1971) 106 págs.
EVELY, L., *Amore e matrimonio* (Assisi, Cittadella, 1968) 211 págs.
*FUCHS, J., *La regulación de la natalidad y las Iglesias cristianas:* Orbis Catholicus 5 (1962) 395-414.
*HÄRING, B., *El matrimonio en nuestro tiempo* (Barcelona, Herder, 1964) 618 págs.
HILLMAN, E., *El desarrollo de las estructuras matrimoniales cristianas:* Concilium 55 (1970) 183ss.
*KREMPEL, B., *Die Zwechfrage der Ehe in neuerer Betrachtung* (Einsiedeln 1941).
*LAHIDALGA, J. M. DE, *Hacia una teología del matrimonio: metodología previa:* Lumen 20 (1971) 244-259.
**LEMOAL, P., *Continence conjugale et morale sexuelle* [estudio estadístico del comportamiento sexual de 292 matrimonios católicos en función de su posición respecto al problema de la limitación de los nacimientos]: La Vie Sp. (supl.) 41 (1958) 43-69.
**LOCHET, L., *Les fins du mariage:* NRT 73 (1951) 444-465.561-586.
MARCUSE, H., *Eros y civilización* (Barcelona, Seix Barral, 1968) 255 págs.
MATRIMONIO DEL M. F. C., *Crisis en el matrimonio* (Madrid, La Muralla, 1969) 39 págs.
*MICHEL, A., *Sociologie de la famille et du mariage* (Paris, Presses Universitaires de France, 1972) 222 págs.
**MICHEL, E., *Die moderne Ehe in Krisis und Erneurung* (Mainz 1937).
**VALSECCHI, A., *Regulación de los nacimientos* (Sígueme, 1968).

**Bibliografía sobre amor, fecundidad y moralidad en el matrimonio:**

ADAM, A., *La primacía del amor. Un intento para dar su valor justo a la moral sexual dentro del Código moral* (Madrid 1962).

**BÖCKLE, F., *Sexualidad y norma moral:* Selecciones de Teología 27 (1968) 229-236.

BONOMI, G., *Amore o contracezione?* (Torino, Piero Gribaudi, 1967) 102 páginas.

*CARDEGNA, F. F., *Anticonceptivos y paternidad responsable:* Selecciones de Teología 14 (1965) 196-206.

COLABORACIÓN, *Contraception.* Authority and Dissent (New York, Herder and Herder, 1969) 239 págs.

— *Le couple et la limitation des naissances* (Paris, Lethielleux, 1966) 63 págs.

*DE CONTENSON, P., *Fécondité, bonheur et morale:* Rev. des Sciences Philos. et Théol. 46 (1962) 3-44.

**DE LOCHT, P., *La morale conjugale en recherche* (Casterman, 1968) 147 págs.

*DUBARLE, A., *La Bible et les Pères, ont ils parlé de la contraception?:* La Vie Spirituelle (supl.) 63 (1962) 573-611.

**— *Amour et fécondité dans la Bible* (Toulouse, Privat, 1967) 103 págs.

*DUPRÉ, L., *Los católicos y la anticoncepción* (Buenos Aires, Paidos, 1966) 89 págs.

EGNER, G., *Birth regulation and catholic belief* (London, Stagbooks, 1966) 283 págs.

ENDRES, JOSEPH, *Personalismo. Esistenzialismo. Dialogismo* (Roma, Paoline, 1972) 141 págs.

*GOFFI, T., *Morale familiare* (Brescia, Morcelliana, 1958) 255 págs.

GÓMEZ RÍOS, MANUEL, *La conyugalidad responsable:* Pentecostés 32 (1973) 57-60.

— *Problemas actuales del matrimonio y la familia:* Pentecostés 32 (1973) 7-20.

*HAERING, B., *El matrimonio al rojo vivo* (Ediciones Paulinas, 1970) 118 págs.

*— *Padre Haering risponde* (Paoline, [3]1966).

HAVERMANN, E., *Control de la natalidad.* Desde el comienzo de la vida hasta la planificación familiar: Revista Life (1967) 118 págs.

**HORTELANO, A., *El amor y la familia en las nuevas perspectivas cristianas* (Madrid), Instituto Superior de Ciencias Morales [para uso de los alumnos], 1972-73) 216 págs.

— *La socialización del amor:* Pentecostés 32 (1973) 21-32.

*JANSSENS, L., *Morale conjugale et progestogènes:* Ephem. Theol. Lov. 39 (1963) 787ss.

*— *Morale et problèmes démographiques* (Lovaina 1953).

*— *Matrimonio y fecundidad* (Bilbao, Desclée, 1968) 143 págs.

LAHIDALGA, J. M. DE, *Una progresiva clarificación: de la "Humanae vitae" a la Declaración de la Congregación del Clero:* Lumen XXI 5 (1972) 436-459.

*— *El matrimonio, íntima comunidad de vida y de amor:* Scriptorium Victoriense 14 (1967) 345-356.

LARRABE, J. L., S.I., *El amor, los hijos y la moralidad matrimonial en la época contemporánea:* Sal Terrae (1972) 403-428.

*LESTAPIS, ST., S.I., *La limitation des naissances* (Paris, Spes, 1962) 342 páginas.

*MERTENS, C., *Hacia una pastoral de conjunto sobre la regulación de nacimientos:* Selecciones de Teología 9 (1964) 43-48.
*NOONAN, J. T., *Contraception.* A history of its treatment by the catholic theologians and canonists (Cambridge, Mass., 1965).
*NOONAN, JOHN T., JR., *The Church and contraception* (Paulist Press Deus Books, 1967) 84 págs.
O'CALLAGHAN, D., *Moral Principles of Fertility Control* (Dublin 1960).
OGINO, K., *Conceptionperiod of women* (New York 1934).
**REUS, J. M., *Sexualidad y amor* (Barcelona, Herder, 1964) 186 págs.
ROBERTS, T., *El control de natalidad* (Madrid, Cristiandad, 1966) 350 págs.
*SCHOONENBERG, P., S.I., *El mundo de Dios en evolución* (Buenos Aires, Carlos Lohlé, 1966) 155 págs.
*SUSTAR, A., *Gewissen und Seelsorgische Erziehung zur persönlichen Entscheidung:* Anima 20 (1965) 63-72.
VIDAL, MARCIANO, *Los documentos sobre el "Caso Washington" y la "Humanae vitae":* Pentecostés 32 (1973) 43-50.

**Sobre el mensaje conciliar del Vaticano II al matrimonio cristiano:**

**BACIOCCHI, J., *Le mariage, rencontre avec Dieu* (Lyon, Mappus, 1969) [con prólogo de M. Gaudillière, director del Centro Nacional de Pastoral Familiar de Francia].
**COLABORACIÓN, *La Chiesa del mondo di oggi* (Firenze, Vallecchi, 1966).
**— *Gaudium et spes:* L'Église dans le monde de ce temps (Mame, 1967) 420 págs.
*CUADERNOS PARA EL DIÁLOGO, *Comentarios al esquema XIII* (Madrid, Edicusa, 1966) 225 págs.
**CHARBONNEAU, P. E., *Lettre ouverte aux théologiens.* La limitación des naissances (Les Éditions Ouvrières, 1966).
*DAVID, JACOB, S.I., *¿Control de natalidad después del Concilio?* (Paulinas, 1966) 211 págs.
**HÄRING, B., *Le chrétien et le mariage* (Paris, Saint-Paul, 1965) 155 págs.
*— *Il matrimonio, nelle prospettive del Vatic. II* (Vicenza, Favero, 1966) 61 págs.
**HEYLEN, V. L., *La promozione della dignità del matrimonio e della famiglia,* en *La Chiesa del mondo di oggi* (Firenze, Vallecchi, 1966) p.351ss.
*JANSSENS, L., *Chasteté conjugale selon L'Enc. "Casti connubii" et suivant la Const. Past. "Gaudium et spes":* Eph. Theol. Lov. 42 (1966) 513-554.
L'ACTION POPULAIRE, *Constitution Pastorale Gaudium et spes.* Introduction, Notes et Index Analytique par L'Action Populaire (Spes, 1966) 387 págs.
**LAHIDALGA, J. M., DE, *La castidad conyugal y el Vaticano II:* Scriptorium Victoriense 15 (1968) 211-229.
**LAMBERT, P. Y M., *3.000 foyers parlent.* La regulation des naissances (Les Éditions Ouvrières, Paris 1966).
LAURENTIN, R., *Bilan du Concile* (Paris 1966).
**MARTELET, GUSTAVO, *Amour conjugale et renouveau conciliaire* (Lyon, Mappus, 1967). Traducción italiana: *Amore coniugale e rinnovamento conciliare* (Citadella, 1968) 87 págs.
MCGRATH, M., *La génesis de la "Gaudium et spes":* Selecciones de Teología 25 (1968) 17-20.
MOELLER, CH., *Preparación histórica de la "Gaudium et spes":* Selecciones de Teología 25 (1968) 11-16.

NAVARRETE, URBANO, S.I., *Structura iuridica matrimonii secundum Concilium Vaticanum II*. Momentum iuridicum amoris coniugalis (Roma, PUG, 1968) 155 págs.

PELLEGRINO, M., *Los signos de los tiempos:* Selecciones de Teología 25 (1968) 21-22.

*RENARD, MGR. A. C., *Mariage, amour, enfants dans l'enseignement de Concile* (Paris, Salvator, 1967) 54 págs.

*SUSTAR, A., *Decisiones personales de la conciencia: su preparación:* Selecciones de Teología 16 (1965) 281-286.

WENGER, A., *Vatican II*. Chronique de la quatrième session (Paris 1966).

**WOJTYLA, K., *Amour et responsabilité* (Paris, Société d'Éditions Internationales, 1965) 285 págs.

ZOPPIS, G., *Limitazione responsabile delle nascite* (Gubbio, Eugubina, 1966) 174 págs.

**Comentarios principales sobre la encíclica "Humanae vitae":**

**AGGIORNAMENTI SOCIALI, *La "Humanae vitae"* (Milano, Centro Studi Sociali, 1969) 163 págs.

AZZOLLINI, L., *La responsabilità del sacerdote di fronte all' "Humanae vitae":* Rassegna di teologia (nov.-dic. 1968) 385ss.

*CHARBONNEAU, PAUL-EUGÈNE, *Morale coniugale nel XX secolo* (Citadella, 1972) 353 págs.

*CHIAVACCI-GOFFI-MONGILLO, *"Humanae vitae"*. Note teologico-pastorali (Brescia, Queriniana, 1968) 105 págs.

COLABORACIÓN, *L'Enciclica contestata* (Gherardo Casini Editore, 1969) 250 págs.

— *On human life*. An examination of "Humanae vitae" (London, Burns and Oates, 1968) 264 págs.

— *Repercusión mundial de la "Humanae vitae"* (Sertebi 1969) 214 págs.

— *Il matrimonio dopo l' "Humanae vitae"* (Edizioni Dehoniane, 1969) 170 págs.

COMIN, ALFONSO, C., *Control y regulación de nacimientos*. El Dossier de Roma (Barcelona, Nova Terra, 1967) 167 págs.

CURRAN, HAERING Y OTROS, *Contraception*. Authority and Dissent (New York, Herder and Herder, 1969).

*DAVID, JAKOB, *Das Naturrecht in Krise und Laüterung* (Colonia, Bachem, 1967). Trad. francesa: *Loi Naturelle et autorité de l'Église* (Cerf, 1968) 119 págs. [Buena bibliografía sobre este punto en p.111-119.]

*— *Nuovi aspetti della dottrina ecclesiastica sul matrimonio* (Roma, Paoline, 1967) 180 págs.

DELFGAAUW, B., *Sexualidad, autoridad papal, conciencia* (Buenos Aires, Carlos Lohlé, 1969) 145 págs.

*DELHAYE-GROOTAERS-THILS, *Pour relire "Humanae vitae"*. Déclarations épiscopales-du mond entier (Duculot, 1970) 241 págs.

**DELHAYE, PH., *L'Encyclique "Humanae vitae" et l'enseignement du Vatican II sur le mariage et la famille:* Bijdragen 4 (1968) 351ss.

*DÍAZ MORENO, J. M., *La encíclica "Humanae vitae"*. Primera lectura: Razón y Fe (sept.-oct. 1968) 179ss.

DI MARINO, A., *La valutazione delle obiezioni all'enciclica:* Rivista di Teología Morale (en.-feb.-mar. 1969) 39ss.

*GENOUEL, YVES, *La píldora* (Bilbao, Mensajero, 1972) 200 págs.

*GOFFI, T., *Il valore della norma proposta e l'obbedienza del cristiano:* Rivista di Teologia Morale (en.-feb.-marz. 1969) 42ss.

GRITTI, JULES, *La pilule dans la presse*. Sociologie de la diffusion d'une encyclique (Mame, 1969) 158 págs.

*GROOTAERS, JAN, *Mariage catholique et contraception* (Paris, Épi, 1968).

*GUZZETTI, G. B., *L'Enciclica "Humanae vitae"*. Introduzione e commento a cura di G. B. GUZZETTI (Milano, Opera della Regalità di N.S.G.C., 1968) 117 págs.

*HAERING, B., *Crise autour de "Humanae vitae'* (Desclée, 1969) 93 págs.

*— *Interpretación moral de la "Humanae vitae"* (Madrid, Paulinas, 1969) 121 págs.

*— *Paternidad responsable* (Paulinas, 1970) 126 págs.

*HENRY, A. M., *Les difficultés d'aimer. Un problème de la "Humanae vitae"* (Cerf, 1969) 169 págs.

IDOC, *Diritti del sesso e matrimonio* (Mondadori, 1968) 300 págs.

— *L'"Humanae vitae"*. Inchieste Idoc (Mondadori, 1969) 516 págs.

JAVIERRE-MARTÍN DESCALZO-ARADILLAS-SALAZAR, *Control de natalidad*. Informe para expertos. Los documentos de Roma (Alameda, 1967) 271 págs.

JULIEN, ABBÉ JACQUES, *La régulation des naissances*. Lettre encyclique "Humanae vitae" (Mame: Col. Vivre le Concile, 1968) 200 págs.

*LAHIDALGA, J. M. DE, *La conciencia individual y la regulación de la natalidad:* Lumen 18 (1969) 26-45.

*— *La regulación artificial de la natalidad y la encíclica "Humanae vitae":* Scriptorium Victoriense 15 (1969) 338-355.

**LAMBRUSCHINI, FERDINANDO, *Problemi della "Humanae vitae"*. Problemi di Teologia pratica 2 (Brescia, Queriniana, 1968) 200 págs.

*— *Per una lettura dell'enciclica "Humanae vitae":* Orientamenti sociali (nov. 1968) 893ss.

LARRABE, J. L., *El matrimonio cristiano hoy a la luz de la encíclica "Humanae vitae":* Lumen XVII (1968) 289-329.

*LESTAPIS, S. DE, *Le couple*. Angoisse ou équilibre (Beauchesne, 1969) 266 páginas.

LORENZETTI, L., *Concilio e humanae vitae* (Dehoniane, 1969) 125 págs.

**MARTELET, G., *Existence humaine et amour*. Pour mieux comprendre l'encyclique "Humanae vitae" (Desclée, 1969) 203 págs.

**— *Pour mieux comprendre l'enciclique "Humanae vitae":* N.R.Th. (nov. 1968) 897ss.

— *Signification et portée de l'enciclique:* N.R.Th. (dic. 1968) 1009ss.

OFA BEZUNARTEA, *Condena y defensa de la píldora*. Controversia mundial en torno a la "Humanae vitae": La Gran Enciclopedia Vasca (1968) 231 páginas.

POUSSET, E., *Union conjugale et liberté*. Essai sur le problème traité par l'encyclique "Humanae vitae" (Cerf, 1970) 101 págs.

*RAHNER, KARL, *Reflexiones en torno a la "Humanae vitae"* (Madrid, Paulinas, 2.ª ed.) 160 págs.

RIQUET, MICHEL, S.I., *Église et contraception* (Paris, John Didier, 1969) 93 págs.

*VALSECCHI, A., *Annotazioni sull'enciclica "Humanae vitae":* Orientamenti sociali (nov. 1968) 910ss.

VARAIA, VITTORIO, *Dossier sulla "Humanae vitae"* (Torino, Gribaudi, 1969) 231 págs.

*VON HILDEBRAND, DIETRICH, *La encíclica "Humanae vitae", signo de contradicción* (Fax, 1969) 123 págs. (Con el discurso del propio Papa sobre la encíclica "H. V.", cf. p.105-109.)

*— *Die Enzyklika "Humanae vitae"*. Ein Zeichen des Widerspruchs (Regensburg, Verlag Josef Habbel, 12 sept. 1968) 36 págs.

WALTER, JEAN JACQUES, *Un laïc face a "Humanae vitae"* (Paris, Épi, 1968) 95 págs. (Precedido de una reflexión de HANS KÜNG, p.7-11.)
**WOJTYLA, K., *La verità dell'enciclica "Humanae vitae"*: L'Osservatore Romano (5 en. 1969) 1-2.
*ZALBA, M., *La regulación de la natalidad.* Texto bilingüe de la "Humanae vitae" y fuentes del Magisterio. Y comentarios del padre Marcelino ZALBA (BAC, Serie minor n.5).
*— *Las Conferencias Episcopales ante la "Humanae vitae"* (Madrid, Ed. CIO, 1971) 196 págs.

**Bibliografía sobre psicología y moral sexual:**

*BABIN, P., y OTROS, *Pureté* (Lyon, Du Chalet, 1965).
*BIOT, R., *La educación al amor* (Bilbao 1950).
BONIFACI, C. F., *Kierkegaard y el amor* (Barcelona, 1963) 293 págs.
COLABORACIÓN, *La educación sexual en el mundo* (Barcelona, Fontanella, 1971) 317 págs.
FELDENKRAIS, M., *La conscience du corps* (Paris, Robert Laffont, 1971) 292 páginas.
FELICI, P., *El pecado en Freud* (Coculsa, 1968) 63 págs.
*HENRY, A. M., *Moral y vida conyugal* (Barcelona, Estela, 1964) 263 págs.
*KNAUER, P., *El principio del doble efecto como norma universal de la moral:* Sel. Teol. 27 (1968) 265-275.
*KOLLE, O., *Tu marido, ese desconocido* (Barcelona, Bruguera, 1970) 191 páginas.
*KRAUS, P.-VON GAGERN, F., *Guardarsi a occhi aperti* (Edizioni Paoline, 1971) 183 págs.
*LARRABE, J. L., *El amor, los hijos y la moralidad matrimonial en la época contemporánea:* Sal Terrae 60 (1972) 403-428.
LENNON, PATRICK, *Moral problems in Marriage,* en *The meaning of christian marriage* (Dublin, Gill and Son, 1935) p.114-135.
*LEPP, I., *Psychoanalyse der Liebe* (Tubinga 1960). Trad. española: *Psicoanálisis del amor* (Buenos Aires, Lohlé).
*MERTENS DE WILMARS, CH., *Psicopatología de la anticoncepción* (Madrid, Fax, 1965) 149 págs.
*MONTAIGNE, P., *Educación de la castidad conyugal:* Selecciones de Teología 19 (1966) 253-259.
O'NEIL, R. P.-DONOVAN, M. A., *Sessualità e responsabilità morale* (Torino, Gribaudi, 1968) 222 págs.
*ORAISON, MARC, *Amour ou contrainte?* (Paris, Spes, 1961) 190 págs.
*— *Amour, péché, souffrance* (Paris, Fayard, 1961) 127 págs.
*— *L'harmonie du couple humain* (Éd. Ouvrières).
*— *Le mystère humain de la sexualité* (Paris, Du Seuil, 1966) 160 págs.
*— *L'union des époux* (Paris, Fayard, 1963) 159 págs.
*— *Savoir aimer* (Éd. Fayard).
**— *Une Morale pour notre temps* (Fayard, 1964) 219 págs.
*— *Vie chrétienne et problème de la sexualité* (Paris, Lethielleux-Fayard, 1972) 271 págs.
*PADRES Y MAESTROS, *Educación sexual* I y II (La Coruña 1971).
*PIEPER, J., *Sulla temperanza* (Brescia, Morcelliana, 1965) 115 págs.
**PLÉ, A., *Vie affective et chasteté* (Paris, Cerf, 1964) 234 págs.
*PLÉ, A.-HÄRING, B., *La masturbación* (Paulinas, 1971) 111 págs.
*POHIER, J. M., *Aproximación a los fundamentos de la moral sexual cristiana:* Sel. Teol. 39 (1971) 261-279.

*PROHASKA, L., *Pedagogía sexual.* Psicología y antropología del sexo (Barcelona, Herder, 1963) 285 págs.

ROUET, M., *Le paradis sexuel des aphrodisiaques* (Paris, Productions de Paris N.O.É., 1971) 255 págs.

SARANO, J., *La sexualidad liberada* (Madrid, Marova, 1971) 174 págs.

*SCHÜLLER, B., *Teología Moral y Derecho Natural:* Selecciones de Teología 19 (1966) 239-247.

*SUENENS, J. J., *Un problème crucial: Amour et maîtrise de soi* (Desclée, 1960) 231 págs.

TREVETT, R. F., *La Iglesia y el sexo* (Barcelona, Herder, 1967) 190 págs.

**TRIMBOS, C., *Convivencia en el matrimonio y la familia* (Buenos Aires, Carlos Lohlé, 1966) 279 págs.

*— *Hombre y mujer* (Buenos Aires, Carlos Lohlé, 1968) 301 págs.

TRIMBOS, C.-OVERING Y OTROS, *Homosexualidad* (Buenos Aires, Carlos Lohlé, 1968) 158 págs.

*VALSECCHI, A., *El matrimonio* (Madrid, Paulinas, 1972) 156 págs.

**VAN DER MARCK, W., *Amor y felicidad* (Buenos Aires, Lohlé, 1965).

VARIOS, *La historia y la sexualidad:* Janus 2 (1965) 174 págs.

— *Sex and morality.* A report presented to the British Council of Churches (London, SCM Press, 1966) 77 págs.

*VIDAL, M., *Moral del amor y de la sexualidad* (Salamanca, Sígueme, 1971) 428 págs.

*VON FEUCHTERLEBEN, E., *Conexión entre el alma y el cuerpo* (Buenos Aires Poblet, 1960) 185 págs.

**VON GAGERN, F. E., *El tiempo de la madurez sexual* (Valencia, Marfil, 1966) 211 págs.

**— *Il nuovo volto dell'educazione sessuale* (Torino, Borla, 1968) 103 págs.

**— *Nouvel Aspect du Mariage* (Paris, Salvator, 1968) 95 págs.

*— *The problem of Onanism* (Cork, The Mercier Press, 1955) 135 págs.

*VON HILDEBRAND, D., *Pureza y virginidad* (Bilbao, Desclée, 1960) 213 págs.

**WEBER, L. M., *Sexualité, virginité, mariage* (Paris, Desclée, 1968) 118 págs.


**Bibliografía sobre problemas médico-morales del matrimonio:**


BELLET, M., *Réalité sexuelle et morale chrétienne* (Paris, Desclée de Brouwer, 1971) 119 págs.

BILLINGS, J., *The ovulation method* (Melbourne, The Advocate, 1965) 95 págs. Traducción española en Sal Terrae.

**BOTELLA LLUSIÁ, J., *Cuestiones médicas relacionadas con el matrimonio* (Editorial científico-médica, 1966) 67 págs.

COLABORACIÓN, *Cuestiones morales sobre el matrimonio* (Madrid, Coculsa, 1954) 255 págs.

— *Problèmes éthiques du contrôle des naissances* (Toulouse, Privat, 1966) 87 págs.

**DIAS GONÇALVES, A., *A vida em casal* (Lisboa, Ediçao do autor [s. a.]) 305 págs.

*FERIN, J.-PONTEVILLE, G., *Amor y fecundidad* (Barcelona, Eler, 1964) 160 págs.

**DR. GEORG., *Agenesia y fecundidad en el matrimonio* (Editorial Marfil, 8.ª ed.).

**HÄRING, B., *Moral y medicina* (Madrid, P.S., 1972) 216 págs.

**HEALY, E. F., *Medical Ethics* (Chicago, Loyola University Press, 1956) 440 págs.

*JANSSENS, L., *L'inhibition de l'ovulation, est-elle moralement licite?:* Eph. Th. Lov. 34 (1958) 357-360.

*KEENAN, A.-RYAN, J., *Marriage, a Medical and Sacramental Study* (London 1955).

*LÓPEZ NAVARRO, JOSÉ, *Nota preliminar al libro "La temperatura, guía de la mujer"* (Madrid, Rialp, 1971) p.I-XXVI.

*MARAÑÓN, G., *Ensayos sobre la vida sexual* (Madrid 1951).

NAVARRO, S., C. M. F., *Problemas médico-morales* (Madrid, Coculsa, 1954) 510 págs.

*OBISPOS ESCANDINAVOS, *Declaración de los obispos escandinavos sobre el aborto:* Selecciones de Teología 43 (1972) 271-283.

*PINCUS, G., *Effectiveness of an oral contraceptive:* Science 130 (1959) 81-83.

*ROCK, J., *The time has come* (New York, Ed. Knopf, 1963).

*SCHOCKAERT, J. A., *L'inhibition de l'ovulation:* St. Luc. Médical 31 (1959) 231-249.

**Bibliografía sobre preparación al matrimonio y pastoral:**

*ARNOLD, F., *Die Frau in der Kirche* (Nurenberg 1949).

*AUDET, J. P., *Mariage et célibat dans le service pastoral de l'Église* (Paris, L'Orante, 1967) 161 págs.

*— *Matrimonio e celibato nel servizio pastorale della Chiesa* (Brescia, Queriniana, 1967) 184 págs.

*BABIN, P., Y OTROS, *Amitié* (Lyon, Du Chalet, 1965).

*BARSOTTI, D., *La virginité:* La Vie Spirit. 89 (1953) 145-153.

BAUER-DEBOIS, K., *Continenza prematrimoniale discussa con franchezza* (Roma, Paoline, 1971) 61 págs.

BELLET-CHARRIER Y OTROS, *Sexualidad y castidad* (Paulinas, 1971) 151 págs.

*BÖCKLE, F.-KONE, J., *Rapporti prematrimoniali* (Queriniana, 1969) 101 páginas.

BODAMER, J., *Propedéutica de la vida conyugal* (Barcelona, Herder, 1964) 106 págs.

CANTU CORRO, J., *La mujer a través de los siglos* (Madrid, Voluntad, 1927) 268 págs.

CAVANAGH, J., *Fundamental Marriage Counselling* (Cork 1959).

*CHARBONNEAU, P. E., *Noviazgo y felicidad* (Barcelona, Herder, 1967) 263 págs.

COHEN, JEAN, *Patología sexual* (Guadarrama, 1972) 206 págs.

*COLABORACIÓN, *Pastoral del matrimonio para nuestros días* (Bilbao, Secretariado diocesano de Liturgia, 1971) 247 págs.

*COLOMBO, C., *Per una spiritualità della vita familiare:* La Scuola Cattolica 79 (1951) 374-384.

**DE LOCHT, P., *Harmonie des vocations* (Tournai, Casterman, 1965) 105 págs.

DE SOBRINO, J. A., S.I., *La mejor película: La familia* (Madrid, Euramérica, 1958) 153 págs.

*DILLERSBERGER, J., *Le Mystère de la virginité* (Paris 1935).

**ENRIQUE Y TARANCÓN, V., *La familia, hoy* (Madrid 1961).

*EVELY, L., *Amor y matrimonio* (Barcelona, Ariel, 1970) 275 págs.

FERRERO, J. J.-CANNAVÓ, S., *Antología conyugal. Para ella* (Paulinas, 1971).

FREUD, S., *Trois essais sur la théorie de la sexualité* (Paris 1949).

FROMM, E., *L'art d'aimer* (Paris, Épi, 1970) 157 págs.

GOLDIE, R., *La mujer en la Iglesia:* Selecciones de Teología 10 (1964) 107.

*GRUBER, A., *La pubertad, desarrollo y crisis* (Barcelona, Herder, 1963) 304 págs.

*GUITTON, J., *La mujer en la casa* (Barcelona 1953).

*HUANT, E., *Le péché contre la chair* (Paris, Beauchesne, 1961) 124 págs.

GÜGLER, A., *La crisi dell'adolescenza.* La masturbazione (Torino, Borla, 1964) 108 págs.

*HÄRING, B., *Moral y pastoral del matrimonio* (Madrid, El Perpetuo Socorro, 1970) 65 págs.

*LAHIDALGA, J. M. DE, *Exigencias de la castidad conyugal, en sus aplicaciones pastorales, después de la "Humanae vitae":* Iglesia viva 19-20 (1969) 43-66.

*LAURENTIN, R., *María y la antropología cristiana de la mujer:* Sel. Teol. 28 (1968) 331-336.

*LECLERCQ, J., *Il sacerdote e gli sposi* (Roma, Sales, 1965) 89 págs.

*— *La familia* (Barcelona, Herder, 1961).

LERSCH, PH., *Sobre la esencia de los sexos* (Madrid, Oriens, 1968) 130 págs.

LOMBROSO, G., *El alma de la mujer* (Buenos Aires, Emecé, 1955) 267 págs.

*MARITAIN, J., *Amore e amicizia* (Brescia, Morcelliana, 1965) 54 págs.

MARSHALL, J., *Marriage Counselling,* en *The meaning of christian marriage* (Dublin, Gill and Son, 1963) p. 136-148.

— *Preparing for Marriage* (London 1962).

MCGINNIS, *Votre première année de mariage.* Guide des fiancés et des jeunes mariés (Paris, Resma, 1970) 185 págs.

**MONTINI, G. B. [PABLO VI], *Por la familia cristiana* (Madrid 1963).

MOVIMIENTO FAMILIAR CRISTIANO, *Encuestas de integración familiar* (Madrid 1971) 91 págs.

NOVAK, M., *The experience of marriage* (Londres, Darton, 1964) 173 págs.

OLDENDORFF, A., *Corporalidad, sexualidad y cultura* (Buenos Aires, Carlos Lohlé, 1970) 149 págs.

* OÑATIBIA, M., *El matrimonio es así* (San Sebastián 1962) 191 págs.

ORMEZZANO, JEAN, *Juventud compartida:* Colección "Vida afectiva y sexual" (Guadarrama, 1972) 219 págs.

OTEIZA, V., *Exámenes prácticos para matrimonios* (Bilbao, Mensajero, 1968) 124 págs.

**PEMÁN, J. M., *Doce cualidades de la mujer* (Madrid, Escelicer, 1957) 166 págs.

*PLÉ, A., *La masturbación:* Selecciones de Teología 20 (1966) 329-335.

**QUAY, P. M., S.I., *Fenomenología del amor conyugal cristiano:* Selecciones de Teología 2 (1962) 83-91.

*RAHNER, K., *Pensamientos para una teología de la infancia:* Selecciones de Teología 10 (1964) 142-148.

*RAYMOND, M., *¿Es vuestro hogar como éste?* (Stvdium, 1954) 87 págs.

*SNOEK, C. J., *Matrimonio e institucionalización de las relaciones sexuales:* Concilium 55 (1970) 271ss.

*SOPEÑA, F., *Amor y matrimonio* (Madrid 1962).

THUBAULT, ODETTE, *La pareja* (Guadarrama, 1972) 207 págs.

*VIDAL, M., *Moral y sexualidad prematrimonial* (Madrid, P. S., 1971) 114 págs.

VARIOS, *Conversation on marriage:* The Furrow XIII 8 (1962).

*VON GAGERN, F., *Para esposos* (Buenos Aires, Guadalupe, 1964) 332 págs.

**WEBER, L. M., *On marriage, sex and virginity* (London, Burns and Oates, 1966) 144 págs.

**Bibliografía sobre matrimonio y liturgia:**

*BERAUDY-GAUDILLIÈRE-LE BOUSSE-MOUGEOT, *Le nouveau rituel du mariage* (Paris, Centurion, 1969) 92 págs.

COLABORACIÓN. *Évangélisation et sacrement.* IV: *Le Mariage:* Parole & Pain 53 (1972) 364-423.

— *Pour célébrer le mariage* (Paris, Brepols, 1970) (fichas).

— *Lectionnaire pour la célébration du mariage* (Paris, Brepols, 1971) (fichas).

*COMISIÓN EPISCOPAL ESPAÑOLA DE LITURGIA, *Ritual del matrimonio* (Madrid 1970) 157 págs.

*— *Ritual del bautismo de niños* (Madrid 1970).

**MARAVAL, J. B., *Sacrements et évangélisation* (Paris, Fleurus, 1970) 307 págs.

**RATZINGER, JOSEPH, *Il fondamento sacramentale della esistenza cristiana* (Brescia, Queriniana, 1971) 43 págs.

*SACRA CONGREGATIO RITUUM, *Ordo Celebrandi Matrimonium* (Typis Polyglottis Vaticanis, 1969) 40 págs.

*SACRA CONGREGATIO PRO CULTU DIVINO, *Rituale Romanum. Ordo initiationis christianae adultorum* (Typ. Polygl. Vat., 1972) 185 págs.

**USEROS, M., *Nuevo ritual y pastoral de la celebración del matrimonio* (Madrid, P. P. C., 1969) 145 págs.

*VALMASEDA, MARTÍN, *¿Por qué hace usted eso?* [Sobre la necesidad de la fe para recibir los sacramentos.] (Madrid, Editorial S. M., 1971) 31 págs.

*VINATIER, JEAN, *Pour une meilleure pastorale de la préparation au mariage:* La Maison-Dieu 112 (1972) 112-132.

**Bibliografía reciente:**

ACEBAL, J. L., *El proceso de disolución de vínculo en favor de la fe:* Ciencia Tomista 103 (1976) 3-26.

ADINOLFI, M., *Il matrimonio nella libertà dell'etica escatologica di I Cor:* Anton. 51 (1976) 132-164.

ALLMEN, VON, J. J., *Maris et femmes d'après Saint Paul* (Neuchâtel) 63 págs.

AMBROSANIO, A., *Mariage et Eucharistie:* NRT 98 (1976) 289-305.

ANDRÉE MICHEL, *Sociologie de la famille et du mariage,* Presses Universitaires de France ([2]1978) 264 págs.

ARZA, A., *Nuevo concepto del matrimonio y su influencia en las causas de nulidad del mismo* (Deusto-Bilbao 1974) 47 págs.

AUBERT, J. M., *L'indissolubilité du mariage face aux mutations de la société moderne:* Rev. Droit Can. 24 (1974) 323-333.

AUTORES VARIOS: *Couple et mariage* (Lyon 1981) 138 págs.

— *Psicología de la pareja* (Bilbao, Mensajero, 1977) 127 págs.

— *El vínculo matrimonial: ¿divorcio o indisolubilidad?* (Madrid, BAC, 1978) 577 págs.

— *Orientamenti educativi sull'amore umano:* Seminarium (1984) 1-254.

— *Evangelizzazione e matrimonio* (Nápoles, D'Auria, 1975) 268 págs.

— *La definizione essenziale giuridica del matrimonio.* Romae: Pont. Univ. Lateranense (1980) 175 págs.

— *Matrimonio civil y matrimonio religioso* (Paulinas-Marova, 1973) 263 páginas.

— En *Lateranum* (1978) 372 págs.

— *Mariage et divorce* (Paris, Recherches de Science Religieuse, 1974) 255 págs.

— *Realtà e valori del sacramento del matrimonio* (Roma, Las, 1976) 455 páginas.
— *Carta dei diritti della famiglia* (Edizioni Logos, 1984) 215 págs.
— *El cuerpo y la salvación* (Salamanca, Sígueme, 1975) 91 págs.
— *La teologia del matrimonio e i problemi dei matrimoni interconfessionali* (Elle Di Ci, 1980) 80 págs.
— *Prayers, poems, thoughts for marriage* (Londres 1984) 47 págs.
BHALBRAITHE DE, E., *The Ecumenical marriage:* The Furrow t. 32 (1982) 639-648.
BARRAL-BARON, A., *Les enjeux du mariage* (Paris, Cerf, 1977) 144 págs.
BELTRAO, P., *Sociología de la familia contemporánea* (Salamanca, Sígueme, 1975) 190 págs.
BENTIVEGNA, G., *In due per credere* (Nápoles, Dehoniane, 1977) 96 págs.
BARBERI, P., *La celebrazione del matrimonio cristiano* (Roma, Ed. Lit., 1982) 556 págs.
BERNHARD, J. Y OTROS, *Divorcio e indisolubilidad del matrimonio* (Barcelona, Herder, 1974) 212 págs.
BERNHARD, J., *L'exclusion de l'indissolubilité du mariage dans la pratique canonique de l'Église:* Rev. Droit Can. 27 (1977) 159-172.
BERSINI, F., *I cattolici non credenti e il sacramento del matrimonio:* Civ. Cat. (1976) 547-566.
— *Quod Deus non coniunxit, homo separet:* Monitor Eccl. (1976) 49ss.
— *L'esclusione della sacramentalità rende nullo il matrimonio cristiano:* Palestra del Clero, n.6 (1977).
— *Matrimoni che non si dovrebbero fare* (Ed. Paoline, 1977) 296 págs.
BERTRAND DE MARGERIE, *Mariage, développement, population mondiale:* Sacrements et développement intégral (París, Tequi, 1977) 35-73 págs.
BIBLIOTECA DI SCIENZE RELIGIOSE, *Realtà e valori del sacramento del matrimonio* (a cura di A. M. Triacca e G. Pianazzi) (Roma, Las, 1976) 455 páginas.
BOFF, L., *Le sacrement du mariage:* Concilium 87 (1973) 21-32.
BOROBIO, D., *Matrimonio cristiano... ¿para quién?* (Bilbao, Desclée, 1977) 205 págs.
BOTELLA LLUSIÁ, J., *La contracepción* (Madrid, Cupsa Editorial, 1977) 227 págs.
BOUDIER, P., *Mariages entre juifs et chrétiens* (Chalet, 1978) 157 págs.
BOURBON-BUSSET, *Homme et femme il les creá* (Fayard, 1969) 99 págs.
BRESSAN, L., *Il canone tridentino sul divorzio per adulterio e l'interpretazione degli autori* (Roma, PUG [Analecta Gregoriana], 1973) 366 págs.
CANTALAMESSA, R., *Etica sessuale e matrimonio* (Milán 1976) 487 págs.
CAPONE, D., *Fidanzamento, matrimonio, amore* (Roma, Academia Alfonsiana).
CAPRILE, *Il Sinodo dei vescovi 1980.* Edizioni "La Civiltà Cattolica" (1982) 842 págs.
CARDINALI, B., *Il rito del matrimonio nel processo delle culture:* Il matrimonio cristiano (Elle Di Ci, 1978) 185-225.
CERETTI, G., *Fede e matrimonio:* Riv. Lit. (1976) 552-562.
CENTRE CATHOLIQUE DES MÉDECINS FRANÇAIS, *Le couple et le risque de la durée* (Desclée, 1977) 209 págs.
CENTRE JEAN-BART, *Ou est la pastorale des mariages?* (Paris 1977).
CLERK (DE), P., *Des couples qui refusent de se marier:* La foi et les temps; t.4 (1974) 142-179.
CODY, P., *How God works in christian marriage: A Study Based en "Gaudium et spes"* (Roma, S. Thoma, 1981) 173 págs.

COMISIÓN TEOLÓGICA INTERNACIONAL, *Documentos 1970-1979* (Doctrina católica sobre el matrimonio 1977) (CETE, 1984) 284 págs.

COMMISSION THÉOLOGIQUE INTERNATIONALE, *Problèmes doctrinaux du mariage chrétien* (Louvain-la-Neuve 1979) 377 págs.

COMMISSIONE TEOLOGICA INTERNAZIONALE, *Proposizioni sulla dottrina del matrimonio cristiano:* CC 129 (1978) t.III, p.493-520; cf. en Gregorianum 59 (1978) 453-464.

CONFERENZA EPISCOPALE ITALIANA, *Evangelizzazione e sacramento del matrimonio,* en DELL'ORO, F. (ed.), *Il matrimonio cristiano* (Elle Di Ci, 1978) 398-433.

CROUZEL, H., *L'Église primitive face au divorce* (Paris 1971) 410 págs.

CHAMPLIN, J. M., *Unidos hasta morir. Preparación para celebrar el matrimonio y la ceremonia nupcial* (Santander, Sal Terrae, 1974) 142 págs.

CHARBONNEAU, P. E., *Curso de preparación para el matrimonio* (Herder, 1974) 242 págs.

DACQUINO, P., *Storia del matrimonio cristiano alla luce della Biblia* (Elle Di Ci, 1984) 718 págs.

DAVANZO, F., *Quale fede per il matrimonio-sacramento?:* Riv. Teol. Mor., t.14 (1982) 109-114.

DEGRACES, S., *Mariage religieux el civil,* en "An. Can." 20 (1976) 279-283.

DEISSLER, A., *Die Ehe in der Beibel,* en "Lebendige Seelsorge" (1977) Heft 3/4.

DELHAYE, PH., *Sessualitá: prospettive umane e cristiane* (Milán, O.R., 1976) 135 págs.

DESCAMPS, A., *Les textes évangéliques sur le mariage:* RTL 9 (1978) 259-286.

DESSERPRIT, A., *Le mariage, un sacrament (croir et comprendre)* (Paris, Le Centurion, 1981) 169 págs.

D'HEILLY, A., *Amour et sacrement* (Paris, Cerf, 1974) 139 págs.

DIDIER R., *Sacrement de mariage, baptême et foi:* Maison Dieu 127 (1976) 106-139.

DÍEZ MACHO, A., *Indisolubilidad del matrimonio y divorcio en la Biblia* (Madrid, Fe Católica, 1978) 346 págs.

DÍEZ MACHO, A., *El matrimonio es indisoluble:* Verbo (1977) 61-77.

DOMERGUE, M., *Croire aujourd'hui au mariage* (Desclée-Bellarmin, 1977) 129 págs.

DOYLE, T., *Marriage Studies I y II.* Catholic Univ. of America, 1980.

DUIBHDHIORMA, C. S. O., *The Tridentine Canon on the sacramentality of marriage* (Roma, PUG, 1978) 656 págs.

DUVAL, A., *Contrat et sacrement de mariage au Concile de Trente:* Maison Dieu 127 (1976) 34-64.

DYE, D.-HAMELINE, J. Y., *Bibliographie sélective sur le mariage:* Maison Dieu 127 (1976) 174-177.

EPISCOPADO ITALIANO, *Evangelizzazione e sacramento del matrimonio* (Elle Di Ci, Leumann [Turín 1977] 63 págs.).

EQUIPES ENSEIGNANTES, *Le jeunes, le mariage et l'Église* (Paris, Cerf, 1977) 88 págs.

EVDOKIMOV, P., *Sacrement de l'amour* (Paris, Epi, 1977) 270 págs.

FITZMYER, J. A., *The Matthean divorce texts and some new Palestinian evidence:* Theolog. Stud. 37 (1976) 197-226.

FLORIO, G.-LANDI, C., *Sessualità nella storia e nella Biblia* (Citadella Editrice, Asís 1984) 142 págs.

FOLGADO FLÓREZ, S., *Eclesiología del matrimonio cristiano:* Ciudad de Dios, t.193 (1980) 223-257.

GAALAAS, P., *In what sense can marriage be called a Sacrament:* Louvain Studies, t.8 (1980-81) 403-409.

GAMISASCA, M., *Il matrimonio nella riflessione di E. Schillebeeckx:* Studia Patavina 22 (1975) 542-562.

GARCÍA BARRIUSO, P., *Matrimonio y divorcio hoy en España* (Marid, BAC, 1984).

GATTI, G., *La vocazione al matrimonio.* Favale Ed. "Vocazione comune" 267-276.

GIL HELLÍN, F., *De dignitate matrimonii et familiae fovenda* (EUNSA, 1982) 424 págs.

GILBERT, M., *Une seule chair (Gen. 2.24):* NRT 100 (1978) 66-89.

GOLDMANN, O., *Matrimonios prematuros* (Buenos Aires, Paulinas) 101 págs.

LE GRAIN, M., *Questions autour du mariage.* Permanences et mutations (Salvator, 1983) 157 págs.

GONZÁLEZ, G., *¿Matrimonio civil para los bautizados?:* Ciencia Tomista CV (1978) 291-298.

GROETELAARS, M., *Casamento natural, casamento-sacramento e religiosidade popular:* REB 40 (1980) 60-87.

GUERRERO, F, *Antropología del amor según las enseñanzas de Karol Wojtyla* (Madrid, Adue, 1983) 142 págs.

GUTIÉRREZ, A., *Matrimonii essentia, finis, amor coniugalis:* Apoll. (1974) 92-130 y 416-470.

GUTIÉRREZ, S, *Il matrimonio* (Nápoles, SEN, 1974) 208 págs.

GUZIE, T, *A developing theology of marriage:* Way (1974) 268-278.

GUZZETTI, G. B., *Il nesso contrato-sacramento dei battezzati in un recente dibattito:* SC, t.110 (1982) 211-253.

HANIGAN, J., *What are they saying about sexual morality?* (Nueva York, Paulist Press, 1982) 121 págs.

HÄRING, B., *25 Jahre Katholische Sexualethik:* Studia Moralia XX/1 (1982) 29-65.

— *The Synod of Bishops on the family: Pastoral reflections:* Studia Moralia XIX/2 (1981) 231-257.

HOFFENBECK, A., *Privilegium petrinum* (St. Ottilien, Eos Verlag, 1976) 205 págs.

HORTELANO, A., *El amor y la familia en las nuevas perspectivas* (Salamanca, Sígueme, 1974) 258 págs.

IMBERDIS, P.-SEVEL, J., *Les sacrements de la foi* (Éditions Chalet, 1977).

JEDIN, H.-REINHARDT, K., *Il matrimonio* (Brescia, Marcelliana, 1981) 177 páginas.

JUAN PABLO II, *Amor y responsabilidad* (Madrid, Razón y Fe, 1978).

— *Carta de los derechos de la familia:* L'Osservatore Romano, edic. española, 27 nov. 1983, p.9-10.

— *Familiaris consortio* (1981).

— *La doctrina de la Iglesia sobre la transmisión de la vida en la comunidad conyugal* (audiencia del 22 de agosto de 1984). Cf. ibid. 26 agosto 1984, p.3.

— *La norma moral de la encíclica "Humanae vitae" sobre el acto matrimonial.* Cf. *L'Osservatore Romano,* edic. española, 22 julio 1984, p.3.

— *La preparación al matrimonio cristiano:* L'Osservatore Romano, edic. española, 19 agosto 1984, p.3.

— *Los cónyuges cristianos no procederán a su arbitrio, sino según la ley divina* (audiencia general del 1 de agosto de 1984): Ecclesia n.2186 (1984) p.7.

— *Toda política demográfica debe respetar al hombre* (a la Conferencia Internacional 1984 sobre la población). Cf. *Ecclesia* n.2186 (1984) p.12-13.

— *Es lícito el recurso a los períodos infecundos* (audiencia del 8 de agosto de 1984). Cf. ibid. 12 agosto 1984, p.3.

— *La paternidad y maternidad responsables a la luz de la "Gaudium et spes" y de la "Humanae vitae"* (1 de agosto de 1984). Cf. *L'Osservatore Romano*, edic. española, 5 agosto 1984, p.3.

— *Armonía entre las enseñanzas de la "Humanae vitae" y la "Gaudium et spes"* (audiencia del 25 de julio de 1984). Cf. *L'Osservatore Romano*, edic. española, 29 julio 1984, p.3.

KALAM, T., *Intimacy as the goal of both marriage and celibacy:* Jeevadhara t.11 (1981) 433-440.

KARRER, L., *Das fundamental Christliche-exemplarisch gelebt in der Ehe von Christen:* Theol. Jahrbuch (1981) 172-183.

KOCH, G., *Was heisst: "Die Ehe ist ein Sakrament?":* Theol. der Gegenwart 22 (1979) 75-81.

LAHIDALGA, J. M. DE, *La teología del matrimonio en el nuevo Codex:* Lumen (1984).

LARRABE, J. L., *Adopción antes que aborto,* en "YA" 15-VII-1984, p.6.

— *Bibliografía sobre el matrimonio* (hasta 1973), en *El matrimonio cristiano y la familia* (BAC, 1973) p.XIX-XXXV.

— *Casarse en el Señor-Casarse por la Iglesia:* Surge (1985) 1-16.

— *¿Matrimonio "ad experimentum"?:* Ya, 14-XII-1980.

— *Marriage "in Jesus Christ" in the early Church.* Ponencia presentada en IX International Conference of Patristic Studies (Oxford, 5-10 sept. 1983) 11 págs.

— *Mejor preparación al matrimonio:* Ecclesia 2025 (1981) 28-29.

— *Catequesis bíblica de los sacramentos:* Teología y Catequesis (1984) p.109-120, sobre todo "Este misterio es grande: hacia Cristo y la Iglesia" (p.118ss).

— *Casarse por la Iglesia, bastante más que un "acto social":* Ya, 17-VII-1983.

— *El Sínodo 1980 sobre matrimonio y familia:* Verdad y Vida (1980) 471-489.

— *Pastoral del matrimonio y de los divorciados:* Ecclesia 2054 (1981) 28-29.

— *Misión de la familia cristiana según el Sínodo 1980:* La Ciudad de Dios (1981) 3-23.

— *Algunos frutos del Sínodo del matrimonio:* Surge (feb. 1981).

— *Pastoral del matrimonio y de los divorciados* (Madrid, PPC, 1983. Col. Pastoral Aplicada).

— *Matrimonio cristiano y familia, hoy* (Madrid, PPC, n.164 de "Imágenes de la Fe"), 1983, 34 págs.

— *Amor humano y castidad (Del sexo a la vocación):* Imágenes de la Fe 186 (1984) 34 págs.

— *La familia cristiana hoy:* Familia cristiana XXXIII (1984) 16-17.

— *El sexo es una persona:* Familia cristiana (sept. 1984).

— *Indisolubilidad matrimonial y comunión eucarística:* Ya (28-XI-1980) página 29.

— *Postura cristiana ante el aborto* (Madrid 1985) 1.ª y 2.ª edición.

— *Primero, proteger la familia y sus derechos:* Ya, 25-I-1981, p.21.

— *Los derechos de la familia en el nuevo Código de la Iglesia:* Ecclesia 2019 (1981) 22.

— *Pastoral de noviazgo, matrimonio y familia* (Programa y materiales) (Madrid 1984).

LECLERCQ, J., *I monaci e il matrimonio. Un'indagine sul XII secolo* (Torino, Società Editrice Internazionale, 1984) 230 págs.

LECLERQ, M., *Le divorce et l'Église* (Paris, Fayard, 1969) 156 págs.

LEFEBVRE, CH., *Le privilège de la foi:* An. Can. 19 (1975) 169-170.

LEGRAIN, M., *Mariage chrétien, modèle unique?* (Chalet, 1978) 123 págs.

LEHMANN, K., *Glaube-Taufe-Ehesakrament:* Studia Moralia 16 (1978) 71-77.

— *Die christliche Ehe als Sakrament:* Theol. Jahrbuch (1981) 165-171.

LEKO, M., *Il problema etico del corpo (Un saggio di teologia biblica):* Studia Moralia XIII (1975) 67-107.

LISTECKY, J., *Indisolubility and the united Methodist Church.* Diss. (Roma, Univ. S. Th., 1981).

LISS, B., *The Ehe-Familie* (Friburgo, Herder, 1974) 240 págs.

LITURGICAL COMMISSION, *The new marriage book* (Londres, Redemptorist Publications, 1984) 48 págs.

LOCHT, P. DE, *Mariage et sacrement de mariage* (Centurion 1970) 247 págs.

— *Quale famiglia?* (Milán, Borla, 1975) 172 págs.

MANDEL, KARL H., Y ANITA STADLER ERNST, *Psicología de la pareja* (Bilbao, Mensajero, 1977) 127 págs.

MARANGON, A., *Aspetti del tema matrimonio-famiglia nell'AT:* Asprenas 22 (1975) 131-147.

MARK V. ATTARD, *Un servizio urgente: i consultori familiari:* Ecclesia Mater XXII (1984) 122-126.

MARTÍNEZ, M., *Vocación y sexualidad:* Col. "Teología y Biblia" (Los suplementos de "Vida Nueva") 1984, 32 págs.

MATABOSCH, A., *Divorci i Església. Estat de la questió* (Barcelona, San Paciano, 1977) 163 págs.

— *Divorcio e Iglesia* (Marova, 1979) 220 págs.

MATHON, G., *Mariage-ceremony ou mariage-sacrement? (À propos du mariage des mal-croyants. Mariage per étapes dans la préparation au mariage):* Questions Liturgiques t.62 (1981) 21-42.

METHOL FARRÉ, A., *Inserción del matrimonio-familia en la Teología de la Historia ("Familiaris consortio")* (Medellín 1984) 257-266.

MÉTRAL, M. O., *Le mariage* (París, Aubier Montaigne, 1977) 318 págs.

METZ, R. Y SCHLICK, J., *Matrimonio y divorcio* (Salamanca, Sígueme, 1974) 277 págs.

MICCI, C., *Fidanzamento in Cristo e nella Chiesa.* Note di pastorale prematrimoniale (Roma, Ed. Saggi ed Esperienze, 1976) 125 págs.

MOINGT, J., *Le mariage des chrétiens. Autonomie et mission:* RSR t.62 (1974) 81-116.

— *Le mariage des chrétiens:* "Mariage et divorce" (Paris, Recherches de Sc. Rel., 1974) p.219-254.

MOLINSKI, W., *Theologie der Ehe in der Genenwart* (Pattloch, 1976) 246 págs.

MOREIRA NEVES, L., *Il dinamismo apostolico della famiglia cristiana* (Roma 1980) 25 págs.

MRAWAK, J. D., *Sacramentalidade do matrimonio:* Sintese 4 (1975) 45-82.

NAIDOO, S., *Impressions of the 1983 Synod of Bishops:* Studia Moralia XXII/I (1984) 3-15.

NELLA FILIPPI, *L'amore come eros e come agape nella letteratura contemporanea* (Roma, Academia Alfonsiana, 1979) 171 págs.

NICOLÁS, J. H., *Homme et femme il les créa!* (Paris, Téqui, 1978) 152 págs.

— *Das Sakrament der Ehe,* en LUTHE, H. (ed.), *Christusbegegnung in Den Sakramenten,* p.533-595.

O'CALLAGHAN, D., *Power to dissolve:* Irish Theol. Quart. 42 (1975) 65-70.

O'RIORDAN, J., *Evoluzione della teologia del matrimonio* (Asís, Cittadella, 1975) 102 págs.

ORAISON, M., *Armonía de la paraja humana* (Madrid, Studium, 1967) 97 páginas.

PALMER, P. F., *Was not tut: eine Theologie der Ehe:* Internat. Kath. Zeitschr. (1974) fasc.5.

PASQUALIN, T., *Linee per un itinerario biblico dell'iniziazione al matrimonio:* Pres. Past. (1976) 221-231.

PASTORAL FAMILIAR (DELEGACIÓN DE), *Diálogo familiar: la nueva imagen de la familia* n.45, Arzobispado de Madrid (nov. 1984).

PATTARO, G., *Fidanzamento e matrimonio come esperienza di fede* (Brescia, Morcelliana, 1977) 140 págs.

PETRAS, D. M., *The Liturgical Theology of Marriage:* Diakonia, t.16 (1981) 225-237.

PICARD, N., *Exclusion de la procréation selon le droit matrimonial ecclésial:* Stud. Can. 10 (1976) 37-74.

PLE, A., *Par devoir ou par plaisir?* (Paris, Cerf, 1980) 283 págs.

POHIER, J., *La Théologie du couple* (Bruselas, CEFA) 48 págs.

POMPEI, A., *Saggio bibliografico sulla recente teologia del matrimonio:* Asprenas 22 (1975) 334-353.

POSPISHIL, V. J., *Divorcio y nuevo matrimonio* (Buenos Aires, Lohlé, 1969) 199 págs.

PRENNA, L., *Antropologia della coniugalità* (Città Nuova 1980) 177 págs.

PRETE, B., *Matrimonio e continenza nel cristianesimo delle origini (Studio su I Cor. 7,1-40)* (Brescia, Paideia Editrice, 1979) 280 págs.

RAHNER, K., *Marriage. Dimension Books* (Denville, New Jersey) 24 págs.

REGAN, A., *Human Body in moral theology. Some basic orientations:* Studia Moralia XVII (1979) 151-188.

RENKEN, J. A., *The Contemporary Understanding of Marriage. An Historico-critical Study of "Gaudium et Spes" (47-52) and its influence upon the revision of CIC.* Diss (Roma, S. Th., 1981) 585 págs.

REY-MERMET, *Ce que Dieu a uni...* (Centurion, [2]1977) 334 págs.

REYES CALVO, A., *Capacidad del sujeto en orden al matrimonio como comunidad de vida y amor* (Salamanca 1975).

RIEDMATTEN, H. DE, *Mariage et famille. Vision chrétienne et institution:* Nova et Vetera 52 (1977) 199-208.

ROGUET, A. M., *Homilías para el matrimonio y para el bautismo* (Santander, Sal Terrae, 1976) 145 págs.

SÁNCHEZ-NOGUERA, R., *Matrimonio: Realidad histórica institucionalizada y sacramentable* (Apuntes-reflexión a la doctrina de la Comisión Teológica): Communio (España) t.14 (1981) 51-79.

SANCTIS, C. DE, *Il pensiero della Chiesa sul problema del abbandonato senza colpa:* Apollinaris 48 (1975) 201-221 y 421-440.

SANNA, I., *Sacramentalità della famiglia: nota su i presuposti antropologici:* Lateranum 45 (1979) 304-319.

SARANO, J., *Significato del corpo* (Paoline, 1975) 209 págs.

SCHEFFCZYK, L., *Eucharistie und Ehesakrament:* Münch. Theol. Zeitschr. 27 (1976) 885-886.

SCHMEIER, J. A., *Marriage: New Alternatives:* Worsship t.55 (1981) 23-24.

SCHMITT, J., *L'acte positif de volonté en tant que cause de la nullité du mariage, selon le can. 1101,2:* Revue du Droit Canonique 34 (1984) 140-151.

SCHUMACHER, W. A., *The importance of interpersonal relations in marriage:* Stud. Can. 1 (1976) 75-112.

SCHURMANN, H., *Neutestamentliche Marginalien zur Frage nach der Institutionalität, Unauflösbarkeit und Sakramentalität der Ehe:* Studia Moralia XVI (1978) 31-45.

SIEGMUND, G., *Die menschliche Ehe in der Schöpfungordnung* (Entschluss, 1973) fasc.2.

SÍNODO DE OBISPOS, *La famiglia cristiana nel mondo contemporaneo* (Documentos oficiales y síntesis de las intervenciones) (Roma, Lugos, 1980) 288 págs.

SNOEK, J., *O que Deus unio o homem nao separe:* REB 35 (1975) 37-58.

SOTO, J. M., *El matrimonio "in fieri" en la doctrina de S. Ambrosio y S. Juan Crisóstomo* (Estudio comparativo) (Roma, PUG, 1976) 240 págs.

SQUICCIARINI, D., *Il privilegio paolino in un testo inedito di Ug. da Pisa (s. XII)* (Roma 1973) 114 págs.

S. Y. P. E. (Service Pastoral Familiale de la Roche-sur-Yon): *Nous préparons notre mariage* (abril 1977).

T. P., *¿Qué piensa Jesús de la familia?* (Madrid 1984, ad instar manuscripti) 59 págs.

— *La sexualidad según los Evangelios* (Madrid 1984, ad instar manuscripti) 54 págs.

TETTAMANZI, D., *Il matrimonio cristiano* (Studio storico-teologico) (1979) 368 págs.

— *Sposarsi nel Signore* (Commento e testo del documento "Evangelizzazione e sacramento del matrimonio") (Roma, Ave, 1975) 184 págs.

TIBILETTI, C., *Matrimonio ed escatologia:* Agostinianum 17 (1977) 53-70.

TORTI, G., *La stabilità del vincolo nuziale in Sant Agostino* (Florencia 1979) 105 págs.

TREVIJANO, J., *Matrimonio y divorcio en la Sagrada Escritura,* en *El vínculo matrimonial* (Madrid, BAC, 1978) p.3-59.

TRIACA, A. M., *"Celebrare" il matrimonio cristiano: suo significato teologico-liturgico:* Ephem. Lit. 93 (1979) 407-456.

VACA, C., *El sentido del cuerpo* (Cuadernos BAC, 1980) 32 págs.

VALKOVIC, M., *L'uomo, la donna e il matrimonio nella Teologia di Matthias Joseph Scheeben* (Roma, PUG, 1965) 197 págs.

VALLAURI, E., *Le clausule matteane sul divorcio. Tendenze esegetiche recenti:* Laurentinianum 17 (1976) 82-102.

VELA, L., *El matrimonio "communitas vitae et amoris":* Est. Eccl. 51 (1976) 183-240.

VENDRAME, G., *Dono e comunione. La meditazione sull'amore del pensatore russo P. Evdokimov:* Studia Moralia XVII (1979) 41-62.

VEREECKE, L., *Mariage et plaisir sexuel chez les théologiens de l'époque moderne (1300-1789):* Studia Moralia XVIII/2 (1980) 245-267.

— *L'étique sexuelle des moralistes post-tridentins:* Studia Moralia XIII (1975) 175-196.

VICARIATO DI ROMA, *Il consultori familiari* (Roma 1978) 111 págs.

VILLAREJO, A., *El matrimonio y la familia en la "Familiaris consortio"* (Paulinas, 1984) 387 págs.

VARGAS-MACHUCA, *Los casos de "divorcio" admitidos por S. Mateo (Mt 5,32 y 19,9):* Estudios Eclesiásticos 50 (1975) 5-54.

— *Divorcio e indisolubilidad del matrimonio en la S. Escritura:* Est. Bibl. 39 (1981) 19-61.

WALTER, K., *Zur Theologie der Christlichen Ehe* (Main, Grünewald, 1977) 96 págs.

WATTIAUX, H., *Vie Chrétienne et sexualité* (CLD, 1980) 189 págs.

WERNER WOLBERT, *Ethische Argumentation und Parënese in I Kor.7* (Patmos) 264 págs.

WOJTILA, K., *Amor y responsabilidad* (Razón y Fe, 1978) 347 págs.

**Bibliografía adicional:**

BRUGAROLA, M., *La trágica inercia ante la dramática exigencia de los métodos naturales:* Roca Viva 208 (1985) 191-198.

LARRABE, J. L., *Concepto y moral del matrimonio en la época "victoriana" de la Iglesia de Inglaterra:* Pastoral Ecuménica 4 (1985) 69-81.
— *Etica y pedagogía religiosa en la "Carta de los derechos de la familia":* Sinite (1984) 325-332.
MACÍAS, A., *Evangelización y sacramento del matrimonio* (Las Palmas).
MARUCCI, C., *Parole di Gesù sul divorzio* (Aloisiana, 16) (Brescia, Morcelliana, 1982) 452 págs.
NEUDECKER, R., *Wie Stehet heute mit den Worten Jesu zur Ehesheidung?:* Gregorianum 65/4 (1984) 719-724.
PRIVITERA, S., *L'indissolubilità del matrimonio nella Chiesa ortodossa orientale*, en Nicolaus (Riv. di teol. ecumenico-patristica) (1983) 77-114.
WACHINGER, L., *Die christliche Ehe und Familie. Ihre Chancen und Probleme heute:* Stimmen der Zeit (1985) 170-180.

# *EL MATRIMONIO CRISTIANO Y LA FAMILIA*

Primera parte

# *EL MATRIMONIO CRISTIANO A LA LUZ DE LA SAGRADA ESCRITURA*

# *INTRODUCCION*

*Dos aspectos fundamentales* hay que tener presentes en un estudio bíblico sobre el matrimonio, ambos esenciales para la debida comprensión del tema: el teológico y el histórico.

1. En cuanto al aspecto *teológico* se presupone la *fe,* es decir, la adhesión a Dios que revela el misterio de salvación, la aceptación de la Biblia como palabra inspirada por Dios. Esto comporta un estudio armónico, coordenado, de ambos Testamentos, porque sólo en la visión de su unidad se puede obtener la completa riqueza doctrinal y salvífica de la verdad revelada. El Antiguo Testamento (AT) se presenta como preparación del Nuevo (NT); éste, como cumplimiento y perfección de aquél: juntos presentan la dinámica integral de la alianza de Dios con los hombres, alianza salvífica para éstos.

En el AT será preciso estudiar este tema del matrimonio en una perspectiva de *expectación mesiánica;* este clima de adviento es el contexto fundamental para comprender bien la *purificación moral* y la educación del amor, que vendrán como frutos obvios de aquella expectación mesiánica.

2. Pero no hay que perder de vista la perspectiva *histórica* del matrimonio cristiano, del matrimonio en la historia de la salvación. Y es que la revelación bíblica no se presenta como un sistema doctrinal, sino como revelación del misterio de salvación en la historia. Sería sin duda equivocada una construcción meramente ideológica del matrimonio que no tuviese en cuenta este dinamismo, no sólo por el peligro de anacronismo, sino también porque tal exposición perdería el sentido de vitalidad inherente al designio divino salvífico, que se desarrolla históricamente.

El tema del matrimonio se presenta con un interés singular porque entra como componente de dos elementos fundamentales de la revelación: en primer lugar, el misterio de la *salvación,* es decir, de la alianza de Dios con los hombres en Cristo (mesianismo); y en segundo lugar, la *educación moral* de los hombres en el seno de esta misma alianza, como correspondencia al mensaje divino salvífico.

La revelación bíblica se presenta como la historia de la

salvación de la humanidad, que se realiza a través de una comunidad o pueblo elegido, el cual debe formar progresivamente el ambiente adaptado a la venida del Mesías Redentor, para que, por fin, se difunda en todo el mundo el mensaje de salvación: Dios ha elegido para la alianza con los hombres un pueblo en un determinado período histórico, en un ambiente religioso-moral concreto, y lo ha educado progresivamente en el seno de esa misma alianza.

Este plan divino se hace visible gradualmente en la Biblia; pero para descubrirlo en su dinámica interna y visible, hay que recorrer sus diversas fases, en este tema del matrimonio como en todos los demás, no contentándose con citar algún que otro texto de la Biblia, mucho menos traído para "nuestros fines"...

## Capítulo I

# *EL MATRIMONIO EN EL ANTIGUO TESTAMENTO*

Desde las primeras páginas del Génesis hasta las últimas del Apocalipsis, la palabra de Dios es rica en enseñanzas acerca del matrimonio: sobre la naturaleza salvífica (en la alianza) de la sociedad que hombre y mujer realizan en el matrimonio de acuerdo con la voluntad de Dios; sobre los fines (también salvíficos) de esa misma comunidad matrimonial, y las leyes fundamentales que Dios le ha asignado, dándole un carácter salvífico al matrimonio desde su origen mismo.

### Tres fases fundamentales

En conformidad con la doble coordenada, histórico-doctrinal, a que hemos aludido anteriormente como necesaria, podemos distinguir tres etapas o fases fundamentales en el tema que nos proponemos estudiar. Son las siguientes:

## *I. El plan de Dios sobre el matrimonio*

Hay dos relatos en el Génesis sobre la creación de hombre y mujer y la formación de la pareja humana. El ver su contenido y diferencias es algo fundamental para la debida comprensión de la doctrina y moral del matrimonio[1].

### 1. Una ayuda semejante

El relato del Gén 2,18-25 es el más antiguo de los dos: pertenece al documento yahvista del Pentateuco (hacia el s.X a.C.) y sus características son: el estilo vivo y las descripciones de mucho colorido psicológico. Y la riqueza de expresiones en tema tan delicado: "no es bueno que el hom-

[1] Ya hemos dicho, que doctrina e historia están armonizadas en la Sagrada Escritura.

bre esté solo"; "hagámosle una ayuda semejante"; "serán dos en una carne", etc.

El concilio Vaticano II comienza citando este texto bíblico al comienzo mismo del capítulo sobre el amor matrimonial; lo hace para corroborar la primera y fundamental afirmación conciliar de que "muchas veces la palabra divina invita a los novios y a los casados a que alimenten y promuevan con casto amor el noviazgo, y con amor único el matrimonio, respectivamente"[2].

En efecto, de todas las invitaciones divinas, la primera y original es ésta que cita el concilio en la nota 10 del capítulo conciliar sobre el amor matrimonial. Ya hemos dicho que pertenece al documento yahvista del Pentateuco; y la tradición yahvista es la primera de las cuatro que lo integran. La obra del yahvista es de síntesis tanto en el fondo doctrinal como en la forma misma de tratar. Su contenido fundamental se puede ofrecer en los siguientes puntos:

a) *Soledad del primer hombre:* "No es bueno que el hombre esté solo"[3]. Dios, habiendo hecho al hombre, expresa con solicitud la soledad en que se encuentra; y decide, en consecuencia, hacer para él una ayuda que le sea semejante, es decir, un ser que, a diferencia de todos los demás elementos visibles y vivientes, le sea proporcionado: un ser con quien pueda conversar, colaborar, complementarse en todos los sentidos[4].

b) *Igualdad fundamental de hombre y mujer:* Se refiere a la igual dignidad personal de hombre y mujer en su naturaleza humana y en su vocación sobrenatural. Se trata de una verdad demasiado olvidada en el Oriente antiguo, en las religiones extra-bíblicas; y no sólo entonces, sino que es tentación de todo tiempo. Por eso el concilio Vaticano II desea y manda que no se descuide la legítima promoción de la mujer[5].

c) *Poderoso y misterioso atractivo mutuo* entre el hombre y la mujer. La reflexión de Gén 2,21-24 tiene un interés extraordinario para la doctrina matrimonial, sobre todo en

[2] *Gaudium et spes* (GS) 49.

[3] Gén 2,18.

[4] GRELOT, P., *Le couple humain dans l'Écriture* (Paris, Cerf, [2]1964) p.35ss.

[5] GS n.52.

la perspectiva en que es retomada e interpretada por Cristo: "¿no habéis leído que el Creador desde el principio los hizo varón y mujer, y que les dijo: por esto el hombre dejará a su padre y a su madre, y se unirá a su mujer, y serán los dos una sola carne?"[6]. En aquellos y estos versículos se describe un problema acuciante de todos los tiempos: el poderoso y misterioso atractivo del hombre hacia la mujer, y viceversa. De ahí la expresión de alegría del primer hombre al ver junto a sí a la primera mujer[7].

d) *Unión total e íntima:* Se trata, en efecto, de una unión más íntima y prevalente que la de padres a hijos[8], de características fundamentalmente distintas, ya que se trata de una unión también física, carnal y conyugal; no sólo espiritual, psicológica, moral, personal. Todo esto está comprendido en el texto hebreo *dabaq:* aglutinar, adherirse, unirse íntimamente. La Vulgata traduce por la expresión *adhaerebit uxori suae:* "se adherirá a su mujer"[9].

La expresión bíblica "una carne" (serán los dos una sola carne), expresión al mismo tiempo clara y enigmática, sugiere en un primer plano la unión conyugal mediante el acto carnal; pero tiene también un sentido más pleno y total, es decir, también espiritual, psicológico, moral, etc.[10]. Y es que el término "carne", tomado en el sentido bíblico de este contexto, designa a la persona misma, ya que la mentalidad judía les llevaba a considerar a la persona por sus contornos externos y visibles: corpóreos. Donde está el cuerpo está todo (no en el sentido de que el cuerpo lo sea todo). Este es el sentido de las expresiones bíblicas: "morirá toda carne", "revivirá toda carne", etc.

e) *Exclusión de la poligamia y divorcio:* Es la consecuencia que se deduce de la afirmación anterior, en la que el texto bíblico ha expuesto el plan divino primitivo como unión completa del matrimonio: unión de alma y cuerpo, espíritu y carne, pensamiento y voluntad. Ahora bien, si son una misma carne, estará claro que es ilícito *(contra naturam)* dividir y separar al hombre y a su mujer, así unidos

[6] Mt 19,4-5.
[7] Gén 2,23.
[8] Ibid., 2,24.
[9] Ibid., 2,24.
[10] GELIN, A., *Le mariage d'après l'A.T.:* Lum. et Vie 4 (1952) 13-15.

entre sí en una unidad superior y de sangre; tan antinatural como separar toda carne despedazándola[11].

El texto sagrado subraya la característica estable y firme de esta unión; una unión motivada por una atracción tan poderosa y misteriosa de ambos sexos y fundada en su complementariedad mutua. Razón tiene el concilio Vaticano II a este respecto cuando afirma que "esta íntima unión de los esposos, puesto que se trata de la donación mutua de dos personas, así como también el bien de los hijos, exigen plena fidelidad de los esposos entre sí y urgen su unidad indisoluble"[12].

Sólo el pecado constituirá una brecha en esta unidad y traerá consigo una ruptura tan violenta, que se irá abriendo más y más en el AT por la línea del pecado. Es interesante observar a este respecto que es uno de los descendientes de Caín, Lamek, el iniciador de la poligamia[13]. En cambio, los patriarcas descendientes del linaje de Set son monógamos, por ejemplo, Noé[14].

En resumen, la fuerza misma de la imagen bíblica "una carne", considerada en el texto y en el contexto, hace comprender que, en el plan divino primero acerca del matrimonio, la conjunción de hombre y mujer excluye de sí la poligamia y el divorcio[15].

Es de notar también otra característica importante de este primer relato bíblico acerca del matrimonio: es su *perspectiva personalista;* es decir, la sexualidad y el matrimonio en este texto primitivo (anterior al del capítulo primero del Génesis) son considerados, ante todo, desde el punto de vista del complemento mutuo de los esposos en su unión de amor; mientras que el relato del capítulo primero de este mismo libro bíblico es más *institucionalista* (quiere decir que mira más al matrimonio como institución): quiere explicar cómo es la institución divina del matrimonio en su origen. Veamos ahora qué características y contenido doctrinal tiene este relato del capítulo primero del Génesis.

[11] P. ADNÈS, *Le mariage* (Desclée, 1961) p.9.
[12] GS 48.
[13] Gén 4,19-24.
[14] Gén 7,7.
[15] ADNÈS, l.c.

## 2. La institución matrimonial según Dios

Es la segunda narración de la creación de la pareja humana[16]. Pertenece al género sacerdotal (s.V a.C.), que gusta de enfocar los problemas desde el punto de vista institucional, social, jurídico. Pero también, y sobre todo, desde el punto de vista *teológico*, como puede comprobarse por los siguientes rasgos: el hombre y la mujer son imagen de Dios (v.26); el sexo es bueno, por ser creación de Dios (v.27); la fecundidad es fruto de la bendición de Dios (v.28).

Dios aparece en este relato *uniendo* y bendiciendo el matrimonio. Esa es la misión de Dios: unir. Más tarde, en el capítulo tercero, hará aparición en la escena del matrimonio el "separador"[17].

La monogamia e indisolubilidad son sugeridas también en este relato: en efecto, "varón y mujer" (en singular) los hizo Dios (v.27); Dios une y bendice esta unión matrimonial (v.28). En este mismo sentido (de unidad e indisolubilidad) interpretará Cristo este texto al decir a los fariseos: "¿no leísteis que el Creador desde el principio los hizo varón y mujer y que dijo: por eso el hombre dejará a su padre y a su madre, y se unirá a su mujer, y serán los dos una sola carne? De tal manera que ya no son dos, sino una sola carne. Por lo tanto, lo que Dios ha unido, ya no lo separe el hombre"[18].

### Conclusión y síntesis

Presentando ahora sintéticamente el resultado unitario y coherente de los elementos matrimoniales de ambas narraciones bíblicas, la unión de hombre y mujer en el plan divino del matrimonio se nos aparece como: *a)* una sociedad primaria y elemental: el hombre es esencialmente social: su misión es gobernar el mundo de lo creado, tarea ésta que no se realiza en el aislamiento de uno de los dos seres humanos; *b)* una sociedad nacida inmediata y libremente de la libre voluntad humana; *c)* para la unión mutua y procreación y educación de los hijos.

[16] Gén 1,26-28.
[17] Gén 3,1ss.
[18] Mt 19,4-6.

## *II. Pecado y matrimonio*

Inmediatamente después del capítulo segundo del Génesis, donde todo es aprobación, porque todo proviene de Dios, viene el relato del pecado original[19]. Y surge obviamente el problema acuciante: este pecado, ¿tuvo algo que ver con el matrimonio *en sí,* o es que solamente tuvo *efectos* perniciosos en el orden sexual? La pregunta es ésta: ¿el pecado original, en sí mismo, fue pecado de orden [desorden] sexual, o fue pecado de orgullo y desobediencia, teniendo —en todo caso— efectos perniciosos en el orden matrimonial?

La respuesta común ha sido siempre que el pecado de origen fue de orgullo y desobediencia (no sabemos en qué materia concreta). De todas formas es imposible tratar este tema sin hacer referencia al capítulo tercero del Génesis.

Sabido es que los críticos en general[20] señalan en Gén 2-3 el comienzo de una historia sagrada yahvista, que se va desarrollando a través de todo el Pentateuco y presenta algunas afinidades con otras narraciones de los primeros profetas. El conjunto puede pertenecer a una composición de la época salomónica, tal vez ampliada posteriormente[21]. Comoquiera que sea, los autores responsables del Pentateuco integraron ese fragmento en un relato sacerdotal de la creación, de carácter más teológico y litúrgico. Los textos yuxtapuestos de ese modo suministraron a la teología unos datos de características diferentes (ya lo hemos visto), pero con frecuencia complementarios, y en todo caso muy significativos.

En primer lugar, cabe señalar con Grelot[22] que el fragmento a que nos referimos (de Gén 3) no es en manera alguna un cuento popular, ingenuo y sin doble intención. Procede de la literatura sapiencial, profundamente imbuida de las preocupaciones, del lenguaje y de los procedimientos literarios de una sabiduría que se desarrolló precisamente en Israel a partir de la época salomónica. Los temas de reflexión, frecuentes en aquella sabiduría, reaparecen aquí en una

[19] Gén 3,1ss.

[20] CHAINE, *Le livre de la Génèse* (Paris 1948) p.31-55; R. DE VAUX, en *Bible de Jérusalem,* nota *d;* H. CAZELLES, *Pentateuque:* DBS 7 col.771; CH. HAURET, *Origines:* DBS 6 col.817-924.

[21] GRELOT, P., *El problema del pecado original* (Herder, 1970) p.48-49.

[22] ID., ibid.

perspectiva renovada, caracterizada por la revelación del Dios vivo y verdadero, la realidad de su designio de salvación y de sus promesas, las normas de vida señaladas mediante *la alianza* y la ley: el problema del bien y del mal, de la felicidad y de la desgracia, de la sabiduría y del pecado, de la condición humana y de la muerte. El sutil análisis psicológico de las relaciones entre el hombre y la mujer, de la tentación, de la conciencia de pecado, indican una sorprendente observación de las realidades humanas, que tiene sus paralelos en los Proverbios y demás libros sapienciales. Si se tiene en cuenta que la reflexión sapiencial fue, en cierto modo, el primer ensayo de una teología reflexiva, en que los datos de la fe maduraban integrando los problemas que planteaba la vida práctica, es evidente que entramos aquí a pie lleno en teología[23].

## El pecado fundamental

Exegetas antiguos y modernos fundamentalmente están de acuerdo en este punto, y es de capital importancia; a saber, que el pecado fundamental consistió en constituirse en norma propia del bien y del mal al margen de Dios: "la seducción del fruto[24], que podríamos traducir por la falsa ciencia, consiste en que el hombre, al apropiárselo, se persuade de que se constituye a sí mismo en una condición divina", dice Grelot[25].

Tocamos aquí la raíz misma del pecado humano. Los pecados particulares pueden clasificarse en función de los mandamientos quebrantados. Pero si la atención se centra y se polariza en averiguar contra qué ley concreta versó la desobediencia, se corre el riesgo de desfigurar y oscurecer lo que constituye su verdadera gravedad: detrás de la desobediencia concreta hay que saber discernir el pecado por antonomasia, que consiste en usurpar un atributo exclusivo del Creador, juzgándose capaz por sí mismo de conocer y decidir el bien y el mal. De esta manera el hombre deja de reconocer ante Dios su condición de criatura, intentando exceder sus límites [creaturales] y constituyéndose a sí mismo creador de los va-

[23] Id., ibid.

[24] Gén 3,6.

[25] Grelot, l.c., p.68-70.

lores, "llamando al bien mal y al mal bien"[26]. Tal es la cuestión fundamental subyacente en la noción misma de la ley divina. La ley no es algo sobreañadido al hombre desde el exterior; es una parte integrante del mismo hombre, que lo define en cierto modo. Ser, para el hombre, es colocarse en una justa relación respecto de Dios; pero tiene la posibilidad [libre] de negarse a ello y atribuirse a sí mismo funciones divinas; y el partido que tome a este respecto determinará el modo de realización que caracterizará sus relaciones con el mundo[27].

Todos los frutos del jardín [de este mundo] se dan al hombre para su uso; mas "conocer el bien y el mal" (en el sentido anteriormente indicado) ¡es algo muy distinto! Al parecer, el narrador proyecta en los primeros padres lo que a sus ojos constituye la esencia misma del pecado, subyacente en toda transgresión particular, cuya motivación profunda constituye. Al mismo tiempo nos descubre claramente el carácter espiritual y religioso del pecado, en cuanto es una elección decisiva de la libertad humana en oposición a Dios. Pues no hay dominio alguno en que el hombre pueda actuar sin tomar posición respecto de Dios, sin aceptarse o no en su condición de criatura: tal es la ley absoluta de la existencia, más o menos percibida, aceptada o rehusada. El antiguo autor [yahvista] sentía eso con agudeza, y exactamente en este plano colocó la prueba de Adán y Eva. No se trata, pues, de una prueba enteramente extraña a nuestra condición y a nuestra común experiencia: al contrario, nos encontramos con ella en todos los recodos de nuestra vida[28].

De este modo llegamos hasta la reflexión del autor sobre la condición humana y sobre el sentido de la existencia. Más allá de los males de esta vida terrestre, más allá aún de la perspectiva de la muerte, diagnostica la causa profunda que está en el origen de todo mal: la ruptura entre el hombre y Dios, es decir, el pecado en su esencia espiritual. "Y no por tratarse de una verdad de aplicación universal se sigue que no haya tenido lugar una primera realización en los comienzos de la humanidad"[29].

[26] Is 5,20.
[27] GRELOT, l.c., p.69-70.
[28] ID., ibid.
[29] ID., ibid.

## Interpretación convergente

Esta ha sido la interpretación común, antigua y moderna, de la pregunta fundamental en torno al relato de Gén 3: a la pregunta, ¿en qué consistió fundamentalmente el pecado?, la respuesta común fue la de que, en definitiva, se trataba de orgullo y desobediencia. Y San Agustín había afirmado clara y repetidamente que se trataba de pecado de desobediencia, cuya raíz fue el orgullo[30].

Santo Tomás insiste asimismo en que fue pecado de orgullo y desobediencia, si bien *sus efectos* fueron perniciosos también en el orden sexual, alterando profunda y negativamente el equilibrio sexual[31]. "Fue un pecado mortal de soberbia", dice en otro lugar[32].

Uno y otro, San Agustín y Santo Tomás, convergen también y coinciden en hacer una advertencia (teológica y psicológica) de perenne actualidad: la de que antes se pierde la santidad del alma por el orgullo que la del cuerpo por la impureza[33].

No es de ahora, sino que data desde la tradición patrística y teológica, la interpretación fundamental que dan los exegetas modernos al texto bíblico que estamos comentando: "seréis como dioses"[34]. Lo que esto significa, dice Santo Tomás, es que quisieron *determinar por sí mismos* lo que es bueno o malo para obrar[35].

El pecado consistió también en que quisieron obtener por sí mismos y por sus propias fuerzas lo que les faltaba para la felicidad plena, dejando al margen —en uno y otro problema— a Dios, su sabiduría, su fuerza y su norma divina[36].

Aquel pecado, como todo otro pecado, no era solamente un desorden moral, sino que, de alguna manera involucraba una corrupción del concepto mismo de Dios, al haber creído que la ley prohibitiva de Dios era por una especie de envidia y competencia: como si Dios tuviera que tomar precauciones

[30] *De civitate Dei* XIV c.11ss.
[31] II-II q.105 a.2 ad 3.
[32] I-II q.89 a.3 ad 2.
[33] *De civ. Dei* I c.18: PL 41,32.
[34] II-II q.153 a.2, comentando Gén 3,5.
[35] II-II q.163 a.2.
[36] II-II q.163 a.2, *in fine.*

legales para que Adán y Eva no fueran semejantes a El. Ahora bien, atribuir a Dios semejantes intenciones, envidiosas y egoístas, corrompe de alguna manera la noción misma de Dios; a Dios Creador no puede faltar ninguna de las perfecciones que el hombre tiene. Y es que la esencia misma de la actividad creadora consiste precisamente en comunicar el bien[37].

Fue pecado contra Dios y contra el prójimo: no sólo hubo pecado, sino también "sugerencia" de pecado[38]. Y existe pecado aun cuando se consienta en él por una especie de condescendencia mal entendida.

## Las consecuencias del pecado

La interpretación, antigua[39] y moderna[40], de la actitud fundamental en que consistió el pecado *en sí mismo* es convergente y hasta coincidente, a juzgar por todo lo que venimos diciendo.

Ahora se trata de ver *sus consecuencias* en el orden sexual, sus efectos perniciosos en el campo de la sexualidad: en sí misma, relacionalmente y de cara a Dios. El estudio de estos efectos es necesario teológica y pastoralmente, si se quiere ir a la raíz misma de los males y orientarlos hacia la verdadera solución. Así lo hizo el concilio Vaticano II en su constitución pastoral "sobre la Iglesia en el mundo de nuestro tiempo", señalando desde el principio con realismo las sombras que, también hoy, se proyectan sobre la faz del matrimonio, que se ve oscurecida por la poligamia, el divorcio, el amor libre y otras deformaciones[41]. Además, sigue insistiendo el concilio, el amor matrimonial, muy frecuentemente, se ve profanado por el egoísmo, por el hedonismo (búsqueda de placer a ultranza) y usos ilícitos contra la generación[42].

También aquí el concilio ha querido acudir a la base

[37] LYONNET, E., *De peccato et redemptione* I (Roma, Inst. Bibl., 1957) p.29-37. Cf. SANTO TOMÁS, I q.44 a.4.

[38] II-II q.163 a.4.

[39] Cf. supra, notas 33 y 34.

[40] De Vaux, Lyonnet, Dubarle, etc.

[41] GS 47.

[42] GS 47.

bíblica (Gén 3) para la debida inteligibilidad del origen y sentido de estos [y otros] males que afectan al matrimonio y a la familia. El problema del mal, en general, es el problema angustioso de hoy y de siempre; el mal ha penetrado también en la zona más íntima, humana y sagrada, del matrimonio mismo. También aquí su presencia causa y plantea vivamente una gran interrogación; la siguiente: ¿qué es de Dios y qué conduce a Dios en el orden sexual?; ¿qué es pecado y conducente —en definitiva— a la infelicidad? A esto ha querido responder en primer lugar la constitución *Gaudium et spes* a la luz del Evangelio y de la sabiduría humana en lo que tiene de convergente y universalmente válida[43].

Sea cual fuere la naturaleza exacta del primer pecado en sí mismo, lo cierto es que hirió profundamente el plan de Dios sobre las relaciones de hombre y mujer: tuvo simplemente un resultado nocivo y negativo para el matrimonio; en efecto, la mujer misma, en lugar de ser la ayuda semejante, tal como Dios ha pensado y hecho en su plan primero, puede tornarse ella misma tentadora[44]. El varón adopta a veces la actitud poco noble de excusarse a sí mismo acusando a la mujer; y la acusación llega de una sola vez hasta el mismo Dios: "la mujer que tú me diste"[45]. Es una expresión amarga que el hombre lanza con una misma frase en ambas direcciones: hacia la mujer y hacia el mismo Dios. Algo ha cambiado, pues, en las relaciones mutuas y para con Dios. ¿Qué? Veámoslo.

## Antes del pecado

Refiriéndose de alguna manera a la condición moral de ambos, el capítulo segundo del Génesis termina con una afirmación positiva de la sexualidad diciendo: "estaban ambos desnudos y no se avergonzaban"[46]. El autor sagrado, en el estilo literario propio del yahvista, quiere indicar que no había turbación, sino paz y serenidad, como reflejo externo y visible de la gracia. Había confianza y estima mutua, como

[43] GS 46.
[44] Gén 2,18, en relación con Gén 3,6.
[45] Gén 3,12.
[46] Gén 2,25.

frutos del amor; y buenas relaciones con Dios: gozaban de la presencia amigable de Dios; expresiones bíblicas, todas ellas, que denotan a su modo toda una transparencia en la actitud de caridad: mutua y para con Dios[47].

## Después del pecado

Nace la vergüenza[48], que no significa solamente —ni principalmente— aquel desorden de la sensibilidad que los teólogos llaman con el nombre de concupiscencia, entendiendo por tal una incapacidad de integrar en perfecta libertad los impulsos e inhibiciones de la facultad sensible e irascible; sino también una inseguridad e imprecisión que invade todo el campo de las relaciones entre el hombre y la mujer, y que no se resuelve solamente con la "información moral" sobre estos temas, por muy clara que ésta sea, sino que se requerirá también la presencia de gracia interior, sanante y elevante; con relación a Dios se rompen asimismo aquellas buenas relaciones iniciales; y, como señal de este rompimiento, rehúyen la presencia de Dios: *oyen* los pasos de Dios..., *temen,* y *se esconden* de la faz del Señor[49].

"La mujer parirá con dolor"[50]: léase esta frase en relación con el capítulo primero del Génesis, en que aparece el matrimonio de cara al deber de la procreación, siendo ésta como fruto de la bendición de Dios; pero ahora la procreación se hace difícil para la mujer, la cual aparece como sometida a una especie de contradicción interior: por una parte, está su gran vocación a la maternidad; por otra, la dificultad y la resistencia ante el dolor. Además, tampoco para el hombre será fácil una paternidad amplia y generosa: el carácter penoso del trabajo y otras sombras, nacidas del pecado, de la injusticia y del egoísmo, inciden con signo negativo en esta tarea y misión.

Todavía hay otra advertencia bíblica, negativa para ambos (para el hombre y la mujer), que surge y se menciona en este contexto de pecado del capítulo tercero del Génesis: se

[47] Cf. McKenzie, J. L., *The literary characteristics of Genesis* 2-3: Theol. Stud. 15 (1954) 541-572.

[48] Gén 3,7-8.

[49] Gén 3,10.

[50] Gén 3,16.

trata de una especie de contradicción misteriosa, nacida del pecado y que puede conducir a él: la tentación del varón de "dominar a la mujer"[51]. Por un lado, está el poderoso y misterioso atractivo mutuo, proveniente de Dios[52], que la mujer es ayuda semejante para el varón, de igual dignidad que éste; así en el plan de Dios; pero, por otro, el pecado lleva al varón a querer "dominarla"... Ahora bien: ¿de qué manera hay que interpretar este "dominio", estos puntos suspensivos, que están en la Biblia misma, concretamente en el capítulo del pecado?[53].

*De dos maneras* ha sido entendida generalmente por los exegetas y teólogos esta tentación de predominio que, a raíz del pecado, tiende a darse por parte del varón sobre la mujer:

1. ¿Una dominación *jurídica y social?* Así había sido entendida por mucho tiempo y por no pocos autores tradicionalmente, basándose en una falsa, o al menos indemostrada, tesis: por haber tomado la iniciativa en el pecado, la mujer se vería ahora sometida jurídica y socialmente al marido. Para Santo Tomás, la consecuencia del pecado [original] no estaría en el sometimiento mismo de la mujer al varón, sino en el carácter *penoso* de esta misma obediencia de la mujer al marido, en el sentido de que el pecado, al disminuir el amor, tiende a presentar dicha obediencia prevalentemente como *jurídica* más que de *amor* matrimonial. La disminución del amor hace que haya —aun en el seno mismo del matrimonio— oposición de voluntades, que a veces se da en puntos demasiado fundamentales, es decir, en los que puede haber seria objeción de conciencia...[54]

2. ¿Tentación de *dominio sexual?* A ésta se referiría el texto sagrado según muchos autores, preferentemente exegetas modernos de este pasaje. No les faltan razones para pensar así; por ejemplo, la confluencia de imágenes bíblicas utilizadas por esta narración en este mismo capítulo: el árbol prohibido, la fruta prohibida, la serpiente, la mujer tentadora, etc.

Desde todas estas consideraciones surge incluso la pre-

[51] Gén 3,16.
[52] Gén 2,18-25; 1,26-27.
[53] Gén 3,16.
[54] II-II q.164 a.2 ad 1: "mulier contra propriam voluntatem [conscientiam] necesse habet viri voluntati parere".

gunta de si el pecado original *en sí mismo* habría sido también un pecado sexual. La hipótesis, lanzada sin más valor que el de una sugerencia por parte de sus mismos autores, y avalada a su juicio por las confluencias de imágenes bíblicas del ámbito sexual, se ramifica, a su vez, en varias otras hipótesis concretas; las siguientes: *a)* la teoría del uso prematuro supone que los protoparentes habrían aparecido en un principio como niños o adolescentes; de ahí el mandato del Señor de *"creced* y [luego] el de multiplicarse"[55]; *b)* pecado contra el fin procreador del matrimonio: teoría esta que supone (al menos lanza la hipótesis) de que los primeros padres habrían cometido pecado contra el precepto divino de "multiplicarse"[56]; *c)* podía haber sido también un pecado contra la santidad del matrimonio por haber invocado —en apelo idolátrico— a las divinidades naturalistas de la fertilidad, representadas en el relato bíblico por la serpiente (tal como lo hacían no pocos pueblos extra-bíblicos), en lugar de acudir al Dios vivo y verdadero, Creador de toda vida; *d)* existe igualmente la hipótesis, vaga y al mismo tiempo sugerente, de que aquellos esposos se habrían relacionado entre sí, no con un amor auténtico y verdadero, participación del amor de caridad con que Dios los ama[57].

## Recapitulación

En resumen, las consecuencias del pecado en el ámbito de lo sexual y matrimonial, pueden quedar sugeridas en las siguientes consideraciones, tomadas de lo que anteriormente hemos dicho:

1. Una actitud de orgullo e independencia excluyendo a Dios de todo este ámbito vital.

2. Una actitud de prepotencia del hombre sobre la mujer, de usar y abusar de la mujer en orden a conseguir de ella unos fines egoístas del hombre; y una especie de curiosidad malsana de toda clase de experiencias; por otro lado, dudas, ambigüedad y vacilaciones.

[55] Gén 1,28.

[56] Gén 1,28.

[57] Cf. BOUYER, L., *Le Trône de la sagesse* (Paris 1957) p.21-23; cf. también COPPENS, J., *La connaissance du bien et du mal et le Péché du Paradis* (Bruges-Paris 1948) p.24-26.

3. Cierta rebeldía que brota interiormente ante la sola mención del precepto de Dios, mal interpretado, desde luego.

4. Del desorden *interior* del alma, del apetito interior, se llega al desorden *exterior;* el psicólogo más moderno estará de acuerdo a este respecto con unas observaciones fundamentales que Santo Tomás hizo sobre el objeto de la castidad, de la castidad psicógena, diríamos hoy: *a)* el objeto principal directo de la castidad es moderar el deseo interior, es decir, el apetito desordenado del placer a ultranza; *b)* la castidad modera también el orden sexual externo: sus manifestaciones corpóreas y las expresiones afectivas en nuestras relaciones de alteridad; *c)* como objeto consecuente, esta virtud modera y supera asimismo las tristezas provenientes de la ausencia de tales placeres [ilícitos][58].

5. Un proclamarse a sí mismo, o a sí mismos, como norma propia de la ciencia del bien y del mal[59].

6. Un querer encontrar en su propia naturaleza la fuente total de la felicidad; tanto el pecado de soberbia como el de la lujuria son una búsqueda desorientada de esta misma felicidad que no se tiene con plenitud; en resumen, buscar en el orden sexual una felicidad que, en su sentido pleno, es trascendente; pensar que ese algo de insatisfacción, inherente a toda condición humana "in via", se encuentra inmanente al orden sexual mismo; debiendo, en cambio, interpretarse este gran valor que es el sexo en armonía con todos los demás valores y en su dinámica trascendente[60].

7. Un excusarse a sí mismo con facilidad, mientras que se cargan las tintas en las acusaciones mutuas: las exigencias del varón..., la mujer que tú me diste..., la tentación del demonio...[61]

8. Una credulidad fácil hacia las opiniones de licitud que se deslizan en estas materias[62].

9. Interacción causal fácil entre el pecado de hombre y mujer, incluso en el matrimonio, por una especie de amigable condescendencia[63].

[58] II-II q.141 a.3 corp.

[59] II-II q.163 a.2: "Ut scilicet virtute propriae naturae determinaret sibi quid esset bonum et quid malum ad agendum".

[60] San Alberto Magno († 1280), *De Sacramentis* 9 q.1 a.6.

[61] Gén 3,12-13.

[62] Santo Tomás, II-II q.163 a.4.

[63] Id., ibid.

Todavía hay aquí dos advertencias finales para terminar este punto; la primera es que hay que distinguir bien entre la *dignidad del matrimonio* mismo, que fue, es y sigue siendo bueno por ser obra de Dios, y los abusos a que históricamente se ha podido llegar, como acabamos de sugerir en la enumeración que precede; la segunda advertencia se refiere a que el pecado no hace variar fundamentalmente el plan de Dios acerca del matrimonio, antes bien, Dios lo conduce hacia una progresiva redención y dignificación en la perspectiva mesiánica, a la que vamos a aludir en el punto siguiente. En él veremos que la pedagogía divina de purificación y elevación del matrimonio va a ser tanto más sabia cuanto que se vale para ello de unas realidades que son intrínsecas al matrimonio mismo: el amor y los hijos.

## *III. Amor e hijos según el AT*

La restauración del matrimonio en la historia de la salvación tendrá como coordenadas las de los fines propios del matrimonio mismo; la pedagogía divina del matrimonio se centra en torno a estos dos bienes principales aun en el AT; el amor y los hijos: son los dos valores fundamentales en torno a los cuales gira la palabra de Dios y el ofrecimiento de su gracia en el seno de la alianza.

Es Dios el que da la capacidad de amar. La progresiva restauración del matrimonio en el AT sigue en los planes de Dios la línea de la educación en el amor: y es que, dignificando el amor, se dignifica el matrimonio. Ya hemos visto cómo el efecto más pernicioso del pecado original es la herida profunda causada en el amor mismo; en el amor mutuo y para con Dios. Hemos sugerido también que la poligamia, la desigualdad exagerada entre hombre y mujer, el dominio sexual de aquél sobre ésta, etc., están todos ellos en la misma línea: la de la falta o corrupción del amor.

### Yahvé, Esposo, ama a su esposa

Los profetas exaltan y dignifican el amor matrimonial valiéndose del símbolo del amor de Dios a su pueblo elegido. Oseas es el primero en utilizar este simbolismo[64]. Le siguen otros profetas en este mismo mensaje y simbolismo, tan al alcance de la inteligibilidad de todos[65].

La literatura profética presenta indudablemente las páginas más bellas, luminosas y profundas del AT, sea por la concepción pura del monoteísmo (un solo Dios, Creador de todo y de todos), sea por la forma conmovedora de la descripción del amor de Dios a los hombres. En el primer plano de los textos proféticos citados, y otros, aparece la *alianza* de Yahvé con su pueblo recurriendo siempre, como riqueza de imagen, al símbolo matrimonial.

Estos profetas hablan en primer lugar del amor gratuito *(hessed)* de Dios a su pueblo y de los adulterios con que éste responde al amor de su Dios; en los profetas se encuentran enseñanzas espléndidas para la vida de los esposos, que deben comportarse a imagen de Dios.

A través del mensaje profético, Yahvé asume para sí el título de Esposo para lograr una mayor educación en el amor por parte de los esposos. Y es preciso no olvidar que, en las corrientes educativas del pueblo elegido, la representada por los profetas tenía una importancia excepcional. Esta lectura profética obtuvo efectos beneficiosos no sólo en el orden vivencial, práctico y educativo, sino también en el orden doctrinal del matrimonio.

A ejemplo del amor de Yahvé por su pueblo, el esposo debe buscar la felicidad de su esposa. Dios no se reservó la capacidad de amar, sino que la comunica en el seno de la alianza. Siempre el amor fue una participación de la capacidad de amar que comunica Dios. A esto hay que añadir que, en la situación actual, Dios añade aspectos sanantes y elevantes al amor humano[66].

Los efectos de esta predicación profética fueron, sin duda, una mayor dignificación de los sentimientos de los hombres respecto a la mujer; purificación y ennoblecimiento del ideal matrimonial, promoción hacia la unión estrictamente monogámica, etc. Tales fueron los resultados prácti-

[64] Os 1-3; Jer 2,2; 3,1-13; Is 54,4-8; 62,4ss; Ez c.16 y 23.
[65] Cf. nota anterior.
[66] DUBARLE, A. M., *Amor y fecundidad en la Biblia* (Ed. Paulinas, 1970): "Las enfermedades del amor" p.71-76.

cos obtenidos en favor del matrimonio en esta etapa de la historia de la salvación.

### Tendencia hacia la monogamia

El período postexílico señala entre los hebreos una recuperación moral y espiritual muy grandes. Se escriben en esta época páginas excelentes, no sólo desde el punto de vista teológico y literario, sino también desde el punto de vista histórico del progreso moral del pueblo elegido, purificado por tantas vicisitudes [67].

1. En el libro de los Proverbios, la doctrina matrimonial es tratada de una manera indirecta, teniendo como pensamiento central la preocupación de ir contra el adulterio. Su ambiente es claramente monogámico [68].

Es interesante a este respecto la observación de Gelin, a cuyo juicio, ese paso de la poligamia a la monogamia se debe —en gran parte— a un mayor testimonio de personalidades femeninas en la Biblia [69] y a una purificación de los sentimiento de los esposos, no faltando casos modélicos como los de Urías, etcétera [70]. Por otra parte, el adulterio se presenta como un mal gravísimo [71]. El contexto bíblico a que aludimos se presenta también contrario al divorcio [72]. Es asimismo interesante notar el carácter salvífico del matrimonio, considerado a la luz de la alianza divina [73].

2. En el libro del Eclesiástico y Eclesiastés se repite poco más o menos la doctrina de los Proverbios. Respecto al adulterio se piensa y se enseña que es una ofensa a Dios, al marido y a sí mismo [74]. La concepción del matrimonio es monogámica, tratando de superar la inestabilidad y vicisitudes en el amor matrimonial [75]. Existe también una mayor promoción de la dignidad de la mujer [76].

[67] GELIN, A. PIERRON, J. GOURBILLON, J. G., *Espiritualidad del exilio* (Marova, 1969) c.4: "El balance del exilio" p.89ss.

[68] Prov 31,10-51.

[69] *Le passage de la poligamie à la monogamie*, en *Mélanges E. Podechard* (Lyon 1945) p.135-146; ID., *Le mariage d'après l'A. T.:* Lum. Vie 4 (1952) 13-14.

[70] 2 Sam 12,3.

[71] Prov 5,4ss; 5,15-20.

[72] Prov 5,15-20.

[73] Prov 2,17.

[74] Eclo 23,22ss.

[75] Eclo 25,36.

[76] Eclo 26,1ss.

3. El Cantar de los Cantares tiene, según todos los autores, particular interés en relación con el matrimonio. Pero existe una doble tendencia —en todo caso convergente— en cuanto a su interpretación directa:

*a)* La interpretación alegórica del Cantar de los Cantares sugiere que lo que se canta en primer plano es el amor de Dios a los hombres, de Yahvé a su pueblo elegido; y la correspondencia de Israel a su Dios y Señor; todo ello en la alegoría matrimonial introducida por los profetas[77].

*b)* Otros lo interpretan como canto directamente nupcial, en el que se celebra el amor matrimonial de los esposos, el amor conyugal santo, bendecido por Dios, maravilla de la creación. Según éstos, estaría en línea de continuidad con Gén 2[78]. En tal caso se trataría de una voluntad de retorno al amor de hombre y mujer expuestos en el plan divino de la tradición yahvista. Pero, por otra parte, al autor del Cantar de los Cantares no se le oculta la diferencia introducida por el pecado: el amor está expuesto ahora a mil y mil vicisitudes, tentaciones, egoísmos y pecado: se ve que éste ha hecho acto de presencia en el seno mismo del amor matrimonial.

El Cantar de los Cantares es, en todo caso, el máximo ideal matrimonial vetero-testamentario: ya no se trata del ambiente idílico del paraíso: ahora hay fragilidad del amor, turbado por la esclavitud del pecado. Pero el esfuerzo de purificación y elevación del nivel espiritual del pueblo elegido ha logrado —también en este campo— un nivel que sólo el NT lo superará, perfeccionándolo del todo.

4. Los libros de Esdras y Nehemías nos demuestran que el retorno del pueblo elegido desde el exilio señaló el comienzo de una vasta reforma espiritual, recordada en estos dos libros, que nos narran la historia de tal período. Veamos su contenido y espíritu en lo que se refiere a nuestro tema.

La preocupación por la pureza del matrimonio tiene algo que ver con la preocupación por la pureza del pueblo mismo de Dios; por ejemplo, la prohibición de los matrimonios mixtos no ha sido suficientemente bien interpretada: no tiene como motivo sólo o principalmente el racial o de tribu (motivo de carne y sangre), sino que está basada en una mo-

[77] FEUILLET, A., *Le cantique des cantiques* (Paris 1953).

[78] Véanse estas interpretaciones en ROBERT-FEUILLET, *Introduction a la Bible* I c.3 p.655ss.

tivación religiosa: la preocupación por la santidad del pueblo de Dios en evitación de cualquier peligro de idolatría[79].

Se nota, pues, en esta preocupación religiosa un progreso notable respecto a las etapas precedentes, en las que la endogamia[80] no tiene una motivación religiosa en primer plano[81].

5. Entre los libros didácticos no hemos de pasar por alto las enseñanzas del de Tobías. En efecto, la concepción sobre el matrimonio en este libro es de una elevación singular. En primer lugar, el ambiente en que se mueve el relato es claramente monogámico (los tres matrimonios que aparecen aquí son monogámicos[82]). Se nota también, y se lee entre líneas, la tensión hacia la indisolubilidad del matrimonio, sosteniendo una fidelidad perpetua entre sí. Sobre todo es particularmente notable la concepción religiosa y delicada del matrimonio; esta concepción se manifiesta en los siguientes datos:

Los esposos son destinados el uno para el otro desde lo alto de la providencia divina[83]. El matrimonio es presentado a la luz del plan de Dios e impregnado de la vida de oración (hecha conjuntamente por los esposos)[84].

En cuanto a los fines del matrimonio, tal como se reflejan en este libro, el texto griego recalca más el carácter de complementariedad del hombre y de la mujer, que se logra particularmente en la unión conyugal, espiritual y física[85]. La Vulgata pone más bien de relieve el otro aspecto: no sólo el amor, sino la importancia de la descendencia en el matrimonio[86].

Importa también destacar que el personaje masculino aparece lleno de amor hacia su mujer: como esposa y como madre; como esposa, ya que la Vulgata le recomienda acercarse a ella no precisamente por el apetito de placer, sino por fines más elevados[87]; como madre, ya que este texto orienta el amor de esposo hacia los hijos: en el acercamiento a la mujer se insiste también en "el amor de los hijos"[88].

[79] 1 Esd 9,1-15; Neh 10,30.

[80] Mandato de casarse con los (las) del mismo pueblo elegido.

[81] FESTORAZZI, F., *Matrimonio e verginità nella Bibbia*, en *Matrimonio e verginità* (Milán, Hildefonsiana, 1963) p.85.

[82] Tob 1,9; 4,13; 6,12-16.

[83] Tob 6,17ss.

[84] Tob 6,18ss.

[85] Tob 8,6-7.

[86] Tob 8,9.

[87] Ibid.

[88] Ibid.

No está ausente en este texto y contexto la educación religiosa de los hijos: el joven Tobías se unirá a Sara por el amor de una posteridad en la que se bendiga el nombre de Dios por los siglos de los siglos[89]. También este libro fue meditado por generaciones de esposos, incluso cristianos, ya que la Iglesia lo mandó leer en la liturgia del matrimonio y lo mantiene como lectura aun en el Nuevo Ritual del Matrimonio[90].

Los libros sapienciales, todos ellos, tienen una gran profundidad teológica, y no meramente abstracta, sino vital; y una moral elevada de virtudes matrimoniales, si bien sus conceptos parecen a veces demasiado prosaicos y utilitarios cuando son tomados en su sentido literal: en estos libros se canta la gran ayuda que supone la mujer virtuosa, fiel, trabajadora, buena administradora de casa, la que cumple sus deberes de esposa y madre con inteligencia y fortaleza. Una mujer así vale más que las perlas[91]: es la joya de su marido[92]. Es el más feliz de los esposos quien posee una esposa buena, bella, agradable[93]. En cambio, el adulterio, la pasión culpable no conducen a nada, solamente a la ruina[94].

## El divorcio en el AT

*El adulterio* era severamente castigado con la pena de muerte para ambos cónyuges en la legislación mosaica[95].

*El divorcio,* es decir, el repudio unilateral a la mujer por parte del varón (practicado por todos los pueblos en torno a Israel), no era del todo prohibido, sino que existía una cláusula limitadamente *permisiva* en el Deuteronomio[96].

Y había dos escuelas de interpretación de este libelo de repudio: una laxista, la de Hillel, según la cual cualquier pretexto justificaba el despido de la mujer...; la escuela de

89 Ibid.
90 *Nuevo Ritual del Matrimonio* n.145.
91 Prov 31,10-31.
92 Eclo 26,1ss.
93 Eclo 36,26ss.
94 Prov 2,16; 5,3; 7,1ss.
95 Lev 20,10; Dt 22,22.
96 Dt 24,1.

Shammai lo permitía sólo en casos excepcionales y por motivos de índole específicamente sexual[97].

*La poligamia,* practicada por todos los pueblos de alrededor, era asimismo de alguna manera permitida en Israel[98]. Pero ya hemos dicho que, a partir del exilio (años 587-538 a.C.), la monogamia tiende a imponerse y a triunfar, al menos como ideal matrimonial. Ya hemos dicho también que las familias judías, representadas en Tobías, eran monogámicas. Y que los libros sapienciales exhortan a los hombres a exclusivizar su alegría matrimonial en la mujer de la juventud, sin pretender otras[99]. En fin, el ideal era ya el matrimonio monogámico[100]. El profeta Malaquías se levantó con un mensaje claro contra el libelo de repudio diciendo de parte de Dios: "Yo detesto el libelo de repudio, dice Yahvé, Dios de Israel"[101].

Y no sólo en el judaísmo oficial; también entre los esenios[102] se nota este mismo movimiento hacia la monogamia. Algunos de estos grupos eran completamente celibatarios, aunque se puede desconfiar no poco de los motivos por los que adoptaban esta actitud: por huir de las pasiones, por desconfianza para con la mujer en general, etc.[103]. Otros grupos esenios admitían el matrimonio, pero, llevados de un rigidismo ascético, lo justificaban sólo con vistas a la procreación. No eran del todo enemigos del matrimonio, porque la generación de los hijos daba la posibilidad de obtener vocaciones religiosas para su grupo, de lograr discípulos, que eran llevados siempre desde niños. Pues bien, también en esta tendencia ascética se cultivaba, sin duda, la concepción monogámica del matrimonio. El *Documento de Damasco* condena la poligamia, acusando y excusando la transgresión poligámica de David, diciendo que éste no había leído ni, por lo tanto, entendido la ley divina monogá-

[97] Sobre el divorcio en el AT, cf. R. DE VAUX. *Instituciones del Antiguo Testamento* (Herder, 1964) p.68-71.

[98] 2 Samuel 3,2ss; 1 Sam 1,2; Salomón tuvo muchas mujeres: 1 Re 11,3; el patriarca Jacob era bígamo: Gén 29,15ss.

[99] Prov 5,18.

[100] Jer 3,1.

[101] Mal 2,14-16.

[102] Un vasto movimiento de reforma espiritual, recordado por Flavio Josefo y Filón, y cuya documentación se ha encontrado recientemente en el mar Muerto (1947).

[103] FESTORAZZI, F., o.c., p.89.

mica encerrada en el arca de la alianza al ser incluidos allí dos y dos y dos...[104].

## Crea en mí, Señor, un corazón limpio

La pedagogía divina sobre el matrimonio en el AT fue de una educación progresiva y permisiva: progresiva por la tensión educadora del matrimonio, purificándolo y elevándolo por medio de la palabra profética y por la gracia en el seno de la alianza, como medio de participación en ella, como preparación activa a la venida del Mesías (perspectiva primariamente mesiánica y derivadamente moralizante); pedagogía permisiva, en el sentido de que Dios pretende, sin emitir un juicio moral de licitud positiva, reglamentar el matrimonio hacia menores males en medio de las costumbres de los pueblos de Oriente en que vivía inmerso y relacionado Israel: es decir, que la supresión total e instantánea de esos males que afectaban al matrimonio era difícil, moralmente imposible, dada su mentalidad y la del ambiente que los rodeaba. De todas maneras, la negativa fue rotunda y eficaz en relación con las aberraciones sexuales más antinaturales, aunque frecuentes en aquellas épocas y en ambientes de alrededor: la bestialidad, la homosexualidad y el adulterio mismo.

Jesús dirá que Moisés había permitido el divorcio por la dureza de corazón[105]. La aspiración y la voluntad de salir de esta dureza de corazón había sido profetizada por David al hacer penitencia de sus pecados. Pide la intervención de Dios para que lo lave[106], lo purifique más y más[107]; sobre todo, pide la intervención creadora de Dios para darle un corazón nuevo y limpio: "crea en mí un corazón limpio"[108].

San Pablo dirá que la antigua economía obedecía a cierta permisión de la paciencia divina[109], como si se tratara de menor edad espiritual de la humanidad antes de llegar a la madurez y plenitud en Cristo.

[104] *Documento de Damasco* IV 20-V 6, donde se dice también que la poligamia fue originariamente fruto de la lujuria...

[105] Mt 19,8.

[106] Sal 50 (51), 4.

[107] Ibid., v.9.

[108] Ibid., v.12.

[109] Rom 1,3.

Pero para llegar a esta plenitud de la ley no basta la ley; se requiere ante todo la fe y la gracia de Cristo; también en el problema del matrimonio. Son éstas las luces y las gracias que podemos esperar del Nuevo Testamento, de la Nueva Alianza, para que tan grandes verdades del matrimonio cristiano sean comprendidas y aceptadas por la humanidad.

CAPÍTULO II

# *EL MATRIMONIO CRISTIANO COMO SACRAMENTO DE LA NUEVA ALIANZA*

## *I. El matrimonio según el Evangelio*

Los evangelios transfieren a Cristo el título de "esposo", dado por los profetas a Yahvé en el Antiguo Testamento[1]. Y toda la doctrina del reino de Dios, núcleo de los evangelios sinópticos, se articula sobre el tema de la alegoría matrimonial, es decir, estos evangelistas comparan el reino de Dios a las nupcias que el Rey (Dios) prepara para su Hijo (el Hijo de Dios) con la humanidad[2].

En esta perspectiva hay que interpretar, también en San Juan, la presencia de Jesús en las bodas de Caná: como inauguración y epifanía del reino de Dios por el Esposo, que es Cristo, realizando allí el primer milagro[3].

El capítulo 22 del evangelio de San Mateo contiene no pocas enseñanzas que conviene tener presentes e incluso destacarlas en el comienzo mismo de estas consideraciones neotestamentarias: "el reino de los cielos es semejante, dice Jesús, a un banquete[4] de bodas que el rey preparó para su Hijo[5]. A nadie se le oculta quién es este Rey (Dios), y el Hijo del Rey (Cristo), y de qué bodas se trata (la unión del Verbo con la humanidad por amor y en matrimonio indisoluble, salvífico para nosotros), y cuál es este banquete de bodas (la Eucaristía). Se nos habla también de que la iniciativa es el Padre (v.2). Y que la salvación consiste en participar en estas bodas (de Cristo con la Iglesia).

A renglón seguido, el evangelista nos habla de unos siervos que son enviados a transmitir la invitación a entrar y

[1] Jn 3,29; Mt 9,15 y paralelos.

[2] Mt 22,2ss.

[3] Jn 2,1ss.

[4] A nadie se le oculta la íntima relación de la Eucaristía con el reino de Dios y la relación, simbólica y real, que tiene con el sacramento mismo del matrimonio.

[5] Mt 22,2; Lc 14,16.

participar en el reino de Dios, presentado en esta alegoría del banquete nupcial (v.3). Se nos habla también de múltiples resistencias humanas a entrar en el reino de Dios y en el banquete mismo que lo representa y actualiza[6]. El Evangelio insiste con urgencia escatológica, sin forzar a nadie a entrar: "decid a los invitados: mirad, mi banquete está preparado... todo está a punto: venid a la boda"[7].

Pero es el evangelista San Lucas el que, quizá con mayor realismo y adaptación, nos habla de estas resistencias humanas a entrar en este banquete de bodas del reino de Dios. San Lucas nos habla de unas ocupaciones temporales utilizadas como pretexto para no entrar en él: "el primero dijo: he comprado un campo, y tengo que ir a verlo; te ruego me dispenses; y otro dijo: he comprado cinco yuntas de bueyes, y voy a probarlos; te ruego me disculpes. Otro, en fin, dijo: me he casado y *por eso* no puedo ir"[8]. Ante estas disculpas no es difícil adivinar la reacción y hasta el juicio negativo de desaprobación por parte del Señor: "ninguno de aquellos invitados probará mi cena" (v.24).

La razón de esta desaprobación del Señor está también clara; y es la siguiente: que la ocupación temporal y el matrimonio no son motivo para excusarse de la participación en el reino de Dios, sino medios poderosos para la inserción válida en él.

Pero este juicio de Dios no es definitivo hasta el fin mismo; y sigue insistiendo por medio de sus siervos: "id todavía a los cruces de los caminos, y a cuantos encontréis, invitadlos a la boda" dice San Mateo[9]. Esta misma dimensión misionera y urgencia escatológica encontramos en el evangelista San Lucas: "sal en seguida a las plazas y calles de la ciudad, procurando que entren aquí los pobres y lisiados, ciegos y cojos... todavía hay sitio... hasta que se llene mi casa"[10].

[6] Mt 22,3; Lc 14,18.
[7] Mt 22,4.
[8] Lc 14,20.
[9] Nadie dudará que los que viven la virginidad con espíritu de NT, mantienen en el primer plano, explícito y reflejo de su conciencia, esta pertenencia a las bodas del reino y que de esta manera prestan un valioso servicio al matrimonio: cumplen la misión de siervos que invitan a entrar en el reino... viviéndolo ellos mismos en primer lugar.
[10] Lc 14,21-23.

Todavía nos interesa recoger un dato más, relacionado con nuestro tema: la gracia como posibilidad de participación en estas bodas[11], ofrecida a todos.

## La indisolubilidad del matrimonio evangélico es misterio cristiano, eclesial, salvífico

Uno de los puntos más notables y significativos del mensaje de Jesús en el Nuevo Testamento es su enseñanza relativa a la indisolubilidad del matrimonio en el espíritu de la Nueva Alianza[12].

A este respecto nos parece teológicamente verdadera y pastoralmente acertada la conclusión a que llega Ratzinger en la cuestión de la unidad e indisolubilidad del matrimonio neotestamentario, al decir:

"Es claro que si se entiende bien el *sacramentum* del matrimonio cristiano, se siguen necesariamente su unidad e indisolubilidad: como realización —en la fidelidad del hombre— de la fidelidad de Dios a la alianza; el matrimonio cristiano expresa el carácter definitivo e irrevocable del sí divino en la definitividad e irrevocabilidad del sí humano. Sólo esto es adecuado a la fe y, por lo tanto, sólo esto es realización de una verdadera moral cristiana. Y uno de los elementos fundamentales que contiene la fe es la posibilidad de tomar irrevocablemente decisiones que la misma fe muestra"[13].

En el análisis de los textos del Nuevo Testamento sobre la indisolubilidad del matrimonio evangélico, nos vemos gratamente sorprendidos por la posición del teólogo protestante Richard N. Soulen[14], que se expresa de esta manera: "creemos, dice, que la enseñanza original de Jesús sobre el matrimonio se halla en la perícopa de Marcos 10,2-9". Veamos su contenido:

v.5: que el libelo de repudio obedecía a una concesión precaria por la dureza de corazón;

[11] Por ejemplo, no por el hecho mismo de estar casado se participa sin más en el reino de Dios.

[12] Mc 10,2-12; Lc 16,18; Mt 19,3-12; 5-31-32; 1 Cor 7,10-11.

[13] RATZINGER, J., *Hacia una teología del matrimonio:* Selecciones de Teología n.35 (1970) 246.

[14] *Matrimonio y divorcio:* Selecciones de Teología n.35 (1970) 251.

v.6: que en el principio no fue así, sino que varón y mujer [en singular] los hizo Dios;

v.7: que constituirán entre sí una unión más íntima que la que se tiene en relación con el padre y la madre; "por eso dejará a su padre y a su madre, y los dos serán una carne";

v.8: Cristo insiste en esta misma unión íntima como argumento de indisolubilidad; "así pues, ya no son dos, sino una sola carne";

v.9: "Lo que Dios unió, el hombre no lo separe";

v.10: La sorpresa de los discípulos, que, una vez en casa, de nuevo interrogan a Cristo, bien demuestra haber comprendido el alcance de esta novedad: la de la restauración de la indisolubilidad; "una vez en casa, los discípulos volvieron a preguntarle sobre esto";

v.11: Jesús dice: "quien repudie a su mujer y se case con otra, comete adulterio contra aquélla";

v.12: "y si ella repudia a su marido y se casa con otro, comete adulterio".

Se dan en este pasaje aquellos criterios de autenticidad que admiten hoy la mayoría de los autores: 1) discontinuidad o divergencia con el pensamiento judaico en esta materia; 2) se da un testimonio evangélico múltiple; y, finalmente, 3) hay conformidad entre esta enseñanza y otros dichos de Jesús. El mismo Bultmann ha llamado la atención sobre el carácter auténtico del pasaje[15].

"En él [en este pasaje], fundamento de la indisolubilidad absoluta del matrimonio, dice Soulen, aparece clara la voluntad de Dios sobre el hombre y mujer; ambos han de constituir una unidad en la que el divorcio es impensable e innecesario. Esta radicalidad, que remite a la voluntad original del Creador en contraposición a la ley mosaica, queda aún más explícitamente expresada en Mateo 19,8: 'por vuestra dureza de corazón os permitió Moisés repudiar a vuestras mujeres, pero al principio no fue así'. Igualmente taxativo en su forma es el pasaje de Mateo 5,27-28: 'Habéis oído que se os dijo: no cometerás adulterio. Pues yo os digo: todo el que mira a una mujer deseándola, ya cometió adulterio con ella en su corazón' ".

"El deseo impuro es considerado, termina diciendo Soulen, como adulterio, porque rompe el vínculo singular entre marido y mujer. Semejante afirmación [de Jesús] no deja de causar estupor, y la dificultad que la comunidad primitiva

[15] SOULEN, ibid.

tuvo en soportarla explica el que no figure en la ulterior tradición neo-testamentaria de la visión que Jesús tenía sobre el matrimonio. Esto argumenta en favor de su autenticidad y nos hace suponer que la actitud de Cristo era absoluta y que no fue cambiada por El''[16].

Al resumir la doctrina neo-testamentaria sobre el matrimonio y el divorcio, según lo obtenido en el análisis precedente de los textos del NT sobre el tema, este autor no duda en poner como conclusión primera la de que "Jesús reveló que la intención de Dios sobre la creación era que el matrimonio había de constituir una unidad perfecta e inquebrantable''[17].

¿Cómo explicar entonces las palabras de Mateo (19,9 y 5,32), que parecen permisivas de excepciones en esta misma indisolubilidad matrimonial? A esta pregunta, obvia e inevitable, el autor responde afirmando reiteradamente[18] que se trata de una adición de Mateo mismo, de una permisión pastoral por su parte. Este mismo es el parecer de Hoffmann, para quien Mateo "sigue fiel a la tradición recibida del Señor; pero, al *añadir* al 'logion' de Jesús la cláusula en cuestión, tiene en cuenta la problemática especial planteada a él mismo y a su comunidad''[19]; más tarde explica Hoffmann el sentido de esta actitud y adición de Mateo diciendo que "a Mateo le interesa hacer que la exigencia de Jesús sea aplicable a la práctica''[20].

Tanto en el evangelio de Lucas[21] como en el de Marcos[22] se nos ha transmitido la doctrina por la que Jesús define como adulterio el repudio de la mujer. Y la comparación crítico-literaria de estas tradiciones permite concluir que la tradición Q, contenida en Lucas 16,18, reproduce fielmente el tenor original de las palabras de Jesús: "quien repudia a

[16] SOULEN, ibid.

[17] SOULEN, ibid.

[18] SOULEN, art. c., p.255-256.

[19] HOFFMANN, P., *Las palabras de Jesús sobre el divorcio y su interpretación en la tradición neotestamentaria:* Concilium n.55 (1970) 218.

[20] ID., ibid., p.220. La doctrina católica es que la Iglesia no tiene poder para disolver lo que Dios ha unido. No es ciertamente dogma de fe, pero en las encíclicas de los papas, y últimamente en el concilio Vaticano II (cf. GS 47.48.49), la indisolubilidad del matrimonio ha sido ampliamente ratificada en todo su sentido.

[21] Lc 16,18.

[22] Mc 10,11.

su mujer y se casa con otra, comete adulterio; y quien se casa con la repudiada, comete adulterio también"[23].

Jesús define como adulterio —y, por lo tanto, como algo ilegítimo— una conducta que, según el derecho judío, era legítima[24]: el repudio de una mujer por su marido y el nuevo matrimonio de éste, así como el matrimonio con una mujer legalmente repudiada por su marido. Y Jesús mismo se explica ante sus oyentes con esta doble y provocativa afirmación: *a)* el matrimonio crea entre marido y mujer una unidad que no puede ser suprimida por la ley; *b)* el marido puede convertirse en adúltero con respecto a su mujer (v.18); la vinculación *unilateral* de la mujer a su marido pasa ahora a ser una vinculación *mutua* de ambos cónyuges. Con esto se alude a su igualdad de derechos en el matrimonio[25].

Frente a la ley permisiva de Moisés sobre el repudio, que sólo muestra la dureza de corazón y la obstinación de los judíos (cf. Mc 7,6), Jesús propone [de nuevo] lo que es válido a partir de la creación misma. La creación del ser humano como hombre y mujer[26] es la base de la unidad del matrimonio. Pero el acento recae en la última parte de la cita que hace el Señor: "y los dos se harán una sola carne"[27]. De ahí que Cristo repita a modo de interpretación: "por eso ya no son dos, sino una sola carne"[28]. Y en el v.9 saca la conclusión fundamental: "lo que Dios unió, no lo separe el hombre". Aquí no se trata ya del repudio y del nuevo matrimonio; antes bien, dado que el Creador ha establecido la unidad del matrimonio, incluso una "separación" es considerada como una intromisión en la acción divina y, por lo tanto, como algo no permitido al hombre por principio[29].

Es de notar que esta enseñanza tiene una perspectiva teológico-cristológica, es decir: frente al viejo ordenamiento legal-permisivo del judaísmo, la comunidad cristiana —con ayuda de Gén 1-2 —defiende la naturaleza y las exigencias del matrimonio tal como le habían sido presentadas por Jesús. Los discípulos preguntan a Jesús cuál es el sentido de su doctrina: con lo cual Marcos insinúa que la revelación

[23] HOFFMAN, a.c., p.211.

[24] Jesús critica la ley permisiva de Moisés y descubre la realidad del matrimonio mismo.

[25] HOFFMANN, a.c., p.212.

[26] Gén 1,27.

[27] Mt 19,5.

[28] Mt 19,6.

[29] HOFFMANN, a.c., p.215.

de Jesús se manifiesta al *creyente*. La respuesta de Jesús es sorprendente: el repudio y el nuevo matrimonio están prohibidos. También a la mujer se le prohíbe el repudio del marido y el nuevo matrimonio[30].

El orden de la creación (perspectiva teológica), visto a la luz del Evangelio y de su gracia (perspectiva cristológica), aparece como el criterio de interpretación de la ley [mosaica]; así es como la enseñanza de Jesús puede presentarse como una interpretación más correcta [y factible] de la voluntad de Dios. La realidad primera del matrimonio y sus exigencias evangélicas están en línea de continuidad, progreso y elevación. Las palabras de Jesús quieren ser plenamente orientadoras en este sentido[31].

¿Qué sentido puede tener la situación de la parte abandonada injustamente en su matrimonio, sin poder contraer nuevas nupcias?[32].

No faltan autores que tratan de iluminar este problema a la luz de los tres versículos con que sigue el evangelista San Mateo: "dícenle sus discípulos: si tal es la condición del hombre respecto de su mujer [indisolubilidad], no trae cuenta casarse. Mas él les respondió: no todos entienden este lenguaje, sino solamente por la concesión de lo alto" [perspectiva de la fe y de la gracia] (v.10). Y Jesús prosigue: "porque hay eunucos que nacieron así del seno materno, y hay eunucos hechos por los hombres": sería éste el caso de la parte injustamente abandonada en el matrimonio, según J. Dupont[33].

Aun en este caso, el amor cristiano debe ser tal que haga permanezca fiel la otra parte [abandonada], si fue válido el matrimonio, para toda la vida. Se trata de un deber evangélico, de un desafío al hombre en lo que más le cuesta, como cuando se le exige abandonarlo todo, prestar dinero al que no lo devolverá, perdonar constantemente... Esta es la grande

[30] Mc 10,12.

[31] HOFFMANN, a.c., p.216-223.

[32] Ya el *Pastor*, de Hermas, enseñaba que el esposo puede repudiar a la esposa sorprendida en adulterio, pero que debe permanecer sin casarse, a fin de que, si la parte infiel se arrepiente, el otro le pueda aceptar de nuevo *(Mandatum* IV 1,4-11).

[33] DUPONT, J., *Mariage et divorce dans l'Évangile* (Bruges 1959) p.3.ª Cf. QUESNELL, Q., *Eunucos por el reino (Mt 19,10-12) e indisolubilidad del matrimonio:* Sel. Teol. n.35 (1970) 265.

y aterradora doctrina del significado y poder del amor. Esposo y esposa están llamados a mostrar este amor en su vida de unión, cada uno de los dos, aunque el otro falle[34].

En cuanto cristiana, una persona casada está llamada, en la fe, a expresar ante el mundo el amor de Dios en su aspecto de perdón. Un amor capaz de ir tan lejos sólo es posible en virtud de la fe... Sólo un amor así constituirá un verdadero signo en el mundo, digno del nombre de sacramento y misterio... Estas palabras de Jesús son difíciles, misteriosas y de gran importancia[35].

Toda persona casada que quiera expresar de modo simbólico, sacramental, lo que significa el amor de Dios —que quiere venir a nosotros cuando no lo merecemos, que nos persigue cuando huimos de El, que permanece fiel cuando lo rechazamos— debe jugarse en el matrimonio todo lo que es y tiene por una persona, haciéndose una misma carne con ella. Y esto significa también que, en su determinación de continuar expresando su fidelidad para siempre, se arriesga hasta el punto de que, si se ha de separar de su cónyuge, permanecerá fiel de por vida a alguien que ni siquiera existe para él [ella]. Perserverar en este amor perfecto y leal, termina diciendo Dupont, aun cuando no se vea correspondido, es convertirse en un eunuco por el reino de los cielos, incapaz de casarse de nuevo. El mundo nunca lo entenderá sino como un paso en la creación de un mundo donde todos los hombres vivan perfectamente el amor. Solamente tiene sentido como algo hecho por el reino de los cielos[36].

### Dureza de corazón (AT), corazón nuevo (NT)

La novedad del matrimonio cristiano indisoluble no es solamente cuestión de interpretación más profunda del AT (del orden de la creación); ni es un simple retorno al tiempo primitivo del matrimonio. Lo que sucede es que con Cristo se ha hecho presente la novedad de vida del hecho cristiano. Una mayor profundización de esta idea vendrá con San Pablo cuando nos hable de la "nueva creatura". Continuemos

[34] DUPONT, o.c.; cf. Sel. Teol. l.c., p.270-271.
[35] ID., ibid.
[36] ID., ibid.

ahora con el tema de la dureza de corazón, propia del AT, en relación con el corazón nuevo, actitud propia del NT[37].

"En el NT, la expresión 'dureza de corazón' suele designar falta de fe, ceguera e ignorancia deliberada sobre un objeto o aspecto central de la fe. El uso que aquí se hace del término implica que quien no ve —o no sabe— que no puede repudiar a su esposa, no comprende rectamente el mensaje fundamental y está fracasando en la fe"[38].

Esta dureza de corazón *(sclerokardía)* no tiene un significado de rudeza natural, por ejemplo, la de una civilización primitiva por ser tal, sino que tiene un sentido claramente religioso. Es decir, el divorcio del AT no era una concesión hecha a la debilidad humana como tal, sino más bien a la falta de fe, en el pueblo hebreo, de un sentido religioso profundo, hasta el punto de que Moisés no pudo exigirles la total sumisión a la voluntad de Dios[39].

Por eso, aunque la voluntad divina positiva fue siempre en favor de la indisolubilidad del matrimonio, Moisés no pudo lograrla totalmente ni hacerla observar plenamente. No se trataba de una oposición directa y sistemática del pueblo elegido al plan de Dios sobre la indisolubilidad, sino, más bien, de una situación de debilidad y dificultad moral para su cumplimiento.

En definitiva, la indisolubilidad del matrimonio aparece como un misterio divino, ya manifestado en el Génesis[40], pero que sólo una nueva revelación, propia de la ley nueva, permite comprender verdaderamente, con corazón limpio[41], es decir, con nueva luz y con disposiciones internas neotestamentarias, esta verdad evangélica, que no es meramente teórica, sino de implicaciones prácticas[42].

Al decir Cristo que aquella permisión era debida a la dureza de corazón[43], indirectamente está haciendo referencia a que la dureza de corazón no existía desde un principio ni

[37] T. W. N. T. III 616.

[38] QUESNELL, Q., *Made themselves eunuchs for the Kingdom of heaven:* Catholic Biblical Quarterly 30 (1968) 335-358; cf. Sel. Teol. n.35 (1970) 270.

[39] T. W. N. T. III 616.

[40] Gén 2,18-24; 1,26-28.

[41] Mt 5,8; ibid., v.28: todo el que mira a una mujer con concupiscencia, comete adulterio en su corazón.

[42] T. W. N. T. III 616.

[43] Mt 19,8.

existe para los que entran en la era propiamente mesiánica, en el espíritu de la Ley Nueva o evangélica de la historia de la salvación[44].

En resumen, por "dureza de corazón" se entiende cierta indocilidad ante la voluntad divina referente a las leyes fundamentales del matrimonio; cierta incapacidad de comprender las directrices morales y religiosas más elevadas también en este orden sexual matrimonial.

La "dureza de corazón" de que nos habla Cristo no es una propiedad esencial del hombre, ni siquiera una característica histórica inicial del hombre tal como salió de las manos de Dios, sino fruto del pecado. Con esta situación de pecado, la Ley Antigua tuvo consideración dándole una solución precaria: la relajación permisiva de la ley. La solución definitiva y profunda tendrá que venir de la Ley Nueva o evangélica: Ley de gracia. Que un corazón nuevo, dócil a la voluntad de Dios, va a ser dado a los hombres en la era mesiánica, *dentro* de la Nueva Alianza, se entiende y sugiere a través del relato evangélico, donde Jesús habla tan explícitamente sobre la concesión de este don[45].

Novedad de vida cristiana comporta también novedad de relaciones y de convivencia en el matrimonio cristiano. Lo demuestra sobre todo el hecho de que tal doctrina es presentada en el sermón de la montaña. Aunque no se sepa con precisión la cronología del sermón de la montaña, lo cierto es que este tema, de que tratamos, fue incluido de alguna manera en aquel sermón, en que la Nueva Ley es presentada no sólo como más perfecta, sino también situada en el contexto primariamente mesiánico que le corresponde, si bien asume también una fuerte acentuación ética o moral, dadas las consecuencias prácticas de esta verdad[46].

El matrimonio cristiano ha sido encuadrado en la historia redentora y salvífica, como una vía para participar en el reino de Dios[47]. Naturalmente, la realización de esta vocación comporta una reacción contra la dureza de corazón *(esclerokardía)*, propia del AT.

[44] LARRABE, J.-L., *La ley evangélica en la historia de salvación* (Madrid, Studium, 1968), 175 págs.

[45] Mt 19,8.

[46] ZERWICK, Sermo montanus (Roma 1955-56) p.1ss.64ss.

[47] THURIAN, M., *Mariage et célibat* (Neuchâtel 1955) p.48.

## *II. El matrimonio según San Pablo*

Las indicaciones dadas por el NT son la base de toda enseñanza eclesiástica. De todas formas se requiere una ulterior reflexión y desarrollo para recibir y aplicar la palabra apostólica; la de San Pablo constituye un buen punto de partida para examinar con seriedad y profundidad uno de los problemas más importantes y delicados de los tiempos presentes[48] y de siempre. El Apóstol ha repensado la doctrina cristiana del matrimonio y le ha dado expresión definitiva una vez llegado al tiempo de su madurez teológica y apostólica[49].

San Pablo clarifica el panorama cristológico y eclesiológico de este tema del matrimonio cristiano. Pero lo hace, no en forma sistemática, general y completa, ni de una sola vez; sino a tenor de las preguntas, respondidas por carta, de los problemas planteados por la comunidad cristiana[50].

*Dos características* fundamentales encontramos, y debemos subrayar, en la doctrina matrimonial de San Pablo; son las siguientes: 1) por un lado, que San Pablo se sitúa en línea de continuidad del relato [personalista] del capítulo 2 del Génesis sobre la creación de la primera pareja; este relato le sirve más y mejor para presentar el gran misterio del amor de Cristo a la Iglesia; 2) por otro, San Pablo realiza una verdadera incorporación de su teología matrimonial a un contexto teológico más amplio: el de la cristología y eclesiología: el matrimonio cristiano no es una realidad que se pueda entender de cara a sí misma, sino en relación con Cristo (subsiste en Cristo), y es una realización eclesial. También esta dimensión y valor eclesial le es esencial.

### A) El matrimonio en la carta a los Corintios

Para su debida inteligibilidad es preciso investigar el contexto histórico y literario, indispensables para valorar su mensaje matrimonial como respuesta a los problemas planteados en aquella comunidad de Corinto a este respecto.

[48] GS 46,2.
[49] Ef 5,22-32.
[50] 1 Cor 7; Ef ibid.

Mas desde ahora nos parece conveniente advertir la diferente característica existente entre ambas cartas de San Pablo: en la carta a los Corintios responde a problemas ocasionales y en una forma un tanto polémica, con las consecuencias que este género literario comporta; en cambio, la carta a los Efesios, posterior cronológicamente y escrita sin preocupaciones polémicas, trasluce una maduración cristológica y una dimensión eclesial mucho más profundas que las respuestas que podemos encontrar en la carta a los Corintios[51].

## 1. Contexto y ambientación de Corinto

La ciudad de Corinto, reconstruida por Julio César el año 44 antes de Cristo, era un centro político, industrial, cultural y comercial de primerísimo orden. Su población cosmopolita, de 200.000 hombres libres y 400.000 esclavos, hacía de ella la primera ciudad de Grecia. Roma había hecho de ella la capital de Acaya. Mas su fama de corrupción moral era bien notoria en todas partes.

Pablo llega allá en el invierno del año 50-51 y permanece un año y seis meses[52]. El fruto obtenido fue, ciertamente, grande. No fueron, con todo, los ricos comerciantes ni los grandes sabios y filósofos los que abrazaron el Evangelio (salvo excepciones). Dios eligió entre los gentiles y los pobres las primicias de la fe cristiana en Grecia.

Pablo escribe esta carta probablemente en la Pascua del año 56 desde Efeso, motivada por grandes dificultades surgidas en el seno de la comunidad cristiana de Corinto; en efecto, los primeros años fueron prósperos, pero luego vinieron dificultades mayores: 1) discordias internas, rencillas, desavenencias (cf. hasta el c.7); 2) teorías raras, extremas, acerca del matrimonio y virginidad (cf. su respuesta en el c.7 de esta carta); 3) abusos en las reuniones litúrgicas, es decir, en la vivencia de la Eucaristía y sus consecuencias; unos nadan en la abundancia y otros son excluidos del banquete de la vida misma: no tienen qué comer; esto está mal entre los hombres, máxime entre los cristianos (hasta el c.14); 4) por

[51] Von Allmen, J. J., *Maris et femmes d'après S. Paul* (Neuchâtel, Suiza, 1951) p.8.

[52] Act 18,1ss.

fin, la resurrección de los muertos: amaban tanto este mundo, la ciudad terrena, que no creían apenas en el más allá y en la resurrección de los muertos (c.15). Son otras tantas partes de esta carta[53].

## 2. Apreciación humana y cristiana de la sexualidad

El problema puesto por los corintios es si "no es bello para el hombre tocar una mujer" (7,1), estética ni moralmente[54]. Esta cuestión brotó en un ambiente en que adquirieron relieve dos tendencias extremas y hasta opuestas entre sí; por una parte, el laxismo sexual: no importa lo que se haga con el cuerpo con tal de que se sea espiritualmente uno con el Señor; a lo cual responde San Pablo en este capítulo y aun antes (6,12ss); por otra, el ascetismo rígido, de tendencia gnóstico-judaizante, en el que el matrimonio, y, en general, todo contacto con mujer, es considerado como no bueno ni bello, quizá por cierto influjo de la parusía, que se creía próxima[55].

La respuesta de Pablo es afirmativa hacia una apreciación humana y cristiana de la sexualidad. El gnosticismo judaizante, a que hemos aludido anteriormente, había pretendido obligar a los fieles de Corinto a la castidad perfecta, aconsejando que no se casaran, o bien prohibiendo el uso mismo del matrimonio a los que lo hubieren contraído con anterioridad; prohibición que fundaban en los siguientes motivos:

*a)* la inmoralidad pagana de la que tenían que distinguirse los cristianos *radicalmente;*

*b)* el bautismo exige morir a lo mundano (consideraban el matrimonio como esquema mundano...) y vivir una vida nueva, propia de la nueva creatura; por el bautismo, el espíritu ha hecho irrupción en la carne y hay que vivir espiritualmente;

*c)* la proximidad de la escatología: el Señor viene sin

[53] ROBERT, A.-FEUILLET, A., *Introduction a la Bible* II (Paris 1959) p.421.

[54] LYONNET, E., *Epistolae ad Corintios capita selecta* (Roma 1953-54) p.92.

[55] 1 Cor 7,29: "el tiempo es breve..."

tardar; que no nos sorprenda dedicados a lo carnal..., sino en vigilancia cristiana de espera.

A lo que San Pablo responde: también el matrimonio es un carisma (como la virginidad lo es); es decir, también el matrimonio es una vocación cristiana y eclesial, una gracia particular para cumplir esa misión. Esta afirmación fundamental del matrimonio como carisma, vocación, gracia cristiana y eclesial, nos parece el núcleo mismo de la carta del Apóstol sobre este tema. San Pablo habla de la diversa condición del hombre cristiano: en el matrimonio y en la virginidad (son las dos únicas situaciones posibles para el cristiano): en ambas puede y debe concretarse la vocación del bautizado. La condición matrimonial es una vía para llegar a la perfección cristiana. El matrimonio es un estado válido para el cristiano. Así lo interpreta también la patrística griega en relación con la exégesis de esta carta de San Pablo[56].

San Pablo, como toda la Biblia, no habla de un hombre abstracto, universal; sino que cada ser humano es querido por Dios en su vocación personal, individual, intransferible; y una de las primeras virtudes del hombre consiste en la percepción vital de esta voluntad divina concreta sobre nosotros; virtud particularmente difícil, que requiere la aceptación de la condición propia y vivirla en acción de gracias, sin envidias de otro sexo y de la condición de otros; vivir en la alegría de encontrarse en el estado de vida propio, querido por Dios y libremente asumido por nosotros mismos[57].

La razón de esta conformidad y alegría está en que lo esencial para todos es haber sido liberados por Cristo: el Señor llega a todos y cada uno en la condición personal y situación comunitaria en que se encuentra; y cada uno puede santificarse en el estado en que se encuentra o elige; ese estado no puede ser obstáculo a la comunión con Cristo, a su integración en la Iglesia[58].

También el hombre, a semejanza de aquel que dijo: "Yo soy el que soy", puede repetir lo mismo, si bien con minúscula y en un sentido participado. Con la Biblia en la mano pueden decirse generalidades sobre el ser humano en general; pero es la persona humana, y no la especie como

56 FESTORAZZI, a.c., p.97.
57 VON ALLMEN, o.c., p.9.
58 1 Cor 7,7.17.20.

tal, la que ocupa el primer plano de las enseñanzas de la Biblia, al ser llamada insistentemente a formar parte libremente como miembro del Cuerpo místico de Cristo[59].

En la antropología bíblica, en su doble aspecto (doctrinal e histórico), se pone de relieve la enorme importancia del sexo mismo y de la diferenciación sexual. En efecto, el sexo penetra toda la persona, y, por lo tanto, todo el cristiano. La manera en que una persona se comporta sexualmente tiene, sobre todo cuando se es cristiano, un alcance y una significación capaz de comprometer a la vez su persona propia, pero también la del Señor, del que es miembro[60]. La sexualidad califica definitivamente a las personas y afecta a éstas en algo tan importante como es el sentido y la significación que tienen en la historia y en la Iglesia. En razón precisamente del hecho de que el sexo de una persona condiciona teológicamente su lugar en la Iglesia, la tradición cristiana afirma que existen ministerios que no son accesibles a la mujer. Lo cual no quiere decir que sean mejores o peores en el reino de Dios; ya hemos hablado ampliamente de la igualdad fundamental en la dignidad humana y en la vocación cristiana.

Hombre y mujer en el matrimonio se hacen una sola carne. ¿Quiere esto decir que el soltero es menos hombre que el casado? La respuesta de Pablo es negativa. Ya hemos dicho que esta cuestión tuvo particular interés para la secta gnóstico-judaizante de Corinto. Ellos llegaron a pensar que, en razón de la novedad radical de los tiempos inaugurados por la efusión del Espíritu, habría que poner fin al matrimonio: impidiendo si no se había contraído; interrumpiendo si había tenido lugar. A esta problemática consagra San Pablo una buena parte de la primera carta a los Corintios.

## 3. La vocación cristiana, verificable en todos los estados de vida

El principio general, repetido a lo largo y ancho de este capítulo 7, es el siguiente: cada cual puede permanecer en la situación vocacional humana en que se encontraba en el

[59] Von Allmen, o.c., p.9.
[60] 1 Cor 6,15-20.

momento en que fue llamado por la fe y la gracia de Cristo[61]. San Pablo se presenta como cumplidor de este mismo principio dentro de la vocación de virginidad (v.7); principio que aplica a los casados (v.1-6.10-11), a los no casados (v.7-8); a los hombres de toda condición humana (v.22-23); a las vírgenes (v.25 y 28); a las viudas (v.39-40).

La vida cristiana, en resumen, es compatible con todos los estados de vida según esta larga enumeración que nos ha hecho San Pablo. Y, en concreto, el matrimonio es presentado aquí como carisma de Dios (v.7), como lo es la virginidad (v.7).

## 4. ¿NO ES BUENO QUE EL HOMBRE ESTÉ SOLO?

El primer problema presentado por los corintios a San Pablo parece ser éste: en razón del Espíritu, que hace de los hombres nuevas creaturas y que parece hacer cuestionable el mundo de la primera creación[62], ¿es aún válida en el tiempo del NT y en la Iglesia aquella afirmación primera de que "no es bueno que el hombre esté solo"? ¿No habría que decir, más bien, que "es bueno para el hombre renunciar a la mujer"? (v.1).

La respuesta de Pablo es ciertamente notable. En la economía neo-testamentaria, dirigida por el Espíritu, el matrimonio no es la única forma de salir de aquella soledad de la primera creación; existe la Iglesia, el Cuerpo místico de Cristo, del que los creyentes de toda condición (casados y vírgenes) son miembros. Esta afirmación valiente tiene tanta más fuerza cuanto que, según una fórmula audaz y exacta de Oscar Cullmann[63], "el Apóstol concibe el hecho de pertenecer a la Iglesia como una relación que abarca también la corporeidad. Para un cristiano, miembro de la Iglesia, que vive en el Espíritu del NT, la soledad de Adán no existe ya[64].

La Escritura, que no es dualista, no emite un juicio peyorativo sobre la sexualidad; es cierto que el peligro y la

[61] 1 Cor 7.

[62] Gén 2,18.

[63] CULLMANN, O., *La délivrance anticipée du corps humain d'après le N. T.* (en el 60 aniversario de K. Barth) (Neuchâtel-Paris 1946) p.39.

[64] HERING, J., *I Ép. de S. Paul à Cor.* (Neuchâtel-Paris 1949), comentario al c.7,1.

gracia están cerca... Pero el matrimonio (no sólo la virginidad) es carisma de Dios (v.7).

Y son dos los caminos que se abren al cristiano para poner fin a aquella soledad: el celibato, como forma de servicio en la Iglesia; y el matrimonio (que también es servicio cristiano y eclesial, no sólo voz de la carne y de la sangre). El celibato, por lo tanto, no se justifica por el egoísmo, ni por desprecio del otro sexo, ni —sobre todo— sobre la base de un dualismo metafísico, como si la sexualidad fuera mala: el matrimonio no es un obstáculo en el seguimiento de Cristo (v.32-33).

## 5. Unidos en el Señor ("in Domino")

El matrimonio es y debe ser "en el Señor" (v.39). Contrariamente a lo que pensaban algunos corintios de tendencia puritana, el matrimonio no pone a los esposos fuera del dominio y atracción del Espíritu (v.28.36.39); porque, si bien el esquema de este mundo pasa (v.31), pero el matrimonio debe durar hasta la segunda venida de Cristo. Así, pues, el matrimonio es una de las formas posibles de vocación cristiana, y el quererlo negar es caer en doctrinas demoníacas[65].

¿A qué doctrinas se refiere el Apóstol? Quizás a una tendencia que quería que la Iglesia rompiese toda conexión con el pasado, que el cristianismo rompiese con el orden de la creación: así era la tendencia marcionita.

El judeo-cristianismo, en cambio, aunque tuvo una fuerte experiencia espiritual, no conoció tal tendencia. Pero a aquellos corintios que querían poner fin al matrimonio por la tendencia anteriormente señalada tuvo que responder San Pablo, con los imperativos de su fe apostólica, que también es digna de confianza, porque también él tiene Espíritu[66]: y su respuesta constante es que toda situación "contra naturam" es nefasta, y que no hay obediencia posible a Cristo si no se obedece al Dios de la naturaleza.

[65] 1 Tim 4,3.

[66] 1 Cor 7,40: "también yo creo tener Espíritu de Dios", dice al terminar este capítulo.

## 6. El verdadero valor del celibato

El matrimonio no es malo; la sola razón válida para rehusarlo es la vocación a una total disponibilidad para Cristo y para la Iglesia[67]. El celibato toma así sentido en la medida en que se pone al servicio de la edificación de la Iglesia: no es, pues, un replegarse en sí mismo, sino una obediencia comunitaria, salvífica para sí y para los demás.

Y no es precisamente a causa de la inminente parusía el valor de una virtud tan positiva: la inminencia, constantemente vivida, de la parusía no impide ni exime del trabajo, de la participación en la cultura, en el matrimonio, etc. Si es cierto que el matrimonio obliga a estar presentes el uno al otro, esta presencia mutua no es un obstáculo, mucho menos insuperable, para la vigilancia cristiana, virtud que es muy importante y decisiva para toda vocación: matrimonio y virginidad[68].

No se puede decir que Pablo haya estado solo por el hecho de no haberse hecho acompañar de mujer. Antes bien, quiere ser él mismo demostración viviente de que alguien que está en la Iglesia con espíritu de NT, no puede estar ni sentirse solo. Además, Pablo da a su soledad una amplia significación teológica, cristiana y eclesial: gracias a ella, como Juan Bautista[69], él puede ser como quien prepara al Señor la Iglesia como esposa[70]; gracias a ella puede ser para las nuevas Iglesias como padre[71] y como una madre[72]; gracias a ella puede tener sucesores en su ministerio, como un padre tiene sucesores, es decir, portadores de su raza, en sus hijos; él puede tener hijos legítimos "tekna gnesia"[73].

A este respecto es notable que jamás Pablo considera una Iglesia formada por él como esposa suya, sino de Cristo: sólo Cristo es Esposo de la Iglesia. El celibato del Apóstol no tiene, pues, el mismo sentido que el de Cristo[74].

[67] 1 Cor 7,32.
[68] Lc 12,35ss.
[69] Jn 3,29.
[70] 2 Cor 11,2.
[71] 1 Cor 4,15; 1 Tes 2,11.
[72] Gál 4,19; 1 Tes 2,7.
[73] 1 Tim 1,2; 2 Tim 1,2; Tit 1,4; Flp 2,19-24.
[74] Esta advertencia, teológica y pastoralmente acertada, la encontramos en Von Allmen, o.c., p.16 nota 3.

¿Y los celibatarios involuntarios? ¿Qué decir de los que no se han podido casar, quizá sin culpa suya? Una cosa es cierta también para ellos; y es que su soledad desapareció a causa de su integración en la Iglesia. Y en la Iglesia el Señor espera de ellos un servicio de amor y una fecundidad eclesial que dará a su vida un sentido muy positivo y los liberará de la impresión de ser estériles (que en el reino de Dios no existen ya)[75].

El pensamiento de San Pablo es claro en este punto: ni soledad ni esterilidad para los célibes, incluso para los que involuntariamente se han visto en tal situación; también para ellos tienen aplicación las consideraciones que hace San Pablo: que el tiempo es breve, que hay que vivirlo para Cristo y para la Iglesia; y en libertad interior, se tenga o no mujer[76].

En este mismo pasaje, lleno de preocupación pastoral, el Apóstol muestra la ventaja de que la Iglesia posea un cuerpo de célibes; éstos, en efecto, siendo libres de otras preocupaciones, pueden dedicarse de lleno a cubrir a los demás y protegerlos en un sentido pleno. Es éste un motivo más de reconocimiento hacia ellos[77].

En esta perspectiva paulina, el celibato no es sólo una ascética individual, por muy meritoria que sea, sino que tiene una dimensión apostólica y eclesial de plenitud: "eunucos que se han aceptado libremente a sí mismos en esta vocación por el reino de los cielos"[78]. San Pablo quiere vigilar cuidadosamente sobre la motivación del celibato. En efecto, parece ser que había en la Iglesia primitiva sectas que, sobre la base de un dualismo, extraño al pensamiento bíblico, llegaban hasta el desprecio mismo del matrimonio. San Ireneo les respondía que despreciar el matrimonio era despreciar al Creador, autor del matrimonio[79].

San Pablo considera también el celibato en relación [beneficiosa] respecto del matrimonio, ayudándole a éste hacia su inserción salvífica en el gran matrimonio salvífico de

[75] VON ALLMEN, l.c.

[76] 1 Cor 7,29.

[77] Quiere decir San Pablo que el celibato, lejos de ser una alienación, es una forma superior de compromiso en favor de la Iglesia y el mundo.

[78] Mt 19,12, visto a la luz de la Tradición.

[79] IRENEO, *Adv. haer.* I 28.

Cristo con la Iglesia; la misión del Apóstol en estas nupcias es clara: compara su ministerio apostólico al de un "amigo de las bodas" (costumbre judía), cuyo deber era ir a buscar para el esposo la esposa, vigilar su castidad, protegiéndola si fuere necesario, y presentarla al esposo[80]. Según los rabinos, un movimiento semejante se venía haciendo desde la alianza en el Sinaí: Moisés, como amigo de estas bodas de Yahvé con su pueblo, trata de llevar Israel a Yahvé para estos esponsales[81].

La función del amigo del matrimonio es proteger su unión; y es que el matrimonio no es una unión momentánea, sino permanente. Ahora bien, esta función del apóstol del matrimonio, del amigo de los esposos, es la misión de Dios mismo en la unión y bendición que hizo de Adan y Eva[82]. No es exagerado pensar que en todo matrimonio cristiano, del que el matrimonio primero del Génesis 2 es prototipo, esta misión del amigo y apóstol de las bodas forma parte verdaderamente de la historia del matrimonio, haciéndola historia de salvación; mejor dicho, contribuyendo positivamente a que ellos la hagan. Y el que tiene esta función actúa en nombre de Dios, con el poder y la bendición de Dios.

La Iglesia no ha estado equivocada al establecer la liturgia y la pastoral del matrimonio repitiendo lo que pasó en el paraíso. Se sabe que la bendición es un acto cargado de poder según la concepción bíblica[83]. San Pablo afirma con insistencia que el matrimonio viene de Dios[84], forma parte de lo que Dios ha creado y, por lo tanto, los hombres pueden usar de él en acción de gracias: ahora todo esto puede ser santificado, hecho posesión de Dios, extraído de la voluntad de intervención del enemigo[85] por la palabra de Dios, el sacramento y la oración. La liturgia del matrimonio es para unir y bendecir. Por la palabra de Dios y la oración, la Iglesia acoge este matrimonio contra la empresa del separador. El matrimonio es de esta manera una dimensión humana y religiosa importantísima; un punto de inserción válido en el

[80] JEREMIAS, J., en T. W. N. T. IV 1092.
[81] Cf. Jn 3,29.
[82] Gén 2,18-24; Mt 19,4ss; Ef 5,22-32.
[83] BEYER, T. W. N. T. II 751.
[84] 1 Tim 4,3.
[85] Gén 3,1: "diábolos", quiere decir "el separador"...

misterio de Cristo. Precisamente una de las razones, teológicamente la más importante, de la indisolubilidad del matrimonio es ésta: "lo que Dios unió el hombre no lo separe"[86].

Un autor protestante de la facultad de teología de Neuchâtel dice a este respecto: "querer disolverlo es un atentado con Dios, a la voluntad de Dios, haciendo tarea del diablo. La Iglesia, sigue diciendo, no tiene derecho ni poder para pensar que los que se han dado de esta manera el consentimiento matrimonial ante ella no estén unidos ante Dios; esta pareja después podrá, por su vida, confirmar o desmentir la unidad que Dios les ha dado, pero cualquiera que sea la dureza de corazón de los esposos, su unión —una vez realizada— es teológicamente intangible. Por esta razón el matrimonio es algo muy serio"[87].

## 7. Intervención de Dios, de Cristo, de la Iglesia

Dios está en el origen del matrimonio. Y todo matrimonio verdadero es a imagen de aquél que se hizo al comienzo mismo; matrimonio que se hizo no sólo en presencia de Dios, sino con intervención activa del mismo Dios, que dio esposa al esposo; no fue éste quien la arrebató independientemente de Dios, sino que la recibió de la mano del Señor[88].

Si San Pablo explica el matrimonio a la luz de las relaciones de Cristo con la Iglesia[89], es evidente que el origen del matrimonio humano es el mismo que el de los desposorios del Señor con su pueblo, de Cristo con su Iglesia. Ahora bien, si hay algo que expresa perfectamente la voluntad de Dios es esta extraordinaria repetición de aquel primer matrimonio en cada matrimonio que se hace en presencia y mediante la participación activa de Dios mismo, signo y participación del matrimonio del Hijo de Dios con el mundo, de Cristo con la Iglesia.

San Pablo no emite un juicio negativo sobre el matrimonio, sino que lo considera como una forma válida de obediencia cristiana, de sumisión a la voluntad de Dios. Lo que sí dirá es que la sola unión sexual no constituye el matri-

[86] Mt 19,6.
[87] Von Allmen, o.c., p.22ss.
[88] Gén 2,18-24; 1,26-28.
[89] Ef 5,22-32.

monio[90]. A nadie se le oculta la fuerza de expresión de los motivos originales y propiamente cristianos que San Pablo pone contra la fornicación y contra los demás desórdenes sexuales[91]. El mal de la fornicación está también en que es una caricatura del matrimonio verdadero, de todo matrimonio, por cuanto actúa solamente la unión de carne y no la unión completa a que se refieren esos textos bíblicos en su sentido profundo[92].

La Iglesia sabe que la unión sexual de los cristianos puede comprometer no solamente a las personas interesadas, sino también al Señor, y a la Iglesia misma[93]; más aún, puede excluir de la salvación, porque por estas uniones se roba al Espíritu Santo[94].

Así resulta que el pecado contra el cuerpo es pecado contra la vida eterna, puesto que nuestro cuerpo, a raíz de la Pascua y resurrección del Señor, tiene él también su esperanza de resurrección y de vida eterna; nuestro cuerpo está llamado a ser glorioso[95].

Por todas estas razones, muy superiores a las de los estoicos[96], es esencial a la Iglesia vigilar, evangelizar, purificar y proteger las uniones que contraen sus miembros, no sea que les lleven a su pérdida moral y definitiva y contaminen a la Iglesia misma. Solamente el matrimonio que se consuma al interior de la Iglesia, sólo la unidad de carne que se crea entre personas que son ya un solo espíritu "en el Señor", permite glorificar al Señor en su cuerpo y en su mutua relación[97].

San Pablo da un no al amor libre entre cristianos; no puede admitirse en el interior del Cuerpo místico un libre intercambio físico de sus miembros. Pondría en peligro y hasta haría fracasar a la Iglesia misma[98]. El matrimonio de los cristianos tiene algo que ver con la Iglesia misma, no es cuestión solamente de las dos personas que se unen.

[90] 1 Cor 6,12ss.
[91] Ibid.
[92] 1 Cor 7; Ef 5,22-32.
[93] 1 Cor 6,15ss.
[94] 1 Cor 6,16-19.
[95] STAUFFER, E., a. "Gamos" en T. W N. T. I 649.
[96] LYONNET, E.: Verbum Domini 35 (1957) 337-340.
[97] 1 Cor 6,20.
[98] 1 Cor 5,1-5.

## 8. VALOR RELIGIOSO DEL MATRIMONIO: SACRIFICIO Y CONSAGRACIÓN

El valor religioso, cultual, salvífico que adquiere el sexo, el cuerpo, la afectividad, en esta perspectiva cristiana, a nadie se le oculta; es pensamiento de San Pablo expresado en múltiples ocasiones: "os recomiendo, hermanos, que presentéis vuestros cuerpos como víctimas vivientes, santas, agradables para Dios, como obsequio vuestro razonable"[99].

La Iglesia, uniendo los esposos entre sí, los sacrifica, los consagra en su unión y en su referencia, mutua y a Cristo: el verbo "parístemi" es término sacrificial, cultual[100]. También el hombre, correlativamente, debe liberarse *(paradídomi)* para su mujer: y uniendo este hombre con esta mujer, la Iglesia recoge —como en un ofertorio cultual— las autonomías de ambos, para hacer de ellos aquella sublime realidad de que habla Cristo: "ya no son dos..."[101].

En esta perspectiva teológica, cristiana y eclesial, el consentimiento de ambos adquiere una calidad y elevación muy grandes; el consentimiento libre de ambos es constitutivo para el matrimonio; esto se deduce de la naturaleza misma de la alianza; consentimiento que los introduce en un nuevo estado, en una alianza, en una situación humana y espiritual que los califica hasta lo más profundo de su ser. Alianza esta que, como otras, se sella generalmente con la sangre. Ahora bien, el sello de sangre de esta alianza conyugal es la unidad total de los esposos, que obviamente tendrá lugar en el encuentro sexual.

No ha de faltar la invocación a Dios, la oración: y es que toda alianza verdadera en la Biblia se hace invocando al Dios vivo y verdadero, a quien se le reconoce también de antemano el derecho a vengar toda traición mutua en este orden. La alianza, pues, no es un contrato meramente horizontal, una asociación humana de la que pudiera uno desligarse sin referencia al Dios que selló esa alianza.

Se trata de un consentimiento por convergencia profunda de voluntades: no decimos sólo de ambas voluntades, por-

[99] Rom 12,1.
[100] 2 Cor 11,2.
[101] Mt 19,6.

que existe una tercera voluntad, que es primera: la de Dios, que también cuenta.

¿Cómo se caracteriza este acto y este consentimiento mutuo? En primer lugar es un despojarse de sí mismo; además es una donación total; y luego, sólo así, un encontrarse más allá de este don. También en este sentido existe una similitud con el celibato, en el que encontramos igualmente un desprenderse de sí, un darse totalmente y un encuentro con Dios y con la Iglesia más allá de este mismo don.

Este consentimiento o acto de voluntad de los esposos es necesario por varias razones: 1) en primer lugar, para significar delante de la Iglesia que los esposos quieren hacer de su unión un reflejo fiel del Cristo total, de Cristo en relación con su Iglesia; 2) en segundo lugar, porque tal unión de Cristo con la Iglesia es una alianza fundada en la libertad, y no en la seducción ni en la violación: éstas en nada se parecen a aquélla [alianza]. Siendo el matrimonio una alianza, incluso el festín de bodas encuentra una significación teológica: se sabe, en efecto, el grado de identidad y familiaridad que presupone la Biblia para esta comensalidad[102]; 3) en fin, de esta manera la Iglesia sabe que puede confiar sin temor estos esposos el uno al otro, ya que han querido unirse no al margen del Cuerpo místico, sino *dentro* de la Iglesia.

Constituida así la pareja por la convergencia de voluntades: la voluntad de Dios, la de la Iglesia y la de los esposos mismos, los así unidos son y constituyen una sola carne y un mismo espíritu, "una unidad que no puede ser disuelta más que con la muerte"[103].

Hemos dicho que son "una sola carne", pero también un solo espíritu, una comunidad de almas. En esta perspectiva, el matrimonio cristiano une dos seres en la relación interior, vital y existencial, de la Iglesia con Cristo. En la Iglesia no hay más que un solo corazón y una sola alma, que une los miembros de Cristo entre sí y con la cabeza[104].

[102] VON ALLMEN, l.c.

[103] ID., ibid.

[104] GRAYSTON, K., a. "Flesh" en *A theological Wordbook of the Bible* (Londres 1950): "community of souls".

## 9. Pecado y arrepentimiento

San Pablo nos muestra en esta carta[105] que no es posible en la Iglesia, entre cristianos, restar fuerza e importancia al pecado sexual, mal llamado "pecado del cuerpo"; y es que el que peca contra el cuerpo, lo desvía de su verdadero destino, que es el de "glorificar al Señor"[106]. Ahora bien, desviando su cuerpo del propio destino, se desvía a sí mismo, porque no es posible a un hombre desentenderse de su cuerpo, desolidarizarse de él, como un espectador indiferente que navega en él como si nada tuviera que ver con él. Ni siquiera el platonismo llegó a tal aberración.

El pecado sexual tiene importancia, según San Pablo, por todos los motivos que pone previamente al capítulo 7 de la primera carta a los Corintios; siendo el poder fijativo de la unión sexual tan decisivo (nótese que el texto de 1 Cor 6,16 tiene un sentido muy fuerte, como el de Gén 2,24), la importancia del adulterio y de la fornicación es grande, sobre todo para los cristianos.

Luego es el propio Apóstol el que se apresura a decir —en un segundo momento— que el perdón de Dios puede liberar a quienes están así unidos a un cuerpo distinto del de Cristo [adulterio, fornicación]. Puede haber perdón para los fornicarios y adúlteros que se arrepienten[107].

Pero, mientras el arrepentimiento no tiene lugar, la Iglesia debe rehusarles la comunión con el cuerpo de Cristo, ya que, como acabamos de decir, los considera unidos a *otro* cuerpo que el de Cristo. Además, la Iglesia debe avisarles que, mientras no se integren en el cuerpo de Cristo, no heredarán el reino de Dios, la vida eterna[108]. Ellos están haciendo, más bien, la obra de la carne, entendida ésta aquí en un sentido opuesto a la acción del Espíritu de Dios: aquélla es una acción sin otro porvenir que la cólera de Dios[109].

Pero no basta apartarse de tales uniones; se requiere también el perdón de Dios. Tampoco hay que pensar que no tienen gravedad por el hecho de que Dios perdona: pecar

[105] 1 Cor 6,18.
[106] 1 Cor 6,20.
[107] 2 Cor 12,21; 1 Tim 1,10; Col 3,5-10; 1 Cor 6,11.
[108] Gál 5,19-21; Heb 13,4; 1 Cor 6,10; 10,8; Ef 5,5.
[109] Gál 5,19-21; Heb 13,4.

para que abunde la gracia no tiene sentido: es precisamente lo que dice San Pablo en la carta a los Romanos[110]. Esta doctrina puede ser sorprendente para los que no conocen a Dios, el Evangelio, la gracia y el poder del Espíritu; pero "para quienes han aprendido de El cómo deben caminar para agradar a Dios"[111] es razonable, coherente y posible. Lo contrario sería desconocer la doctrina misma sobre la Iglesia y desconocer también el poder del Espíritu.

### B) Este misterio es grande (Ef 5,22-32)

Este texto de San Pablo es de una tonalidad distinta del de la carta a los Corintios. Ahora el matrimonio es considerado en la perspectiva de la unión de Cristo con la Iglesia (v.22.23.24.25.32). Y es que la verdad total del misterio matrimonial sólo se puede conocer y vivir en esta perspectiva cristiana y eclesial[112].

Además, hay aquí toda una interacción beneficiosa, en el sentido de que los dos términos se ayudan a comprenderse mutuamente: quien conoce mejor el matrimonio cristiano, conocerá mejor la relación de Cristo con la Iglesia, y viceversa: esta unión de Cristo con la Iglesia enseña el modelo de lo que debe ser la unión de los esposos entre sí: el gran misterio de salvación tiene una gran concreción en el matrimonio cristiano.

Se trata de una unión de amor (v.25): amor, fidelidad, devoción en sus relaciones mutuas. Nuestras lenguas vernáculas no expresan suficientemente toda esta riqueza de sentimientos. El lenguaje bíblico es más expresivo. El esposo debe amar a la esposa como Cristo a su Iglesia: su autoridad debe ser autoridad plena de amor; en efecto, es de la naturaleza misma de las cosas el que la cabeza ame a su cuerpo: así ama Cristo a su Iglesia, que es su cuerpo.

Se trata de una relación salvífica, como la de Cristo y su Iglesia (v.23); de aquí toma también la finalidad, que no es otra sino la de presentar la Iglesia (la esposa) sin mancha, sin arruga, santa e inmaculada (v.27). Para esto, el matrimonio es signo eficaz de una constante venida de Cristo. Está

[110] Rom 6,1.
[111] 1 Tes 4,1.
[112] ROBERT-FEUILLET, *Introduction à la Bible* II p.503.

claro también, dentro de las características fundamentales de este texto de San Pablo, que se está refiriendo fundamentalmente al matrimonio de bautizados (cf. v.26 y ss).

## 1. MISTERIO DE SALVACIÓN

Cuando San Pablo afirma que "este misterio [sacramento] es grande: yo lo digo hacia Cristo y la Iglesia" (v.32), ¿qué quiere decir exactamente? La respuesta a esta pregunta es importante, y la vamos a dar gradualmente valiéndonos de dos claves de interpretación que están en la misma fase del Apóstol: la palabra "misterion" *(misterio* o sacramento) y la expresión "eis" *(hacia* Cristo y la Iglesia).

En primer lugar, la palabra "misterio" designa, en San Pablo, el designio o plan divino salvífico, realizado no de cualquier manera, sino precisamente por la unión del Verbo con la naturaleza humana, del Hijo de Dios con la humanidad. He aquí el matrimonio eminente de salvación a cuya participación todos estamos invitados, dirá más tarde San Agustín, en buena ley de interpretación de todo el NT[113].

Ya en la primera carta a los Corintios, San Pablo nos decía que era portador de la sabiduría de Dios en *misterio;* y luego nos explicaba diciendo que no se trata de una sabiduría meramente humana, mundana, de este siglo; ésta no merece el nombre de sabiduría, porque se destruye; sino una sabiduría de Dios, de un plan de salvación que viene de Dios y que es para gloria nuestra[114].

Y nos hablaba de dos momentos o fases de este mismo misterio de salvación proveniente de Dios: primeramente estaba escondido en el seno del Padre [origen divino] antes de todos los siglos. Se refiere a que el misterio de las bodas del Hijo del Rey con la humanidad estaba escondido en la intimidad de Dios Padre por toda la eternidad. Pero nos lo reveló a nosotros por el Espíritu; porque el Espíritu escruta todo, hasta los ocultos designios de Dios[115].

Resumiendo: "misterio" quiere decir el plan divino de

[113] *In Io. Ev.* VIII-IX: PL 35,1451-1459: "nec illae quae virginitatem Deo vovent... sine nuptiis sunt; nam et ipsae pertinent ad nuptias cum tota Ecclesia, in quibus nuptiis Sponsus est Christus".

[114] 1 Cor 2,6-10.

[115] Ibid., v.10.

salvación del hombre, llevado a cabo por iniciativa de Dios, mediante la encarnación de su Hijo en la humanidad, revelado y llevado a cabo eficazmente por medio del Espíritu[116].

Al final de la carta a los Romanos, San Pablo nos resume su mensaje y su misión apostólica diciendo que es "en orden a la revelación del *misterio*, escondido en el seno del Padre desde tiempos eternos, mas ahora manifestado"[117]. Nos dice también que el Evangelio, los profetas y los apóstoles tienen esta misión primordial: la de revelar y ofrecer a los hombres este misterio (v.25-26). He aquí sus características:

La iniciativa es de Dios: tiene su origen en la benevolencia y en el amor de Dios, lo cual le lleva a esperar una respuesta humana en libertad y responsabilidad: ante todo, una respuesta de fe[118]; y de amor[119] y de realización cristiana y eclesial[120].

En la carta a los Colosenses, este misterio, en un principio invisible, adquiere cuerpo: "Cristo es la Cabeza del Cuerpo que es la Iglesia"[121]. Aquel misterio profundo, invisible, adquiere visibilidad: tiene Cabeza y Cuerpo visibles. Un poco más tarde nos dirá, siguiendo esta tipología cristiana y eclesial, que el matrimonio es revelación y realización del Cristo total: Cabeza y Cuerpo. Por amor hizo Cristo su entrega al sacrificio[122]; amor y entrega a los que seguirán el amor y la entrega de tantos matrimonios a ejemplo de Cristo.

¿Cuáles son los frutos de este amor y de esta entrega cristiana? Lo dice Pablo a continuación: "para presentaros santos e inmaculados e irreprensibles delante de Dios"[123].

Ahora estamos en grado de poder entender mejor el significado de la afirmación primordial de Pablo en Ef 5,32: "este misterio es grande: yo lo digo en relación con Cristo y con la Iglesia".

116 Ibid., v.10-16.

117 Rom 16,25-27.

118 Abrahán creyó a Dios este misterio salvífico y es el símbolo del esposo creyente; de hecho, la esposa le obedece como a tal (1 Pe 3,6); "de ella sois hijas" [las mujeres creyentes].

119 En la alianza, Dios no sólo ama, sino que comunica su capacidad de amar; su "hessed" (cf. *supra*).

120 Cada matrimonio cristiano es realización visible de la alianza divina.

121 Col 1,18.

122 Col 1,20-22; Ef 5,25.

123 Col 1,22.

En primer lugar, San Pablo no se refiere al misterio matrimonial *en sí* (que ciertamente es un misterio...), independientemente del misterio de Cristo y su Iglesia.

Ni se refiere simplemente a este misterio de Cristo con la Iglesia (que ciertamente es considerado por San Pablo como el misterio salvífico por excelencia, ya que esta unión misteriosa pertenece constitutivamente al designio fundamental de Dios sobre la humanidad).

San Pablo se refiere concretamente a la relación existente entre el matrimonio cristiano y dicha unión de Cristo con la Iglesia; es decir, al matrimonio cristiano como participación eclesial y cristiana del misterio de la salvación. Esta expresión y este dinamismo salvífico del matrimonio cristiano están sugeridos[124] en el contexto paulino por partículas dinámicas que se repiten[125], hasta el punto de que el concilio Vaticano II no ha dudado en afirmar, repetida y abiertamente, que "el matrimonio cristiano es imagen y *participación* de la alianza de amor entre Cristo y la Iglesia"[126], afirmación que el concilio la hace citando precisamente este mismo versículo de San Pablo en la carta a los Efesios[127].

He aquí en qué sentido el matrimonio cristiano es misterio según San Pablo: porque restablece la primera voluntad de Dios (Gén 2,24) e ilustra por anticipación la unidad final y eternal entre Cristo y la Iglesia[128], y de cada persona con Dios.

Para interpretar debidamente a San Pablo en este punto debemos hacer referencia al realismo de su modo de hablar; es decir, que el Apóstol tiene la costumbre de hablar de marido y mujer a nivel de su vida conyugal concreta[129]. No se trata, pues, de que la pareja humana realice la imagen de Cristo-Iglesia ensayando salir de su realidad concreta matrimonial con una especie de transustanciación espiritual; no. Lo que se les pide es que, a su nivel, según las normas y posibilidades que ofrecen el Evangelio y la gracia, en sus alegrías y debilidades, sean un testimonio vivo, consciente,

[124] "Quod Paulus *innuit*, dicens: Ef 5,25.32..." (Conc. Trento: Dz. 969).

[125] Ef 5,23.24.28.29.32, etc.

[126] GS 48, al final.

[127] Ibid., nota 9. El concilio Vaticano II cita más de veinte veces este texto de Ef 5,22-32.

[128] Cf. T. W. N. T. IV 829.

[129] 1 Cor 7,3ss; 1 Tes 4,2-8.

libre, del gran misterio de salvación. Todo lo que el Apóstol dice aquí acerca de Cristo en relación con la Iglesia, vale decirlo también para la pareja humana unida en matrimonio cristiano.

La perspectiva de la cruz no es ajena al matrimonio cristiano en la actual situación. Esta perspectiva es momento privilegiado, en primer lugar, en el matrimonio de Cristo con la Iglesia. El sacrificio es inherente también al matrimonio de hombre y mujer. Todo matrimonio, sobre todo el cristiano, no puede constituirse si el hombre no renuncia a la autonomía de sí mismo en favor de la mujer[130]. La psicología misma y la teología matrimonial están de acuerdo en anotar positivamente este sacrificio que el hombre hace de sí mismo: él adquiere su esposa a precio de sí mismo, adquiere su esposa dándose. Si no fuera sobre esta base y este don de sí mismo, el matrimonio perdería su sentido profundo para degenerar en una especie de engaño, violencia o rapto.

También la mujer ayuda y salva al marido. Gracias a ella, por atracción hacia ella, puede él "dejar a su padre y a su madre" (v.31), es decir, hacerse adulto, ser él mismo. Así como la Iglesia es la plenitud de Cristo[131], también la mujer es plenitud del varón, lo completa y enriquece. La mujer en el matrimonio responde a la donación del marido con receptividad y donación amorosa, como la Iglesia responde así a Cristo: con adhesión de amor. No se excluyen entre sí aquella igualdad fundamental entre hombre y mujer (de que hablábamos anteriormente) y la diversa significación y complementariedad (de que hablamos ahora).

La unión de Cristo con la Iglesia comunica al matrimonio cristiano su carácter sagrado. San Pablo, sitúa aquí el matrimonio en un cuadro santificado, cultual, salvífico: existe toda una enumeración de términos cultuales, sacrificiales, sacramentales..., al referirse San Pablo a la Iglesia como esposa de Cristo y al hacer la aplicación al matrimonio cristiano. Así resulta que el matrimonio es todo lo contrario de una profanación: es consagración que los lleva mutuamente al destino auténtico.

Una pregunta acuciante cabe formular al llegar a este punto del carácter sagrado del matrimonio cristiano; es la

130 Ef 5,25.
131 Ef 1,23.

siguiente: ¿qué es lo que concretamente santifica el matrimonio? Para responder exactamente, digamos antes que ya por el bautismo están santificados cada uno de ellos. En el texto de San Pablo que estamos analizando, se hace referencia al bautismo (v.26): según él, la teología bautismal resuena muy netamente en la doctrina del matrimonio. Si bien, por el bautismo, ambas personas están santificadas, lo que se santifica en el matrimonio es la relación de amor conyugal entre ambas, haciendo que su amor sea participación del *agape* o amor de caridad de Cristo para con su Iglesia.

## 2. Participación del matrimonio en la historia de la salvación

La historia de la humanidad en sus relaciones con Dios tiene como centro a Cristo. La revelación nos hace vivir ese misterio en todas sus fases: en el AT, como anticipación profética misteriosa; en esta perspectiva (profética, mesiánica) vivieron el matrimonio mismo (ya lo hemos visto anteriormente).

Las características que determinan y vivifican desde dentro el matrimonio del NT son distintas, las mismas del NT, a saber: 1) la característica *evangélica,* o sea la buena noticia de salvación, vivida en su condición concreta de matrimonio y familia; 2) se trata de una presencia *graciosa,* es decir, hay proporción de la gracia para todo lo que significa y requiere el matrimonio con el espíritu del NT; 3) se trata de un sacramento *exigente* en orden a la misión y moralidad elevadas que les corresponde de acuerdo a la etapa perfecta de la historia de la salvación en que vivimos[132].

También aquí el matrimonio debe tomar nota y ejemplo de las relaciones de Cristo con la Iglesia. La Iglesia, habiendo recibido la total donación de Cristo, debe corresponder con plena fidelidad a El. Estando la Iglesia consagrada, podrá Cristo esperar de ella un amor puro, estable, exclusivo.

La Iglesia recibe de Cristo todo: hasta el nombre mismo: por El ella es cristiana. Si, entre nosotros, la mujer casada lleva el nombre del marido, significa la donación total de

[132] Es un gran acierto el que con estos tres criterios fundamentales se haya llevado a cabo la reciente renovación del *Ritual del Matrimonio.*

éste y la receptividad amorosa y exclusiva por parte de la mujer. De ahí el temor mutuo a una nueva independencia o autonomía que, al separarlos mutuamente, los haría profanos... Es un temor nacido del amor, de la relación total de dependencia amorosa.

Cristo tiene amor de caridad *(agape)* por la Iglesia: así es también, y debe ser, el amor de esposos entre sí: amor de caridad, no simplemente *eros*[133]. Un amor de caridad que se manifiesta por la protección, afecto, preocupación concreta y práctica, del esposo para con la esposa; este cuidado del esposo para con su mujer es la forma masculina de demostrar su no-independencia respecto de ella; y es que sus pensamientos de autonomía e independencia serían profanos, adúlteros. Otro tanto se diga por parte de la mujer hacia su marido, salvando —claro está— sus características propias —femeninas— en cuanto a su misión propia en el matrimonio y en la familia.

De esta manera, la pareja cristiana refleja al Cristo total; y tiene un dinamismo humano y espiritual de retorno al Padre, de encuentro final y definitivo con Dios; y en Dios logra también la última y definitiva perfección propia.

En la carta a los Efesios está llamando a la mujer "cuerpo" del esposo; en Corintios, la llama "gloria" del varón, queriendo —en uno y otro caso— decir lo mismo, a saber: que el hombre resplandece en su mujer, como Cristo en su Iglesia. El esposo se presenta a sí mismo presentando su mujer; en ella se refleja ante la sociedad. Y también ante Dios[134].

A los hombres les recuerda San Pablo unas advertencias fundamentales acerca del modo de relacionarse con la mujer; y con Cristo mismo, cuya tipología ostentan: el esposo realizará su tipología de Cristo amando a la mujer[135]. San Pablo sabe que toda autoridad es expresión de amor y no de ambición. A esto habría que añadir que la autoridad en el matrimonio es mutua, tiene reflejos mutuos, como lo dice el propio San Pablo; además se trata de un señorío subordinado al de Cristo[136].

[133] CONC. VAT. II, GS 49,1, al final.
[134] Ef 5,27.
[135] Ef 5,25.
[136] 1 Cor 11,3a.

## 3. MÁS SOBRE LA INDISOLUBILIDAD DEL MATRIMONIO

San Pablo dice tener palabra del Señor sobre este punto[137]. Así, la pareja cristiana de bautizados, que se han unido como tales en el Señor, debe durar desde su constitución hasta que fallezca una de las partes[138]. Solamente Dios, que es autor, podría poner fin en el sentido de que la muerte de uno de ellos es acto de la providencia de Dios. San Pablo piensa, y afirma, que el adúltero, él mismo se excluye de la salvación[139].

¿Es legalismo negar el divorcio?, se pregunta el teólogo protestante Von Allmen; y responde mostrando extrañeza ante los que piensan así. Y dice que es precisamente lo contrario en la mentalidad de Jesús; según Jesús, era precisamente la mentalidad legalista la que autorizaba el divorcio, mientras que, bajo la alianza de la *gracia,* se restaura la primitiva voluntad de Dios. Con esto quiere Von Allmen responder a los que acusaban de legalistas a los opositores del divorcio diciéndoles que son éstos los que desconocen el espíritu evangélico[140].

Es un gran exegeta [protestante] del NT y uno de los mejores conocedores de San Pablo, Von Allmen, el que recoge y centra toda la argumentación del Apóstol en favor de la indisolubilidad del matrimonio cristiano en tres grandes consideraciones que queremos aducir aquí:

1.ª No es en virtud de un mero contrato como se han unido hombre y mujer bautizados, sino en virtud de una alianza misteriosa, sagrada, cristiana; no es por obra de un mero contrato horizontal, entendido como mera yuxtaposición de dos voluntades humanas; es también obra de la voluntad de Dios, junto con la de ambos esposos; ahora bien, aunque la de éstos quisiera ir en sentido contrario a la unión, tal intento está descalificado anticipadamente por aquella dimensión sagrada, vertical, que ha ratificado la convergencia de ambas voluntades humanas.

2.ª El matrimonio no es algo de que se pueda arrepentir en el sentido bíblico de la palabra (no es, por ejemplo, como

[137] 1 Cor 7,10.
[138] 1 Cor 7,39.
[139] 1 Cor 6,9.
[140] VON ALLMEN, o.c., p.40.

el adulterio o la fornicación). El matrimonio lo hace Dios junto con las voluntades coincidentes de ambos esposos. Por *ese* matrimonio se llega a formar parte de la vida eclesial y de la vida futura misma. El que se casa "por la Iglesia" está comprometido con ella: sólo así podrá tomar parte en la vida eclesial y en la futura. Ahora bien, no se puede abandonar esa realidad novísima, última, definitiva, escatológica, para retroceder hacia una falsa autonomía, profana, mundana, no cristiana. En este sentido hay cierta analogía entre el bautismo único y el matrimonio: no en vano San Pablo habla del bautismo junto a su enseñanza fundamental acerca del matrimonio cristiano[141].

3.ª La unión de Cristo con la Iglesia es indisoluble: querer unir en nuevo matrimonio a divorciados, dice Von Allmen interpretando a San Pablo, sería semejante a pensar que Dios no es fiel y constante en su amor a la humanidad; que Cristo puede no seguir unido a su Iglesia; que Cristo puede de nuevo venir en la humildad de la encarnación y morir en la cruz para adquirir para sí nueva esposa, nueva Iglesia[142].

Para comprometer y frustrar la santidad del matrimonio, el gran problema de ayer y de hoy[143] es el adulterio. Se pueden hacer notar al respecto las siguientes observaciones de San Pablo:

En primer lugar, que el adulterio compromete la salvación[144], aparta a los adúlteros del campo salvífico en que el Espíritu opera y no pueden tener esperanza mientras persistan en su actitud de negar una fidelidad que Dios mismo ha ratificado y establecido.

El adulterio falsea el testimonio cristológico y eclesial en el sentido de que es impensable la idea de que Cristo pueda ser infiel a su esposa, la Iglesia; esta hipótesis contradice de tal manera aquel amor de Cristo por su Iglesia, que aunque, por un imposible, la Iglesia se prostituyese[145], por parte de Cristo no se daría esa falta de amor. Nótese al respecto que

[141] Ef 5,26.
[142] VON ALLMEN, o.c., p.45.
[143] CONC. VAT. II, GS 47,2: AAS 58 (1966) 1067.
[144] 1 Cor 6,9.
[145] 2 Cor 11,1-4.

San Pablo define el adulterio como contrario al amor, contrario al *agape* recibido del de Cristo.

Según la interpretación de Von Allmen, este matrimonio es tan indeleble como el bautismo. A los ojos de Dios, un matrimonio de bautizados, que El mismo ha garantizado y santificado, es indisoluble por parte de los hombres: no puede prevalecer la voluntad de los hombres sobre la de Dios; podrán los hombres ignorar, negar, profanar, pero no pueden suprimir "lo que Dios unió". "El matrimonio cristiano, en vida de los dos, es tan indeleble como el bautismo"[146]. Quiere esto decir que el adulterio corrompe la pareja, pero no la rompe. Para San Pablo no hay más que un remedio para las situaciones difíciles en que pueden encontrarse los esposos cristianos: el amor, el arrepentimiento y la reconciliación[147]. Un perdón que es piedra de toque de la vida cristiana, porque es humillante no sólo para la parte culpable, sino también para quien tiene que otorgarlo[148].

San Pablo se da cuenta de que "los santos", a quienes se dirige en sus escritos, no están automáticamente al abrigo de toda caída en pecado. Pero la solución cristiana que les propone no está en el divorcio, ni mucho menos en el nuevo matrimonio, sino en el perdón: un perdón que humilla a ambas partes: a la que pide, por ser culpable, y a la que otorga...

## 4. Los hijos en el matrimonio

Después de haber hablado del matrimonio en sí, obviamente hace referencia a los hijos; su pensamiento se mueve en un clima en el que los hijos son considerados como el fruto normal y la bendición de Dios en el matrimonio[149]. Y habla de la educación de los hijos por parte de sus padres[150].

Lo que hay que destacar es que, según toda la concepción paulina, la tarea de la educación de los hijos es entendida como una función *misionera y eclesial*. También, desde esta perspectiva, San Pablo tiene muy fuerte el sentido de la

146 Von Allmen, l.c., p.46.
147 1 Cor 7,11.
148 Ef 4,32; Col 3,13.
149 1 Cor 7,14; Col 3,20-21; Ef 6,1ss; 1 Tim 3,4-12; Tit 1,6.
150 1 Tim 3,4.12; Tit 1,6, etc.

unidad familiar; y ve en la fidelidad al deber doméstico la piedra de toque de la fe cristiana: "si alguno no se preocupa de los suyos y de sus domésticos, negó la fe y es peor que un infiel"[151].

Y no es una perspectiva austera y legalista la suya, sino muy humana y teológica, al tratar estos temas: bastaría recordar la ternura con que habla de las madres y de la maternidad misma[152]; su alegría de verse padre espiritual de los jóvenes colaboradores[153] y el desbordarse de su afectividad por la paternidad eclesiológica que le cupo por la gracia de su apostolado[154]. Que los padres sepan, en fin, que su paternidad es participación y reflejo de la voluntad creadora (procreadora) y de la voluntad salvífica de Dios[155].

## 5. Optimismo cristiano del matrimonio

Desde el punto de vista de la vida sexual y matrimonial, el ambiente en que vivían los primeros matrimonios cristianos no era, ciertamente, favorable a la vivencia cristiana de esta realidad. Las razones más insignificantes provocaban divorcios tanto entre judíos como entre paganos[156]. La prostitución y la fornicación estaban a la orden del día[157]. Incluso mayores aberraciones sexuales, como la homosexualidad misma[158]. Los abortos y la exposición de niños no deseados adquirieron enormes proporciones... En fin, el cuadro de costumbres sexuales que San Pablo nos describe no es exageradamente sombrío en relación con el que nos presentan ciertos moralistas de la época. En un mundo así, el amor y el matrimonio de los cristianos tenían que dar un gran testimonio cristiano.

Cuando San Pablo describe esas costumbres, distingue netamente, en lo que se refiere a los cristianos, dos fases diversas en base al hecho del *bautismo:* "en otro tiempo erais tinieblas, mas ahora sois luz en el Señor: andad como hijos

151 1 Tim 5,8.
152 Rom 16,3ss; 1 Tim 5,4; 2 Tim 1,5; Gál 4,26-27; 1 Tes 2,7.
153 Flp 2,19-24; 1 Cor 4,17; 16,10; Flp 1,10-12.
154 1 Cor 4,15.
155 Ef 3,15.
156 T. W. N. T. I 776-790.
157 Ef 4,17-5,21.
158 Rom 1,24-25.

de la luz... y no participéis en las obras infructuosas de las tinieblas; haya corrección, porque vergonzoso es incluso el hablar de las cosas que hacen en secreto"[159].

Es, pues, sobre la base de este presente bautismal, eclesial, lleno de porvenir de eternidad, en oposición a un pasado pagano (al hombre viejo muerto en el bautismo), donde San Pablo sitúa su pastoral matrimonial. Y si bien San Pablo se muestra muy comprensivo en esta materia moral[160], es, sin embargo, muy firme en sus afirmaciones sobre el cambio de vida y exigencias últimas que comporta el hecho del bautismo: y es que el Espíritu es capaz de realizar una transformación tan grande en toda carne... A causa de este mismo Espíritu, que ha hecho de los cristianos "nuevas creaturas", para San Pablo ningún matrimonio cristiano estaría irremediablemente viciado, ningún matrimonio debería morir hasta que muera una de las partes, uno de los esposos. Admitir lo contrario sería para Pablo dudar del amor y poder de Dios[161].

Presentemos desde hoy una pregunta a esta mentalidad y doctrina de San Pablo; la siguiente: ¿puede pensarse en la posibilidad de matrimonio civil para los bautizados? Nada más lejos de la concepción cristológica y eclesiológica del Apóstol; él no concibe entre cristianos un matrimonio que no fuera asumido por la Iglesia e integrado en ella; una actitud de rechazo, por parte del bautizado, del matrimonio eclesiástico significaría la voluntad de sustraer toda su vida de la obediencia al Señor y, por lo tanto, una especie de apostasía en una zona cardinal como es la del matrimonio-Cristo-Iglesia. Los bautizados deben realizar su matrimonio *en el Señor*[162].

Pero no basta afirmar que el matrimonio de los bautizados debe ser "en el Señor". El matrimonio cristiano, como matrimonio, no es una realidad distinta de todo otro matrimonio; es más bien la realidad perfecta de todo matrimonio: debe revelar la verdad total del matrimonio, como la Iglesia debe revelar la verdad total del mundo. Hay en todo esto una especie de testimonio y ministerio misionero: el matrimonio

159 Ef 5,8ss.
160 1 Cor 7,11ss; 6,12-17; Ef 5,3-21.
161 VON ALLMEN, o.c., c.6 p.59.
162 1 Cor 7,39; Col 3,17; 1 Tim 4,3.

*cristiano* puede y debe ser —ante los que no lo son— un juicio y una promesa. El matrimonio es uno de los sectores esenciales del testimonio de la Iglesia en el mundo. La Iglesia se ve comprometida en su ser esencial en la doctrina y vivencia del matrimonio cristiano.

¿Defendió San Pablo la sacramentalidad del matrimonio cristiano? La Iglesia, reunida en el concilio de Trento, afirmó que ya San Pablo sugería *(innuit)* esta sacramentalidad y gracia en Ef 5,22-32[163]. Por otra parte, también la teología protestante, al menos en sus máximos exponentes, se dirige y apunta hacia esta misma sacramentalidad del matrimonio cristiano, considerándolo como: "signo visible en este mundo, y a nivel de este mundo, del mundo que va a venir, como una especie de milagro por el cual Dios elige y toma de su creación caída un elemento que El santifica"... "así como Cristo es sacramento, y la Iglesia misma es sacramento..., se podría definir el ministerio de la pareja cristiana en el mundo como un ministerio de profetismo sacramental; y es que, dejando subsistir en toda su profundidad humana de realidad creatural, dirige los diversos elementos del matrimonio para gloria de Dios y paz en el mundo, como un signo visible del origen y destino divinos de todo matrimonio, revelando así su misterio"[164].

## 6. Dinamismo del matrimonio hacia la escatología

En la realización del designio mesiánico de salvación deben distinguirse dos períodos: ambos pueden llamarse escatológicos: el primero, desde la encarnación al fin del mundo; el segundo tendrá comienzo con la parusía misma. En esta doble perspectiva hay que situar los textos evangélicos y de San Pablo sobre el matrimonio.

1. En primer lugar, la creación nueva ha comenzado ya; el matrimonio cristiano tiene que ser vivido en el espíritu de esta nueva creación; el mundo futuro está ya dando señales de su presencia; y es que, por el bautismo, nos hemos despojado del hombre viejo y de sus egoísmos e impurezas; ¿por qué no dar un golpe de gracia a aquel hombre viejo y vivir

[163] Conc. Trento: Dz. 969.
[164] Von Allmen, o.c., p.61.

resueltamente en este mundo nuevo, novísimo, del espíritu de la Nueva Alianza? El anacronismo estará más bien en vivir un matrimonio lleno de esclavitud de pecado y egoísmos, como si la liberación última y definitiva no hubiera venido. San Pablo quiere liberar al matrimonio de aquella situación de pecado y de la ley antigua, poniéndolo en la perspectiva escatológica de la Nueva Alianza de Cristo con la Iglesia.

2. Y también el matrimonio, no sólo la virginidad, puede ser anticipación de la gloria mediante el triunfo de la gracia. Lo que hace falta es no instalarse en él[165], sino que es preciso liberarse interiormente, situarse en la perspectiva del mundo que viene, del que ya los tiempos cristianos son una realización anticipada.

## 7. La indisolubilidad del matrimonio y la virginidad evangélica

La doctrina de Jesús en los evangelios en torno a la indisolubilidad es clara y afirmativa a favor de ésta: Lc 16,18; Mc 10,2-12. También en Mateo donde Jesús no teme oponerse abiertamente a las enseñanzas y praxis del judaísmo en materia de divorcio (y nuevo matrimonio) y recusando un texto de la Ley Mosaica (Deut 24,1ss), texto en que se fundaba esta praxis judía del libelo de repudio en tiempos de Jesús.

Y su doctrina evangélica es que el matrimonio es indisoluble, que el divorcio es condenable. Esta indisolubilidad arranca, dice Jesús, desde la voluntad del Creador, escrita e inscrita en la naturaleza misma [complementaria] de hombre y mujer unidos en el Señor. El matrimonio no es, pues, un mero contrato entre dos personas (hombre y mujer) de cuya voluntad dependa la indisolubilidad de su matrimonio una vez contraído éste. La unión de los esposos encuentra su principio en el designio de Dios que "varón y mujer los hizo" desde un principio (Gén 1,28). El divorcio, en cambio, desconoce (y desobedece) una ley fundamental de la naturaleza humana tal como proviene desde el Dios Creador (Gén 1,26-28 y 2,18-24).

Poco importa que Mateo recurra a una argumentación

165 1 Cor 7,29.

más jurídica y judía, mientras que Marcos se contenta con evocar el ejemplo de Dios en su obra (argumento teológico de la indisolubilidad). El caso es que el pensamiento de Jesús no deja lugar a dudas: el matrimonio es sagrado; la unión de los esposos es la obra de Dios y ninguna voluntad humana tiene derecho a disolverlo.

Schnackenburg, especialista en el mensaje moral del Nuevo Testamento, dice a este respecto que: "las palabras de Jesús son tan claras y tan poco equívocas que para eludir sus exigencias habría que declarar que su mensaje moral, en su conjunto no obliga fielmente, o bien, debilitarlo de otra manera".

El relato de Marcos es claro y explícito en torno a la afirmación de Jesús a favor de la indisolubilidad del matrimonio y la prohibición del libelo de repudio: "Se le acercaron unos fariseos que, para ponerle a prueba, preguntaban: ¿Puede el marido repudiar a la mujer? El les respondió: ¿qué os prescribió Moisés? Ellos le respondieron: Moisés permitió escribir el acta de divorcio y repudiarla. Jesús les dijo: teniendo en cuenta la dureza de vuestro corazón escribió para vosotros esto. Pero desde el comienzo de la creación, El los hizo varón y mujer. Por eso dejará a su padre y a su madre y los dos serán una sola carne. De manera que ya no son dos sino una sola carne. Pues bien: lo que Dios unió, no lo separe el hombre. Y ya en casa los discípulos le volvían a preguntar sobre ello. El les dijo: quien repudie a su mujer y se case con otra, comete adulterio contra aquélla; y si ella repudia a su marido y se casa con otro, comete adulterio" (Mc 10,2-12).

Ahora bien: está claro que las enseñanzas de Jesús directamente se refieren a la indisolubilidad del matrimonio y prohíben el repudio. En todo este contexto se supone la monogamia y está claro que la poligamia está implícitamente condenada, ya que Jesús acude y alude al comienzo de la creación donde "varón y mujer los hizo Dios" (Gén 1,26-28). Entre los oyentes de Jesucristo no constituía problema acuciante la poligamia; sí, en cambio, el libelo de repudio y el divorcio: el matrimonio hay que considerarlo, según el pensamiento y las enseñanzas de Jesús, como unido por Dios; ahí está la originalidad del pensamiento evangélico sobre este punto". La indisolubilidad del matrimonio está claramente expresada por Jesús según Marcos 10,9: "Lo que Dios unió, no lo separe el hombre". El problema podrá plantearse pastoralmente (cuándo y con qué requisitos ha de considerarse unido el matrimonio como tal) o jurídicamente (en los tribunales de justicia: ¿hubo o no matrimonio unido por Dios?), pero doctrinalmente la cosa está clara: el matrimonio es indisoluble y el libelo de repudio, prohibido. Es de notar (y hay que apuntarlo bien) que Marcos añade (por razón de la situación de la mujer en el mundo greco-romano): "y si la mujer repudia a su marido, y se casa con otro, comete adulterio" (v.12). Están, pues, en plano de igualdad, de igual dignidad humana y de igual gravedad en la prohibición de adulterio por una parte y por otra: ni "machismos" ni "feminismos" en este punto.

Según Lucas (16,18) "todo el que repudia a su mujer y se casa con otra, comete adulterio; y el que se casa con una repudiada por su marido, comete adulterio". De donde resulta que el repudio no tiene ningún efecto sobre el vínculo matrimonial, mucho menos para disolverlo. Que el matrimonio es indisoluble y ambos esposos están en plano de igualdad: gozan de los mismos derechos (no al divorcio, sino a vivir unidos en el matrimonio).

¿Y el evangelista Mateo? Veamos algunas consideraciones suyas fundamentales para empezar:

1. Una vez admitido el principio de la unidad del matrimonio, está claro que la doctrina de la indisolubilidad impide divorcio y nuevo matrimonio; y esto, lo mismo por parte del hombre que de la mujer (Mt 19,4.5.6).

2. La doctrina de Jesús afirmando la indisolubilidad hay que estudiarla y aceptarla en su globalidad coherente; y no es coherente el que la indisolubilidad dejara de ser y de obligar en cuanto una de las partes haya cometido la "porneia" si por ésta se entiende fornicación o adulterio. Si ello fuera así, toda la doctrina de Jesús sobre la indisolubilidad quedaría desprovista de coherencia y equidad. Antes bien, hay que aplicar aquí la analogía de la fe: lo que afirma claramente en todo su evangelio, no puede quedar así desprovisto de fuerza y coherencia admitiendo esta fácil disolubilidad por adulterio. Caería por tierra toda la doctrina de Jesús sobre la indisolubilidad matrimonial claramente explicada en los demás evangelistas (anteriormente citados) e incluso

en Mateo en todos los demás versículos. ¿Y en éste? Veamos qué significado pueden tener Mt 19,9 y 5,32.

*¿Indisolubilidad absoluta o con excepciones?*

1. Parecería a primera vista que ambos versículos contienen —junto con la afirmación de la indisolubilidad— la posibilidad de excepciones: así no pocos protestantes a partir de Lutero. Pero es preciso y de todo punto necesario puntualizar bien su posición doctrinal. Hay que comenzar diciendo que Lutero defiende que el matrimonio es *indisoluble* y lo hace con palabras tan inequívocas como éstas: "El matrimonio es la unión inseparable de un solo hombre con una sola mujer; y esto es no sólo de ley natural, sino también de la voluntad y del agrado de Dios"[166].

Pero no se trataría, según él, de una indisolubilidad *absoluta.* Lutero dice que odia el divorcio [que prefiere incluso la bigamia], pero que no se atreve a afirmar la ilicitud del divorcio a la vista del texto de Mt 19,9 y 5,32[167]. Pero el v.6 del propio texto de Mateo dice: "de manera que ya no son dos, sino una sola carne; pues bien, lo que Dios unió, no lo separe el hombre" (Mt 19,6). La doctrina protestante ha ido variando en este punto dando, al correr de los tiempos, más importancia a este v.6: "lo que Dios unió, no lo separe el hombre: así Von Allmen, Karl Barth y el grupo de Taizé; su pensamiento es el siguiente: si Dios ha unido, nada ni nadie puede prevalecer sobre Dios [contra Dios]: lo que Dios unió está llamado a ser tan indisoluble como el bautismo; pero pastoralmente se preguntan [nos preguntan]: ¿están ustedes tan seguros de que matrimonios contraídos ¡y bendecidos!, tan a la ligera a veces, están unidos y bendecidos por Dios?

2. Hay quienes piensan que se trataría de una *adición de Mateo* en atención a su auditorio judeo-cristiano, acostumbrado al libelo de repudio (Kostermann, Pluemer, Allen, Loisy, Turmel, etc.). Pero esta teoría parece inaceptable para quienes creen en la doctrina cristiana de la inspiración divina.

[166] "Coniugium est unius maris et unius feminae coniunctio inseparabilis, non tantum iuris naturae, sed etiam voluntatis et voluptatis, ut ita dicam, divinae" (WA 43,294).

[167] Se trata de una interpretación precipitada al fijarse sólo en la traducción de la Vulgata al respecto.

3. Ese versículo trataría de autorizar el *divorcio imperfecto,* dicen otros; entre ellos, el propio San Jerónimo, Santo Tomás, Maldonado, Knabenbauer, el *Dict. Biblique* (col.1448) y DTC (col.473). Se trataría de mera separación, *no de nuevo matrimonio;* habría que leer el versículo de la siguiente manera: "el que repudia a su mujer (cosa que no está permitido más que por razón del adulterio) y se casa con otra, lo que no está permitido en ninguna hipótesis... La verdad es que tampoco esta interpretación satisface, ya que extorsiona el texto y además porque los oyentes de Jesús no estaban acostumbrados a este divorcio imperfecto o mera separación, sino al libelo de repudio según Deut 24,1ss que era de abandono de la mujer y licencia de nuevo matrimonio. Además, el texto utiliza el verbo griego "apolíein", término que significa mucho más que una mera separación la cual se expresa con la palabra griega "joriscénai" término conocido en el Nuevo Testamento (1 Cor 7,10).

4. La interpretación llamada "preteritiva" se refiere a que Jesucristo no habría abordado el tema de la "porneia"; el discurso de Jesús al respecto, según estos autores sería el siguiente: el matrimonio como tal es indisoluble (si es verdadero matrimonio); no me refiero ahora a la "porneia" ni me pongo a hablar de ella. Así lo traducen San Agustín, Bellarmino, Zahn, Lagrange. La razón que aducen es que Jesucristo no podía echar por tierra algo que él mismo ha afirmado tan claramente como la indisolubilidad de lo que es matrimonio de verdad. Su argumento es la analogía de la fe a la que antes hemos aludido.

5. "*Ni siquiera* es disoluble en el caso de adulterio por una de las partes (así traducen el versículo autores de nota como Ott, Vogt, Sickenberger, Allgeier, etc.). Y la razón que dan es que las partículas griegas "parectós" y "me" (que a primera vista parecen exceptivas) serían negativas, reforzando así el principio de la indisolubilidad; el sentido del versículo sería: el divorcio no es lícito *ni siquiera* en el caso de adulterio por alguna de las partes. Ambas expresiones "parectós" y "me" admiten este sentido negativo; en cambio, si expresara excepción, es más lógico que se construyera así: "ei me" o "ean me": cf. Mt 11,27; Mt 12,4 y 12,39; Mt 17,8 y Mt 24,22.

6. El matrimonio mismo es indisoluble; lo que no es

indisoluble es la "porneia", entendiendo por tal las uniones irregulares. Así autores como Cornely, Prat, Bonsirven, etc.). Todos los cuales traducen el texto evangélico en cuestión de la siguiente manera: "el que separándose de la mujer, se casa con otra, comete adulterio", excepto el caso de quien vivía en unión irregular [que, por supuesto, no es indisoluble al ser unión irregular: por ejemplo, la señalada en Lev 18,6. Uniones irregulares que eran falsos matrimonios.

NB. Tampoco sería una unión indisoluble, dice A. Humbert, si el hombre (en el contexto judeo-cristiano) ponía como condición *sine qua non* la existencia de la virginidad en la mujer y luego descubría que no se daba tal condición. La "porneia" sería en este caso la conducta preconyugal de quien no se ha mantenido virgen.

### *"No todos entienden esta palabra"*

Es la expresión, un tanto llamativa, que el evangelista San Mateo pone en boca de Jesús al término de las consideraciones que preceden como síntesis de una catequesis del Señor en torno a evangelio y matrimonio (Mt 19,1ss).

Bien clara está la sorpresa causada en los discípulos por el contenido de esta catequesis evangélica sobre la indisolubilidad: "en esto se le acercaron los discípulos diciendo: si tal es la condición del hombre con su mujer [matrimonio indisoluble, sin libelos de repudio] no trae cuenta casarse" (Mt 19,10).

Es aquí, en este contexto, donde pronuncia el Señor la frase que hemos subrayado como epígrafe: "no todos entienden esta palabra" (ton logon touton). No menos importante es el sentido original del verbo: no todos captan, no entienden (en el sentido vivo, dinámico y potencial de la palabra). Algunos autores creen, dado el contexto en que se encuentra este versículo, que se refiere a la indisolubilidad a la que ponen dificultades los discípulos en el versículo anterior. Es posible con la gracia de Dios, sería la respuesta de Jesús (v.11b).

Pero no faltan quienes lo refieren también al versículo siguiente (Mt 19,12) en el cual el Señor daría una especie de argumento "a fortiori" a favor de esta misma indisolubilidad matrimonial y todo el plan de Dios acerca del matrimonio proclamado desde el comienzo mismo de este capítulo.

El argumento "a fortiori" dado por Jesús puede enunciarse claramente diciendo: ¿cómo no va a ser posible el cumplimiento del plan de Dios sobre el matrimonio evangélico si entre vosotros hay quienes sacrifican la totalidad en esta materia "por el Reino de los cielos" (cf. Mt 19,12).

La inmensa mayoría de los autores biblistas considera el versículo sobre los eunucos como palabra auténtica de Jesús. Según Blinzer habría que colocar aquí el origen de la controversia de Jesús sobre esta materia. La enseñanza tradicional de la Iglesia en cuanto a la interpretación de este versículo es que Jesús está proclamando aquí no sólo el plan de Dios sobre el matrimonio indisoluble, sino también, en íntima y estrecha relación, la posibilidad y grandeza de la vocación a la virginidad motivada "por el Reino de los cielos" (v.12). No es el único lugar neotestamentario en que se apoya esta vocación evangélica de virginidad. También en las Cartas de San Pablo hay referencia a ella (cf. 1 Cor 7,7.17.20).

La interpretación de Dupont en torno a la frase de Jesús de que "hay eunucos que así han quedado por obra humana" es la de que se refiere también sin duda a la situación de quien ha quedado injustamente abandonado por el cónyuge que se "ha ido" debiendo asumirla como separación forzada y forzosa, pero libremente asumida por el Reino de los cielos sin poder casarse de nuevo por fidelidad a la doctrina evangélica de la indisolubilidad matrimonial[168].

Así entendida la frase, aparecería como coherente y complementaria con toda la doctrina de Jesús en torno a matrimonio y virginidad. Y no se trataría tan sólo de un ideal, sino también de una exigencia estricta con vistas a la salvación, necesaria para entrar en el Reino de los cielos, y posible con la gracia que se recibe (Mt 19,11b) (así Humbert, Dupont, Quesnell, etc.).

### *Más, a favor de la virginidad evangélica*

En este sentido estaría a juicio de Legrand y otros autores de nota, la mención que en el evangelio de San Lucas se

[168] DUPONT, J., OSB, *Mariage et divorce dans l'Évangile* III (Bruges 1959).

hace de dejar mujer entre las formas superiores de seguimiento de Cristo para ser "discípulo de Jesús" también en ese grado y en esas formas (Lc 14,26).

Asimismo, la recompensa prometida al desprendimiento en el pasaje de Lc 18,29: "Jesús les dijo: yo os aseguro que nadie que haya dejado casa, mujer, hermanos, padres o hijos por el Reino de Dios quedará sin recibir mucho más al presente y luego, en el mundo venidero, la vida eterna". Tres observaciones de Jesús quedan claras en este *Sitz in Leben:* la *totalidad* del desprendimiento y la *motivación* por el Reino de los cielos y la dimensión *escatológica* de esta opción (cf. Lc 18,28-30).

Dos razones se sugieren pues para demostración de la superioridad de la virginidad por el Reino: por una parte, la razón *objetiva:* la virginidad expresa la figura o profecía del mundo futuro y escatológico que con la venida de Cristo ha hecho irrupción en el mundo de la primera creación. Es un estado absolutamente nuevo en cuanto que manifiesta la creación nueva, insospechada para los cálculos puramente humanos, presentando en el hoy de nuestro mundo y de nuestras estructuras actuales un modo de vivir singular en la pobreza, en el servicio, en la virginidad.

La razón *subjetiva* sería la siguiente: el matrimonio es una forma normal de la creación: corresponde a la condición masculina y femenina dada por la naturaleza y, como tal, no supone una condición especial, mucho menos especialísima e insospechada para los ojos del mundo. No hay duda de que la virginidad supone una llamada especial del Señor y un carisma especial. La virginidad se enraiza en la llamada personal del Señor dirigida singularmente a los que por el Reino de los cielos han elegido seguir e imitar a Cristo en todo, también en esta manera de vivir.

## SEGUNDA PARTE

# *LA DOCTRINA DE LOS SANTOS PADRES SOBRE EL MATRIMONIO CRISTIANO*

# CAPÍTULO I

## *MATRIMONIO Y VIRGINIDAD SEGUN LOS SANTOS PADRES HASTA SAN AGUSTIN*

### INTRODUCCIÓN

Un primer aspecto fundamental, que los Santos Padres vieron y destacaron desde un principio, es que las relaciones entre Cristo y la Iglesia sirven de modelo y ejemplar no sólo para hombre y mujer en el matrimonio cristiano, sino también para la vocación neo-testamentaria a la virginidad; también ésta se inscribe dentro de aquel contexto cristiano y eclesial.

Y de este enfoque común viene, en definitiva, la relación mutua beneficiosa que en el orden doctrinal y vivencial existe entre ambas vocaciones: la del matrimonio cristiano y la de la virginidad; ambas son gracia de participación en aquellas relaciones entre Cristo y la Iglesia.

Con ser tantas las enseñanzas de la Sagrada Escritura sobre el matrimonio, no son muy explícitas las afirmaciones que en ella podamos encontrar sobre su sacramentalidad propiamente dicha.

Pero la mente del creyente no se detiene sólo en la Escritura, sino que prosigue su búsqueda en fe a lo largo y ancho de la tradición cristiana; así es el deseo y el mandato del concilio Vaticano II al decirnos que "la teología dogmática se ha de enseñar de tal manera, que primero se propongan los aspectos bíblicos de cada tema; y después se ofrezca a los alumnos lo que los Padres de la Iglesia de Oriente y de Occidente han contribuido para transmitir fielmente y desarrollar cada una de las verdades de la revelación, así como la ulterior historia del dogma, considerando también su relación con la historia de la Iglesia misma"[1].

Pues bien: esto es lo que ahora pretendemos hacer en nuestro tema del *sacramento* del matrimonio, que tanta rela-

[1] CONC. VAT. II, *Optatam totius* n.16.

ción tiene con la eclesiología misma, por cuanto es signo de las relaciones entre Cristo y la Iglesia: ésta se constituye por su relación vital de esposa respecto de Cristo como Esposo, como la patrística ha afirmado desde un principio meditando el texto de San Pablo a los Efesios[2].

Si subrayamos nuestra voluntad de estudiar sobre todo los aspectos sacramentales del matrimonio en la patrística, es por dos razones: en primer lugar, por el valor cristiano y eclesial, es decir, salvífico, que tiene en esta perspectiva el matrimonio cristiano; y además, porque, en general, los tratados que en este punto se nos han ido ofreciendo son más bien "morales" que sacramentales.

Pero desde hace tiempo[3] la patrología está volcada y dedicada a querer descubrir la relación que los Padres veían entre Cristo y el matrimonio de los bautizados: Cristo no sólo es el Maestro que devolvió al matrimonio la pureza doctrinal primitiva, sino que El mismo se hizo presente en las bodas de Caná, como demostración de su voluntad de presencia y transformación de todo otro matrimonio[4].

Lo que no podemos hacer es proyectar en los Padres una formulación explícita sobre la sacramentalidad del matrimonio, que es muy posterior. Los Padres no se pusieron a demostrar que el matrimonio es uno de los siete sacramentos propiamente dichos, instituidos por Cristo como signos eficaces de gracia. Y, sin embargo, esta doctrina cristiana no es ajena a las enseñanzas de los Padres, como veremos a continuación, aunque está dicha de otra manera.

Los Padres se movieron en un contexto histórico distinto al nuestro, y con una mentalidad y vocabulario también distintos. Por ejemplo, cuando los Padres decían que el matrimonio de los cristianos es "sacramento", entendían esta palabra en un sentido amplio, analógico, eso sí, relacionándola siempre con Cristo, con la Iglesia, con la salvación.

[2] Ef 5,22-32.

[3] MÜLLENDORF, J., *Uber den patristischen Beweis für die Ehe als Sakrament:* Zeitsch. für kathol. Theol. 2 (1878) 633-649.

[4] En sus comentarios sobre Jn 2,1ss.

## *I. La sacramentalidad del matrimonio en los dos primeros siglos y su relación con la virginidad*

El testimonio más relevante a propósito del matrimonio de los cristianos es el de la carta de San Ignacio de Antioquía a Policarpo, donde presenta los deberes del marido bajo su modelo, que es Cristo, respecto de la Iglesia: "recomienda a mis hermanos, en el nombre de Jesucristo, que amen a sus esposas como Cristo ama a su Iglesia" (Ef 5,25-29)[5]. Correlativamente está el consejo dado a sus hermanas: "diles que amen al Señor y que sean fieles a sus maridos en la carne y en el espíritu"[6].

Otra afirmación suya que dice relación con nuestro tema es la de que "es deber de los esposos y de las esposas estrechar su unión con la aprobación del obispo, a fin de que el matrimonio sea según el Señor, y no según la concupiscencia"[7]. Es evidente, en buena ley de exégesis, que San Ignacio no se está refiriendo a la celebración canónica ni litúrgica del matrimonio de los bautizados, sino al carácter *cristiano* y *eclesial* que por esta razón le corresponde y, por lo tanto, su relación con el obispo: la Iglesia se edifica en torno al obispo, no de espaldas a él. Tomemos nota desde ahora de un dato positivo: el matrimonio de los bautizados, como lugar de encuentro con la Iglesia, no es una realidad que se pueda vivir de espaldas a la Iglesia. Los que son miembros de Cristo y de la Iglesia por el bautismo, no podrán prescindir de esta condición cristiana a la hora de contraer algo que tiene tanta significación en la vida humana.

Puesto que tenemos la voluntad explícita de estudiar el tema del matrimonio en relación con el de la virginidad, no pasemos adelante sin recoger aquí mismo un testimonio claro y equilibrado en favor de la virginidad: "si alguno, para honor de la carne del Señor, llega a mantenerse en la virginidad, permanezca en ella sin ensoberbecerse; en cambio, si se gloría, está perdido; y si por ello se cree superior al obispo, está arruinado"[8].

Retengamos no sólo el elogio a la virginidad, sino tam-

[5] SAN IGNACIO, *Policarpo* 5,1-2; FUNK, *Patres Apostolici* I, 291-292.
[6] Ibid.
[7] Ibid.
[8] Ibid., *Policarpo* 5,2.

bién la fuente y el motivo de este elogio: "el cuerpo del Señor"; mantengamos esta vinculación entre la virginidad y el cuerpo del Señor, sea que lo entienda como el cuerpo físico del Señor, o bien el Cuerpo místico, refiriéndose a la Iglesia. En todo caso, la gracia de la virginidad está puesta en el contexto y como participación de la relación de Cristo con la Iglesia[9].

La carta de San Ignacio tuvo efecto y encontró eco muy pronto; es el propio destinatario de esa carta, Policarpo, el que, escribiendo a los filipenses poco después del martirio del obispo San Ignacio de Antioquía, les ofrece consideraciones cristianas apropiadas a las diversas categorías de personas: exhorta a las esposas hacia el amor a sus maridos; a las viudas, a ser discretas en la fe del Señor y a orar por todos, "recordándoles que ellas son el altar de Dios, el cual examina minuciosamente toda cosa y al cual nada se le oculta: ni razonamientos, ni pensamientos, ni secretos del corazón"; y la exhortación que dirige a las personas vírgenes es muy sencilla a este respecto: "deben caminar por la vida con una conciencia inmaculada y casta"[10].

Del *Pastor*, de Hermas, interesa recoger la presentación que hace de la Iglesia como virgen (en la visión IV); junto a ella está el Pastor, que parece aludir a Cristo. Pero es de observar que por virginidad entiende no sólo ésta, sino también las demás virtudes que laboran y colaboran en favor de la edificación de la Iglesia[11].

San Justino habla con gozo de la Iglesia como lugar donde brota y se cultiva la virginidad y describe —en la interpretación que ofrece del salmo 44— la imagen de Cristo como Esposo, rodeado de muchas personas dotadas de la virginidad[12].

Taciano expresa su satisfacción de que en la Iglesia son muchas las personas casadas que brillan por la virtud de la castidad, y no pocas las personas que viven la virginidad misma. Junto a la existencia de la virtud, elogia la alegría y la alabanza a Dios que la acompaña[13].

[9] II *Clementis* 14,4.

[10] POLICARPO, *Filip.* 4,3; 5,3; FUNK, *Patres Apostolici* I 300.302.

[11] *Pastor*, de HERMAS, *Visión* IV 2,1 (23,1): FUNK, o.c., 461-462; *Sim.* IX 1,2 (78,2): ibid., 576; *Sim.* IX 2-17 (79-94): ibid., 580-612.

[12] I *Apol.* 29,1: PG 6,373; I *Apol.* 15,1-8: PG 6,349.

[13] TACIANO, *Oratorio ad Graecos* 33,3: PG 6,873.

Atenágoras expone sus alabanzas a la castidad conyugal y a la virginidad cuando aquélla y ésta son de pensamiento y de obra; y termina estas consideraciones con la afirmación de que el permanecer célibes y vírgenes acerca más a Dios[14].

No faltan escritos de la segunda mitad del siglo II que tratan de la virginidad como *expresión de la fe* personal, frente a una concepción pagana de la vida, y como expresión de la libertad propia frente a las presiones familiares por contraer matrimonio (y hasta tal matrimonio en concreto). Advierte que es el mundo el que cede ante esta fuerza espiritual[15] y que la virginidad no es equivalente a esterilidad, sino expresión de una gran fecundidad espiritual[16].

Las dos cartas del Ps.Clemente conceden a la virginidad un valor profético y apostólico, sugiriendo la conveniencia de aquélla [virginidad] sobre todo para la imagen itinerante del apóstol[17]. Son testimonios, aunque escasos, en favor de la virginidad y del celibato; eso sí, entendidos no sólo en términos de pureza física, sino de valor religioso; en efecto, la virginidad comprende la pureza del cuerpo, y sobre todo la del espíritu, y el ejercicio del culto divino. Está presente también la convicción de que la virginidad (en hombres y mujeres) es ejemplo para los que ya son fieles y para los que serán: un testimonio eficaz que avala la fe de los que la tienen y atrae hacia la fe a los que todavía no la tienen. No hay duda de que se está refiriendo al tipo de fecundidad espiritual [profética y apostólica] que corresponde a la virginidad vivida por el reino de los cielos[18].

Se advierte también que la virginidad meramente física no supone participación en los esponsales entre Cristo y la Iglesia, antes bien, por falta de esta participación [cristiana-eclesial] son excluidas precisamente las vírgenes necias de la fase final de las bodas entre Cristo y la Iglesia, como nos advierte el Evangelio[19].

Este tratado *De virginitate*, a que estamos aludiendo, contiene todavía otra enseñanza fundamental que conviene tener presente y destacar, a saber: que la virginidad no tiene

[14] *Suppl.* 33,1-5: PG 6,965-6.

[15] *Acta Pauli et Teclae* 20: LIPSIUS-BONNET, *Acta Apostolorum Apocrypha* (Lipsia 1891) I p. 249.

[16] Ibid. 5-6: LIPSIUS-BONNET, I p. 238-239.

[17] Ibid.

[18] PSEUDO-CLEMENTE, *De virginitate* I 3,1: FUNK, o.c., 3.

valor evangélico y cristiano si no lleva a una mayor imitación de Cristo (se refiere a una imitación integral de las virtudes y modo de vivir de Cristo)[20].

La llamada segunda carta de San Clemente[21] habla de la relación matrimonial de hombre y mujer cristianos en la perspectiva de Cristo-Iglesia; y viceversa, ilustra esta misma relación de Cristo con la Iglesia a la luz de aquella imagen del matrimonio. Los fundamentos de esta doctrina los encuentra en el Génesis, no en sí mismo (Gén 1 y 2), sino a la luz de la interpretación de San Pablo en la carta a los Efesios: "nadie jamás odia su propia carne, sino que la nutre y protege, como Cristo a la Iglesia. Por eso [se dijo en el Génesis que] el hombre dejará a su padre y a su madre y se adherirá a su mujer, y serán los dos una sola carne. Y yo digo que este sacramento es grande, en referencia a Cristo y a la Iglesia"[22].

San Ireneo, el teólogo más significativo del siglo II (nació a mediados de este siglo), en su famoso tratado *Adversus haereses,* corrige a estos mismos herejes por condenar el matrimonio como malo: ¿cómo va a ser malo lo que es hechura de Dios? Lo que es malo es la mera mezcla de sexos [que nada tiene que ver con el matrimonio] y la pluralidad [simultánea] de nupcias[23].

Una vez que ha afirmado la bondad fundamental del matrimonio mismo, porque proviene de Dios, y ha emitido un juicio negativo sobre la mezcla de sexos y la poligamia, San Ireneo de Lyón sitúa el matrimonio de los cristianos en la perspectiva cristiana y eclesial, es decir, en la relación existente entre Cristo y la Iglesia, citando expresamente el texto de San Pablo a los Efesios[24].

Puesto que la vocación al matrimonio cristiano y a la virginidad aparecen relacionadas y entreveradas, tenemos otro documento de la época, la *Traditio Apostolica,* que en el capítulo 25 se refiere a las características de la espiritualidad propia de las vírgenes y de las viudas; y, junto a la absti-

[19] Ibid., I 3,3: FUNK, o.c., 4.

[20] Ibid., I 6-7: FUNK, o.c., 11ss.

[21] Funk *(loc. cit.)* ha demostrado que no es de San Clemente, sino que fue redactada en Corinto hacia el año 150.

[22] *Patres Apostolici* (ed. BIHLMEYER) p.77, XIV 2 (Tubinga 1956).

[23] Libro I c.28,2: PG 7,691.

[24] Libro I c.8,4: PG 7,532.

nencia propia de su condición, les aconseja toda una constelación de virtudes cristianas: así como ayunos y oraciones por la Iglesia[25].

Clemente de Alejandría habla frecuentemente en sus obras de la condición del primer hombre en el paraíso, gozando de la libertad interior, fruto de la gracia de Dios; imagen muy distinta de la del mismo hombre cuando, después del pecado, se avergüenza de la presencia de Dios y se esconde. Sobre todo en su obra *Stromata*, habla de la bondad fundamental del matrimonio, rechazando inequívocamente las doctrinas de los que lo consideraban como malo y pecaminoso. Clemente de Alejandría cree ser fiel a San Pablo recomendando a unos y a otros, a los que se han casado y a los que han optado por la virginidad, que permanezcan fielmente en su estado de vida[26].

Y es que hombre y mujer, en virtud del bautismo, no han perdido la libertad para casarse o consagrarse a Dios en virginidad. El matrimonio contribuye a la plenitud de la creación, sin que por ello haya de considerarse a la virginidad como sinónimo de esterilidad, sobre todo en el orden salvífico y de la redención[27]. Los que propugnan doctrinas distintas a ésta ofenden al Creador y al Evangelio mismo, pues esta doctrina forma parte intrínseca y sustancial al Evangelio[28].

Que el matrimonio es y debe ser naturalmente limpio[29] y vivido como misterio en Cristo y en la Iglesia[30] son afirmaciones suyas que pueden parecer muy generales, pero que algo dicen en orden al tema que estamos tratando.

## *II. Matrimonio y virginidad en los Padres latinos hasta San Agustín*

Tertuliano comienza afirmando la bondad del matrimonio por ser algo querido por Dios[31] y restaurado por Cris-

[25] *Traditio Apostolica* c.25: ed. B. BOTTE, p.57.
[26] *Stromata* III,XII 79,3 (Berlín 1960), ed. STÄHLIN-FRÜCHTEL, p.231.
[27] Ibid., p.226.
[28] Ibid., p.243ss.
[29] Ibid., p.192.
[30] Ibid., p.234.
[31] TERTULIANO, *Ad uxorem* I 2,1.

to[32]. Le parece que el matrimonio es seminario del crecimiento del género humano y de su educación[33].

Pero, para que tenga esta *bondad* [moral], el matrimonio debe mantener su *verdad* interior: sus fines y sus propiedades, su unidad e indisolubilidad[34].

Los cristianos deben, sin embargo, estar atentos también a otra posible invitación de Dios: a la virginidad[35].

La advertencia de San Pablo de casarse "en el Señor"[36], Tertuliano la interpreta ante todo como advertencia dada a la persona bautizada de casarse solamente con otra persona bautizada, refiriéndose a las consecuencias y ventajas que una misma condición [o comunión] cristiana trae en el orden matrimonial[37].

Las razones que da para esta interpretación son las siguientes: en primer lugar, por el bautismo se está comprado por la sangre de Cristo; por lo tanto, no se es dueño para casarse con alguien fuera de esta pertenencia a Cristo[38]; como segunda razón, lo que hace es exaltar la alegría y la belleza de la unión matrimonial cuando *ambos* tienen comunión mutua y con Cristo: "¿cómo podemos ser capaces de ensalzar la felicidad tan grande que tiene un matrimonio así; un matrimonio que une la Iglesia, que su ofrecimiento mutuo lo confirma, que la bendición del sacerdote lo señala, que los ángeles mismos lo anuncian y que Dios Padre lo ratifica...?"[39]

"¡Qué íntimo será este yugo, sigue diciendo, cuando ambos son fieles cristianos y tienen una misma esperanza, un mismo deseo, una única moral y una misma voluntad de servicio! Viendo todo esto y oyéndolo, Cristo mismo goza. Y les envía su paz. Allí donde están dos, está el mismo Cristo; y no hay lugar para el maligno"[40].

32 ID., *Ad Marcionem* IV 34; *De exhort. cast.* 5.

33 ID., *Ad uxorem* I 2,1.

34 Ibid.

35 *De pudicitia* 4,4; *De monogam.* 3,1ss.

36 1 Cor 7,39.

37 *Ad uxorem* II 8,1; II 2,4.

38 *Ad uxorem* II 8,1.

39 *Ad uxorem* II 8,6.7.9: "Unde sufficiamus ad enarrandum felicitatem eius matrimonii, quod Ecclesia conciliat, et confirmat oblatio, et obsignat benedictio, angeli renuntiant, Pater rato habet?"

40 Ibid.: "Quale iugum fidelium duorum unius spei, unius voti, unius disciplinae, eiusdem servitutis...! Talia Christus videns et audiens gaudet. His pacem suam mittit. Ubi duo, ibi et Ipse, ibi malus non est".

A pesar de la profunda significación cristiana que Tertuliano atribuye al matrimonio de [ambos] bautizados, no podemos atribuirle una afirmación clara y explícita de la sacramentalidad de dicho matrimonio, como benignamente quieren atribuirle algunos autores a la luz de estas frases[41].

Pero la perspectiva cristiana del matrimonio de los bautizados está clara; y la eclesial también, ya que encontramos en el mismo autor con insistencia la necesidad de que el matrimonio de los bautizados, como miembros de la Iglesia, sea celebrado y realizado *eclesialmente*. Si subraya esta perspectiva eclesial, no es por razones jurídicas, ni siquiera por las formas litúrgicas de su celebración, ya que ambos aspectos son secundarios en relación con la dimensión fundamental que quiere subrayar: el matrimonio de los fieles tiene que ser celebrado y realizado en Cristo y en la Iglesia[42].

No faltan sugerencias profundas, en las obras de Tertuliano, en favor de la sacramentalidad del matrimonio; "profundas" porque comienzan desde la afirmación de Dios Creador y de la bondad de la carne; y es que sin estas afirmaciones fundamentales, de base, sería imposible la elevación sacramental del matrimonio[43].

Desde esta aceptación de Dios Creador y de la bondad de sus creaturas, y entre éstas la de los seres humanos, espíritus en condición corpórea, es decir, de hombre y mujer, pasa a la afirmación del matrimonio cristiano como imagen de la unión de Cristo y de la Iglesia: "si tú aceptas a San Pablo, debes aceptar lo que él dice; y si aceptas a Cristo y la Iglesia, debes aceptar también lo que es su imagen, su símbolo, su sacramento" [44].

"Ahora bien, sigue diciendo Tertuliano: cuando San Pablo dice que quien ama a su mujer, ama su carne, como Cristo ama a su Iglesia, ya ves que se compara a la obra de la creación esta relación de Cristo con la Iglesia. ¡Cuánto honor se le da a la carne, puesta en esta perspectiva ecle-

[41] D'ALÈS, A., *La théologie de Tertullien* (Paris 1905) p.375.

[42] *De pudicitia* 4,4; *De monogamia* II,1-2: cf. GY, P. M., *Le rite sacramentel du mariage et la tradition liturgique:* Rev.Sc.Philos.Théol. 38 (1954) 258.

[43] *Adv. Marcionem* V 18,8-10; *De monogamia* 5,7: "Apostolus magnum sacramentum interpretatur in Christum et in Ecclesiam" (ibid., 11,1-2).

[44] Ibid.

sial [...]! Cuando Cristo ama la Iglesia, ama también la carne"[45].

Para Tertuliano, no hay necesidad de perder tiempo en demostrar la identidad entre el Dios que crea varón y mujer y el Dios de Cristo y de la Iglesia. San Pablo nos asegura que Dios, creando varón y mujer y uniéndolos, hasta el punto de que llegan a ser una sola carne, "no hizo otra cosa que proponer el gran sacramento hacia Cristo y hacia la Iglesia"; "de ahí que el Dios de la carne (Creador de hombre y mujer), y el Dios del espíritu (de Cristo y de la Iglesia) es el mismo y único Dios", dice Tertuliano[46].

¿Qué sentido quiere dar Tertuliano a la afirmación del matrimonio cristiano como *sacramento?* Por el texto y por el contexto se puede deducir claramente. Según los mejores exegetas de Tertuliano, la mayoría de las veces, con la palabra "sacramento", aplicada al matrimonio, quiere decir que éste es signo, símbolo, imagen y figura de una realidad salvífica que es Cristo en la Iglesia[47].

Ulteriores determinaciones no es fácil encontrarlas en Tertuliano, y quien pretenda ideas más claras y distintas en él sobre este punto, corre el riesgo, nada científico, de anacronismo: es decir, de aplicarle concreciones que hoy nos son más conocidas, aunque todavía no del todo, en torno a la relación existente en el matrimonio de hombre y mujer cristianos y el de Cristo con la Iglesia.

Una cosa está clara en Tertuliano; y es que toda esta perspectiva cristiana y eclesial corresponde al matrimonio, no en sí mismo, estáticamente considerado, aunque sea entre dos bautizados, sino *en su dinamismo* hacia Cristo en la Iglesia. Así aparece en todo el AT desde el Génesis[48]; así también en los Evangelios[49] y en San Pablo[50]. Es, pues, de todo punto necesario señalar este movimiento y esta apertu-

[45] Ibid.: Para Tertuliano, el matrimonio cristiano es signo, figura, símbolo del sacramento, entendiendo por "sacramento" el misterio de Cristo y la Iglesia; otras veces aplica la palabra sacramento al matrimonio, entendiéndolo como relacionado con el gran sacramento [Cristo-Iglesia].

[46] Ibid.

[47] *Adversus Marcionem* V 18.

[48] Gén 1 y 2; cf. MOHRMANN, Ch., *Sacramentum dans le plus anciens textes chrétiens*, en *Études sur le latin des chrétiens* (Roma 1958) p.233-244.

[49] Jn 3,29; Mt 22,2ss; Jn 2,1ss.

[50] 1 Cor 7,7.17.20; Ef 5,22-32.

ra del matrimonio de *los fieles* [si es que lo son] por el misterio de Cristo y de la Iglesia.

Las afirmaciones de Tertuliano en favor de la sacramentalidad del matrimonio cristiano no son tan vagas si tenemos en cuenta la dimensión significante y mistérica que le atribuye. En cuanto a lo primero (dimensión significante), nadie ha negado, mucho menos Tertuliano, la aptitud del matrimonio cristiano para *significar* una realidad más elevada, salvífica, más allá de lo que la relación entre hombre y mujer *es* en sí. San Pablo ha leído, a través del relato bíblico sobre Adán y Eva, una profecía de Cristo y la Iglesia[51]. Por eso, los bautizados que viven en fe y caridad su relación mutua están en grado de profetizar y testimoniar la venida constante de Cristo a su Iglesia "hasta que El vuelva". Y en cuanto al término "sacramento" aplicado al matrimonio de los fieles, hay que decir que tiene en Tertuliano unas resonancias mistéricas muy fundamentales de las que se podrán deducir consecuencias teológicas en favor de su sacramentalidad, tarea esta que no la hará el propio Tertuliano, sino la teología del Medioevo, así como los grandes concilios medievales[52].

Pero hay que notar, antes de terminar este punto, que, cuando Tertuliano y otros Padres atribuyen al matrimonio el valor de ser *imagen* de Cristo y de la Iglesia, conceden a esta palabra "imagen" toda una participación vital con la verdad significada: una comunión elevada con la realidad salvífica (Cristo-Iglesia) que significa[53].

Sobre el valor y los motivos cristianos de la virginidad no se puede pasar por alto la doctrina y la enseñanza de Tertuliano. El valor de la virginidad cristiana no está sólo en la castidad como tal, sino como virtud propia de los cristianos, en cuanto que son "*templos de Dios*, del Espíritu Santo"[54]; así entendida, sitúa a la virginidad cristiana en el segundo lugar de la axiología de las virtudes, después del *martirio*, del cual llega a tener un valor vicario y sustituto[55].

Pero dentro de nuestro tratado [matrimonial] conviene

[51] Ef 5,30-31.
[52] Desde el II concilio de Lyón (a.1274).
[53] *Adversus Marcionem* V 18,9.
[54] *De cultu foemin.* II 1,1.
[55] Ibid., II 3,3-7.

destacar otro aspecto o dimensión que atribuye a la virginidad cristiana: la dimensión esponsalicia con Cristo[56]. La importancia histórica de este aspecto está también en el hecho de que Tertuliano es el primer autor en señalar y desarrollar este valor esponsalicio de la castidad cristiana, sobre todo de la virginidad[57].

Según Tertuliano, la virginidad es una virtud, *ante todo interna,* que sólo a Dios le es conocida del todo[58]; una virtud con la que *la persona* se desposa con Cristo, a quien se le entrega la propia carne[59], virtud tanto más significativa cuanto a El se le entrega la madurez propia[60]. Ahora bien, teniendo como Esposo a Cristo, el Señor, hay que caminar según la voluntad del Señor[61]. De aquí se deduce que la virginidad, entendida en un sentido cristiano integral, comprende toda una constelación de virtudes cristianas y eclesiales, sugeridas en esa expresión un tanto genérica, pero muy evangélica: "caminar según la voluntad del Señor". La virginidad supone, pues, entregar la voluntad espiritual de seguimiento, no menos que la carne propia.

La virginidad, según las enseñanzas de Tertuliano, trae consigo un valor profético y apostólico; sencillez, pureza y candor, silencio y discreción, atención y observancia de la palabra de Dios, aceptación de su yugo como suave y ligero, vestirse de honradez y santidad[62].

Tertuliano es el primero en afirmar la doctrina de que la virginidad es desposarse con Dios y con Cristo. Como nada nace por generación espontánea en la doctrina católica, hay que pensar que Tertuliano llegó a formular (aunque imprecisamente) esta cuestión *a partir* de doctrinas comúnmente aceptadas en la Iglesia de su tiempo, hasta el punto de que no se cree obligado a justificarla. Esta base, pacíficamente poseída, está en la doctrina común de que la virginidad es —antes que un hecho físico— una relación especial con Dios; y también la convicción —revelada— de que la Iglesia

56 VIZMANOS, F. DE B., *Las vírgenes cristianas de la Iglesia primitiva* (Madrid 1949) p.151 nota 1.

57 *De oratione* 22,9; VIZMANOS, ibid.; TERTULIANO, *Ad uxorem* I 43,4; *De resurrectione mort.* 61,6: "quot virgines Christi maritae".

58 *De virg. vel.* 16,3-4 (obra escrita hacia el 213).

59 Ibid.: "illi tradidisti carnem tuam".

60 Ibid.: "illi sponsasti maturitatem tuam".

61 Ibid.: "incede secundum Sponsi tui voluntatem".

62 *De cultu foemin.* II 13.

es esposa de Cristo, una esposa que al mismo tiempo es virgen y fecunda. La idea de que Cristo es el Esposo de la Iglesia es netamente evangélica, ya que el propio Cristo habla de sus discípulos como amigos del Esposo[63]. Los evangelistas sinópticos articulan todo su mensaje del reino de Dios en torno al banquete de bodas que el Rey [Dios] prepara para su Hijo, siendo todos [sea en matrimonio o en virginidad] invitados a participar en estas nupcias [salvíficas][64]. Lo mismo se ha de decir del evangelio de San Juan, el cual, después de hablarnos en el capítulo primero de la encarnación del Verbo, ya en el segundo nos presenta a Cristo como Esposo en las bodas de Caná[65].

Por todas estas razones, Tertuliano llega a unir a la Iglesia no sólo con la imagen de esposa fecunda, sino también con la de esposa virgen, hasta el punto de que se pregunta con una fórmula feliz si "son las vírgenes las que adornan a la Iglesia con este título o es la Iglesia la que hace y ofrece las vírgenes a Dios"[66]. De esta reflexión a la de considerar a las vírgenes como esposas de Cristo no hay más que un paso, y Tertuliano lo dio afirmando (es el primero que lo hace) que la virginidad [en hombres y mujeres] es desposarse con Cristo en la Iglesia, doctrina que se difundió tanto desde entonces por la coherencia que esta conclusión mantenía con la cristología y eclesiología del tiempo.

¿Qué relación ve Tertuliano entre matrimonio cristiano y virginidad? Si el matrimonio de los fieles lo ha presentado en la dinámica de la imitación de las relaciones entre Cristo y la Iglesia; y si la virginidad la ha considerado con la categoría de unión esponsalicia con Cristo, llegamos a la conclusión de que las dos consideraciones más profundas de ambas vocaciones (matrimonio cristiano y virginidad) se encuentran en esta interpretación cristiana y eclesial.

Y siempre que habla de la virginidad, habla a continuación de la castidad conyugal: aquélla sería como un argumento "a fortiori" de la posibilidad de ésta[67].

[63] Mt 9,15.
[64] Mt 22,2; Lc 14,16.
[65] Jn 2,1ss.
[66] *De virg. vel.* 14,1: "Virgines ecclesiam an ecclesia virgines ornat Deo sive commendat?"
[67] *De monogamia* 8,1-2.

Si la virginidad es signo y participación de la unión esponsalicia entre Cristo y la Iglesia, ¿se podrá decir que también ella es de alguna manera *sacramento,* al menos en el sentido amplio que da a esta palabra Tertuliano? No hay rastro alguno en los escritos de Tertuliano en este sentido. En cambio, hemos visto que, de las dos categorías con que ha enfocado el matrimonio cristiano: la de la *imitación* esponsalicia de las relaciones entre Cristo-Iglesia y la de que es *sacramento,* la primera la ha aplicado también a la virginidad; la segunda en ningún momento. También aquí quedan sugeridas no pocas consideraciones en favor de la sacramentalidad del matrimonio de los fieles; pero la deducción de estas enseñanzas no la hará el propio Tertuliano, al menos formalmente.

San Cipriano (ca.200-258), hablando precisamente en un contexto amplísimo del matrimonio, aduce el texto de Ef 5,31-32: pero el texto mismo no se refiere a una doctrina matrimonial, sino eclesiológica. Lo que San Cipriano nos quiere explicar es una doctrina fundamental que se poseía en paz en toda la época patrística; es la siguiente: "¿cómo puede estar con Cristo quien no está con la Iglesia, que es la esposa de Cristo?"[68].

San Cipriano insiste también, en línea de continuidad de Tertuliano, que el matrimonio de los fieles tiene que ser "en el Señor"[69].

Dos consideraciones suyas en torno a la virginidad nos interesan en este momento, antes de seguir adelante en el estudio global de su doctrina: la primera se refiere a la grandeza de la virginidad como realización de la imagen "de aquel que viene del cielo", es decir, de Cristo[70]. Imagen e imitación que comprende toda una serie de virtudes, bien que las considere como constitutivas de la virginidad, o como constelación virtuosa de la misma, a saber: integridad, santidad de vida, verdad, justicia y religión, estabilidad en la fe, humildad y temor de Dios, dedicación a Dios y a Cristo[71].

[68] "Quomodo potest esse cum Christo, qui cum sponsa Christi atque in eius ecclesia non est?" (cf. *Epist.* 52,1: CSEL III 2,617).

[69] *Testimoniorum libri* III 62: CSEL III 1,166.

[70] "Eius qui de coelo est" (cf. *De habitu virg.* 21,23-24: CSEL III 1,201-202).

[71] Ibid., p.203-205.

Además, San Cipriano considera la virginidad como la mejor realización del bautismo [después del martirio] y como realización anticipada de nuestra condición futura en la vida eterna[72].

Ahondando en las causas más profundas de la virginidad, San Cipriano hace teología de esta virtud afirmando que es Dios mismo su causa eficiente; virginidad que no se entiende si no es vivida como una relación más estrecha con Cristo; de lo contrario no sería cristiana; se trata además de una virtud eminentemente eclesial, en el sentido de que la Iglesia colabora en favor de la virginidad, y ésta colabora con la Iglesia[73].

Novaciano (contemporáneo de San Cipriano) es quizá el que mejor presenta la motivación específicamente cristiana de la castidad, hablando de ésta a todos los cristianos, a cada uno en su estado de vida. En efecto, "hay que ser castos, dice, sabiendo que sois templos de Dios, y miembros de Cristo, y habitación del Espíritu Santo"[74].

Después de esta perspectiva trinitaria de la castidad, todavía insiste más en sus motivos cristianos, diciendo que todos los cristianos están "elegidos para la esperanza, consagrados a la fe, destinados a la salvación, siendo hijos de Dios, hermanos de Cristo, consortes del Espíritu Santo [*sic*], no ya deudores de la carne, sino renacidos del agua y de la pureza [*sic*][75].

Poco después afirma que la pureza nos encomienda a Dios y nos mantiene en conexión con Cristo[76]. Pero el motivo propiamente eclesiológico viene ahora, cuando dice que nosotros, cristianos, somos la Iglesia de Cristo, y la Iglesia —dice el Apóstol— es la esposa de Cristo: una esposa pura [en los matrimonios], virgen [en las que han optado por la virginidad] y pura también en las viudas[77].

Para los casados, en concreto, piensa Novaciano que la raíz de la castidad y de la fidelidad mutua está en la caridad:

[72] "Quod futuri sumus, vos iam esse coepistis" (ibid., p.203).

[73] Ibid., p.189 y 201.

[74] "Scientes templum esse vos Domini, membra Christi, habitationem Spiritus Sancti" *(De bono pudicitiae* 2: CSEL III 3,14-15).

[75] Ibid.

[76] "Nos commendat Deo" "connectit Christo" *(De bono pudicitiae* 3: CSEL III 3,14-15).

[77] Ibid., 4: CSEL III 3,16.

así lo afirma interpretando la doctrina de San Pablo a los efesios[78].

Habla de la virginidad en la perspectiva escatológica diciendo que "no es otra cosa sino una meditación gloriosa de la vida futura"[79], pero no se contenta con esta reflexión, ya que a continuación habla de *las dos* condiciones fundamentales de vida (matrimonio y virginidad) como imagen y participación de la misma y única grande realidad salvífica: Cristo-Iglesia[80]. De aquí deriva el valor de ambos estados de vida y la mutua relación beneficiosa que se prestan.

En los Padres del siglo IV, hasta San Agustín, encontramos un testimonio valioso de San Hilario (315-367), el cual, en su tratado *De mysteriis*, propone como método de lectura de la Biblia el de no quedarse en la letra, sino leer dentro el misterio que se nos revela: así, en el relato genesíaco de la creación de hombre y mujer, San Pablo ha leído un misterio más grande: el de Cristo con la Iglesia[81]. San Hilario habla de las semejanzas y diferencias que aquí se revelan; entre éstas está la de que Cristo no sólo no ha pecado, sino que es impecable; en cambio, la Iglesia es pecadora, mejor dicho, compuesta de pecadores, pero será salvada "por la generación de los hijos que permanezcan en la fe"[82].

A San Hilario le parece que, cuando uno de los esposos del matrimonio es creyente, también el otro podrá llegar a serlo si el matrimonio y la fe del creyente van bien orientados: y cuando aquella fe es viva, tenderá hacia su expansión en los hijos[83]. Y viceversa: no solamente la fe de la parte creyente puede extenderse a la parte no creyente, sino que la fe de los hijos puede lograr la conversión total del matrimonio. Al menos puede favorecer esta búsqueda o retorno a la fe[84].

No es la comunidad de la carne y de la sangre, sino la

[78] "Caritas cum pudicitia ex hoc magna..." comentando Ef 5,28-29 (cf. ibid., 5: CSEL III, 3,16-17).

[79] "Virginitas quid aliud est, quam futurae vitae gloriosa meditatio?" (ibid., 7: CSEL III 3,18-19).

[80] OGGIONI, G., *Matrimonio e verginità* (La Scuola Cattolica, 1963) p.188.

[81] *De mysteriis* I 2-5; *Comm. in Math.* 19,2; *In Ps.* 138,29; *In Ps.* 52,16.

[82] *De mysteriis* I 3.

[83] Así interpreta 1 Tim 2,14 y 1 Cor 7,12-15 (cf. SAN HILARIO, *De mysteriis* I 4).

[84] "Istiusmodi sanctificationem" (ibid., I 4).

comunión de fe la que opera este cambio, a juicio de San Hilario. Hay en todo esto dos elementos destacables que conviene tener en cuenta: en primer lugar, que considera la fe del creyente como dinámica y misionera; y además la eficacia que al matrimonio atribuye hacia la salvación en cuanto una de las partes es creyente de verdad.

Así como la palabra de Dios contiene dentro un mensaje salvífico, y por eso la llama con el nombre de "Misterio", así también, cuando utiliza la palabra "sacramento", quiere decir que dentro tiene una realidad sagrada o santificante[85]. Y San Hilario recomendaba a los esposos no pasar impensadamente delante de esta realidad de las bodas, a no pasar superficialmente por este "sacramento" del matrimonio, sacramento que está lleno de significación interna desde aquel primer matrimonio de Adán y Eva[86].

Son varios los textos de San Hilario en los que habla de la unión de Cristo y de la Iglesia como el "misterio" significado en el matrimonio desde Adán y Eva; pero el texto más significativo está en su tratado *De mysteriis*, donde, comentando el relato del Génesis sobre la formación de Eva desde Adán a la luz de San Pablo, ve allí la profecía de la derivación de la Iglesia desde el costado de Cristo[87].

San Ambrosio de Milán (339-397) comienza afirmando la bondad del matrimonio basándose en el testimonio evangélico: "no negamos, dice, que el matrimonio está santificado por Cristo, ya que la palabra divina nos dice que serán dos en una sola carne" (Mt 19,5), a lo que San Ambrosio añade: "y un solo espíritu"[88].

En cuanto a la virginidad, aunque no sea sacramento, como misterio le parece más elevado: "praestantius". "Entonces, se pregunta, ¿desaconsejas el matrimonio?, me dirá alguien. A lo que respondo: al contrario, aconsejo el matrimonio, y condeno a los que lo desaconsejan [como malo]... La comparación la hago entre dos cosas buenas", termina

[85] *Comm. Ev. Math.* 22,3: PL 9,1042-3.

[86] Ibid.: "quia sacramentum magnum sit, ne incuriose relinquatur".

[87] Ibid., 19,2: PL 9,1023-4; *Tract. super Ps.* 138,29: PL 9,807. Ibid., 52: PL 9,334; *De mysteriis* I 2-3: CSEL 65.

[88] "Neque vero nos negamus sanctificatum a Christo esse coniugium, divina voce dicente: erunt duo in carne una (Mt 19,5) et in uno spiritu" (*Epist.* 42,3; cf. *Expos. Ev. sec. Luc.* I 30; *De Abraham* I 7,59).

diciendo; no entre una cosa buena [virginidad] y una mala [matrimonio][89].

Para San Ambrosio, el matrimonio, que viene de Dios, debe ser contraído según Dios, "secundum Deum". No basta, por lo tanto, insistir en el origen divino del matrimonio, sino que, siendo Dios amor, la constitución interna del matrimonio debe ser "según armonía"[90], es decir, según la caridad participada de la de Dios. También el matrimonio de los no creyentes participa de alguna manera de esta armonía proveniente de Dios, pero San Ambrosio se detiene en explicar cuál debe ser la "armonía" de los esposos cristianos. De aquí deriva, según él, la dificultad del matrimonio entre bautizado creyente y el no creyente: ya que la fe, si es viva, incide en todos los aspectos intrínsecos al matrimonio mismo[91].

San Ambrosio habla constantemente de la importancia de la comunión religiosa de ambos esposos, cuyos reflejos en la comunión matrimonial son evidentes: "la pregunta sobre la religión ocupa un primer plano en el matrimonio"[92]. La razón de todo esto está en que el matrimonio es concebido, "no sólo como una sola carne, sino también como un solo espíritu"[93].

San Ambrosio va más allá en las exigencias de la vivencia del bautismo y de la fe en orden al matrimonio cristiano: para quien está bautizado y vive la fe cristiana, no basta que la otra parte esté bautizada: se requiere una mayor iniciación en la vivencia del bautismo[94].

Por si hubiere lugar a dudas, San Ambrosio insiste en este punto diciendo que la necesidad de penitencia y bautismo es para poder vivir el matrimonio "en la fe de la Iglesia"[95].

Es verdad que este argumento (de que el matrimonio es comunión de carne y de espíritu) es positiva, ya que tam-

[89] "Multoque praestantius [virginitas] divini operis mysterium" (ibid.).

[90] "Secundum armoniam" (cf. *Expositio Evang. secundum Lucam* VII 3).

[91] Ibid., VIII 3. Cf. TERTULIANO, *Ad uxorem* II 7; SAN CIPRIANO, *Test.* III 62, etc., quienes habían mantenido esta misma doctrina.

[92] "Primum in coniugio religio quaeritur" (cf. *De Abraham* I 9,84).

[93] "In coniugio, ubi una caro et unus spiritus est" (ibid.).

[94] "Si christiana sit, non est satis, nisi ambo initiati sitis sacramento baptismatis" (ibid.).

[95] "Fides Ecclesiae" (ibid., I 9,87).

bién la parte católica puede atraer a la que no lo es a esa misma comunión de carne *y de espíritu,* es decir, *a la fe;* pero, con todo, hay un aspecto destacable en la doctrina de San Ambrosio, y es el siguiente: la relación íntima existente entre ambos sacramentos: el del bautismo y el del matrimonio. San Ambrosio ha visto, o al menos nos ha hecho entrever, que el bautismo confiere al matrimonio cristiano una significación y una elevación realmente nuevas[96].

Un matrimonio entendido en línea de continuidad con el bautismo y en la vivencia de la fe es evidente que hay que celebrarlo eclesialmente. A San Ambrosio le parece obvia esta *dimensión* eclesial. Al hablar de "dimensión" eclesial no queremos atribuirle una celebración eclesial, aunque también en cuanto a ésta existen algunas referencias en él; en efecto, considera que el matrimonio de los bautizados debe celebrarse según ley divina *(lex divina),* según la piedad *(pietas),* que la entiende como sinónimo de tradición eclesiástica, y según las constituciones legales del país *(constitutiones Caesaris)*[97].

En cuanto al segundo elemento, o sea "la piedad", San Ambrosio exhorta a pedir la intervención de la Iglesia, incluida la bendición del sacerdote, bendición a la que concede y atribuye un gran poder de santificación[98].

¿Defendió San Ambrosio la sacramentalidad propiamente dicha del matrimonio? Sería un anacronismo proyectar esta terminología y esta formulación explícita a San Ambrosio, sabiendo, como sabemos, que éstas serán fruto de una elaboración muy posterior, que data del siglo XII, no antes.

Pero no menos cierto es que hay que recoger de esta doctrina de San Ambrosio elementos sacramentales que nos orientan hacia la comprensión del matrimonio como sacramento; pongamos atención en los siguientes puntos: el relieve dado al consentimiento matrimonial, a la necesidad del bautismo en ambos, a la vivencia de la fe, a la celebración eclesial y hasta litúrgica. Todas estas afirmaciones no se limitan a una preocupación ético-pastoral, sino a la intui-

[96] OGGIONI, G., *Dottrina del matrimonio dai Padri alla scolastica,* en *Enciclopedia del Matrimonio* (Queriniana, 1960) p.184.

[97] *Epist.* 60.

[98] *Epist.* 19,7; cf. *Exam.* V 18.

ción, presentida, de que el bautismo da al matrimonio una nueva significación y realidad sacramental.

El descubrimiento sacramental del matrimonio le viene a Ambrosio no desde el lado del derecho romano, del que es sabedor, sino desde el lado cristiano, bíblico-patrístico; concretamente, de la observación de las relaciones entre Cristo y la Iglesia[99]; San Ambrosio asume y recuerda como símbolo o "sacramento" de estas relaciones entre Cristo y la Iglesia aquel [primer] matrimonio entre Adán y Eva: "como Eva a Adán, así también nosotros, que somos Iglesia, pertenecemos al cuerpo de Cristo"[100].

Todavía es preciso recoger de San Ambrosio otro testimonio relacionado positivamente con nuestro tema: comentando el texto de San Pablo sobre Cristo y la Iglesia (Ef 5,32), San Ambrosio subraya en este contexto la dignidad e importancia de la mujer: en efecto, el misterio de la Iglesia, del cual nos habla el Apóstol, se ha realizado con la creación de la mujer, en la cual está prefigurada aquella gracia [la Iglesia], para cuya realización Cristo bajó del cielo. Y así como Adán ha llamado justamente con el nombre de "vida" a su mujer, porque por medio de ella se propagará la vida del género humano, de la misma manera podría haber llamado Cristo a la Iglesia, porque ella [en Cristo] es la propagadora de la vida eterna[101].

No hay duda de que en este texto el matrimonio está considerado en relación significante de la gracia de nuestra salvación. Existen en San Ambrosio, aunque de una manera confusa, afirmaciones del matrimonio como gracia de Dios[102] y como "sacramento"[103]; por supuesto, no en el sentido propiamente dicho de sacramento en que hablamos nosotros.

En todo caso, lo que San Ambrosio afirma es la conexión del matrimonio de los bautizados creyentes con los grandes misterios de Dios, en Cristo y en la Iglesia; y con la gracia de Dios. Tampoco aquí encontramos en él una elaboración teológica más explícita sobre la naturaleza exacta de esta co-

[99] *Exp. Ev. sec. Luc.* VIII 8-9; *De Abraham* I 9,87.
[100] *Epist.* 77,4.
[101] *De inst. virg.* 3,24.
[102] *De Abraham* I 9,84.
[103] *De Abraham* I 7,59.

nexión del matrimonio con los misterios de Dios y con la gracia.

El elogio que San Ambrosio hace de la virginidad va dirigido no sólo a la virginidad corporal, sino, sobre todo, a la espiritual: "el mérito no está sólo en la virginidad de la carne, sino también en la integridad del espíritu"[104]. Es una virtud sobrenatural que hace de la persona virgen un *ciudadano del cielo* [*incola*], al mismo tiempo que nos constituye como *peregrinos en la tierra* [*advena*]; San Ambrosio se está refiriendo a la libertad interior de la virginidad, a la adhesión a los bienes eternos y a la ayuda que mutuamente se prestan matrimonio cristiano y virginidad vividos por el reino de los cielos[105].

## *III. Doctrina de los Padres griegos de los siglos III-IV*

Orígenes († 254-5) comenta el relato de la creación de hombre y mujer según Gén 1,27 y dice: el varón y la mujer salen de las manos de Dios según su imagen: "secundum imaginem"; deberán, por lo tanto, significar algo verdaderamente grande y cercano a Dios; se trata del Verbo y de la Iglesia[106].

Comentando el segundo relato de la creación, mejor dicho el relato del capítulo II del Génesis, también aquí Orígenes busca su interpretación alegórica. El texto se contenta con afirmar la unión de hombre y mujer en una sola carne por obra de Dios (Gén 2,18-24). En la interpretación alegórica, que Orígenes está desarrollando, también esta segunda creación viene aplicada a Cristo y a la Iglesia. Pero aquella y esta unión están dificultadas por el pecado, sigue diciendo Orígenes. La alegoría está en que así como el varón deja al padre y la casa paterna, así también el Verbo salió de junto al Padre y dejó la Jerusalén celeste para unirse a la Iglesia[107].

También la Iglesia deja de alguna manera su casa, dice Orígenes, y se sumerge en este nuestro mundo, asumiendo

[104] "Meritum non solum carnis virginitas facit, sed etiam mentis integritas" *(De virg.* 4,15: PL 16,270).

[105] Ibid., 3,10-11; 5,25-26: PL 16,268-9; 272. Cf. también I 6,31: PL 16, 197.

[106] *Commentarium in Mattheum* XIV 16: PG 13,1228B.

[107] Está refiriéndose al prólogo del evangelio de San Juan.

formas diversas, la última de las cuales —antes de que el Verbo se encarnase— fue la de la Sinagoga; ésta rechazó a Cristo hasta hacerlo crucificar en la cruz. Fue entonces cuando Cristo, que ya anteriormente se había unido en cierto modo a la humanidad, se unió en una sola carne con la Iglesia, la cual, naciendo del costado de Cristo, realiza en modo perfecto la imagen de la segunda creación profetizada en Gén 2,18-24.

Nosotros, cristianos, que nos unimos a Cristo por medio de la Iglesia, porque somos su cuerpo, nos unimos a Cristo en este modo perfecto. Pero ambas uniones, la de hombre y mujer, la de Cristo con la Iglesia, no dejan de estar dificultadas por el pecado. Además, la unión en una carne no deja de ser imperfecta en relación con la unión plena y total. La unidad será perfecta cuando se realizará el único y perfecto matrimonio: el de Cristo[108] y el de la Iglesia [escatológica][109].

Mientras tanto Cristo y la Iglesia caminan juntos, pero con una comunión imperfecta por parte de la Iglesia, hacia la unión final y definitiva. El matrimonio, con su unión de carne, está en la base de la reflexión teológica de Orígenes para representar esta unión imperfecta que Cristo y la Iglesia tienen en este tiempo de la encarnación, siendo sacramento de la unión perfecta que tendrán Cristo celeste con la Iglesia espiritual[110].

Hombre y mujer, viviendo una realidad querida por Dios, deben cultivar —durante este tiempo de su unión imperfecta de carne— un mismo pensar y un mismo sentir. Sólo de esta manera será una unión querida por Dios y hecha por El. Para ello se dará a los esposos una gracia, que San Pablo llama con el nombre de carisma[111], reconociendo así la presencia de la gracia de Dios no sólo en el que vive célibe, como el propio Apóstol, sino también en los casados, los cuales, "estando unidos en el Señor", cumplen interna y externamente aquel otro consejo del Apóstol: "Varones, amad a vuestras esposas como Cristo ha amado a la Iglesia"[112].

108 "In forma Dei".
109 Cf. también *Comm. in Matth.* XVII 33: PG 13,1589A.
110 Ibid., XVII 33: PL 13,1589A.
111 1 Cor 7,7.
112 Ef 5,25; cf. *Comm. in Matth.* XIV 16: PL 13,1229A-B.

En la fase final y definitiva del hombre desaparecerá el matrimonio, dice Orígenes, no solamente porque no habrá necesidad de procreación, sino también porque el amor habrá logrado ya la unión final en un solo espíritu.

Pero aun ahora, en el tiempo cristiano en que vivimos, el matrimonio de los bautizados que viven en fe realiza, según él, de alguna manera, la unión de Cristo con la Iglesia, que no es sólo de encarnación, no es sólo de un Cuerpo, sino también de un solo espíritu. La dinámica del matrimonio consiste en que hacia esta unión se va gradual y progresivamente. Un signo de este progreso lo ofrece el hecho de que en la época cristiana se puede prescindir del matrimonio eligiendo libremente "por el reino de los cielos" la vocación celibataria, la cual, como adhesión a la realidad última y definitiva, es una unión más perfecta.

En esta dinámica y en este progreso del matrimonio entra como factor decisivo la gracia; la cual tiene en el matrimonio la misma estructura cristiana y eclesial que en la virginidad; si bien de manera distinta y específica, tal como viene explicándolo.

Llegados a este punto, nos es de todo punto necesario recurrir a la concepción sacramental de Orígenes, que en breve síntesis es la siguiente: en el principio está el Verbo, que desciende a nosotros por medio de la palabra de la revelación (Sagrada Escritura) y de la Palabra encarnada (Jesucristo) y por la continuación de esta Palabra encarnada (que es la Iglesia). Todas estas tres manifestaciones de la Palabra se sitúan ya en el plano sacramental por ser manifestaciones sensibles que significan algo superior (el Verbo) y conducen a él. Los tres son como sacramentos generales, en los cuales se inscriben los sacramentos particulares, con la misión de aplicar a los casos singulares el bien espiritual (que es el *Logos*).

En esta concepción sacramental, lo que a primera vista aparece como más original y característico es la prerrogativa sacramental atribuida a la palabra revelada, a Cristo y a la Iglesia.

Que *Cristo* es sacramento quiere decir, según él, que es fuente de salud para cada uno, en cuanto que en su humanidad se nos ofrece la divinidad en actitud de querer salvarnos. Por esta razón, la confianza en el alma y en el cuerpo de

Cristo puede contribuir a la salvación de los creyentes, de la misma manera que contribuye a ella la confianza en su divinidad[113].

Y *la Iglesia* es sacramento porque es el cuerpo de Cristo, un cuerpo en el que está presente la divinidad de Dios y la santidad; Iglesia que, al estar inmersa en el mundo, es visible y perseguible por parte de los hombres pecadores, que pertenecen a este mundo. Y puede la Iglesia con su contacto salvar y santificar a los hombres en Cristo Jesús[114].

Y *los sacramentos* son una concreción de aquel gran sacramento que es Cristo-Iglesia, no sólo el matrimonio, sino todos ellos, conforme a las disposiciones de Dios. Los sacramentos son epifanía, manifestación y revelación del misterio de Dios a los hombres; manifestación que ha tenido lugar una vez, pero que requiere su continuidad visible y ofrecida a los hombres[115].

Es ahora cuando estamos en grado de poder entender el matrimonio de los cristianos: en Cristo y en la Iglesia; y, por lo tanto, en conexión con la gracia. Es aquí donde llega a la afirmación que hace del matrimonio como sacramento, si bien todavía hay que dar a esta palabra "sacramento" el significado amplio a que nos hemos referido anteriormente[116].

Pero Orígenes tiene mucho interés en poner de relieve y situar la virginidad en el mismo contexto cristiano y eclesial que el matrimonio; más aún, ¿no será sacramento con tanta o mayor razón que el matrimonio mismo? Esta pregunta se formula Orígenes con propia responsabilidad para responder afirmativamente[117].

Y su demostración la desarrolla a partir del bautismo: si el bautismo de agua es sacramento, con más razón lo será el bautismo de sangre, el martirio, había dicho el propio Orígenes[118]. De todas formas y en buena ley de interpretación de su doctrina hay que decir que no se trata de multiplicar sacramentos, sino de la aplicación del principio que anterior-

[113] *Contra Celsum* 3,28; cf. VON BALTHASAR, *Parole et Mystère chez Origène* (Paris 1957).

[114] VON BALTHASAR, ibid.

[115] ID., ibid.

[116] Cf. nota 52.

[117] *Comm. in Matth.* XIV 16: PG 13,1229A.

[118] Cf. su comentario a esto por H. URS VON BALTHASAR, a.c.: Rech.Sc. Rel. 27 (1937) 54.

mente nos ha formulado de que los sacramentos propiamente dichos no excluyen la eficacia que por sí tienen los grandes sacramentos: Cristo y la Iglesia. Ahora bien, el martirio y la virginidad serían, según él, el resultado salvífico de Cristo y de la Iglesia, directamente obtenido, y no como sacramentos particulares, propiamente dichos. En resumen, Orígenes admite la "realidad sacramental" del matrimonio en cuanto símbolo o tipo de la unión de Cristo-Iglesia; unión que es el sacramento eminente y original[119].

Poco más podemos encontrar en los Padres griegos de los siglos IV-V. Se limitan más bien a comentar las frases bíblicas referentes al matrimonio, que tantas veces han sido aducidas por los Padres anteriores. Para evitar repeticiones, vamos a recoger sólo los elementos nuevos y enriquecedores de nuestro tema.

Epifanio comenta el milagro de la transformación del agua en vino, hecho por la presencia e intervención de Jesús en las bodas de Caná (Jn 2,1ss). Y lo comenta como un gesto divino para enseñar que el egoísmo y la pasión tienen que ser convertidos en virtud y honestidad del matrimonio[120]. Y con su comentario deja sugerido que existe una intervención de Dios y de Cristo en el origen y en la promoción elevante del matrimonio.

San Basilio (330-379) recomienda a los esposos el amor mutuo y el respeto, aunque a veces las distancias entre ellos aparezcan como abismos: "maridos, comenta Basilio aduciendo el texto de San Pablo a los Efesios 5,25, amad a vuestras esposas aunque os hubieseis unido a la comunidad conyugal provenientes de una gran diversidad. Que el ligamen natural y el yugo impuesto por la bendición nupcial creen en vosotros la unión de vuestros dos seres"[121]. Estas últimas palabras parecen sugerir alguna intervención de la Iglesia en la celebración del matrimonio de los bautizados.

San Gregorio Nacianceno (329-389) escribe de esta manera en sus *Poemas morales:* "El matrimonio no aleja de Dios, sino que acerca a El: es Dios mismo el que invita [empuja internamente] hacia el matrimonio"[122]. El matrimonio deri-

119 Ibid.
120 *Panarium, passim,* comentando Jn 2 y Ef 5,32.
121 *Hexaemeron* 7,5.
122 *Poem. mor.* I 2,1: PG 36,288-289.

va de Dios en su constitución original y ha sido nuevamente conducido por Cristo a su belleza primitiva. La grandeza del matrimonio no está solamente en procrear hijos, sino en conducirlos hacia la visión de Dios[123].

Esta última frase la entiende como afirmación del valor cultual de la paternidad *cristiana,* en la cual se quieren los hijos "para agradar a Dios"[124]. Y en cuanto al matrimonio mismo, sus enseñanzas están claras al insistir en que el amor al marido y la fidelidad al Señor no son divergentes: el amor y el servicio mutuo no hacen olvidar al Señor celeste, dice[125].

Matrimonio y virginidad están unidos entre sí internamente, profundamente, por su referencia a Cristo y a la Iglesia. Piensa también y enseña que la virginidad no es sinónimo de esterilidad, ya que es "agua que salta hasta la vida eterna"[126].

La simbología de Cristo-Iglesia entra dentro del matrimonio dándole una significación y elevación mayores: "es bello para la mujer venerar a Cristo en la persona del marido; pero es también bello para el marido no deshonrar a la Iglesia en la persona de la mujer"[127]. Y saca de aquí las últimas consideraciones prácticas en el trato con la mujer: por ejemplo, el sacrificio y la delicadeza con que hay que tratarla.

San Juan Crisóstomo (344-407) bien se merece el título de "defensor del matrimonio y apóstol de la virginidad"[128]. Es verdad que, como punto de partida de sus enseñanzas sobre el matrimonio, suele partir desde los aspectos morales, pero esto no equivale a caer en el moralismo, ya que desde ahí recurre luego a instancias más elevadas: Dios, Cristo-Iglesia.

No obstante el aprecio y estima que en todo momento demuestra por la virginidad, afirmando su prioridad y preferencia en el reino de Dios, no sólo reconoce la institución divina del matrimonio[129], sino que describe los rasgos de la

[123] *Orat.* 37,5.9: PG 36,288-289.293.
[124] *Orat.* 37,5.9: PG 36,288-289.293.
[125] *Orat.* 8,8: PG 35,797.
[126] *Orat.* 37,10.12: PG 36,293.296-297.
[127] Ibid., 37,7: PG 36,292.
[128] MOULARD, A., *Saint Jean Chrysostome le défenseur du mariage et l'apôtre de la virginité* (Paris 1933).
[129] *De virg.* 7,8: PG 48,537-539, cita a Heb 13,4 y 1 Tim 4,2 como afirmaciones de la bondad del matrimonio.

perfección a la que están llamados los matrimonios, perfección —según él— que no es sustancialmente inferior a la de los monjes[130] y a la de los mismos apóstoles, porque también los casados lo son participando en la misión de salvar a los demás[131]. Por estas sugerencias suyas bien se puede decir que San Juan Crisóstomo es el primer maestro de espiritualidad matrimonial.

Entre sus enseñanzas relativas al matrimonio, conviene también recoger, y quizá destacar, la observación siguiente: comentando Ef 5,32 de San Pablo, llama "gran misterio" no ya al matrimonio en cuanto tal, o a la relación existente entre Cristo y la Iglesia, sino también —no pocas veces— a ese atractivo mutuo o momento "misterioso" en que hombre y mujer dejan gozosamente la casa paterna, y son despedidos, también con amor, por los padres, siendo así que de ordinario toda despedida similar resulta costosa. La razón de esta gozosa separación es el amor mutuo: un amor que es un "gran misterio"[132].

Pero es mayor aún el misterio que aquí se significa y representa, sigue diciendo: el misterio del Verbo de Dios, que sale del Padre y de la casa paterna y viene a nosotros uniéndose a la Iglesia. La explicación misteriosa de este acontecimiento salvífico no puede ser otra que el amor. Sólo el amor puede ser la razón de un gesto semejante, gesto misterioso y salvífico para nosotros[133].

La comparación de las bodas humanas la utiliza también para explicar el significado del bautismo. En efecto, en su catequesis bautismal llega a afirmar que la psicología matrimonial sirve para explicar no sólo las relaciones Cristo-Iglesia [entendida ésta como comunidad], sino también para explicar las relaciones entre Cristo y el bautizado [persona singular]. Los autores subrayan esta extensión del simbolismo matrimonial al plano personal e individual, no sólo al plano comunitario de la Iglesia[134]: "si en las realidades sensibles el matrimonio es un misterio y un grande misterio, ¿cómo se podrá hablar dignamente de estas otras bodas espi-

[130] *In Matth.* hom. 7,7.

[131] *In Act. Apost.* hom. 20,3-4.

[132] *Laus Maximi* 3.

[133] *In Colos.* hom. 12,5-6.

[134] OGGIONI, G., *Dottrina del matrimonio dai Padri alla Scolastica*, en la obra citada, p.178.

rituales [que se contraen en el bautismo de cada uno con Cristo]?"[135]

Estas otras nupcias espirituales son, continúa diciendo San Juan Crisóstomo, más misteriosas que las bodas terrenas, porque en éstas no suele llegarse al matrimonio si no es después de haberse informado de la belleza, de la salud y de la fortaleza de la esposa; aquí, en cambio, en el bautismo, nuestro esposo [Cristo] "no pide nada: todo es don gratuito, generosidad y gracia... Lo que nos pide es solamente el olvido del pecado pasado y los buenos propósitos para el futuro"[136].

Dos observaciones finales nos ofrece la doctrina de San Juan Crisóstomo para aclarar lo que anteriormente nos tiene dicho: la primera es que, sabiendo y afirmando que el bautismo nos hace hijos de Dios, sugiere claramente la idea de que el bautismo une al bautizado con Cristo en una especie de matrimonio espiritual. La segunda observación se refiere a que hay que entender en un sentido amplio y analógico el término "misterio" con que alude al matrimonio como tipo de la relación de Cristo con la Iglesia, o a la relación de Cristo con la persona bautizada.

[135] *Cathech. bapt.* 14-15.
[136] *Cathech. bapt.* 15-16.

## CAPÍTULO II

# *EL MATRIMONIO CRISTIANO Y LA EDUCACION CRISTIANA DE LOS HIJOS SEGUN SAN AGUSTIN*

## INTRODUCCIÓN

### Origen y fin del matrimonio

El origen y el fin del matrimonio cristiano están, según San Agustín, en la voluntad salvífica de Dios, eterna y eficaz, con la que destina a los hombres a la ciudad eterna de Dios.

Origen y fin que no han cambiado sustancialmente a raíz del pecado, ya que aquella voluntad divina ni ha dejado de ser salvífica ni ha perdido su eficacia conductora ante la nueva situación existencial creada por el pecado[1].

San Agustín desarrolla el matrimonio cristiano primera y principalmente de cara a aquella comunidad definitiva que llama con el nombre de "Ciudad de Dios". No es para él el matrimonio *cristiano* un grupo meramente terrestre, sino también y al mismo tiempo una preparación activa al cielo: "un seminario de la ciudad de Dios"[2]. La base de la doctrina cristiana del matrimonio, edificada por San Agustín, está, pues, en su orientación, dinámica y eficaz, hacia la edificación de la ciudad de Dios, entendida ésta como comunidad definitiva de los hombres salvados con Dios[3].

### Los bienes del matrimonio cristiano

El concilio Vaticano II, en su constitución pastoral "sobre la Iglesia en el mundo de nuestro tiempo", no sólo habla del origen divino del matrimonio[4] y de su fin trascendente,

[1] ALVES PEREIRA, B., *La doctrine du mariage selon saint Augustin* (Paris, 1930) p.1-5.

[2] *De civitate Dei* XV 16,3: PL 41,459.

[3] *De bono coniug.* 9,9: PL 40,380.

[4] GS 48: "Ipse vero Deus est auctor matrimonii".

sino también de aquellos bienes que son intrínsecos e inmanentes al matrimonio, y con razón cita el concilio a San Agustín en este contexto afirmativo del matrimonio, describiéndolo como "dotado de pluralidad de bienes y fines"[5].

Así resulta que el origen divino del matrimonio, como base y principio de otras verdades derivadas acerca del mismo, y la bondad moral intrínseca, que lo constituye como bueno desde dentro, son las dos coordenadas que conducen el pensamiento de San Agustín en esta materia, no sin vicisitudes, desde luego, originadas éstas por la triple actitud polémica que en aquella encrucijada de la historia correspondió de lleno a San Agustín como tarea y misión suyas, por cierto, difíciles.

## Los tres errores de su época

San Agustín escribió sobre el matrimonio teniendo presentes las tres herejías de su época, y como éstas eran tan diversas y hasta opuestas entre sí (desde el pesimismo radical de los maniqueos hasta el optimismo exagerado de los pelagianos, pasando por los indiferentistas, como Joviniano), de ahí que la riqueza de los aspectos matrimoniales estudiados por San Agustín fue grande, requiriendo de él en todo momento un discernimiento y un equilibrio difíciles, a veces no logrados del todo.

Es ésta una advertencia sustancial para entender debidamente las doctrinas del santo, las cuales, si no se sitúan y encuadran en el marco y contexto que le corresponden, son falseadas en su verdadera perspectiva y hasta en la ortodoxia misma, tratándose de materia tan delicada. Es, pues, absolutamente necesario distinguir en San Agustín tres etapas, tres fases doctrinales, triple clasificación de sus obras.

## Tres respuestas de San Agustín

### 1.ª *El matrimonio es bueno*

Desde el año 388 hasta el 395 escribe San Agustín obras cuya intención y contenido es demostrar la bondad del ma-

[5] GS 48: "variis bonis ac finibus praediti".

trimonio, refutando así la herejía maniquea y su pesimismo radical —incluso doctrinal— acerca del matrimonio, considerado por los maniqueos como algo malo[6].

En efecto, la herejía maniquea fue gravísima a pesar de su máxima estima [aparente] a la virginidad. La gravedad consistía —sobre todo— en el *motivo* mismo por el que huían del matrimonio los "perfectos" de esta secta: por considerarlo como *malo* en sí mismo, y condenable; el matrimonio provendría, según ellos, del dios malo, siendo invento del demonio. Es verdad que lo toleraban a los del segundo grado de la secta, a los "oyentes"; así los llamaban. Pero aun a éstos se les advertía encarecidamente que —ante todo— trataran de evitar los hijos a toda costa, ya que engendrar hijos era tan grave como encerrar en una cárcel de carne partículas emanadas del mismo Dios, que son las almas.

La raíz y fuente de todos estos errores pesimistas estaba en el *dualismo* maniqueo, según el cual, aunque nuestra alma es como una partícula divina, el cuerpo, en cambio, proviene de un dios malo, empeñado en poner tentación y dificultades a aquélla. De ahí la recomendación que hacían a los "oyentes" de evitar por encima de todo los hijos, tolerándoles el matrimonio mismo y su uso con esta condición[7].

A nadie extrañará que en este contexto, en que se proclamaba la evitación, a ultranza, de los hijos, San Agustín insistiera [¿excesivamente?] en la orientación primaria del matrimonio hacia los hijos, a su procreación y educación. Más adelante hablaremos de este tema explícitamente. De todas formas, queda claro que no se puede aducir algún que otro texto de San Agustín, mucho menos sacándolo de su contexto, como demostración de que San Agustín polarizó el tema del matrimonio en torno a la prole.

San Agustín denuncia este error de los maniqueos manifestando la *verdad* divina revelada acerca de la *bondad* del matrimonio (cf. Gén 1 y 2): el matrimonio es bueno, les dice, porque proviene del mismo y único Dios; la concupiscencia, en cambio, es mala, y sus manifestaciones también: no provienen de Dios, sino del pecado (Gén 3).

[6] *De morib. Eccl. Cath. et Maniq.* (388-9): PL 32,1309ss. *De genesi contra Maniq.* (388-9): PL 34,173ss. *De continentia* (395): PL 40,349ss.

[7] *Contra Faustum Maniq.* (397-398): PL 42,207ss.

## 2.ª *Dos vocaciones evangélicas: virginidad y matrimonio*

En torno al año 400, San Agustín dedica sus mejores fuerzas a salvar el equilibrio necesario entre estas dos vocaciones, tan sustanciales ambas para la vida de la Iglesia. Equilibrio que había sido roto en fecha inmediatamente anterior por los errores (doctrinales y prácticos) de Joviniano, el cual no sólo afirmaba que ante Dios da lo mismo virginidad y matrimonio, sino que sus afirmaciones iban más allá todavía, llegando a decir que la mayoría de los que optaban por la virginidad o celibato lo hacían no ya por agradar más a Dios, sino con el fin de no soportar las cargas inherentes al matrimonio o por falta de humildad y espíritu de sacrificio[8].

Para apoyo de sus doctrinas aducía Joviniano textos bíblicos del Antiguo Testamento, exhortando a seguir el ejemplo de aquellas mujeres que se casaban y tenían muchos hijos[9].

En cambio, no ponía de relieve aquellos pasajes bíblicos del Nuevo Testamento en que se hablaba "de labios del mismo Cristo" —como le responde San Agustín— del aprecio y estima de la virginidad y del testimonio que ésta ofrece al matrimonio[10].

La influencia práctica y deletérea de los criterios erróneos de Joviniano fue tanta en fechas inmediatas a su propagación, que muchos religiosos y monjas abandonaron sus conventos y monasterios para casarse; San Agustín, en sus *Retractationes*, comprueba con dolor el volumen y gravedad de aquellos errores y se arrepiente de no haberlos atajado o refutado a su debido tiempo en evitación de tan perniciosas consecuencias[11].

Pero la situación creada por Joviniano era tanto más grave cuanto que el ir contra sus errores parecía que llevaba consigo tener que rebajar el matrimonio para ensalzar la virginidad. Pero la *doctrina cristiana* sobre el matrimonio no es así: poner de relieve la virginidad, tal como mandan las Sagradas Escrituras, no puede ser a costa de rebajar el matri-

[8] *De bono coniug.* (401): PL 40,373ss.

[9] *De sancta virg.* (401): PL 40,397.

[10] Mt 19,11-12; 1 Cor 7,38. Los cita constantemente San Agustín.

[11] *Retractationes* (426-7): PL 32,583ss.

monio. Por eso San Agustín escribió primero sobre la bondad de éste con un título *De bono coniugali*, afirmativo de la bondad del matrimonio, lo que demuestra todo el poder de discernimiento con que San Agustín eludió de entrada la objeción principal: la tentación de rebajar el matrimonio para ensalzar la virginidad, y habló de ésta en los términos elogiosos que salieron de labios del Señor, como dice el propio San Agustín[12].

Terminada esta lucha —al menos en su fase doctrinal— y puesto ya el equilibrio debido, San Agustín advierte encarecidamente a los extremistas de un lado y otro sobre la necesidad de síntesis e integración de todas las verdades reveladas por Dios mismo en estos y otros temas: "se equivocan —dice— aquellos hombres que no guardan la debida moderación en las cosas [y doctrinas]: los que yendo a bandazos de un lado a otro, no miran los demás testimonios de la Escritura, que también son de autoridad divina; si los quisieran leer, podrían librarse de esa polarización [heterodoxa] y gozar de la doble presencia de la verdad y prudencia"[13].

"No faltan —sigue diciendo— quienes queriendo leer en la Sagrada Escritura los elogios a la virginidad, condenan el matrimonio, y, por el contrario, quienes, siguiendo solamente los testimonios de la Escritura en que se predica sobre el casto matrimonio, equipararon la virginidad a las nupcias. A algunos les basta leer en San Pablo frases como la de que es bueno no comer carne ni beber vino (Rom 14,21) y otras semejantes, para emitir un juicio negativo sobre las criaturas de Dios, tratándolas de impuras, sin más, y hay quienes caen en el extremo contrario: la simple lectura de que 'toda criatura de Dios es buena y que no hay que rechazar lo que se recibe en acción de gracias' (1 Tim 4,4) les basta para caer en la voracidad"[14].

Es sabido que pocos años antes que San Agustín escribiese su refutación a los errores de Joviniano[15], lo hizo también San Jerónimo (a. 393), pero éste lo hizo con tantas y tales exageraciones, que confundió y ofendió a propios y extra-

[12] *De bono coniug.* c.10 n.10: PL 40,381.
[13] *De fide et operibus* c.4 n.5: PL 40,200.
[14] Ibid.
[15] *De haeresibus:* PL 42,45ss.

ños, siendo inevitable que le cayera encima la acusación de maniqueo en los temas matrimoniales[16].

Con más equilibrio, San Agustín[17] ensalzó, ciertamente, la virginidad, pero lo hizo no sólo salvando la bondad del matrimonio, sino afirmándola abundante y razonadamente; he aquí algunas de sus consideraciones afirmativas en favor del matrimonio:

1. Es Dios mismo el que lo recomienda frecuentemente en la Sagrada Escritura: "Insisto —dice— en que [...] es bueno el matrimonio por tratarse de una unión que la misma Sagrada Escritura recomienda no pocas veces, hasta el punto de protegerla con la indisolubilidad misma"[18].

2. Por ser obra de Dios, es bueno el matrimonio. Todo lo que viene de Dios es bueno; si no lo fuera, no lo recomendaría con su palabra divina. Todos los elementos sustantivos que concurren en el matrimonio son buenos, hechura de Dios, como consta bíblicamente por el hecho de que en los dos primeros capítulos del Génesis sólo se presenta lo que es obra de Dios; todavía no ha hecho acto de presencia el pecado: de éste no se habla hasta el capítulo siguiente (Gén 3).

3. Por la presencia de Cristo en las bodas, se demuestra la bondad de éstas. Cristo no se hubiera hecho presente en el matrimonio si éste no fuera obra de Dios[19].

4. La psicología sexual se serena y queda dignificada dentro del clima matrimonial en el que esposo y esposa se quieren mutuamente y aspiran juntos al título de padre y madre: esta meditación de paternidad y maternidad, mutuamente comunicadas, les da cierta gravedad *(gravitas)*, entendida ésta como dignidad y elevación[20].

5. La fe mutua, entendida como fidelidad, es otro de los grandes bienes del matrimonio; esta fe que, "aun a nivel de realidades humanas, matrimoniales, es un gran bien espiritual"[21].

6. La sacramentalidad del matrimonio, afirmada como

[16] REUTER, A., *S. A. Augustini doctrina de bonis matrimonii* (Romae, PUG, 1942) p.22.

[17] Quizá porque su frente era más amplio, a diferencia del de San Jerónimo, que luchó solamente contra Joviniano.

[18] *De bono coniug.* c.3 n.3: PL 40,375.

[19] Ibid.

[20] Ibid.

[21] Ibid., c.4: PL 40,376.

indisolubilidad, está consignada por él como el tercero del orden de los bienes matrimoniales en San Agustín, pero, en buena ley de exégesis, la considera como el bien más grande y digno, hasta el punto de ser fuente de sentido y exigencias para el matrimonio aun en el caso de que falten a éste los demás bienes; es decir, aunque no hayan podido tener hijos y aunque de hecho hayan tenido alguna infidelidad mutua, esta "sacramentalidad" recupera y da sentido a su unión[22].

San Agustín termina esta segunda fase de sus enseñanzas matrimoniales —en contra de los errores de Joviniano— con una conclusión positiva enunciada en dos formulaciones complementarias: la primera, afirmando la bondad del matrimonio en los mismos términos que lo hace la Escritura al decir: "Tened todos en gran honor el matrimonio, y el lecho conyugal sea inmaculado; que a los fornicarios y adúlteros los juzgará Dios"[23].

Por cierto que se trata de una bondad absoluta, es decir, no sólo en relación con la fornicación, o sea que el matrimonio es bueno en sí mismo y como término, no ya como mero medio de huir de la fornicación[24].

En una segunda conclusión establece la comparación entre dos vocaciones, matrimonio y virginidad, sentando la prioridad a favor de esta segunda, siguiendo en esto al Evangelio mismo.

Pero el elogio de San Agustín, como el de la Escritura misma, no va dirigido a la virginidad entendida en su sentido material, mera abstinencia del matrimonio, sino a la virginidad como consagración de la persona toda a Dios, a Cristo, a la Iglesia, al Evangelio: "en caridad, en corazón puro, y conciencia transparente, y fe no fingida", dice San Agustín comentando la Escritura[25]. Y son de actualidad las consideraciones que hace a este respecto al decir: "no es la virginidad misma, entendida en un sentido material, la que honramos y veneramos, sino en cuanto consagrada [al reino de Dios]"[26].

[22] Ibid., c.7 n.7: PL 40,378.
[23] Ibid., citando Heb 13,4.
[24] Ibid., c.8 n.8: PL 40,379: "Non ergo duo mala sunt connubium et fornicatio, quorum alterum peius. Duo bona sunt connubium et continentia, quorum alterum est melius".
[25] *De bono coniug.* c.10 n.10: PL 40,387: "Utinam omnes hoc vellent, dumtaxat in caritate de corde puro et conscientia bona et fide non ficta".
[26] *De sancta virg.* c.8 n.8: PL 40,400.

Así entendida, la virginidad llega a tener razón de fin en sí misma de alguna manera, como anticipación de testimonio escatológico y de servicio del reino de Dios para el matrimonio. La virginidad pone el reino de Dios en el campo explícito y formal de la conciencia, no en un segundo plano y más o menos oculto, como es la tentación de la vivencia de las realidades humanas (Lc 20,34ss).

La relación sexual del matrimonio no tiene —según San Agustín— razón de fin en sí, sino que está orientada al amor de amistad conyugal como a su fin; dice así: "es de advertir que algunos bienes Dios los da como apetecibles por sí mismos; otros, en cambio, son convenientes para lograr ulteriores fines; así es el matrimonio: éste y su ejercicio se ordenan al amor de amistad"[27].

Pero lo que primordialmente preocupa a San Agustín en esta comparación de matrimonio y virginidad no es una prioridad mundana o profana [quién es mayor], sino en orden a la edificación del reino de Dios, en la colaboración al Evangelio y a la Iglesia. Colaboración que la presta no sólo la virginidad, sino también el matrimonio vivido en fe y caridad, incluso el matrimonio del Antiguo Testamento, que era cristiano por su valor de colaboración a la [primera] venida del Señor, al crecimiento del Pueblo de Dios, y por su valor profético al ser vivido en la esperanza de la venida del Salvador[28].

Las consecuencias que de este texto se deducen son muchas y muy valiosas para el tema matrimonial; desde luego, los hijos, aun en el matrimonio del Antiguo Testamento, no son elogiados como valor en sí mismo y a ultranza, como si el número de hijos fuera sinónimo de santidad y salvación; en la historia de la salvación, los hijos cuentan y valen si se los considera "como desarrollo y extensión del Pueblo de Dios"[29]. El objeto de la alabanza, cuando de matrimonio *cristiano* se trata, no es simplemente el factor numérico de los muchos hijos (éstos también pueden darse en el matrimonio de los paganos o de los que viven a la manera pagana), sino en su valor profético, cristiano, salvífico; con esta intención vivieron los mejores matrimonios aun en el Anti-

[27] *De bono coniug.* c.9 n.9: PL 40,380.
[28] Ibid.
[29] Ibid.: "maxime propter populum Dei propagandum".

guo Testamento: con la voluntad activa de propagar el Pueblo de Dios, de profetizar en sí mismos y en sus hijos la venida del Señor y así obtener la salvación comunitaria y universal[30].

Y en el Nuevo Testamento, el matrimonio cristiano[31] y la virginidad cristiana[32] preparan y se ayudan mutuamente a preparar la venida del Señor, última y escatológica; es así como la comparación entre ambos estados de vida adquiere significación cristiana y eclesial en la teología de San Agustín, al decir éste:

"La resurrección de los muertos será comparable al espectáculo que ofrecen las estrellas en el firmamento, las cuales difieren unas de otras en claridad, según la expresión del Apóstol, que dice: uno es el resplandor del sol, otro el de la luna, otro el de las estrellas. Y una estrella difiere de otra en claridad (1 Cor 15,41). Así ocurrirá, continúa San Agustín [en la Iglesia y en la escatología], el brillo de la virginidad será ciertamente distinto del de la castidad matrimonial o de la santa viudez. Diversamente brillarán los unos y los otros, pero todos estarán allí; esplendor distinto el de cada uno, pero un mismo cielo para todos"[33].

### 3.ª *Necesidad de la gracia*

Hay una tercera fase en la vida y doctrina de San Agustín, en la que, a diferencia del optimismo exagerado de los pelagianos, enseña la necesidad de la gracia, *sanante* sobre todo, para que las relaciones de hombre y mujer en el matrimonio, y fuera de él, sean puras y salvíficas. Concede a los pelagianos la afirmación positiva de que el sexo viene de Dios y a Dios lleva, pero no se puede ignorar la realidad histórica y extensión del pecado de los hombres, siendo necesaria la redención de todo el hombre, también del matrimonio, para que su vivencia sea sana y salvífica. San Agus-

[30] Ibid., "per quem et prophetaretur et nasceretur Princeps et Salvator omnium populorum".

[31] *De civitate Dei* XV 16,3: PL 41,459.

[32] *Serm.* 132 c.3 n.3: PL 38,736.

[33] *Serm.* 132: ibid.: "sic et resurrectio mortuorum... Aliter enim ibi lucebit virginitas, aliter castitas coniugalis, aliter sancta viduitas. Diverse lucebunt, sed omnes ibi erunt. Splendor dispar, caelum commune".

tín subrayó más los aspectos sanantes de la gracia en lo que al matrimonio se refiere.

No descansó la mente de San Agustín hasta encontrar la clave y la distinción fundamental que le aclaró todo el panorama en este punto: el matrimonio mismo es bueno, viene de Dios; la concupiscencia es mala, ésta no procede del Padre, sino del mundo, del pecado de los hombres[34].

El hombre como tal, dice, todo hombre que viene a este mundo, por ser imagen de Dios, alaba al Creador, siendo, por lo tanto, una refutación viva contra el pesimismo maniqueo. Pero no por eso hemos de caer en el optimismo exagerado de Pelagio, como si toda manifestación de amor fuera pura y llevara a Dios. Este es el esfuerzo doctrinal y la síntesis a la que llegó San Agustín —y con él toda la Iglesia de su tiempo— en tema tan difícil y delicado[35].

Bondad fundamental de la creatura, del sexo y del matrimonio, situación históricamente pecadora de todas estas realidades humanas, necesidad y ofrecimiento de la redención en Cristo; he aquí los tres elementos revelados y dogmáticos imprescindibles para toda teología del matrimonio: así fueron para la de San Agustín[36].

La redención en Cristo sirve de base al optimismo cristiano en esta y en toda otra realidad humana. Es así como San Agustín percibe el puente dogmático que se extiende entre creación y redención, sin que el pecado logre la pérdida de continuidad absoluta entre la obra de Dios y su salvación, y es que "el mismo Cristo, que, como Verbo de Dios, está en el origen de toda creación, se ha hecho hombre para sanarla"[37].

La conclusión de San Agustín es que "son buenas las nupcias en todos los elementos que tienen éstas como propios"[38]. Esta afirmación a favor del matrimonio, que es verdadera en el orden ontológico, lo será también en el orden

[34] *Contra duas epist. Pel.* III c.8 n.24: PL 44,606.

[35] Ibid., c.1 n.25: PL 44,607.

[36] *De pecc. mer. et rem.* I c.29 n.57: PL 44,141.

[37] *De pec. orig.* c.33 n.38: PL 44,404: "Denique idem ipse Christus propter illud creandum factor est hominis, propter hoc sanandum factus est homo".

[38] Ibid., c.34 n.39: "bonum ergo sunt nuptiae in omnibus quae sunt propria nuptiarum".

moral cuando éste responde a aquél, cuando lo que se hace en el matrimonio responde a lo que éste es[39].

## *Los hijos y su educación en el matrimonio cristiano*

### La comunidad matrimonial

Dos advertencias son importantes para entender debidamente este tema en San Agustín: la primera consiste en que quiere estudiar el tema de los hijos en el marco propio del matrimonio específicamente *cristiano* como tal, a diferencia del matrimonio sin fe, es decir, del que es vivido con mentalidad meramente humana o mundana.

La segunda se refiere a que para él la comunidad conyugal propiamente dicha (de marido y mujer) y la comunidad familiar (con los hijos) no son dos polos divergentes, como si se desdoblaran en una especie de dicotomía, falseando la perspectiva de esta realidad única y unitaria (como si hubiera que optar por líneas o polos divergentes).

Refiriéndose, pues, a la comunidad conyugal, comienza diciendo San Agustín: "No digamos que el bien del matrimonio consiste solamente en engendrar hijos, sino también en esta amigable comunidad de diverso sexo, de la que provienen aquéllos"[40].

De ahí que la grandeza del matrimonio cristiano no consiste solamente en procrear hijos; no se trata solamente de engendrar hijos, mucho menos a ultranza, de cualquier manera[41], sino "honestamente, lícitamente, socialmente"[42].

La comunidad matrimonial es también *espiritual,* cristiana y eclesial; lo afirma San Agustín, y el fundamento bíblico que aduce es el de San Pablo a los efesios: si el esposo representa a Cristo, debe conducir a la esposa por el camino de Dios, dándole ejemplo de santidad y de piedad, buscando siempre la sabiduría y gloria de Dios[43].

[39] Ibid.: sólo entonces serán "honorables las nupcias", como dice San Pablo (Heb 13,4).

[40] *De bono coniug.* III: PL 40,375.

[41] Reuter, A., o.c., p.78ss.

[42] *De sancta virg.* (401): PL 40,397ss: "habent coniugia bonum suum non quia filios procreant, sed quia honeste, quia licite, quia socialiter".

[43] *De catechiz. rudibus* (399) XVII 29: PL 40,332.

Entendido de esta manera, el matrimonio cristiano nunca es estéril (no hay matrimonios estériles en el Nuevo Testamento, en la Iglesia), porque participa de la relación fecunda de Cristo con la Iglesia. De esta manera eminente, aunque no tengan hijos propios, serán fecundos en los hijos de los demás [espiritualmente][44].

Un problema acuciante se le presentaba a San Agustín[45] al hablar del matrimonio como comunidad espiritual. Y es que puede no darse esta coincidencia espiritual, pueden [al parecer] llegar a ser una sola carne y no ser un solo espíritu; puede, en una palabra, faltar entre ambos esta comunión espiritual mutua y con el Señor. ¿Qué dice a este respecto?

San Agustín comienza por una primera afirmación positiva; comentando el texto de San Pablo a los efesios dice que los maridos amen a sus esposas como Cristo, Cabeza de la Iglesia, ama a ésta como cuerpo suyo, con un amor salvífico[46].

Esta meditación bíblica es la que San Agustín propone una y mil veces en sus obras a los esposos cristianos[47]. Y no precisamente en un contexto moralizante en torno al matrimonio, sino sobre todo como motivación de Cuerpo místico[48], del que deduce las últimas consecuencias a favor de la moralidad matrimonial. Cuando el esposo representa bien a Cristo, dice San Agustín, bien puede lograr de la mujer que siga sus pasos hacia Cristo [pasos cristianos], como a la Iglesia se le manda que siga a Cristo (Col 1,18)[49].

Pero nadie puede cerrar los ojos en este punto a una realidad opaca cuyas sombras se proyectan —entonces y ahora— contra este ideal cristiano y eclesial del matrimonio. No todo es fe, caridad, seguimiento de Cristo y amor en el matrimonio. ¿Qué decir entonces y qué respuesta cristiana daríamos a la mujer [o viceversa, al marido] cuando la otra parte se va apartando definitivamente de Cristo? San Agus-

[44] *In Ioan.* IX 2: PL 35,1451-1459.

[45] La experiencia pastoral demuestra que es problema pastoral de ayer y de hoy.

[46] Comentando Ef 5,23ss.

[47] *C. Donat.* ep.4,7: PL 43,395; *Serm.* 161,1,1: PL 38,878; *Enarrat. in Ps.* 30: PL 36,230-231.

[48] *In Ioan. Ev.* tract. 52,1: PL 35,1769; *Ep.* 185: PL 33,815.

[49] *C. Faustum* XXII 31: PL 42,420: "iubetur Ecclesiae ut sequatur Caput suum, et ut per vestigia ambulet Capitis sui: sic unaquaequae domus..."

tín da dos respuestas graduales y progresivas, de las que la primera conserva toda su prioridad pastoral.

En primer lugar, no sería casta ni cristiana, dice, la mujer que permaneciera indiferente ante tal alejamiento de su marido, que debe sentirlo "en propia carne" y "en propio espíritu", y no precisamente por celos carnales (motivo que también se da en los matrimonios no creyentes, vividos a la manera pagana), sino por benevolencia hacia él y hacia Cristo, el "Esposo original"[50].

Y cuando el conflicto moral se plantea en términos perentorios e irreductibles en el seno del matrimonio, la respuesta de San Agustín es muy severa respecto del esposo que lo motiva; le dice San Agustín que, bajo el título digno y cristiano de "esposo", esconde toda la ignominia del fornicario o adúltero, urgiendo —dice— obediencia de iniquidad a título de matrimonio, siendo así que debiera preceder a la esposa en ejemplo y piedad, como Cristo precedió a la Iglesia en amor y entrega[51].

La misma orientación y argumentación ofrece San Agustín cuando insiste también en la fidelidad matrimonial de la esposa al esposo, fidelidad cuyo término no es solamente el esposo, sino además, y en definitiva, Cristo mismo: "Muchas veces estará ausente el marido [por razones de trabajo]; pero siempre está presente Cristo". En virtud de esta referencia sobrenatural a Cristo, los esposos no deben llevarse mutuamente por caminos de iniquidad, sino ayudarse mutuamente en esta adhesión a Cristo[52].

En este sentido, la mujer no debe estar en peores condiciones que el marido, y las razones que da San Agustín son las siguientes: 1) en primer lugar, la mujer es compañera de camino para el esposo, pero solamente dentro del destino sobrenatural, de salvación; su condición matrimonial no les impide a los esposos —pero tampoco los exime— de esta vigilancia y oración en relación con la segunda venida de Cristo (Ap 22,20); 2) además, también la mujer es imagen de Dios y debe asemejarse dinámicamente, con vocación defini-

50 *Serm.* IX 9: PL 38,75-91: "illa est casta et sancta femina et vere christiana, quae dolet fornicantem virum, et non dolet propter carnem, sed propter caritatem".

51 *C. Faustum* XXII 31: PL 42,420.

52 *Serm.* 132,2: PL 38,735-6.

tiva y prevalente, al Esposo original, que es Cristo; si la mediación de imagen a través del esposo desaparece, no por eso deja de existir la realidad original, que es Cristo, y a El debe atenerse; 3) también la Sagrada Escritura nos advierte en este mismo sentido que, una vez de haber venido a la fe y ser hijos de Dios, no importa la condición de varón o mujer (Gál 3,28); de ahí la igualdad moral de hombre y mujer, igual dignidad cristiana, la misma vocación sobrenatural[53].

### Los hijos, crecimiento y unidad de la Iglesia

Con todas estas consideraciones acerca de la comunidad matrimonial como humana y espiritual, podemos pasar ahora "al bien de los hijos", que tanto depende de las características de aquella comunidad: siempre fue verdad que la familia depende del matrimonio.

Sólo en este contexto, el de la comunidad matrimonial con sus vínculos humanos y espirituales, puede entenderse y realizarse la misión y tarea que incumbe a los esposos cristianos de cara a los hijos y a la Iglesia: de contribuir a la tarea misionera del crecimiento de la Iglesia.

Ya hemos dicho anteriormente que San Agustín desarrolla el tema del matrimonio cristiano de cara a la comunidad celeste y definitiva que llama con el nombre de "Ciudad de Dios". No es para él el matrimonio cristiano un grupo meramente terrestre, mundano, convocado solamente por la carne y la sangre, sino una comunidad humana con un dinamismo muy grande hacia la comunidad definitiva de los santos: "un seminario de la ciudad de Dios".

Ahora bien, *de dos maneras* colabora principalmente el matrimonio cristiano a la edificación de la ciudad de Dios: dando *crecimiento* a la Iglesia y dando también un sentido de *unidad* por pequeños grupos o comunidades familiares[54]. Ambos aspectos son importantes, y San Agustín los pone de relieve: el número de hijos lo valora, no como mera continuidad de la especie humana (lo que interesa no es precisa-

[53] Esta enseñanza bíblica, enunciada desde Gén 1 y 2, es también pensamiento definitivo de San Agustín.

[54] La familia es verdadera comunidad eclesial de base. Véase a este respecto lo que dice el concilio Vaticano II, LG 11: "In hac velut Ecclesia domestica"...

mente llenar de hijos este mundo), sino su regeneración en Cristo hacia la comunidad definitiva de salvación, educándolos para ella familiarmente, cristianamente, eclesialmente.

Insistimos en una idea que, para San Agustín, es característica del matrimonio cristiano como tal. Los hijos previstos y queridos por Dios son el constitutivo interno de la ciudad de Dios y la definen misteriosamente por dentro. Es decir, cada hijo que viene a este mundo constituye, en el plan de Dios, un nuevo elemento del edificio eterno y contribuiría a su coronamiento desde algún aspecto nuevo, propio y personal: intransferible, insustituible[55].

Los padres cristianos deben descubrir que cada hijo suyo, siendo hijo de Dios y educándolo como tal, tiene un valor singular de participación divina, un soplo divino, y realiza por su vocación personal un plan divino[56]. La misión del matrimonio *cristiano* no es la de transmitir una constitución física solamente: eso sería "prole" simplemente, no "bonum prolis"; la diferencia es grande: lo primero, o sea la prole, el número de hijos, se puede dar también, en no menor cuantía, en los matrimonios sin fe: también ellos contribuyen a la continuidad de la "especie" humana; pero el concepto de prole, entendido de esta manera, dejaría de ser propiamente "bien" del matrimonio *cristiano* por falta "privativa" de referencia al fin sobrenatural[57].

La razón, profundísima, de todo esto consiste en que toda paternidad, participada de la de Dios, tiene que orientarse definitivamente hacia Dios en la prolongación de sus hijos. En una palabra, no basta que sea participación del poder creador de Dios, sino que tiene que ser participación y realización de su voluntad salvífica en Cristo.

## Participación del poder creador de Dios

El poder tener hijos es una capacidad maravillosa para alabanza del Creador, dice San Agustín; hombre y mujer no podrían transmitirse el título de padre y madre si Dios mis-

[55] *De bono coniug.* IX: PL 40,373ss.

[56] San Agustín está utilizando una terminología platónica, pero su doctrina es cristiana, eclesial, de historia de salvación.

[57] *De civitate Dei* XV 16,3: PL 41,459.

mo no estuviera presente, más presente que ellos mismos, en la generación[58].

También aquí, y con mucha más razón que en los demás estratos de la vida natural, se cumple la enseñanza bíblica —dice San Agustín— de que "ni el que planta es algo ni el que siembra, sino Dios"; texto que San Agustín aplica al matrimonio en lo referente a la capacidad de engendrar hijos[59].

Así resulta que el hijo que nace es de alguna manera una epifanía de Dios, es decir, manifestación visible del poder creador de Dios comunicado a hombre y mujer, una epifanía que llega a adquirir formas visibles: las del hijo que tienen en brazos[60], hijo suyo e hijo de Dios.

Que toda paternidad humana es participación de la paternidad de Dios lo desarrolla con las siguientes consideraciones teológicas: en primer lugar, en Dios existe verdadera y propiamente generación. Dios es Padre, en Dios se da la realidad originante de toda generación; entre Padre e Hijo hay relación subsistente de amor infinito, que es el Espíritu Santo[61].

En los seres humanos, la generación de los hijos es participación análoga de la generación que se da en Dios, de cuya paternidad obtienen un mejor conocimiento a través de esta misma participación en su obra creadora. Como fundamento teológico de estas observaciones, San Agustín dice que, para llegar a esta conclusión, basta fijarse en los que intervienen activamente como protagonistas de la generación de los hijos: en ella está Dios presente, con una presencia activa y creadora; están hombre y mujer, que intervienen en calidad de imagen de Dios (no sólo cada uno de ellos es imagen de Dios, sino también su relación mutua); y el hijo que nace está destinado a ser hijo de Dios, ciudadano de la Iglesia, perteneciente a la familia de Dios, para alabarle eternamente. De ahí el *valor cultual* de la educación de los hijos en esta perspectiva cristiana. La fecundidad misma en hombre y mujer es potencia y don de Dios, una fuerza maravillo-

[58] Ibid., XXII 24,1-2: "concumbentes vero nisi illo creante generantes esse non possent".

[59] Ibid.

[60] Ibid.: "in formas visibiles huius, quod aspicimus, decoris".

[61] *Ep.* 170,6-7: PL 33,748ss.

sa que todos los sabios la han cantado y admirado, dice San Agustín; y añade: y el acto mismo es capaz de recibir la bendición de Dios (Gén 1,28), incluso después del pecado (Gén 9)[62].

## PROCREACIÓN "Y EDUCACIÓN" DE LOS HIJOS[63]

En la doctrina matrimonial de San Agustín, la prole que se llama y es "bien" del matrimonio cristiano es aquella "que se obtiene por amor, se cuida con solicitud y se educa religiosamente"[64].

En primer lugar, San Agustín se refiere a unos hijos que se engendran ordenadamente, honestamente. No se trata de una unión cualquiera, como si lo único que importara fuera tener hijos a ultranza, de cualquier manera[65].

Y no se trata de limitación del amor al poner este orden, esta exigencia de honestidad, sino protección y defensa de este mismo amor. La razón de estas exigencias está en que, siendo el matrimonio una sociedad de dos *personas,* que la componen, éstas y su acto revisten una elevación y una dignidad que no se da en el ejercicio sexual de todo otro estrato de la vida. Interesa, pues, no sólo que nazcan hijos, mucho menos de cualquier manera, sino también y sobre todo cómo nacen éstos, es decir, mediante un acto que ha de tener un valor humano y elevante: "que nazcan honestamente, moralmente, socialmente", como lo ha dicho poco antes.

Y los hijos deben ser educados, en un principio, por los propios padres, a juicio de San Agustín; y no merecerían plenamente el nombre y título de padres —humana y cristianamente— los que se contentan solamente con engendrar a los hijos, si luego no tienen la preocupación cristiana de regenerarlos para *la vida*[66].

La intención de matrimonio y la voluntad de paternidad,

[62] *De pec. orig.* XXXV: PL 44,405.

[63] La educación "humana" de los hijos es ley de todo matrimonio "humano"; la educación "cristiana" es misión específica ineludible para los esposos "cristianos".

[64] *De gen. ad litt.* IX 7,12: PL 34,397.

[65] Por ejemplo, de mujer ajena, de otro hombre, por generación artificial.

[66] *De nupt. et conc.* I 17,19: PL 44,424: "sed proles, non ut nascatur tantum, verum etiam ut renascatur... ad vitam".

que es obvia en los esposos, deben orientarse hacia esta meta cristiana: de no ser así, los esposos que se dicen cristianos no son "castos", aunque tengan muchos hijos y sus actos matrimoniales estén rectamente realizados. La razón es muy clara, dice: y es que su amor no está fundado por lo visto en Cristo ni ha madurado cristianamente tanto como para desear que sus hijos sean hijos de Dios y miembros de Cristo; su amor es todavía demasiado carnal si no desean ni ponen los medios para que sus hijos, carne de su carne, se conviertan en miembros de Cristo; ¿cómo puede ser casto su matrimonio si su espíritu no está identificado con el de Cristo?[67]

De aquí deduce que, para los matrimonios cristianos, la paternidad entendida en un sentido naturalista no tiene la debida participación [plena] en la paternidad divina, no tiene la debida semejanza con ésta, por falta de referencia al fin sobrenatural y al fin salvífico en Cristo.

Y si el matrimonio de los cristianos excluyera positivamente este fin, la conclusión de San Agustín es la de que no se daría sacramento del matrimonio, le faltaría un bien sustancial al matrimonio para ser cristiano, dejaría de serlo: "los que proceden así [se refiere a cristianos bautizados que contraen matrimonio], aunque se llamen esposos, no lo son, ya que se les escapa *la verdad* misma de su matrimonio; así resulta que, bajo el título honroso [de esposos cristianos], esconden un amor torpe"[68].

A San Agustín le parece desconcertante y hasta contradictoria la psicología religiosa [?] de hombre y mujer bautizados que, al pedir matrimonio cristiano, con su mentalidad naturalista, excluyen positivamente la intención de educar cristianamente a sus hijos: esta postura hace —dice San Agustín— que no se dé la validez de tal matrimonio por exclusión de fin: del "*bonum* prolis"[69].

Con todos estos testimonios, que son muchos en el mismo sentido, está clara su preocupación fundamental en lo referente al matrimonio de los bautizados: es su inserción activa en la historia de la salvación, para ellos y para sus hijos; es decir, la dimensión misionera, cristiana y eclesial del matrimonio cristiano como tal.

[67] Ibid., I 4,5: PL 44,416.
[68] Ibid., I 15,17: PL 44,423.
[69] Ibid.: "nullam nuptiarum retinent veritatem".

Para ello, San Agustín sitúa el matrimonio cristiano en la perspectiva del Nuevo Testamento: ya no estamos en los orígenes de la humanidad, cuando la bendición y mandato divinos[70] tenían sin duda un alcance diverso del actual, aunque la formulación del precepto divino sea la misma: "creced, multiplicaos y llenad la tierra". Esta vocación del matrimonio hacia los hijos y su educación es propia de todo matrimonio, en toda hipótesis o etapa de la historia de la salvación. Lo que es consecuencia del pecado es la dificultad o resistencia que el matrimonio encuentra en el cumplimiento de esta misión o tarea; tarea y misión que se le presentan más como mandato difícil que como bendición divina.

El matrimonio se ve —hoy como en otros tiempos— sometido a cierta contradicción: por un lado se ve atraído por la apetencia y deseo de los hijos, por la vocación de traducir su amor en paternidad-maternidad; pero, hoy como ayer, por diversos motivos que ayer, está la dificultad —moral y circunstancial— de tenerlos generosamente y de educarlos cristianamente (en un mundo secularizado)[71].

Si es ésa la situación existencial creada por el pecado en torno al matrimonio, ¿cuál será la misión de la gracia, sanante [y elevante]?[72].

Para responder a esta cuestión hay que matizar todavía más en qué consisten las dificultades provenientes del pecado al matrimonio: no en que éste pierda el deseo de tener hijos y de educarlos, al menos con una cultura "de este mundo". La dificultad y la gracia sanante [y elevante, diremos nosotros] del matrimonio cristiano se dan en orden a la generosidad y educación cristiana de los hijos, considerando estos dos valores conjuntamente, armónicamente, coherentemente con todos los demás valores, personales y matrimoniales, humanos y trascendentes[73].

Para San Agustín, la preocupación prevalente del Nuevo Testamento no es la multiplicación de la *especie* humana, mucho menos como valor absoluto en sí; ni siquiera el criterio cuantitativo o numérico de los hijos: ya no se da aquella

[70] Gén 1,28.

[71] *De nupt. et conc.* I 8,9: PL 44,419.

[72] *De gen. ad litt.* IX 7,12: PL 34,397.

[73] Ibid.

necesidad de la propagación "abundante" de hijos que se dio en los orígenes de la humanidad, dice San Agustín[74].

La preocupación prevalente de los matrimonios del Nuevo Testamento es, según él, "la santidad del matrimonio, más que la fecundidad del útero"[75]. No es que contraponga San Agustín aquella santidad y esta fecundidad. Al contrario: puede haber relación causal desde la primera (desde la santidad) hacia más generosidad en la segunda (hijos), en el sentido de que por generosidad para con Dios y con la Iglesia quieran los matrimonios cristianos tener más hijos.

Lo que no se puede atribuir a San Agustín —en buena ley de exégesis— es la proposición inversa: como si a más fecundidad correspondiera, sin más, mayor santidad. Tampoco se le puede atribuir la acusación de que haya afirmado la fecundidad del matrimonio a ultranza, sin mirar a motivos ni a métodos. Es precisamente en este contexto donde él ha afirmado la frase anterior: "en nuestros matrimonios se mira más a la santidad del matrimonio que a la fecundidad del útero". San Agustín insiste más en la tarea misionera y eclesial que le corresponde al matrimonio cristiano que en la propagación de la especie como tal: ésta se da ya como un hecho universalmente existente: el mundo tiene ya abundancia de hijos, nacidos de todas las gentes según la carne, necesitados de regeneración y educación espiritual[76].

Se dan ya, y siempre existirán en este mundo, "in isto saeculo", los muchos hijos; la naturaleza humana tiene recursos suficientes, sin duda, para lograr que no falten. Lo que es propio y específico del matrimonio cristiano, dice San Agustín una vez más, es no solamente engendrar hijos para el mundo, sino, con espíritu cristiano y eclesial, querer orientarlos hacia la regeneración y educación en Cristo. Si el matrimonio realiza esta vocación, está en camino de la plena felicidad; pero si, haciendo todo lo que le es posible, no logra el resultado apetecido de la educación cristiana de

[74] "Nec enim nunc est [illa] propagandi necessitas, quae tunc fuit" *(De bono coniug.* 15,17: PL 40,385).

[75] "In nostrarum quippe nuptiis, plus valet sanctitas sacramenti quam fecunditas uteri" *(De bono coniug.* 18,21: PL 40,388).

[76] "Patet iam ex omnibus gentibus spiritualiter gignendorum, undecumque carnaliter fuerint, copia filiorum" *(De nupt. et concup.* I 13,14: PL 44,422).

los hijos, tengan paz a pesar de todo. Y es que no son solamente ellos los interesados en la salvación de sus hijos, que también lo son de Dios, en Cristo Jesús, Salvador del mundo[77].

[77] Ibid., I 8,9: PL 44,419.

## CAPÍTULO III

## *LA PRESENCIA DE CRISTO EN EL MATRIMONIO COMO FUNDAMENTO DE SU FIDELIDAD EN EL AMOR (según San Agustín)*

### El problema

Son innumerables los trabajos de investigación y de vulgarización que últimamente, y siempre, se han escrito en torno a las enseñanzas de San Agustín sobre el matrimonio cristiano.

Y, al cerrar la lectura de muchos de estos trabajos, cabe preguntarse y preguntarles si de verdad San Agustín polarizó el tema del matrimonio cristiano de tal manera que no le diera otro sentido que el de su orientación a la prole ¡y su educación!

Es éste un tema acuciante no sólo por razones de tipo histórico, sino también, y sobre todo, por su máxima actualidad para el matrimonio de nuestro tiempo, máxime para los esposos que quieren vivirlo cristianamente.

La fidelidad en el amor tiene para el matrimonio cristiano un sólido fundamento específico: es la presencia de Cristo en el matrimonio. Vamos a estudiarlo en este capítulo.

### El método

Cabe igualmente preguntarse sobre el método utilizado por San Agustín en estos temas matrimoniales de que vamos a tratar. La respuesta podrá sorprender a más de uno, pero quedará ampliamente demostrada a lo largo y ancho del trabajo; la respuesta sobre el método es la siguiente: que San Agustín habló de estos temas valiéndose no sólo de la Sagrada Escritura, palabra de Dios, sino también de la reflexión filosófica "en lo que ésta puede tener de verdadero y conforme con la fe cristiana"[1] y valiéndose asimismo de la sabiduría popular, tratando de recoger de ella lo que suele ofrecer de convergente con aquella misma fe[2].

Y es que el matrimonio cristiano no existe como una realidad espiritual separada de las costumbres populares de la época, sino estrechamente entreverada con éstas.

Que San Agustín hizo *un esfuerzo* muy grande para leer con discernimiento —entonces no menos difícil que ahora—, a la luz de la palabra de Dios y a través de estas costumbres populares, para aceptarlas en la medida en que "promueven positivamente el sentido humano"[3] y purificar aquellas otras "que ofenden la dignidad de la persona humana", es algo que a nadie se le oculta y está fuera de toda polémica[4].

Pero resulta que esta tarea de discernimiento es de todo punto necesaria y hay que realizarla también en relación [crítica] a los escritos del propio San Agustín para ver en qué es testigo de la tradición cristiana genuina y en qué sus afirmaciones son mera adaptación a las circunstancias de tiempo y lugar; es decir, que hay que leer a San Agustín "diligente e inteligentemente", como él pedía, para leer entre las líneas de lo cristiano y lo cultural lo que él juzgaba como núcleo esencial de validez perenne en el matrimonio cristiano, a diferencia de lo que es contingente y mudable. Distinguir bien cuándo discute y exagera San Agustín como polemista[5], cuándo enseña y transmite doctrina cristiana el "Doctor del matrimonio cristiano"[6].

Pero la verdad misma y la prudencia cristiana mandan que este discernimiento patrístico se haga con cuidado y vigilancia, no sea que, al querer arrancar solamente la venda que servía de envoltura (con propósito muy legítimo de purificar y desmitificar), se arranquen también, juntamente con ella, pedazos de carne [de su doctrina verdadera], lo cual iría más allá de la desmitificación legítima.

[1] SAN AGUSTÍN, *De doctrina christiana* II c.40 n.60: PL 34,63: "si quae forte vera et fidei nostrae accomodata dixerunt".

[2] *De civitate Dei* XV c.16: PL 41,457-460.

[3] "Ad humanum sensum alliciendum" (cf. ibid.; y en su obra *De doctrina christiana* III c.12 n.18-20: PL 34,72-74).

[4] Ibid.

[5] Contra los maniqueos (hasta el año 395); contra Joviniano (hacia el año 400); contra los pelagianos (hasta el 430).

[6] LADOMERSZKY, N., *San Agustin, Docteur du mariage chrétien* (Roma, Of. Lib. Cath., 1942) 163 págs.

Además, siendo el matrimonio cristiano un misterio, misterio de salvación, siempre será necesaria una mayor búsqueda en fe de su sentido profundo y salvífico, tarea ésta a la que el propio concilio Vaticano II invita a todos los cristianos para que, "redimiendo el tiempo presente[7] y discerniendo los valores eternos de las formas mudables, promuevan con diligencia los bienes del matrimonio y de la familia con el testimonio de la propia vida y con la acción conjunta de todos los hombres de buena voluntad"[8].

Así resulta también que el método conciliar del Vaticano II de querer enfocar estos temas, que tanto afectan y preocupan al hombre actual, a la luz del Evangelio y de la experiencia humana universalmente válida[9], método que bien pudiéramos llamar de convergencia entre el Evangelio y la conveniencia humana profundísima, tiene raigambre en la tradición de la Iglesia, incluida la de San Agustín.

## *I. Sentido e importancia de la fidelidad mutua en el amor*

Como primera afirmación (y a San Agustín le parecía que no es necesario recurrir hasta la teología misma para llegar a su evidencia) está la valoración e importancia enorme que en toda época del matrimonio reviste la fidelidad mutua (¿a qué queda reducido aquél sin ésta?). En este punto, las personas casadas sufren más por la falta de fidelidad mutua que por la carencia de hijos, si ésta se debe a que no pueden tenerlos. Máxime si se tiene en cuenta que en esta etapa de la historia de la salvación, que es la Iglesia, no existen matrimonios cristianos estériles si es que viven el espíritu propio del Nuevo Testamento, si inscriben su propio matrimonio en la gran alianza de fe, de gracia y de caridad que se da entre Cristo y la Iglesia[10]. Está aludiendo San Agustín a la dimensión misionera y eclesial que corresponde al matrimonio cristiano como tal: no tendrán hijos propios, nacidos de su propia carne y sangre, pero serán fecundos espiritualmente en los hijos de los demás.

[7] Cita Ef 5,16; Col 4,5.
[8] CONC. VAT. II, *Gaudium et spes* (GS) 52: AAS 58 (1966) 1074.
[9] GS 46: ibid., p.1066.
[10] *De bono coniug.* 7,7: PL 40,379.

Se llama "fe" o fidelidad, a la intención y al hecho de cumplir lo que se dicen y prometen en matrimonio. De no ser con esta fe, ¿cómo van a darse y recibirse los esposos en una donación tan íntima y profunda como es la del matrimonio? Sería una mera entrega corporal sin espíritu, sin fe. Máxime cuando se trata de una fe que no se puede demostrar por lo común. Por esto, ningún tipo de matrimonio, ni ateo, ni pagano ni cristiano, fue jamás insensible o indiferente a la fidelidad mutua matrimonial, nos dice San Agustín[11].

Antes bien, los esposos perciben como por instinto que no se trata de una ley creada y medible por propia voluntad, sino que la descubren como algo superior a sí mismos; la descubren como algo previamente constituido y sancionado como perteneciente al matrimonio mismo. Y la descubren así en la propia psicología, a nada que estén atentos a ella[12].

Y si esta percepción es propia de todo matrimonio verdadero, ¿qué es lo propio y específicamente *cristiano* en este orden de cosas? En primer lugar, la presencia misma de Cristo, como Esposo del matrimonio original, que está dando sentido y fuerza a esta fidelidad mutua: muchas veces el marido estará ausente [por razones de trabajo], advertía San Agustín a este respecto; pero siempre el Esposo, que es Cristo, está presente[13]. Pero además, como elemento derivado de esta misma presencia de Cristo, está la motivación específicamente cristiana de la fidelidad mutua: no es solamente una ofensa mutua la infidelidad, sino también una ofensa a Cristo. Esta motivación está basada fundamentalmente en el bautismo: los que son miembros de Cristo deben temer el adulterio, no ya sólo por razón de uno mismo, sino sobre todo por razón del otro cónyuge y, más aún, por razón de Cristo mismo[14].

A nadie se le oculta el gran servicio que la fidelidad mutua presta a los demás bienes del matrimonio; en efecto, a los hijos mismos no se les quiere de la misma manera cuando hay dudas acerca de la fidelidad mutua de los esposos

[11] *De nuptiis et concupiscentia* I c.17 n.19: PL 44,424ss; cf. ibid., c.16 n.18.

[12] REUTER, A., *Sancti A. Augustini doctrina de bonis matrimonii* (Romae, PUG, 1942) p.172.

[13] *Serm.* 132,2: PL 38,735-6; *in Iohan. Ev.* tract. 9,2: PL 35,1458.

[14] *De nuptiis et concupiscentia* I c.17 n.19: PL 44,424ss.

entre sí; mucho menos cuando existe la certeza de la infidelidad mutua y previa.

San Agustín pensó también que la serenidad de la carne no se obtiene en el matrimonio infiel, antes bien, surge la concupiscencia y se manifiesta en celos carnales, no sólo cuando hay infidelidad cierta, sino también cuando se da la mera sospecha de ésta[15].

Cuando se trata de una fidelidad matrimonial propiamente cristiana, no se refiere tan sólo —dice San Agustín— a una fidelidad de lecho, sino también y ante todo una dependencia mutua y servicio a los que se refiere el Apóstol en la primera carta a los Corintios[16].

La *doctrina* de la fidelidad mutua es la misma si se mira a la naturaleza del matrimonio y sus propiedades; sin embargo, el *cumplimiento* de la fidelidad matrimonial ha sufrido no pocas vicisitudes en las diversas etapas de la historia de la salvación; la diferencia —a su juicio— no estará en la doctrina, sino en las diversas condiciones *subjetivas y ambientales* en cuanto a su cumplimiento: pueden éstas no ser favorables, sino más difíciles en determinadas épocas, caracterizadas por la dureza de corazón[17], a diferencia de los tiempos propiamente cristianos y eclesiales, caracterizados por la vivencia de la fe y de la abundancia de gracia por la presencia de Cristo[18].

Como ejemplo de esta identidad y diversidad, San Agustín pone el del hombre mismo: siempre la persona humana mantiene su identidad, al mismo tiempo que se afirma su cambio constante: para mejor o peor[19]. Así también, el matrimonio siempre es el mismo en sus elementos constitutivos y propiedades esenciales; la diferencia estará en la vivencia, peor o mejor, del mismo.

Pero no por el hecho de que la fidelidad se vea envuelta en condiciones más adversas y difíciles en orden a su cumplimiento deja de ser un bien para el matrimonio, es decir,

[15] Ibid.

[16] *De bono coniug.* c.24 n.32: PL 40,394; *De pecc. orig.* c.34 n.39: PL 44,404.

[17] San Agustín no concede valor de doctrina o plan de Dios al libelo de repudio; lo considera más bien como permisión y tolerancia divina.

[18] *De bono coniug.* 7,7: PL 40,379: "in civitate Dei nostri, in monte sancto eius".

[19] *De nuptiis et concupiscencia* II c.32 n.54: PL 44,468.

para los esposos mismos, sino todo lo contrario. Allí donde hay menos ambiente de pecado, hay más garantía de fidelidad: pero, en uno y otro contextos, no deja de ser un bien muy grande para el matrimonio[20].

La fidelidad cristiana tiene sentido no sólo en orden a [la certeza de] los hijos, sino también como servicio mutuo y remedio a la tentación. También por esta razón se deben fidelidad, dice San Agustín, "aun cuando esto lo pidan con cierta intemperancia e incontinencia"[21]. Es evidente que, en este caso, se está refiriendo no a una petición "contra naturam", es decir, de actos puestos con desorden sustancial, sino a su frecuencia y otras circunstancias accidentales.

Se peca contra esta fe matrimonial cuando, cediendo a la propia tentación o claudicando ante las instigaciones de otro u otra, se rompe la fidelidad matrimonial[22]. Y no se diga que el rompimiendo de esta fe [matrimonial, humana] no tiene importancia: "la fe es un gran bien del alma aun en las cosas corporales y terrenas; y no hay duda de que prevalece incluso sobre la salud corporal, en la que esta nuestra vida corporal se contiene"[23].

Para demostrar la grandeza de esta fe en el matrimonio, San Agustín propone comparaciones sencillas al alcance de toda inteligibilidad; todas ellas convergen hacia el pensamiento siguiente: que la fuerza y la dignidad de la fidelidad no se miden por la calidad de la materia en que se observa, sino por la firmeza y sinceridad de esta virtud: la fidelidad no es menor por el hecho de que sea observada en cosas de menor valor o cuantía [que la fe divina][24].

Desde la virtud de la fidelidad, San Agustín salta a un tema de signo distinto, que aparentemente tiene algo que ver con la fidelidad, pero no es así, ya que se trata de "fidelidad" [?] en el pecado: "en cambio, dice, cuando se recurre a la 'fidelidad' para la aceptación o permanencia en el pecado,

[20] *De pecc. orig.* c.33 n.38: PL 44,404.

[21] "Etiamsi id aliquanto intemperantius et incontinentius expetant, fidem tamen sibi pariter debent" *(De bono coniug.* c.4 n.4: PL 40,376).

[22] "Propriae libidinis instinctu vel alienae consensu" *(De bono coniug.:* ibid.).

[23] Ibid.: "fides, quae in rebus etiam corporeis... magnum animi bonum est".

[24] Ibid.: "fides tamen in negotio paleae, sicut in auro, sincera servatur, non ideo minor est quia in re minore servatur".

me admiro de que se la pueda llamar con este nombre de fidelidad, ya que deja de serlo"[25].

En cambio, elogia como fidelidad para con Dios todos los esfuerzos que se realizan en un camino penitente de rompimiento de lazos pecaminosos, aunque parezcan infidelidades humanas..., "cuando lo que se pretende es dejar de lado el pecado, enmendando los desvíos de la voluntad"[26].

En conformidad con este principio, en línea de concreción y aplicación del mismo, San Agustín afirma que, si una persona, habiendo sido infiel a su matrimonio, se arrepiente luego de su adulterio y se vuelve a la castidad conyugal rescindiendo los pactos y compromisos adulterinos, no creo que la puedan llamar infiel, ni siquiera el adúltero con quien convivió[27].

Sin embargo, no es fidelidad cristiana, según San Agustín, la de quien, dentro [?] del matrimonio y basándose en él, pide y exige lo que no es propio de él: "in eis quae concessa non sunt"[28]. Y al hablar de concesión o no concesión, no se está refiriendo a una moral positivista, ya que a renglón seguido añade un fundamento de orden metafísico al decir: "todo este valor tiene la ordenación del Creador y el orden creatural"[29].

## *II. Dimensión cristiana, salvífica, eclesial de la fidelidad*

La fidelidad propia del matrimonio cristiano no es sólo una fidelidad mutua, sino también una fidelidad para con el Señor[30]. Fidelidad que santifica sus cuerpos y su relación mutua[31]. Sólo así se tiene esperanza de salvación[32]. En cambio, el pecado contra la fidelidad es pecado contra la esperanza y —claro está— contra la caridad[33].

[25] Ibid.: "cum vero ad peccatum admittendum adhibetur fides, mirum si fides appelanda est".

[26] Ibid.: "ut peccatum emendetur, voluntatis pravitate correcta".

[27] Ibid.: "si... ad castitatem rediens coniugalem, pacta et placita adulterina rescindat, miror si eam fidei violatricem vel ipse adulter putabit".

[28] Ibid., c.11 n.12.

[29] Ibid.: "tamtum valet ordinario Creatoris et ordo creaturae".

[30] "Fidem sibi et Dominio servantium" *(De bono coniug*, c.11 n.13).

[31] REUTER, A., o.c., p.178.

[32] *De bono vid.* c.9 n.12: PL 40,437.

[33] Aquí se ve el nexo íntimo de las virtudes teologales con la de la templanza.

La fidelidad puede ser una nota distintiva del matrimonio cristiano como tal si se la entiende no sólo como fidelidad de la carne (que podría darse en todo otro matrimonio), sino sobre todo cuando viene apoyada por la fe, la gracia y la caridad con que los esposos cristianos viven su relación mutua concreta en la dinámica misteriosa, cristiana, eclesial, salvífica, bautismal y escatológica en que sitúa San Pablo este tema en la carta a los Efesios[34].

De donde resulta que la fidelidad matrimonial es *misterio* de salvación que los esposos cristianos deben —ante todo— *creerlo* para poder cumplirlo: misterio, fe y cumplimiento que en algunas épocas puede resultar difícil, siendo siempre necesaria la gracia y la vigilancia evangélica de los propios esposos. De este misterio, de esta fe y de esta gracia hablaba San Agustín cuando decía: "lo que no podéis entender, rehusáis creer"[35].

Sólo en el contexto de la caridad cristiana cree San Agustín que se llega a la perfecta noción de la fidelidad matrimonial. La caridad es la única fuerza que puede llevar al cumplimiento de la fidelidad. La caridad es la raíz y fuente de la castidad. Lo que la fe y la caridad hacen es proponer al matrimonio cristiano metas y bienes más grandes que los de la infidelidad. La caridad ofrece e inyecta en la vivencia [mejor diríamos convivencia] del matrimonio las causas profundas de la fidelidad[36].

En virtud de esta presencia de Cristo en el matrimonio, la fidelidad en la caridad puede ser tan elevada que llegan a temer la posible infidelidad más por el mal espiritual que supondría para la otra persona que por sí mismo: "el que es miembro de Cristo debe temer el adulterio del cónyuge por razón del cónyuge, no por uno mismo; y esperar de Cristo el premio de la fidelidad dada al consorte"[37].

A estas alturas, San Agustín está describiendo las características del matrimonio propiamente evangélico, aquel en el

[34] Ef 5,22-32.

[35] "Et quod intelligere non potestis, credere recusatis" *(Op. imp. contra Iul.* VI 22; PL 45,1551).

[36] REUTER, A., o.c., p.180-181.

[37] LARRABE, JOSÉ LUIS, *El matrimonio cristiano en la época actual* (Madrid, Stvdium, 1969) p.51, donde estudia los textos agustinianos de su obra *De nuptiis et concupiscentia* I c.17 n.19 y c.16 n.18.

que "hombre y mujer se unen para merecer juntos el reino de los cielos"[38].

Se trata de una fidelidad que comprende y persigue —con un amor matrimonial verdadero y sincero— no sólo el bien terreno del consorte, sino también, y sobre todo, el eterno; no sólo el bien corporal, sino también el espiritual: es decir, se trata de un amor integral.

En la apreciación cristiana en torno a la virginidad y matrimonio existe otro factor positivo que hay que apuntar en el haber de San Agustín, ya que su reflexión teológica superó y disipó las dudas existentes en torno a un texto paulino de difícil interpretación. En efecto, San Pablo *parecía* sugerir un dilema preocupante y hasta trágico para los casados: como si sólo la virginidad diera lugar y posibilidad de ocuparse de las cosas de Dios[39].

Pero San Agustín se esforzó por aclarar esta aparente división entre Dios y el matrimonio diciendo que, "gracias a la presencia de Cristo en el matrimonio, esta división no existe; antes bien, el ideal evangélico de vivir la propia vocación en libertad interior y vigilancia cristiana lo pueden llevar a cabo [no sólo los que viven en la virginidad], sino también los casados que [habiendo contraído el matrimonio en el Señor] lo viven pensando en lo que agrada al Señor y tratando de cumplir su voluntad, no claudicando ante la voluntad 'mundana' del cónyuge"[40].

Lo cual está muy facilitado cuando las mujeres son tales que logran que el motivo de la fidelidad del marido no sea precisamente la riqueza, la sublimidad de su belleza, los títulos nobiliarios o el [mero] atractivo de la carne, sino [sobre todo] la virtud de la fidelidad, la creencia religiosa, la honestidad, con las que los hombres son buenos[41].

De esta manera se llega a una vivencia de matrimonio en que llega a haber un verdadero orden de caridad entre espo-

[38] "Ut simul mereantur possidere Regnum caelorum" *(Contra Adimantum Manich.* c.3 n.2: PL 42,133).

[39] 1 Cor 7,32.

[40] *De nuptiis et concupiscentia* I c.13 n.15: PL 44,422ss: "Qui enim sic habent uxores, ut cogitent ea quae sunt Domini, quomodo placeant Domino, nec in his quae sunt mundi cogitent placere coniugibus, tanquam non habentes sunt".

[41] Ibid.: "quod facilius fit, quando et uxores tales sunt, ut eis mariti non ideo placeant, quia divites, quia sublimes, quia genere nobiles, quia carne amabiles: sed quia fideles, quia religiosi, quia pudici, quia viri boni sunt".

so y esposa, no sólo mera unión de carne entre varón y hembra[42].

Por otra parte, por el lado negativo, piensa San Agustín que el comportamiento de la mujer, con sus negativas o simple inhibición, puede provocar indirectamente la infidelidad del varón y, por consiguiente, no ser buena esposa, aunque religiosísima y caritativa en buenas obras. Más aún, la fidelidad de que está hablando no se limita a los actos matrimoniales, sino también "a todas las demás cosas en las que debiste prestar como mujer tu obsequio matrimonial al marido"[43].

Sobre todo, lo que no hay que perder de vista, por tratarse de una fidelidad *cristiana*, es el motivo mismo que lleva a tanta fidelidad: "ante todo, dice San Agustín, porque ambos sois miembros de Cristo"[44].

Más aún, aunque una de las partes no sea responsable de la infidelidad de la otra, debe, sin embargo, hacer todo lo posible para —con espíritu misionero— atraerla y ganarla para el Señor: ésta es la enseñanza apostólica primera, según la interpretación de San Agustín[45].

Moralmente hablando, siempre le pareció idéntico el *pecado* de infidelidad en el hombre y en la mujer, independientemente de las características psicológicas peculiares que en uno y otra puede tener y las tiene de hecho[46].

San Agustín se esforzó por corregir la mentalidad pagana de la época, e incluso la del derecho romano, que consideraba con muy diverso criterio la infidelidad del varón y la de la mujer, enjuiciando más severamente la de ésta que la de aquél. Pero esta discriminación le parece inicua y contraria al cristianismo y se esfuerza en rebatirla.

En efecto, el derecho romano consideraba como adúltero solamente a aquel hombre que violaba la mujer de otro hombre, por la injusticia cometida contra éste, sin fijarse para nada en la injusticia que supone para la propia mujer; en cambio, a la mujer se la consideraba como adúltera siempre que se iba con otro hombre distinto que el suyo, fuera

[42] *Ep.* 262: PL 33,1077-1082.
[43] *Ep.* 262: PL 33,1077-1082.
[44] "Prasertim cum ambo essetis membra corporis Christi" (ibid.).
[45] "Ut eum Domino lucrareris, sicut apostoli monuerunt" (ibid.).
[46] REUTER, A., o.c., p.183.

casado o soltero. Pero San Agustín responde diciendo que estos criterios tienen vigencia "en el foro, no en el cielo"; "en la ley del mundo, no en la ley del Creador del mundo"; "en el siglo, no en su monte santo"; "en la ciudad terrestre, no en la celeste"[47].

La razón de todo esto está en la igual dignidad humana e idéntica vocación sobrenatural de hombre y mujer[48].

Después de sentar estos principios fundamentales, San Agustín se queja de que aún haya hombres que, llamándose cristianos, prefieren atenerse a los criterios paganos y forenses más que a los de Cristo: "mundi legibus subditi esse quam Christi"[49].

Y el argumento "a fortiori" que utiliza San Agustín en esta materia es el siguiente: "si estas normas de equidad es preciso observarlas incluso para decoro de la ciudad terrestre, ¿cuánto más castos nos requerirá la patria celeste y la compañía de los ángeles?"[50] Este argumento no es solamente escatológico, sino primera e inmediatamente eclesiológico; se trata de subrayar la mayor firmeza de las leyes del matrimonio en la Iglesia, a diferencia o en relación con el mundo.

La conclusión que formula es la de que, "siendo igual el pecado de infidelidad en ambos, considerar más inocente al varón no es verdad divina, sino perversidad humana"[51]. Y no le parece legítimo pedir fidelidad a la mujer por reverencia al marido si éste no presta fidelidad a la mujer por reverencia a Cristo[52].

Para uno y otra vale como motivo específicamente cristiano de fidelidad *la pertenencia al Cuerpo místico de Cristo;* San Agustín repite una y otra vez este motivo leído en San Pablo: "sois miembros de Cristo; no me oís a mí, sino al Apóstol"[53]. Esta argumentación paulina de la pertenencia a Cristo como argumento de fidelidad siempre ha sido considerada como válida, ya que San Pablo considera nuestra per-

[47] "Viget in foro, non in caelo; in lege mundi, non in lege Creatoris mundi" *(Serm.* 153: PL 38,828).

[48] *Contra Faustum* XII 31: PL 42,420.

[49] *De coniug. adult.* II c.8 n.7: PL 40,475.

[50] Ibid.

[51] Ibid.: "In peccato pari innocentiorem facti virum videri, non divina veritas, sed humana perversitas".

[52] *Serm.* 9 c.4 n.4: PL 38,78: "tu non erubescis Christo?"

[53] "Membra Christi estis" *(Serm.* 224 c.3 n.3: PL 38,1095ss).

tenencia a Cristo abarcando la corporeidad y afectividad; pertenencia que no es solamente espiritual (para San Pablo no existen tales dicotomías), sino que al Cuerpo místico de Cristo pertenece la totalidad humana[54].

Que las leyes provenientes de dicha pertenencia a Cristo no son de esclavitud, sino de libertad, es pensamiento definitivo de San Agustín, como lo hemos demostrado ampliamente en otro trabajo nuestro dedicado "ex profeso" a este tema[55].

## *III. Ulteriores consideraciones sobre la fidelidad cristiana*

A esta fidelidad se la designa con el nombre de "fides", dando a esta palabra un sentido dinámico; se trata, en efecto, de cumplir lo que se promete, de hacer lo que se dice: "quia fit quod dicitur": "Te pregunto si crees, y me respondes: creo. Pues haz lo que dices, y eso es fe. Yo puedo oír la voz de quien me responde [afirmativamente], pero no puedo ver el corazón del creyente"[56]. Y "¿qué es la fe sino creer lo que no ves? Fe es creer lo que no ves; la verdad es ver lo que crees"[57].

La aplicación de todo esto al matrimonio es obvia y legítima; también en el matrimonio hay algo que se dicen y prometen mutuamente; una fe y una confianza mutua que la creen. Creen la fidelidad mutua, no la pueden comprobar cada instante. Oyen y se dicen promesas mutuas de fidelidad; pero son eso, promesas que están pendientes de realización, de cumplimiento de la fe que se prometen. Hay un primer modo de perder la fidelidad, cuando se promete con mentira. Ahora bien, esta "impureza" espiritual le parece a San Agustín más grave que el hecho mismo de la infidelidad corporal[58].

El [matrimonio] que cumple lo que promete es dispensa-

[54] VON ALLMEN, J.-J., *Maris et femmes d'après S. Paul* (Neuchâtel 1951) *passim*.

[55] LARRABE, J.-L., *La Ley Evangélica en la historia de salvación* (Madrid, Stvdium, 1968) 176 págs.

[56] *Serm.* 49 c.2 n.2: PL 38,321.

[57] *In Ioan. Ev.* tract. 40 n.9: PL 35,1690.

[58] *De mendacio* c.20 n.4: PL 40,515.

dor de la verdad; es, por lo tanto, de alguna manera *comparable al apóstol,* que es dispensador de la verdad. Y ya nos ha dicho que la fe es grande aunque sea en la dispensación de las cosas humanas[59].

De todas formas, *la fe divina,* la fe en Dios, es el mejor soporte de las fidelidades humanas, a juicio de San Agustín. De esta fe propiamente dicha proviene no sólo la templanza, sino las virtudes que la preceden: la prudencia, la justicia y la fortaleza: todas ellas están relacionadas entre sí, vivificadas por la fe divina[60].

Pero nuevamente quede en claro la dimensión no sólo teológica de la fe, sino también su valor antropológico: sin fe [mutua] no se pueden vincular los hombres entre sí en ningún tipo de sociedad; tampoco hombre y mujer en la sociedad matrimonial: hombre y mujer deben merecerse y depositar esta credibilidad mutua de fidelidad.

La fe humana puede ser analogía de la fe divina, de la fe en Dios: fe en su amor, en su benignidad, en su fidelidad a la promesa. A su vez, la fe divina da, como hemos dicho, mayor fundamento y garantía a la fidelidad humana. Esta interacción beneficiosa de ambas fidelidades [o perjudicial, de infidelidades] la vio San Agustín al decir que también a nivel humano confiamos unos en otros creyendo, esperando, amando: no cabe comunidad, ni siquiera la célula primera de toda sociedad, que es el matrimonio, sin estas cualidades, que son el fundamento de toda relación interpersonal: la honestidad, la piedad, la benevolencia, la veracidad, la fidelidad, la constancia. Ni el matrimonio, ni la sociedad celeste ni la terrestre se pueden edificar sin estas virtudes fundamentales[61].

La fe mutua se caracteriza por una dimensión eminentemente personal (se dirige ante todo a la persona del cónyuge, no a un objeto), y es histórica: el cumplimiento de la fidelidad es histórico, existencial, circunstanciado: así es la condición de la persona y de la institución misma matrimonial.

59 *Ep.* 82 c.2 n.22: PL 33,385.

60 *De civitate Dei* IV c.20: PL 41,127.

61 *De fide rerum quae non videntur* c.2 n.4: PL 40,173; *De utilitate credendi* c.12 n.26: PL 42,84ss; *De Trinitate* VIII c.3 n.4: PL 42,949; *De bono coniug.* c.4 n.4: PL 40,376.

A esta fe humana le advienen en el matrimonio cristiano, en virtud de la presencia de Cristo en el matrimonio[62], unas características salvíficas, *sanantes* y elevantes, que San Agustín va describiendo a lo largo y ancho de sus obras con categorías evangélicas, cristianas, eclesiales y hasta apostólicas. Todas estas perspectivas le corresponden a la fe del matrimonio cristiano en virtud de la presencia de Cristo en él.

Insiste San Agustín en otras características de esta fidelidad mutua: es privada y pública, personal e institucional; momentánea y duradera: "requiere constancia y verdad en lo que han dicho y convenido"[63]. De la promesa del *derecho* a esta fidelidad depende la verdad del matrimonio; del cumplimiento, su bondad.

Para San Agustín, la psicología matrimonial se caracteriza internamente como fe del amor [mutuo] y amor a la fe [mutua] "fide quidem amoris et amore fidei". Y la fuerza de esta fe prometida —a su juicio— es tanta, que da consistencia sustancial al matrimonio por sí misma. Y es evidente que no pueden embarcarse en el matrimonio sin esta fe, que "es ya el comienzo del matrimonio"[64].

Todavía no queda dicho todo lo que San Agustín afirma sobre la grandeza de esta fe mutua si no se la sitúa a semejanza de la fe en Dios. El puente de esta semejanza y conexión está en que, a lo largo y ancho de la historia de la salvación, hemos conocido y apreciado en Dios, en el Dios de la alianza, los atributos de la veracidad y fidelidad a sus promesas; atributos en los que, a su modo y medida, pueden participar los hombres, y, en concreto, hombre y mujer, en el matrimonio cristiano: "hay una fe que consiste en cumplir aquello en lo que han convenido, casi como entre Dios y el hombre; por eso se le llama alianza"[65].

La grandeza de esta fe, con ser tanta de cara a Dios, a Cristo y a la Iglesia, y a los esposos mismos entre sí, no exime de tener que abordar las vicisitudes, personales y ambientales por las que atraviesa esta fidelidad.

[62] *In Ioan. Ev.* tract. 9: PL 35,1459.

[63] SAN ISIDORO, *Etymol.* VIII c.2 n.4: PL 82,296.

[64] "Quia desponsationis initium fides est" *(Serm.* 105 c.4 n.6: PL 38.620).

[65] "Quasi inter Deum et hominem; hinc et foedus", así recoge San Isidoro la tradición agustiniana (cf. *Etymol.* VIII c.2 n.4: PL 82,296).

Los esposos saben y temen la existencia de la mala fe junto a la buena; la mala fe se da cuando "se obra de una manera distinta de la que se cree" y se promete[66].

Pero, aunque no se dé mala fe, puede darse incertidumbre de la fe prometida. Los esposos que lo son de verdad desean tener certeza mutua. Para ello, a veces no basta la palabra humana y suelen recurrir a una fe más alta, la del juramento religioso, la que pone a Dios por testigo de la verdad entre lo que se dice y promete de palabra y la verdad de su cumplimiento: "a veces se encuentran en situaciones en las que parece que no se pueden persuadir si su fe no queda confirmada por el juramento"[67], y es que, "envueltos como estamos en la piel de nuestra mortalidad, no podemos mostrar la interioridad de nuestro corazón; si pudiéramos hacerlo, no necesitaríamos de juramentos"[68].

Esta fe interior tiene su epifanía o manifestación; se convierte en realidad cuando, de la promesa interior y de la expresión verbal, exteriormente dicha, se pasa a la verificación y a la plenitud de su cumplimiento. Lo cual requiere el apoyo de todas las virtudes (prudencia, justicia, fortaleza y templanza), vivificadas por la fe y la caridad; virtudes éstas tanto más necesarias cuanto es mayor la fragilidad del amor humano en las circunstancias, a veces adversas, por las que atraviesa la convivencia matrimonial.

Cuando la fidelidad ha sido prometida y ratificada con juramente religioso (es el caso del sacramento del matrimonio), existe un ofrecimiento no sólo mutuo, sino también a Dios y a Cristo. La fidelidad queda así elevada y sanada, pero no del todo, ni de una vez para siempre, ni siquiera en virtud de la presencia de Cristo en el matrimonio, que no actúa a modo de talismán transformante. Lo que esta fe teológica y cristiana hace es dar mayor sentido y firmeza al amor mutuo para soportar dificultades mayores y superar tentaciones más gloriosas y para no aumentar la iniquidad con una infidelidad tan calificada, dice San Agustín. De esta manera, la fe humana es afirmada y confirmada bajo fianza de la fe divina: ésta contribuye poderosamente, a veces deci-

[66] "Si aliter agit, aliter credit, mala fides est" (cf. REUTER, A., o.c., p.206).

[67] *De mendacio* c.18 n.37: PL 40,512.

[68] *De mendacio* c.18 n.37: PL 40,512.

sivamente, a fortalecer el amor humano y así obtener la certeza deseada...[69].

La fe matrimonial se califica internamente como *fe de amistad,* con la que marido y mujer viven unidos en la comunión de su vida conyugal[70]. Sólo así, en este contexto de amistad y comunión mutua y con Dios, se puede hablar del concepto integral de la fidelidad matrimonial del matrimonio propiamente cristiano, cuya violación se llama adulterio, y que ante estas consideraciones reviste el carácter de adulterio en el sentido fuerte y hasta bíblico de esta palabra, es decir, no sólo ofensa personal contra la alianza conyugal, sino también contra la alianza divina en Cristo[71].

[69] *In Ep. Ioan. ad Parthos* tract. 4n.2: PL 35,2006; *Contra Faust. Manich.* XXII c.6: PL 42,404; Ep. 126: PL 33,476-483; *Op. imp. contra Iul.* I 1: PL 45,1051; *De bono vid.* c.11 n.14: PL 40,439; *De civ. Dei* I c.15 n.1-2: PL 41,29.

[70] *De fide rerum quae non videntur* c.2 n.4: PL 40,173.

[71] "Quod nequaquam tantum valere potuisset, nisi alicuius rei maioris... quoddam sacramentum adhiberetur" *(De bono coniug.* 7,7: PL 40,388).

## CAPÍTULO IV

# *LA COMUNIDAD MATRIMONIAL Y SU ELEVACION HACIA LA SACRAMENTALIDAD*
*(según San Agustín)*

## *I. La comunidad matrimonial*

Pensamiento definitivo de San Agustín es que la presencia de Cristo en el matrimonio es el máximo bien para éste. Desde luego, no sería así si la concibiera como presencia meramente estática e inactiva: una presencia puramente espiritual que nada tenga que ver con los demás bienes, propiamente matrimoniales[1].

Pero San Agustín piensa y enseña que, de la presencia de Cristo, derivan y dependen en definitiva y en plenitud los demás bienes matrimoniales, siendo éstos reforzados en sí mismos (como realidades humanas) y en su elevación, es decir, como participación en un misterio más elevado, salvífico[2]. Así resultará que no es lo mismo la prole (propia de todo matrimonio) que el *bien* de la prole (subrayado como participación de la voluntad salvífica de Cristo por el matrimonio *cristiano*). De la misma manera, no es lo mismo la fidelidad matrimonial, basada en motivos de carne y de sangre (propia de todo matrimonio), que la fidelidad cristiana (de cuya elevación "sacramental" hemos hablado anteriormente[3]).

La afirmación evangélica, que sirve de soporte y centro de gravedad a esta afirmación fundamental de San Agustín, está sobre todo en el evangelio de San Juan, que ya en el capítulo segundo nos habla de esta presencia de Cristo en las bodas de Caná[4], signo de su voluntad de presencia en

[1] *In Ioan. Ev.* tract. 9,2: PL 35,1458.

[2] *De bono coniug.* 7,7: PL 40,378.

[3] LARRABE, J.-L., *El matrimonio cristiano en la época actual* (Madrid, Stvdium, 1969) c.2 p.35-82.

[4] Jn 2,1ss.

todo otro matrimonio, para transformarlo en matrimonio cristiano[5].

Lo sorprendente —en el primer plano bíblico y teológico— es esta misma *presencia de Cristo* en las bodas, habiendo venido como invitado a ellas. Supuesta esta presencia, que es la que hay que destacar a juicio de San Agustín, lo demás era y es de esperar: es decir, que el matrimonio sea verdaderamente cristiano, cuyo signo de transformación es la *conversión* del agua en vino[6].

Si la presencia de Cristo en el matrimonio es considerada como el máximo bien para éste, es por tratarse de una presencia dinámica, sanante y elevante, de la realidad humana matrimonial[7]. En efecto, de esta presencia de Cristo adquieren mayor significación y fuerza la concordia fiel de los esposos entre sí y la voluntad de educar cristianamente a sus hijos. Sin esta presencia, el matrimonio sería un grupo meramente terrestre, convocado por la voz de la carne y de la sangre, sin referencia sobrenatural a la edificación de la ciudad de Dios[8].

De esta manera, desde el Evangelio y la gracia, San Agustín se esforzó por superar el naturalismo reinante en aquel tiempo —tentación ésta de toda época— de quedarse y detenerse a nivel de las realidades visibles sin ir hasta su sentido más profundo, elevante y salvífico, es decir, sacramental: lo visible es sacramento de lo invisible[9].

Por el contrario, la presencia de Cristo hace que en toda época y situación del matrimonio (esterilidad, enfermedad, vejez) perdure la comunidad amigable de esposo y esposa, fundados en la fe y en la caridad, que dan firmeza y elevación al atractivo mutuo[10].

Esto quiere decir que la presencia de Cristo en el matrimonio, como esposo que ama firmemente a la Iglesia, contribuye poderosa y decisivamente a que hombre y mujer su-

[5] CHARLIER, J.-P., *Le signe de Cana* (Bruxelles, Pensée Catholique, 1959) p.41ss.

[6] Ibid.

[7] San Agustín insistió mucho, diríamos que excesivamente, en los aspectos sanantes de la gracia.

[8] *De civ. Dei* XIV c.21-22: PL 41,428ss.

[9] *Ep.* 262: PL 33,1082.

[10] *De nuptiis et concupiscentia* I c.17 n.19: Pl 44,424; *De sancta virg.* c.12 n.12: PL 40,401.

peren la fragilidad e inestabilidad de su amor a la luz y con la gracia comunicadas por el mismo Cristo como el Esposo original de la Nueva Alianza.

Con estas reflexiones nos vamos aproximando a lo que es propio y específico del matrimonio cristiano: su elevación "sacramental" proveniente de la presencia de Cristo. Lo propio del matrimonio cristiano no es precisamente la prole, los hijos (también los paganos los tienen); ni siquiera el número de los hijos como tal; tampoco la pureza de la fidelidad, que también los no creyentes pueden tenerla, aunque no sea más que por motivos de carne y sangre. Pero al matrimonio de los fieles se le encomienda además, dice San Agustín, "cierta elevación sacramental, según las palabras del Apóstol: 'Esposos, amad a vuestras esposas como Cristo amó a la Iglesia' (Ef 5,25)"[11].

¿A qué sacramentalidad se refiere San Agustín en estas afirmaciones todavía un tanto vagas y analógicas? Su pensamiento irá progresando lentamente con diversas consideraciones complementarias a este respecto. Por ejemplo, cuando dice que "hay algo que se observa en Cristo y en la Iglesia; algo por lo que el vínculo de esposo y esposa no se disuelva jamás"[12]. "Por este sacramento se ha dicho en el Evangelio: 'lo que Dios unió, no lo separe el hombre' ", dice San Agustín comentando la frase evangélica de Mt 9,6[13].

De manera que este precepto evangélico lleva al descubrimiento de un misterio, un sacramento oculto; es decir, es antes Evangelio y gracia que ley; y, en todo caso, es una ley misteriosa y sacramental: salvífica. Podrán hombre y mujer dejar de lado esta fe y esta gracia, y dejarse llevar por la dureza de corazón, pero en esa misma medida dejarían de representar y realizar el misterio cristiano y eclesial, del que es sacramento la convivencia de los esposos cristianos, dice San Agustín[14].

Antes bien, si Cristo es el máximo bien del matrimonio, por El deben afrontar los máximos sacrificios matrimoniales y desatender los mayores atractivos extramatrimoniales: "El Evangelio nos manda cortar los impedimentos del reino de

[11] *De nuptiis et concupiscentia* I c.10 n.11: PL 44,420.
[12] Ibid.
[13] *De pec. orig.* c.34 n.39: PL 44,404.
[14] Ibid.

los cielos, sin achicarnos por el dolor que supone tal separación, y se debe afrontar en la fidelidad matrimonial todo, por muy molesto que parezca"[15].

Ya hemos dicho que estas consideraciones no son primariamente moralizantes, sino que provienen de la aceptación del carácter misterioso y sacramental del matrimonio de los bautizados, como fruto de la presencia de Cristo en él[16].

Creemos sinceramente que todavía no se han sacado todas las consecuencias acerca del poder transformante que trae consigo al matrimonio esta presencia de Cristo. San Agustín las engloba y las deja sugeridas bajo el nombre de "caridad conyugal", como participación de la caridad de Cristo para con su Iglesia. Pues bien, todo este poder de transformación queda afirmado "en el nombre de Cristo"[17], "como fruto de la gracia"[18] y "de común acuerdo"[19], aspecto éste que es destacable en toda psicología y espiritualidad matrimonial, de ayer y de hoy: la necesidad del *común acuerdo* entre los esposos en el camino de la virtud, el matrimonio como comunión virtuosa.

Una vez más, en este mismo contexto de la presencia de Cristo en el matrimonio, San Agustín insiste en la tipología cristiana que desde la relación de Cristo-Iglesia deriva en favor del matrimonio cristiano constituyéndolo como tal. Y comentando el texto de la carta de San Pablo a los Efesios (5,25) dice que de ahí deriva para los esposos cristianos un nuevo modo de amarse: "como coherederos de la gracia"[20].

De esta presencia de Cristo en el matrimonio deriva la *santidad* de éste, santidad que la entiende como una acción de Dios en Cristo por la que une a los esposos, mientras que el divorcio y la separación de los que están unidos por Dios es acción que proviene del diablo[21].

Pero el diablo sabe introducir entre hombre y mujer casados separaciones más radicales que la del divorcio sexual.

[15] *De sermone Domini in monte* I c.18 n.54: PL 34,1257; ibid., c.14 n.39.

[16] *De bono coniug.* 3,3: PL 40,375.

[17] "In nomine Christi" (*Serm.* 51 c.13 n.21: PL 38,344ss; *Ep.* 262 n.4: PL 33,1079).

[18] Ibid.: "fructificantes in gratia".

[19] Ibid.: "ex consensu ad invicem".

[20] Ibid.: "ille uxorem diligit vere [...] tanquam coheredem gratiae".

[21] "Sicut coniunctio a Deo, ita divortium a diabolo sit" (*In Ioan. Ev.* tract.9 n.2: PL 35,1459).

San Agustín insistió a este respecto en la separación que causan en el matrimonio la infidelidad [respecto de Dios], la idolatría o adoración de otros dioses..., la avaricia, etc.[22]. Y aunque esta afirmación, entendida demasiado literalmente, le había de acarrear no pocas complicaciones, como de hecho la historia lo comprobó[23], sin embargo, San Agustín no se retractó de ellas, quedando, por lo tanto, como pensamiento definitivo suyo el siguiente: que en el matrimonio hay que vigilar no menos el divorcio espiritual que el sexual[24].

Es este el lugar para hablar de pecado y reconciliación en el matrimonio; es decir, el matrimonio tiene valor como lugar de encuentro y reconciliación. Supuesta la existencia del pecado de infidelidad por una de las partes, una primera instancia cristiana, muy fundamental, a juicio de San Agustín, es la de la reconciliación, siguiendo el ejemplo del Señor, que perdonó a personas sorprendidas en adulterio[25]. La finalidad de esta reconciliación, al menos si es posible humanamente, es la de que, conservando esta convivencia matrimonial, se recupere a la parte pecadora para el Señor[26]. Finalidad que entra dentro del matrimonio *cristiano* como tal.

En el fondo de toda esta preferencia por la reconciliación está la convicción agustiniana de que, una vez que el Señor ha perdonado, la persona adúltera ha dejado de serlo: "Yo no me atrevería a llamar adúltera, dice, a aquella mujer del Evangelio después que ha oído de labios del Señor: tampoco yo te condeno, vete y no peques más"[27].

Pero a San Agustín, que tenía experiencia de pecado y reconciliación, no le pareció suficiente haber oído estas palabras del Señor (Jn 8,11), sino que insistió en la sinceridad del arrepentimiento y del propósito personal; todo esto es verdad "si se escuchan con obediencia" [esas palabras del perdón][28].

[22] *De sermone Domini in monte* I c.16 n.46: PL 34,1251-3; cf. también ibid., c.12 n.36: PL 34,1247.

[23] La teología protestante consideró este divorcio espiritual como una de las causas de disolución del matrimonio.

[24] *Retractationes* I c.19 n.6: PL 32,616.

[25] *De coniug. adult.* II c.6 n.5: PL 40,474.

[26] "Societate servata, Christo lucretur" (REUTER, A., o.c., p.227).

[27] *Retract.* I c.19 n.6: PL 32,616.

[28] "Si hoc obedienter audivit" (ibid.).

La razón profunda, teológica y cristiana, por la cual nunca puede disolverse el vínculo matrimonial, nunca muere del todo el matrimonio cristiano, sino que en todo caso siempre puede revivir, es que los términos de esta relación (Dios y el hombre, Cristo y la Iglesia) viven siempre y pueden en todo momento revitalizar el matrimonio cristiano (como matrimonio y como cristiano), cuyo amor parecía haber muerto definitivamente. Lo cual lo demuestra con la comparación del bautismo (del cual siempre pueden brotar energías nuevas para emprender de nuevo la vida cristiana), "así como, permaneciendo en sí el sacramento de la regeneración, el cristiano reo de cualquier pecado es, en cierta manera, excomulgado, pero nunca carece de aquel sacramento bautismal, aunque no se reconcilie de nuevo, así también permanece el vínculo de la alianza matrimonial..."[29].

La conclusión que de todo esto deduce es que el matrimonio de los cristianos anula la validez de toda otra adhesión de apariencia matrimonial; sería adhesión de carne solamente, no de espíritu cristiano, y, por lo tanto, no merecería el nombre de verdadera alianza[30].

De nuevo viene la comparación entre matrimonio y bautismo, cuya analogía consiste en lo siguiente: "así como el alma del cristiano apóstata, aun habiéndose apartado de Cristo perdiendo la fe, no pierde, sin embargo, el sacramento de la fe recibido en el lavacro de regeneración, así también aquí"[31].

Ya hemos dicho que San Agustín concibió con categorías de divorcio no sólo el divorcio sexual, sino también otros divorcios espirituales, más profundos que aquél; pero insistió en que ni por aquél ni por éstos se disuelve la alianza matrimonial de los cristianos; más aún, ni siquiera la simple separación es la primera instancia a que debe, sin más, acudir la parte inocente, sino plantearse antes otra pregunta, muy fundamental, nacida de la "caridad conyugal": ¿Cómo me consta a mí que ya no voy a poder redimir a la parte culpable? "Y es que no siempre conviene hacer, lo que es

[29] *De coniug. adult.* II c.5 n.4: PL 40,473.
[30] Ibid.
[31] *De nuptiis et concupiscentia* I c.10 n.11: PL 44,420.

lícito y permitido, cuando el uso de este derecho puede traer impedimento de salvación a la otra parte"[32].

La caridad matrimonial y la prudencia misma de la parte inocente exigen que, como primera providencia, no tome la determinación de separarse de la parte culpable, pues la experiencia demuestra que es tentación próxima de caer en lazos adulterinos, de los que es muy difícil desprenderse después[33].

Ahora bien: una vez que ha afirmado de tan múltiples maneras la convivencia indisoluble del matrimonio cristiano, San Agustín pasa ahora a plantearse la pregunta fundamental de toda esta cuestión. Es la siguiente: ¿cuál es el fundamento [sacramental] de tanta indisolubilidad? ¿Qué misterio o sacramento interior la sustenta desde dentro? He ahí la pregunta.

## *II. Sacramento de una realidad superior*

La unión de hombre y mujer bautizados "en el Señor" es alianza de comunión. Ahora bién, ¿de qué alianza y de qué comunión se trata?

Tanto la alianza como la comunión son términos relativos. Y la pregunta actual versa precisamente sobre este otro polo de relación: a ver si la alianza del matrimonio cristiano se agota en la mera bipolaridad mutua del hombre y mujer o si se trata de una relación participada de la de Cristo para con su Iglesia, de Dios con los hombres (para salvación de éstos).

La respuesta de San Agustín a esta pregunta es profundamente cristiana y eclesial, al afirmar que toda esta insistencia anterior en la unión indisoluble "de ninguna manera hubiera tenido validez, a mi juicio, si no hubiera en todo esto un sacramento de una realidad mayor significada en unos elementos mortales de fragilidad humana"[34].

Pero todo esto es más propio del matrimonio cristiano y

[32] *De coniug. adult.* c.18 n.22: PL 40,463.

[33] Ibid.: "adulterinis nexibus colligati, difficillime resolvuntur".

[34] *De bono coniug.* c.7 n.7: PL 40,378: "quod nequaquam puto tantum valere potuisse, nisi alicuius rei maioris ex hac infirma mortalitate hominum quoddam sacramentum adhiberetur".

eclesial, como añade el propio San Agustín: "tanta elevación matrimonial sólo ocurre en la ciudad de nuestro Dios, en su monte santo" (Sal 47,2)[35].

La validez del vínculo matrimonial en la Iglesia de Dios le pareció tan grande que, a su juicio, el no atenerse a esto es como "apostatar del único Dios e irse tras la superstición adúltera de otro [dios], lo cual siempre es malo"[36].

Y esta inviolabilidad sacramental es tanta que ni siquiera el motivo [en aquella época supremo, según el derecho romano] de la esterilidad demostrada de este matrimonio y la eventual fecundidad de nuevas y distintas nupcias, puede ser razón para el divorcio y nuevo matrimonio. El propio San Agustín, después de formular esta doctrina, específicamente cristiana en relación al derecho romano, da la razón sacramental de este principio: "Es que en las nupcias que se contraen en la Iglesia vale más la santidad del sacramento que la fecundidad del útero"[37].

Parecería que, tratándose de personas tan frágiles y efímeras [se refiere a cada pareja humana en concreto], no tiene importancia insistir en esta fidelidad e indisolubilidad. Pero San Agustín responde a esta objeción, que él mismo se anticipa a plantearla, de la siguiente manera: "Todo esto en cada uno de los hombres o de las mujeres parece mínimo, pero es sacramento de la unión inseparable entre Cristo y la Iglesia"[38]. "De manera que en Cristo y en la Iglesia es grande, aunque en cada miembro es mínimo"[39].

En cuanto a la otra objeción, la de la ley permisiva de Moisés, al ser originada por la dureza de corazón, San Agustín la considera más como condenación que aprobación del divorcio. Y dice San Agustún que así aparece también en la interpretación que de ella hace Cristo[40].

En cambio, lo que se observa en Cristo y en la Iglesia es que esposo y esposa, mientras viven ambos, no puedan sepa-

[35] "Nec tamen nisi in civitate Dei nostri, in monte sancto eius talis est causa cum uxore" (ibid.).

[36] *De bono coniug.* c.18 n.21: PL 40,388.

[37] "In nostrarum quippe nuptiis plus valet sanctitas sacramenti quam fecunditas uteri" (ibid.).

[38] "Hoc in singulis viris atque uxoribus minimum, sed tamen coniunctionis inseparabilis sacramentum" *(De nuptiis et concupiscentia* I c.21 n.23: PL 44,427).

[39] Ibid.: "in Christo et in Ecclesia magnum".

[40] Mt 19,8.

rarse por disolución del vínculo matrimonial[41]. Y "es tanta la [necesidad de] observancia de este sacramento en la ciudad de nuestro Dios, en su monte santo (Sal 47,2), es decir, en la Iglesia de Cristo, que para los fieles casados, que sin duda son miembros de Cristo, aunque se hayan casado para tener hijos, no es lícito —en virtud de este mismo sacramento— abandonar a la parte estéril para casarse con fecunda"[42].

Una pregunta, teológicamente importante, pero no decisiva, cabe plantearse a estas alturas de nuestro tema; es la siguiente: ¿Aplicó San Agustín la noción técnica de sacramento al matrimonio de los cristianos?

La pregunta no tiene sentido, ya que la noción misma de sacramento, como "signo eficaz de gracia instituido por Cristo", no existía todavía, sino que vendría como fruto de la reflexión teológica y formulación conciliar del Medievo[43]. Sería, pues, pecar de anacronismo buscar esta noción y esta aplicación explícitas en las obras de San Agustín. Sigamos, por lo tanto, otro procedimiento, el único científicamente legítimo: el de recoger desde sus mismas enseñanzas todos los elementos sacramentales en general y la aplicación de los mismos al matrimonio en particular.

## *III. Los elementos sacramentales y su aplicación al matrimonio*

El sacramento consiste ante todo en ser signo de una realidad salvífica misteriosa y secreta, escondida en la visibilidad de lo que se percibe por los sentidos. Ambos elementos (realidad salvífica misteriosa y ofrecimiento en visibilidad) son indispensables a la estructura sacramental.

Por este último aspecto, visible, social, tiene todo sacramento un gran poder de convocación comunitaria. Si el sacramento constara solamente de elemento interno y espiritual, tendría valor religioso ciertamente, pero no comunitario, y, por consiguiente, dejaría de ser sacramento, por carecer de signo visible. Este aspecto lo puso de relieve San

[41] *De nuptiis et concupiscentia* I c.10 n.11: PL 44,420.
[42] Ibid.
[43] Con Pedro Lombardo (1150) y en el concilio II de Lyón (1274); cf. Dz.465.

Agustín advirtiendo que, a lo largo de la historia de las religiones, los hombres han sentido la necesidad de reunirse en torno a unos signos sagrados: la religiosidad se ha expresado en signos supersticiosos cuando la fe no los agrupa en torno a los sacramentos[44].

Interesa también destacar que San Agustín llama con este nombre amplísimo de "sacramento" a todo sacrificio, no sólo el ofrecido en el altar del templo, y a las enseñanzas evangélicas (porque no se agotan en su mera lectura externa, sino que dentro contienen el anuncio de la salvación) y a los mandamientos de Dios y de Cristo (por la misma razón analógica).

Otra observación fundamental que, aunque de tipo doctrinal, tendrá una resonancia enorme en el tratado matrimonial, es la de que los sacramentos son medios; la caridad, las buenas costumbres y el amor de la unidad son fin. Ahora bien, todavía es explicable, dice San Agustín, que, en torno a los medios [los sacramentos], exista diversidad de creencias entre las diversas confesiones cristianas; no así en torno al fin, "que es la caridad de Cristo; en efecto, todos los que pertenecen a la suerte de los santos en la luz, deben mantener la caridad como propia [personal] amando espiritualmente la unidad"[45].

Luego vendrá la aplicación de todo esto al matrimonio: la hará él mismo de esta manera: el sacramento es medio; la caridad, es fin; los que quieren vivir el matrimonio en la ciudad de nuestro Dios, en su monte santo, deben mantenerse en caridad y amar espiritualmente la unidad[46].

Siempre el matrimonio tuvo aptitud natural para significar el amor de Dios a los hombres; y elementos naturales para ser asumido a una dimensión profética de la nueva y definitiva alianza que en la encarnación del Verbo se iba a realizar; pero así como en el AT los sacramentos eran signos "de las realidades que iban a tener lugar", los del Nuevo son indicio de que lo que iba a ocurrir ha tenido lugar ya[47].

Lo que Dios promete —a través de todo signo sacramen-

[44] *Contra Faust. Manich.* XIX c.11: PL 42,355.

[45] *Serm.*, ed a G. Morin, Guelferb. II *(Misc. Ag.* I 452); cf. *Serm.* 37 n.27; 90 n.5-6; 214 n.11: PL 38,233; 561 y 1071.

[46] *De bono coniug.* 7,7: PL 40,379.

[47] "Indicia rerum completarum" *(Contra Faust. Manich.* XIX c.14: PL 42,355ss).

tal— es la vida eterna, con la resurrección de la carne. Esta realidad, significada y contenida, ya ha tenido lugar en aquella carne que el Verbo asumió para hacerse hombre y habitar entre nosotros (Jn 1,14) [...]. Es esto mismo lo que prometían todos los sacramentos y ritos sagrados del AT. Pero ahora ya se nos ha revelado esta fe... Ya ha tenido lugar su significado en aquel que es ejemplo o arquetipo, es decir, en Cristo[48].

De donde resulta que el matrimonio del NT está en mejores condiciones que todo otro matrimonio, por cuanto conoce ahora el significado profundo, misterioso, salvífico, que posee su relación mutua en Cristo; lo conoce a raíz de la encarnación del Verbo, que ya no es mera promesa, sino que ha tenido lugar en la verdad del misterio pascual; el matrimonio cristiano es "índice de lo realizado en Cristo"[49].

Y es evidente que toda la realidad humana del matrimonio deberá inscribirse en esta perspectiva, sin la cual no cabe elevación alguna sacramental.

La sacramentalidad del matrimonio sólo se podrá descubrir y mantener en conexión vital y esencial con los sacramentos primordiales: bautismo y Eucaristía. Por estas coordenadas discurrió la teología de San Agustín, y así deberá hacerlo la teología matrimonial de todos los tiempos[50].

En efecto, la semejanza está clara; el bautismo es el sacramento fundamental de participación en el misterio pascual de Cristo, en el que, por amor, nos dio su vida[51]; la Eucaristía es el sacrificio y la comunión con Cristo, que se nos da totalmente y por amor. El matrimonio tiene semajanza interna con estos sacramentos y puede muy bien ser asumido a sacramento del amor de Dios a los hombres, de Cristo a la Iglesia. Esta semejanza es necesaria en todo sacramento, dice San Agustín: "porque si los sacramentos no tuvieran cierta semejanza con aquellas realidades, de las que son sacramentos, de ninguna manera serían sacramentos. De esta semejanza deriva no pocas veces su nombre"[52].

Aplicando esta necesidad de semejanza que tiene que te-

[48] *Serm.* 19 n.3: PL 38,133.

[49] Cf. nota 47.

[50] El nexo entre Eucaristía y matrimonio apenas ha sido cultivado en teología.

[51] Rom 6,2-11.

[52] *Ep.* 98 n.9: PL 33,364.

ner el sacramento con la realidad significada, al caso del matrimonio, ¿dónde está dicha semejanza entre signo y realidad significada? Vamos a recoger los elementos que encontramos en San Agustín, que servirán más tarde a la teología para resolver esta interrogación, la cual, irresuelta durante siglos, se replanteó en esos mismos términos en la teología del siglo XII[53] y en los concilios mismos desde esa época[54].

Pues bien, en el matrimonio, no menos que en todo otro sacramento, hay signo[s] visible[s] y realidad significada, pero con una advertencia referente a la valoración de ambos elementos; es la siguiente: que todo signo está en función de la realidad significada, y ésta es la vida de los sacramentos, dice San Agustín[55].

También aquí la aplicación al matrimonio es clara: en él se dan signos [sus actos tienen valor de signo][56]. ¿De qué realidad?

La realidad significada, aquella a la que se orientan en última instancia los signos sacramentales, la que San Agustín llama con el nombre de "vida de los sacramentos", es Cristo: "omnium sacramentorum vita Christus est"[57]. Y añade algo que en todo tratado de sacramentos nos parece fundamental y aplicable, por lo tanto, al del matrimonio: "porque en Cristo se entiende vitalmente... lo que se celebra visiblemente"[58].

La fuerza significante y eficaz del matrimonio como sacramento consistirá precisamente en recoger la pluralidad de los signos y gestos visibles y orientarlos coherentemente hacia la convergencia con la realidad última significada: la salvación en Cristo y en la Iglesia.

Pero si la vida interna de los sacramentos es la presencia de Cristo, y sabemos que esta presencia no es inactiva, sino dinámica y eficaz, podemos progresar más por este lado y decir que, junto a este núcleo de la vida sacramental, que es Cristo mismo, se nos ofrece toda una constelación de efectos

[53] Desde Pedro Lombardo (1150).
[54] Desde el concilio II de Lyón (1274).
[55] *Serm.* 10 n.2: PL 38,93.
[56] Que tienen un valor cognoscitivo y eficaz hacia la realidad significada.
[57] *Serm.* 10 n.2: PL 38,93.
[58] Ibid.: "in illo vitaliter intelligitur, quod [...] visibiliter celebratur".

vitales sobrenaturales: la remisión de los pecados[59], la gracia, la caridad, la virtud de la piedad, el Espíritu Santo, dice San Agustín[60].

Resumiendo toda esta cristología y antropología de los sacramentos, digamos dos consideraciones que son fruto de lo anteriormente dicho:

1. En primer lugar, que el matrimonio, todo matrimonio, no se agota en la materialidad de sus actos, sino que éstos asumen una dimensión significante; también aquí es verdad la afirmación agustiniana en torno a los signos, que no hay que mirar sólo lo que son en sí, sino lo de que *son signos* ("non solum quod sunt, sed quod signa sunt"), y el signo, además de lo que en sí ofrece a los sentidos, hace venir a la memoria una realidad que está más allá[61].

2. Y en cuanto al matrimonio cristiano concretamente, ¿cuál es la realidad ulterior que trae a la memoria y a la vida misma? El amor de Dios a los hombres, por el que nos dio su Hijo; el amor de Cristo a la Iglesia, por la que dio su vida. Significa también el amor que todo esposo cristiano debe tener a la Iglesia y a Cristo y así obtener la salvación [no sólo individual, sino comunitaria]; la gracia sacramental del matrimonio es esencialmente comunitaria.

Pero esta gracia y esta salvación no provienen a los casados sólo en pura verticalidad desde Dios y Cristo, sino que se trata de una gracia sacramental, una salvación matrimonial; quiere esto decir que los mismos esposos cristianos son elevados a concausa de esta salvación [propia y mutua]. Está claro que la salvación viene de Cristo; es Cristo mismo a quien significan los sacramentos[62]; "sus ministros aparecen actuando corporalmente, pero es Cristo mismo el que lava y purifica", [el que ama, alimenta y salva][63].

Dentro de esta significación cristiana del matrimonio es preciso recurrir, ¿cómo no?, a una consideración tomada de la Eucaristía, la cual no es sólo ni principalmente celebración del cuerpo y de la sangre del Señor, sino también, y

[59] No se ha estudiado todavía la relación entre el sacramento del matrimonio y la remisión de los pecados.

[60] *Contra duas ep. Pel.* II c.2 n.3: PL 44,573; *In Ep. Ioan. ad Parth.* trad.2 n.9: PL 35,1994.

[61] *De doctrina christiana* II 1,2-3: PL 34,35-37.

[62] *Contra litt. Petil.* III c.49 n.59: PL 43,378.

[63] Ibid.

ante todo, del amor mismo con que Cristo nos dio su cuerpo y su sangre[64]. También aquí la aplicación al matrimonio es obvia y no necesita ulterior desarrollo, en evitación de repeticiones.

Además, si "los signos que se refieren a las realidades divinas son sacramentales"[65], y el matrimonio cristiano se refiere, a través de la realidad humana concreta del matrimonio, a realidades divinas como las que hemos apuntado (Dios, Cristo-Iglesia, la salvación), hay aquí toda una fuente de consideraciones (no deducidas por el propio San Agustín), que desembocan en favor de la sacramentalidad del matrimonio cristiano. Tarea esta que, como hemos dicho, no la hizo el propio San Agustín, sino una reflexión teológica muy posterior y la formulación de los concilios desde el siglo XIII. Lo que sí encontramos en San Agustín son los elementos mismos para esta reflexión y formulación.

¿También el de la institución de este sacramento por parte de Cristo? En primer lugar, San Agustín nunca tuvo dudas sobre el *origen divino* del matrimonio mismo: el matrimonio viene de Dios. Y "del hecho de que Cristo viniera —en calidad de invitado— a las bodas, más allá de la significación mística que esto tiene, se confirma que el matrimonio es hechura de Dios"[66].

Y "los que son buenos conocedores de la fe católica, dice en otro lugar, siempre han sabido que es Dios mismo el autor del matrimonio, y así como la unión viene de Dios, el divorcio, en cambio, viene del diablo"[67].

Del hecho de que el Señor, invitado, aceptara y viniera a las nupcias, le viene al matrimonio la firmeza de la castidad conyugal y su sacramentalidad, entendida ésta en el sentido en que la venimos desarrollando[68].

Lo que San Agustín está manifestando aquí, al hablar de la firmeza del amor y de la castidad de los esposos cristianos en virtud de la presencia de Cristo, no es precisamente una

[64] *De doctrina christiana* III 9,13: PL 34,70.

[65] *Ep.* 138,1,7: PL 33,527: "signa, cum ad res divinas pertinent, Sacramenta appelantur".

[66] *In Ioan. Ev.* tract. 9,2: PL 35,1458: "quod Dominus invitatus venit ad nuptias, etiam excepta mystica significatione, confirmare voluit quod Ipse fecit nuptias".

[67] Cf. supra *In Ioan Ev.*, comentando el c.2.

[68] Ibid.

preocupación moralizante, sino esta misma verdad central revelada en el Evangelio y atestiguada a través de la tradición patrística por el testimonio de sus mejores exponentes; está destacando la presencia de Cristo en el matrimonio; de esta presencia deriva su significación cristiana y eclesial, y su eficacia salvadora. En aquellas bodas, y en todas, el Esposo original es Cristo, capaz de transformar el agua en vino. El buen vino significa Cristo, la vivencia del Evangelio: "bonum enim vinum Christus est"[69].

¿Y la virginidad? La respuesta de San Agustín está inscrita en el mismo contexto cristológico y eclesiológico al decirnos que: "Tampoco las personas que se han ofrecido a Dios en la virginidad [...] carecen de estas nupcias, ya que pertenecen a las nupcias de Cristo con toda la Iglesia, en las que el Esposo es Cristo"[70].

[69] Ibid.

[70] Ibid.: "Nec illae quae virginitatem Deo vovent [...] sine nuptiis sunt: nam et ipsae pertinent ad nuptias cum tota Ecclesia, in quibus nuptiis Sponsus est Christus".

TERCERA PARTE

# *EL MATRIMONIO EN LA HISTORIA*

## CAPÍTULO I

# *SIGNIFICACION Y GRACIA DEL MATRIMONIO SEGUN LOS CONCILIOS Y TEOLOGOS MEDIEVALES*

### INTRODUCCIÓN

Siempre la Iglesia tuvo conciencia de *ser* sacramento y expresarse en los sacramentos, instituidos por Jesucristo, los mismos que hoy.

Y no se trataba de una mera vivencia, más o menos confusa, de dicha verdad, sino que ésta es consustancial a la Iglesia misma[1], en el sentido de que lo que la define constitutivamente es la relación sacramental de Cristo a la Iglesia, tanto internamente como en sus relaciones "ad extra"[2].

La esencia íntima de la Iglesia consiste en la alianza salvífica de Dios con el pueblo elegido (relación eminentemente matrimonial), en la que Dios es el Esposo que, libremente y por amor *(hesed),* ama y se da a la que ha elegido por esposa (Os 2; Jer 3,6-13; Ez 16 y 23; Is 54).

Siendo sublime esta doctrina profética del Antiguo Testamento sobre "el matrimonio" de Dios con el pueblo elegido, para salvarlo, en realidad, la fase propiamente veterotestamentaria merece más bien el nombre de *promesa* de matrimonio que de realidad plena de éste, que tendrá lugar en el Nuevo Testamento, nueva y definitiva alianza de Dios con nosotros en Cristo (Mt 22,1ss; Jn 2,1ss).

En el Nuevo Testamento, el título de esposo se transfiere a Cristo (Jn 3,29; Jn 2,1ss; Col 1; Ef 5,22-32). En Cristo se realiza la alianza, plena y definitiva, de Dios con nosotros en la Iglesia. La relación de Cristo con la Iglesia es presentada como sacramento original a modo de matrimonio.

[1] SCHILLEBEECKX, E., *De sacramentale heilseconomie* I (Antwesper-Bilthoven 1952).

[2] RAHNER, K., *Kirche und Sakramente:* Geist und Leben 28 (1955) 434-453.

## I. La doctrina de los concilios medievales

*Tres fases* doctrinales, complementarias y progresivas se aprecian inmediatamente en aquellos tres grandes concilios ecuménicos que fueron los primeros en señalar y enseñar la doctrina sacramental del matrimonio:

1.ª *Los sacramentos son siete,* siendo el matrimonio uno de ellos; en efecto, en la confesión de fe propuesta a los orientales con ocasión de la unión de las Iglesias de Oriente, el segundo concilio de Lyón (1274) les preguntaba si creían que el matrimonio es uno de los siete sacramentos: "sosteniendo y enseñando la Iglesia que uno de los siete sacramentos es el del matrimonio"[3].

Es éste el primer concilio ecuménico de la historia de la Iglesia que manda la inclusión del matrimonio en los siete sacramentos. Ya anteriormente, el concilio II de Letrán (1139) hizo referencia al matrimonio, pero se contentó con "reprobar a los que condenaban la alianza legítima del matrimonio"[4].

También el concilio de Verona (1184) [no ecuménico] había hablado del matrimonio, llamándolo —por primera vez en un documento de la Iglesia— con el nombre de sacramento. Una advertencia, teológicamente relevante, es que este concilio situaba el sacramento del matrimonio al nivel y rango del bautismo, la Eucaristía y la penitencia[5].

2.ª *Sacramento de la Nueva Alianza:* esta afirmación del concilio de Florencia (1438-1445) es más luminosa y progresiva en el tema del matrimonio, en el sentido que el propio concilio explica a continuación; difieren mucho los sacramentos de la Nueva Ley, entre los que está el matrimonio, de los de la Antigua; y la diferencia fundamental está en que los sacramentos del Antiguo Testamento no causaban la gracia, sino que solamente significaban la que en virtud de la pasión de Cristo se daría; en cambio, estos nuestros sacramentos contienen la gracia y la confieren a los que los reciben dignamente[6].

Esta doctrina conciliar es importante, porque advierte a

[3] Dz. 465; DS 860.
[4] Dz. 367; DS 718.
[5] Dz. 402; DS 761.
[6] Dz. 702; DS 1327.

los que viven la realidad matrimonial en la etapa de la Nueva Alianza, la elevación, perspectiva luminosa y exigencias propias de esta fase de la historia de la salvación. A ellas se refiere Cristo en el evangelio de San Mateo (19,11-12).

3.ª *El matrimonio es eficaz por su gracia:* es lo que dice el concilio de Trento (1545-1563), teniendo presentes las dudas, vacilaciones y negativas de los protestantes al respecto: "la gracia que perfecciona aquel amor natural y corrobora su indisoluble unidad, nos ha sido merecida por el mismo Cristo en su pasión, siendo El quien ha instituido y perfeccionado estos venerables sacramentos; concesión de gracia que ha sido sugerida por el apóstol San Pablo en Ef 5,25-32" [7].

Todavía es más explícito aquel concilio al enseñar dogmáticamente que "el matrimonio es verdadera y propiamente uno de los siete sacramentos de la Ley evangélica, instituido por Cristo, que concede gracia, y que no puede pertenecer a la Iglesia quien no admita esta doctrina" [8].

## II. Los teólogos medievales

La teología medieval tuvo en un principio sus vicisitudes y vacilaciones en admitir que el matrimonio sea sacramento en el sentido pleno de la palabra [9].

Son, pues, dos factores los que intervinieron a favor de la promulgación de los documentos conciliares anteriormente aducidos en la teología sacramental en general, y en la del matrimonio en concreto; por una parte, estas mismas vicisitudes y hasta la actitud negativa de la teología escolástica incipiente; y por otra, la necesidad de subrayar, de cara a las demás confesiones cristianas (de cuya unión se trataba), la esencia o estructura sacramental de la Iglesia. En efecto, siendo sacramental la Iglesia, como hemos dicho anteriormente, no podía no presentarse como tal en todos los concilios de unión [10]; y, en concreto, en el tema y sacramento del matrimonio, sabe la Iglesia que está comprometida su pro-

[7] Dz. 971, DS 1801, en respuesta a Lutero *(De capt. babyl.*, ed. Weimar, VI p.550).

[8] Dz. 971; DS 1801.

[9] P. LOMBARDO, *IV Sent.* d.2 q.1.

[10] II de Lyón (1274); de Florencia (1438-1445); de Trento (1545-1563).

pia esencia constitutiva: la de la relación sacramental de la alianza de Cristo con la Iglesia. Los grandes temas del matrimonio afectan no solamente a la disciplina y pastoral eclesiásticas, sino también a la dogmática y moral de su misma esencia[11].

## Vicisitudes de los primeros teólogos

Resultan incomprensibles, vistas desde nuestra perspectiva actual, aquellas vicisitudes y actitud negativa de los primeros teólogos medievales (a. 1150ss). En efecto, aun aceptando que los sacramentos son siete, estando comprendido en este número también el del matrimonio, tenían, sin embargo, especiales dificultades en admitir que éste lo fuera en el sentido *pleno* de la palabra; aquellos teólogos usaron expresiones no sólo reticentes, sino hasta negativas al respecto. La duda y negativa se referían nada menos que a la eficacia de gracia que pudiera tener el matrimonio, incidiendo desde aquí en la sacramentalidad del mismo; ¿cómo puede, en efecto, ser sacramento de la Ley evangélica si no da gracia? ¿En qué difería de los de la Antigua, e incluso de una institución natural?

El concepto que le merece a Pedro Lombardo el matrimonio es el de "ser solamente *remedio contra el pecado*"[12]; más aún: establece diferencias que resultan peyorativas para el matrimonio en relación con los demás sacramentos; por ejemplo, el bautismo actúa también como remedio contra el pecado original, pero dando gracia interior santificante; difiere también del sacramento de la Eucaristía y el del orden, que dan gracia y virtudes (ibid.).

De esta negativa de gracia por parte del matrimonio se desprende obviamente una conclusión que no se ocultaba a aquellos autores, sino que el propio Maestro de las Sentencias deducía explícitamente al decir que "el matrimonio es excepción de la definición de sacramento de la Nueva Ley"[13].

Y la razón que da es tan clara en su formulación como

[11] SCHILLEBEECKX, E., *Le mariage* I (París, Du Cerf, 1966) p.119ss. 301ss.

[12] PETRI LOMBARDI, *Libri quattuor sententiarum* (ed. ad Claras Aquas) IV d.2 q.1.

[13] ID., *IV Sent.* d.1 q.4.

errónea en su aplicación al matrimonio. Es la siguiente: el sacramento propiamente dicho [o sea, el de la Ley evangélica] tiene dos características esenciales: la primera es la de que todo sacramento es signo de la gracia de Dios, forma visible de la gracia invisible; pero, además, no basta que *signifique* la gracia, sino que se requiere la *concesión efectiva y real* de la misma. Al faltar ésta en el matrimonio, dice, le falta algo esencial para ser sacramento en el sentido pleno de la palabra[14].

*Las causas* de esta actitud negativa, que compartían teólogos y canonistas de aquella época, si bien por razones diversas los unos y los otros, eran las siguientes:

1. Los teólogos decían que, al estar la fuente de las gracias sacramentales en la pasión de Cristo, que fue de sacrificio y de dolor, ¿cómo el matrimonio, con su torpeza inherente [*sic*], puede participar de la gracia y virtudes provenientes de la cruz de Cristo? ¿Qué relación puede tener el placer sexual, cuyo ejercicio es obviamente inherente a la condición y estado matrimonial, con la pasión de Cristo, fuente de toda gracia sacramental, costosamente adquirida por el Redentor?

Aducían también algún que otro texto de la Escritura como referencia a este concepto [peyorativo] del matrimonio, diciendo que éste parecía dividir a los casados respecto de Dios[15] y alejarlos de la santidad y perfección.

2. Los canonistas se oponían también a reconocer la sacramentalidad *pleno iure* del matrimonio por razón del peligro de *simonía* que veían en torno a este sacramento; en efecto, si realmente creemos que el matrimonio es verdadero sacramento que da gracia, ¿cómo explicar todo ese tráfico de cosas santas, esas cláusulas pecuniarias y estipulaciones de orden económico, incluso para con el sacerdote que da la bendición divina, es decir, por la celebración sacerdotal del sacramento? ¿No habrá en todo esto un verdadero delito de simonía? Así se preguntaban aquellos autores. Pero, al dar la respuesta, se iban por la puerta falsa de una solución doctrinalmente errónea; ¿será que el matrimonio no es de los sacramentos que confieren el don de la gracia celeste y que,

[14] ID., *IV Sent.* d.1 q.4.
[15] 1 Cor 7,34.

por lo tanto, pueda darse por él precio de aranceles, clases contractuales, cláusulas pecuniarias en uso?[16]

## Las respuestas verdaderas

Ambas provienen de Santo Tomás, al decir éste, en primer lugar, como respuesta a la primera objeción, la siguiente aclaración definitiva: "Aunque el matrimonio no configura a los casados a la pasión de Cristo, en lo que ésta tiene de sufrimiento, sí los asemeja (conforma) a Cristo en aquella caridad por la que libremente quiso padecer por la Iglesia, para desposarse con ella (Ef 5,25)"[17].

Con estas consideraciones se desvaneció aquella objeción que, a título de teología (?), desvinculaba la vida de matrimonio de la proyección de la cruz, que, si bien principalmente es proyección de gracia y caridad, al ser participación en los misterios pascuales del Señor, trae consigo un sacrificio, en todo caso ineludible[18].

Pero en los casados que viven su condición matrimonial en gracia y caridad, sigue diciendo Santo Tomás, el acto matrimonial tiene la elevación de ser *meritorio* para la visión de Dios; puede ser un acto *cultual* si se tiene el deseo de la santificación mutua y de tener hijos y educarlos para gloria de Dios[19].

¿Cómo puede la vida de matrimonio considerarse meritoria, *qué mérito* puede haber en él, dónde está la relación con la cruz de Cristo?, se preguntaban los teólogos precedentes[20].

Y la respuesta que les da es que "la raíz del mérito para el premio sustancial del cielo es la caridad". Que no necesariamente tiene que ser un acto difícil y costoso o un sacrificio de dolor para merecer la visión de Dios; y así, el acto y la vida toda de matrimonio puede ser meritorio en el sentido

16 *Glossa ordinaria Decr. Gratiani* c.1 q.1 c.101.

17 SANTO TOMÁS, *Supl.* q.42 a.1 ad 3: "quamvis matrimonium non conformet passioni Christi quantum ad poenam, conformat tamen ei quantum ad caritatem, per quam pro Ecclesia sibi in sponsam coniungenda passus est (Eph 5,25)".

18 Ef 5,22-32.

19 SANTO TOMÁS, *Supl.* q.41 a.4 ad 1.

20 P. CANTOR, *Verbum abbreviatum* 37: PL 205,126; RUFINUS, *Summa Decretorum* (Douai 1596) p.388.

más teológico de la palabra *por razón de la caridad,* de la que es expresión y estímulo a la vez[21].

La respuesta a la objeción de los canonistas no es menos contundente. Santo Tomás sale decididamente en contra de la razón que daban para demostrar que no había simonía. En efecto, dice Santo Tomás, si la razón que dais para demostrar que no hay simonía es la de decir que se trata de un sacramento que no da gracia[22] ("quod in eo non confertur gratia"), "esto no es verdad en absoluto"[23].

Y es que todos los sacramentos del Nuevo Testamento "pari ratione" causan la gracia. La razón está en que los sacramentos de la Nueva Ley nos incorporan a Cristo; incorporación que no se hace sin gracia[24].

Y en concreto, en el matrimonio se concede una gracia que da valor cultual a toda la vida de matrimonio. El razonamiento de Santo Tomás al respecto es el siguiente: la concupiscencia [proveniente del pecado original] trata de concretarse aun en la vida matrimonial e impedir que los casados den culto a Dios en su cuerpo [en su vida específicamente matrimonial]; por eso los sacramentos tienen una doble finalidad: la de perfeccionar a los hombres en lo que se refiere al *culto* de Dios, según la religión de la vida cristiana, y también como *remedio* contra el pecado. Ambas finalidades se cumplen en los siete sacramentos [también en el del matrimonio][25].

## Origen de la orientación positiva

La reacción favorable hacia esta orientación positiva del tema del matrimonio comenzó con anterioridad a Santo Tomás, concretamente con el teólogo más influyente del siglo XII, que se llamó Hugo de San Víctor (1141)[26], y que fue

21 SANTO TOMÁS, *Supl.* q.41 a.4 ad 1.

22 SANTO TOMÁS, *Suma Teol.* II-II q.100 a.2 ad 6.

23 ID., ibid.: "hoc non et usquequaque verum".

24 ID., ibid., III q.62 a.1.

25 ID., ibid., III, q.65 a.1.

26 "Este insigne teólogo, dice Martin Grabmann, supo unir admirablemente la ciencia sagrada y profana, la especulación escolástica y la interioridad religiosa, la investigación del saber antiguo con la vida de oración y trato íntimo con Dios, en cuyo ejercicio aprendió el arte de conversar con los hombres" *(Historia de la Teología Católica* [Madrid 1940] p.46).

uno de los pocos teólogos, quizá el único en su tiempo, en no compartir aquella concepción desvalorizante del matrimonio, por entender que afirmar una función meramente medicinal del matrimonio es caer en un pesimismo radical, ya superado en sana teología, bíblica y patrística. Los elementos doctrinales con que reacciona a favor de la gracia sacramental del matrimonio son los siguientes:

En primer lugar, el amor matrimonial es una introducción *al amor de Dios.* El fin y la causa principal del matrimonio, dice, es la unión de espíritus entre sí, de forma que ese amor mutuo integral les ayude a adherirse al amor de Dios. Esta es la causa principal por la que Dios instituyó el sacramento del matrimonio[27].

Se trata, en el matrimonio, de un amor que es signo del *amor de Dios a los hombres:* "te das cuenta ahora cuál y cuán grande sacramento está prefigurado en el amor conyugal; que en él aprenda el ser humano a optar por el amor eterno y definitivo (del que es signo), valiéndose precisamente de este amor singular y de esta adhesión de caridad"[28].

El amor mutuo no es solamente de carne, sino integral; no es solamente corporal, sino total y de caridad, "como el amor de Dios al alma" (que es fundamento de toda gracia); el amor matrimonial es introducción *al amor de Dios,* según afirma Hugo de San Víctor.

Si de la perspectiva teocéntrica pasamos ahora a la cristocéntrica, ¿qué significación cristiana tiene el amor matrimonial?, se pregunta Hugo de San Víctor; y responde: tiene dos significaciones cristianas complementarias: una cristológica, es decir, la unión del Verbo con la humanidad, y, por consiguiente, significa también la unión de Cristo con la Iglesia, es decir, un *amor salvífico* por autonomasia[29].

Advirtamos, antes de pasar adelante, que al hablar de la significación "cristiana" del matrimonio ha puesto también de relieve los fundamentos mismos de donde proviene toda gracia, a saber: el amor de Dios a los hombres, como fundamento primero, y la unión hipostática del Verbo con la humanidad, por la que Cristo es sacramento del encuentro con

[27] *De Beata María Virgine* 1: PL 176,864.

[28] Ibid.: PL 176,314.

[29] Id., ibid.: "sacramentum cuiusdam societatis [...] per carnem assumptam inter Christum et Ecclesiam".

Dios y fundamento de nuestra participación en la plenitud de su gracia[30]; y la unión de Cristo con su Iglesia, fundamento de toda gracia *eclesial*, como es la del matrimonio (y la de todo otro sacramento).

## Diversa vivencia del matrimonio

Hablando de la diferencia que existe entre la manera *cristiana* de vivir el matrimonio y la de los que no tienen fe, también el de éstos, dice, es sacramento de alguna manera, en cuanto que los elementos sustantivos de todo matrimonio son de suyo aptos para significar el misterio cristiano; la diferencia está en la santidad y virtud del sacramento, que sólo se dan en los que contraen el matrimonio en "la ciudad de nuestro Dios, en su monte santo"[31]. Hay, en efecto, una fe y caridad que distingue y debe distinguir a los que se unen en Cristo, es decir, en calidad de miembros suyos[32].

Y hablando del matrimonio de los infieles, se pregunta el autor si se verifica allí un matrimonio verdadero, y, antes de dar respuesta, distingue una doble verdad matrimonial, la que se refiere a la significación y la que a la eficacia misma de gracia. Ahora bien, en este segundo sentido, el de la eficacia de gracia, los que contraen el matrimonio como infieles, o a la manera pagana, no reciben la verdad plena del sacramento matrimonial, no reciben su efecto espiritual: su virtud y su gracia:

"Así, pues, decimos que la verdad de los sacramentos es doble: una, la que se refiere a la significación de los mismos; otra, la que a su efecto espiritual. Ahora nos estamos refiriendo a ésta [que no se da en los que viven la condición matrimonial a la manera pagana]"[33].

[30] Id., ibid.

[31] Id., *De Sacramentis* II p.9.ª c.8: PL 176,496.

[32] Id., ibid.

[33] "Solum sacramentum habentes vel non recte credendo, vel prave vivendo, veritatem eius... non merentur" (ibid.: PL 176,505).

## Tres consideraciones pastorales

Son las que hizo aquel gran teólogo y más tarde obispo de París[34], diciendo, en primer lugar, que el matrimonio es conservativo de la gracia para los que lo reciben como verdadero sacramento; que éste favorece a los casados, protegiendo su vivencia en gracia y amistad de Dios (no sólo mutua); hace que sea santo el ejercicio de la vida matrimonial[35]. Esta primera consideración pastoral del matrimonio, la de que éste está positivamente relacionado con la permanencia en gracia de los esposos, se trasluce en este autor desde la introducción misma del tema que presenta, es decir, desde el prólogo de su tratado matrimonial, al enunciar su propósito de que "va a hablar de los sacramentos que contribuyen favorablemente a la permanencia en gracia y amistad de Dios"[36].

Además, por la bendición del sacerdote, que es continuación de aquella primera y original bendición dada por Dios mismo al primer matrimonio y a todos los subsiguientes, el matrimonio es un estado santo y feliz para los esposos. Si el matrimonio no fuera bueno, no podría recibir la bendición divina a la que se refiere la palabra revelada. En efecto, la Sagrada Escritura nos habla de la bendición de Dios al matrimonio no sólo antes del pecado (Gén 1,28), sino también después (Gén 9,1)[37].

Abundando en esta misma idea, dice también que "lo que se busca en el matrimonio es la gracia de santificación [mutua], ante cuya presencia se desvanece la lujuria de la carne; más aún, es la misma unión de hombre y mujer la que hay que santificar"[38]. Tiene el sacramento del matrimonio, según estos teólogos, un gran poder de exorcismo "contra las asechanzas del pecado y las tentaciones del demonio". Además, como la gracia de la santificación y la pureza espiritual se obtienen de Dios, sobre todo por las oraciones comunitarias de la Iglesia misma, agradabilísimas a Dios, no sólo es saludable, sino también exigido por la decencia y hasta [religiosamente] necesario el que se dé la bendición

[34] Guillermo de París (1232).
[35] Id., *Opera omnia* p.2.ª: *De sacramento matrimonii* n.512.
[36] Id., ibid.
[37] Id., ibid.
[38] Ibid., n.512 y 520.

sacerdotal y se hagan las oraciones de la Iglesia, para que se logre la santidad matrimonial para ellos[39].

A todo esto hay que añadir que, según aquella teología, los que van *con pureza de intención* al matrimonio reciben más gracia; la razón está en que, siendo un acto santo el contraer matrimonio, si se ponen de acuerdo con el plan de Dios en cuanto a la naturaleza y fines del matrimonio, no va a faltarles la gracia de Dios; después de todas estas consideraciones, habla aquí el autor de "una virtud y gracia del sacramento mismo para los que digna y piadosamente lo reciben y quieren conservarlo religiosamente; a ésos, en virtud del sacramento mismo, se les da no poca gracia de Dios en orden al equilibrio y serenidad que se requieren en el matrimonio[40].

El autor, teólogo y obispo de París, aduce aquí testimonios de casados, hombres y mujeres, quienes, consultados a modo de encuesta (!) afirman haber experimentado en sí mismos esta eficaz ayuda de santificación en su vida específicamente matrimonial:

> "No sabemos a qué atribuir —de no ser a la gracia del sacramento mismo— un don tan grande y una transformación tan admirable. Y el hecho de que ocurra diversamente en otros matrimonios hay que atribuirlo a su propia culpa [no al matrimonio mismo]: o no contrajeron el matrimonio con la debida preparación, o no lo viven con la reverencia y honor que le corresponde"[41].

## Actitud favorable al matrimonio

La perspectiva favorable al matrimonio se nota también en otras consideraciones teológicas y pastorales de este autor, Guillermo de París, cuyas obras son una gran síntesis de doctrina sagrada, también en este tema del matrimonio, hasta el punto de considerársele entre los grandes autores de la Edad Media.

[39] Ibid., n.520.
[40] Ibid., n.525, 2.ª col.
[41] Ibid.

## Una comunidad santa, santificante y perfecta

Comenzaremos, dice, con el favor de Dios, a hablar del matrimonio diciendo, en primer lugar, que se trata de una sociedad santa, santificante para ambos, y escuela de perfección para varón y mujer así unidos. Es un vínculo y una relación que los hace mutuamente deudores[42].

Y es que la naturaleza humana —sigue diciendo—, como árbol nobilísimo plantado por Dios mismo, consta de dos ramas: varón y mujer; así los hizo Dios (Gén 1,27).

## Los motivos de la santidad del matrimonio

En el capítulo VI de esta obra monumental, Guillermo de París habla de los motivos de la santidad del matrimonio diciendo:

1. En primer lugar, por razón del *sacramento* mismo, que es signo sagrado del matrimonio espiritual entre Dios y el alma humana, para que... sepan, mediten y lean en él cómo, en el abrazo de caridad entre Dios y el alma, surgen hijos de buenas obras[43]. Y así como la mujer no puede ser fértil, sigue diciendo, si no es fecundada por el varón, tampoco el alma si no es fecundada por Dios con la palabra divina y su gracia. De ahí la necesidad de que el alma se someta a Dios, a sus leyes [y gracia]. Lea también el varón en este libro del matrimonio que, así como quiere que su esposa sea preciosa, adornada agradablemente para él, de la misma manera ha de procurar que sus almas [las de ambos esposos] sean preciosas para Dios en virtudes, procurando agradar a Dios en todo como esposas espirituales para Dios mismo[44].

"Lean también en su matrimonio esta otra enseñanza espiritual; y así como requieren la castidad corporal de su consorte, de la misma manera conozca también que Dios, incomparablemente más que ellos mutuamente, ama y busca la castidad espiritual suya".

"Aprendan también que, así como la mujer debe tener

[42] Ibid.
[43] Ibid., n.519.
[44] Ibid.

cuidado de la casa para que esté siempre limpia, y de los hijos, para que sean educados, así Dios quiere la limpieza de la conciencia: que esté limpia de toda impureza de carne y espíritu, y eduquen a los hijos con devoción, penitencia y buenas obras".

"Y observad que este sacramento del matrimonio lleva una fortísima impresión del matrimonio espiritual entre Dios y el alma [...]; constantemente advierte a los esposos el matrimonio espiritual y divino, del que es imagen, y por eso es una poderosísima ayuda, produciendo así una fuerte impresión de santidad. Porque la santidad no es otra cosa que el distanciamiento de los vicios y pecados, *habiéndose adherido* totalmente a Dios. [Y el matrimonio es una escuela de adhesión a Dios][45].

2. *El amor matrimonial* es fundamento de todo otro bien del matrimonio, ya que, sin amor, dejan de serlo. En efecto, la amistad y concordia de los esposos será lograda en virtud de aquella oración comunitaria de la Iglesia (que es más eficaz que sus propias oraciones, que no deben faltar); con aquellas y estas oraciones se trata, ante todo, de lograr una paz y amor matrimoniales sin los cuales no existe bien alguno en el matrimonio. Las oraciones de la Iglesia nunca son vacías ante Dios, el cual es el único que puede lograr que sean realidad esa amistad y esa alegría entre esposos [en este estado posterior al pecado original]: El es el que los hizo varón y mujer, el que santificó la unión de ambos fecundando con su bendición divina[46].

3. *Valor cultual y religioso.* Siendo ambos bautizados, dice, deben esforzarse en ayudarse mutuamente a conservar la fe recibida en el bautismo, aumentarla en sí mismos e irradiarla a sus hijos, a la familia toda. Sólo así el matrimonio será expresión de la verdadera religión, entendida ésta como un matrimonio espiritual entre Dios y el alma. Y es que el matrimonio cristiano se contrae no sólo mutuamente, sino también, de alguna manera original, con Dios[47].

[45] El fin último del matrimonio, como de todo sacramento, es la adhesión a Dios (SAN AGUSTÍN, *De civ. Dei* X 5: PL 41,282).

[46] G. DE PARÍS, *De sacram. matrimonii* l.c.

[47] ID., ibid., n.520.

## La gracia del matrimonio

Fue San Alberto Magno († 1280) el que llegó a la decisiva clarificación del problema afirmando y poniendo de relieve la existencia de la gracia del sacramento del matrimonio, resolviendo las objeciones que obraban en contra e indicando los fines concretos para los que se da dicha gracia sacramental.

La existencia de la gracia del matrimonio es afirmada por San Alberto diciendo que se trata de un sacramento de la Nueva Ley, en la cual todos los sacramentos significan y causan gracia interior. Una gracia cuyo origen "cristiano" hay que buscar en aquel matrimonio principal de la unión de las dos naturalezas de Cristo[48].

¿Para qué se da esta gracia en el matrimonio? Se trata de una gracia que positivamente promueve hacia la naturaleza y bienes propios del matrimonio y mitiga la concupiscencia proveniente del pecado original. En su concepción, no se trata de mera preservación del mal [sería ésta una teología minimista del sacramento]; no sólo de una gracia para apartarse del mal, sino también, y sobre todo, de una ayuda divina positiva para el bien [para los fines propios del matrimonio][49].

Es una gracia de amor mutuo y para con Dios. En efecto, las coordenadas de esta gracia matrimonial se dirigen —según aquellos teólogos— a una doble dimensión: para mayor unidad en caridad mutua y para mayor unión con Dios[50]. "Hay también una tercera razón, dice San Alberto, por la que el matrimonio es útil, bueno y santo; y es la de que en el matrimonio se da una gracia espiritual de unión mutua, para mayor unidad, no sólo carnal, sino también espiritual, surgiendo así un vínculo de gracia y caridad espiritual[51].

[48] SAN ALBERTO, *De Sacramentis* 9 q.1 a.6.

[49] ID., *In IV Sent.* d.26 a.8 y 14.

[50] NATALINI, V., *De natura gratiae sacramentalis iuxta S. Bonaventuram* (Romae, Antonianum, 1961) p.30 nota 6: "ad maiorem unitatem in caritate et ad Deum".

[51] Ibid.

## El matrimonio en la historia de salvación

Siendo el matrimonio una realidad tan humana y religiosa, acompaña como tal al hombre en las distintas etapas de la historia de salvación, poniéndose de relieve, a través de todas ellas, la realidad significante y santificante del matrimonio:

*a)* En el paraíso, el matrimonio gozaba de íntima amistad mutua y amigable con Dios (Gén 1-2).

*b)* En el Antiguo Testamento, la honestidad propia del matrimonio mismo y la fe en el futuro Redentor contribuirían, positiva y salvíficamente, en aquella etapa de la historia de la salvación.

*c)* En el Nuevo Testamento, el matrimonio significa y causa gracia interior[52], la cual, de dos formas, contribuye a ordenar la sexualidad desarreglada a raíz del pecado original. En primer lugar, promoviendo hacia los bienes y fines propios del matrimonio, y también serenando la concupiscencia en sí misma[53].

Viene ahora una consideración, que creemos la principal aportación de San Alberto a la teología del matrimonio [no sólo de aquel tiempo, sino que aún hoy perdura como reflexión válida]. Es la siguiente: el valor sexual hay que considerarlo en armonía con los demás valores de la vida, e incluso del más allá, con sentido de trascendencia. La explicación teológica que da es la de que, por el pecado original y la concupiscencia consiguiente, la atención y la intención humana están polarizadas hacia el valor sexual como si fuera el valor único o principal, inmanente y absoluto.

Ahora bien: la gracia sacramental del matrimonio hace ver y apreciar el valor sexual en armonía con los demás valores; enseña a los casados, en el ejercicio de su matrimonio, que la felicidad humana definitiva no es del todo inmanente al orden sexual [mucho menos está en el desorden sexual], sino que es trascendente. La condición actual del hombre, posterior al pecado original, requiere, para imponer orden, no sólo motivos superiores que dignifiquen el matrimonio y su ejercicio, sino también el atractivo interno de la gracia,

[52] *De Sacram.* 9 q.1 a.6.

[53] Ibid.; cf. también *In IV Sent.* d.26 a.5.

siendo ésta el elemento principal de la Ley evangélica y de sus sacramentos e instituciones[54].

## Vivir el matrimonio en coherencia con Cristo

La gracia sacramental del matrimonio lleva a una coherencia de los esposos con Cristo; en efecto, la expresión "cohaerentiam membrorum cum Capite"[55], aplicada a los esposos cristianos en su vivencia del matrimonio cristiano[56], tiene un sentido etimológico fuerte ["cohaerere", significa en latín "coadhesión"], y su aplicación al matrimonio no lo es menos; viene a decir que los esposos cristianos se favorecen mutuamente en virtud de esta gracia sacramental en su común adhesión a Cristo; eso sí: se trata de un matrimonio que han contraído y realizado como miembros de Cristo, es decir, en calidad de cristianos.

*a)* Un solo espíritu con Cristo: cuando esposo y esposa se unen en unión de caridad, de voluntades, la gracia del matrimonio hace que ambos se adhieran al Señor haciéndose un solo espíritu con El (1 Cor 17), dice San Alberto Magno[57].

*b)* Y una sola carne: La unión de ambos esposos en una sola carne, posterior en tiempo y en naturaleza a la unión espiritual, tiene también la significación teológica de la unión de la encarnación, unión de la carne humana al Verbo de Dios, de la naturaleza humana con la divina en unidad y elevación personal[58].

¿Qué relación tienen ambas uniones?, se pregunta San Alberto; a lo que responde diciendo: la unión de ambos en un solo espíritu de caridad y amor significa la unión y amor de Dios para con el hombre; este encuentro de amor con Dios es, a su vez, la meta final y el último intento del matrimonio, la última meta [*res*] significada y realizada eficazmente a través de la gracia sacramental. El amor de Dios es la realidad final, la más excelente a que lleva este sacramento.

[54] SANTO TOMÁS, *Suma Teol.* I-II q.106-108.
[55] SAN ALBERTO M., *De Sacram.*, tract.1 q.4.
[56] Ef 5,22-23; 1 Cor 7.
[57] SAN ALBERTO M., ibid.
[58] *De sacramentis* tract.9 q.1 a.3.

La unión de ambos en una sola carne tiene también una alta significación: la de la unión de ambas naturalezas en Cristo; mayor comunicación sobrenatural que la de la unión hipostática no existe. Pero si atendemos al orden de la intención divina, hay algo que es todavía "prior et principalior"; hay algo que es superior en el sentido de plenitud final y definitiva de la encarnación: la unión de la Iglesia con Dios en caridad; éste es el último intento de la encarnación; para esto se ha hecho la unión de las dos naturalezas en Cristo[59].

## Unidos en el Señor

San Buenaventura († 1274), en el tema del matrimonio, habla primeramente del amor de los esposos en términos elevados; piensa que, cuanto más estrecha y sublime sea la unión de amor mutuo entre esposos, tanto mayor lo es también para con Dios y con Cristo, todo ello por obra y gracia de este sacramento: y la razón que da es clara teológicamente:

> "Esta unión de los esposos cristianos entre sí lleva a la unión con Dios, porque si un miembro de Cristo [esposo] se une más a otro [esposa], consiguientemente, se unen más y más a Cristo. En la Eucaristía, lo que ocurre es que se unen más a Cristo y, por consiguiente, se unen más entre sí"[60].

Dos advertencias ulteriores son importantes todavía para comprender el pensamiento y doctrina matrimonial de San Buenaventura. La primera es que, a los bienes clásicos del matrimonio, añade el de que éste es también escuela de educación mutua para ambos esposos. Y que el matrimonio no es solamente para tener hijos: "La prole no es toda la razón de ser ni única causa del matrimonio"[61].

Por fin, la gracia del matrimonio la considera en relación con la triple tentación posible en dicha condición ma-

[59] "Nihil est creatum quod unioni naturarum in Christo possit comparari... Si autem attenditur ordo qui est... ad intentionem, sic prior est et principalior unio Ecclesiae cum Deo in caritate, quia est ultimum intentum. Unio enim naturarum propter hoc facta est, ut fiat unio in caritate" (SAN ALBERTO M., *De Sacramentis* tract.9 q.1 a.3).

[60] SAN BUENAVENTURA, *In IV Sent.* d.26 a.2 q.2.

[61] ID., ibid., d.28 a. único q.6 ad 5: "proles non est tota ratio sive causa matrimonii".

trimonial: la de la infidelidad, la del desorden moral, la de la inestabilidad en el amor que fluctúa y vacila.

Ahora bien: de la gracia del matrimonio viene la fidelidad incluso en pensamientos y deseos, la aceptación de los hijos y la estabilidad o firmeza en el amor[62].

La gracia del sacramento del matrimonio no es solamente para hacer posibles y más fáciles los bienes intrínsecos al matrimonio mismo, sino también los trascendentes. En efecto, si en el matrimonio se significa el matrimonio espiritual del amor de Dios para con nosotros, y es eso lo que hay que realizar en la unión de varón y mujer, esto quiere decir que en este sacramento se concede la gracia para realizar en la práctica eficazmente tan alta significación[63].

Además, como ya el bautismo realiza la primera y principal unión con el Cuerpo místico de Cristo, el sacramento del matrimonio y el de la Eucaristía aumentan dicha unión, pero de distinta manera uno y otro sacramentos; el matrimonio tiende a unir a ambos esposos entre sí y, consiguientemente, con Cristo; la Eucaristía directamente los une con Cristo, y, "por lo tanto", los une más estrechamente entre sí en Cristo"[64].

## Tres aspectos beneficiosos

Todavía insiste en este punto San Buenaventura poniendo de relieve un triple aspecto benéfico de esta gracia sacramental del matrimonio, en relación con las tentaciones provenientes del pecado original como consecuencias suyas. En efecto, así como la lujuria se manifiesta como tentación de salirse del marco del matrimonio..., la gracia sacramental los orienta eficazmente hacia la unidad y fidelidad mutuas; así como por el pecado original se da la tentación del placer a ultranza, independientemente de la procreación y educación de los hijos, misión ésta que queda dificultada a raíz del pecado; la gracia, en cambio, los orienta hacia la generosidad en los hijos; en fin, así como la concupiscencia puede llevarles a una especie de cansancio mutuo y deseo de varie-

[62] Ibid., d.26 a.2 q.2.

[63] *In IV Sent.* a.2 q.2 ad 3.

[64] *In IV Sent.*, d.26 a.2 q.2 ad 1.

dad..., así la gracia, a permanecer siempre en el amor de su propia consorte[65].

Los fundamentos cristianos y eclesiales de esta triple correlación son expuestos de la siguiente manera: "Esta triple significación y eficiencia del sacramento del matrimonio muestra otras tantas propiedades del matrimonio de Cristo con la Iglesia; porque también Cristo se une a una sola esposa, la Iglesia; engendra hijos de ella; nunca se separará de la Iglesia"[66].

## El matrimonio: misión y gracia

Santo Tomás (1225-1274) abordó el tema del matrimonio considerándolo como misión y gracia de Dios. Ahora bien, cuando Dios encomienda una misión, da también la gracia necesaria para cumplirla; "así, pues, termina diciendo Santo Tomás, esta gracia dada en el matrimonio es la última [más secreta] realidad escondida dentro de este sacramento"[67].

Para la evidencia de esta afirmación de la gracia hay que tomar la consideración desde más allá: estamos en el mediodía de la historia de la salvación, en la plenitud del Nuevo Testamento. Ahora bien: los sacramentos de la Nueva Ley dan —todos ellos— la gracia que significan[68].

Pero al hablar de las características de la gracia del matrimonio hay que advertir que no viene a negar la realidad de éste, sino a elevarla y purificarla. No se trata, pues, de una negación de lo sexual como tal, sino de poner el debido orden en el mismo. En todos los sacramentos se da la dimensión terapéutica de ser remedio contra el pecado y la tentación. Pero la modalidad curativa es distinta en unos y en otros. Algunos sacramentos arrancan la raíz misma tentadora: ¿Deberá atribuirse a la gracia sacramental del matrimonio una función tan radical que lleve a los esposos a la pura espiritualización del amor y, por lo tanto, a la negación de lo sexual? No es así la gracia del matrimonio, que trata de

[65] *In IV Sent.* d.26 a.2 q.2.

[66] *In IV Sent.* d.31 a.1 q.2: "Et haec tria significant triplicem proprietatem unionis Christi cum Ecclesia, quia ex ea filios generat, et quia nunquam separatur".

[67] SANTO TOMÁS, *Supl.* q.42 a.3 *in fine.*

[68] ID, *Summa contra Gentes* IV q.78.

curar la debilidad y el desorden de su ejercicio sexual, haciendo que dicho ejercicio responda [responsabilidad] a la naturaleza y fines que tiene el plan de Dios[69].

Ahora bien: toda esta tarea sería imposible sin la gracia de Dios; imposible también someterla a la naturaleza y fines del sacramento del matrimonio sin esta misma gracia. También aquí se comprobó la limitación del Antiguo Testamento, cuya solución (la del libelo de repudio) resultó ser precaria, porque "la concupiscencia no se resuelve con dejarse llevar de ella, antes bien, se aumenta de esta manera"[70].

Pero en la Ley evangélica, ley de gracia, no se trata de un vano esfuerzo de represión de la concupiscencia en sí misma; tampoco se trata de resolver el problema sexual cediendo ante esta apetencia. En el matrimonio del Nuevo Testamento no se trata de represión (vano esfuerzo humano sin la gracia) ni de mera resolución por el ejercicio de la vida sexual (cosa que se da en todo matrimonio), sino del influjo de la gracia para la virtud[71].

Si el matrimonio del Nuevo Testamento no diera gracia, ¿en qué diferiría de los sacramentos del Antiguo Testamento? ¿En qué se daría la diferencia con el matrimonio meramente natural?[72]

### Dimensión cristiana y eclesial

La eficacia de gracia es de la esencia misma de todo sacramento del Nuevo Testamento; no basta la mera [y elevada, si se quiere] significación como la que tiene el matrimonio, que significa la unión de Cristo con la Iglesia; es preciso que sea, realmente, causa de gracia para realizar dicha unión cristiana y eclesial. La gracia que se da en el matrimonio, como sacramento de la Iglesia que se realiza en la fe de Jesucristo, es una gracia cristiana y eclesial. Es para llevar vida cristiana de a dos y para hacer Iglesia[73].

[69] *In IV Sent.* d.2 q.1 a.1 ad 2.

[70] "Aut intelligitur esse in remedium concupiscentiae quasi concupiscentiam reprimens: quod sine gratia esse non potest. Concupiscentia non reprimitur per hoc quod ei satisfit, sed magis augetur" (ibid., ad 1).

[71] Ibid.

[72] Ibid.

[73] Ibid., ad 3.

Pero hay más aún: al afirmar Santo Tomás que la gracia del matrimonio "directamente" tiende a dignificar el matrimonio mismo, haciéndolo ordenado en sus expresiones, no termina ahí su consideración teológica, sino que va a descubrir la dimensión cristiana y eclesial de esta gracia; en efecto, de todo lo anteriormente dicho se desprende que se trata de una gracia típicamente neotestamentaria, que une a los esposos de tal manera con Cristo y la Iglesia, que no se separen aun en las vicisitudes propias de su estado: "la gracia del matrimonio es muy necesaria a los casados, a fin de que, al darse a lo que es, de suyo, terreno, no se separen de Cristo y la Iglesia"[74].

Se trata de una gracia que actúa profundamente, es decir, en la raíz misma de la concupiscencia, que fue la falta de gracia: por eso este sacramento aumenta la gracia y trata de conservar a los casados en ella. Así, Cristo, al instituir los sacramentos, y éste en concreto, actuó como médico sapientísimo, de quien es propio no sólo curar los efectos del pecado, sino también curar la causa misma del mal, que es la privación de gracia[75].

Para Santo Tomás, el matrimonio es presencia de gracia. Hubo en el pasado, dice, quienes negaban por falsos prejuicios esta misma presencia de gracia, pero esta sentencia no puede subsistir ante el cúmulo de argumentos aducidos; uno de ellos es el siguiente: "Si así fuera, serían seis, y no siete, los sacramentos de la Nueva Ley; no habría motivo para incluirlo entre los sacramentos de la Ley evangélica"[76].

Semejante rechazo le merece también la sentencia de quienes atribuían al matrimonio una gracia meramente negativa, consistente en que éste cohonestaba en los casados un ejercicio de la facultad sexual que, fuera del marco matrimonial, sería pecado. Esto es pecar de minimista, "hoc est nimis parum". También esta sentencia cae por su base, "ya que una misma es la gracia que impide el pecado y la que mueve a santificación y a obrar el bien: como es uno mismo el calor que ahuyenta el frío y a la vez calienta[77].

[74] *C. G.* IV q.78: "Gratia sacramenti coniugibus maxime necessaria est ut sic carnalibus et terrenis intendant quod a Christo et Ecclesia non disiungantur".

[75] *In IV Sent.* d.2 q.3.

[76] *Supl.* q.42 a.3c.

[77] Ibid., q.42 a.3c.

De ahí la opción definitiva de Santo Tomás: la de que "el matrimonio contraído en la fe de Cristo tiene la virtud de conferir la gracia que ayuda a realizar todo aquello que es propio de la vida matrimonial[78]. Como hemos dicho anteriormente, la razón que da a favor de esta afirmación de gracia en el matrimonio rebasa toda vacilación para situarla a nivel de certeza teológica: y es que cuando Dios concede una facultad o misión, otorga también los auxilios por los que el hombre puede convenientemente cumplir dicha misión [...], como se ha dicho anteriormente de la potestad del sacramento del orden[79].

## Conclusiones

Los concilios y la teología de aquellos siglos fueron, decididamente y con propósito deliberado, a la búsqueda de la gracia de Dios presente en el matrimonio cristiano, en el matrimonio de la Ley evangélica.

Esta referencia a la Ley evangélica fue necesaria como perspectiva teológica, la única válida, y como punto de partida, no sólo en este sacramento, sino en todos los demás. Por eso hemos querido estudiarla previamente y "ex professo"[80].

Es también cierto que aquellos autores partieron de una etapa oscura (en que se encontraba la teología del matrimonio) y que el amanecer fue lento, con muchas vacilaciones doctrinales y hasta negativas exasperantes, provocadas en parte por las sombras de la vivencia matrimonial y por el clima ambiental en que vivieron. Pero la luz se hizo (con el esfuerzo constante de cuatro siglos). Y todavía hoy podemos decir que no hemos llegado al mediodía, sin duda alguna.

Hay otro factor dinámico que se registra en aquella teología y que contribuyó positivamente a iluminar el panorama doctrinal y pastoral de su tiempo; es preciso, por lo tanto, darle todo el relieve que se merece, y consiste en que aquellos grandes autores, sobre todo cuando, además de ser pensadores como teólogos, eran también pastores, hicieron

78 Ibid., q.42 a.3.

79 Ibid., q.42 a.3.

80 LARRABE, J. L., *La Ley evangélica en la historia de la salvación* (Vitoria, Eset, 1968).

una amplísima consulta —por cierto, calificada— a los matrimonios cristianos de su tiempo, pudiendo así aducir en sus obras teológicas elocuentes testimonios de encuestas hechas a casados, hombres y mujeres, quienes afirman haber experimentado la presencia de la gracia, por cierto, eficaz, en su vida específicamente conyugal, dándose en ellos una gran transformación. En este sentido quedará gratamente sorprendido quien lea —con magnanimidad— el *Tratado del sacramento del matrimonio,* de aquel teólogo y obispo de París que se llamó Guillermo de Auvernia[81].

La aplicación de esto al matrimonio de nuestro tiempo es legítima, porque no se trata de una mera comparación cronológica, sino de elementos teológicos de este sacramento en lo que tiene de validez perenne; es decir, existe hoy —a nuestro entender— un peligro cuyos primeros síntomas se van ya notando: el de un desequilibrio muy grande en nuestros modos de pensar y actuar si atendemos, sola y principalmente, a la dificultad de la *ley moral* del matrimonio, y no presentamos, con todo el brillo y atractivo que se merecen, la *significación evangélica* y *gracia* del mismo. Es decir, el tema principal sigue siendo el de la inserción del matrimonio en la historia de la salvación (Ef 5,22-32).

[81] G. D'AUVERGNE, *Opera omnia* p.2.ª: *De Sacramento matrimonii* n.512.

## Capítulo II

## *LA VIRTUD DE LA CASTIDAD SEGUN LA REFLEXION TEOLOGICA DE SANTO TOMAS*

Una vez estudiada la afirmación, clara y explícita, de la sacramentalidad del matrimonio en Santo Tomás (capítulo anterior), vamos ahora a este tema.

### *I. Aspectos fundamentales*

Como primera reflexión, por cierto fundamental, hay que destacar la importancia, a veces decisiva, del ambiente en que vivimos. No cabe duda de que tiene una gran influencia, beneficiosa o perjudicial, el clima moral en que estamos inmersos, condicionando poderosamente, a veces decisivamente, las modalidades de la virtud, de ésta y de todas. Y no sólo el clima moral, también el físico influye no poco en este punto[1].

Bien es verdad que la virtud es fruto de la elección libre, de la opción fundamental por la cual la persona humana libre y radicalmente, dispone de sí mismo y quiere ordenar toda su vida según Dios[2].

Pero también es verdad que la virtud no se da en sí, en un mundo aparte, sino que se encarna en personas concretas que viven en un contorno ambiental determinado. Hay que tener en cuenta estos factores, favorables o negativos, en que vivimos envueltos; es decir, el ambiente moral, la época cultural y hasta el clima físico que nos rodea.

Si del ambiente externo —en cierta manera externo— pasamos a nuestro mundo interior, aquí Santo Tomás afirma que hay que tener en cuenta también el temperamento recibido, la psicofisiología heredada; se diría, en efecto, que unos han recibido una mayor aptitud y facilidad para esta

[1] *Expositio in 4 libros metereologicorum Aristotelis* II 10.

[2] Flick-Alszeghy, *L'opzione fondamentale della vita morale e la grazia* [sobre todo según Santo Tomás]: Gregorianum 41 (1960) 593-619.

virtud; otros para otra. En todo caso, tienen importancia para la virtud —y para sus modalidades concretas— los dones naturales que caracterizan a cada persona[3].

Pero la herencia de una tendencia psicofisiológica moderada no es todavía la virtud misma, sino mera predisposición natural para ella. Y es que la virtud no consiste en la naturaleza recibida, sino en la elección libre en favor de una vida según Dios[4].

Existen, sin duda, en el hombre ciertas disposiciones innatas hacia la virtud moral; no podemos caer en el pesimismo de considerar al hombre en sus tendencias naturales como totalmente distinto de la virtud. Así como hay en la mente humana principios naturalmente evidentes, tanto en el orden doctrinal como práctico[5], de la misma manera existen en la voluntad humana tendencias naturales hacia el bien humano según la razón[6].

Y si nos fijamos en cada uno de nosotros, cada persona individual posee disposiciones corporales y afectivas que le sitúan en mejores o peores condiciones para determinadas virtudes, disposiciones que actúan con signo positivo o resistente en el camino de la virtud[7].

De esta manera, las luces de la inteligencia, las cualidades psicológicas, afectivas y corporales están llamadas a servir grandemente a la virtud, aunque de por sí no son todavía la virtud misma. Santo Tomás insiste en esta vocación de servicio que el sustrato humano tiene en orden a la virtud *humana*[8].

Según esto, unos tienen más aptitud para una determinada virtud, otros para otra; por ejemplo, unos la tienen más para la fortaleza (cualidades humanas de iniciativa que pueden convertirse en toda una constelación de virtudes de iniciativa cristiana), mientras que otros han heredado cualidades humanas que se orientan en otras dimensiones virtuosas,

[3] *Comment, in 3 libros Aristotelis de anima* II 19.
[4] *Suma Teológica* I-II q.6-17.
[5] Ibid., I-II q.63 a.1.
[6] Ibid.
[7] "Ex quarum dispositione adiuvantur vel impediuntur" (ibid.).
[8] "...ex quarum dispositione adiuvantur vel impediuntur huiusmodi vires in suis actibus, et per consequens vires rationales, quibus huiusmodi sensitivae vires deserviunt" (ibid.).

complementarias unas de otras; por ejemplo, la serenidad, la paz, la moderación, la templanza y la castidad[9].

Orientando ahora todas estas consideraciones hacia la virtud *cardinal* de la templanza, está claro que la virtud de la moderación es verdaderamente *eje* de la vida humana; sin ella no puede darse la imagen "humana" de la persona. La moderación como tal es ya una actitud virtuosa para la persona humana: inclina al hombre a un bien verdaderamente humano; a saber, que la virtud modere las pasiones[10].

*Dos conclusiones* brotan ya de lo anteriormente dicho: en primer lugar, que la virtud, ésta y todas, se dirige a renovar *la totalidad* de la persona, trata de hacer virtuosa ante todo la persona, toda ella. Por eso toda virtud es tan sólo en conexión con las demás virtudes; el sujeto virtuoso es la persona misma: "llamamos virtud a aquella cualidad que hace buena a la persona misma y [consiguientemente] hace buenas sus obras"[11].

Además, como segunda conclusión, al decir que las virtudes tienen que ser *humanas,* se quiere destacar —aun a riesgo de caer en redundancia— que tienen que perfeccionar al hombre como ser que piensa, que ama, que goza, que se relaciona con los demás. La virtud nos perfecciona como hombres, nos hace más hombres. Es importante no perder de vista esta instancia humana de la virtud. Por eso precisamente se las llama virtudes "cardinales", porque sobre ellas gira la clave y el eje de la vida humana virtuosa, personal y comunitaria.

También las virtudes "teologales" (la fe, la esperanza y la caridad) perfeccionan al ser humano como tal. En efecto, por la fe, el entendimiento humano es elevado a un grado de conocimiento de Dios, del hombre y del mundo, que de suyo solamente correspondía a Dios, pero que, por gracia, es accesible y comunicado al hombre[12]. Por la esperanza y la caridad, la voluntad humana es elevada a la participación del amor de Dios en un grado que de suyo solamente a Dios correspondía. Estas tres virtudes actúan a modo de inclina-

[9] Pero la virtud perfecta es tarea y misión de toda la vida. En este sentido es verdadera la moral de crecimiento: "morale de croissance".

[10] *S.T.* II-II q.141 a.1.

[11] *S.T.* II-II q.123 a.1.

[12] ALFARO, J., *Supernaturalitas fidei iuxta S. Thomam:* Gregorianum 44 (1963) 501-542.731-787.

ciones nuevas, activas (mejor diríamos "atractivas" hacia Dios y hacia el prójimo según Dios), todas ellas ordenadas por su estructura íntima a perfeccionar al hombre en la línea de su ser propiamente humano, es decir, del entendimiento y del amor.

La mejor realización humana, la más profunda, la única, está en las virtudes. Que el ideal humano de perfección está en las cuatro virtudes cardinales lo vio también la filosofía, la antigua y la moderna.

Por la *prudencia* se ilumina y rectifica directamente la razón humana, dándole cierta transparencia en su tarea de aplicación de los principios morales a la realidad concreta existencial, tan compleja, por cierto[13]. Por el tratado de las virtudes teologales se sabe que la principal elevación y rectificación de la mente humana corresponde a la fe, así como la de la voluntad a la esperanza y a la caridad.

Por la virtud de la *justicia* se realiza la actitud virtuosa en nuestras relaciones con los demás; es la virtud que nos lleva a ver al prójimo como persona distinta de mí reconociéndole sus derechos fundamentales; es la virtud de la alteridad; imprime a nuestra dimensión social el ideal humano de las relaciones mutuas.

Por la *fortaleza* llega la persona humana a superar las muchas dificultades con que tropieza en el camino de la virtud. Hay en la vida humana situaciones y actos de transcendental importancia que condicionan incluso la obtención o exclusión del fin último, y que comportan un sacrificio corporal grande, aun el más difícil de todos: el de dar la vida misma. Ante esta situación, la sensibilidad humana se resiste, se muestra débil y debe intervenir la virtud de la fortaleza impulsando fuertemente hacia el bien, un bien arduo y difícil.

Por la virtud de la *templanza* [aquí entra la castidad] se ordena según Dios la afectividad humana; se corrige [si hace falta] y se eleva la sensibilidad hacia una realización virtuosa de la misma. Esta virtud vigila las atracciones de lo deleitable para que no desvíen al hombre por los caminos del egoísmo, del hedonismo y de la concupiscencia.

¿Es antihumana la castidad? Es una objeción de ayer y de

[13] *S.T.* II-II q.123 a.1: "ipsa ratio rectificatur".

hoy, que ya Santo Tomás se planteaba en su tiempo: a ver si la castidad es un intento vano y antihumano al pretender refrenar algo a lo que la naturaleza misma parece inclinar como por una especie de instinto de conservación: propia y de la especie humana[14].

Y da una primera respuesta —desde la ética filosófica—, que es verdadera pero parcial; es la siguiente: la virtud no retrae de los placeres "humanos", sino de los que no lo son. La virtud aparta de las formas inhumanas, antihumanas, no del placer mismo como tal[15].

Pero la respuesta teológica viene a completar la de la ética desde una perspectiva más profunda, menos ambigua. Son tres los puntos fundamentales revelados en este tema: el primero se refiere a la afirmación de la bondad del sexo por ser hechura de Dios[16]; el segundo nos advierte sobre la necesidad de vigilancia, porque no todo lo que brota como deseo es bueno, sin más, en la actual situación, históricamente pecadora, del hombre[17]; el tercero afirma el fundamento del optimismo cristiano, consistente en que, por la redención en Cristo (que afecta, por supuesto, también a la corporeidad y afectividad), es posible la castidad cristiana[18].

*Castidad y prudencia.*—¿Qué relación mutua las une entre sí? Santo Tomás llegó a pensar y afirmó que los pecados opuestos a la moderación corrompen muchísimo la prudencia: el lujurioso es imprudente[19]. Hay aquí una especie de círculo vicioso: por un lado, que sin prudencia no puede haber virtud auténtica, ni ésta ni otras; por otro, los hombres viciosos, en cualquiera de los campos, pierden la prudencia, y el perder ésta es, a su vez, causa de mayores males[20].

[14] *S.T.* II-II q.141 a.1 ad 1.
[15] *S.T.* II-II q.141 a.1 ad 1.
[16] Gén 2,18-24; Gén 1,26-28.
[17] Gén 3 y ss.
[18] *S.T.* I-II q.63 a.4.
[19] *S.T.* II-II q.153 a.5 ad 1.
[20] *S.T.* II-II q.141 a.1 ad 2. Lo mismo ocurre en el orden sobrenatural entre la fe y la moral. Por un lado, la fe es fundamento y raíz de la moral cristiana; ésta se sustenta en aquélla. Pero, al mismo tiempo, no deja de ser verdad la influencia negativa de la inmoralidad en lo que se refiere a la fe: tiende a traducirse, tarde o temprano, en pérdida de la fe. Al papa Pío XII se le sugirió hablara a la Federación Mundial de las Juventudes sobre "la fe de la juventud y sus problemas morales". Pero el papa habló también sobre

Ya antes de Santo Tomás, la filosofía había afirmado que la templanza *(sofrosine)* produce armonía en la ciudad, debiendo, por tanto, tenerla todos los ciudadanos; y que para ello es necesaria la sumisión de las pasiones a la sabiduría *(sofía);* es decir, que se requiere el dominio de sí mismo *(enkrateia).* Y que la prudencia debe existir sobre todo en los que gobiernan. Ahora bien, todos gobernamos nuestra propia persona y nuestra ciudad interior, a cuya armonía contribuyen tanto la virtud de la templanza y la de la castidad[21].

Y el propio Aristóteles había insistido en que el desorden de los placeres corrompía la recta estimación del juicio, siendo reversibles ambas afirmaciones: la de que la prudencia guarda la castidad, y viceversa: cuando alguien es más casto, es más prudente[22].

No faltaron filósofos que atisbaron la relación beneficiosa existente entre el conocimiento de sí mismo y el conocimiento de Dios a través de la contemplación; el nexo entre el dominio de sí y el acercamiento a Dios. También aquí se da la conexión causal entre ambas virtudes: la templanza-castidad y la contemplación de Dios. Es aquí, en esta contemplación, donde está la escuela de aprendizaje de "la ciencia de lo malo, que se debe evitar, a diferencia del bien, que se debe apetecer y realizar"[23].

Los Santos Padres heredaron no poco de esta filosofía ética al afirmar que la prudencia supone el conocimiento divino entre los hombres, los cuales llegan así a ser semejantes a Dios. Y que la templanza pone en condiciones que posibilitan o hacen más fácil la sabiduría y la contemplación divina[24].

*Castidad y don de temor de Dios.*—A la templanza y castidad corresponde el don de temor de Dios. ¿Qué relación puede haber entre aquella virtud y este don? Desde luego, la castidad es ante todo cuestión de caridad, expresión de la caridad, antes que del temor. El temor de Dios entra aquí subsidiariamente, para apuntalar la fuerza del amor, cuyo

"los problemas morales de la juventud y su influjo en la fe" (cf. AAS 44 [1952] 413-419).

21 PLATÓN, *Resp.* IV 432.

22 ARISTÓTELES, *Etica* III 33.

23 Cf. GILLON, O.P., *De temperantia* (Romae, 1962) p.54.

24 SAN CLEMENTE DE ALEJANDRÍA, *Strom.* VI 15,125.

reverso es el temor de perder a Dios. Todo el que ama de verdad tiene el temor de perder al ser amado[25].

El don de temor de Dios se refiere al temor de verse definitivamente privado de Dios, considerado como sumo bien para el hombre, como suma perfección humana. Estamos en el lado opuesto al temor mundano, consistente en alejarse de Dios por temor a males mundanos: privación de la riqueza, males físicos, amenazas, ironías, etc.

No se trata del temor servil (en el que no se desprende del afecto al pecado, pero se prescinde del hecho del pecado por temor —exclusivo— al castigo). En cambio, el don de temor de Dios es temor filial, llamado también temor casto, consistente en apartarse del pecado en raíz, es decir, del pecado como ofensa de Dios. Este temor nace del amor a Dios sobre todas las cosas, es el reflejo necesario de la caridad.

A medida que prevalece el amor de Dios, la caridad hace que el temor del castigo pase a un segundo plano de la motivación moral, sin desaparecer del todo, pero quedando en un plano secundario y subsidiario. El progreso de la caridad hace que acudamos cada vez menos al recurso del temor del infierno como *determinante* de nuestra vida moral. Pero la caridad —bien entendida— no hace perder de vista del todo la perspectiva —posible— de la privación de Dios. Antes bien, este temor, reflejo de la caridad, se acrecienta con ésta[26].

Pero la vida moral no es estática, sino dinámica, hacia el bien o hacia el mal; o progresa hasta el triunfo de la caridad; o regresa hasta el empobrecimiento servil, meramente servil y egoísta...

Los dones del Espíritu Santo son perfecciones espirituales que, residiendo activamente en las facultades propiamente humanas (entendimiento y voluntad), las hacen fácilmente maleables por el Espíritu de Dios *(bene moviles a Spiritu Sancto)*. Ahora bien, para que algo sea fácilmente movido por alguien, se requiere, ante todo, amor y una actitud fundamental de sujeción —en este caso, al Espíritu Santo, Espíritu de Dios—. Y no precisamente una repugnancia sistemática hacia él. El don del Espíritu Santo da este amor y esta sumisión fundamental, disipando aquella resistencia inicial

[25] SANTO TOMÁS, *Suma teológica* II-II q.150 a.3 ad 1; q.141 a.8 ad 3.
[26] *S.T.* II-II q.19 a.6.

y haciendo desaparecer progresivamente la dificultad hacia la virtud que comúnmente se da, de hecho, en nosotros.

El don de temor de Dios destruye la raíz misma del pecado, que consiste en aquella pretensión de emancipación total respecto de Dios proclamándonos en norma propia del bien y del mal[27]. Los fundamentos de esta actitud de temor filial son: por un lado, la consideración de nuestra propia condición creatural respecto de Dios y la conciencia de nuestra condición de pecado, que puede hacer frustrar los intentos salvíficos de la gracia. El efecto principal del don de temor de Dios es nuestra apertura a Dios y la sumisión, con perfecta docilidad, a las empresas divinas en nosotros y con nosotros.

Se trata de un temor que no es incompatible con la virtud teologal de la esperanza, antes bien la perfecciona, "porque lo que tememos por el temor filial no es que nos falte el auxilio divino, sino el sustraernos por nuestro lado al mismo"[28].

El don de temor de Dios está relacionado con la actitud espiritual propia de la virtud de *religión* (que consiste fundamentalmente en la aceptación y veneración de Dios); está relacionado también con la actitud de humildad (que consiste fundamentalmente en la aceptación de nuestra propia condición creatural limitada, necesitada de Dios). Todas estas actitudes no nacen en nosotros por generación espontánea, sino que estamos ya en el campo de las actitudes virtuosas inspiradas en nosotros por el Espíritu Santo.

¿A qué actitudes nos estamos refiriendo? A la apreciación de nuestra condición respecto de Dios; a nuestra radical insuficiencia para salvarnos por nosotros mismos, por nuestras luces y fuerzas humanas; a la conciencia del pecado como radical obstáculo que se opone a Dios para que realice con nosotros su plan de salvación; son, todos ellos, sentimientos y convicciones que provienen del Espíritu Santo y de sus dones: y concretamente del don de temor de Dios[29].

El principio de todos los males [morales] está, dice Santo Tomás, en no someterse a Dios; actitud opuesta a la del que con temor filial acepta y reverencia a Dios. Así, pues, el te-

[27] Gén 3,5.
[28] *S.T.* II-II q.19 a.9 ad 1.
[29] *S.T.* II-II q.19 a.9.

mor de Dios excluye la raíz misma de la soberbia y es principio de la humildad: los dones del Espíritu Santo son principios de las virtudes intelectuales y morales[30].

El don de temor de Dios lleva a la humildad; y desde ahí influye beneficiosamente en favor de la templanza y de la castidad. La humildad es una apreciación afectiva y efectiva de quien, por reverencia a Dios, se pone en el lugar que le corresponde como creatura ante el Creador, e igual ante sus semejantes. Se trata, sin duda, de una actitud evangélica, hecha de esperanza, humildad y pureza, que el esfuerzo humano por sí solo es incapaz de lograr, y para la que se requiere el don del Espíritu Santo, una especie de instinto del Espíritu de Cristo, que nos hace oír y secundar eficazmente la voz y el atractivo interior del Padre[31].

## II. Reflexión teológica sobre la castidad

Al afirmar que se trata de una virtud "cardinal", se quiere con ello significar que gobierna toda una zona importante de la vida humana, tanto en el orden personal (sensibilidad, afectividad, corporeidad) como en el orden comunitario (hasta el punto de que de ella dependen la ordenada continuidad y propagación de la especie humana)[32].

Actitud virtuosa, porque modera y dirige una zona eje de nuestra vida, hace entrar la razón y la fe en algo que es inmediatamente agradable al ser humano, algo que le atrae muchísimo[33].

Su misión no es negar la sensibilidad, inhibir la afectividad, reprimir una y otra, sino llevarlas al cumplimiento del ideal humano y cristiano[34].

No se trata de una polarización de la preocupación virtuosa en el tema de la castidad: la templanza es y tiene toda una constelación de virtudes relacionadas con ella y entre sí: por ejemplo, la mansedumbre, que mitiga la ira y el mal humor[35]; la clemencia, virtud que modera los juicios severos

[30] *S.T.* II-II q.19 a.9 ad 4.

[31] Ibid.

[32] *S.T.* II-II q.142 a.1.

[33] "... refrenat appetitum ab his quae maxime alliciunt hominem" (*S.T.* II-II q.141 a.1).

[34] *S.T.* II-II q.142 a.1.

[35] *S.T.* II-II q.157-159.

que emitimos sobre los demás y condena nuestra insensibilidad frente a los males y castigos que recaen sobre los "otros"[36]; algo tiene que ver también con todo esto la modestia y la humildad, que moderan el deseo exagerado de la propia exaltación ante los demás[37].

*Principalidad de lo interno.*—El fin *principal* directo de la virtud de la castidad es lograr la castidad interna y espiritual, moderar el egoísmo interior, que desea el placer a ultranza. A este respecto se puede afirmar que Santo Tomás defendió que la castidad es psicógena; es lo que quieren significar los textos siguientes: "el desorden surge antes interiormente que en los hechos exteriores del cuerpo"[38]. Es lo mismo que —si bien más claramente— había dicho ya San Agustín y que Santo Tomás lo repite: "no se pierde la santidad del cuerpo mientras permanece la santidad del alma"[39]. Con lo cual se quiere significar que, siendo la virtud elección firme de la libertad interior, es aquí donde hay que mantener clara y firme la opción fundamental y los medios que la mantienen en alto.

Pero la castidad no es una virtud meramente interna y espiritual, sino que tiene sus reflejos en la corporeidad y afectividad relacional. La castidad tiene *también* como fin suyo el moderar según la razón, iluminada por la fe, los actos y hechos corporales y las relaciones afectivas con los demás, en conformidad con aquella primera elección virtuosa hecha previamente y que hemos dicho que es fundamental en esta y en toda virtud[40].

Nos parece acertada y todavía válida, incluso a la luz de la psicología más moderna, la advertencia que Santo Tomás hace seguidamente como consecuencia lógica de la elección virtuosa y libre en materia que ejerce tanta atracción: "esta virtud, dice, modera también las tristezas provenientes de la ausencia de tales placeres"[41].

[36] *S.T.* II-II q.157-158.

[37] *S.T.* II-II q.160-162.

[38] "Primo inordinatio invenitur in motu interiori animae quam in actu exteriori corporis" (*S.T.* II-II q.163 a.1).

[39] SAN AGUSTÍN, *De civitate Dei* I 18: "non amittitur corporis sanctitas, manente animae sanctitate".

[40] SANTO TOMÁS, *De malo* q.15.

[41] *S.T.* II-II q.141 a.3: "consequenter autem circa tristitias quae contingunt ex absentia talium delectationum".

*Los criterios de la castidad.*—¿Qué criterios presiden y gobiernan esta moderación? Preguntar por los criterios, fines y motivos de una virtud es fundamental: su respuesta es la que decide la validez del núcleo virtuoso y de su constelación de valores. Es lo que constituye la virtud misma.

La virtud cristiana es, en su base misma, *humana* y, por tanto, no va en contra de criterios humanos, pero los sobrepasa, elevándolos, purificándolos, haciéndolos más firmes, dada la debilidad humana, sobre todo en estas materias, "que tanto atraen al ser humano"[42].

La castidad sobrenatural tiene tal elevación de criterios que presenta y hace interiormente atractivas las formas superiores de la castidad, es decir, la virginidad misma, vivida por el reino de los cielos; y sus exigencias pueden llegar incluso a la mortificación cristiana como participación en el misterio de Cristo[43].

Para toda esta elevación de la virtud cristiana se requiere la gracia infusa: "por las virtudes infusas los hombres se comportan con la elevación que les corresponde como ciudadanos de los santos y pertenecientes [ya ahora] a la familia de Dios"[44].

Quizá resulte útil aducir aquí tres advertencias más que Santo Tomás hace en este contexto: la primera para avisar que el tema de la castidad hay que tratarlo en la *perspectiva integral* de la persona humana: no sólo ésta, toda virtud contribuye poderosamente, decisivamente, a la integración y evolución de la persona humana como tal. Esta afirmación de que toda virtud contribuye a la integración de la persona humana es equivalente a aquella otra de que "por los vicios se desintegra el hombre"[45]; bien entendido que la virtud cristiana no consiste en conservarse y poseerse, sino en entregarse por amor a Dios y a su plan de salvación[46].

Los caminos de la desintegración vienen —en esta materia— del hecho de que "la lujuria corrompe la prudencia"[47],

[42] *S.T.* II-II q.141 a.1: "refrenat appetitum ab his quae maxime alliciunt hominem".

[43] *S.T.* I-II q.63 a.4: "per quas homines bene se habent in ordine ad hoc quod sunt cives sanctorum et domestici Dei".

[44] Ibid.

[45] *S.T.* II-II q.141 a.2 ad 1.

[46] San Agustín, *De moribus Ecclesiae* c.15: PL 32,1322.

[47] *S.T.* II-II q.153 a.5 ad 1.

la cual es de alguna manera la condición básica para que una persona pueda ser virtuosa; con la imprudencia vienen todos los males en cualquiera de los campos, incluso en el de la fe[48].

Santo Tomás habla también de la serenidad de espíritu proveniente de la virtud de la templanza y de la castidad. Y es que los placeres de la carne no son algo ajeno a nosotros mismos, sino que la sexualidad y la afectividad forman parte esencial y vital de la persona humana. No cabe, por tanto, una vida turbulenta en aspectos tan vitales de la carne manteniendo al mismo tiempo la serenidad del espíritu.

La castidad es, según Santo Tomás, virtud que se inscribe en la misma corporeidad, en la afectividad, en la sensibilidad humana; ésa es su nota distintiva respecto de otras virtudes, como la prudencia y la justicia: la prudencia reside en la razón, mejor dicho, preside desde la razón; la justicia es virtud que reside en la voluntad, gobernando desde ésta nuestras relaciones de alteridad. La fortaleza y la templanza tienen mucho que ver con nuestra sensibilidad, que se retrae ante el bien arduo y difícil (debiendo entonces intervenir la fortaleza) y tiende con prontitud inmediata a lo agradable (debiendo intervenir la virtud de la templanza y la castidad). La sensibilidad adquiere así una participación en el modo propio de obrar de las potencias espirituales, con docilidad y colaboración subordinada a éstas. La libertad y el signo con que se ejerce se hacen extensivos a la sensibilidad y a la afectividad humanas.

## III. Concepto integral de la castidad y su constelación de valores

Las virtudes cristianas no se dan solas, aisladas, sino acompañadas de toda una constelación de virtudes y valores; lo que se da en la realidad no son virtudes independientes, sino hombres virtuosos.

También en cada virtud cardinal podemos ver un núcleo virtuoso y una constelación de virtudes, humanas y espirituales, personales y comunitarias. La templanza y la castidad abarcan toda una zona amplia e importante de nuestra

48 Pío XII: AAS 44 (1952) 413-419.

disciplina personal y relacional, tratando de dignificarlas con la moderación humana y cristiana.

La templanza es una virtud, en todo el sentido positivo de esta palabra: es una fuerza, una perfección humana, no una inhibición; tampoco hay que confundirla con la insensibilidad[49].

Pero no es la única virtud. Ni exclusividad ni primacía corresponden a la templanza y a la castidad en la jerarquía axiológica de las virtudes presentadas por la teología moral cristiana[50].

Pero es una virtud *cardinal,* es decir, eje y clave de toda una zona importante de nuestra vida moral, personal y *relacional.* Si subrayamos este aspecto relacional de la castidad es porque esta virtud —como toda capacidad de amar— tiene una dimensión y unos reflejos comunitarios muy grandes.

¿Qué dimensión teológica tiene esta virtud? La pregunta se refiere a la manera en que nos relaciona con Dios la virtud de la templanza y la castidad. La respuesta es que esta virtud guía y modera en nosotros aquellas fuerzas y tendencias que se refieren a dos cualidades o propiedades que nos asemejan a Dios: 1) en primer lugar, la permanencia en el ser: "Dios hizo al hombre a su imagen y semejanza"[51]; somos imagen y semejanza del que es: de Dios; pero en nosotros, seres creaturales limitados, el ser se alimenta desde fuera: no está en nosotros mismos la fuente del ser, el surtidor que alimenta nuestra permanencia en el ser; todo esto puede significar la comida y la bebida; y toda esta significación teológica puede asumir la virtud que las modera, es decir, la templanza; hambre y sed (como sensaciones de dolor), comida y bebida (como sensaciones de bienestar) son las condiciones más favorables para no desistir en los medios de esta permanencia en el ser —conservación del individuo—, que es buena, como lo es el ser mismo; 2) Santo Tomás habla, en este contexto, del instinto y de la virtud de la conservación de la especie humana, entendiendo por ésta no una realidad abstracta, etérea, sino el conjunto y la totalidad de las personas que constituyen la gran familia *humana,* cuya extensión y educación no puede ser encomendada al mero

[49] *S.T.* II-II q.142 a.1.
[50] *S.T.* II-II q.141 a.8.
[51] Gén 1,27.

instinto, a la voz de la carne y de la sangre, sino a la virtud[52].

A esta virtud, a la que se encomienda la misión del crecimiento y educación de la especie humana, atribuye Santo Tomás una gran dimensión comunitaria, fundada en las siguientes consideraciones: mayor perennidad que el individuo singular, cuya existencia es más efímera en el mundo; mayor plenitud humana de perfecciones, es decir, en la totalidad de los hombres se manifiesta mejor toda la gama de perfecciones humanas posibles; mayor cumplimiento de los planes de Dios en la historia salvífica de la humanidad que en la del hombre singular. No habrá de extrañarnos, pues, encontrar en el hombre mismo unas tendencias profundas, actividades maravillosas, adaptaciones y precauciones riquísimas, tomadas por el autor de la naturaleza en el plan divino de la conservación de la especie. Hay un instinto y una *virtud* de la conservación de la especie, así entendida[53].

Y la dimensión teológica de esta virtud está en que también aquí hay una semejanza con Dios, con el Dios que crea: procrear es una participación del poder creador de Dios: es una expresión del darse de Dios, dando el ser a los que serán, a su vez, imagen y semejanza de Dios. También este poder y esta virtud hace a los hombres semejantes al Dios que extiende su vida a los demás, al Dios que proyecta su bondad "ad extra".

Toda esta tarea no está encomendada a la voz del instinto, por muy fuerte que sea, sino a la conciencia *humana*, rectamente formada. El hombre cristiano sabe además que también en este campo, importantísimo, "cardinal" para la persona y para la comunidad humana, entran las virtudes de la fe, la esperanza y la caridad.

*Sentido positivo de la castidad.*—Cabe preguntar ahora qué actitudes positivas deben concurrir en una persona para que se la pueda calificar de virtuosa, qué actitudes internas forman la realidad integral del hombre virtuoso.

La primera respuesta de Santo Tomás es la de que no basta el mero sentimiento de horror y la consiguiente actitud —más o menos irracional— de huida de toda lo relacionado

[52] *S.T.* II-II q.151.
[53] Ibid.

con lo sexual, para que pueda considerarse a una persona como virtuosa[54].

Mucha mayor importancia tiene, en orden a la *virtud* de la castidad, la actitud positiva de la honestidad, por la cual se ama la belleza propia de esta virtud, tanto en su dimensión personal como relacional[55].

¿Qué significan la vergüenza y el pudor en el contexto de la castidad? Vergüenza y pudor (sin comprometernos a una ecuación de identidad entre aquélla y éste), son palabras sugestivas, pero al mismo tiempo un tanto vagas e imprecisas. En un sentido general y amplio se trata de un sentimiento profundo del alma, de cuya existencia todo el mundo tiene constancia, pero que a la hora de describirlo se encuentra uno con dificultades. Vergüenza y pudor no se refieren sólo al campo de la sexualidad y de la afectividad, sino también al de la espiritualidad. En efecto, hay un presentimiento de la dignidad espiritual de las cosas del alma que no se suele querer exponer a la profanación externa indiscreta. Existe cierto impudor en abrir el alma como una plaza pública, en "exponer" la vida espiritual propia, las relaciones personales con Dios. El pudor protege la nobleza de toda una motivación espiritual.

Refiriéndose más concretamente al campo de la castidad, entiende por pudor cierto temor de un mal posible o probable en el tema propio de esta virtud, un sentimiento —de suyo— laudable, pero que puede llevar a ciertos excesos, puede derivar en respeto humano exagerado e irracional; por ejemplo, para descubrir un mal físico ante quien pueda resolverlo médicamente; puede incluso degenerar en insinceridad, temor a descubrir el mal moral propio en orden a lograr su solución espiritual, etc.

Los extremos viciosos en esta materia serían, a juicio de Santo Tomás, por un lado, el inhibicionismo de un falso pudor llevado a su extremo, y por otro, el exhibicionismo, que puede estar relacionado con ciertas desviaciones sexuales en grado de aberraciones...

En línea de continuidad y de aplicación actual de este tema, los autores modernos ponen en vigilancia ante las falsas actitudes de vergüenza exagerada. Conceden, ciertamen-

[54] *S.T.* II-II q.144.
[55] *S.T.* II-II q.145 y q.143 artículo único.

te, que el pudor es un bien y una ayuda para la virtud, ya que se manifiesta, antes de cometer el pecado, a modo de vergüenza en evitación del mismo, y si se ha cometido el pecado, como remordimiento de haberlo hecho.

Sin embargo, existen falsas actitudes de vergüenza mal entendida que a veces pueden provenir de un juicio equivocado acerca de la virtud[56]: la de una madre soltera que por vergüenza realiza el aborto prefiriéndolo a que se sepa su maternidad prematura; la de una mujer casada que tuviera vergüenza para la realización del acto matrimonial; la de los padres que tienen vergüenza para la debida iniciación de sus hijos en los misterios de la vida; la vergüenza para descubrirse ante los medios necesarios de la medicina; la vergüenza para la confesión de los pecados sexuales incluso por parte de quienes no la tienen para confesarse de pecados mucho más graves en la axiología cristiana, como son los pecados "del espíritu" (soberbia, injusticia, calumnia, etc.), mucho más graves que los de "la carne"[57].

Estamos hablando de la primacía de la actitud positiva para ser virtuoso; no basta huir de lo deshonesto para que a alguien se le pueda llamar honesto; la virtud es positiva, es amor al bien; la huida del mal es actitud derivada de la adhesión y amor al bien: "de la actitud espiritual de quien fuertemente se adhiere al bien se sigue el que uno no ceda ante la pasión corporal, aunque se presente con la inminencia de lo sensible"[58].

Y se trata de una adhesión al bien libre y responsablemente realizado. La virtud es un hábito electivo, hábito que obra por elección deliberada[59]. Y no se trata de un hábito de hacer siempre lo mismo, aunque sea bueno, sino de responder virtuosamente en toda nueva situación, siempre diversa, en que nos encontramos[60].

56 Sólo para el pecado hay que tener vergüenza, dice Santo Tomás (II-II q.144 a.2).

57 LABOURDETTE, MICHEL, O.P., *Tempérance* (Toulouse) (ad usum alumnorum).

58 *S.T.* II-II q.123 a.6 ad 2: "importat actum animae fortissime inhaerentis bono, ex quo sequitur quod non cedat passioni corporali iam imminenti".

59 *S.T.* II-II q.144 a.1 ad 1: "habitus electivus, id est, ex electione operans".

60 PINCKAERS, SERVAIS, O.P., *La renovación de la moral* (Verbo Divino, Estella 1971) p.221 y 225.

Santo Tomás insiste en que también los demás vicios y pecados, los que se oponen a las demás virtudes, son vergonzosos; este adjetivo no debe polarizarse en los pecados sexuales; teológicamente hablando, dice, los demás pecados son más vergonzosos que éstos, y no es fácil explicar por qué la vergüenza aparece con más relieve en los pecados que se cometen como reverso negativo de la castidad[61].

El pudor contribuye positivamente en favor de la honestidad, al menos "removiendo las situaciones que son contrarias a la honestidad", "aunque esto no basta para que se le pueda llamar honesto en el sentido perfecto de esta palabra"[62]. Señala también que no es fácil ser casto —sobre todo en los comienzos vacilantes de la vida espiritual— si se desprecian imprudentemente los avisos del pudor. Y advierte también que el hedonismo o búsqueda del placer a ultranza puede arrastrar a escándalos públicos, rebasando el freno que naturalmente supone el pudor[63].

Sólo deberíamos avergonzarnos del pecado, éste es el único motivo válido de vergüenza: "la deformidad [moral] de nuestros actos voluntarios"[64]. Tanto más cuanto que depende de nuestra voluntad el evitarlos[65].

En cambio, los hombres deben avergonzarse menos por causa de los defectos físicos que no dependen de nuestra voluntad. Avergonzarse de defectos físicos es signo de personalidad débil [humana y cristianamente][66].

La vergüenza, en lo que tiene de laudable y virtuoso, trata de evitar dos cosas: "lo actos pecaminosos, como tales, en sí mismos[67], y, en todo caso, querrá evitar el escándalo público[68]. Hay, pues, diversas fases o grados en esta virtud; el núcleo fundamental está en querer evitar el vicio y el pecado, la culpa propia.

En cambio, los desprecios dirigidos por cualquiera que sea por ser uno virtuoso, por el comportamiento honesto,

[61] *S.T.* II-II q.144 a.1 ad 2. Cf. PIEPER, JOSEF, *Prudencia y templanza* (Rialp, Madrid, 1969) p.113ss y p.122.
[62] *S.T.* II-II q.144 a.1 ad 3.
[63] Ibid., ad 4.
[64] *S.T.* II-II q.144 a.2: Sed contra: "in deformitate actus voluntarii".
[65] Ibid. corp.: "in sola voluntate consistit".
[66] Ibid., párrafo 2, al final: "minus homo verecundatur de defectibus qui non ex eius culpa proveniunt".
[67] Ibid.: "ut aliquis desinat vitiosa agere".
[68] Ibid.: "ut homo in turpibus quae agit vitet publicos conspectus".

deben ser serenamente desechados por ser injustos, vengan de donde vengan. A este grado de virtud se llega por la magnanimidad, que tiene por finalidad buscar el grado más perfecto de virtud en la propia situación existencial. De esta manera, los apóstoles salían gozosos por haber sido tenidos como dignos de padecer por el nombre del Señor[69]. El que alguno se avergüence de los oprobios que por ser virtuoso le vienen, es por no poseer virtud sólida, la cual desprecia las cosas exteriores y los honores y desprecios inmerecidos.

Santo Tomás insiste en que solamente las obras pecaminosas son verdaderamente torpes en la presencia de Dios, último y único criterio de verdad y de virtud. En cambio, "según la opinión de los hombres", se suele tener vergüenza de cualquier defecto: "hay quien se avergüenza de la pobreza, de la falta de nobleza [de sangre], de la situación de sometimiento a otros, y cosas semejantes"[70].

Admite Santo Tomás, y enseña abiertamente, que de suyo deberíamos avergonzarnos más de los pecados espirituales que de los carnales. Si no siempre sucede así, es porque aquéllos se revisten más fácilmente de apariencia de bien humano: el orgullo se disfraza de grandeza humana; el egoísmo se presenta bajo capa de ahorro y previsión; la terquedad, como firmeza de voluntad, etc. Pero de suyo hay que avergonzarse más de los pecados más graves, y éstos son, sin duda, los pecados espirituales, más vergonzosos que los carnales, así en toda sana y equilibrada axiología de virtudes y vicios de la moral cristiana[71].

El pudor y la vergüenza tienen un sentido positivo, sobre todo en los comienzos del camino de la virtud; cuando ésta sea firme, se querrá evitar el pecado por el amor del bien en sí mismo, no por temor del mal. Es de advertir también que sólo pueden tener vergüenza los que en el terreno de los principios admiten la existencia del mal moral. La más baja degradación no es la meramente moral, sino la ideológica: cuando las cosas más abominables no son consideradas como malas, peor aún cuando son consideradas como bue-

[69] Act 5,41.

[70] *S.T.* II-II q.144 a.2 ad 2.

[71] *S.T.* II-II q.144 a.2 ad 4: "quandoque contingit aliqua graviora peccata minus esse verecundabilia... sicut peccata spiritualia quam carnalia: vel quia in quodam excessu temporalis boni se habent... [vel] propter quandam speciem potestatis. Et simile est in aliis".

nas; hasta ahí pueden llegar en su degradación los hombres sumergidos en el pecado, a quienes, lejos de desagradar sus vicios, llegan incluso a gloriarse de los mismos[72].

La ausencia de vergüenza en los buenos y en los malos se da por causas muy diversas, radicalmente opuestas: [ausencia] que se da en los mejores *(in optimis viris)* y en los peores *(in pessimis)*; en los santos, porque se sienten moralmente seguros en Dios, aunque no deben tener la presunción de sentirse confirmados en gracia; mucho menos nosotros, que no estamos tan firmes en la virtud; en los peores, porque apenas reconocen las fronteras del bien y del mal y por tanto no sienten por qué avergonzarse[73].

Hemos de tener vergüenza no sólo del mal, sino también de lo que tiene apariencia de mal; por razón de los demás, es decir, que, por no evitar lo que tiene apariencia de mal, podemos ser motivo de escándalo para los otros, sobre todo para los más débiles[74].

El virtuoso, entendiendo por tal el que está firmemente adherido al bien, no tema las difamaciones y oprobios que pueden provenirle por razón de la virtud, antes bien los desprecia como no relacionados con él, y es que la virtud, junto con su presencia, trae consigo cierta transparencia que le permite discernir si las habladurías de los demás corresponden a verdad o no. La virtud da un discernimiento de espíritu realmente liberador, y cuando está fundada en la fe y animada por la caridad, da un gozo de ser difamados por la virtud y el bien realizados[75].

La verdadera grandeza humana, la definitivamente válida, consiste en la virtud, no en los honores, en las riquezas, en los placeres; éstos quedan relativizados por nuestro encuentro final con Dios y por nuestra última y definitiva perfección en él. Pero la primera y principal instancia de la virtud no se encuentra en lo externo o en la negación a lo externo (riquezas, honores, placeres, etc.), sino que la honestidad se encuentra radicalmente en la anterioridad, y sólo a

[72] *S.T.* II-II q.144 a.4: "quia non aestimatur ut malum"... "Et hoc modo carent verecundia homines in peccatis profundati, quibus sua peccata non displicent, sed magis de eis gloriantur".

[73] Ibid.: "ea quae sunt erubescibilia, non apprehenduntur ut turpia".

[74] Ibid., ad 2: "ad virtuosum pertinet non solum vitare vitia, sed etiam ea quae habent speciem vitiorum" [por razón de la prudencia].

[75] Act 5,41.

modo de signo (de la elección interna) está en lo exterior; por ejemplo, en la pobreza y generosidad, en la humildad y servicio al prójimo, en la sobriedad y la castidad[76].

El fundamento psicológico y cristiano del optimismo en materia de virtud está en que la verdad, la virtud y la belleza son amables a todo el mundo. El bien conocido despierta deseo y apetito de llevarlo a la práctica en todos. No están los hombres tan sustancialmente corrompidos como para quedar insensibles e indiferentes ante la justicia o injusticia, ante el amor o el odio, ante el egoísmo o la generosidad, ante lo honesto o lo deshonesto. El bien y la virtud poseen cierto resplandor humano y espiritual que los hacen apetecibles. Si nuestra pedagogía de la fe y de la moral fueran capaces de presentar a Dios y la moral cristiana con el atractivo y resplandor que presentan las cosas del mundo visible, despertaríamos un grande y maravilloso amor del bien[77].

Tenemos que acostumbrarnos a ciertas identificaciones o ecuaciones que resultan elocuentes: por ejemplo, lo mismo da —en definitiva— decir virtuoso, que honroso, que glorioso; asimismo, hay coincidencia entre lo honesto y lo bello [en el campo de la moral][78].

*La continencia y la castidad.*—Cuando Santo Tomás se pregunta si la incontinencia es pecado, la respuesta afirmativa abarca no sólo a la incontinencia en el tema de los placeres sexuales, sino también en materia de "honores, riquezas y cosas semejantes"[79]; y da la razón: "por no observar, dice, la forma virtuosa del orden razonable"[80].

¿Cómo puede ser pecado lo que no es posible sin ayuda de la gracia? A lo que responde: lo que podemos con ayuda de los amigos que están a nuestra disposición es algo que está en definitiva al alcance de nuestra posibilidad. Ahora bien, la continencia es posible con ayuda de la gracia[81].

En orden a la penitencia, Santo Tomás interpreta benignamente a los incontinentes en general; dice refiriéndose a

[76] *S.T.* II-II q.141 a.3.

[77] *S.T.* II-II q.145 a.1 ad 1.

[78] *S.T.* II-II q.145 a.2 ad 2.

[79] *S.T.* II-II q.156 a.2: "cum aliquis non servat modum rationis in concupiscentia honoris, divitiarum et aliorum huiusmodi".

[80] Ibid.: se da concupiscencia aun en cosas de suyo legítimas.

[81] Ibid., ad 1: "quae per amicos possumus, aliqualiter per nos possumus": se presenta a Dios identificado y solidarizado con nuestra virtud.

ellos que son incontinentes, pero no impenitentes; más aún, "el que es incontinente suele arrepentirse bien pronto"[82].

Y dentro de esta misma cuestión nos ofrece otra consideración que es teológica y pastoralmente válida: la de que, "para ayudar a la curación del incontinente, no basta la mera claridad de ideas, sino que se requiere el auxilio interior de la gracia" además del diálogo externo de consejo y purificación[83].

Y comparando el pecado de ira e incontinencia en cuanto al mal en que se cae..., afirma que es más grave el pecado de incontinencia en la ira que en materia de lujuria, ya que la ira conduce a actos que van [más] en perjuicio del prójimo[84]. Con lo cual no quiere negar Santo Tomás la resonancia comunitaria de los pecados contra la castidad, como hemos dicho anteriormente.

En el comienzo mismo de la cuestión de la castidad, Santo Tomás hace saber que la entiende no sólo como adhesión a esta virtud y privarse de los placeres venéreos prohibidos, sino también de la "castidad espiritual", consistente en la plena adhesión a Dios y apartarse de todo aquello que aparta y desdice de Dios; es decir, de "aquella castidad espiritual según la cual la mente humana se recrea en la unión espiritual con Dios y se priva de los placeres opuestos al orden divino"[85].

Si, por el contrario, la mente humana se recrea en lo que contraría el orden divino, existe lo que él llama la fornicación espiritual[86]. Es evidente que está hablando de una alegoría bíblica según la cual el apartarse de Yahvé-Esposo, por cualquiera de los pecados que sea, es una especie de fornicación espiritual, cuya gravedad concreta está en apartarse del Dios de la alianza[87].

Lo mismo se ha de decir de la lujuria: entiende por tal no sólo la que se refiere a los placeres venéreos ilícitos, sino también a otras materias en las que hay abuso y exceso[88]. Es

[82] *S.T.* II-II q.156 a.3: L"incontinens statim poenitet".
[83] Ibid., ad 2: "ad sanationem incontinentis non sufficit sola cognitio, sed requiritur interius auxilum gratiae".
[84] Ibid., a.4: "ducit [ira] in ea quae pertinent ad proximi nocumentum".
[85] *S.T.* II-II q.151 a.2.
[86] Ibid.
[87] Ibid., citando 2 Cor 11,2 y Jer 3,1.
[88] *S.T.* II-II q.153 a.1 ad 1.

evidente que se está refiriendo a los honores, a las riquezas, a la ambición mundana como lujuria...

La perspectiva específicamente cristiana de la castidad aparece y brota en todo momento aquí: por ejemplo, cuando lee en San Pablo los motivos virtuosos del Cuerpo místico aplicados a esta materia: "Hablando contra la lujuria, escribe San Pablo: 'habéis sido rescatados a gran precio. Glorificad, pues, y llevad a Dios en vuestro cuerpo'. Ahora bien, cuando uno hace mal uso de su cuerpo en actos impuros, hace injuria a Cristo, Señor principal de nuestro cuerpo"[89].

Este texto de Santo Tomás está en línea de continuidad —mediante cita explícita— con la frase de San Agustín, de que "Dios que gobierna a sus siervos, para utilidad de éstos, no suya, impuso este precepto para que no se corrompa el templo de Dios que has comenzado a ser"[90].

También esta virtud, como todas las morales, tiene su justo medio; por eso, antes de terminar el artículo, advierte Santo Tomás que no es lo mismo castidad que insensibilidad[91]; aquélla es virtud; ésta, vicio, aunque no tan frecuentemente... como el vicio que está en el extremo opuesto...[92].

¿Qué aliciente puede tener para abstenerse de placeres tan atractivos el que no tiene esperanza en la vida futura? Santo Tomás se formula esta pregunta formalmente. A lo que responde: "motivo principal para abstenerse de los placeres de la lujuria suele ser la esperanza de la salvación futura; ahora bien, el no tener esperanza sustrae este motivo. Por eso la falta de esperanza se convierte en causa de la lujuria, no directamente, sino en cuanto que quita el fundamento del bien obrar"[93].

Pueden leerse con interés los efectos derivados que Santo Tomás atribuye luego a la lujuria; sobre todo la inconstancia de la voluntad, el amor propio y egoísmo, el afecto exclusivo a la vida presente, a la que se siente apegado etc.[94].

89 "... iniuriam facit Domino, qui est principalis dominus corporis nostri" *(S.T.* II-II q.153 a.3 ad 2).

90 SAN AGUSTÍN, *Sermo ad popul.* serm.9 c.10: PL 38,86.

91 *S.T.* II-II 153 a.3 ad 3.

92 Ibid: "non contingit in multis..."

93 Ibid., a.4 ad 3.

94 Ibid., a.5.

## Conclusión

Está bien que la ley evangélica contenga preceptos relacionados con la virtud de la templanza y la castidad, por la relación que ésta tiene con la caridad, bien directamente o en sus consecuencias: "a esto respondo diciendo que, como dice el Apóstol (1 Tim 1,5): el fin del precepto es la caridad, hacia la cual somos inducidos por los dos preceptos que se refieren al amor de Dios y del prójimo (Mt 22,36). Y por esto, en el decálogo, se ponen aquellos preceptos que más directamente se ordenan al amor de Dios y del prójimo"[95].

Y aunque directamente esta virtud tienda a poner orden en sí mismo, por ser moderación en los placeres, en la clemencia, en la mansedumbre, en la humildad, nadie negará la relación que tiene con el "amor de Dios con todo el corazón, con toda la mente, con todas las fuerzas" y con el amor al prójimo.

[95] *S.T.* II-II q.170 a.1 y 2 c.

## CAPÍTULO III

# *EL MATRIMONIO, REALIDAD NATURAL-VOCACION CRISTIANA, EN EL PROTESTANTISMO DE AYER Y DE HOY*

El Concilio Vaticano II se propuso, desde su origen mismo[1], como uno de sus fines primordiales, el promover el retorno a la unidad de todos los cristianos[2].

Desde esta perspectiva y espíritu ecumenista, promovidos por el propio concilio Vaticano II, y sobre todo por amor a la verdad misma, queremos tratar este tema, por cierto muy delicado, del pensamiento protestante de ayer y de hoy en torno al matrimonio y a la familia.

No pretendemos hacer un tratado exhaustivo de este tema, pero sí ofrecer los elementos doctrinales sustantivos del mismo, indicando claramente su dinámica interna hacia la aceptación de la sacramentalidad misma del matrimonio de los cristianos, atribuyéndole una significación no sólo humana, sino también de historia de salvación, de participación en la realización de Cristo con la Iglesia. Hacia esto apuntan los teólogos protestantes de máxima importancia en la actualidad, como pueden ser Karl Barth y J. J. von Allmen. Pero, antes de llegar a éstos, comencemos por los que fueron autores y exponentes máximos del origen mismo de la Reforma.

### 1. El matrimonio, realidad natural

No faltan quienes achacan a Lutero el haber profesado una doctrina demasiado naturalista en torno al matrimonio, haberlo defendido como una necesidad natural, puramente biológica, que habría que satisfacerla con el mínimo de turbación para la sociedad. Pero las numerosas citas que a este respecto se pueden aducir de Lutero son comprensibles sola-

[1] SC n.1: AAS 56 (1964) 97.

[2] *Decreto sobre el ecumenismo* n.1: AAS 57 (1965) 90-93.

mente en el contexto polémico en que escribió y en el clima de lenguaje popular que adoptó[3].

Por otro lado, quizá demasiado optimista, hay quien afirma que la doctrina de Lutero sobre el matrimonio como vocación fue sublime; que fue Lutero quien, por fin, revalorizó la vocación divina al matrimonio. Pero actualmente no sólo los estudiosos católicos de la doctrina protestante, sino los propios protestantes discuten sobre la coherencia interna de los elementos doctrinales ofrecidos por la enseñanza de Lutero a este respecto[4].

La verdad es que la doctrina protestante original no ha insistido mucho en la *teología* del matrimonio y de la familia; incluso llegó a negar su sacramentalidad, o sea, que tenga significación eficaz en orden a la realización de la salvación; la mayoría de sus expresiones hacen referencia al matrimonio como estado de vida natural, como otras ocupaciones terrestres y corporales, aunque la más noble de todas ellas. Siendo una realidad de orden natural, no tendrán inconveniente en considerarla de la competencia *civil*[5].

La doctrina del matrimonio, generalmente, es presentada por los protestantes (de ayer y de hoy) en sus tratados de ética o moral, debido a que lo consideran como formando parte —por cierto importantísima— de la vida social, económica, relacional y política.

Consideraban el matrimonio como *una realidad natural* que entra como materia del precepto divino y al que hay que obedecer. Así la doctrina protestante primera y original. Veremos luego qué evolución y progreso se ha dado en este punto en los teólogos protestantes modernos[6].

En éstos existe ya la perspectiva del matrimonio como medio de inserción activa en la historia de la salvación. En el protestantismo contemporáneo se da una fuerte tendencia a considerar al matrimonio inserto en el orden de la *salvación*[7].

[3] KAWERAU, WALDEMAR, *Die Reformation und die Ehe.* (Halle, 1892); FELICE, TH., *Le protestantisme et la question sexuelle* (Paris, 1930).

[4] ZARNCKE, en "Zeit. syst. Theol." 12 (1934) 98ss.

[5] LONGSTRUP, K. E., a *Ehe*, en *Die Religion im Geschichte und Gegentwart,* 3 ed., col.326.

[6] BARTH, *Kirchliche Dogmatik (K.D.)* III 4 p.203.

[7] VON ALLMEN, J. J., *Maris et femmes d'après S. Paul* (Neuchâtel 1951) p.61.

## 2. Origen del matrimonio

Para Lutero, se trata de una institución divina que tiene su origen y destino en la naturaleza misma del ser humano. Pertenece al orden de la naturaleza, no de la gracia. No ha sido instituido por Jesucristo en el Nuevo Testamento, sino por Dios mismo en la creación. Lo considera como un derecho tan natural que afirma ser irrenunciable aun por propia voluntad: dice que no se renuncia a él definitivamente ni con el celibato eclesiástico ni con los votos religiosos, los cuales resultarían inválidos si luego surge la necesidad perentoria e imprevista de vivir con cónyuge[8].

Con esto no quieren negar la dignidad del celibato; antes bien, tanto Lutero como los demás protestantes, de ayer y de hoy, lo ensalzan constantemente, afirmándolo como un milagro de Dios, pero no como una posibilidad que esté siempre ofrecida a la libre opción humana.

Y es de notar su afirmación fundamental de que la grandeza de la virginidad y del celibato eclesiástico está vinculada a *la fe* con que se vive. Ni Lutero ni Calvino ocultan su admiración por el celibato, sino que la manifiestan abiertamente no pocas veces; y si algunas veces hacen referencia al "celibato como inmundo"[9], hay que decir, en buena ley de exégesis e interpretación, que no califican así al celibato mismo como tal, es decir, considerado en sí mismo, sino que se refieren a las torpezas personales de quienes pueden encubrirlas bajo aquel título.

Como luego diremos, el pensamiento protestante moderno ha avanzado en relación con el celibato, ya que lo considera, junto con el matrimonio, como una alternativa libre ofrecida a la elección del hombre, como vocación posible: es una posibilidad perenne, objeto de una particular donación de Dios, un camino, un llamamiento divino[10].

Cuando afirman que el matrimonio es una *realidad* de orden natural, no dejan de afirmar que es *divina*, ya que su origen se debe a la voluntad e institución de Dios, y no del hombre.

Consideran el matrimonio como permiso divino de usar

[8] *Der Grosse Katech.* I p.209ss; MELANCHTON, *Apologia* XXIII 67.
[9] "Immumdum caelibatum".
[10] BARTH, *K.D.*, III 4.

de la creación y mandato divino de procrear. No es un instinto malo, sino obra divina. El estado matrimonial debe ser honrado como un estado divino y feliz, superior a toda otra vocación terrena[11], incluso a la de los reyes, y príncipes, y actividades del mundo político y económico, en cuanto que todas estas profesiones están subordinadas en origen al estado matrimonial (del que provienen) y destinadas en su fin a favorecer al matrimonio y a la familia.

Para avalar estas afirmaciones recurren a la Biblia diciendo: "la palabra de Dios nos hace mirar al matrimonio no sólo como equivalente a los demás estados en valor y dignidad, sino que precede a todos ellos a larga distancia, sean emperadores invictos, príncipes purpurados, obispos, etc."[12].

También Melanchtón salió en defensa del matrimonio contra ciertas tendencias existentes en Alemania durante aquella época (tendencias que miraban al matrimonio como indigno), diciéndoles: "el matrimonio es limpio para los creyentes, porque está santificado copiosamente por la palabra que repetidamente testifica la Escritura". Cristo llama al matrimonio una unión divina al decir: "lo que Dios ha unido, el hombre no lo separe"[13].

Calvino llama al matrimonio "sociedad bendecida por Dios", "iniciada por autoridad divina", etc.[14]

Refiriéndonos concretamente a Calvino, conviene comenzar diciendo que el pensamiento calvinista del matrimonio está de acuerdo con el de la Iglesia católica en muchos de sus puntos; por ejemplo, en dos que son fundamentales: el gran respeto al orden natural del matrimonio y en la tendencia a aceptar la restauración del matrimonio por la comunión con Cristo[15].

Sin embargo, existen también diferencias fundamentales en varios puntos esenciales; uno de ellos, el del celibato eclesiástico. Calvino hace referencia en sus escritos a la tradición de la Iglesia romana, la cual —dice— reconociendo al matrimonio el carácter divino que el Evangelio le confiere, tiene

[11] Ya hemos dicho que el don divino del celibato lo consideraban como una especie de milagro de la gracia divina.

[12] *Der Grosse Katechismus* I p.209-210.

[13] *Apologia confessionis augustanae* XXIII 28-30.

[14] *Institutio christianae religionis* II c.8.

[15] BIELER, ANDRÉ, *L'homme et la femme dans la morale calviniste* (Genève, Labor et Fides, 1963) p.147.

al celibato como un estado espiritualmente superior. Esta concepción —añade— reposa sobre el viejo dualismo oriental, que opone el espíritu a la materia, el cuerpo al alma, y que ve en el acto sexual una función humana necesaria, pero un poco degradante[16].

No podemos estar de acuerdo con esta motivación atribuida al celibato eclesiástico; en cambio, nos parecen verdaderas y acertadas las consideraciones o conclusiones a que llega de que, para el Evangelio, este género de oposiciones no existe. El hombre pertenece a Dios en la totalidad de su ser, y todo aquello que es humano es santificado[17] por la comunión de la creatura con su Creador, comunión restablecida por Cristo[18].

Existen también no pocos puentes de ecumenismo entre la antropología bíblica de los protestantes y la nuestra; por ejemplo, cuando Calvino afirma que la perfección total del ser humano no está solamente en el hombre o en la mujer considerados aisladamente, sino en ambos y en su relación mutua; que la perfección del ser humano no es patrimonio exclusivo de uno de los sexos. Esta concepción de base da una orientación muy particular a toda la sociedad, a la que comunica una característica esencial de solidaridad. Calvino insiste en la consideración del ser humano como creatura social, "creatura de compañía"[19].

A Calvino se debe también en gran parte el haber puesto en evidencia la primacía del amor conyugal, la importancia de su unión íntima como beneficiosa en orden a la procreación y educación de los hijos. Calvino considera la unión conyugal como lugar privilegiado del enriquecimiento del ser humano[20].

Conviene poner de relieve, como mención de honor para

[16] ID., ibid., p.147.

[17] Lo que Calvino afirma es que todo lo humano es santificado *igualmente*, refiriéndose a matrimonio y celibato. Ya hemos hablado de esto en la I parte.

[18] Todo puente establecido entre la bondad natural del matrimonio y su santificación por Cristo es al mismo tiempo un puente de verdadero ecumenismo.

[19] BIELER, o.c., p.148.

[20] Es muy incompleta y, por lo tanto, imperfecta la interpretación que este autor calvinista, Bieler, hace de la doctrina católica sobre la promoción de la mujer, de la importancia del amor y del complemento mutuo de los esposos; cf. o.c., p.148 nota 2.

Calvino, que está bien su insistencia en favor de la unidad espiritual fundamental entre el hombre y la mujer en el seno del matrimonio; él ha puesto, en línea de continuidad con San Pablo, unas bases teológicas de espiritualidad matrimonial con las que se muestran de acuerdo la psicología y la sociología modernas. Demostró también que la igualdad fundamental, humana y espiritual, de hombre y mujer, es principio inmutable que está en consonancia con la diversidad de función que tienen en el matrimonio, en la familia y en la sociedad.

En la cuestión de la indisolubilidad del matrimonio y del divorcio se alejó de la doctrina mantenida por la Iglesia católica. De todas formas, es conveniente tener en cuenta sus consideraciones al respecto; son las siguientes: sólo el hombre y la mujer asociados [casados] en la comunión con Cristo, restaurador de su naturaleza corrompida, están unidos según el designio de Dios. Esta unión es indisoluble. Mas a causa de la maldad de los hombres, existen uniones que no son más que aparentes...[21]

Es también aceptable su consideración de que la comunión de los esposos con Cristo no se asegura *ipso facto*, es decir, por el hecho mismo de contraer matrimonio; éste tiende a una conversión constante, al arrepentimiento, a la santificación cotidiana: son todas estas virtudes, en razón de las primeras promesas de fidelidad del Señor, las que pueden mantenerlos en la fidelidad conyugal[22].

Hay que reconocer a los protestantes primeros, mucho más a los recientes, su voluntad de reponer en el honor que le corresponde la concepción evangélica del matrimonio. La Reforma trataba de rehabilitar la vida en común de la pareja humana oponiéndose a la corriente, por cierto poderosa, de la inmoralidad que la desnaturalizaba.

Calvino decía que el cristiano glorifica a Dios en el mundo por su obediencia fiel a su santa voluntad. El cristiano ruega a Dios, no para que le aparte del mundo, sino para que le preserve del mal. Para él, la maldición no pesa sobre el mundo en sí mismo, sino sobre el mal que existe en el mundo. Insistió frecuentemente en que el cristiano no re-

[21] ID., ibid., p.159.

[22] *Institution de la religion chrétienne* (ed. de 1560) (Genève, 1955); cf. *Opera Calvini* II-III.

nuncia a la vida de familia, al trabajo profesional ni a los trabajos públicos, sino que renuncia al desorden, al lujo, a la intemperancia, a la disipación, a la injusticia, a la mentira, a la impureza; en fin, a todo aquello que es contrario a la regla de fe y de vida que Dios ha dado en las Escrituras[23].

Este resultado no se obtiene primariamente —dice— por las medidas exteriores de presión tomadas por autoridades civiles o eclesiásticas. Antes bien, el origen de la transformación de un pueblo está en la predicación fiel al Evangelio. Sólo esto es capaz de transformar la persona humana y de hacerle dar espontáneamente los frutos de una vida nueva, moral, social, política.

Calvino enseñaba que la ley puede mantener por cierta coacción un nivel de moralidad y de orden entre los hombres, entre hombre y mujer; pero la sola ley es incapaz de insuflar en el matrimonio mismo el dinamismo creador de una vida nueva, acompañada de una moral evangélica. Sólo la fe, que responde [y corresponde] a la palabra de Dios [y la gracia], conducen eficazmente al hombre a conformarse plenamente a la moral evangélica[24].

### 3. ¿Admiten la sacramentalidad del matrimonio?

Teólogos protestantes modernos considerados como exponentes máximos, por ejemplo, R. Barth[25] y O. Piper[26], ponen como fundamento del matrimonio, no ya solamente un mandato divino que proviene desde la creación (Gén 2,18; 1,26-28), sino la elevación de la Nueva Alianza, que da consistencia neotestamentaria al matrimonio como imagen de la unión de Cristo con la Iglesia. La explicación del matrimonio es dada solamente a la luz de la doctrina de San Pablo a los Efesios (5,22-32). Sobre este aspecto, la doctrina de los protestantes ha evolucionado mucho, hasta el punto de que Von Allmen, profesor de la facultad de teología pro-

[23] CHOISY, EUGÈNE, *Calvin, éducateur des consciences* (Paris 1925) p.105-106.

[24] *Commentaires sur le Nouveau Testament*, ed. de 1561 (Paris, 1854); cf. texto latino *Opera Calvini* XLV y LIII.

[25] BARTH, K., *Dogmatique*, 3 vols. I (Genève, 1960).

[26] PIPER, O., *L'Évangile et la vie sexuelle* (Delachaux et Niestlé, 1955) p.197.

testante de Neuchâtel, en Suiza, llega a afirmar que, en buena interpretación de la carta primera de San Pablo a los Corintios, sus afirmaciones centrales son: 1) que el matrimonio es carisma de Dios; 2) misión asignada por el Señor del Cuerpo místico de Cristo y vocación de Dios[28]; 3) vocación en la que puede permanecer el bautizado[29]. Y el propio Von Allmen, comentando la carta a los Efesios, dice que, a la luz de este texto clásico (5,22-32), puede hablarse del matrimonio como misterio o sacramento, como puede hablarse de Cristo como sacramento, como la Iglesia misma es sacramento[30].

Al leer estas afirmaciones, cuya belleza y aproximación a la verdad católica nos sorprenden gratamente, queda patente la evolución a que hemos aludido anteriormente desde aquellas primeras afirmaciones de los reformadores. Lutero decía: "en ninguna parte se lee que va a recibir gracia quien recibe mujer como esposa"; y añadía: el texto de San Pablo en Ef 5,22-32 no prueba la sacramentalidad propiamente dicha del matrimonio, porque el término *sacramento*, que está referido a Cristo, quiere significar una realidad salvífica, secreta, escondida en Cristo en relación con la Iglesia, pero no está suficientemente demostrado que se refiera a una gracia salvífica existente dentro del matrimonio. Y cuando, refiriéndose a éste, lo califica de "instituido por los hombres", no quiere decir Lutero que el matrimonio haya sido instituido por los hombres, sino que han sido los hombres los que han tomado el hecho natural de la relación de hombre y mujer en el matrimonio como analogía vital para expresar la unión de Cristo con la Iglesia, aunque en la Biblia misma no esté suficientemente probada esta conexión[31].

También para Melanchton, el matrimonio pertenece más bien al tratado de la creación que al de la redención; al tratado de la moral más que al de la gracia o al de los sacramentos; es uno de tantos mandatos que existen en la palabra de Dios para bien de la persona y de la sociedad[32].

En cambio, para los grandes autores de la teología pro-

27 1 Cor 7,7.
28 Ibid., v.17.
29 Ibid., v.20.
30 Von Allmen, J.-J., o.c., p.61.
31 *De capt. babylonica*, ed. Weimar (WA) 6 p.553.
32 *Apologia confessionis augustanae* XIII 14-15.

testante contemporánea, aunque no lleguen a afirmar la sacramentalidad propiamente dicha del matrimonio, éste adquiere en la dinámica histórica de la salvación un significado y un valor nuevos. El matrimonio no es solamente un orden de la naturaleza, sino que está inserto en la historia de la salvación como una imagen, un signo y una predicación viviente de ella. Dice Karl Barth a este respecto: "el matrimonio, más que una institución de procreación, es —en la realidad de la mutua donación y dedicación— una manifestación ejemplar y, por lo tanto, un signo viviente del destino del hombre en cuanto aliado de Dios: todo ello en esa absoluta comunidad de vida que tienen hombre y mujer. No es en sí un acontecimiento salvífico, pero sí una imagen"[33].

Estas mismas consideraciones positivas, aunque limitadas, en favor del matrimonio encontramos en A. de Quervain cuando dice que la vida de la pareja, uno junto a otra, como es la de marido y mujer en el matrimonio, aunque no sea por sí la realización de la salvación, es, ciertamente, imagen viva de cómo es Dios, del amor con que Dios actúa, del modo en que Dios se relaciona —con amor eminente— con los hombres. En este sentido, el matrimonio es una imagen de la comunión de Dios con el hombre[34].

Max Thurian llega a situar el tema del matrimonio en una perspectiva verdaderamente cristológica y eclesiológica; para él, el matrimonio es una predicación viviente y un testimonio —debe serlo— del amor mutuo entre Cristo y la Iglesia[35].

### 4. ¿Secularización del matrimonio?

La pregunta puede parecer que peca de anacronismo y, sin embargo, no extrañará a quien lea sinceramente, verdaderamente, a los primeros escritores de la Reforma protestante. En efecto, el matrimonio es para ellos una obra divina, un mandato divino de contenido temporal, como las demás profesiones de tipo social, económico y político. Su naturaleza y su fin serían exclusivamente del ámbito tempo-

[33] BARTH, K., *K.D.* III 4.
[34] QUERVAIN, A. DE, *Etica* II (1953) p.48.
[35] *Mariage et célibat* p.35.

ral: el matrimonio sería sencillamente para la procreación y ayuda mutua que deben prestarse entre sí. Así, Lutero, fiel a su doctrina de los dos ordenamientos, el espiritual y el profano, afirma constantemente que el matrimonio pertenece a este segundo. Es ordenamiento de Dios, pero que tiene consistencia como realidad mundana, como las demás realidades naturales y temporales sujetas a la autoridad civil.

Para Melanchton, el matrimonio es uno de los mandamientos divinos que tienen como objeto, por cierto importantísimo, la vida corporal[36]. El mandato divino referente al matrimonio es idéntico al de usar de la comida y otras criaturas[37].

También Calvino compara el matrimonio a diversas profesiones del orden humano-natural-temporal, con gran resonancia, eso sí, para la vida individual y social[38].

Antes de seguir adelante nos sentimos tentados de preguntar si el matrimonio considerado como reino de este mundo no tiene algo que ver con el reino de Dios, si es un campo impenetrable a éste; si una realidad humana tan decisiva no será el campo privilegiado de la acción de la gracia. Pero dejemos esta pregunta para más tarde; y, en todo caso, recojamos los elementos doctrinales que en este sentido ofrece la misma teología protestante. Y, en efecto, nos parece que se dan elementos afirmativos, aunque muy limitados en un principio.

Afirman, ciertamente, que se trata de un oficio divino, de una misión divina, de una vocación *(Beruf)*, puesto que el origen y fundamento es Dios mismo, como está testificado en la Escritura. Y no es una vocación que viene de la naturaleza simplemente, sino de la palabra de Dios, que permite y manda usar en su nombre y bajo su ley. En una primera lectura de estos autores parece que no consideran el matrimonio como una vocación dada para la santificación (cosa que afirman explícitamente respecto al ministerio de la palabra y de los sacramentos), sino para el desarrollo de la naturaleza individual y social en el mundo[39].

Aunque formuladas negativamente, creemos que tienen

[36] *Apologia confessionis augustanae* XIII 14-15.
[37] Ibid., XXIII 67.
[38] *Inst. Chr. Rel.* IV 19,34.
[39] MELANCHTON, *Apologia confessionis augustanae* XV 25,26.

un contenido positivo afirmaciones protestantes como la de que no es *por* esta vocación como el hombre se salva, sino *en* esta vocación; además, en esta vocación el hombre participa como hombre; la mujer, con sus características. Lutero entiende esta vocación como ejecución obediente de obras mandadas por Dios; pero bien entendido que no son estas obras las que salvan; ésta, como las demás obras buenas, son más bien fruto y consecuencia de la acción divina justificante sobre el hombre, reflejo de la salvación de Dios en el hombre. Para Calvino, realizar bien la propia vocación, en este caso el matrimonio, no es otra cosa que poner un signo que notifica, asegura y nos hace ciertos de la predestinación de la salvación.

Ya hemos dicho anteriormente que el genuino protestantismo no niega el celibato, sino que lo afirma como una especie de milagro de la acción de Dios; el protestantismo primitivo afirmaba el celibato como carisma, pero se resistía a afirmarlo como posibilidad ofrecida a la libre elección del hombre. Pero también aquí se da la evolución y progreso en el seno del protestantismo, ya que, para Karl Barth, el celibato es una verdadera vocación, una alternativa factible, una posibilidad de gracia ofrecida a la libertad del hombre, como lo es el matrimonio mismo[40].

Volviendo de nuevo al tema concreto del matrimonio, apreciamos en la lectura protestante cierto pesimismo relacionado con el uso del matrimonio. Pesimismo que se refleja en las siguientes apreciaciones. En primer lugar, que la concupiscencia y el pecado acompañan toda acción humana; por lo tanto, también todo uso del matrimonio.

El matrimonio, aunque en sí mismo santo, dice Lutero, no puede ser ejercido sin pecado; es decir, que éste [pecado] acompaña siempre a aquél [uso de matrimonio]. Ya se ve que en toda esta concepción pesimista subyace el presupuesto luterano de la absoluta pecaminosidad del hombre, la total corrupción humana. Hay también, en todo esto, una influencia, excesiva, de la lectura de San Agustín, el cual, aunque afirmó la bondad sustancial del matrimonio, llegó a afirmar que su uso irá acompañado —generalmente— de pecado venial de concupiscencia o búsqueda de placer[41].

[40] BARTH, K., *K.D.* III 4.

[41] SAN AGUSTÍN, *De nuptiis et concupiscentia* I c.7: PL 44.418.

Pero el protestantismo no ha aceptado tanto pesimismo de la doctrina luterana sobre el uso del matrimonio; esta negativa obedece a dos razones fundamentales: 1) si Lutero ha aceptado como bueno el instinto sexual, debiera aceptar también como buena la manifestación concreta a través de la cual se expresa, incluso el placer que lo acompaña[42]; 2) además, si Lutero habla del matrimonio en su calidad de remedio de la concupiscencia y del pecado, ¿qué clase de remedio sería éste, si siempre va acompañado de pecado?[43].

Estas interrogaciones no están resueltas, mucho menos integradas, incluso más tarde, en el pietismo de Zinzendorf, el cual insiste en la distinción luterana entre la bondad fundamental del apetito sexual y su pecaminosidad en cuanto concupiscencia. Y da una explicación psicológica de esta distinción diciendo algo que nos resulta incomprensible: que el matrimonio, como realización del sentido, es bueno; como sentimiento de placer, malo; que el cristiano debe vivir el matrimonio como deber, no como placer[44].

En cambio, nos parecen muy positivas las afirmaciones que este mismo autor hace a continuación refiriéndose a la vivencia de la vocación matrimonial: deben [los esposos] vivirlo como sacramento, es decir, como modo concreto en que Cristo se une a la comunidad cristiana y como el remedio con que el individuo se une al Redentor. El marido se une a la esposa como Cristo a la Iglesia, y la esposa a su marido como a Cristo, el cual está presente en el matrimonio *como en la Eucaristía,* si bien el modo mismo de esta presencia de Cristo en el matrimonio es diverso. El cristiano debe acercarse al matrimonio como a la cena [del Señor], a la que no se va por gustar el placer del vino, sino por unirse con Cristo[45].

## 5. Fines y propiedades del matrimonio

Para Lutero, el fin original y primero del matrimonio, anterior a la caída misma, era el de la procreación y educa-

[42] LONGSTRUP, K. E., a *Ehe,* en *Die Religion im Geschichte und Gegenwart,* 3 ed., col.326.

[43] PIPER, O., *L'Évangile et la vie sexuelle* p.197ss.

[44] Cf. *Die Religion im Geschichte und Gegenwart* col.327.

[45] Ibid., col.327.

ción de los hijos para gloria de Dios[46]. ¿Qué sentido le da a esta afirmación? La interpretación que nos da a continuación es más luminosa que la respuesta misma. Es la siguiente:

El hombre recibe una misión y un deber que debe cumplir a favor de la humanidad entera y del mundo mismo: llenar el mundo, dar a las cosas un significado al hacer que nazcan hombres que deben gozar de ellas; dar a todas las vocaciones humanas la posibilidad de traducirse en acto, educar a los hombres a conocer a Dios y luchar contra el mal. Por todo esto, concluye Lutero, "no es un juego o una mera curiosidad el matrimonio, sino cosa grande y constante voluntad de Dios"[47].

Es decir que sin el matrimonio el mundo hubiera quedado vacío —no sólo de hombres, sino también de sentido—, y todas las criaturas hubieran sido vanas [en vano], porque todas ellas han sido hechas por razón del hombre.

Ya desde los primeros reformadores se afirma también la función social del matrimonio. Hemos dicho que Lutero no ignora esta dimensión, ya que considera el matrimonio como "fuente y seminario de todos los estados de vida"[48]. El matrimonio es un estado ameno, sigue diciendo, del que se toman las plantas de la sociedad humana[49]. Desde esta afirmación social y comunitaria del matrimonio al reconocimiento de su valor eclesial no habrá más que un paso, eso sí, decisivo; y lo dan[50], aunque no es original en ellos, ya que se encuentra en el propio San Agustín[51].

En la doctrina posterior de los protestantes, los fines del matrimonio vienen descritos siguiendo como coordenadas la perfección de la personalidad y la ayuda mutua de los esposos en esa comunidad de vida tan íntima que es el matrimonio. Para ello se fundan en la Sagrada Escritura[52].

Los teólogos protestantes del siglo XIX (sobre todo su

[46] LUTERO, *Der Grosse Katechismus* I p.207.

[47] ID., *Der Grosse Katechismus* I p.208.

[48] WA 42,354.

[49] WA 43,321: "amenus status ex quo planctae societatis humanae sumuntur".

[50] "... ut per coniugium illa [Ecclesia] propagari et caelum augeri et ampliari possit" (citado por ELERT, *Morphologie des Luthertums* II p.83.114-124).

[51] *De civ. Dei* XV 16,3: PL 41,459.

[52] Gén 2,18.

máximo exponente, Schleiermacher) ponen de relieve el valor del matrimonio en función de la perfección personal de los esposos mismos, olvidando quizá, o descuidando más de lo debido, la finalidad comunitaria. No pocas veces consideran la procreación como una mera consecuencia, no intencionalmente querida...[53]

Para los autores modernos del protestantismo, como Piper, el fin inmediato del matrimonio no es el de transmitir la vida, sino establecer una verdadera comunión entre los esposos. Esto supuesto, la prole es considerada como una bendición de Dios. Por eso la unión sexual en la que *no* se quiere explícitamente tener hijos, no es para él un verdadero matrimonio, aunque esté bendecido por la Iglesia[54].

Avanzando más por esta misma línea, Emil Brunner asegura que el matrimonio es una comunidad de vida ordenada a un fin superior, que trasciende el matrimonio mismo, en favor de la gran familia humana. En la estructura "padre-madre-hijo" ve la estructura humana total, poniendo en esto el fundamento de la unicidad del matrimonio[55].

Es notable, aunque no nueva para nosotros, la actitud en que se sitúa al hablar de esta materia un autor protestante francés llamado Reguilhem, afirmando que el matrimonio tiene su fundamento y significación independientemente de la procreación. En efecto, es una comunidad de vida fundada en la unicidad de los esposos y que la manifiesta obviamente en el signo físico de esta unidad: en la relación sexual. El matrimonio es ante todo relación de amor. San Pablo parangona el matrimonio a la relación de Cristo con la Iglesia. En el matrimonio, la relación sexual es el sello de esta unidad, su expresión física, y que tiene significación independientemente de la procreación[56].

Tres elementos destacables, tampoco éstos son del todo nuevos, encontramos en el pensamiento de Ellul, relacionados con nuestro tema: 1) que el matrimonio es esencialmente un estado nuevo al que llama Dios al hombre, no por necesidad natural, sino una necesidad más profunda todavía: la de la participación en la redención; 2) que el matrimonio es

[53] *Catecismo para nobles señoras*, citado por Elert (o.c., II p.83 y 114-124).

[54] PIPER, o.c., p.126.

[55] BRUNNER, E., *Das Gebot und Ordnungen* (1932) p.330-334.

[56] REGUILHEM, M., en "Reforme" (noviembre 1956) 6.

una realidad permanente, porque no se trata solamente de un acto, sino más bien de una misión o tarea que los esposos deben construir y realizar continuamente; 3) en definitiva, el matrimonio tiene como fin la gloria de Dios; por lo tanto, sobrepasa y trasciende la finalidad procreadora, que no es el fin (en singular) ni la esencia (única) del matrimonio[57].

Todos sabemos que Ernst Michel ha sido discípulo y fiel seguidor del teólogo católico Herbert Doms, autor éste de una obra que ha provocado la época moderna del matrimonio afirmando la perspectiva personalista del mismo[58]. Pues bien, Ernst Michel afirma decididamente que la comunión de sexos de los esposos no es puro medio para un fin, sino una forma de vida que se funde y justifica en su mutuo amor y complemento. Dice también que el matrimonio, como comunidad integral de vida, no está subordinado a la prole, si bien debe tener una disposición *interior* hacia ésta. El matrimonio es necesariamente un *coniugium,* mas no necesariamente *matrimonium* (esta palabra etimológicamente quiere registrar el *hecho* mismo de haber tenido hijos)[59].

## 6. El matrimonio, imagen de la Trinidad

Merece especial mención, por su influencia decisiva en todo el campo protestante del siglo XX, influencia también beneficiosa en muchísimos aspectos para la misma teología católica, el teólogo protestante (calvinista) K. Barth, nacido el año 1886 y muerto recientemente. Ha dedicado veinticinco años, sus años de madurez teológica y de cátedra, a redactar su obra monumental *Kirchliche Dogmatik*[60].

Es la suya una teología muy vital, porque la ha aprendido en contacto vivencial con la Sagrada Escritura, confrontándola —antes y después de su cátedra y de su formulación por escrito— con los ambientes reales, sobre todo del mundo del trabajo[61].

[57] ELLUL, M. J., *Positions des Églises protestantes à l'égard de la famille,* en *Renouveau des idées sur la famille* (I.N.E.D., 1954) p.270-271.

[58] DOMS, H., *Vom Sinn und Zweck der Ehe* (Breslau 1935).

[59] MICHEL, ERNEST, *Ehe* (1948) p.165ss.

[60] Lo dice el propio Barth en su prefacio a la obra de Otto Webert *(La Dogmatique de Karl Barth* [Labor et Fides, 1954] p.7).

[61] Fue voluntariamente a una zona industrial de Suiza, Safenwill, para confrontar la validez de su mensaje para el mundo obrero.

La tercera parte (de las cinco que comprende su *Dogmática)* trata de la "doctrina sobre la creación" y está escrita en cuatro voluminosos tomos sobre este mismo tema. El primero de ellos contiene una exégesis magnífica de los dos primeros capítulos del Génesis; desde aquí brilla su orientación cristocéntrica de toda la teología: la creación misma no es sino el plan de Dios y el comienzo mismo de la historia de la salvación de todos los hombres en Cristo.

En esta misma perspectiva, salvífica y cristocéntrica, difícilmente pueden ser igualadas sus consideraciones sobre una de las primeras afirmaciones del Génesis: "varón y mujer los hizo Dios"[62], afirmación que no es solamente del orden dogmático, sino también ético y moral (que en Barth siempre van unidos); no se trata sólo de afirmar indicativamente que la naturaleza humana está en dos sexos, sino que el sexo es una tarea y una misión en la Iglesia y en el mundo; y que incluso la relación mutua es de alguna manera imagen de Dios[63].

En efecto, cuando Dios dice: *"hagamos* al hombre a nuestra imagen y semejanza", según Barth, no se está expresando en un plural mayestático, ajeno al modo de expresarse del AT; ni se está refiriendo a los ángeles, sino que está aludiendo a la existencia en Dios mismo de relaciones personales, fundamento de las que va a crear entre los hombres. Dios no es como un monolito, sino un ser vivo y relacional. Por eso la creación del hombre no es una negación, sino una revelación de Dios.

El hombre es un ser que tiene su razón y su posibilidad de existir en un plural comunitario: mutuamente y con Dios. ¿En qué consiste esta "semejanza" con Dios? Sin duda no se trata de una cualidad que le viene al ser humano de sí mismo, sino que su origen está en Dios. El hombre no sería hombre si no fuera imagen de Dios. Esta afirmación significa dos cosas: en primer lugar, que el hombre no es sólo un objeto relacionado con Dios, sino sujeto, es decir, un "tú" al que Dios puede dirigirse; el hecho de que en Dios [Padre] hay un encuentro con el Hijo en el Espíritu Santo, se reproduce y se refleja en la relación de Dios con el hombre; en segundo lugar, que esta misma relación vertical del hombre

[62] Gén 1,26-27.
[63] BARTH, *Kirchliche Dogmatik* III 1.

con Dios, relación verdaderamente interpersonal, es el fundamento de la relación de persona a persona entre los mismos seres humanos. Aquí es donde hay que situar también la relación de hombre y mujer en el matrimonio.

La analogía de que se trata aquí es nuestra existencia misma, comprendida en todo caso como una relación entre un "yo" y "tú" que se *encuentran*. Esta existencia analógica es constitutiva del hombre, de todo ser humano: toda persona humana se constituye también como ser relacional, como las personas divinas mismas. De no ser así, no seríamos imagen de Dios.

También la relación matrimonial entra de alguna manera a formar parte de las relaciones divinas personales, siendo participación de éstas en mutuo conocimiento y comunión de amor. Por eso el matrimonio de los que están unidos en Dios es indisoluble: lo que Dios unió, el hombre (nada ni nadie) lo puede separar.

Para Barth, nuestra analogía con Dios no es "analogía *entis*" (analogía del ser), sino "analogía *relationis*" (analogía en la relación). ¿Qué es lo que quiere decir con esto? Lo explica precisamente a propósito de la exégesis que hace de Gén 1,27: la relación hombre y mujer, de este versículo, la entiende Barth como una concreción de la afirmación que poco antes ha hecho de que a imagen y semejanza suya los hizo. Y es que la característica de Dios es contener en sí la relación interpersonal "yo" "tú".

Barth concluye estas consideraciones diciendo que Dios se comporta en relación con el hombre creado por El como el "yo" divino se comporta con el "tú" divino en comunión de vida, de conocimiento y amor. Así deben comportarse las relaciones interpersonales humanas, siendo una de ellas, por cierto, de naturaleza específica y singular, la relación matrimonial. Por supuesto, Barth no niega la validez de toda otra manera de relacionarse [virginidad] entre los hombres, entre los hombres y las mujeres: en la sociedad humana, en la Iglesia y en el mundo.

Pero esta relación de los hombres con Dios y de los hombres entre sí, ¿dónde tiene su consistencia? Barth responde netamente, resueltamente: en Cristo Jesús. El es la imagen y gloria de Dios[64]. A raíz de El y a partir de El se puede decir

[64] 1 Cor 11,7.

otro tanto de todo hombre y de toda mujer. De ahí que San Pablo insista en que el matrimonio debe ser "in Domino"[65].

Descubrimos así que el misterio reflejado en esta relación de hombre y mujer es el misterio de Cristo y de la Iglesia. El matrimonio cristiano es así el reverso antropológico del anverso cristológico y eclesiológico; dicho con otras palabras: hay una misteriosa ecuación: "Cristo-Iglesia" que tiene una ecuación participada: "hombre-mujer" unidos en el Señor.

Karl Barth define el matrimonio, en primer lugar, como una comunidad total, exclusiva, durable para toda la vida[66]. No es una necesidad natural; tampoco es una ley general de la naturaleza o de Dios, pero no es invento de los hombres[67]. En cuanto a la consideración jurídica del matrimonio, como institución, K. Barth es del parecer de que la perspectiva institucional expresa en forma inadecuada lo que es el matrimonio, la verdad y la bondad total del matrimonio[68].

## 7. El matrimonio, medio de inserción en la alianza de gracia y de salvación humana

Antes ha afirmado que el matrimonio tiene su origen en la creación misma, siendo participación analogada de las relaciones intratrinitarias. Ahora va a decir que para todo esto se requiere la consideración del matrimonio como alianza de gracia del Nuevo Testamento. El fundamento concreto del amor y del matrimonio no es ya la creación en sí (nunca lo fue, ya que en la creación misma estaba la perspectiva cristológica), sino la relación Cristo-Iglesia. La alianza de Cristo con la Iglesia es el fundamento último de la relación entre hombre y mujer[69].

Antes ha dicho que el matrimonio es una vocación divina, proveniente de Dios; ahora la afirma como vocación cristiana; una gracia y un don eclesiales[70]. Dios llama al matrimonio, y El mismo ofrece la mujer, el cónyuge, con el mandamiento de expresar —con la dedicación de amor total,

[65] 1 Cor 7,39.
[66] *K.D.* III 4 p.203.
[67] Id., o.c., III 4 p.205.
[68] Id., o.c., III 4 p.205.
[69] Id., o.c., III 4 p.373.
[70] Id., o.c., III 4 p.205.

durable, exclusivo— la alianza de gracia, o sea el amor y la unión de Cristo con su Iglesia, a fin de que, en la absoluta comunidad que tienen hombre y mujer, se muestre la representación ejemplar de la convivencia humana y el destino del hombre como aliado de Dios en Cristo.

Imagen de la elección de la alianza de gracia: eso es, ante todo y sobre todo, el matrimonio. El amor de Yahvé por su pueblo, el de Cristo para con su Iglesia.

Cuando Dios llama al matrimonio, no es solamente para satisfacer una necesidad natural; tampoco llama al matrimonio solamente para cumplir un deber; el matrimonio, a la luz de la alianza, es un amor gozoso, libremente elegido y aceptado. El matrimonio tiene, además de su significación espiritual, una gran significación humana: de encuentro libre, total, de dos personas que se quieren bien. Pero no se trata de una mera yuxtaposición de la realidad humana y espiritual, sino que solamente cuando se establece como encuentro libre, de amor, entre esas dos personas, corresponde al modelo de la elección divina de gracia y salvación[71].

Barth deduce las características y deberes del matrimonio mirando al ejemplar que el mandamiento divino nos pone delante: no podríamos tratar, dice, ni de la totalidad, ni de la exclusividad ni de la duración "indisoluble" de la comunidad de vida matrimonial, sin referirnos siempre a este modelo que nos pone Dios por delante: Cristo para con la Iglesia[72].

La sexualidad recibe significado a la luz de la vocación divina, que llama y compromete al hombre entero [también su sexualidad][73], la cual, puesta así, delante de Dios, pierde lo que tiene de maligno y queda santificada. Dios pretende al hombre entero, con lo cual queda santificada la sexualidad toda ella. El sexo está asumido por el amor humano y orientado hacia la vocación divina. El matrimonio, considerado como acontecimiento natural, se realiza como una libre decisión del hombre y de la mujer que se comprenden, se aman, se desean, se dan, realizan un *eros* legítimo y razonable, un *eros* que está santificado por el mandato divino[74].

[71] Id., o.c., III 4 p.241.
[72] Id., ibid.
[73] Id., ibid., p.144.
[74] Id., ibid., p.246.

Esta santificación significa que marido y mujer se aman como creyentes; no están unidos solamente, ni principalmente, por el *eros,* sino por el *agape* o amor de caridad. Barth y los protestantes modernos no condividen el pesimismo luterano sobre el sexo, sino que consideran que la sexualidad humana tiene un puesto en el plano divino de la salvación[75].

Santificada así la sexualidad, deja de estar al servicio del egoísmo, servicio privado del hombre, para estar al servicio de Dios.

Las propiedades del matrimonio: la unidad y la indisolubilidad, son afirmadas por Karl Barth en esta misma perspectiva cristológica y eclesiológica en que viene desarrollando todo este tema; es decir: 1) el carácter monogámico del matrimonio depende del hecho de que Cristo se une a una sola Iglesia, formando con ella un único cuerpo en alianza de gracia; 2) también la indisolubilidad tiene su fundamento y su fuerza obligante aquí: no precisamente en motivos humanos o basados en el matrimonio como institución, sino en la gracia de Dios, en aquella vocación divina que ha destinado al matrimonio para ser imagen y símbolo de la unión indisoluble de Cristo con su Iglesia. No son, pues, los motivos naturales, insiste Barth, los que fundan la indisolubilidad, sino la alianza de gracia[76].

Los cristianos unidos en matrimonio deben hacer que este signo sea cada vez más signo del amor y de la misericordia de Dios; los esposos deben renovar siempre el don de sí, como Cristo renueva constantemente el don de sí mismo a la Iglesia para lograr la fidelidad de ésta[77].

## 8. Fe y moralidad matrimonial

Como el matrimonio —según Barth— tiene su fundamento en la trascendente vocación divina, y ésta puede ser conocida y acogida solamente en la fe, de ahí se sigue que el matrimonio, en su existencia y en su valor cristianos, es tal exclusivamente en la fe. La realidad profunda del matrimo-

[75] Id., ibid., p.256.
[76] Id., ibid., III 1 p.376; III 4 p.221ss.233.
[77] Id., ibid., III 4 p.206.

nio es solamente una realidad teológica, invisible, un misterio encerrado en esa vocación, cuya profundidad es conocida y vivida en la fe y en la gracia; y no sólo a través de la forma institucional o jurídica[78].

El matrimonio real, teológico, tiene su valor en la relación "vocación-fe"; el matrimonio institucional, en cambio, en la forma civil y eclesiástica. Pero podría darse el caso en que el matrimonio sea tal teológicamente, siendo inexistente jurídicamente, a juicio de Barth; y viceversa: un matrimonio que fuera tal de cara a la ley, puede no ser tal de cara a Dios. ¿Qué solución dar a este conflicto? Barth responde sin vacilar: prevalece el matrimonio ante Dios, porque sólo ante El tiene realidad. El defecto fundamental estuvo en lo siguiente: que se identificó, muy superficialmente por cierto, la idea de matrimonio con la forma civil y eclesiástica; es decir, con el matrimonio como institución: desde entonces en adelante se pensó jurídicamente, en lugar de pensar teológicamente[79].

Barth no desprecia con esto la forma civil y eclesiástica del matrimonio. Al contrario, piensa que es obligatoria, pero su alcance no es otro que el de la notificación a la sociedad para recibir de ella la aprobación y la protección; y para expresar de esta manera que el matrimonio es también necesariamente un acto de responsabilidad hacia la sociedad y no un acto privado. Pero el valor de este acto es más declarativo que constitutivo del matrimonio[80].

Para Barth, el divorcio es posible, más aún, un deber, cuando, según la Escritura, se deduce que Dios no ha unido este matrimonio, que éste se fundaba sólo sobre el arbitrio y error humanos, que en verdad no existió jamás ante Dios[81]. Lo que Dios no ha unido, dice Barth, el hombre debe separarlo[82].

Pero el divorcio teológico es imposible; es decir, la disolución del matrimonio contraído válidamente ante Dios: "lo que Dios unió, el hombre no lo separe"[83]. Es posible solamente el divorcio del matrimonio contraído de cara a la

[78] ID., ibid., III 4 p.235.
[79] ID., ibid., III 4 p.208.
[80] ID., ibid., III 4 p.251.354.204.224.
[81] ID., ibid., III 4 p.236 y 238.
[82] ID., ibid., III 4 p.236.
[83] ID., ibid., III 4 p.236.

ley cuando no corresponde al matrimonio teológico: esto se dará solamente en casos extremos[84].

Para Barth, el divorcio no es ley de Dios, mucho menos mandato de Dios: Dios quiere el matrimonio indisoluble; el verdadero matrimonio es indisoluble; así es el matrimonio teológico, contraído ante Dios, el único verdadero: el que Dios ha unido.

En cuanto a los *fines* del matrimonio, la ética de Barth es muy elevada: no es la satisfacción sexual, ni la facilitación de la profesión del marido, ni las aspiraciones de la mujer para formar su hogar, ni siquiera la procreación misma[85].

El matrimonio, como comunidad, tiene como fundamento y fin la vocación divina a poner y realizar en su amor la imagen de la alianza de gracia; lo cual es un fin "per se", un fin absoluto, principal y último[86]. La fe es la que nos dice que es lícito unirse a la mujer, pero siempre bajo la mirada de Dios y según el mandamiento de Dios; y hay que estar atento, porque puede mandar virginidad en vez de matrimonio. Si se contrae matrimonio cristiano, deben realizar una comunidad viva y exclusiva; e indisoluble, ya que son una misma cosa en Cristo.

Sólo en la perspectiva de la fe se sabe si se está llamado a la virginidad o al matrimonio. Según él, sólo en la fe se puede conocer la moralidad matrimonial misma, en la que da más importancia —claro está— a la intención y a los motivos que a los métodos mismos.

[84] ID., ibid., III 4 p.237.
[85] ID., ibid., III 4 p.210.
[86] Ibid.

CUARTA PARTE

# *EL MATRIMONIO CRISTIANO EN LA ACTUALIDAD*

## CAPÍTULO I

# *SENTIDO Y FINALIDAD DEL MATRIMONIO EN LA EPOCA MODERNA*

*(Origen, causas y características)*

## INTRODUCCIÓN

Por época moderna, en el tema de los fines del matrimonio, se entiende la que comienza con la aplicación del pensamiento personalista al matrimonio, trayendo consigo una mayor afirmación —positiva— de los valores y bienes del matrimonio para las personas de los esposos en primer lugar, y desde ahí a favor de los hijos, de la sociedad temporal y de la Iglesia misma[1].

## *I. Revisión de la perspectiva anterior*

Una revisión moderada de la perspectiva anterior en el tema del matrimonio ha llevado a las siguientes advertencias que se encuentran en boca de éste y otros autores modernos, y que el concilio las ha asumido en gran parte, aunque no en bloque y sin discernimiento, sino purificándolas en todo momento con propia responsabilidad conciliar, como veremos más tarde.

Ante todo —se comienza diciendo— es preciso poner a salvo y hasta de relieve la dignidad *personal* de los esposos y la grandeza propia del *amor* conyugal. Ambas realidades son superiores a toda otra dentro del matrimonio, y no debe ponérselas meramente al servicio de la generación.

La raíz de esta afirmación suya está en que también aquí debe aplicarse, dice, el principio general de toda ética social,

[1] La obra de Herbert Doms *(Vom Sinn und Zweck der Ehe,* Breslau 1935) es la que provoca definitivamente la perspectiva moderna del matrimonio. Este autor, católico, es doctor en filosofía, ciencias biológicas y teología; profesor de teología dogmática en Breslau (desde 1930) y de moral en Friburgo de Brisgovia (desde 1948).

consistente en que "la sociedad es para la persona, y no viceversa"[2].

Y la consecuencia —por cierto legítima— de esta perspectiva es que la mutua perfección de los esposos, su complemento personal en el matrimonio, no debe ser relegado a la categoría (peyorativa) de meramente secundario. Es lo que dirá el concilio Vaticano II al expresar su voluntad y mandato de que se dé a todos estos fines personales a favor de los esposos todo el relieve que se merecen[3].

Para que nadie se deje llevar a escándalo con afirmaciones como ésta, que son muchas a lo largo y ancho de todo el concilio Vaticano II, y que las estudiamos ampliamente en el capítulo siguiente, es preciso advertir que la Iglesia nunca dijo que el fin de las personas casadas sea la prole, la especie; el fin de toda persona es Dios, y en Dios lograr la perfección definitiva y suma a que puede llegar el hombre. Quede bien claro que, al interpretar la doctrina de la Iglesia, no hay que confundir los dos planos del matrimonio, el *institucional* y el *personal*, que son las dos coordenadas, distintas e inconfundibles, si bien complementarias, en que la doctrina bíblica[4] y teológica del matrimonio nos ha sido transmitida siempre por la Iglesia. En efecto, no es lo mismo preguntar por los fines objetivos de la *institución* matrimonial que los subjetivos de las *personas* casadas; es cierto que éstas no deberán atentar contra aquéllos, pero pueden ejercer más fuerza de atracción psicológica y moral estos valores personalistas de amor mutuo y enriquecimiento de valores que los fines institucionales.

*En cuanto al acto* mismo matrimonial, la teología tradicional lo consideró como acto de *caridad* y, como tal, raíz de mérito sustancial del cielo si se pone en caridad y gracia. La visión de Dios se merece sustancialmente por todo acto de caridad, virtud ésta máxima, que tiene como fin inmediato y último a Dios y, en la perspectiva de Dios, todo lo demás, personas y cosas, incluso el propio cuerpo[5].

El acto matrimonial puede estar también revestido de *va-*

[2] DOMS, H., o.c., *passim;* cf. trad. francesa: *Du sens et de la fin du mariage* (Paris, Desclée de Brouwer, 1937) p.91.

[3] *Gaudium et spes* n.50.

[4] Gén 2,18-24: perspectiva personalista; Gén 1,26-28: perspectiva institucional.

[5] SANTO TOMÁS, *Suplem.*, q.41 a.4 ad 1.

*lor religioso y cultual* si los esposos *cristianos* se consideran e incluyen en la perspectiva revelada por San Pablo en la carta a los Efesios (5,22-32): "Este sacramento es grande: [vivido] hacia Cristo y la Iglesia".

Para esto, Santo Tomás insistía en la necesidad y presencia de la gracia sacramental del matrimonio en los esposos: para que, sobre una vivencia mutua, al parecer meramente carnal, edifiquen el misterio cristiano y eclesial[6].

Otra advertencia que, desde la perspectiva moderna del matrimonio, se formula a la tradicional es la de que el poner ahora de relieve la importancia y significación del amor, lejos de poner en peligro el fundamento de la unidad e indisolubilidad del matrimonio, lo corrobora más y más. En efecto, estas propiedades, esenciales al matrimonio, tienen un *doble fundamento* humano (además del sacramental): el *amor* específicamente conyugal y la necesidad de la *educación* de los hijos, para lo cual se requiere la mutua permanencia de los padres.

En realidad es luminosa y teológicamente acertada la tendencia moderna de querer cimentar la unidad e indisolubilidad del matrimonio en base al amor específicamente conyugal. Así lo hizo también Santo Tomás, como lo demostraremos a continuación aduciendo no algún que otro texto, sino una perspectiva más amplia de su pensamiento al respecto.

## 1. Indisolubilidad basada en el amor conyugal

El amor de amistad específicamente conyugal es también, y hasta principalmente, argumento de unidad e indisolubilidad: "El amor conyugal requiere que el matrimonio sea de uno con una y para siempre"[7]. E insiste en el tema del amor como fundamento de la unidad del matrimonio al decir que, "si la mujer debe tener un solo varón, pero a éste se le permitiera tener varias mujeres, no habría aquella igualdad fundamental que se requiere para la amistad propia del matrimonio, sino servilismo"[8].

[6] SANTO TOMÁS, *Summa contra Gentes* IV q.78.

[7] ID., ibid., III q.123-124.

[8] ID., ibid.: "Si igitur uxor habet unum tantum virum, vir autem habet plures uxores, non erit aequalis amicitia ex utraque parte..., sed servilis".

También la psicología moderna ha dado razón a esta manera de pensar sobre el amor matrimonial y la indisolubilidad al llegar a la misma conclusión: la de que un análisis sereno y objetivo de la amistad propia del matrimonio (de total intimidad) exige que el hombre y la mujer estén unidos indisolublemente[9]. Toda otra perspectiva es considerada más bien como falta de amor, limitaciones y sombras de un amor que vacila y se ve necesitado de firmeza, purificación y elevación.

## 2. La sexualidad, dignificada por el amor

El pensamiento de Santo Tomás se eleva desde la consideración del "uso" del sexo a la perspectiva de la dignidad *personal* del mismo en los seres humanos: "De todo lo que llevamos dicho anteriormente está claro que el hombre es llevado por la ley divina a la observancia del orden razonable en todo aquello que se le ofrece para su uso; ahora bien, entre todos los seres que se le ofrecen para su uso prevalecen, sin duda alguna, las personas"[10]. Tratándose de éstas, no cabe la actitud ni la expresión "uso" (ni siquiera en el matrimonio), sino "convivencia"[11].

## 3. Se ayudan mutuamente para llegar a Dios

El fin de la ley divina, sigue diciendo Santo Tomás, es que el hombre se adhiera a Dios. Y para esto se ayudan [en este caso hombre y mujer] en un doble aspecto; en primer lugar, para conocer mejor la verdad y, consiguientemente, para promoverse mutuamente hacia la práctica del bien y evitación del mal. La aplicación al matrimonio de esta misma doble ayuda es obvia y se desprende del texto y contexto, bastando su simple lectura[12].

[9] ORAISON, MARC, *L'union des époux* (Paris, Fayard, 1956) p.22ss.
[10] *C.G.* III q.123
[11] SANTO TOMÁS, *In Ep. ad Rom.* VIII lect.6
[12] ID., *C.G.* III q.128: "finis..., ut homo Deo adhaereat..., tam quantum ad cognitionem quam etiam quantum ad affectionem: iuvant enim se mutuo in cognitione veritatis; et unus alium provocat ad bonum et retrahit a malo".

## 4. Amistad verdadera entre esposos

El amor de los esposos entre sí es amor de amistad, como hemos dicho. Por lo tanto, no hay que catalogarlo como amor de concupiscencia, sino de benevolencia, en el sentido etimológico y real de esta palabra [13]. No aman a la otra persona en función del propio bienestar solamente *(quasi pertinens ad suum bene esse)*, sino queriendo el bien de la persona amada como bien propio *(vult ei bonum sicut et sibi)*.

La diferencia es grande entre una y otra amistad: en la de benevolencia se ama al otro como a sí mismo; en la de la concupiscencia se ama al otro como a un accidente propio, como "algo" que nos pertenece egoísticamente: "in amore amicitiae, ut ad seipsum; in amore autem concupiscentiae, ut ad aliquid sui" [14].

Una persona casada no es fin último para la otra; tampoco es mero medio o instrumento de perfeccionamiento mutuo. Las personas que se aman real y verdaderamente, dice Santo Tomás, buscan una unión que les es *conveniente y decente* a nivel humano: existe entre ellas una conversación y diálogo amigables [15].

## 5. Plena identificación de voluntades

Y es que en el amor de amistad, dice Santo Tomás, el que ama está en el amado en cuanto considera los bienes y males del amado como suyos propios, y la voluntad del amigo como suya, como si en el amigo padeciera los bienes y los males del mismo. Por eso es propio de los amigos querer lo mismo entristecerse de lo mismo y coincidir también en las mismas alegrías. Y así, en cuanto que estima las cosas que interesan al amado como suyas, el amante está en el amado como identificado con el mismo: "quasi idem factus amato" [16].

[13] Id., *Suma Teol.* I-II q.28.

[14] Id., ibid., a.1 ad 2.

[15] Id., ibid.: "quaerunt unionem quae convenit et decet: ut sc. simul conversentur, et simul colloquantur et in aliis huiusmodi coniungantur".

[16] Id., *Sum. Teol.* I-II q.28 a.2 *in corp.*

## 6. Amor que perfecciona al ser humano

Y es que el amor de un ser perfectivo mejora y perfecciona a la persona que ama; así como el amor de algo que no es conveniente, hiere y deteriora al amante; de ahí la consecuencia suprema que deduce Santo Tomás al decir que "el amor de Dios es el que más perfecciona al hombre, así como el amor del pecado es el que más perjudica y rebaja al hombre, porque, en definitiva, se termina siendo lo que se ama"[17].

## 7. Amor matrimonial, que es un bien personal

El matrimonio se ordena también al bien del que lo contrae, no sólo para el bien común[18]. Purifica al hombre de sus egoísmos; la amistad hace salir de sí mismo para dirigirse, pura y desinteresadamente, hacia el bien del otro[19].

Esta liberación del yo egoísta no se produce en el amor de concupiscencia, en el que el yo sale también de sí al encuentro del otro, pero el sentido de esta salida y encuentro con el otro es bien distinto: propio del que, no contento con el bien que posee en sí mismo, busca gozar de alguien que está más allá del yo, apropiándose de él como de un instrumento[20].

El mal está en que todo lo refiere a sí mismo, a su bien propio y personal y, por lo tanto, en definitiva, no sale de sí mismo, sino que se cierra en su egoísmo[21].

En cambio, en el amor de amistad o benevolencia, el afecto sale pura y simplemente de sí, quiere el bien del amigo desinteresadamente y trata de proporcionárselo castamente, tiene cuidado y providencia de la persona que ama y lo hace por amor de esta misma persona, y de Dios sobre todo, claro está[22].

[17] ID., ibid., a.5.

[18] ID., *Supl.* q.67 a.1 ad 4.

[19] ID., *Sum. Teol.* I-II q.28 a.3: "in alterum fertur exiens quodammodo extra seipsum".

[20] ID., ibid.

[21] ID., ibid.: "Nam in amore concupiscentiae, quodammodo fertur amans extra seipsum: in quantum sc. non contentus gaudere de bono quod habet, quaerit frui aliquo extra se".

[22] ID., ibid.: "[in amore concupiscentiae] quia illud bonum extrinsecum quaerit sibi habere, non exit simpliciter extra se; sed talis affectio in fine

La caridad cristiana, virtud máxima entre todas, es capaz de elevar el amor humano a este grado de castidad y desinterés, hasta el punto de mirar todo desde la perspectiva del bien de la otra persona: "vult amico bonum"; dinámicamente: "et operatur", con un cuidado que es —en expresión fuerte de Santo Tomás— como una providencia participada de la de Dios respecto a esa misma persona que se ama: "quasi gerens curam et providentiam ipsius, propter suum amicum"[23].

## 8. Diversos efectos de diversos amores

Muy diverso es el reverso del amor de concupiscencia si se le compara con el de la amistad verdadera; en aquél, cuando la concupiscencia es intensa, se originan los celos carnales, es decir, se teme perder la singularidad del *objeto* (!) de la fruición propia. Santo Tomás pone un ejemplo que aclara la raíz misma de este mal: "de la misma manera —dice— que el que busca su propia excelencia se mueve contra todos aquellos que sobresalen a su alrededor, porque proyectan sombras sobre aquella gloria codiciada..."[24].

En el amor de amistad verdadera, en cambio, se busca todo el bien del amigo, y cuando este amor es intenso, se mueve contra todo aquello que impide el bien del amigo; según esto, puede con toda verdad decirse que tiene "celo" [no celos], en el sentido de que, si se dice o hace algo contra la persona que así se ama, trata de impedirlo[25].

## Conclusión

Un estudio comparativo de los lugares paralelos en Santo Tomás nos ha llevado a la conclusión de que el amor de amistad específicamente conyugal es exigencia de singularidad estricta, es decir, de unidad e indisolubilidad matrimo-

infra ipsum concluditur. Sed in amore benevolentiae simpliciter exit extra se".

[23] ID., ibid.

[24] ID., ibid., a.4.: "In amore concupiscentiae, qui intense aliquid concupiscit, movetur contra omne illud quod repugnat consecutioni vel fruitioni quietae eius quod amatur".

[25] ID., *Sum. Teol.* I-II q.28 a.4.

nial; el amor de esposos trata de excluir de ese marco estrictamente conyugal lo que va en contra de esa misma estricta singularidad: de uno con una para siempre, si bien esto ocurre de muy diversa manera en el amor de concupiscencia que en el de benevolencia; en el primero, por celos carnales; en el segundo, por el bien de la persona amada[26].

*¿Y la educación de los hijos?* De ella se deduce también la necesidad de permanencia común y colaboración de varón y mujer en tan sublime misión: "el varón y la mujer que han engendrado hijos permanecen juntos en esa dedicación común a la instrucción y educación de los mismos"[27]. Ya este argumento dice mucho, a juicio de Santo Tomás, a favor del matrimonio monogámico y en contra del amor libre...[28]

Y como queriendo apurar todo lo que da de sí este argumento, es decir, la tarea conjunta del padre y de la madre en la educación de los hijos, insiste: "conviene que, tratándose de la especie *humana*, no ya por poco tiempo, sino por largo espacio de tiempo se insista en la promoción y educación de los hijos"[29].

Pero del argumento de la amistad conyugal concluye a favor de la indisolubilidad misma (no sólo de la permanencia duradera), diciendo que "la amistad, cuanto mayor es, será más firme y duradera; ahora bien, entre marido y mujer se trata de un vínculo de máxima amistad, y es que se unen no solamente en y para el acto matrimonial, acto que también entre los animales crea cierta amigable sociedad, sino que existe entre esposos una comunión dialogal que va colorando toda la vida doméstica. De donde, en señal de la misma, el hombre dejará a su padre y a su madre (Gén 2,24). Es, pues, conveniente, concluye, que el matrimonio sea del todo indisoluble"[30].

Para percatarse de todo el valor de esta perspectiva original de Santo Tomás, baste recordar el contexto medieval en que escribe, en el que la consideración y promoción de la

[26] Id., *Sum. Teol.* I-II q.28 a.4: "Aliter tamen hoc contigit in amore concupiscentiae et aliter in amore amicitiae".

[27] Id., *C.G.* III q.122.

[28] Id., *C.G.* III q.122.

[29] Id., *C.G.* III q.122.: "oportet igitur in specie humana [a diferencia de los animales] non per parvum tempus insistere promotioni prolis, sed per magnum spatium vitae".

[30] Id., *C.G.* III q.123.

mujer deja tanto que desear[31], con mengua, claro está, del auténtico amor matrimonial; y leer detenidamente el *texto* mismo que hemos aducido, cuyos elementos positivos brillan por sí mismos[32].

## *II. Aportaciones de la perspectiva moderna*

La perspectiva moderna en torno a los fines del matrimonio no se contenta con presentar unas advertencias —a modo de observaciones— a la forma tradicional de pensar en esta materia, sino que expone la suya propia, ampliamente argumentada, utilizando una terminología, afirmaciones y argumentos que a continuación queremos exponer como segunda parte de este capítulo.

### 1. Un mensaje y una forma de hablar nuevos

Convendría utilizar una manera de hablar realista y descriptiva en la perspectiva moderna del matrimonio; es preferible hablar de fines personales, inmanentes al matrimonio mismo, a saber: el amor, la íntima unión de los esposos, el complemento mutuo de sus personas, la mutua perfección y también, ¿cómo no?, acerca de los hijos y de su educación[33].

*El sentido (Sinn)* del matrimonio consiste en esa singular e íntima unión de las dos personas de diverso sexo que se unen en matrimonio, cuyo acto conyugal es a la vez signo y realidad de esa misma unión; es representación y actuación de aquella unión total de ambos esposos[34].

*Los fines* del matrimonio, según esta forma de hablar nueva, se caracterizan así: ante todo se da el amor de los esposos, su íntima unión, su complementación mutua, y

[31] LANDGRAF, A., *Dogmengeschichte der Frühscholastik* I-IV (Regensburg 1952-1956) *passim.*

[32] SANTO TOMÁS, C.G. III q.123: "amicitia, quanto maior, tanto est firmior et diuturnior. Inter virum autem et uxorem maxima amicitia esse videtur: adunantur enim non solum in actu carnalis copulae, quae etiam inter bestias suavem societatem facit, sed etiam ad totius domesticae conversationis consortium...".

[33] DOMS, H., *Du sens et de la fin du mariage* (Paris, Desclée, 1937) p.105ss.

[34] ID., o.c., p.105ss.

luego, eventualmente, vienen los hijos como fruto del amor y de todo un proceso biológico-generativo[35].

Ulteriores consideraciones del propio Herbert Doms sobre el sentido *(Sinn)* y finalidad *(Zweck)* del matrimonio nos llevan a precisar más su pensamiento de la siguiente manera: el sentido del matrimonio —dice— tiene más directa e inmediata relación con los fines llamados personales que con los de orden biológico-generativo. El sentido del matrimonio es como la *esencia* del mismo; mientras que los fines son considerados como *efectos,* más o menos remotos.

Ahora bien: la unión de los esposos tiene que nacer, en primer lugar, del amor y ser expresión de amor; de no ser así, es inmoral. Pero la unión de los casados no es solamente del orden moral, es también psicológica, biológica, ontológica (entendida ésta como comunión de perfecciones y cualidades que los caracterizan individualmente), como lo dirá más tarde a la hora de la argumentación misma.

En efecto; la especie humana tiene dos sexos, y, por lo tanto, ninguno de los dos, por sí y aisladamente, representa la realidad y perfección total de la naturaleza humana. Más aún; esta totalidad de valores no está, dice Doms, en la *suma* total de las perfecciones de ambos sexos, sino en la *unión* de los mismos; en esta unión se refleja y representa toda la perfección que da de sí la naturaleza humana bisexuada[36].

Cuando en el matrimonio se da lo primero (es decir, el sentido de unidad y complemento mutuo), aunque no se tenga hijos por ser imposible, el matrimonio mismo no deja de existir y tener sentido. Lo tiene.

## 2. Las afirmaciones y pruebas

Fundamentalmente consisten en decir que aquella forma de hablar de fin primario y secundario se prestaba a equívocos y falsedades. Los *equívocos* provenían del hecho de considerar todos los demás fines del matrimonio como "secundarios", teniendo esta expresión un sentido peyorativo en todos los diccionarios y en la vida misma. Y *falsedades,* por-

[35] ID., o.c., p.106.

[36] ID., o.c., p.38ss. Pero admite que la persona humana pueda realizarse en la virginidad y celibato, como vocaciones de amor por el reino de Dios.

que en toda ética social bien orientada, la sociedad es para la persona, y no viceversa. Aplicando este principio al tema del matrimonio, resulta la no conveniencia de expresar y enunciar la "subordinación a la especie"[37].

*¿En qué razones* se apoya esta perspectiva moderna del matrimonio? Podríamos agruparlas en *tres series:*

a) *La psicología de los esposos:* una observación psicológica de los fenómenos de preparación al matrimonio y de su vivencia misma da como resultado que el amor entre esposos y su complemento mutuo ejerce un poderoso atractivo, hasta el punto de ocupar el primer plano de la psicología del noviazgo y matrimonio. Esta experiencia psicológica no debe ser considerada como meramente subjetiva, mucho menos ilusoria, sino que debe corresponder a la verdad axiológica de los fines y bienes del matrimonio. Aun en los matrimonios que no pueden tener hijos y en tiempo de gravidez, esta atracción y tendencia mutua perdura; lo que parece indicar que se trata de una tendencia primaria, no originada o derivada de la prole[38].

b) *Los datos biológicos* demuestran que el acto matrimonial es siempre unitivo, siempre realiza la unión total de ambos esposos. En cambio, no siempre es generativo. Esta propiedad generativa es, más bien, como efecto de este acto, que se configura esencialmente como acto de unión de amor. En resumen: biológicamente, el acto matrimonial se constituye siempre como unión total, no siempre como hecho generativo.

Ahora bien: a lo que siempre se da, habrá que conceder todo el relieve que se merece, porque constituye la esencia misma del matrimonio, es el objeto mismo del matrimonio[39]; mientras que *el hecho* de los hijos no es el objeto del contrato matrimonial[40].

c) *La consideración ontológica:* si de la consideración dinámico-operativa (tanto del orden psicológico como del biológico) pasamos a la perspectiva ontológica misma, ésta nos ofrece las siguientes consideraciones:

[37] Véase cómo el concilio Vaticano II habla de ordenación, y no de subordinación: cf. *Gaudium et spes* n.48: AAS 57 (1965) 1068.

[38] DOMS, H., o.c., p.48ss.

[39] Darse derecho a esos actos.

[40] DOMS, o.c., p.19ss.

En primer lugar, la de que el *matrimonio* se constituye ya esencialmente como realidad de vida por la referencia esencial de una persona casada a la otra; es decir, tiene sentido en sí en esta relación mutua de ambas personas casadas, incluso anteriormente al *hecho* de la prole.

Y el *acto* matrimonial —sigue diciendo— tiene un fin objetivo próximo que siempre se logra y obtiene: la actuación de la unidad de ambos esposos. Y es eso lo que especifica y define primariamente al matrimonio. Para eso tienen ambos sexos una conformidad ontológica (de perfecciones diversas), una aptitud y ordenación mutuas que siempre se realizan en el matrimonio y su ejercicio.

La perfección total de la naturaleza humana —insiste— se refleja en la unión de ambos esposos, según el texto bíblico de que "varón y mujer los hizo Dios" (Gén 1,27).

La sexualidad, además, rebasa los límites generativos y los trasciende en el sentido de que abarca y va penetrando toda la vida de los esposos, su personalidad y actuaciones mutuas, e incluso la sociedad entera, en cuanto que, en cierto modo, todos nos beneficiamos de la riqueza de cualidad que supone la existencia y presencia de ambos sexos, completando y enriqueciendo la sociedad en que vivimos[41].

Ninguno de los dos sexos puede tener la pretensión de representar y agotar en sí la perfección total de la naturaleza humana: "varón y mujer los hizo Dios" (Gén 1,27).

Otro autor moderno, E. Michel, hace suyas todas estas afirmaciones interpretándolas de la siguiente manera: el sentido y la finalidad del matrimonio consiste en que la unión de ambos esposos refleje la imagen o idea total de las perfecciones humanas, de ese intercambio sexual según el plan de Dios; es decir, que en la unión de varón y mujer se refleje la idea divina de la perfección del matrimonio[42].

En esta perspectiva moderna se insiste en que el acto matrimonial es un gran medio de enriquecimiento mutuo de los esposos, entendiendo por tal —claro está— no sólo el acto sexual en sí, sino como donación y aceptación de la persona misma en todos sus niveles, no sólo el biológico. El

[41] DOMS, H., o.c., p.27.28.60.65. No hay que confundir estas afirmaciones con el craso error del pansexualismo.

[42] MICHEL, E., *Die Ehe. Eine Antropologie der Geschlechtgemeinschaft* (Stuttgart ²1948) p.423.

acto matrimonial es signo que traduce la donación que de sí mismos se hacen mutuamente. Por medio de esta singular e íntima unidad, la persona no sólo no se destruye, sino que se edifica, se completa y se perfecciona, adquiriendo perfecciones que le comunica la unión con el otro sexo[43].

*Hombre y mujer en el plan de Dios* (Gén 1,27): la afirmación bíblica de que "varón y mujer los hizo Dios" no es mera tautología, no es mera repetición, vacía de contenido ético. Ahí se incluye también la afirmación moral de que el hombre debe perfeccionarse como hombre, y la mujer, como tal, siendo femenina. Esta diferencia de sexos en el plan de Dios es una realidad afirmada y una tarea o misión. En el matrimonio se manifiesta en toda su grandeza la doble y única perfección de la naturaleza humana concentrada en la unión de los dos sexos; la existencia de éstos —dice— tiene enorme importancia socialmente, trasciende su orientación a la prole (que es cierta), pero no se define por mera referencia a ella; es decir, la dualidad de sexos tiene como sentido no solamente el poder tener hijos.

## 3. Consecuencias

Las consecuencias que se desprenden de toda esta perspectiva personalista que tuvo como principal artífice a Max Scheler († 1928)[44] y cuya aplicación al matrimonio se hizo principalmente por obra de H. Doms[45], son las siguientes:

1.ª *La dignidad* de las personas, de su amor y del acto sexual en concreto; el acto matrimonial, en efecto, siendo acto humano y personal, no es solamente puro medio para la generación. Es decir, la dignidad del acto sexual en los seres humanos no se ha de ver solamente por referencia a la prole, sino también —y con todo relieve— en la perspectiva de la mutua perfección de los esposos[46].

2.ª *La sociedad o comunidad matrimonial* queda constituida originariamente por ambos esposos, de tal manera

[43] DOMS, H., o.c., p.43ss.

[44] SCHELER, MAX, *Esencia y formas de la simpatía* (Buenos Aires, Losada, ³1957) y otras obras suyas.

[45] DOMS, H., *Dieses Geheimnis ist Gross* (Colonia 1960); ID., *Gatteneinheit und Nachkommenschaft* (Mainz 1965).

[46] DOMS, H., *Gatteneinheit und Nachkommenschaft* (Mainz 1965) p.24ss.

que esa unidad íntima de los dos tiene sentido aunque no nazcan hijos, por esterilidad de las personas casadas; éstas expresan, significan y realizan a través de sus actos lo que el matrimonio quiere decir en el plan de Dios[47].

3.ª *¿Puede la persona humana realizarse sin la actuación sexual?* La respuesta es afirmativa. Concede, en efecto, que la persona *humana* pueda lograr su fin humano y religioso plenamente fuera del matrimonio, con tal de que la virginidad sea entendida debidamente. Pero, para la inmensa mayoría de los seres humanos, el matrimonio es el gran medio de perfección y la gran escuela de educación mutua y de virtudes sociales[48].

## 4. Las enseñanzas de la Iglesia

Son aducidas desde esta perspectiva moderna; y, bien interpretada, no sólo no hay contradicción entre aquéllas y ésta, sino una aprobación en gran escala, purificándola, desde luego, en algunos aspectos, como veremos.

En primer lugar, el *Catecismo* del concilio de Trento, al hablar del matrimonio y de los motivos mismos que suelen darse al contraerlo, dice: "Ahora es preciso explicar por qué se unen hombre y mujer en el matrimonio: *la primera razón* es esta misma *comunidad* de diverso sexo que brota como voz de la naturaleza misma, movida por la esperanza del mutuo auxilio y de la mutua ayuda [...]"[49].

*La segunda razón* ("altera ratio") es el deseo de los *hijos,* no precisamente en el sentido de que quieran dejar herederos de sus honores y riquezas, sino con el propósito de educarlos en el culto de la verdadera fe y religión[50].

*En la interpretación* de estos textos, cuando se está hablando de los fines del matrimonio, es preciso primariamente situarse en una de las dos perspectivas en que cabe enfocar el tema: la personalista o la institucional.

La perspectiva *personalista* se refiere a la pregunta siguiente: ¿por qué motivos subjetivos y personales se acercan

[47] DOMS, H., *Du sens et de la fin du mariage,* p.43ss.
[48] ID., ibid., p.70ss.
[49] *Catecismo Romano del Concilio de Trento* p.2.ª c.8 n.13.
[50] Ibid.

hombre y mujer al matrimonio, qué fines persiguen en él, qué valores quieren obtener en el estado matrimonial? El *Catecismo* del concilio de Trento está hablando en esta perspectiva: la de los fines subjetivos y éticos, es decir, de un orden total de valores que suelen, pueden y deben esperar varón y mujer al casarse (Gén 2,18-24). Aquel catecismo conciliar de Trento no está hablando, al menos directa y formalmente, de los fines de la *institución* misma matrimonial, a los que se refiere el Magisterio de la Iglesia, en alguna manifestación reciente[51].

Ciertamente, los fines que pretenden los que contraen el matrimonio no deben oponerse a los fines que tiene la institución matrimonial: por ejemplo, no pueden casarse con la condición de evitar a ultranza los hijos en el ejercicio de su matrimonio. Pero también es preciso admitir la legitimidad del diverso relieve con que aparecen los fines del matrimonio en la psicología de los que se acercan a él; por ejemplo, no pecan contra la institución matrimonial los que se casan movidos principalmente por el amor o por el deseo de ayuda y perfección mutua (!) más que por la intención de tener hijos, muchos hijos.

*Los fundamentos bíblicos* de esta doble perspectiva: hay dos relatos en la Biblia acerca de la idea divina primitiva sobre el matrimonio y la creación de la pareja humana:

1.º *Perspectiva personalista* (Gén 2,18-24): es el relato más antiguo; pertenece al documento yahvista del Pentateuco, cuya característica es el estilo vivo y las descripciones de mucho colorido psicológico y delicadeza de expresiones. En este relato de la creación de hombre y mujer por parte de Dios se destacan y ponen de relieve las siguientes características: *a)* en primer lugar, la *soledad* del primer hombre: "dijo también el Señor Dios: no está bien que el hombre esté solo; hagámosle una ayuda semejante" (Gén 2,18); *b) igualdad* fundamental de hombre y mujer, verdad demasiado olvidada en el Oriente antiguo, y aun posteriormente, y que la afirmación del yahvista la destaca en su relato; *c)* poderoso y misterioso *atractivo* mutuo. La tradición yahvista afronta aquí uno de los problemas más sugestivos y de perenne interés antropológico: ¿cuál es el motivo que ejerce tan poderosa atracción mutua entre hombre y mujer hacia una unión tan

[51] SANTO OFICIO (1 abril 1944): AAS 36 (1944) 103.

profunda, de carácter físico y espiritual, es decir, total? *d) Unión total:* se trata, en efecto, de una unión más fuerte y prevalente que la de padres a hijos, y viceversa: "por eso dejará el hombre a su padre y a su madre, y se unirá a su mujer" (Gén 2,24)[52]. "Serán dos en una carne" (Gén 2,24). ¿De qué unión se trata? A primera vista está sugerida la física y corporal. Pero también y hasta principalmente se trata de la unión espiritual, psicológica, moral, personal. Todo esto está comprendido en el vocablo hebreo *dabaq,* que significa aglutinar, adherirse íntimamente. La Biblia Vulgata traduce por la expresión "adhaerebit uxori suae": adhesión a su mujer (Gén 2,24).

Una ulterior consideración acerca de la expresión "una carne", que a primera vista parece clara, pero también enigmática, sugiere en un primer plano la unión conyugal; pero tiene asimismo un sentido total, es decir, espiritual, psicológico, moral, personal. O sea, no es lo mismo unión carnal que unión matrimonial. El término bíblico "caro", tomado en su contexto, designa la persona misma, ya que su mentalidad les llevaba a considerar a ésta por sus contornos externos, a designarla por su corporeidad. Se trata, pues, de unión completa: de alma y cuerpo, de espíritu y carne, pensamiento y voluntad de amor[53]. Unión que excluye obviamente toda poligamia y divorcio, como interpretará Cristo más tarde[54].

2.º *El matrimonio como institución* (Gén 1,26-28): Es la segunda narración referente a la creación de la pareja humana. Pertenece al género sacerdotal, que gusta de enfocar el tema desde el punto de vista institucional, social, jurídico, y responde a la pregunta: ¿qué fines tiene la institución misma del matrimonio? La diferencia fundamental de este relato respecto del anterior está en que ahora la creación y unión de hombre y mujer están consideradas en la perspectiva y tensión dinámica hacia los hijos (Gén 1,27-28).

Pero, volviendo nuevamente al *Catecismo* conciliar de Trento, vemos que pone de relieve con insistencia el tema y la importancia del amor en el matrimonio y la familia.

[52] GRELOT, P., *Le couple humain dans L'Écriture* (Cerf, 1964) p.32ss.

[53] ADNÉS, P., *Le mariage* (Paris, Desclée, 1961) p.10.

[54] VAN IMSCHOOT, P., *Théologie de L'Ancien Testament* I (Paris, 1954) p.262ss. Cf. Mt 19,5.

"¿Por qué elevó Cristo —dice— a la dignidad sacramental el matrimonio? Porque quiso elegir un signo de su estrechísima vinculación con la Iglesia y de su inmenso amor para con los hombres, declaró la dignidad de tan grande misterio principalmente con la santa unión del varón con la mujer. Que esto haya sido hecho muy aptamente lo demuestra el dato de que, entre todas las vinculaciones humanas, la más estrecha es la del matrimonio, en el que varón y mujer se unen con máxima caridad y benevolencia"[55].

El propio *Catecismo* del concilio de Trento, tomando a continuación como fundamento la carta a los Efesios (5,22-32), dice que el esposo, como representante de Cristo y cabeza de la mujer, debe amarla como Cristo a su Iglesia; a su vez, la mujer, al varón, como a Cristo mismo[56].

"¿Y para qué da la gracia el matrimonio?, se pregunta a continuación, para terminar respondiendo: la gracia, que perfecciona ese amor natural y confirma su unidad indisoluble y que santifica a los esposos..., el mismo Cristo nos la mereció con su pasión"[57].

La conclusión a favor de la primacía del amor en el matrimonio surge, dice Doms, del hecho —también teológico— de que el amor y la unión del varón y la mujer en el matrimonio significan y realizan la realidad más sublime del misterio cristiano, es decir, la unión de Cristo con la Iglesia[58].

Dos textos más, de este mismo *Catecismo,* en esta perspectiva de la importancia del amor en el matrimonio. El primero habla de la gracia que purifica y eleva el amor: "hay que enseñar, pues, que con la gracia de este sacramento se logra que el varón y la mujer, unidos en vínculo de mutua caridad, descansen el uno en la benevolencia del otro, y no busquen ajenos e ilícitos amores y contactos[59].

Por fin, el segundo texto se refiere a la fidelidad conyugal como fruto del amor: "Se trata —dice— de una mutua fidelidad con la que se unen y se dan su potestad y se prometen no violarla jamás. Pide además la fidelidad conyugal

[55] *Cat. Conc. Trento* II c.8 n.15.
[56] Ibid., n.17.
[57] Dz. 969; DS 1799.
[58] DOMS, H., *Du sens et de la fin du mariage* p.70ss.
[59] *Cat. Conc. Trento* II c.8 n.17.

que el esposo y la esposa estén unidos con singular, santo y puro amor. Que no se amen con el ardor de adúlteros, sino con el amor de Cristo a su Iglesia. Esta norma impuso el Apóstol cuando dijo: 'amad a vuestra esposas como Cristo a su Iglesia', es decir, con inmensa caridad, no buscando la propia comodidad, sino el bien de la esposa''[60].

También la encíclica *Casti connubii* es aducida a favor de esta perspectiva moderna del matrimonio, ya que, en línea de continuidad con el *Catecismo* del concilio de Trento, dice a este respecto:

''Esta mutua interior perfección 'conformatio' de los esposos, este asiduo interés de perfeccionarse mutuamente, con verdaderísima razón —como dice el *Catecismo* de Trento—, puede llamarse *primaria causa y razón* del matrimonio si se entiende éste, no ya en el sentido de institución destinada a la procreación y educación de la prole, sino en un sentido más amplio: el de la total comunión de vida''[61].

Más aún: refiriéndose a este mismo ''*amor* conyugal que penetra todos los deberes de la vida matrimonial'', el documento pontificio le asigna y concede ''cierta *primacía de nobleza* dentro del matrimonio cristiano''[62].

Por otra parte, está bien claramente admitido en esta misma encíclica de Pío XI que los esposos pueden lícitamente realizar su vida matrimonial por los motivos que en el orden subjetivo pueden considerarlos como primarios (amor, ayuda mutua, complemento y perfección mutuos), ''con tal de que quede siempre a salvo la intrínseca estructura de este acto y no impidan positivamente su ordenación al fin primario''[63].

## Conclusión

Esta voluntad de *síntesis* armónica de los bienes y fines del matrimonio quedó nuevamente manifiesta y ratificada por la palabra, doblemente autorizada, del papa Pío XII, quien, en su célebre discurso a la Sagrada Rota Romana (el

[60] Ibid., n.24.
[61] AAS 22 (1930) 548-549.
[62] Dz. 2232; DS 3707.
[63] AAS 22 (1930) 539 ss.

año 1941), dijo a este respecto que es preciso evitar ambos extremos en materia tan delicada:

"De ambos extremos es preciso huir; de una parte, el negar prácticamente el fin llamado secundario del matrimonio y del acto mismo matrimonial; de la otra, el desvincular o separar más de lo debido el acto conyugal del fin primario, al cual, según toda su estructura intrínseca, está primariamente y en modo particular orientado"[64].

[64] AAS 33 (1941) 423: "Due estremi [...] sono da fuggirsi: da una parte, il negare pratticamente o il deprimere eccesivamente il fine secondario del matrimonio e dell'atto della generazione; dell'altra, lo sciogliere o il separare oltre misura l'atto coniugale del fine primario al quale secondo tutta la sua struttura intrinseca è primariamente ordinato in modo particolare".

## CAPÍTULO II
## *PROMOVER LA DIGNIDAD DEL MATRIMONIO Y LA FAMILIA*

*(según el concilio Vaticano II)*

### INTRODUCCIÓN

El gozo y la esperanza, la tristeza y la angustia de los hombres de nuestro tiempo, sobre todo de los pobres y de los que sufren, son a la vez gozo y esperanza, tristeza y angustia de los discípulos de Cristo; y no hay nada verdaderamente humano que no resuene en su corazón[1].

Y no hay duda de que el matrimonio es una realidad ciertamente humana. Comunidad integrada por hombre y mujer, reunidos no sólo en virtud de la carne y de la sangre, sino también en Cristo, son guiados en su peregrinar hacia el Padre por el Espíritu, y han recibido la buena noticia de la salvación, para vivirla en sí y comunicarla a todos, en primer lugar a sus hijos.

La Iglesia se siente solidaria no sólo con la comunidad universal, sino también con esta otra comunidad más pequeña, que la representa y realiza como célula primera y original: con el matrimonio y la familia.

Una primera razón de esta solidaridad está en que la condición del matrimonio cristiano, presente en el mundo de nuestro tiempo, es la misma que la de la Iglesia, inmersa en el mundo actual[2].

El matrimonio cristiano, en consonancia con el espíritu de la constitución conciliar "sobre la liturgia", es considerado también como una liturgia viva; y es que también en el matrimonio existe —de alguna manera— un ofertorio —común y a Dios— una consagración y permanencia de Cristo, y una verdadera comunión —mutua y con Cristo—.

El matrimonio es factor de salvación, signo y participa-

[1] GS n.1.

[2] HEYLEN, V. L., *La dignité du mariage et de la famille*, en *Gaudium et spes* (Paris, Mame, 1967) p.163.

ción del amor de Cristo a la Iglesia; una forma de alabanza al Creador, un camino de santidad, iluminado por la palabra de Dios y potenciado por su gracia[3].

El matrimonio es participación pascual de la muerte y resurrección de Cristo. Todos los sacramentos tienen su origen en este misterio pascual de Cristo; también el matrimonio cristiano: "los esposos cristianos, dice la constitución pastoral sobre la Iglesia en el mundo actual, son testigos suyos [de Cristo], apóstoles del misterio de amor que el Señor, con su muerte y resurrección, reveló al mundo"[4].

Y en consonancia con la constitución litúrgica del concilio, también este sacramento —del matrimonio— hay que vivirlo en acción de gracias, como alabanza constante al Creador, de quien reciben los esposos las fuerzas creadoras y la participación en la voluntad salvífica de Cristo para su Iglesia[5].

La liturgia será, por lo tanto, fuente de renovación constante para el matrimonio cristiano; le hará encontrar el sentido profundo y pascual de sus sacrificios y alegrías; y los llevará a ofrecer como materia de sacrificio su propia carne: con sus alegrías y sus abstinencias, pequeñas y grandes, pero siempre en actitud propia del Nuevo Testamento: gozosamente, con el Evangelio y la gracia de Cristo[6].

El matrimonio del Nuevo Testamento admite a Cristo como Maestro, Sacerdote y Guía de sus problemas. De esta actitud fundamental de aceptación de Cristo derivan las demás consecuencias de vida cristiana como concreciones de aquella actitud fundamental.

La perspectiva eclesial del matrimonio cristiano está en la constitución dogmática "sobre la Iglesia" (LG). Esta constitución arroja nueva luz e inteligibilidad a nuestro tema. En el capítulo segundo está hablando el concilio sobre el pueblo de Dios, y concretamente en el número 11 se está refiriendo al ejercicio del sacerdocio de los fieles en los sacramentos; es decir, está hablando de la estructura sacramental y virtuosa de la Iglesia, y la afirmación en favor del matrimonio es clara: "los cónyuges cristianos, en virtud del sacra-

[3] HAERING, B., *Le chrétien et le mariage* (Paris, S. Paul, 1965) p.8.
[4] GS n.52.
[5] Ef 5.22-32.
[6] SC *passim;* cf. n.77-78.

mento del matrimonio, por el que manifiestan y participan el misterio de la unidad y fecundo amor de Cristo para la Iglesia (Ef 5,32), se ayudan mutuamente a santificarse en la vida conyugal y en la procreación y educación de los hijos; y, por lo tanto, tienen en su condición y estado de vida su propia gracia en el pueblo de Dios (1Cor 7,7)"[7].

Con razón el concilio cita a San Pablo, que en este lugar afirma que unos y otros, en matrimonio y en virginidad, tienen carisma de Dios, es decir, una gracia de Dios para servicio de la Iglesia. Podía haber citado también otros dos versículos de San Pablo en este mismo capítulo: el versículo 17, donde nos dice que en el Cuerpo místico de Cristo "cada uno debe ocupar el lugar que el Señor le distribuyó", y el versículo 20, donde el Apóstol afirma que "cada uno permanezca en la vocación a que ha sido llamado por Dios".

De todas formas, la afirmación del concilio está clara y todavía insiste explícitamente en ello cuando dice: "Los fieles todos, de cualquier condición y estado que sean, fortalecidos por tantos y tan poderosos medios, son llamados por Dios, cada uno en su camino, a la perfección de la santidad, como la del Padre que está en los cielos"[8].

Y en esta misma constitución "sobre la Iglesia"[9] nos encontramos a renglón seguido con la afirmación de que la familia es una "Iglesia doméstica"[10], llevando esta expresión hasta sus últimas consecuencias cuando llega a firmar que, "en esta Iglesia doméstica, los padres han de ser para con sus hijos los primeros educadores de la fe, tanto con su palabra como [sobre todo] por su ejemplo"[11].

La misma afirmación e idénticas consecuencias están en el número 35 de esta misma constitución "sobre la Iglesia", añadiendo, sin embargo, ahora algo que nos es necesario tener presente, y es que no sólo la virginidad, sino también el sacramento del matrimonio, sacramento de la Nueva Alianza, prefigura y profetiza "el cielo nuevo y la nueva tie-

[7] LG n.11.

[8] LG n.11.

[9] La más característica del concilio Vaticano II, cuya resonancia y dimensión eclesial encontramos en todos los temas tratados por el concilio, también en el del matrimonio y la familia.

[10] LG n.11,2.

[11] Ibid., al final.

rra" que esperamos[12], y son pregoneros —los esposos cristianos— de la fe y de las cosas que esperamos[13].

No solamente la virginidad, sino también la gracia del matrimonio es anticipación de la gloria: en el matrimonio cristiano se transparentan y evidencian virtudes del reino de Dios, siendo la vida matrimonial esperanza de una vida más feliz. Y así, con su ejemplo y testimonio, los esposos cristianos arguyen al mundo de pecado, no en un sentido farisaico —de acusación—, sino iluminando a los matrimonios que buscan la verdad. Y el concilio llega a afirmar —en señal de esta solidaridad suya con el matrimonio cristiano— una nota específica y una particular eficacia de esta santidad obtenida en la vida matrimonial por el hecho de que se realiza dentro de las condiciones comunes de la vida inmersa en el mundo[14].

Y refiriéndose a los esposos y padres cristianos, el concilio les dice en la misma constitución "sobre la Iglesia" que "siguiendo su propio camino, en la fidelidad de su amor, se apoyen mutuamente en la gracia a lo largo de toda su vida, educando a los hijos recibidos de Dios en la doctrina cristiana y en las virtudes evangélicas. Así ofrecerán al mundo el ejemplo de un amor incansable y generoso, edificando una fraternidad de caridad, llegando a ser testigos y hasta cooperadores de la fecundidad de la madre Iglesia"[15].

## Los problemas del matrimonio a la luz del Concilio

### Situación del mundo actual

Lo que el concilio ha dicho en su constitución dogmática "sobre la Iglesia" es la raíz y clave para entender lo que nos va a decir en la constitución pastoral "sobre la Iglesia en el mundo actual".

De la misma manera, no basta haber hablado de lo que el matrimonio y la familia son *en la Iglesia,* sino que es preciso afrontar la situación del matrimonio cristiano y de la familia *en el mundo* actual. Es lo que hace el concilio en la

[12] Ap 21.1.
[13] Heb 11,1.
[14] LG n.35,2.
[15] LG n.41.

constitución pastoral "sobre la Iglesia en el mundo actual".

El concilio manifiesta esta voluntad decidida de diálogo y apertura al mundo no sólo en este tema, sino en todos los que aborda: "Por eso el concilio Vaticano II, después de haber profundizado en el misterio de la Iglesia, se dirige ahora, no solamente a los hijos de la Iglesia, ni sólo a los que invocan el nombre de Cristo, sino a todos los hombres con el propósito de anunciarles cómo entiende la presencia y acción de la Iglesia en el mundo actual"[16].

Y la aplicación al matrimonio, de esta misma presencia de la Iglesia en el mundo, es obvia; la hace el propio concilio al decir: "entre las muchas cuestiones que preocupan a todos, hay que citar ante todo el matrimonio y la familia..."[17]. La segunda parte de la constitución *Gaudium et spes* se titula "Sobre algunos problemas más urgentes", y el primer capítulo de esta segunda parte es "Sobre la necesidad de promover la dignidad del matrimonio y la familia"[18].

Así, pues, es en línea de continuidad de esta teología eclesial (tema central del concilio Vaticano II) como hay que estudiar el significado del matrimonio hoy. El concilio es consciente de ello y deliberadamente desarrolla en esta perspectiva eclesial (y de la Iglesia en el mundo actual) su mensaje al matrimonio y la familia.

Y es que existe toda una interacción beneficiosa, y un favor mutuo que se prestan, entre la eclesiología y la teología del matrimonio. En efecto, conociendo mejor la Iglesia y sus relaciones con Cristo, conocemos mejor el matrimonio cristiano, y viceversa; un conocimiento mejor del matrimonio cristiano lleva también a conocer mejor lo que es la Iglesia y participar más plena y vitalmente en sus relaciones con Cristo y con el mundo. Esta ayuda que se prestan mutuamente la eclesiología del Vaticano II y la nueva perspectiva matrimonial proclamada por este concilio está sugerida en la carta de San Pablo a los Efesios[19].

Pero el mensaje del concilio al matrimonio no es un mensaje abstracto y atemporal, sino concreto: es para el matrimonio en el mundo actual. La Iglesia le habla teniendo

[16] GS n.2.

[17] GS n.46.

[18] GS n.46-52.

[19] ADNÉS, P., *Le mariage* (Desclée, 1961) p.31ss; trad. española (Barcelona, Herder, 1971).

ante sí el mundo entero, la entera familia humana[20]. Y es que esta pequeña comunidad, que es el matrimonio, no debe perder de vista esa otra perspectiva más amplia que es la Iglesia en el mundo[21].

El matrimonio y la familia tienen que participar en el conjunto universal de realidades en que viven, abrirse y aportar algo al mundo en sus afanes, fracasos y victorias; los cristianos lo creen como un mundo fundado y conservado por el amor del Creador, caído bajo la servidumbre del pecado (cuyas sombras se proyectan también sobre el mundo actual), pero liberado por Cristo, crucificado y resucitado; de esta manera, participando en esta mortificación y resurrección, el mundo (también el matrimonio) se transformará según el propósito divino y llegará a su perfección final[22].

En nuestros días, el mundo, admirado de sus propios descubrimientos y de su propio poder, se formula con frecuencia preguntas angustiosas sobre la evolución presente (que también se da en el tema del matrimonio), sobre el sentido último de todos estos esfuerzos y de toda realidad humana[23].

El concilio ha sido un esfuerzo gigantesco para considerar al hombre todo entero, cuerpo y alma, y afrontar integralmente todos sus problemas. El concilio, testigo y expositor de la fe de todo el pueblo de Dios congregado por Cristo, no puede dar prueba mayor de solidaridad, respeto y amor a toda la gran familia humana que dialogando con ella acerca de todos estos problemas, tratando de aclararlos a la luz del Evangelio y poniendo a disposición de todos todo el poder salvífico que la Iglesia, conducida por el Espíritu Santo, ha recibido de Cristo[24].

Es la persona del hombre la que hay que salvar, no solamente el alma, sino el hombre todo entero, cuerpo y alma. Esta perspectiva integral había sido descuidada no pocas veces en nuestros tratados de antropología y escatología[25].

[20] GS n.2.

[21] De lo contrario, terminaría por asfixiarse en su círculo reducido y egoísta.

[22] GS n.2.51.52.

[23] GS n.3.

[24] GS n.3.

[25] En cambio, los Evangelios nos hablan de un gozo y una felicidad *humanos* en la salvación, aun en la fase final y definitiva.

La Iglesia del Vaticano II siente y proclama su vocación de servicio y de salvación para el mundo actual; una vocación salvífica más que de juicio; cuando aprueba y estimula, cuando interpreta a Dios y exige a los hombres, cuando se muestra exigente y comprensiva entre éstos, siempre obedece a una doble y única fidelidad: a Dios y a los hombres; ambas dimensiones le son esenciales[26].

Para hablar del matrimonio (como de todo otro tema de actualidad), hay que tener presentes los signos de los tiempos; por supuesto, de los tiempos presentes. Sólo así, a base de un realismo actual, a veces dramático[27], podrá ser válida la iluminación de los principios que a partir del número 47 de esta misma constitución nos presenta el concilio sobre la promoción del matrimonio y la familia hoy. El concilio manda tomar conciencia del mundo en que vivimos: conocer mejor y comprender más sus esperanzas, sus aspiraciones y hasta el carácter dramático que con frecuencia lo caracteriza. No hay duda de que también en el problema del matrimonio existe a veces, no pocas, este dramatismo[28].

El concilio describe algunos trazos fundamentales de estos signos de los tiempos: el género humano se halla hoy en un período nuevo de su historia, caracterizado por cambios profundos y acelerados, que progresivamente se extienden al mundo entero[29]. En efecto, cambios sociales, económicos e ideológicos han hecho acto de presencia rápidamente[30].

Se busca hoy con insistencia un orden temporal más perfecto, sin que avance paralelamente un progreso espiritual proporcionado. Hay nuevos descubrimientos ante los cuales muchos de nuestros contemporáneos difícilmente llegan a discernir los valores permanentes y armonizarlos convenientemente con estos descubrimientos[31]. La inquietud los atormenta, sigue diciendo el concilio, y los hombres se preguntan entre angustias y esperanzas sobre el curso actual de las cosas.

El espíritu científico modifica profundamente el ambien-

[26] Heb 5.1ss.
[27] GS n.4: [*de spe et angore*].
[28] Cf. Haering, B., *Atención pastoral a los divorciados y a los casados inválidamente:* Concilium 55 (1970) 283-291.
[29] GS n.4.
[30] Ibid.
[31] GS n.51.

te cultural, e inclusive las maneras de pensar. Los progresos de las ciencias biológicas, psicológicas y sociales permiten al hombre no sólo el conocerse mejor, sino también influir directamente en el curso de la vida por métodos técnicos. Al mismo tiempo, la humanidad presta cada vez mayor atención (y preocupación) a la previsión y ordenamiento de la expansión demográfica[32].

Los medios de comunicación social contribuyen al conocimiento rápido de los hechos y a difundir, con rapidez también, los modos de pensar y sentir[33].

Hay también en el mundo actual grandes cambios morales y religiosos. Por una parte, afirma el concilio, la adhesión verdaderamente personal y operante a la fe logra alcanzar un sentido más vivo de lo divino en su realidad concreta; por otra, muchedumbres cada vez más numerosas se alejan prácticamente de la religión[34].

Hay también cambios profundos en la familia actual. El concilio no deja de señalar en ésta dificultades y discrepancias nacidas de la presión que ejercen sobre ella las condiciones demográficas, económicas y sociales; discrepancias también entre diversas generaciones (padres e hijos), así como de las nuevas relaciones sociales entre los dos sexos[35].

Existen también grandes discrepancias entre las diversas razas; y sin ir tan lejos, entre los diversos sectores de la sociedad actual; demasiadas desigualdades entre las naciones ricas y pobres; en las mismas instituciones internacionales, nacidas por el deseo de llevar la paz a los pueblos, se introduce la ambición del proselitismo de las propias ideas, cuando no los propios intereses egoístas[36].

Los pueblos que están oprimidos por el hambre interpelan a aquellos otros que nadan en la abundancia, dice abiertamente el concilio[37]. De ahí surgen las constantes reivindicaciones económicas de muchísimos que tienen viva conciencia de que la carencia [privación] de bienes que sufren se debe a la injusticia, a una no equitativa distribución de la riqueza[38].

Bajo todas estas reivindicaciones se oculta, a juicio del

[32] GS n.51.
[33] GS n.6.
[34] GS n.7.
[35] GS n.8.
[36] GS n.8.
[37] Gs n.9.
[38] GS n.9.2.

concilio, una aspiración más profunda y más universal, que es la siguiente: las personas y los grupos sociales aspiran a una vida digna del hombre, poniendo a su servicio las inmensas posibilidades que le ofrece el mundo actual. Posibilidades y descubrimientos que, a juicio del concilio, son ambivalentes: en efecto, el hombre moderno aparece a la vez poderoso y débil, capaz de lo mejor y de lo peor, tiene abierto el camino a la libertad y a la esclavitud, están en su mano las fuerzas que pueden elevarlo o aplastarlo[39].

Por eso se interroga a sí mismo, y podemos añadir que la pregunta se dirige a la Iglesia, debiendo ésta dar la respuesta a un mundo que, desde esa situación, le interroga explícita o implícitamente.

Las grandes aspiraciones —de todo orden— y la conciencia de límite, caracterizan al hombre de hoy y también al matrimonio de nuestro tiempo. Y nos parece fundamental tenerlo presente a la hora del diagnóstico, para no equivocarnos más tarde a la hora de querer prestar un servicio válido al matrimonio y a la familia.

El hombre de hoy, dice el concilio, aspirando a una vida mejor, incluso moralmente, siente sobre sí el peso de múltiples limitaciones; tiene mucho sobre qué elegir y no poco a qué renunciar. Más aún: no raras veces hace lo que no quiere, dice el concilio[40], y deja de hacer lo que querría llevar a cabo, según el dicho del Apóstol[41].

Dos afirmaciones conciliares de esperanza están al final de estas consideraciones sobre la situación del mundo actual y sirven de puente y punto de partida para lo que va a decir el concilio sobre los temas candentes y concretos que va a abordar en la segunda parte de dicha constitución pastoral "sobre la Iglesia en el mundo actual":

La primera se refiere a la fe de la Iglesia en que Cristo, muerto y resucitado por todos, da al hombre la luz y la fuerza del Espíritu Santo, a fin de que pueda responder a su máxima vocación: intra-mundana y trascendente, es decir, integral[42].

Afirma además la Iglesia en concilio que, bajo la superficie de lo cambiante, hay muchas cosas permanentes que tienen su último fundamento en Cristo, "el cual existe ayer,

[39] GS n.9.
[40] GS n.10.
[41] Rom 7,14.
[42] GS n.10.

hoy y para siempre"[43]. Y en esta tarea conciliar de discernimiento entre lo que es permanente voluntad de Dios y las formas cambiantes del matrimonio[44], el mensaje conciliar se puede reunir y ordenar en tres puntos fundamentales, que son como la corriente trifásica por la que se nos comunica su luz conciliar: el amor, la paternidad responsable y la moralidad del matrimonio cristiano.

## El mensaje del concilio al matrimonio y a la familia

### LOS TRES PROBLEMAS FUNDAMENTALES

Los tres puntos que acabamos de citar tienen (y deben mantener entre sí) una íntima y vital conexión interior. Y es que del verdadero amor matrimonial surge la paternidad responsable; de aquel amor y de esta paternidad responsable surge la necesidad de la bondad moral de sus expresiones, de sus criterios y hasta de los métodos mismos que se utilicen.

A este respecto es significativo el hecho de que el concilio, desde la introducción misma del tema, anuncie formalmente desde qué perspectiva va a hablar de la promoción de esta dignidad del matrimonio y de la familia: desde la perspectiva de la dignidad de la persona humana: "después de haber hablado de la dignidad de la persona humana, así como de la misión, tanto individual como comunitaria, que en todo el mundo está llamada a desempeñar, a la luz del Evangelio y de la experiencia humana universalmente válida, quiere el concilio atraer las mentes de todos hacia las necesidades más urgentes de nuestro tiempo, las que más afectan a todo el género humano"[45]. Y entre los muchos problemas que despiertan la preocupación de todos está, en primer lugar, el matrimonio y la familia, la cultura, la vida económico-social, etc.[46]

## *I. El matrimonio, comunidad de amor*

Así se expresa el concilio cuando manda a todos los cristianos que afirmen gozosamente todos los recursos con que

[43] Heb 13,8.
[44] GS n.52.
[45] Gs n.46.1.
[46] Gs n.46.2.

los hombres van promoviendo esta comunidad de amor, al mismo tiempo que el concilio estimula a todos a que contribuyan positivamente a todo aquello que ayuda a los esposos mismos como tales y en su misión de padres[47].

En esta misma perspectiva personalista está la siguiente afirmación conciliar, de que el matrimonio es para bien de los esposos mismos, de los hijos y de la sociedad[48]. Y en el número anterior de dicho documento conciliar existen expresiones en las que se nos habla —manifiesta y claramente— acerca de los valores personales que para los esposos mismos tiene el matrimonio: así lo advierte el concilio desde aquella primera afirmación en la que dice que "la salud de la persona (la palabra latina *salus* tiene que ser interpretada en su sentido integral) y de la sociedad humana y cristiana está estrechamente ligada a la prosperidad (buen estado) de la comunidad conyugal y familiar"[49].

En línea de continuidad con lo que ha dicho anteriormente refiriéndose al matrimonio como comunidad de amor (n.47), la primera expresión con que se abre ahora el número 48 dice que "esta íntima comunidad de vida y de amor conyugal ha sido fundada por el Creador, y se entra en ella por una alianza y consentimiento personal irrevocables".

## Dignidad y valor eximios del matrimonio

En estos términos se refiere el concilio al matrimonio al querer poner en mayor claridad algunos capítulos de la doctrina de la Iglesia sobre la dignidad que por su misma naturaleza corresponde al matrimonio y su valor eximio. Y no se contenta el concilio con afirmar aquella dignidad y este valor eximio, sino que es su voluntad protegerlos y promoverlos[50].

Es un acto verdaderamente humano aquel con el que los cónyuges se entregan y se aceptan mutuamente, surgiendo de ahí un vínculo sagrado que resulta beneficioso para los propios cónyuges, para los hijos y para la sociedad misma[51].

[47] GS n.47.
[48] GS n.48.
[49] GS n.47.
[50] "Tueri et promovere conantur" (GS n.47.3).
[51] GS n.48.

Nos estamos dando cuenta, por lo que llevamos recogido, que con esta concepción del amor y del matrimonio, el concilio está dialogando con el mundo valiéndose de elementos válidos para todos, en convergencia del Evangelio de Cristo con la experiencia humana universalmente válida. Es lo que acertadamente advierte V. L. Heylen en su valioso comentario a este tema conciliar[52].

## Pluralidad de bienes y de fines del matrimonio

Dios mismo es el autor del matrimonio y lo enriqueció con pluralidad de bienes y de fines, dice el concilio, señalando a continuación los distintos niveles en que se verifican estos mismos valores: el nivel institucional[53] y el personal[54]: no sólo se afirma la continuidad del género humano desde el matrimonio, sino también la promoción de cada una de las personas que constituyen la familia en sus valores presentes y en su suerte eterna[55].

## Lo más esencial y lo más digno en el matrimonio

En esa pluralidad de bienes y fines que el concilio asigna al matrimonio, no es intención del texto conciliar polemizar sobre la jerarquía o axiología de aquellos bienes y fines: como si la preocupación fundamental fuera saber cuál de ellos es el más importante y cuál secundario.

Simplemente, el concilio se contenta —deliberadamente— con afirmar dicha pluralidad de bienes y fines, citando a San Agustín y a Santo Tomás. El primero de ellos había formulado su enseñanza del matrimonio diciendo que sus bienes se pueden estructurar en torno a tres fundamentales: el bien de la prole, de la fidelidad y de la sacramentalidad (entendida ésta en un sentido amplio)[56]. Nunca dijo San

52 HEYLEN, V. L., *La promozione della dignità del matrimonio e della famiglia*, en *La Chiesa nel mondo di oggi* (Firenze 1966) p.351ss.

53 GS n.48: "pro generis humani continuatione".

54 Ibid.: "pro singulorum familiae membrorum profectu personali et sorte aeterna".

55 GS n.48.

56 Cf. la segunda parte de este libro, c.2.3.4.

Agustín que los bienes de la fidelidad y sacramentalidad fueran menos dignos que el de la prole. Una comunidad matrimonial que no tuviera hijos, por no poder tenerlos, tiene sentido —según él— por la fidelidad y por ser sacramento de una realidad superior[57].

Cita también el concilio en este lugar a Santo Tomás[58]. Pero esta misma cita no deja de ser significativa e ilumina no poco el panorama de lo que el concilio quiere decir, por cierto sin polemizar (a lo que el concilio se negó en el tema de los fines del matrimonio). La principalidad puede admitirse en dos sentidos, dice Santo Tomás hablando de los bienes del matrimonio en el lugar citado por el concilio: o porque algo es más esencial, o porque es más digno. Si nos fijamos en lo segundo, no cabe duda de que los bienes del orden sacramental son —bajo todos los aspectos— más dignos, por pertenecer al orden de la gracia; ahora bien, las perfecciones del orden de la gracia son más elevadas que las del meramente natural. Es verdad que la prole es al mismo tiempo bien y fin del matrimonio, observa el propio Santo Tomás; a lo que responde: pero es un fin que sólo se logra cuando el matrimonio mismo va bien[59].

## Varón y mujer en la alianza conyugal

Ya no son dos, sino una sola carne (Mt 19,6), en íntima comunión personal y de obras, prestándose mutua ayuda y servicio, experimentando el sentido de su unidad y creciendo en ella más y más plenamente[60].

Esta íntima unión de amor es tanta que constituye argumento de indisolubilidad si se la considera profundamente. Algunos padres conciliares pensaban que era arriesgado fundar la indisolubilidad en el amor matrimonial, sobre todo en el mundo actual, en el que hay tantas vicisitudes y dificultades para esta firmeza en el amor. Pero la teología y el Magisterio de la Iglesia siempre han deducido del amor específicamente matrimonial un gran argumento en favor de

57 Ibid.
58 GS n.48 nota 1; *Supl.* q.49 a.3 ad 1.
59 SANTO TOMÁS, ibid., ad 1.
60 GS n.48.

la indisolubilidad del matrimonio[61]. Así lo hace también el concilio en este lugar[62].

## Pluralidad de valores, que es multiforme amor

Después de haber hablado de los muchos bienes y valores del matrimonio, para los mismos esposos y para los hijos, el concilio abre un nuevo párrafo de este documento llamándolos a todos ellos con el nombre de "multiforme amor", añadiendo que el manantial de tanto amor está en la caridad de Dios, en el amor de Cristo a su Iglesia, en la presencia de Cristo en el matrimonio[63].

## Mutua perfección, santificación, gloria de Dios

¿Cabe un amor cristiano que no esté orientado hacia esta mutua perfección, santificación y gloria de Dios? No. Por eso el concilio, al hablar de la autenticidad del amor cristiano, lo ilumina y orienta hacia esa elevación. El amor matrimonial cristiano significa y realiza la historia de salvación: "así como Dios, antiguamente, se adelantó a unirse a su pueblo por una alianza de amor y fidelidad, así ahora el Salvador de los hombres y Esposo de la Iglesia sale al encuentro de los esposos cristianos por medio del sacramento del matrimonio. Y permanece con ellos"[64].

Así el auténtico amor conyugal es asumido al amor divino, y se enriquece por la virtud redentora de Cristo y por la acción salvífica de la Iglesia. Toda la vida de matrimonio queda impregnada de fe, esperanza y caridad. Así pueden tender más y más a la mutua perfección, ayudarse mutuamente en la santificación y de esta manera dar gloria a Dios en la vida de matrimonio. Adviértase, sin embargo, que, en la mente del concilio, la perfección mutua y la gloria de Dios no son dos cosas distintas, sino una misma y única realidad. Así lo hicieron notar en las actas conciliares[65].

61 SANTO TOMÁS, *Suma contra Gentes* III q.122-124; PÍO XI, enc. *Casti connubii:* AAS 22 (1930) 547ss.

62 GS n.48,1, al final.

63 GS n.48.

64 GS n.48.

65 Esquema del 28 de mayo de 1965, p.101ss.

## El amor conyugal, digno de la persona humana

Es un amor al que Dios mismo invita muchas veces en la Sagrada Escritura. El concilio cita algunos textos bíblicos de esta invitación divina a las nupcias; y manifiesta con gozo la gran estima con que los hombres de todos los tiempos han ensalzado el verdadero amor matrimonial[66].

Se trata de un amor eminentemente humano, de persona a persona, con amor de la voluntad; y comprende el bien de toda la persona, enriquece con especial dignidad las expresiones de cuerpo y alma entre los esposos y es capaz de ennoblecerlas como elementos y signos de amistad matrimonial[67].

## Amor sanado, perfeccionado y elevado por Cristo

Es este mismo amor matrimonial el que ha sido creado por Dios, sanado, perfeccionado y elevado por la gracia y la caridad de Cristo. En un amor así, se da una admirable conjunción de los elementos humanos y divinos y conduce a los esposos a un libre y mutuo don de sí, demostrado en su afecto y en sus obras[68].

Y es un amor que impregna toda la vida matrimonial, no sólo los actos sexuales. El concilio tiene interés en señalar, en esta constitución que estamos comentando, que el amor conyugal auténtico no está solamente en los *actos* matrimoniales, sino que, cuando es verdadero, va colorando y penetrando *toda la vida* de los casados, con sus alegrías y sacrificios.

El alcance y significado de estas afirmaciones conciliares están en que, si se exalta y polariza la atención solamente en los actos matrimoniales, el matrimonio puede correr el peligro de no valorar las ausencias, las enfermedades, las limitaciones propias de la edad, el amor abstinente, etc. Los actos mismos matrimoniales tienen gran valor, sobre todo de signo y expresión del amor que se profesan mutuamente. El amor matrimonial se expresa en forma singular y se perfecciona y aumenta con los actos propios del matrimonio. Con

[66] GS n.49.
[67] GS n.49.
[68] GS n.49.

éstos los esposos se enriquecen mutuamente con alegría y gratitud mutuas[69].

## Amor que supone la aceptación de la igual dignidad de hombre y mujer

El espíritu y la doctrina del concilio quieren que se reconozca igual dignidad de hombre y mujer en el mutuo y pleno amor matrimonial; igualdad fundamental que estaba escrita desde un principio en el plan divino primitivo acerca del matrimonio (Gén 2,18-24) y sobre la cual se proyectaron —y se proyectan— las sombras del pecado: siempre el varón tiene que vigilar la tentación de predominio en el orden familiar y sexual sobre la mujer (Gén 3,16).

Los esposos cristianos deben dar testimonio de este gran amor; así habrá, a juicio del concilio, cada vez mayor respeto y estima del auténtico amor conyugal, si los esposos cristianos dan testimonio de fidelidad y armonía en este amor mutuo y en la educación de los hijos. El concilio no da por terminado este párrafo sobre el amor sin antes haberlos estimulado a la necesaria renovación cultural, psicológica y social, en favor del matrimonio y de la familia: por ejemplo, para no defraudar a los hijos ni mutuamente[70].

## Dar a los fines personales del matrimonio todo el relieve que se merecen

No es solamente aquí donde el concilio habla del amor matrimonial. También en el número siguiente (n.50), cuando pasa a hablar de la fecundidad, la sitúa siempre en el contexto y clima del amor conyugal y familiar. El concilio quiere hablar de los hijos y de su educación "sin descuidar (ni relegar ni postergar) los demás fines del matrimonio"[71].

Fiel a este principio, al hablar de los criterios de la paternidad responsable, el concilio no descuida el del bien personal de los esposos mismos, que condiciona causalmente, poderosamente, el de los hijos; y en esta cooperación de los

[69] GS n.49.
[70] GS n.49, al final.
[71] GS n.50: "non posthabitis ceteris finibus matrimonii".

esposos con el amor creador de Dios, el concilio señala algunos criterios que se han de tener en cuenta: la docilidad y reverencia para con Dios; el diálogo y esfuerzo común de los esposos, atendiendo al bien propio de los esposos, de los hijos (nacidos y futuros); a las condiciones materiales y espirituales de los tiempos en que vivimos y del propio estado de vida; y al bien de la comunidad universal, de la sociedad temporal y de la Iglesia misma[72].

## La ley divina no viene a coartar el amor, sino a protegerlo

La ley divina, dice el concilio, lejos de coartar el amor poniéndole límites, nos trae la plena interpretación del sentido que tiene el *verdadero* amor conyugal, lo protege y lo lleva a la perfección *humana*. Si la ley divina dice que no a algo, será porque no es expresión de amor verdadero ni llevará a la perfección humana.

La Iglesia en concilio ha creído necesario insistir al matrimonio de nuestro tiempo en el verdadero alcance de sus intervenciones, que no vienen a restar amor ni a coartarlo, sino a proteger el amor humano y su libertad. Salvando la esencia del amor humano, se salva su dignidad y elevación. Dios nunca pide que se amen menos, sino más y mejor[73].

## El matrimonio no es sólo para la procreación

El concilio lo señala precisamente en el párrafo en el que está hablando del deber de la fecundidad; el matrimonio es también para que el *amor mutuo* se manifieste en recto orden, se perfeccione y se madure[74].

La procreación misma de los hijos no es un valor tan absoluto que deba ser procurada por todos los medios a ultranza, por ejemplo, por la fecundación artificial, sino en forma digna del hombre. Es voluntad de Dios, autor de la vida, que el insigne ministerio de la transmisión de la vida se realice en forma digna del hombre: "modo homine digno", dice el concilio. Y es que la índole sexual del hombre y

[72] GS n.50.
[73] GS n.50.
[74] GS n.50.

su facultad generativa superan maravillosamente las de los demás seres vivientes. Y es ley inmutable el deber de conservar siempre la dignidad de la persona humana y la de sus actos en el contexto del verdadero amor[75].

## *II. La paternidad responsable*

Para la debida inteligibilidad del pensamiento conciliar en tema tan importante, es preciso comenzar, a modo de introducción, con unas advertencias preliminares, tomadas de los esquemas y de las actas del concilio mismo.

### Los hijos, fuente de felicidad

Por voluntad del concilio, los redactores de este documento tenían que presentar este tema de los hijos en el matrimonio como fuente de felicidad para los esposos mismos, y no como una carga pesada solamente; así dice expresamente el esquema del 28 de mayo de 1965, inmediatamente previo a su promulgación: "Esta doctrina, la de la procreación y educación de los hijos, se proponga de tal manera que aparezca ante todos el matrimonio cristiano como fuente de felicidad y santidad para los mismos esposos, de educación y santificación para los hijos, para el progreso de la sociedad civil y aumento de la Iglesia"[76].

### Procrear no es sólo voz del instinto

Procrear, cuando de personas humanas se trata, no debe ser solamente voz de la carne y de la sangre: sino amor verdaderamente humano; así lo decía aquel esquema siguiendo los votos de tantísimos padres conciliares; y añadía unas consideraciones fundamentales sobre el amor matrimonial: "es verdadero amor humano, porque termina siempre en la persona como tal [no en el sexo solamente], llegando a ser amor de amistad. Así, el amor conyugal con el que dos personas se unen íntimamente y en modo específicamente ma-

[75] GS n.51.

[76] Esquema del 28 de mayo de 1965, p.101.

trimonial, lleva a cierta plenitud humana y es enriquecido por Dios con el don de la gracia y la caridad"[77].

### Amor-procreación

La idea de unir así —en dos números sucesivos del texto conciliar— los dos principales bienes del matrimonio fue pedida cada vez más insistentemente por los padres conciliares, y llegó también a pedirse en dos suplementos casi unánimemente. Algunos padres pedían que sobre el amor se insistiera todavía más[78].

La razón de esta petición estriba en la importancia enorme del amor, tanto para la comunidad conyugal como para la educación de los hijos; así lo explicaba el relator de estos temas[79].

### Son fines intrínsecos al matrimonio

Fines intrínsecos son los que pertenecen al matrimonio mismo como tal por su misma naturaleza y esencia; se llaman también fines objetivos por esa misma identificación suya con el objeto de que se trata; en este caso, con el matrimonio mismo, a diferencia de los fines subjetivos, que dependen de la libre voluntad de los sujetos. Pues bien, la relación conciliar y el esquema a que venimos aludiendo señalaban a este respecto una advertencia de importancia capital; dicen que la razón por la que se introdujo en el número 48 la frase "Dios mismo es autor del matrimonio, dotado de varios bienes y fines", es la de introducir sintéticamente los fines *intrínsecos* del matrimonio[80]. Esta inclusión del amor como fin intrínseco y esencial del matrimonio tiene grandes y beneficiosas consecuencias para la dignificación del matrimonio y de sus actos: ni aquél ni éstos pueden ser honestos sin amor.

### Paternidad responsable como diálogo

El espíritu y la doctrina conciliar quisieron afirmar de nuevo la igual dignidad de hombre y mujer a la hora de

[77] Ibid., p.101.
[78] Ibid., p.103.
[79] Ibid., p.103.
[80] Ibid., p.103.

decidir el número de hijos. La resolución de tener hijos no es unilateralmente tomada por el varón, como si éste pudiera "valerse" de la mujer como un instrumento para tener hijos; tampoco se trata de una voluntad unilateral de la mujer, que quisiera demostrar de esta manera su vocación acendrada a la maternidad. El ideal es la convergencia de ambas voluntades en querer tener hijos y en educarlos.

Al hablar de la paternidad responsable, y siguiendo los votos de muchos padres conciliares, las subcomisiones y la comisión plenaria mixta ensalzaron claramente los méritos de las familias que con generosidad y prudencia han llegado a tener prole más numerosa, pero se expresaron de tal forma que los otros matrimonios, los que no han podido tener tantos hijos, no se vean acusados[81]. Este mismo elogio prudente y discreto de la familia numerosa lo encontramos en el texto conciliar promulgado[82].

Por eso, el esquema del 28 de mayo de 1965 dice así: "aunque en todos los tiempos fue verdad de alguna manera que los padres determinaron el número de hijos, el problema se ha hecho más difícil en nuestros días, porque han aparecido nuevos elementos relacionados con esa misma determinación". Varias sentencias hicieron oír su voz en el aula conciliar. Numerosos padres conciliares desearon que los esposos, confiados en la providencia divina, engendren tantos hijos cuantos Dios, mediante la naturaleza humana, les dará. Pero la inmensa mayoría de los padres conciliares, de una u otra manera, propusieron la sentencia llamada con el nombre de paternidad responsable[83]. La que fue promulgada en el texto conciliar.

## Los principios doctrinales sobre fecundidad

También aquí interesa no perder de vista la perspectiva en que se ha situado el concilio para hablarnos del tema: la de la doctrina del Evangelio aplicada a la realidad humana de nuestro tiempo; lo que ante todo importa es saber qué dice la palabra de Dios al matrimonio de nuestro tiempo. El

[81] Ibid., p.101-102.
[82] GS n.50,2, al final.
[83] Esquema...: ibid., p.105.

concilio hablará, también en este tema, sin perder la perspectiva inicial: teniendo como punto de partida la dignidad de la persona humana y su función individual y social[84].

## El egoísmo y hedonismo, opuestos al Evangelio y al hombre

En virtud del realismo con que pretende hablar el concilio, no podía omitir, sino que debía mencionar —y lo hace con dolor— las sombras del pecado en el mundo de nuestro tiempo, proyectadas —también hoy— sobre la faz del matrimonio; la dignidad del matrimonio, dice el concilio, se ve oscurecida por la poligamia, divorcio, amor libre y otras deformaciones; además, sigue diciendo, el amor matrimonial con frecuencia es profanado por el egoísmo, el hedonismo y otros usos ilícitos contra la generación[85].

## Fecundidad "en el mundo de nuestro tiempo"...

Para ser realista también en esta adaptación y actualidad, el concilio demuestra los profundos cambios que han tenido lugar en el mundo actual en cuanto a las condiciones "económicas, sociales, psicológicas y civiles, que inducen no pocas perturbaciones en la familia"[86].

Admite también como signo de los tiempos actuales el fenómeno del incremento demográfico y las preocupaciones que del mismo se derivan. Pero el concilio no lo designa con el nombre sensacionalista de "explosión demográfica", que muchos autores le atribuían, y las preocupaciones mismas que de aquel incremento se derivan, no las hace extensivas a nivel universal, sino a "algunas partes del orbe"[87].

## Amor y matrimonio ordenados a la procreación

Nadie negará esta enseñanza, tal como está enunciada por el concilio, de que la institución matrimonial y el amor

[84] GS n.46.
[85] GS n.46.
[86] GS n.47,2.
[87] GS n.47: "In certis denique orbis partibus non absque sollicitudine problemata ex incremento demographico exorta observantur".

conyugal, por su misma índole natural, están ordenados a la procreación y educación de la prole[88].

La mención de la institución matrimonial ha sido incluida en este texto para que el elemento jurídico aparezca armónicamente conjugado con el elemento personal de amor[89]. ¿Qué significa esta advertencia del esquema previo de este documento conciliar? Pretende lograr la síntesis de dos verdades, necesarias ambas cuando de amor y matrimonio se trata. Por una parte, el amor conyugal es personal y libre, en el sentido de que libremente se dirige de persona a persona; por otra, no es un "amor libre" (en el sentido peyorativo de la palabra), sino que está institucionalizado por su misma naturaleza y, por lo tanto, por el Autor de la misma. Esta institución se constata en todas las culturas, religiones y formas de pensar. Y en todas ellas el amor y el matrimonio son considerados como relacionados y orientados a la procreación y educación de la prole. Es, por lo tanto, un elemento válido para dialogar con el mundo de nuestro tiempo cuando afirma el concilio: "el matrimonio y el amor conyugal, por su misma índole, se ordenan (no dice que se subordinan) a la procreación y educación de la prole"[90].

## Participación en la obra creadora y redentora

Esta es la consideración que le merece al concilio esta "misión de transmitir la vida humana y educarla, propia de los esposos; éstos saben que son cooperadores del amor de Dios Creador e intérpretes suyos"[91]. Y en varios lugares del mismo concilio, repartidos entre la constitución dogmática sobre la Iglesia y en la pastoral, se dice a los esposos cristianos que son partícipes también de la voluntad salvífica y redentora de Cristo y de la Iglesia[92].

En el cumplimiento de esta misión, los esposos y padres son intérpretes de Dios. Pero el concilio no se contenta con esta afirmación, en la que se encuentra la síntesis de la dig-

[88] GS n.48.

[89] Esquema de la constitución pastoral "sobre la Iglesia en el mundo de nuestro tiempo" (28 mayo 1965) p.105.

[90] Gs n.50,1.

[91] Gs n.50,2.

[92] GS n.50; LG n.11.35.41.

nidad y elevación teológica que corresponde al título de padres, así como su responsabilidad. El concilio quiere dar también los criterios mismos de esta interpretación.

¿Qué dice el concilio sobre los criterios mismos de interpretación de la paternidad responsable? Los esposos, que gozan de la bendición y precepto de engendrar hijos, tienen también el deber de interpretar este mandato divino. Siendo imagen de Dios, más aún, hijos de Dios, no están desprovistos de la capacidad radical de poder hacerlo. Participando del misterio de la unidad y fecundo amor de Cristo para la Iglesia[93], no están desprovistos de criterios para interpretar a Dios en esta tarea creadora, cristiana y eclesial. El concilio se esfuerza, pues, en dar estos criterios, actualizados, al mundo de nuestro tiempo[94].

Y el primero de todos ellos, según la enseñanza conciliar, es la responsabilidad humana y cristiana[95]. Ya hemos dicho anteriormente cuáles son esos criterios en concreto: la docilidad y reverencia para con Dios; el diálogo y esfuerzo común de los esposos; la formación de la conciencia y el juicio moral que se han de formar teniendo en cuenta el bien de los propios esposos, de los hijos: ya nacidos, ya futuros; teniendo en cuenta también los signos de los tiempos y las condiciones del propio estado de vida, así como el bien común de la comunidad familiar, de la sociedad temporal y de la Iglesia misma.

Y son los esposos mismos los que, en definitiva, deben emitir este juicio moral de conciencia delante de Dios, dice el concilio. Y completa esta afirmación diciendo que, en su forma de obrar en materia tan importante y delicada, los esposos cristianos no deben proceder por capricho, sino en conformidad con la ley divina. La aceptación del servicio auténtico que les presta el Magisterio de la Iglesia, que interpreta auténticamente la ley divina bajo la luz del Evangelio, la confianza en la providencia divina, el espíritu de sacrificio, la generosidad, la prudencia sobrenatural, son otros tantos criterios señalados por el concilio en el tema de la paternidad responsable[96].

[93] LG n.11.

[94] LG n.50.

[95] "Humana et christiana responsabilitate munus suum adimplebunt" (GS n.50).

[96] GS n.50.

## III. Los problemas morales

Dada la perspectiva realista en que desde un principio se ha situado el concilio Vaticano II, sobre todo en esta constitución pastoral "sobre la Iglesia en el mundo actual", no podía ignorar las dificultades de muchos matrimonios de hoy, sino que las describe lealmente aun sabiendo que es más fácil plantear los problemas que resolverlos del todo. Pero el planteamiento está ya hecho —con verdadero dramatismo— por las circunstancias mismas en que vive el matrimonio en la actualidad, sobre todo en los ambientes pobres y de clase popular. "Hay situaciones, dice el concilio, en que el número de los hijos, al menos por cierto tiempo, no puede aumentar, y el ejercicio del amor fiel en la plena intimidad tiene sus dificultades en conservarse. Por otra parte, cuando la intimidad conyugal queda interrumpida, puede correr riesgo la fidelidad y quedar comprometido el bien de los hijos: porque la educación de los hijos y el valor necesario para aceptar otros quedan en peligro"[97].

Y la Iglesia en concilio previene contra las falsas soluciones al respecto; falsas soluciones son el subjetivismo o relativismo a ultranza, que el concilio condena diciendo: "cuando se trata de conjugar el amor conyugal con la responsable transmisión de la vida, la moralidad de la conducta no depende solamente de la sincera intención y apreciación [subjetiva] de los motivos, sino que debe determinarse con criterios objetivos, tomados de la naturaleza de la persona y de sus actos"[98].

Dos advertencias son necesarias para la debida intelección del párrafo que acabamos de citar: ambas están sugeridas por el propio concilio; la primera es que al hombre y a su moralidad no se les mide sólo por la conciencia ni sólo por la intención subjetiva, sino también por su adaptación a la realidad; con esta advertencia se previene contra un error moral ampliamente difundido, que es el de la "moral de situación". Se llama así la que defiende que el criterio último y decisivo de la moralidad es un íntimo juicio de la mente, una intuición subjetiva previa a la posición del acto, esté

[97] GS n.51,1.
[98] GS n.51.

o no de acuerdo con la ley natural objetiva, admitiendo, por lo tanto, excepciones respecto de ésta[99].

La segunda advertencia es para hacer notar el progreso [homogéneo] desde la *Casti connubii* hasta esta formulación conciliar: allí se exigía como criterio de moralidad que "quedara siempre a salvo la intrínseca naturaleza [o totalidad integral] del acto"[100]. Aquí el concilio dice algo más: que "los criterios objetivos deben estar tomados de la naturaleza de la persona y de sus actos"[101]. El progreso y las ventajas de esta última expresión conciliar están en que solamente así se tendrá el sentido *total* de la donación mutua y de la procreación humana: ésta se verifica en el contexto del verdadero amor.

De esta manera, el concilio promueve una moralidad de la persona, no sólo de los actos; eso sí, aquélla y éstos no pueden desolidarizarse mutuamente; la persona se manifiesta en los actos, pero no basta hablar de la moralidad de éstos[102].

## El principio fundamental de solución

Ante las dificultades actuales para armonizar el amor conyugal y el deber de fecundidad, el concilio trae a la memoria un principio sencillo como punto de partida en esta aparente contradicción entre el amor y la fecundidad; es el siguiente: no puede haber contradicción entre las leyes divinas de la transmisión de la vida y la promoción del auténtico amor conyugal. La razón está en que ambas realidades (amor y posibilidad de paternidad) vienen de Dios; y Dios no puede someterlos a contradicción.

Para ulterior desarrollo de este principio fundamental, aunque muy genérico todavía, el concilio ofrece las siguientes consideraciones: que Dios, Señor de la vida, ha confiado a los hombres la insigne misión de conservar y transmitir la vida; misión que hay que llevarla a cabo [no de cualquier manera], sino en forma digna del hombre, de la que, por

[99] Pío XII (21 nov. 1946): AAS 38 (1946) 426-430.

[100] AAS 22 (1930) 559-561.

[101] GS n.51.

[102] JANSSENS, L., *Chasteté conjugale selon l'enc. "Casti connubii" et suivant la Const. "Gaudium et spes"*: Eph. Theol. Lov. 42 (1966) 513-554.

supuesto, tanto distan el aborto y el infanticidio, crímenes abominables que el concilio condena insistiendo tres veces en un mismo número de este documento conciliar[103].

Se demuestra, pues, a la luz del concilio, que no puede hablarse de la moralidad de la *persona* (y del matrimonio mismo) en oposición o simple independencia de la moralidad del *acto*, como si los actos pudieran sustentarse sin referencia a la persona. La moral de la persona lleva a la moralidad de sus actos, siendo éstos expresión de aquélla. Al perderse la moralidad y dignidad del acto, si éste es deliberado y grave, se pierden valores trascendentales de la persona misma[104].

El concilio hace también un llamamiento sobre el valor de la vida y de su transmisión. Y dice que sólo se comprenderán si se tiene en cuenta su valor eterno y trascendente: "tengan todos en cuenta que la vida de los hombres y la misión de transmitirla no se limitan a este mundo ni pueden ser medidas y entendidas a este solo nivel, sino que siempre miran al destino eterno de los hombres"[105].

El concilio entiende también y afirma que, para cumplir dignamente tan elevada misión de padres, se requiere mucha virtud, robustecimiento en la gracia, firmeza en el amor y magnanimidad; y espíritu de sacrificio y oración[106].

* * *

Poco más encontramos en el concilio en torno a nuestro tema. De todas formas, una vez que hemos recogido los elementos ofrecidos por el concilio, nos es de todo punto necesario elaborar una ulterior reflexión teológica y conciliar sobre estos temas. Lo haremos en dos capítulos sucesivos: el primero sobre el amor y la paternidad responsable en la nueva perspectiva conciliar y teológica; y otro, sobre la moralidad matrimonial.

[103] GS n.51.
[104] FUCHS, J., *De castitate et ordine sexuali* (Roma, PUG, 1960) II p.3ss.
[105] GS n.51.48.
[106] GS n.52.

## CAPÍTULO III

# *AMOR Y PATERNIDAD RESPONSABLE EN LA NUEVA PERSPECTIVA CONCILIAR Y TEOLOGICA*

## INTRODUCCIÓN

Todos hemos de saludar con gozo y profundizar más y más en la nueva imagen conciliar de la Iglesia presente en el mundo de nuestro tiempo, una imagen de Iglesia purificada y renovada en sí misma y dialogante con todos.

Un diálogo que hay que llevarlo a cabo con elementos válidos para todos, planteando problemas que afecten a toda la gran familia humana: por ejemplo, el matrimonio y la familia, la cultura, los problemas sociales y económicos, la paz en el mundo[1].

Estos problemas siguen manteniendo el primer plano de la preocupación mundial, y son problemas que están relacionados entre sí; hay entre todos una conexión o dependencia, toda una interacción beneficiosa o perjudicial: son problemas solidarios entre sí, mantienen una íntima y vital conexión mutua, para cuya evidencia baste citar y leer simplemente las palabras con que se quiere sustanciar tales problemas: matrimonio y familia, cultura, problemas económico-sociales, la paz.

También aquí, en el tema del matrimonio y la familia, hay que tener presente la múltiple y coherente finalidad del concilio; y es que también aquí lo que se quiere es aumentar la vida cristiana entre los fieles; adaptar mejor a las necesidades de nuestro tiempo las instituciones sometidas a cambio; fomentar la unión de todos los creyentes en Cristo; y la tarea misionera de atracción de todos hacia la Iglesia[2].

También en el matrimonio se realiza la dimensión sacramental de la Iglesia misma, al querer reunir vitalmente una

[1] CONC. VAT. II, *Constitución pastoral sobre la Iglesia en el mundo actual* (GS) n.46: AAS 58 (1966) 1066.

[2] *Sacrosanctum concilium* (SC) n.1: AAS 56 (1964) 97.

realidad tan humana y divina, visible e invisible, de acción y oración, presente en el mundo y peregrina; ¿quién dudará de que también en este sacramento "se ejerce el misterio de la redención humana", que los fieles expresan en él con su vida, y manifiestan a otros el misterio de Cristo en relación con su Iglesia y la naturaleza sacramental de ésta?[3]

También este sacramento facilita el principio salvífico-sacramental de subordinación de lo humano a lo divino, lo visible a lo invisible, de la acción humana a la de Dios, de la convivencia presente a la comunión eterna con Dios y en Dios. Hacia esta comunión se dirigen —dinámicamente— el ofertorio y la consagración que se dan en el matrimonio como sacramento[4].

Y ya se sabe que la materia del sacrificio es la propia carne, que con sus gozos y sacrificios, vividos en amor —los unos y los otros— participa de la muerte y resurrección de Cristo[5]. El matrimonio hay que vivirlo en acción de gracias, aceptando a Cristo como Maestro, Sacerdote y Guía.

Es una finalidad modesta, pero un *servicio* valioso el que quiere prestar el concilio al mundo actual, concretamente al matrimonio: orientar a los cristianos e iluminar a todos los hombres en la *búsqueda* de la solución de tan complicados problemas[6]; misión que quiere realizar con las luces que le provienen de Cristo: la Iglesia no tiene *otro* mensaje, mucho menos puede brillar ni atraer con luz propia[7].

Todavía una advertencia más, útil para significar la modestia con que el concilio se dirige al matrimonio: se le acerca respetuosamente con la única y pura intención de ofrecerle una luz más clara sobre algunos capítulos de su doctrina; ofrecerle también todos los medios propios del Nuevo Testamento para promover y fortalecer la vocación al sacramento del matrimonio, al que el concilio reconoce tanta dignidad y valor eximio. Quede también claro el sentido de la presencia de la Iglesia en el matrimonio: no es para coartar y disminuir el amor, sino para afirmarlo y promoverlo[8].

[3] SC n.2.
[4] SC n.2.
[5] GS n.52, al final.
[6] GS n.46: "... illuminentur in tot implicatorum problematum solutione quaerenda".
[7] GS n.46: "... lumina a Christo manantia".
[8] GS n.47: "tueri et promovere".

## A la luz del Evangelio y de la experiencia humana

Que existe una gran convergencia entre lo que el Evangelio nos dice en torno al matrimonio y lo que demuestra la experiencia humana universalmente válida, está claro: lo deducimos de la naturaleza misma de la palabra de Dios, de la unidad misma entre el Dios Creador y el Dios que nos salva, de la noción profunda que tenemos del Dios vivo y verdadero, que es pura comunicación de su bondad y felicidad al hombre; Dios nunca entra en concurrencia [envidiosa] con la felicidad de hombre y mujer. Si alguna vez Dios dice "no" a algo que se interfiere entre el hombre y la mujer, señal de que no les es conveniente, no es humano...

No es mal método el partir del conocimiento natural del matrimonio, obtenido por la experiencia humana en lo que tiene de universalmente válida y conducir de esta manera hacia la doctrina evangélica y católica[9].

Esta construcción en sí misma es verdadera, es un método válido, es misión *sacramental* de la Iglesia. Pero cabría también preguntarnos si en el seno del concilio no ha ocurrido [mejor diríamos concurrido] al mismo tiempo el método inverso: llegar desde el Evangelio a un mejor conocimiento del matrimonio en su realidad natural, de manera que la convergencia entre la luz natural y la del Evangelio sea como una corriente alterna de interacción beneficiosa. Así es de hecho en la historia de la salvación.

## Vicisitudes del documento conciliar y opción acertada

Antes de llegar al documento actual sobre la Iglesia en el mundo (n.46-52), una comisión del tema del matrimonio había preparado como esquema una mera síntesis doctrinal de todo lo que la Iglesia en sus documentos anteriores había enseñado sobre el matrimonio y la familia. Pero los Padres conciliares, llevados de una mentalidad más pastoral y actual, optaron —afortunadamente— por un método mejor en conformidad con los fines del concilio mismo, a los que he-

[9] HEYLEN, VICTOR-LEONARD, *La promozione della dignità del matrimonio e della famiglia*, en *La Chiesa del mondo di oggi* (Firenze, Vallecchi, 1966) p.351.

mos aludido anteriormente: método que consistió en hablar y dialogar directamente con los interesados en este problema, y hablarles sencilla y evangélicamente sobre el mismo[10].

De esta manera, en el esquema inmediatamente previo de mayo del mismo año (1965), la estructura que se iba a dar a este mensaje conciliar sobre el matrimonio era —a nuestro parecer— acertada, pero incompleta: acertada, porque se incluía ya el *espíritu* que corresponde a este tema (origen divino del matrimonio y valor salvífico de este sacramento) y el *contenido* fundamental (respuesta a los tres grandes problemas del matrimonio y la familia, a saber: amor, paternidad, responsable y respeto a la vida)[11]; pero era incompleta, porque faltaba toda la parte *pastoral* que actualmente contiene el número 52, donde se habla de temas tan importantes como la promoción del matrimonio y de la familia como deber de todos; para ello, el deseo conciliar de no descuidar la legítima promoción de la mujer; la libertad que se requiere en orden a contraer el matrimonio, libertad afirmada también por los obispos provenientes de países afro-asiáticos; la necesidad de que haya una gran convergencia de esfuerzos en favor del matrimonio y la familia así considerados: desde la moralidad pública hasta la acción pastoral de los sacerdotes, pasando por el esfuerzo de las ciencias del hombre: "biológicas, médicas, sociales y psicológicas"[12]; y las asociaciones de familias.

El concilio tiene conciencia —en este mismo número 52— de no haberlo dicho todo, ni es posible decirlo todo desde fuera; en consecuencia, invita a los propios esposos cristianos a discernir —discernimiento que a veces resulta difícil, lento y doloroso...— entre los *valores eternos* del matrimonio y lo que pudiéramos llamar sus *formas mudables*[13].

[10] Id., ibid.

[11] Schema *De Ecclesia in mundo huius temporis* (Typ. Pol. Vat., 28 maii 1965) p.46-51: el acierto estaba también en el hecho de que, de la reunión de febrero de este mismo año, tenida en Ariccia, hasta este esquema de mayo, se estudió e incorporó el actual número 47 acerca del matrimonio y la familia en el mundo actual.

[12] GS n.52.

[13] GS n.52.

## Una perspectiva positiva y personalista

Este "discernimiento" cristiano, al que el concilio invita a los propios esposos, como sujetos de la paternidad responsable, nos parece fundamental y clave de interpretación del servicio que el Concilio mismo ha querido prestar al matrimonio de nuestro tiempo, y del servicio que le presta el Magisterio de todos los tiempos.

Es también y debe ser la última y única razón de ser de todo cuanto los teólogos escriben en esta materia. A este respecto existen sombras y luces, también éstas, en las obras de los teólogos decididamente situados en la línea personalista y positiva del matrimonio en la época actual, entendiendo por época moderna —cuando de matrimonio y familia se trata— la que comienza aproximadamente hacia el año 1935, con la aparición de la obra, por cierto decisiva, del doctor Herbert Doms acerca del sentido y finalidad del matrimonio[14]; sentido y finalidad que son estudiados por este autor aplicando al matrimonio la psicología y filosofía personalistas, poniendo de relieve el amor y los valores personales del matrimonio para los propios esposos, ejerciéndose desde aquí una influencia beneficiosa en bien de los hijos y de la familia toda[15].

El conocimiento de esta nueva orientación condiciona no poco la inteligibilidad de las perspectivas conciliares del Vaticano II en torno a la dignidad del matrimonio y la familia, que el concilio desea promover y fomentar[16].

No es que el concilio haya aceptado en bloque el pensamiento de estos teólogos, sino purificándolo en todo momento y hablando con propia responsabilidad conciliar, quedando, por lo tanto, la doctrina conciliar como base original a la que hay que atenerse como ley de interpretación propia.

No hay duda de que el concilio ha recogido abierta y positivamente muchas de las perspectivas y elementos presentados por estos autores y aportados por estas ciencias del

[14] Cf. Lo hemos estudiado anteriormente: P. IV, c.1.

[15] Id., ibid.

[16] GS p.2.ª c.1: *De dignitate matrimonii et familiae fovenda*. Esta última palabra es significativa del dinamismo e impulso que el concilio quiere infundir desde el principio a este capítulo.

hombre; elementos considerados como válidos por el concilio, asimilándolos en el orden del desarrollo doctrinal y en el de la adaptación pastoral al matrimonio de nuestro tiempo, siendo —de esta manera— el propio concilio el primer modelo de este discernimiento difícil entre lo que es perennemente válido y las formas mudables con que el matrimonio se ha ido vistiendo a lo largo de los tiempos y a lo ancho de la amplísima geografía humana, sin duda variadísima[17].

Todo el mundo sabe que las aportaciones del concilio y postconcilio, con ser luminosas, son todavía limitadas. Toda la Iglesia, sobre todo los propios matrimonios, tienen conciencia de estas limitaciones: conciencia que está cargada de responsabilidad, estudio, oración y amplísima consulta —espiritual y médica— como podrá apreciar todo el que sintoniza con fe y cordialidad en favor del matrimonio mismo y la familia.

Me parece bien —para percatarnos de alguna manera de la nueva perspectiva en que nos encontramos— calificar de *personalista* y hasta *existencialista*[18] el mensaje conciliar acerca del matrimonio y la familia. De todas maneras son palabras —éstas— que requieren, a su vez, cierto discernimiento, sobre todo cuando se aplican a un texto y a una doctrina conciliar; y es que un concilio, sea antiguo o moderno, nunca hace traslación unívoca y en bloque de cualquier filosofía, sea antigua o moderna.

Además, el personalismo lo hemos de aplicar no sólo al matrimonio mismo, sino también a la familia, es decir, no sólo a las personas de los esposos, sino también extensivamente a los hijos —existentes o futuros— a los que la institución matrimonial y el amor de los esposos están orientados por su misma naturaleza[19].

El concilio es indicativo y realista al describir la situación del matrimonio en el mundo actual (punto de partida para su mensaje conciliar): no es el suyo un optimismo exagerado, mucho menos si éste estuviera basado, única o principalmente, en los medios meramente humanos y científicos

[17] Es una especie de milagro moral el hecho conciliar de que tantísimos padres conciliares y expertos, provenientes de tan variadas regiones, hayan logrado tanta convergencia doctrinal y pastoral en este y en otros documentos conciliares.

[18] HEYLEN, V. L., a.c.

[19] GS n.48.

en que —por cierto— tanto se ha progresado últimamente en favor del matrimonio[20]. No lo suficiente todavía.

Tampoco se deja llevar del pesimismo, en el párrafo siguiente de este mismo número inicial, cuando el concilio describe —objetiva y sinceramente— las sombras que, hoy como ayer, se proyectan sobre la faz del matrimonio: la poligamia, el divorcio, el amor libre, el egoísmo, el hedonismo y los usos ilícitos contra la generación[21].

## Origen divino y valor salvífico del matrimonio

El concilio es coherente siempre que hace referencia a los sustantivos "matrimonio" y "familia", que los califica y adjetiva como "realidades humanas" con las que el cristiano se sitúa en la perspectiva evangélica y cristiana. Basta leer a este respecto todo el número 48, que se refiere a la santidad del matrimonio y de la familia por su origen divino y por su misma realidad humana, antes de toda consideración cristiana.

Pero el hecho es que la realidad perfecta, total y última del matrimonio sólo se puede vivir en la perspectiva cristiana, "como imagen y participación de la alianza de amor entre Cristo y la Iglesia"[22].

Todavía hay que recoger algunas advertencias positivas de este mismo número conciliar; a saber: que la comunidad de vida y amor de los esposos entre sí precede de alguna manera a toda otra consideración de la familia y de los hijos[23]; que el concilio habla aquí positivamente de la "pluralidad de bienes y fines del matrimonio"[24], sin querer polemizar sobre la jerarquización o axiología de estos mismos fines del matrimonio; el concilio ha querido también —con intención deliberada— destacar el carácter *libre* del ingreso en el matrimonio, libertad hoy más hondamente sentida y apreciada por todos los pueblos, no sólo en las culturas occi-

[20] GS n.47,1.
[21] GS n.47,2.
[22] GS n.48,4.
[23] GS n.48,1: "intima communitas vitae et amoris".
[24] GS n.48,1: "Deus est auctor matrimonii, variis bonis ac finibus praediti".

dentales[25]; libertad ésta cuya razón específica destaca el concilio aquí mismo; a saber, la irreversibilidad del matrimonio mismo[26], su indisolubilidad.

Y es innegable que, al ensalzar el concilio el amor como fin objetivo del matrimonio, nada pierden con ello la generación y educación de los hijos (como temían algunos), sino que éstas quedan garantizadas de la mejor manera. Con razón, pues, el concilio no adopta clasificaciones ni emite juicios axiológicos sobre los fines del matrimonio, siendo la suya más bien una voluntad sintética y positiva que polémica.

## Los grandes problemas del matrimonio

Está bien que la Iglesia viva, solidaria de toda vida, haya querido someter a deliberación conciliar amplísima, universal, un tema tan vital y universal.

Nadie se puede imaginar la dificultad y el esfuerzo que supuso para las comisiones conciliares y para el propio concilio preparar y decir un mensaje válido para todas las culturas, las de Oriente y Occidente, dificultad nacida de la múltiple diversidad en cuanto a la *manera* de concebir y ejercer los valores matrimoniales en aquellas y estas culturas: en Occidente progresó antes la concepción personalista del amor y la libre opción de los jóvenes ante el matrimonio, mientras que en otras partes existían todavía costumbres patriarcales tradicionales en este sentido.

Otro factor moderno, justamente puesto de relieve, es que actualmente el acto conyugal no se considera, ante todo, como deber de *justicia* "débito", sino sobre todo como expresión de *amor*[27]. Tiene razón el concilio cuando habla de "darse y recibirse" a través de este acto[28], lo cual no es nuevo en el lenguaje de la Iglesia, ya que la propia encíclica *Casti connubii* hablaba ya de "generosa entrega de la propia persona"[29].

[25] GS n.48,1: "consensu personali instauratur".

[26] GS n.48,1: "irrevocabili consensu personali instauratur".

[27] Ya la encíclica *Casti connubii* apuntaba hacia esto —aunque tímidamente— al decir: "non solum iustitiae lex, sed etiam caritatis" (cf. AAS 22 [1930] 549).

[28] GS n.48.49.

[29] *Casti connubii:* AAS 22 (1930) 553.

Pero no hemos dicho todavía lo principal en torno al número 48 de esta constitución pastoral "sobre la Iglesia en el mundo actual"; o al menos no hemos puesto debidamente el acento en aquello que es el nuevo y definitivo *punto de partida,* a saber: que la alianza matrimonial entre hombre y mujer, entre hombre y mujer bautizados que viven en fe y caridad su relación mutua, es imagen y participación de la *alianza* de Cristo con la Iglesia[30].

Y como esta alianza es de *amor,* amor que lleva a Cristo a darse a su esposa, la Iglesia[31], de ahí que el concilio se apresure —ya en el número siguiente (n.49)— a hablar de este amor y caridad que debe existir en la alianza matrimonial. La razón es clara: una imagen debe estar llena, en su realidad íntima, del mismo contenido que el original. Así resultará un amor matrimonial que une lo humano con lo divino en una unidad fácil y agradable; en un lazo íntimo y espontáneo que une el amor humano con la caridad y la vida de gracia.

Así se establece un lazo interno y dinámico entre la vida con minúscula y la vida divina. Y nadie se asuste aunque lea este nexo desde la secularización misma creyendo encontrar aquí un concepto superado de lo sagrado. Antes bien, creemos que el mensaje conciliar ha ido aquí hasta la consideración más profunda del tema, hasta el punto de convergencia de una y otra tendencia...[32]. Veámoslo.

La perspectiva en que desemboca esta consideración es grande: si la vida matrimonial es participación de la vida divina, el matrimonio será lugar de encuentro con Dios: un encuentro sacramental y salvífico. El amor de Dios, supremo y trascendente, entra de alguna manera a formar parte de la vida de esta pareja, que coopera con la obra creadora y salvadora de Dios en Cristo: he aquí el sacramento del matrimonio.

El matrimonio es una realidad tan múltiple y rica, tanto en sus aspectos humanos como sobrenaturales, que ningún otro nombre podía expresarlos tan amplia y acertadamente como éste de la alianza de amor.

[30] GS n.48, al final.

[31] Ef 5,22-32.

[32] HEYLEN, V. L., *La dignité du mariage et de la famille,* en *L'Église dans le monde de ce temps* (Mame, 1967) p.161-203.

Desembocamos de esta manera en el misterio salvífico del amor conyugal. El amor de Cristo a la Iglesia es fuente constitutiva de esta elevación sacramental y salvífica del amor humano matrimonial. Y esta presencia de Cristo en el matrimonio no es para restar amor y felicidad, sino para promover y defender la multiplicidad del amor humano verdadero (purificándolo en lo que no es humano): nos referimos a la multiplicidad de sus componentes (espiritual, cultural, corporal), expresiones, símbolos, actos. Todo este dinamismo profundamente humano es asumido en la cultura cristiana; dentro de ella hay una mejor inteligencia y vivencia del amor humano.

A su vez, la cualidad o título de *padres* adquiere una elevación insospechada en esta perspectiva teológica. La misión de los padres cristianos vista desde el misterio salvífico es una misión divina y eclesial. Y no será vivida solamente como relación de carne y sangre, sino también en el Espíritu (que es el lazo personal de unión entre el Padre y el Hijo).

De esta manera, el matrimonio se podrá realizar y vivir en una unión más íntima con aquel que es el amor viviente en nosotros y que penetra en lo más profundo de toda persona y relación interpersonal, haciendo que ésta sea comunión de vida, agradable y virtuosa, participación de la vida divina trinitaria[33].

Con estas consideraciones creemos haber colaborado a expresar mejor el matrimonio como misterio de Dios, salvífico para el hombre, con una dimensión cristológica, eclesial y sacramental, que es de todo punto necesario cultivar más y más. Nos ha parecido también que la expresión conciliar privilegiada de considerar el matrimonio cristiano como alianza de participación en la alianza divina contribuye beneficiosamente a integrar todos estos aspectos, que nos dan la imagen total del matrimonio cristiano.

## El amor conyugal

El número 49 de esta constitución *Gaudium et spes* trata explícitamente del amor conyugal. El que quiera saber qué

[33] Y como ésta es gracia, de ahí la necesidad de la oración para vivir el matrimonio en esta dimensión divina, cristiana, eclesial, salvífica.

concepto tiene la Iglesia del amor conyugal lea ese número y quedará gratamente sorprendido, encontrará perspectivas insospechadas; todavía no han sido suficientemente estudiadas en favor del matrimonio de nuestro tiempo.

De todas formas comencemos por decir que, de todos los problemas matrimoniales tratados por el concilio, el más difícil resultó ser el del amor. Había acuerdo fundamental en querer integrar en este mensaje conciliar *todos* los valores del matrimonio; pero ¿dónde poner el centro de gravedad y de atracción? ¿En el amor, entendido como comunidad personal? ¿En el valor existencial de la pareja, como comunidad de amor y de vida? Hacia esta perspectiva se inclinaba muy pronto la inmensa mayoría, considerando que era en sí misma verdadera y pastoralmente acertada en la época moderna del matrimonio, en la que la sexualidad humana ha recuperado —está recuperando— su dimensión esencialmente relacional, interpersonal (tan importante para la íntima comunidad de vida y de amor)[34].

Desde la otra tendencia, en cambio, se advertía sobre el peligro de esta perspectiva con las siguientes interrogaciones: ¿El amor no es acaso demasiado *inestable* para que se pueda centrar en torno a él el mensaje conciliar del matrimonio? ¿Da base suficiente para que queden a salvo propiedades esenciales del matrimonio como la indisolubilidad? ¿No era demasiado peligroso acentuar tanto la corporeidad y afectividad en relación con el perfecto amor conyugal, que —de suyo— podría darse sin las expresiones mismas de la sexualidad? ¿No habrá que buscar, más bien, esta estabilidad en el amor espiritual más que en la sentimentalidad? He aquí las interrogaciones que hicieron que este punto fuera el más difícil de tratar, más que el de la paternidad responsable, sin duda alguna. Y es que un cierto número de padres conciliares temían el peligro de un subjetivismo a ultranza y una nebulosa en punto al amor, sobre todo ante la realidad —decían— de una masa inmensa de matrimonios no adultos existentes en el mundo actual. Además, en algunos países, el *amor* mutuo y la *libertad* de ingreso en la condición o estado de matrimonio presentaban tantas sombras, que no parecía

[34] Véase a este respecto el artículo del padre Janssens, L. (*Chasteté conjugale selon L'Encyclique "Casti connubii" et suivant la Const. Past. "Gaudium et spes":* Ephem. Theol. Lov. 42 [1966] 513-554).

ofrecer base y garantía suficiente para que prosperara esta perspectiva.

La dificultad provenía también de las conductas deficientes, que de hecho existen, y el propio concilio las menciona[35], conductas que están francamente en desacuerdo con el verdadero amor conyugal, y nada o muy poco tienen que ver con éste.

No es de extrañar que al principio hubiera —en algunos sectores de padres conciliares— ciertas sospechas en poner tan de relieve el amor, en situarlo como el primero de los tres problemas (amor, paternidad responsable, moralidad): la sospecha y el temor consistían en el peligro de confundir el amor verdadero con el que se ofrece en los cines, espectáculos y en gran parte de la literatura actual, polarizada o exclusivizada en lo sexual, en dar rienda suelta a lo que el concilio llama "mera inclinación erótica"[36].

Pero la solución no consistirá en retirar el amor del mensaje conciliar; ni siquiera en relegarlo a un puesto secundario, sino en exponer clara y decididamente la grandeza del *verdadero* amor *(germanus amor),* que el concilio lo describe con expresiones que nos dicen mucho, tomadas como están "desde el Evangelio y desde la experiencia humana en lo que tiene de universalmente válida"[37]; se trata, dice, de un amor de caridad *(caritas),* amor auténtico *(germanus amor),* dilección *(dilectio),* amor de amistad *(amicitia),* y no de mera inclinación erótica *(erotica inclinatio).* Para que este amor humano sea cristiano, sacramental, el amor humano debe estar asumido por el amor divino.

Para tanta elevación se requiere, dice el número 49, el amor a la virtud, a la gracia sacramental, la magnanimidad, el espíritu de sacrificio y la oración, como medios espirituales[38]. Y como medios humanos, mejorar la opinión pública sobre estos temas; la renovación cultural, psicológica y social de los esposos cristianos y la preparación conveniente de los jóvenes al matrimonio[39].

*Las consecuencias* que de esta perspectiva se derivan para

[35] GS n.47,2.

[36] GS n.47,1 y 2.

[37] GS n.46,1.

[38] GS n.49,2: "virtus insignis... gratia... magnitudinem animi... spiritum sacrificii, oratione".

[39] GS n.49,3, al final.

la moral y pastoral matrimonial son grandes. Veamos algunas de ellas.

1.ª No existe temor alguno en exigir a los esposos que *se amen más,* que sean *los que más se amen.* Los enemigos del matrimonio no están en el amor, sino en la falta de amor. La moral matrimonial queda así elevada, ya que no basta que se pongan los actos matrimoniales íntegramente, sino que sean expresión del amor verdadero que entre ellos existe: por amor y con amor.

2.ª De esta manera se supera también un *dilema inexistente:* o es acto puesto por tener hijos, o es búsqueda de placer, se decía. Pero no es así: el amor mutuo, la armonía conyugal, el enriquecimiento mutuo son motivos suficientes para la bondad de los actos matrimoniales debidamente puestos.

3.ª El amor es fuente de fidelidad matrimonial y de exclusión del divorcio y adulterio. Ningún temor de que peligre la indisolubilidad del matrimonio si se profundiza teológica y pastoralmente en el amor. A nada conduce discutir la validez del matrimonio por el hecho de que en un momento dado parezca faltar el amor: lo que hay que hacer en esas circunstancias, a veces dolorosas y duraderas, es recurrir al amor, a las fuentes y medios del verdadero amor: a todos los recursos humanos y divinos del Nuevo Testamento, y no a los de la dureza del corazón.

4.ª El sacramento del matrimonio es fuente de amor mutuo y —a través de él— del amor a Dios: una iniciación fácil y agradable hacia el amor de Dios. La gracia del matrimonio da a la sexualidad humana un sentido y dinamismo de trascendencia, de salvación y encuentro en Dios.

5.ª Es un amor realista el que se quiere fomentar y promover en este apartado conciliar (n.49): no se trata de una "trasustanciación" espiritualizada del amor matrimonial; la unidad que se quiere conseguir no es sólo entre dos almas que se unen; tampoco mera unión corporal y física, sino una espiritualidad encarnada, como la que corresponde a la vocación específicamente matrimonial.

## Paternidad responsable: ¿cuántos hijos?

El subtítulo que tiene actualmente el número 50, entre paréntesis ("De la fecundidad del matrimonio"), es sin duda menos expresivo que el que tenía anteriormente: ser *padres responsables;* y menos teológico que el que tenía en el esquema previo de mayo del mismo año: "Dios, como Señor de la vida"[40]. El problema al que se da respuesta conciliar en este número queda bien identificado con el título de *paternidad responsable.*

Ambas palabras subrayadas son de tal importancia, que no sabría uno por cuál empezar. Como el adjetivo debe estar dentro del sustantivo, el concilio comienza por la grandeza de ser padres: ellos construyen a precio de "carne y sangre", pero también de su espíritu, la sociedad humana y la Iglesia. Es lógico que se comience por aquí, ya que ante de hablar de la limitación de la natalidad corresponde hablar de la expansión de la vida. La limitación no es más que un fenómeno revelador de la impotencia del hombre, de su propia limitación. Pero la Iglesia tiene que tener los ojos abiertos a esta misma limitación del hombre y de las condiciones actuales: condiciones de trabajo deficientes, salarios mínimos y hasta infrahumanos, escasez y estrechez de la vivienda, etc.[41].

Como coordenadas válidas, el cristiano quiere armonizar dos virtudes fundamentales: la generosidad y la prudencia. Es decir, el cristiano está seguro de dos cosas en punto a regulación de nacimientos: que no debe faltar a la confianza en Dios y que no debe pecar de temeridad; y que son ellos mismos, los esposos, los que deben decidir de común acuerdo, no por imposición unilateral.

Como criterios fundamentales, que el concilio nunca perdió de vista, fueron los siguientes: no separar el amor y la fecundidad; que se hable de la santidad del matrimonio, es decir, de su origen divino y valor salvífico; que el amor y la paternidad responsable se afirmen poniendo de relieve el nexo íntimo que entre ambos existe, como existe también —originalmente— entre el amor matrimonial y el deseo de tener hijos. De modo que el amor y los hijos no son compe-

[40] Esquema *De Ecclesia in mundo huius temporis* (28 maii 1965) 50: "Deus, Dominus vitae".
[41] GS n.47,2.

tidores del mismo orden, a modo de líneas divergentes. La felicidad propia y el tener hijos no son dos polos opuestos de unas líneas dilemáticas. Los dos grandes bienes del matrimonio, el amor y los hijos, son presentados por el concilio como convergentes. Y cuanto más se aman, más preparados estarán para educar a los hijos: la armonía matrimonial redunda en armonía familiar. Y viceversa: "los hijos son un don excelente para el matrimonio y contribuyen muchísimo al bien de los propios padres"[42].

En este número conciliar encontrarán los esposos normas tan sabias como las siguientes: guardar en el fondo del corazón el amor a la vida; amor también a la generosidad y al sacrificio; considerar los aspectos familiar, social y eclesial del problema; recurrir a los consejos competentes tanto en el orden religioso como en el de las ciencias; prestar atención a la interpretación auténtica del Magisterio de la Iglesia[43].

La paternidad responsable de los esposos *cristianos* que viven su relación mutua como bautizados y como creyentes, que viven unidos entre sí no sólo con los vínculos de la carne y la sangre, sino también en sacramento, en fe y caridad, tiene que ser participación en el amor creador de Dios[44] y reflejo del amor místico de Cristo a la Iglesia[45].

Los esposos cristianos que quieran vivir su amor y paternidad como participación del amor y de la paternidad de Dios, tendrán que leer en la Biblia el plan de Dios, las intenciones creadoras [en ellos pro-creadoras] de Dios, que puso especial interés y solemnidad en las vidas *humanas*, infinitamente superiores a todas las demás esferas de la vida, que sin la humana serían *mundanas* y apenas nos imaginamos qué sentido podría tener el mundo sin el hombre.

La paternidad responsable, expresada en términos de oración matrimonial ante Dios, puede expresarse de esta manera: ¿qué daremos y cómo retribuiremos a Dios por todo lo que nos ha dado? La respuesta, que solamente pueden darla los propios esposos, sin que nadie pueda sustituirlos, requiere reflexión en común y meditación, armonía y acuerdo en el amor, oración de generosidad y prudencia.

Y por prudencia no se entiende aquí un mero cálculo frío, llevado a cabo con elementos solamente humanos, sino

[42] GS n.50,1.
[43] GS n.50.
[44] GS n.50,2.
[45] GS n.48.

que debe estar penetrada también por la luz y la fuerza de la fe, de la convicción de que educan los hijos para la vida eterna, de la convicción de su vocación matrimonial en Cristo y la Iglesia, una Iglesia que crece y se desarrolla de esta manera hasta su plenitud y madurez (plenitud y madurez que no se obtienen —ya lo hemos dicho varias veces— por un crecimiento meramente cuantitativo y numérico de hijos).

La Iglesia nunca predica que se deje tan importante tarea a impulsos del ciego instinto, sino que es obra de sabiduría y de prudencia sobrenaturales. El número de hijos, por lo mismo que debe ser paternidad responsable, no es algo que se fija de una vez para siempre en el comienzo mismo del matrimonio, de la vida conyugal, sino algo dinámico que se decide y realiza a lo largo de toda la vida [fecunda] del matrimonio[46].

No hay duda de que el amor y la paternidad responsable tienen una gran repercusión en la elección virtuosa de los métodos mismos de regulación de la natalidad. De este tema tratamos en otros capítulos posteriores. Pero cabe afirmar desde aquí la existencia de un nexo vital e interno entre el verdadero amor y la paternidad responsable; y entre ambos y la moralidad de los medios que se han de utilizar.

Desde aquí podemos afirmar también que ofrecen un gran testimonio cristiano y una imagen válida de matrimonio para el mundo actual aquellos esposos que preguntan el plan de Dios sobre el matrimonio, lo quieren vivir con generosidad, desean proceder con dominio de sí, afrontan sus problemas con humildad y sencillez: paz para los matrimonios que hacen lo que pueden.

El matrimonio es como la Iglesia misma[47], como la Iglesia en el mundo actual[48], como el pueblo de Dios en marcha; y, por lo tanto, necesitado de más pureza, humildad, penitencia, voluntad de hacer progresos constantes en el bien: pero, sobre todo, de más amor de caridad, que le dé alas hacia la perfección, y mucha paciencia en la comprobación dolorosa de las propias faltas e imperfecciones. Esta interpretación es conforme a la palabra de Dios, incluso del

[46] HAERING, B., *Le chrétien et le mariage* (Paris, S. Paul, 1965) p.73ss.
[47] LG n.11,2, al final.
[48] LG n.35 y 41.

Nuevo Testamento, y conforme también a la tradición de veinte siglos de la Iglesia, la cual sabe que la perfección no se obtiene en un instante y que el fin y el medio mejor para llegar a la perfección es la caridad.

La Iglesia sabe que debe al amor de Cristo toda su fecundidad espiritual; que no puede crecer y multiplicarse sino en la medida en que da a Cristo todo el amor de que es capaz. En esto conocerán que es la verdadera Iglesia de Cristo, en esto radica su poder de atracción, su influencia misionera: en el amor mutuo de los creyentes entre sí y para con todos los hombres sin excepción alguna[49].

No hay paternidad *responsable* sin amor; la doctrina de la Iglesia es la fecundidad en el amor y por amor. Siempre la doctrina cristiana ha defendido la primacía axiológica del amor, es decir, mayor elevación virtuosa y de nobleza[50] de esta virtud. Y lo ha hecho partiendo de la teología misma de Dios: "Dios es amor", nos dice San Juan (I Jn 4,16); incluso el esplendor de la creación se comprende sólo a través de esta verdad anterior: el mundo ha sido creado por amor; en línea de continuidad con esta teología, nada tiene de extraño que el concilio llegue a afirmar —en este mismo número que estamos comentando— que los padres participan en "la obra creadora de Dios"[51], "en el amor de Dios Creador"[52]. La procreación está vital y subordinadamente ligada a la creación de Dios. Pero antes, el amor humano es participación del amor de Dios. Desde esta perspectiva es preciso afirmar que la existencia y permanencia del matrimonio, la calidad de la paternidad responsable dependen de este amor; incluso la posibilidad de educación de los hijos está poderosamente condicionada por este mismo amor de los padres: del amor matrimonial depende el amor paternal y maternal; del matrimonio depende la familia.

Todo amor es ordenado a la fecundidad; de la misma manera que el amor de Cristo por la Iglesia es infinitamente fecundo, así también —en su medida limitada, participa-

[49] HAERING, ibid.

[50] PÍO XI, enc. *Casti connubii:* cf. Dz. 2232: "ex coniugali sc. amore, qui omnia coniugalis vitae officia pervadit et quemdam tenet in christiano coniugio principatum nobilitatis".

[51] GS n.50,1: "in suiipsius opere creativo".

[52] GS n.50,2: "cooperatores esse amoris Dei Creatoris".

da—, el amor matrimonial, sacramental, está ordenado a la procreación y educación de los hijos[53].

Aun los matrimonios que no tienen hijos porque no pueden tenerlos, no son estériles si viven la alianza de amor en el espíritu del Nuevo Testamento: su fecundidad espiritual, invisible, redundará en favor de los hijos de los demás. Esta misma consideración de espiritualidad neotestamentaria vale "a fortiori", es decir, con más razón, para la virginidad, que no hay que confundirla con esterilidad, sino que es capacidad de amor fecundo, como decía San Agustín[54].

A este respecto, los padres cristianos son conscientes de que los hijos que nacen de su unión de amor no son sólo para este mundo, para la vida terrestre, que es efímera. Su voluntad de dar la vida se extiende más allá; para ello, que renazcan de lo alto, del agua y del Espíritu, como hijos adoptivos del mismo Dios, destinados a la celebración eterna del amor. Ahora bien, para una tarea tan grande se requiere la convergencia de colaboraciones múltiples: de otros matrimonios, de maestros, de sacerdotes y religiosos. Todos ellos participan de alguna manera, humana y espiritual, del amor creador de Dios, del misterio salvífico de Cristo en relación con la Iglesia, de la dimensión misionera de ésta, y hasta del amor y paternidad responsable del matrimonio cristiano en lo que tiene de responsable y cristiano.

[53] GS n.48: "Indole sua naturali, ipsum institutum matrimonii amorque coniugalis ad procreationem et educationem prolis ordinantur" [no dice *sub*ordinantur"].

[54] Cf. mi libro: *El matrimonio cristiano en la época actual* (Madrid, Studium, ²1970) c.2.

# CAPÍTULO IV

## *LA MORALIDAD MATRIMONIAL*

### Discernimiento entre historia y doctrina

El concilio Vaticano II invita a los cristianos, y a todos lo hombres de buena voluntad, al discernimiento entre *los valores eternos* y *las formas mudables* de vivir el matrimonio y la familia[1].

Evidentemente, esos valores eternos hay que vivirlos en el tiempo presente, el único en que nos es dado vivir; no hay que estar anclado en el pasado ni remontarse, en alas de un futurismo a ultranza, a posibles y futuribles tiempos del porvenir. Al matrimonio cristiano corresponde, en virtud de su bautismo, una misión profética de interpretación de su propia realidad presente: para ello le prestan un valioso y auténtico servicio la palabra de Dios y la interpretación de la fe de la Iglesia, presidida por su magisterio.

Por "valores eternos", cuando de realidades humanas y cristianas se trata, no hay que entender lo que es abstracto y atemporal, sino que se refiere a valores encarnados en una realidad tan humana como es el matrimonio mismo, sin renunciar a nada que sea verdaderamente humano en él. Cuando la palabra de Dios y la interpretación de la Iglesia dicen *no* a algo que parece relacionado con el matrimonio, señal de que no tiene ninguna relación con el amor humano, con la verdad y bondad del matrimonio como tal. A esta conclusión ha llegado la Iglesia y la moral cristiana en línea de interpretación y continuidad del capítulo tres del Génesis[2].

Por eso el concilio Vaticano II —en fórmula atrevida y audaz— ha llegado a afirmar, en el prólogo mismo de su mensaje matrimonial, que va a pronunciarlo "a la luz del

[1] CONCILIO VATICANO II, *Gaudium et spes* n.52: AAS 58 (1966) 1074: "aeterna a mutabilibus discernentes".

[2] Gén 3,3; cf. GRELOT, P., *El problema del pecado original* (Herder, 1970) p.41ss,99ss. GS n.47 y 50.

Evangelio y de la experiencia humana universalmente válida"[3]. Indudablemente se está sugiriendo aquí una amplísima convergencia entre Evangelio y *conveniencia humana*, con tal de que este sustantivo y adjetivo subrayados se entiendan profundamente: el amor divino se hace presente en el matrimonio, no para restar felicidad humana, sino para promoverla[4].

Y no hay duda de que el concilio pone especial interés en acentuar esta toma de conciencia de la actualidad, es decir, de la época moderna y contemporánea en que el matrimonio cristiano tiene que vivir su realidad y condición propias, para que de verdad sea historia de salvación; "sólo así puede redimirse el tiempo presente", afirma el concilio[5].

## La época contemporánea del matrimonio

Así como la aplicación al matrimonio de la filosofía personalista (afirmación de la persona humana, de su valor único; importancia del amor mutuo para el matrimonio y la familia), llevada a cabo principalmente por obra de Herbert Doms[6], provocó hacia el año 1935 lo que se llama la época moderna del matrimonio, de la misma manera los grandes descubrimientos de la ciencia médica (1952-1956), por obra principalmente de los doctores G. Pincus y J. Rock[7], determinan una nueva era —contemporánea— para el matrimonio, con consecuencias enormes que queremos abordar aquí.

Desde luego, el punto de vista que nos corresponde es el aspecto *moral*. Por eso, el método que vamos a seguir en este tema, difícil y delicado como pocos, es el de la exposición histórico-doctrinal de los teólogos y del Magisterio de la Iglesia al respecto, exponiendo con la mayor claridad posible sus afirmaciones, sus argumentos o razones y las consecuencias prácticas que se deducen en orden a la pastoral del matrimonio.

[3] GS n.46.

[4] LYONNET, S., *De peccato et redemptione* I (Romae 1957) Inst. Bibl., p.29-32.

[5] GS n.52,2: "praesens tempus redimentes".

[6] *Vom Sinn und Zweck der Ehe* (Breslau, 1935).

[7] ROCK, JOHN, *The time has come* ("Ha llegado el tiempo") (New York, Knopf, 1963).

## Los teólogos y el Magisterio de la Iglesia

1. El doctor Francisco Javier Connell, catedrático de teología moral en la Universidad Católica de Washington, fue el primero en emitir un juicio moral sobre el uso de la progesterona. En efecto, escribió el año 1957 un artículo diciendo que, para *fines curativos,* era, sin duda, *lícita,* por ejemplo, para la regulación del ciclo, evitando así, o tratando al menos de aliviar, los dolores y hemorragias, etc., que eventualmente pueden tener lugar. La razón que daba para esta afirmación era la siguiente: que se aplica —también aquí— el principio de doble efecto: el efecto curativo es el que se pretende directamente. Decía también que, si las pastillas de progesterona se utilizan como medio anticonceptivo, son ilícitas y antinaturales según la tradición moral de la Iglesia, la cual protegió siempre las consecuencias eventualmente generativas del acto matrimonial[8].

2. El padre Luis Janssens, profesor de teología moral en la Universidad Católica de Lovaina (Bélgica), escribió muy pronto sobre esta materia, llegando a las siguientes conclusiones (enunciadas desde la acreditada revista teológica de dicha Universidad) pocos meses antes de que hablara el papa Pío XII[9].

Es necesario, decía Janssens, ser muy prudente a la hora de emitir un juicio moral sobre el uso de la progesterona, la cual tiene también efectos terapéuticos, curativos, no sólo inhibitorios, pudiendo aplicarse —en gracia a los primeros— el principio de doble efecto, que desemboca en una amplísima gama de utilización lícita cuando la medicina —honesta y competente— la utiliza para aquellos fines curativos, para los cuales la moral cristiana nunca se opuso, en virtud de este mismo principio.

El padre Janssens, precedido por los informes médicos de su Universidad, distinguía netamente las pastillas de *progesterona* (a base de estrógenos y progestágenos que, introducidos en la sangre en determina cantidad, detienen la actividad secretora de la hipófisis, con el consiguiente detenimiento de la maduración del óvulo), que tiene efectos positivos, de las

[8] *The contraconceptive pill:* American Ecclesiastical Review 137 (1957) 50-51.

[9] AAS 50 (1958) 735-736.

de *hesperidina* (que sólo tiene efectos anticonceptivos), sobre la cual el juicio moral que recayó fue, por lo tanto, inmediata y globalmente negativo[10].

Otras posibilidades de uso *lícito* de las pastillas de progesterona fueron afirmadas por Luis Janssens en dicho artículo (todas ellas pueden hoy, ciertamente, ser defendidas como moralmente lícitas a la luz del principio terapéutico confirmado por el papa Pablo VI en la encíclina *Humanae vitae* n.15):

*a)* En la época inmediatamente posterior al parto, aproximadamente unos *nueve meses:* en efecto, un amplísimo y documentado estudio del doctor Guchtenere demostraba que la naturaleza misma ha dispuesto normalmente que los partos estén separados unos dieciocho meses, es decir, que la agenesia natural *post partum* dura unos nueve meses. No es ilícito ni antinatural obtener químicamente con certeza esta agenesia que la naturaleza misma tiende a obtener[11].

*b)* La *regularización del ciclo* es también considerada como causa suficiente y lícita de utilización de la progesterona: se apoya en la razón de que la naturaleza misma quiere la regularidad del ciclo en la mujer normalmente constituida, pudiendo, por lo tanto, considerarse como patológica y anormal la irregularidad; de esta manera, el empleo que se hace de la progesterona es terapéutico, curativo: entra dentro del principio de licitud, basado en el de doble efecto, admitido por los teólogos y el Magisterio de la Iglesia[12].

*c)* Es también lícita su utilización para evitar las irregularidades del preclimaterio en la mujer; para evitar fenómenos psico-fisiológicos dolorosos en la época de *menopausia* de la mujer, que suelen tener repercusiones negativas en todos los órdenes[13].

[10] Cf. A. SNOECK, *Hesperidine als contraceptive:* S. Luc. médical 25 (1953); ID., *Fécondation inhibée et moral catholique:* N.R.Th. 75 (1953) 690-702; ID., *Moral catholique et devoir de fécondité:* N.R.Th. 75 (1953) 897-911.

[11] JANSSENS, L., *L'inhibition de l'ovulation est elle moralement licite?:* Eph. Theol. Lov. 34 (1958) 357-360.

[12] GIBBONS, W. J., *Antifertility Drugs and Morality:* America 98 (1957) 346-348, primer testimonio en que se basa Janssens; CONNERY, J. R., *Notes on Moral Theology:* Theol Stud. 19 (1958) 549-551, donde se propugna que se logre la precisión del ciclo y su conocimiento exacto.

[13] JANSSENS, ibid.

## La respuesta de Pío XII

El papa Pío XII, al dirigir la palabra a los hematólogos, el 12 de septiembre de 1958, poco tiempo después de haber sido descubiertas las píldoras anovulatorias y su aplicación al matrimonio, se preguntaba (más bien respondía a una pregunta que se le dirigía desde todo el mundo católico y desde todos los ambientes matrimoniales) sobre el problema concreto del uso de las pastillas de progesterona. ¿Son lícitas? El pontífice respondía con una distinción fundamental: si se sigue esta medicación no para impedir la concepción, sino sólo, de acuerdo con el consejo médico, como remedio necesario a causa de una enfermedad del útero o del organismo de la mujer, se trata de una esterilización indirecta, que es lícita según el principio general del doble efecto; el primero es bueno: la curación de una dolencia existente es el efecto que se pretende; el otro es la esterilización misma, que no se pretende ni como medio ni como fin, sino que se permite[14].

Si lo que se pretende es detener la ovulación, dice el papa a renglón seguido, para preservar el útero de un nuevo embarazo, se causa una esterilización directa y, por lo tanto, ilícita. Algunos moralistas pretenden que está permitido tomarlas con este propósito, dice el papa, pero esto es un error[15].

Resumiendo la doctrina de Pío XII, diremos que aquel pontífice trazó claramente una línea divisoria de moralidad en este punto, quedando de esta manera bien definidas dos afirmaciones fundamentales:

1.ª Si se utilizan como *terapéuticas*, son *lícitas* estas pastillas de progesterona: porque lo que se pretende y se hace es curar a la mujer de alguna irregularidad y dolencia orgánica.

2.ª Si se toman *para evitar* la ovulación y, consiguientemente, la fecundación misma, son *ilícitas*. Se trata, dice el papa, de esterilización directa y, por consiguiente, antinatural. He aquí el resumen de aquella intervención pontificia[16].

[14] Pío XII, *A los hematólogos* (12 septiembre 1958); cf. AAS 50 (1958) 735-736.

[15] Pío XII, ibid.

[16] PABLO VI, *A los cardenales*, el 23 de junio de 1964, repitió fundamentalmente esta misma doctrina.

## Diversas consideraciones a raíz de esta intervención

1. El doctor John Rock, ginecólogo estadounidense y profesor en varias universidades de aquel país, publicó en abril de 1963 una obra decididamente favorable al uso de la progesterona, no sólo por fines terapéuticos, sino también para regular la natalidad. El título mismo de su obra, *The time has come* ("Ha llegado el tiempo"), es significativo de esta postura suya afirmativa en el sentido indicado. El juicio *moral* del doctor Rock es favorable al uso de la progesterona —también para regular la natalidad—, basándose en el argumento *médico* de que, a su juicio, no son anticonceptivos, sino *anovulatorios,* como el nombre mismo lo sugiere: su naturaleza y efectos no serían anticonceptivos, sino postergar la ovulación, detenerla y conservarla[17].

2. El cardenal Cushing reaccionó ante esta obra del doctor Rock con una posición amable en cuanto a la forma, pero de oposición firme en cuanto a su tesis doctrinal o juicio moral, por tratarse, decía el cardenal, de un primer brote que estaba en abierta contradicción con el Magisterio de la Iglesia[18].

3. Monseñor Willem Bekkers, obispo de Bosch, en Holanda, en un discurso televisado el 31 de marzo de 1963, hizo unas declaraciones sorprendentes en este tema, todas ellas de tono ampliamente favorable al uso de las pastillas de progesterona dentro de un marco de paternidad responsable. Pero su discurso fue mucho más importante en la parte primera, teológico-doctrinal, que en la segunda, en la que deduce las consecuencias favorables del uso regulador de estos anovulatorios. Veamos sus principales consideraciones.

Las ideas más relevantes de dicha conferencia, de la que tuvo que dar el propio obispo una aclaración a instancias de sus sacerdotes y fieles, fueron luego publicadas el mismo año en "Herder Correspondence"[19] y en el libro del propio obispo, titulado *Pueblo de Dios en camino*[20]. De aquí tomamos sus afirmaciones fundamentales:

17 ROCK, JOHN, *The time has come* (New York, Knopf, 1963), citado anteriormente.

18 CUSHING, CARD., en "De Tijd De Maasbode" (1 mayo 1963).

19 "Herder Correspondence" (octubre 1963) 28.

20 BEKKERS, W., *God's people on the way* (London, Burns and Oates, 1966) p.106ss: traducción del original *God's Wolk onder Weg* (Utrecht 1964) p.106ss.

La regulación de los nacimientos es una parte integrante del conjunto de responsabilidades humanas de los casados. La regulación de nacimientos (exigencia de la virtud de la prudencia) es distinta del llamado "Birth Control", fruto —éste—, generalmente, de un cálculo egoísta.

El número de hijos es un problema concreto (uno de los problemas del matrimonio) que se proyecta sobre el fondo mismo de todo el problema total de la vida del matrimonio. Lo que cuenta cristianamente no es el mero hecho de una familia numerosa como tal, porque este valor numérico hay que considerarlo no como absoluto y aislado de los demás valores y problemas del matrimonio.

Los que se han unido en matrimonio cristiano han recibido de Dios la misión de fundar una vida unida en el amor conyugal, de tener y educar una buena familia. Este recíproco amor debe penetrar y colorar toda su vida, todo su hogar. Lo cual requiere también la expresión auténtica de la entera naturaleza física del hombre y de la mujer como tales.

El matrimonio como *encuentro personal.* Todo matrimonio verdadero debe ser un encuentro personal, no un mero fenómeno biológico, pasajero, sino una actividad humana que sea expresión de una sincera y afectuosa relación personal. El elemento humano de este encuentro conyugal consiste en el hecho de que la expresión espontánea de su amor mutuo, real y verdadero, es constantemente acompañada de un sentido de responsabilidad, una responsabilidad mutua y hacia los hijos, existentes y futuros[21].

No se puede afirmar, sigue diciendo, que una familia esté progresando hacia su ideal si no existe este amor mutuo y esta responsabilidad integral; y es que el número de hijos, grande o pequeño, tiene que estar inspirado en esta responsabilidad y amor y ser expresión de este conjunto de valores, armónicos y coherentes, del matrimonio mismo.

La *norma suprema* del matrimonio *cristiano,* elevado a la dignidad sacramental, es el símbolo de amor y unidad entre Cristo y la Iglesia, tal como lo describe San Pablo[22], mantenido siempre como relación existencial (entiende por tal, sobre todo, la dimensión vertical del amor, es decir, entre Dios y el hombre), como fuente primaria del amor y de la

[21] BEKKERS, o.c., p.107.
[22] Ef 5,22-32.

fertilidad. Solamente en esta perspectiva pueden los esposos establecer el número de hijos; solamente en este clima de encuentro entre el amor divino y humano se resuelven acertadamente el problema del amor, del número de los hijos y de la moralidad misma del matrimonio.

En el matrimonio, el amor divino y humano están constantemente entreverados; es en esta perspectiva de fe y de amor donde la Iglesia concede y afirma valor de bendición y don de Dios a los hijos.

Todo el que sinceramente trata de vivir sobre la base de estos valores, a pesar de las imperfecciones que suelen ser parte de la vida y actividad humanas en la actual situación pecadora, ha entendido bien su vocación y podemos decir que la está cumpliendo[23].

Los *métodos mismos de moralidad.* Desde esta perspectiva, decía monseñor Bekkers, debe el cristiano tomar posiciones respecto a la difícil cuestión de los *métodos* mismos de la regulación de la natalidad. Toda técnica en esta materia tendrá que someterse a esta concepción integral del matrimonio, respetándola y sabiendo que, de no ser así, puede poner en peligro el amor y la confianza mutua, sobre todo si se toman las decisiones unilateralmente[24].

*Crecimiento constante hacia la virtud.* La vida cristiana tiene que ser un constante crecimiento hasta la hora de la muerte; a pesar de tantas imperfecciones, hay que tener el coraje de admitir el hecho de que, para muchos, la vida es un tiempo de crecimiento desde la imperfección hacia la perfección, sin llegar de hecho jamás a ésta. La teología moral, hecha para hombres, tiene que tener presenta este dato y comprender que —subjetivamente hablando— hay situaciones en las que la gente encuentra dificultad para salvaguardar todos y cada uno de los valores humanos y cristianos a la vez[25].

En el orden subjetivo, no siempre que se dan imperfecciones en los casados se les puede acusar de mala intención o egoísmo. Tampoco se puede juzgar a todos los casados con

[23] BEKKERS, o.c., p.108.

[24] BEKKERS, o.c., p.108.

[25] El autor está exponiendo aquí la moral de crecimiento, la que no se contenta con exponer la doctrina moral en sí, sino en la tensión del hombre y del cristiano por llegar tan alto: no de golpe, sino gradualmente.

la misma medida, por ejemplo, en el número de hijos. La Iglesia se da perfecta cuenta de que metas que son asequibles para unos, no lo son para otros. También en esta materia, como en todas las demás virtudes y valores morales, puede existir, y se da de hecho, un crecimiento gradual, quizá lento y doloroso, pero valioso[26].

Aun cuando el pueblo de Dios no progrese mucho en la virtud, la Iglesia mantiene el principio de que todos aquellos que seriamente se esfuerzan en ello, a pesar de las muchas imperfecciones y caídas, están caminando en la verdadera dirección. La Iglesia pone su confianza en la pareja que con amor mutuo, y responsabilidad para con los hijos, caminan juntos con la confianza puesta en Dios.

*Diálogo en el matrimonio.* En este tiempo de diálogo, ¿no debemos considerarlo también como intrínseco al matrimonio y esperar desde esta perspectiva dimensiones muy positivas y hasta insospechadas en favor del matrimonio mismo? Monseñor Bekkers pasa a continuación a los aspectos *pastorales* que surgen desde esta concepción del matrimonio, y afirma la urgencia de prestar estos servicios —de diálogo y *consejo*— desde nuestras oficinas o despachos, con directores espirituales, y médicos y matrimonios que quieren alegre y gozosamente dedicarse al servicio del matrimonio actual en sus múltiples problemas[27].

Se insiste también en la necesidad de la adecuada *preparación* para el sacramento del matrimonio en todos los órdenes; y una vez que están en el matrimonio mismo, se sugiere la máxima conveniencia de la *amistad* de otros matrimonios, abiertos y entusiastas, que, aunque no tengan resueltos todos sus problemas, son medio eficacísimo de optimismo y orientación en la vida matrimonial.

Creer que el amor verdadero es posible en esta existencia terrena, aunque haya que lamentar continuas debilidades; he aquí dos coordenadas importantes que propone aceptarlas. Estas fueron las consideraciones fundamentales de la primera intervención del obispo de Den Bosch[28].

[26] Ya sabemos que la llamada "Moral del crecimiento" *(Morale de croissance)* es teológicamente verdadera (si no niega la doctrina y el ideal, que se mantiene en alto); y es pastoralmente acertada (como Cristo mismo, que era exigente, pero comprensivo).

[27] BEKKERS, o.c., p.109.

[28] BEKKERS, o.c.

Una doble encuesta, presentada por el propio obispo a los laicos y sacerdotes de su diócesis, recogió las impresiones causadas en unos y otros: junto al aplauso general, que sin duda obtuvo, estaba la acusación de no haber ofrecido soluciones prácticas, sobre todo en cuanto a la licitud de utilización de las pastillas de progesterona, que ya en ese año (1963) estaban muy extendidas en Holanda y en el mundo entero.

El obispo holandés reconocía en una segunda conferencia pastoral, dada a sacerdotes, haber omitido deliberadamente toda la alusión al problema moral del uso de la progesterona, pensando que los principios doctrinales sobre el matrimonio son anteriores y más fundamentales, aunque, por lo visto, insuficientes, a juzgar por la petición reiterada de ulterior concreción práctica. A modo de tal ofreció las siguientes consideraciones:

## Los puntos pastoralmente claros según Bekkers

Aunque no todo se conoce con exactitud sobre la realidad misteriosa del matrimonio, hay puntos, dice, que están claros, y son los siguientes[29]:

1) *El amor* es la base sobre la que tiene que ser edificado el matrimonio. ¿O piensan ustedes que el fin llamado primario del matrimonio (procreación y educación de los hijos) puede realizarse sin amor, sin que el amor actúe como motivo y clima?

2) *Prepararse* y conocer cómo fundar una familia es deber fundamental de la joven pareja. ¿O es que se ha de permitir que lleguen a su enlace en alas de la improvisación en cuanto a todos los problemas vitales que les han de sobrevenir en el matrimonio?

3) *La procreación no es el único sentido* de la sexualidad. El acto matrimonial no es un evento puramente biológico, en cuyo caso la fecundación artificial sería lícita.

4) *La paternidad responsable* de los esposos mismos en cuanto al número de hijos es de importancia capital. Sin ella pierde su grandeza la experiencia matrimonial y la planificación familiar. ¿O es que deben encomendarse a una

[29] BEKKERS, o.c., p.114ss.

ciega confianza en la providencia de Dios, sin atender a la prudencia?

5) *Crecimiento en la virtud.* Hay que buscar y pretender un crecimiento constante de los esposos hacia un ideal que nunca se obtiene del todo; lo que importa en un acercamiento constante al plan de Dios por parte de los esposos en el matrimonio. ¿O es que se puede medir con la misma medida a matrimonios adelantados en la virtud y a aquellos otros cuyos progresos en este campo son retardados e imperfectos?

6) *Importancia de la conciencia personal.* La conciencia de los esposos es primera y última instancia de responsabilidad *subjetiva.* No hay duda, termina diciendo este autor, que estos *principios* son los mismos que se encontraban en los manuales de teología moral, pero no habían sido suficientemente subrayados y puestos de relieve. Monseñor Bekkers les atribuye una importancia pastoral muy grande; le parece mcho más fructuoso y acertado hablar de estos principios que sobre la aprobación o condenación de ciertos *métodos.* No en el sentido de que estos últimos no tengan importancia, sino que la formación de conciencia no puede empezar por los métodos mismos de regulación de natalidad; formación de conciencia que no consiste solamente en obedecer a unas recetas morales, sino en alimentar en lo más íntimo de la persona un centro de juicio y de gravedad que aflora, concurrentemente con su conocimiento, sentimientos, valoraciones, condenaciones, etc.: en una palabra, *una vocación* que se hará oír aunque el hombre camine más o menos distraídamente en la complejidad existencial de la vida moderna[30].

## Las grandes interrogaciones

No las oculta ni las soslaya el autor, llevado de su realismo pastoral, de su gran sinceridad personal y agudeza teológica; son fundamentalmente las siguientes:

1.ª Cuando estas faltas se presentan repetidamente, ¿nuestra misión se limita a dar pura y simplemente la absolución? ¿Se presta con ello algún servicio válido humana y espiritualmente? ¿Estamos preparados y dispuestos a dar algo más? ¿No estamos en una especie de paréntesis en que

[30] Id., ibid., p.116.

nada podemos ayudar estando como están las cosas?[31] ¿Sabemos armonizar en nosotros mismos, en nuestra misión de cara al matrimonio cristiano, las dos cualidades fundamentales de Cristo, que era exigente y comprensivo en su trato con los hombres, distinguiendo muy bien la fragilidad de la dureza de corazón?

2.ª *La pregunta doctrinal.* El autor no era partidario de emitir rápidamente un juicio desfavorable sobre el uso de las pastillas de progesterona: al menos un juicio global y negativo. ¿No habrá que preguntar a la ciencia médica sobre la naturaleza y efectos de estas sustancias de progesterona? A lo mejor se nos responde que se trata de pastillas "aconceptivas", y no "anticonceptivas". Es ésta una terminología original de él y atribuye diverso sentido a ambas palabras: el "anticonceptivo" priva al acto matrimonial de algún elemento suyo constitutivo y esencial, por ejemplo, interfiriéndose y evitando su posible fertilidad; mientras que el vocablo "aconceptivo" significa, según él, una sustancia química que inhibe la ovulación, deja íntegro el acto matrimonial y así regula la paternidad, haciéndola responsable[32].

3.ª Las consecuencias de esta distinción, que al parecer resultaba legítima, eran enormes: nada más y nada menos que la de que así huirían de la condenación que recaía sobre ellas desde la intervención de Pío XII, a que hemos aludido anteriormente[33].

4.ª Otro obispo, José María Reuss, auxiliar de Maguncia, fue también uno de los autores influyentes de esta época; influencia que fue decisiva tanto en poner de relieve los aspectos claros y positivos del matrimonio como en agudizar la pregunta concreta sobre el uso lícito de las pastillas de progesterona.

En cuanto a lo primero, está claro —dice— que *el matrimonio* debe ser, por su parte, *fecundo* según el designio or-

[31] La pastoral depende de la *doctrina* moral; la pregunta del autor alude a ésta, y el Magisterio de la Iglesia no puede dejar de recogerla. La encíclica *Humanae vitae* vendría cinco años más tarde.

[32] En esa época se distinguían ya dos clases de pastillas: la *Hesperidina*, que impide la acción de la enzima hialurodinasa, que hace permeable la pared del óvulo al esperma; y la *Progesterona*, que inhibe simplemente la maduración del óvulo, imposibilitando por este modo la fecundación (VAN DER MARCK, W., en "Tijdschrift voor Theologie" [1963] 378-413).

[33] AAS 50 (1958) 735-736.

dinario de Dios[34]. Pero la función de padre y madre no se agota en la mera procreación, sino que la procreación *humana y cristiana* trae consigo la de la educación en estos mismos órdenes.

Ahora bien, los hijos viven en la atmósfera familiar, se educan en el clima del hogar. Por eso *el amor y la armonía* de la comunidad matrimonial es no sólo importante, sino también decisiva a favor o en contra de dicha educación. La armonía entre esposos es la armonía básica de la comunidad familiar.

Es claro que la unión sexual contribuye poderosamente en favor de esta armonía matrimonial, sobre todo en ciertas circunstancias difíciles para el hogar; y no sólo en éstas, sino en todo tiempo. La razón de esta afirmación, dice, está en que así es como suelen desvanecerse no pocas tensiones de la vida conyugal; y sobre todo, desde el lado positivo, el hombre y la mujer están en grado de experimentar en la relación sexual su recíproca pertenencia y comunidad de un modo singular, único, beneficioso para ambos en su realidad corporal y espiritual[35].

Modernamente, el acto matrimonial es visto en el contexto del amor, es donación de amor. Más aún, así es la estructura esencial de la unión sexual; por su misma naturaleza, esa unión requiere que la recíproca donación esté radicada en el amor mutuo. Este darse y recibirse mutuamente es una constante afirmación mutua, un constante reconciliarse mutuamente, agradablemente. De estos actos surge, a su vez, una mayor comunión mutua. Es el amor el que les da fuerzas para cumplir su misión total en favor de la familia toda.

*La paternidad responsable* (sin llegar todavía al problema concreto de los métodos mismos) la vemos afirmada en el autor cuando nos dice que pueden darse circunstancias (familiares, nacionales, internacionales) en que sea lícito y hasta un deber limitar el número de hijos. Afirmación ésta que posteriormente fue ratificada por la doctrina del concilio Vaticano II[36] y la de la encíclica *Populorum progressio*[37].

[34] Cita a Gén 1,27-28.

[35] Cf. "Tübinger Theol. Quart." 143 (1963) 454-476. Cf., del mismo autor, la obra *Sexualidad y amor* (Barcelona, Herder, 1964) p.25ss.67ss.

[36] GS n.50: AAS 58 (1966) 1070-1072.

[37] PABLO VI, enc. *Populorum progressio* n.37: AAS 59 (1967) 275-276.

*En cuanto a los métodos mismos* de esta regulación de la natalidad, el autor comienza afirmando la licitud y validez del uso de los días agenésicos. Lo que caracteriza esta solución, dice, es la confluencia de ambos factores: 1) que hay actos; 2) que no son fecundos. Tampoco hemos de minimizar esta solución diciendo que el acto matrimonial de los días agenésicos es sólo *permitido*, y no querido en el plan de Dios. Es un acto bueno y, por lo tanto, puede ser deseado positivamente por los casados: el acto como tal es bueno y la intención también.

En primer lugar, el abrazo matrimonial de los días agenésicos no es distinguible en sus elementos constitutivos del que se hace en días fecundos. Lo que le distingue es su falta de coincidencia entre el acto de los esposos y la obra de la naturaleza. ¿Y la intención de no tener hijos, implícita en la opción de usar solamente en los días agenésicos como tales? Esa *intención* no solamente *no es mala*, sino que es *buena* y hasta *obligatoria* en no pocos casos, como resultado de la confluencia de ambos factores arriba señalados, es decir: por una parte, el deber de realizar el acto para la armonía conyugal; y por otra, el deseo lícito y el deber de no tener más hijos en un período determinado y hasta de renunciar a ellos para siempre por graves causas[38].

*El punto neurálgico* al que llega el autor, la pregunta acuciante que quedará planteada para el Magisterio de la Iglesia es el siguiente: si no pueden establecerse días agenésicos suficientes, o con la debida certeza, si los esposos no pueden valerse de ellos por ausencias obligadas, ¿podrán recurrir al uso de los medios químicos, como la progesterona?

Antes de dar la respuesta, monseñor Reuss hacía una distinción importante al respecto: distinguía, en efecto, los medios *químicos* de los *mecánicos:* éstos, al destruir la esencia misma de la unión matrimonial como unión de amor, no hay duda de que son claramente ilícitos; pero, en cuanto a los medios químicos, es decir, progestágenos, a monseñor Reuss no le pareció tan claro el juicio negativo, debido a que salvaban (al parecer) la estructura del acto matrimonial como unión de amor, si bien impedían la posible fecundidad del mismo.

Más aún: en virtud del principio de totalidad (cuando es

[38] REUSS, J. M., a.c., p.454-476.

imposible conservar todos los valores de la vida matrimonial, ceda el menos importante, considerando como tal el factor biológico-generativo), en virtud de la primacía de la caridad conyugal, y con tal de que se salve siempre la dignidad personal de ambos en la vida matrimonial, el autor sugirió la licitud del uso de las pastillas de progesterona como método de regulación de la natalidad en el ámbito de una paternidad responsable[39].

5.ª Luis Janssens, de nuevo en un extenso y documentado artículo publicado en la revista teológica de la Universidad de Lovaina "Ephemerides Theologicae Lovanienses" ese mismo año 1963, se quejaba de que todavía hay manuales de moral matrimonial para los que el amor es un fin secundario del matrimonio, un fin meramente subjetivo, "finis operantis", siendo así que el acto conyugal *es, por su misma naturaleza,* y debe ser esencialmente, acto de amor: el acto sexual, por su misma naturaleza, es encarnación del amor matrimonial: todos sus elementos constitutivos son de amor. El amor es "finis operis", es decir, un fin objetiva y esencialmente identificado con el acto mismo, cuya estructura es unitiva de ambas personas[40].

Una consecuencia importante, por cierto legítima, que de aquí deduce el autor, es la de que no debe haber acto matrimonial sin amor: en efecto, si el amor es esencial (objetivamente identificado) al acto matrimonial, sería inmoral poner el acto conyugal sin amor. La razón de esta afirmación es clara: todo acto humano recibe su moralidad primera y esencial desde el fin intrínseco de la obra misma (desde el *finis operis);* el amor no es tan extrínseco al acto matrimonial como para que éste pueda ponerse con amor o sin amor[41].

Y se trata de un amor verdaderamente *humano,* de espíritu en condición corpórea. Siendo espíritus encarnados los esposos, su amor tiene una especificidad y eficacia singulares, precisamente actuándose en la carne. La unión sexual de los esposos, con ese intercambio recíproco de los cuerpos, es expresión y encarnación de una donación mutua y exclusi-

[39] ID., ibid.

[40] JANSSENS, L., *Morale conjugale et progestogènes:* Ephemerides Theologicae Lovanienses 39 (1963) 787ss.

[41] ID., ibid.

va, de tal modo que el acto conyugal es *en sí* mismo expresión de amor; y como tal lo deben realizar *subjetivamente* los esposos[42].

*¿Y la finalidad procreativa?* El acto conyugal puede ser fuente de nueva vida, es procreativo por su propia realidad: "per se". El acto matrimonial tiene una doble característica: la de ser expresión de amor y su orientación hacia la procreación. Estos dos aspectos deben ser tenidos en cuenta antes de trazar una adecuada concepción sobre la castidad matrimonial; ésta tiene que tener en cuenta las exigencias del acto como unitivo de amor y su orientación a la procreación y educación de los hijos.

Nos parece acertada también su afirmación de que aun el acto realizado en días agenésicos tiene sentido, no sólo de expresión de amor, sino también de fin procreativo-*educativo.* Y es que tales actos, al contribuir favorablemente a resolver los conflictos matrimoniales y crear un clima de armonía entre los esposos mismos, contribuyen también favorablemente al desarrollo integral y educativo de los hijos[43].

*Los motivos y métodos* de regulación de los hijos. Son dos problemas distintos: pueden los motivos ser lícitos, y no ser morales los métodos: por la eterna razón, dice, de que el fin (o motivo) no justifica los medios. En el capítulo de los *motivos* justificantes de la regulación de nacimientos pone —acertadamente—: las condiciones físicas de la salud de la madre, las económicas de la familia, las sociales (a nivel familiar, nacional y mundial). También aquí queremos repetir que el concilio Vaticano II ha ratificado plenamente la paternidad responsable (GS n.50) como problema distinto del de los métodos mismos (n.51).

Antes de hablar de los métodos mismos, el padre Janssens hacía una distinción importante entre el *matrimonio* mismo (que debe ser fecundo) y el *acto* matrimonial (se sugería que no todo acto tiene por qué ser fecundo, es decir, respetado en su fuerza generativa).

Antes de seguir adelante queremos dejar constancia de que ésta es precisamente la cuestión concreta a la que el papa Pablo VI responde en la encíclica *Humanae vitae*, en el número 11, al decir: "pero la Iglesia, mientras advierte a

[42] Id., ibid.
[43] Id., ibid.

todos los hombres sobre la observancia de los preceptos de la ley natural, que la interpreta con su doctrina constante, enseña que es necesario que todo uso del matrimonio permanezca de suyo destinado (respetado) hacia su orientación a la procreación de la vida humana"[44].

Otra distinción importante que hacía L. Janssens en el citado artículo es la de que existen métodos de regulación de la natalidad que podemos agrupar en tres clases: *a)* métodos *temporales:* llama así al de Ogino-Knaus[45]; *b)* métodos *químicos:* a base de progestágenos; *c)* métodos *espaciales:* es decir, los mecánicos.

Y la aplicación doctrinal al matrimonio la hace de la siguiente manera: a la luz de estas distinciones y del principio fundamental de que la naturaleza misma ha querido que todos los actos matrimoniales conserven *siempre* su estructura de unión de amor, y *no siempre* sean generativos, deduce la *licitud* de los métodos temporales, es decir, de la continencia periódica[46] y la *ilicitud cierta* de los métodos espaciales o mecánicos: éstos impiden la donación específicamente conyugal, que tiene que ser total y sin reservas; así lo exige el amor y el acto conyugal.

¿Y los métodos químicos, como las pastillas de progesterona? La opinión de Janssens, al final de un largo artículo de 39 páginas en dicha revista, desembocaba en una *sugerencia* muy *favorable* a la utilización de las mismas como método de regulación de la natalidad.

*Las razones* que daba en aquel artículo eran las siguientes: *a)* La utilización de las pastillas de progesterona puede ser asimilada al uso de los días agenésicos, en el sentido de que ambas salvarían la estructura del acto matrimonial como acto unitivo de amor; es decir, que el tomar previamente al acto matrimonial esta pastilla de progesterona no

[44] AAS 60 (1968) 488.

[45] Hoy existen más garantías de certeza de los días agenésicos mediante procedimientos como los de temperatura basal, muco-filante, Douphaston, Chlomiphene, reloj indicador, Billings, etc.

[46] Como bibliografía más destacada a este respecto nos parece la siguiente: DR. GEORG, *Agenesia y fecundidad en el matrimonio* (Edit. Marfil); KINDREGAN, *A theology of marriage* (Milwaukee 1967); VAN DER MARCK, W., *Amor y fertilidad* (Lohlé, Buenos Aires 1965); LÓPEZ NAVARRO, J., *Matrimonio, natalidad, píldora* (Epalsa, 1967); BOTELLA LLUSIÁ, *Cuestiones médicas relacionadas con el matrimonio* (Barcelona, Ed. Científico-Médica, 1966); DIAS GONÇALVES, A., *A vida em casal* (Lisboa 1971).

impedía —a juicio de Janssens— el fin intrínseco de este acto como donación mutua específicamente conyugal, total y sin reservas[47]; *b)* tampoco impide, dice, una paternidad responsable y hasta generosa, pudiendo —también desde este punto de vista— ser comparado al método Ogino[48].

6.ª El padre J. C. Ford, teólogo moralista de la Universidad Católica de Washington, escribió a principios del año 1964 una síntesis y resumió el estado actual de este tema en los siguientes puntos fundamentales[49].

*a)* Que el papa Pío XII, en 1958, había rechazado como inmoral y anticonceptivo el uso de las píldoras de progestágenos que, haciendo imposible la ovulación, hacen también imposible la fecundación, salva la licitud de su uso terapéutico.

*b)* Que no hay duda de que la intención del pontífice era vincular las conciencias obligatoriamente con una intervención del Magisterio auténtico, si bien no infalible ni definitivo; por lo tanto, que las enseñanzas del pontífice exigían aceptación de su contenido y espíritu.

*c)* Que la píldora de progesterona que se tiene hoy no difiere sustancialmente de aquella que enjuició Pío XII, en cuanto a sus características anovulatorias. Es la misma.

*d)* Que ningún teólogo y ninguna autoridad de menor rango que el papa podía arrogarse la libertad de enseñar —sí de investigar científicamente— una doctrina moral diversa.

*e)* Que se nutre ya fundada esperanza de que la ciencia médica descubra muy pronto la forma científica segura y cierta de regular la ovulación con precisión, de conocer exactamente los días agenésicos y hacer posible de esta manera la práctica de la continencia periódica con seguridad, eficacia y mayor margen de días libres[50].

7.ª El padre Wilhelm van der Marck, O. P., profesor de teología moral en la Universidad Católica de Nimega, Holanda, influyó no poco a que se agudizara el planteamiento de esta cuestión con un largo artículo publicado ese mismo año (1963) en la famosa y popularmente extendida revista

[47] Pero el fin intrínseco del acto abarca también su tendencia, objetivamente dada, hacia la generación, aunque de hecho no siempre se dé ésta.

[48] JANSSENS, a.c.

[49] N.C.W.C. (News Service, 15 febrero 1964).

[50] Los libros de los autores Kindegran, Van der Marck, Georg y Dias Gonçalves a que me he referido en la nota 46 hablan de este descubrimiento.

teológica de aquel país titulada "Tijdschrift voor Theologie"[51].

El *argumento fundamental* que propone el padre Van der Marck para agudizar la duda e inclinar la balanza *a favor* del uso de las pastillas de progesterona es el siguiente: que Pío XII presentó el problema de dichas pastillas a modo de *dilema: si* se usan *como terapéuticas,* son lícitas; *si como esterilizantes,* ilícitas. Pero el padre Van der Marck añade: se da una tercera posibilidad: usarlas para paternidad responsable, es decir, para regular los nacimientos en un matrimonio que quiere, por hipótesis, ser generoso; y todavía se da una cuarta hipótesis, añade: la de querer demostrar el amor mutuo necesario sin peligro de embarazo; de un embarazo que no querrían ni podrían en las condiciones concretas en que viven.

## El fin y los medios

*En cuanto al fin,* el autor afirma que no sólo el terapéutico, sino también el de la paternidad responsable y el de la demostración del amor matrimonial es fin bueno.

*¿Y los medios* para lograr esos fines buenos? El padre Van der Marck responde con un argumento doctrinal que es el siguiente: en el acto humano, elementos físicamente distintos (v.gr.: cortar una córnea o un riñón, etc., y ponérselos a otras personas) pueden ser reducidos a *unidad moral,* unificados por la intención que se tenga, la cual calificará moralmente el acto íntegro, no sólo en cuanto a su fin, sino también en cuanto a sus medios mismos; no es que el fin justifique los medios, añade a continuación anticipándose a la objeción fundamental que a nadie se le oculta, sino que el fin —dice— determina y bonifica los medios[52].

El autor, Van der Marck, quiere aducir a favor de esta interpretación del acto humano y su moralidad nada menos que la teología del acto humano dada por Santo Tomás, a quien aduce parcialmente, sólo en la cuestión *de la intención*[53], siendo así que Santo Tomás trata de la estructura

[51] VAN DER MARCK, W., en "Tijdschrift voor Theologie" (1963) 378-413.
[52] ID., ibid.
[53] SANTO TOMÁS, *Suma Teológica* I-II q.12.

psicológica y moral del acto humano en un contexto más amplio, es decir, en las cuestiones que siguen al tratado de fin último del hombre[54].

Aplicación al uso de la progesterona: su uso, dice Van der Marck, quedaría calificado como moralmente bueno si viene realizado como medio al servicio de la paternidad responsable; o al servicio del amor matrimonial. Un acto (tomar la pastilla de progesterona) no es ni tiene una entidad moralmente completa que pueda sostenerse a sí misma independientemente del fin (amor, paternidad responsable). El fin es el que da significado al acto humano. Si calificamos el acto (tomar la pastilla) independientemente del fin, caemos en el materialismo, dice este autor.

Antes de seguir adelante, es necesario precisar su afirmación: aceptando lo que tiene de válido, es decir, que el fin es el factor *principal* de la moralidad; pero completándola en cuanto a *las demás* fuentes o factores de la moralidad: el objeto o medios que se utilizan y las circunstancias mismas. De la confluencia o totalidad de todos estos factores surge la moralidad íntegra de la conducta humana.

### La duda sobre la intervención de Pío XII

Van der Marck confronta su exposición con la doctrina de Pío XII y piensa que está acorde con ésta, "ya que el papa entendía por esterilización prohibida el acto de quien *se propone* como medio o como fin hacer imposible la procreación". Pero es que en el uso de la progesterona en quien se propone la paternidad responsable y la demostración del amor matrimonial no se pretende la esterilización ni como medio ni como fin: simplemente no se pretende tal esterilización, dice Van der Marck[55].

### La intervención de Pablo VI (23 junio 1964)

El papa, ante la asamblea de los cardenales allí reunidos, manifestó: 1) el tema de la regulación de nacimientos por

[54] ID., ibid., 6-21.

[55] El autor disocia, a pesar suyo, la intención de la persona de la adaptación a la realidad.

medio de las pastillas de progesterona seguía en vigor en el sentido y en la vigencia imperativa que tenía en y a raíz de la intervención de Pío XII; 2) pero Pablo VI añadía un dato importante: su voluntad de promover, apoyar y extender la Comisión de Matrimonio y Natalidad, constituida por sabios y científicos en todos los aspectos relacionados con el tema: psicólogos, sociólogos, especialistas en ginecología, teólogos, etcétera. Una comisión que estuviera compuesta por seglares casados, sacerdotes, religiosos, obispos[56].

El papa comenzaba su intervención destacando la gravedad y extensión del problema, entendiendo por tal el del aumento de la población, pero sobre todo y más concretamente el de la moralidad familiar-matrimonial.

El problema es extremadamente complejo y delicado, decía el papa, añadiendo: "la Iglesia reconoce los múltiples aspectos, es decir, sus múltiples competencias, entre las cuales sobresale la de los propios esposos: la de su libertad, su conciencia, su amor, su deber".

Entonces, ¿por qué la intervención de la Iglesia? A esta pregunta, latente o manifiesta, implícita o explícitamente formulada, de palabra y por escrito, el Papa respondía diciendo que la razón de la intervención del Magisterio de la Iglesia era ni más ni menos que la de la ley divina: que debe interpretar, promover, enseñar y defender.

El papa va más adelante —en su discurso— y manifiesta su voluntad de que la ley divina tiene que ser interpretada teniendo en cuenta las verdades científicas, sociales, psicológicas que en estos últimos tiempos han obtenido nuevos y amplísimos estudios y documentaciones.

Tres advertencias más, de carácter doctrinal y normativo, se contenían en este discurso pontificio. Las siguientes:

1.ª Que, en tema de tanta gravedad, todos los católicos deben seguir una única ley, la que la Iglesia propone auténticamente.

2.ª El papa recomienda que ninguno se arrogue por ahora el derecho de enseñar o pronunciarse en términos diferentes a la norma vigente.

3.ª Dice también no haber encontrado hasta el presente motivos suficientes para considerar como superadas y, por lo tanto, como no obligatorias las normas del papa Pío XII a

[56] PABLO VI, *Ante los cardenales:* AAS 56 (1964) 581-589.

este respecto; normas que deben retenerse como válidas, dice Pablo VI, si el Magisterio de la Iglesia no se ve obligado en conciencia a modificarlas[57].

## Conclusiones prácticas

Las conclusiones, positivas, que de un estudio semejante a éste deducíamos y formulábamos por escrito[58] las queremos repetir aquí, porque las consideramos *ciertamente lícitas* aun después de la promulgación de la encíclica *Humanaea vitae* (cf. n.15).

1. Es lícito el uso de las pastillas de progesterona con fines terapéuticos, curativos, según indicación médica, honesta y competente[59].

2. Es también lícito su uso para *regularizar* el ciclo mensual y poder así atenerse a la continencia periódica.

3. Y para resolver los problemas de *infertilidad* por parte de la mujer cuando dicha esterilidad proviene de cauas que pueden ser curadas por esta medicación; es decir, es lícita la supresión temporal de la ovulación en una mujer que sea estéril por una atrofia que pueda ser curada con estas sustancias, a fin de aumentar las probabilidades subsiguientes de fertilidad; ya hemos hecho notar que es aquí donde tuvieron origen estas pastillas.

4. Es lícito su uso en los nueve meses de lactancia, en los *nueve meses posteriores al parto:* los esteroides pueden ser usados para prevenir la concepción, que, en casos normales, no debe producirse en ese período.

5. También es lícito su uso para resolver y curar anomalías del tiempo del pre-climaterio, es decir, en y desde la menopausia, para evitar la ovulación y demás fenómenos, fisiológicamente dolorosos y psicológicamente negativos[60].

Para terminar hemos de decir —en honor a la verdad—

[57] Pablo VI, ibid.

[58] Larrabe, J.-L., *Amor y fecundidad en el matrimonio cristiano:* Scriptorium Victoriense XIV (1967) 129-158; cf. p.157-158.

[59] *Humanae vitae* n.15: AAS 60 (1968) 491.

[60] También en los casos de peligro de rapto y de violación ha sido defendida la licitud por autores de garantía, como Hürth, Lambruschini, Palazzini, etcétera (cf. mi artículo en "Scriptorium Victoriense" XIV [1967] 158).

que esta etapa que acabamos de estudiar ha resultado altamente positiva para destacar la importancia del amor, para estudiar mejor los criterios de paternidad responsable y para plantear netamente —como problema distinto— la pregunta acerca de los métodos mismos de la regulación de la natalidad. A los dos primeros problemas respondería muy bien el concilio[61]; al tercero, fundamentalmente, se refiere la encíclica *Humanaea vitae*[62].

[61] *Gaudium et spes* n.49-51.
[62] AAS 60 (1968) 481-503.

## CAPÍTULO V

# *ASPECTOS FUNDAMENTALES DE LA ENCICLICA "HUMANAE VITAE"*

### Dos coordenadas claras

Las dos conclusiones en que —lealmente— desemboca la reflexión teológica sobre la *Humanae vitae* (después de la amplísima bibliografía leída en torno a esta encíclica)[1], son las siguientes:

1. "Más allá de las discusiones que la encíclica ha suscitado a todo nivel, y por encima de las propias reacciones personales, un verdadero creyente sabe escuchar en el pronunciamiento del Magisterio la voz auténtica del que guía la Iglesia en nombre de Dios y de su misteriosa providencia, la cual puede, con sus aspectos trascendentes, desconcertar las esperanzas de una visión prevalentemente humana"[2].

2. "Una fe de esta índole no excluye, con pleno respeto a las directrices supremas, la búsqueda tranquila y leal en torno a todo aquello que de alguna manera se refiere al tema", dice como segunda coordenada el padre Giacomo Perico, en el estudio introductorio que acabamos de citar, para terminar afirmando que *no hay que condenar* a los que con buena voluntad no llegan a la observancia de esta norma objetiva.

La encíclica *Humanaea vitae,* dirigida por el papa Pablo VI, con fecha 25 de julio de 1968, "a los cristianos de todo el mundo católico y a todos los hombres de buena voluntad", quiere situarse desde un principio en una perspectiva evangélica, positiva y gozosa, como actitud propia del Nuevo Testamento, sin que por ello pierda el realismo con que se debe tratar este tema y la conciencia de las dificultades que

[1] Véase el apartado correspondiente de la bibliografía que aducimos al respecto.

[2] *"Aggiornamenti Sociali", La "Humanae vitae"* (Studio introduttivo, testo dell'enciclica, dichiarazioni delle Conferenze episcopali). Centro Studi Sociali (Milano 1969) p.20.

el matrimonio cristiano —y todo matrimonio— encuentra en el mundo de nuestro tiempo[3].

¿Qué fundamentos conciliares tiene esta enseñanza pontificia y a qué dificultades modernas se refiere desde un principio? ¿No habrá que tener en cuenta en esta "recta ordenación de la propagación humana"[4] la explosión demográfica, las dificultades, incluso económicas, de la educación de los hijos; las condiciones de trabajo, a veces infrahumanas; los salarios, también infrahumanos, en no pocos ambientes; la escasez y estrechez de la vivienda y otros factores humanos que tan poderosamente condicionan el cumplimiento de esta doctrina y de este ideal de la moral católica en torno al matrimonio?

## Los fundamentos conciliares del Vaticano II[5]

Por expresa voluntad del concilio, los redactores de la constitución pastoral "sobre la Iglesia en el mundo actual" tuvieron que orientar y presentar el tema de los hijos, "no como una carga pesada para el matrimonio", sino como fuente de gozo, al mismo tiempo que de santidad para los esposos.

Esta doctrina, la de la procreación y educación de los hijos, se propone de tal manera que aparezca ante todos el matrimonio cristiano como fuente de santidad y felicidad para los esposos mismos; de educación y santificación para los hijos; de progreso para la sociedad civil y crecimiento de la Iglesia[6].

Y esta perspectiva cristalizó definitivamente en la constitución promulgada por el concilio, de tal manera que, al hablar del matrimonio y de la familia en el mundo moderno, con sus sombras y luces, también éstas, describe como única actitud cristiana la de quienes, simpatizando con esta

[3] PABLO VI, *Humanae vitae:* AAS 60 (1968) 481-503.

[4] "De propagatione humanae prolis recte ordinanda", así centra Pablo VI el tema de la encíclica.

[5] "Cuadernos para el diálogo". *Comentarios al esquema XIII* (Edicusa, 1966) 45-54; "L'action populaire", *Gaudium et spes* (Paris, Spes, 1966) 185-208; COLABORACIÓN, *Gaudium et spes: L'Église dans le monde* (París, Mame, 1967) p.161-203.

[6] *Esquema del 28 de mayo de 1965* (Pol. Vat.) p.101.

condición de vida que se da en la Iglesia, la tienen en todo caso en gran aprecio y estima, y se alegran sinceramente de todos los medios en que hoy se progresa en favor de esta comunidad de amor y de vida[7].

Y manda a los cristianos que sean los primeros en promover y ayudar a los esposos y padres en el cumplimiento de tan sublime misión[8].

No vamos a detenernos de nuevo en el contenido y espíritu del mensaje conciliar sobre el amor, la paternidad responsable y la misión y moralidad del matrimonio. Lo hemos hecho anteriormente[9]. Y lo han hecho otros autores, a los que queremos aludir brevemente a modo de boletín bibliográfico:

Charles Moeller publicó, con la competencia con que sabe hacerlo, los presupuestos históricos de la constitución pastoral *Gaudium et spes* en un extenso artículo publicado al año siguiente de la promulgación de esta misma constitución[10].

A. Wenger publicó también, por esa misma fecha, una buena crónica de la cuarta sesión conciliar, la que dice relación directa con nuestro tema[11]. Simultáneamente, R. Laurentin presentaba en París un balance del concilio a este respecto[12]. Dos grandes artículos más, publicados por sendos arzobispos, nos ayudan a situarnos en la verdadera pista y perspectiva para entender el alcance de esta constitución pastoral. El primero de ellos, sobre la génesis de la *Gaudium et spes*, es obra de monseñor McGrath, quien nos dice que la preparación de la GS exigió un cambio de mentalidad y de método: los miembros activos del concilio debieron conjugar la afirmación de los valores permanentes con la debida adaptación a los nuevos tiempos en que vivimos: todo ello en un clima de valoración nueva del mundo a la luz de la revelación, como exigencia de ésta[13].

Monseñor M. Pellegrino, arzobispo de Turín, escribía

[7] GS n.4 y 47.

[8] GS n.52.

[9] Cf. los capítulos anteriores.

[10] MOELLER, CH., *L'Église dans le monde d'aujourd'hui:* La Documentation Catholique 63 (1966) 1485-1507.

[11] WENGER, A., *Vatican II.* Chronique de la 4[eme] session (Paris, 1966).

[12] LAURENTIN, R., *Bilan du Concile* (Paris, 1966).

[13] MCGRATH, M., *La Génesis de "Gaudium et spes":* Mensaje 153 (1966) 496-502.

poco después sobre los signos de los tiempos. Es ésta una expresión que encontramos en el evangelio de Mateo (16,3): "sabéis discernir el aspecto del cielo, pero no sabéis discernir los signos de los tiempos"; expresión que aparece constantemente en la constitución conciliar "sobre la Iglesia en el mundo actual". Los padres conciliares quieren discernir las características del mundo actual con vistas a la presentación del mensaje cristiano según las exigencias de nuestra época. Por "signos de los tiempos" se entienden los "verdaderos signos de la presencia y del plan de Dios"[14].

Sobre el conflicto entre el amor conyugal y la transmisión de la vida habla con verdadera maestría moral el obispo de Versalles, monseñor Renard, en su libro sobre el matrimonio, el amor y los hijos según la enseñanza conciliar. Las páginas 21-26 explican con profundidad y claridad el misterio de este conflicto [aparente]. Aclara la distinción fundamental entre el subjetivismo (es decir, que el sujeto se quiere dar a sí mismo la ley) y la necesidad real de que la conciencia se adapte a la ley objetiva, que le viene de Dios y de [la interpretación de] la Iglesia. Distinción igualmente grave, la que explica, entre la "sinceridad" (la intención del sujeto según sus propias ideas) y la "lealtad" (entendiendo por tal la voluntad de corresponder a la ley objetiva que viene de la naturaleza misma de la persona y de sus actos)[15].

Cuando confronta estas consideraciones morales con la realidad, el autor concluye de esta manera: "es síntoma de una mayor salud de conciencia saber que uno es pecador que el caer en un desorden de la inteligencia que confunde la verdad y el error, el bien y el mal: la perversión del espíritu es más grave que la de los actos"[16].

Merece especial mención el trabajo del padre Gustavo Martelet sobre el amor conyugal en la línea de renovación conciliar, publicado un año antes que la encíclica, pero que fue mencionado y elogiado por el propio papa con ocasión de la presentación de la misma[17]. El padre Martelet trata de

[14] GS n.11; cf. PELLEGRINO, M., *Signes des temps et réponse des chrétiens:* La Documentation Catholique 64 (1967) 144-154.

[15] RENARD, MONS, A. C., *Mariage, amour, enfants dans l'enseignement du Concile* (Salvator, 1967) p.22.

[16] Ibid., p.23, al final, y nota 7.

[17] MARTELET, *Amour conjugale et renouveau conciliaire* (Lyon, Mappus, 1967).

este tema en la perspectiva bíblica y conciliar. Pero, en cuanto a esta segunda, no se contenta con el estudio de los números específicamente matrimoniales de la constitución *Gaudium et spes* (n.49-51), sino que comienza siempre desde la primera parte de esa misma constitución, es decir, arranca desde la *dignidad* de la *persona humana.*

Sirve de puente entre el concilio y la encíclica, e influyó mucho en que se diera ésta —aunque indirectamente—, el conocido teólogo y moralista de la Universidad de Lovaina padre Louis Janssens; publicó varios artículos sobre este tema entre 1966 y 1968 en la prestigiosa revista de aquella Universidad. El primero de ellos sobre la castidad conyugal, según la encíclica *Casti connubii* y según la constitución pastoral *Gaudium et spes*[18]. Comenzaba afirmando que San Agustín y Santo Tomás admitían la plena licitud del acto conyugal sólo cuando se hacía por procreación de la prole[19]; que la encíclica *Casti connubii* (del año 1930) admitía esa misma licitud "solamente cuando queda a salvo la intrínseca estructura de ese acto y, por lo tanto, su orientación al fin primario" (D 2241); que la constitución pastoral habla de salvar no sólo la moral, de los *actos*, sino "de la persona y de sus actos"[20].

El articulista habla a continuación de los avances y transformaciones posteriores a la encíclica *Casti connubii*, en la perspectiva de estos temas matrimoniales, en los siguientes puntos:

1. En primer lugar, que *el amor* es fin esencial del matrimonio y de sus actos; ni aquél ni éstos pueden ser moralmente buenos si no son expresión de amor; no lo son, aunque estén puestos de tal forma que puedan servir a la procreación, y es que el amor es fin intrínseco del matrimonio y de su actos.

2. La sexualidad *humana* es esencialmente relacional, expresión interpersonal: el acto es expresión de esa relación personal mutua; el hijo será su fruto [eventual]. Así el sexo adquiere una elevación *humana*, que es muy superior a la de todas las demás instancias de la vida corpórea. Y no es sólo

[18] JANSSENS, L., *Chasteté conjugale selon l'enc. "Casti connubii" et suivant la Const. G.S.:* Eph. Th. Lov. 42 (1966) 513-554.

[19] Cf. primera y segunda parte del artículo de Janssens, L.

[20] GS n.51: "obiectivis criteriis, ex personae eiusdemque actuum natura desumptis determinari debet".

acto de la naturaleza, sino asumido y elevado por la *persona*.

Esta importancia del amor, como dimensión *esencial* de la sexualidad humana, ha sido justamente puesta de relieve por L. Janssens en este artículo[21] y en el que escribió tres años antes en la misma revista con el título "Morale conjugale et progestogènes"[22]. Pero la afirmación del amor como fin, como fin esencial, no lleva consigo la legitimación de los medios, y a este problema responde la encíclica *Humanae vitae*[23].

## Una nueva situación del matrimonio

El papa Pablo VI comienza su encíclica *Humanae vitae* tomando conciencia —con realismo y serenidad— de las dificultades modernas del matrimonio, sin que en ningún momento llegue a dramatizar sobre ellas. Antes bien, la perspectiva en que se sitúa desde un principio es positiva, es decir, serena y gozosa: "la misión importantísima de transmitir la vida humana, con la que los esposos colaboran libre y conscientemente con Dios Creador, llena siempre de grandes gozos a los mismos esposos"[24].

Y cuando el papa se refiere a las dificultades que encuentra actualmente el matrimonio para cumplir tan gravísima misión, dificultades que se presentan a veces agigantadas y con alarmismos, el papa no las acepta en bloque y con dramatismo, sino matizándolas bien, para no falsear la perspectiva exagerando su extensión y volumen: "algunas veces surgen no pocas dificultades y angustias en el cumplimiento de esta misión"[25].

[21] No es el primero en hacerlo; mencionamos con agrado los escritos del profesor de la Gregoriana José Fuchs, sobre todo cuando afirma que el sexo humano es *esencialmente* expresión de amor y, de suyo, procreativo, es decir, respetado en su orientación a la procreación *(De castitate et ordine sexuali*, Romae, Pug. 1962).

[22] JANSSENS, L., *Morale conjugale et progestogènes:* Eph. Th.Lov. 39 (1963) 787ss. Pero este artículo desembocaba en la sugerencia a favor del uso de los progestágenos, sin la necesidad de que en cada acto se respete su orientación a la prole.

[23] En el mismo sentido que el artículo de la nota anterior escribía el padre W. Van der Marck, O.P., en su libro *Amor y fertilidad* (Buenos Aires, Lohlé, 1965).

[24] *Humanae vitae* (HV) n.1.

[25] HV n.1.

También en esto el pontífice sigue la línea conciliar del Vaticano II, que, al hablar de la dificultad demográfica, no admitió en el texto definitivo la fórmula que estaba en boga: "explosión demográfica", porque podía entenderse como un hecho que se da a todo nivel: mundial, nacional y familiar; antes bien, la fórmula promulgada por el concilio a este respecto dice: "en algunas partes del mundo observamos, no sin preocupación, los problemas que surgen de su incremento demográfico"[26].

Así pues, el curso reciente de los acontecimientos humanos ha traído consigo, a juicio del Magisterio de la Iglesia, tales mutaciones y ha dado origen a tan modernas cuestiones, que la Iglesia no puede ignorarlas ni dar la callada por respuesta; y es que se trata de cuestiones *vitales*, en el sentido más profundo y sugestivo de esta palabra: "cuestiones que tanto afectan a la vida y felicidad de los hombres"[27].

Realmente la encíclica no mitiga en su planteamiento ni el alcance ni la variedad de los cambios que se han producido en el mundo moderno. Y es que el mensaje cristiano no debe consistir en una exposición meramente teórica de la doctrina teológica, sino que tiene que hacer de puente vivo entre los principios perennes y la realidad contingente, "con discernimiento de los valores eternos en medio de las formas mudables"[28]. Ahora bien, ¿hasta qué punto es verdad, y, en caso afirmativo, a qué nivel se da la llamada "explosión demográfica"?

## La "explosión demográfica"

La primera dificultad a que alude el papa en la encíclica es "el aumento rápido del número de hijos"; así la formula desde un principio[29]. Esta precisión y matiz moderado no son casuales en el documento pontificio, sino deliberados: para que al mismo tiempo que hay una toma de conciencia del hecho mismo del aumento demográfico y de sus implicaciones, se distingan bien los diversos niveles que lo caracterizan. Así se consigue, de una parte, evitar falsas alarmas,

[26] *Gaudium et spes* n.47,2.
[27] HV n.1.
[28] GS n.52,3.
[29] HV n.2.

como si el volumen y el dramatismo se extendiera a todas y cada una de las naciones del mundo; y de otra parte, se evita también la tentación de querer recurrir a todos los medios a ultranza, lícitos e ilícitos, para resolverlo. Es ésta una tentación en la que se puede caer fácilmente en algunas legislaciones con resoluciones ilícitas y precipitadas, dice el papa en la encíclica[30].

¿Cuál es la competencia de las autoridades públicas en esta materia? La encíclica *Populorum progressio*, del mismo papa, la delimitó claramente, estableciendo los siguientes principios a este respecto;

1. No hay duda de que el aumento demográfico apresurado puede acarrerar no pocas dificultades al ritmo del desarrollo, hasta el punto de causar alarma con el temor de que la población crezca más rápidamente que los recursos existentes[31] y que todo otro camino de solución parezca a primera vista cerrado[32].

2. Del hecho anteriormente señalado surge la tentación [fácil] de querer atajar y disminuir el aumento demográfico a toda costa, "incluso utilizando gravísimos remedios [ilícitos]"[33].

3. No hay duda de que las potestades públicas tienen poder, algún poder, de intervenir en esta materia, como reconoce sin ambages ni rodeos el papa en dicha encíclica *Populorum progressio*, diciendo textualmente: "no hay duda de que las potestades públicas [se refiere a las civiles, claro está] pueden intervenir en estas materias en la medida que corresponde a su ámbito[34].

4. La naturaleza y el ámbito de dicha intervención estatal consisten en el derecho y en el deber de *informar* a los ciudadanos [en torno a la proporción o desproporción que pueda existir entre las posibilidades alimenticias y el ritmo de incremento demográfico] y, además, tomar las resoluciones pertinentes[35], con tal de que éstas —se apresura a decir a renglón seguido el papa—:

[30] HV n.2: "vel acrioribus rationibus propulsare vellint".

[31] *Populorum progressio* n.37: "quam opes quae sunt in promptu". No dice "quae esse possunt", pues hay recursos todavía inexplotados.

[32] Ibid., n.37: "ita ut omnes viae intercludi videantur".

[33] Ibid., n.37.

[34] Ibid., n.37.

[35] Ibid.: "et accomodata rei consilia capientes".

*a)* estén de acuerdo con las prescripciones de la *ley moral*[36].

*b)* y salven la *justa libertad* de los esposos en esta materia. Y es que, cuando a alguien se le despoja del derecho firmísimo que tiene para el matrimonio y la procreación, no se puede hablar de dignidad humana[37].

## Las dificultades de la educación

A ellas se refiere también la encíclica en la primera parte, y lo hace sobre la base de una doble afirmación: la primera es de *derecho*, y se refiere al que tienen los hijos (ya nacidos y los que han de nacer) a una educación *humana* conveniente, tal como desde siempre ha venido urgiendo la Iglesia.

Pero, desgraciadamente, este derecho a la educación de los hijos tropieza hoy con no pocas dificultades, a las que alude el papa en este lugar de la encíclica (n.2) y que habían sido puestas de relieve recientemente en este contexto de matrimonio y familia por no pocos autores[38].

La cuestión de la regulación de nacimientos, decía a este respecto L. Beirnaert, no podía surgir allí donde se vivía estáticamente y sin afán de mejorar en el orden educativo de la familia y de los hijos. En una sociedad tradicional de tipo agrario, los hijos eran considerados como fuente de riqueza por su aportación al nivel económico familiar mediante el trabajo de sus manos; ante la consideración social, los muchos hijos eran tenidos en otro tiempo como timbre de gloria; en el orden educativo, la poca cultura que se les daba no costaba gran cosa; a nivel religioso, consideraban a los hijos como bendiciones de Dios, signos de su presencia creadora. Esta consideración es más difícil en un mundo secularizado.

En consecuencia, concluye Beirnaert, el imperativo de fecundidad —casi sin límites— no encontraba obstáculo en una sociedad como aquélla, teniendo en cuenta además la mortandad infantil de aquellas épocas, ya superada[39].

[36] Ibid.: "dummodo haec praescriptis legis moralis congruant".
[37] Ibid., n.37.
[38] CHARBONNEAU, P. E., *La limitation des naissances* (Paris, Éd. Ouvrières, 1966) p.39ss.
[39] En "Études" (1966) 21-31.

Pero los signos de los tiempos actuales son distintos, y el autor los estudia a renglón seguido refiriéndose a una sociedad moderna como la nuestra, en la que se vive con el deseo y hasta con la angustia de conseguir la educación completa y lo más perfecta posible —a poder ser hasta universitaria— de todos y cada uno de los hijos.

Y el hombre actual se caracteriza por el deseo de extender su poder creador no sólo en orden a engendrar más hijos, sino también sobre el mundo y sobre sí mismos. En un contexto así, la significación de los muchos hijos sufre una transformación, un cambio de perspectiva que viene dado en función de los siguientes factores: *a)* los hijos cuestan mucho, también económicamente, y vienen con sacrificio de la elevación del nivel de vida de que la familia venía disfrutando; *b)* los esposos, hombre y mujer, en una sociedad moderna y dinámica como la nuestra, prefieren presentarse en sociedad con una mayor elevación social y cultural que con "número de hijos"; *c)* hoy la cultura y la educación de los hijos cuesta muchísimo a los padres, no sólo económicamente, sino también como empeño personal debido a sus hijos, a todos y cada uno de ellos; *d)* religiosamente, en un mundo secularizado como el nuestro, resulta difícil considerar como bendición de Dios la familia numerosa[40].

Así las cosas, y en un ambiente conciliar, era de esperar una más clara promulgación del principio de paternidad responsable, como efectivamente ha tenido lugar en la constitución pastoral "sobre la Iglesia en el mundo actual". Paternidad responsable, que no quiere decir lo mismo que materialismo y comodidad, sino la proclamación y aplicación de un principio moral perenne en un fenómeno socio-cultural moderno[41].

## Otras dificultades del matrimonio actual

La encíclica *Humanae vitae* reconoce que el matrimonio actual tropieza muchas veces con serias dificultades para atender debidamente a una familia numerosa[42], no sólo des-

[40] Ibid.
[41] Ibid.
[42] HV n.2,1.

de el lado, ya apuntado, de la necesaria educación de los hijos[43], sino también y anteriormente por las dificultades de trabajo, por la escasez y estrechez de la vivienda, por la siempre creciente elevación del costo de vida, etc.[44]

En este sentido, la mejor encuesta de los tiempos modernos, que se ha hecho y publicado recientemente[45], refleja no poco dolor y ansiedad. Los encuestados son matrimonios de ambiente popular: rural, obrero, no los de elevada cultura ni alto nivel económico (que siempre tienen más soluciones humanas al alcance de su cultura y de su mano). La sinceridad y autenticidad brillan en las respuestas de esta encuesta; exponen lúcida y serenamente su realidad humana y espiritual. Se quejan mucho de sacerdotes, médicos y demás personas e instituciones al servicio del matrimonio, que no lo están —dicen— en la medida en que debieran, lo cual influye poderosamente, a veces decisivamente, en que no puedan cumplir la doctrina y el ideal propuestos por la Iglesia en su magisterio[46].

## Factores modernos en favor del matrimonio

Pero existen en la actualidad no pocos factores modernos en favor del matrimonio. El papa concede en su encíclica valor de hecho y de signo de los tiempos modernos a la promoción de la persona de la mujer y de su función en la sociedad humana actual. Esta afirmación pontificia viene en línea de continuidad con la del concilio Vaticano II en el mismo sentido: el concilio, después de hablar de la promoción —por parte de todos— del matrimonio y de la familia, manda poner de relieve la legítima promoción de la mujer[47].

La época moderna del matrimonio se caracteriza también, dice el papa, por un mayor aprecio y estima del *amor* de los esposos, y por valorar los *actos* matrimoniales a la luz —sobre todo— del *amor* matrimonial.

Lo que importa destacar es que todos los fines y bienes

[43] Ibid.: "in erudienda docendaque iuventute".

[44] HV n.2.

[45] LAMBERT, P. et M., *3000 foyers parlent* (Paris, Éd. Ouvrières, 1966) 296 págs.

[46] Ibid., *passim*.

[47] GS n.52: "quin legitima mulieris promotio socialis posthabeatur".

del matrimonio, abarcados en su afirmación pluralista y nada polémica por el magisterio conciliar de la Iglesia, son hoy considerados en la visión integral del hombre y de su vocación, no sólo natural e intramundana, sino también sobrenatural y eterna. Así lo decía el papa Pablo VI al presentar y comentar su propia encíclica:

"Esta [encíclica] no es solamente mera declaración de una ley moral negativa, es decir, mera exclusión de toda acción que se proponga hacer imposible la procreación, sino que es, sobre todo, la presentación positiva de la moral matrimonial en orden a su misión de amor y fecundidad en la visión integral del hombre y de su vocación, no sólo natural y terrena, sino también sobrenatural y eterna"[48].

Todavía hay un dato relevante que ha tenido lugar modernamente y del que el papa toma nota en la encíclica *Humanae vitae* desde su comienzo: es lo que él llama "el maravilloso progreso del hombre en moderar según razón y dirigir científicamente las fuerzas de la naturaleza, que tiende a extender este mismo dominio suyo a toda su vida, es decir, a su cuerpo, a sus fuerzas psíquicas, a la vida social, y también a las leyes que gobiernan la propagación de la vida"[49]. He aquí, señaladas a grandes pinceladas, las características de la época contemporánea del matrimonio.

En efecto, así como la aplicación al matrimonio de la *filosofía personalista* (afirmando los valores del matrimonio para los esposos mismos, no sólo en orden a la prole), llevada a cabo principalmente por Herbert Doms[50], contribuyó poderosamente a provocar lo que se llama la época moderna del matrimonio, así también los grandes descubrimientos de *la ciencia médica* por obra —principalmente— de los doctores John Rock[51] y Gregory Pincus[52] determinan una nueva era contemporánea en favor del matrimonio.

[48] "L'Osservatore Romano" (1 agosto 1968).

[49] HV n.2.

[50] DOMS, H., *Vom Sinn und Zweck der Ehe* (Breslau, 1935). ID., *Dieses Geheimnis ist Gross* (Colonia, Wort und Werk, 1960); ID., *Der Einbau der Sexualität in die menschliche Persönlichkeit* (Colonia 1959); ID., *Bisexualidad y Matrimonio*, en *Mysterium salutis* II t.2 (Madrid, Cristiandad, 1969) p.795-841.

[51] ROCK, J., *The time has come* (New York, Knopf, 1963).

[52] PINCUS, G., *Effectiveness of an oral contraceptive:* Science 130 (1959) 81ss.

## La pregunta fundamental de la "Humanae vitae"

La pregunta fundamental de la encíclica *Humanae vitae* ni es artificiosa ni elaborada al margen de los problemas candentes que tiene planteados el matrimonio en la época actual: en la época moderna (sobre los fines del matrimonio) y contemporánea (sobre los medios de la regulación de la natalidad). "Es una pregunta fundamental que surge del nuevo estado de cosas", dice el papa[53].

*La pregunta* es la siguiente: ante este nuevo estado de cosas, ¿no convendrá revisar las normas morales que hoy están en vigor?[54]

*Los motivos* que acompañan —como contexto indispensable— a la pregunta que formula el papa, en nombre de tantísimos matrimonios que de palabra y por escrito habían hecho llegar su interrogación hasta el propio pontífice, son los siguientes:

1. Teniendo en cuenta las condiciones de vida que actualmente se dan, es decir, se refiere el papa en primer lugar a las condiciones generales de la vida moderna y, más en concreto, a las condiciones en que vive el matrimonio por razón del trabajo, de la escasez de la vivienda y de su estrechez, etc.[55] He aquí un primer motivo para la pregunta moral.

2. La significación que los actos matrimoniales tienen a favor de la concordia y fidelidad mutua de los esposos entre sí[56].

3. La importancia que la concordia y armonía de los padres tienen en favor de la conveniente educación de los hijos: es el único clima posible para la debida educación de éstos.

4. Dificultad de las normas morales vigentes, que solamente pueden cumplirse a costa de grandes sacrificios y que a veces requieren la virtud de la fortalezla en grado superlativo[57].

5. El principio de totalidad. ¿En qué consiste este prin-

[53] Primera parte n.3.

[54] Ibid.

[55] Ibid., n.2.

[56] Ibid., n.3: "significationis, quam maritales amplexus quoad concordiam mutuamque fidelitatem coniugum habent".

[57] Ibid.

cipio de totalidad? Para entender bien el pensamiento y la doctrina de la encíclica, es preciso recurrir previamente a lo que algunos autores[58] venían diciendo sobre este punto: la doctrina cristiana, decían, no puede considerar el valor biológico como absoluto y sin excepciones, mucho menos independientemente de los demás valores, sino en el conjunto armónico de todos ellos: en una palabra, cuando la totalidad de los valores del matrimonio no pueda salvarse, tendrá que ceder el factor biológico, y se podrán poner obstáculos a la eventual fuerza generativa del *acto* matrimonial en favor de bienes superiores[59].

Si el papa dedica todo un párrafo (n.3,2) de su encíclica a dar respuesta a esta objeción, quiere decir que ésta tiene importancia entre las muchas objeciones que a la moral tradicional del matrimonio se le estaban presentando últimamente. Veamos, pues, cómo formula el papa esta objeción, que, como acabamos de citar, se hallaba en autores precedentes.

"A ver si, en virtud del principio de totalidad, así lo llaman, aplicado a este tema, no será lícito a los esposos resolverse en favor de una fecundidad menos abundante, pero más razonable" [hasta aquí nadie duda de que el principio es lícito, ya que se refiere a la paternidad responsable], "considerando como lícita y prudente una intervención que traiga consigo la esterilidad física de ese mismo acto [aquí está el error, a juicio del papa en su encíclica: el problema es ya distinto; esto se refiere a la moralidad de los métodos][60].

El papa alude y da respuesta al principio de totalidad, no sólo en su aspecto de paternidad responsable —que lo proclama como lícito—, sino también en su aspecto de medios de regulación de la natalidad, y advierte que aquel fin [paternidad responsable] no justifica los medios que privan al *acto* de su fuerza generativa[61].

[58] DUPRÉ, LOUIS, *Los católicos y la anticoncepción* (Buenos Aires, Paidos, 1964).

[59] DAVID, JAKOB, *¿Control de la natalidad después del Concilio?* (Ed. Paulinas, 1966) 211 págs.

[60] Con esto responde también a la teoría de quienes afirmaban que "el concilio ha dejado abierta la grave cuestión de saber si todo acto debe estar subordinado a la finalidad procreadora y si el amor conyugal no puede expresarse de una manera más independiente por una pareja que vive generosamente su matrimonio" (cf. HEYLEN, V. L., *Gaudium et spes* ["L'Église dans le monde de ce temps"] [Paris, Mame, 1967] p.185).

[61] HV n.3,2 y n.14.

## La respuesta del papa

Nuevamente recoge el papa la inquietud a que ha aludido ya varias veces con estas palabras: "no faltan quienes se preguntan si en esta materia no será más razonable, dadas las actuales circunstancias, controlar artificiosamente la generación de la prole si con esta manera de proceder se atiende mejor a la tranquilidad y concordia de los esposos y de la familia, y si así se crean condiciones más favorables a la educación de los hijos ya nacidos[62].

El papa cree deber suyo responder claramente a esta pregunta fundamental[63]. Y la respuesta que da es la siguiente: "La Iglesia, ciertamente, es la primera en alabar y recomendar el uso de la inteligencia en una obra que asocia al hombre, dotado de razón, tan íntimamente con el Creador mismo"; y el papa añade a continuación el aspecto moral, diciendo: "pero todo esto hay que hacerlo observando el orden moral establecido por Dios"[64], dejando abierto todo acto matrimonial a la posibilidad generativa (H. V. 14).

## No sólo amor e hijos; interesa también la moralidad[65]

El concilio Vaticano II, al tratar de los tres problemas principales del matrimonio según el esquema ya conocido de amor, paternidad responsable y moralidad, poco había dicho de esta última; unos principios generales, dejando sin resolver, reservados al juicio del Romano Pontífice, algunos problemas morales originados por la ciencia moderna[66]. A éstos quiere responder fundamentalmente la encíclica, si bien no se contenta con dar una orientación meramente moral —caería en moralismo—, sino que quiere abordarlos a la luz de los principios anteriores, a saber: del amor y de la paternidad responsable, no precisamente repitiendo al pie de la letra las expresiones conciliares del Vaticano II, sino "en una síntesis nueva y más elevada"[67].

[62] HV n.16.
[63] Ibid.: "Huic quaestioni clare respondendum est".
[64] Ibid.: "Id peragendum esse servato ordine rerum a Deo statuto".
[65] GS n.51. Cf. HV n.14.
[66] GS n.51 nota 14: AAS 58 (1966) 1072-1073.
[67] HV n.4: "novam eamque altiorem considerationem".

Y es que son precisamente el amor verdadero y la paternidad verdaderamente responsable los que exigen que las manifestaciones auténticas de aquél y la responsabilidad de ésta conozcan y respeten la moralidad matrimonial. La originalidad de la encíclica está, sobre todo, en considerar estos problemas matrimoniales en su conexión vital e íntima, en una causalidad beneficiosa en el orden en que están señalados: en efecto, el amor verdadero tiene que ser responsable en la paternidad; aquel amor y esta responsabilidad no se dan sin moralidad: ésta es la perspectiva y característica de la encíclica de Pablo VI.

El título mismo de la *Humanae vitae* nos sitúa bien en esta perspectiva: el papa quiere hablar "del recto orden de la propagación de la prole *humana*[68]. Se alude aquí a una instancia muy básica, natural, de la moralidad matrimonial. Pero desde ahí mismo surge un dilema muy arduo para el Magisterio de la Iglesia: ¿no será mejor dejarlo a la conciencia de los esposos? ¿Tiene el Magisterio de la Iglesia competencia para intervenir en materias [morales] de ley natural?

### La conciencia de los esposos

¿No será mejor dejar toda esta cuestión a la conciencia de los esposos, que son los responsables del amor que se profesan, de los hijos que tienen y de los métodos de regulación de natalidad que utilizan?

El papa comienza recogiendo esta proposición, que afloraba, de palabra y por escrito, a la superficie de la opinión pública de los cristianos, dada la madurez de conciencia de éstos en los tiempos actuales.

Hay una distinción fundamental que es previa a la respuesta que da el Magisterio de la Iglesia en esta materia; es la siguiente:

A) *La conciencia es primera y última instancia "subjetiva" de la moralidad,* hasta el punto de que la Iglesia jamás ha sido partidaria de que los esposos abdiquen esta responsabilidad suya intransferible. Los esposos tienen el derecho y el deber de sentirse responsables, los primeros y últimos responsables en cuanto a su amor, sus hijos y su moralidad.

[68] Cf. AAS 50 (1966) 481.

Más aún, nadie los puede eximir de dicha responsabilidad. Ahí está la grandeza (y puede estar la miseria) de su elevada misión en la Iglesia ante Dios y ante la sociedad.

B) *Pero debe prestar atención a los criterios objetivos de la moralidad matrimonial.* Los padres del concilio, las subcomisiones conciliares, y la plenaria añadían a continuación: que la conciencia de los esposos debe atender a las leyes objetivas del matrimonio; y que no todos los medios están permitidos según aquellas expresiones conciliares de que las conciencias deben ser informadas "rectamente" por la ley de Dios[69].

En las actas conciliares del Vaticano II encontramos expresiones relacionadas con este tema: es Dios el que tiene el *dominio* sobre la vida, El es el Señor de la vida; a los hombres [matrimonios] solamente ha sido dada una potestad *ministerial* en esta materia; ahora bien, se sabe que la potestad ministerial no se extiende tan profundamente como para "crear" la norma de la moralidad. "Crear" es un acto propio de Dios; sólo El tiene potestad principal, porque sólo Dios es el principio de la vida y, por lo tanto, el autor de estas leyes[70].

De ahí que la encíclica nos diga ahora: "el hombre no tiene infinita potestad sobre su cuerpo"[71].

La enseñanza conciliar insiste en que de aquel dominio de Dios sobre la vida y de esta participación ministerial de los esposos, en conformidad subordinada a aquel señorío de Dios, depende la dignidad del matrimonio, que —como imagen de Dios— colabora en la transmisión de la vida, dentro de la legítima competencia concedida por Dios a los casados y participada limitadamente por éstos[72].

Este principio, que en el orden objetivo es fuente de conclusiones fecundas en el tema del amor, paternidad responsable y moralidad matrimonial, en el orden subjetivo es el fundamento de la verdadera actitud de humildad ante Dios: actitud tan diversa de la que señala en el capítulo tercero del Génesis frente a Dios[73].

[69] Esquema del 28 de mayo de 1965, p.101, refiriéndose a GS n.51.

[70] En el mismo esquema, p.102.

[71] HV n.13: "corporis sui non habet infinitam potestatem".

[72] Esquema del 28 de mayo de 1965; p.102; GS n.49-51.

[73] Cf. Los comentarios modernos anteriormente citados de Grelot, Dubarle, Lyonnet (Gén 3,5).

Sólo con esta actitud, cordial y humilde, se puede cumplir la invitación conciliar de "discernir los valores eternos de las formas mudables del matrimonio"[74].

Pero con esto no queda dicho todo. Sino que, supuesta ya y demostrada la necesidad de que la conciencia debe ser informada rectamente por criterios objetivos, la pregunta que surge ahora es la siguiente: ¿de dónde hay que tomar dichos criterios objetivos de la moralidad matrimonial? Y ¿cuál es la función del Magisterio de la Iglesia en interpretarlos?

Existe aquí un progreso homogéneo, cuyas fases fundamentalmente tres, queremos señalar en la época moderna del matrimonio. Los criterios objetivos de la moral matrimonial tienen que ser tomados:

1. De la naturaleza del *acto* matrimonial, decía Pío XI el año 1930: "debe quedar siempre a salvo la esencia del acto" [en su integridad total][75]. Aquel papa interpretaba que los esposos pueden realizar los actos matrimoniales aun en días agenésicos por otros motivos que los de la prole, por ejemplo, el amor, la perfección mutua y otras situaciones del matrimonio, "con tal de que se salve siempre la estructura esencial del acto".

Abundando en esta misma idea, decía aquel papa en la citada encíclica que no es método moral de paternidad responsable el "viciar artificialmente el acto de la naturaleza"[76]. Se trata de un acto, decía, que debe ser respetado en su aptitud para la generación de la prole y que, por lo tanto, al realizarlo, no puede ser despojado por intervención humana de su fuerza y virtualidad natural[77].

2. Criterios objetivos tomados de la naturaleza *de la persona y de sus actos:* así dice el concilio Vaticano II[78]. Lo cual supone un avance hacia una moral más personalista; en efecto, la norma de la moralidad no está solamente en respetar la integridad del acto, sino que, siendo este acto expresión de amor, tiene que ser realizado como tal. No basta que el acto sea realizado íntegramente para, sin más, poder cali-

[74] GS n.52.

[75] Pío XII, enc. *Casti connubii* (1930): D 2241.

[76] Ibid.: D 2239: "vitiando naturae actum studiose".

[77] Ibid., segundo párrafo.

[78] GS n.51.

ficarlo como moral: no lo sería si fuera hecho sin amor, mucho menos si por violencia, etc.

3. Criterios objetivos tomados de la naturaleza del *matrimonio* mismo y de sus actos: así dice la encíclica *Humanae vitae* tratando de sintetizar armónicamente las leyes de la moralidad matrimonial tomadas de la perspectiva personalista e institucional, a las que venimos aludiendo desde el comienzo de esta obra. Dice así la encíclica: "En la misión de transmitir la vida, los esposos no quedan, por lo tanto, autónomos, para proceder según su arbitrio, como si ellos pudiesen determinar de manera completamente independiente los caminos lícitos a seguir, sino que deben conformar su conducta a la intención de Dios Creador, manifestada en la naturaleza misma del matrimonio y de sus actos, y *declarada* por la constante doctrina de la Iglesia"[79], a saber, respetando la apertura de cada acto a su eventual fuerza generativa (H. V. 14).

## ¿Tiene competencia el Magisterio de la Iglesia en la ley natural?

Llegamos aquí a la segunda parte del dilema a que hemos aludido anteriormente y cuyos dos polos, al parecer dilemáticos, ofrecidos al Magisterio de la Iglesia, eran: o dejarlo a la conciencia de los esposos, o intervenir en tema tan arduo como es el de la ley natural. Puesto que hemos hablado ya del respeto muy grande con que el Magisterio de la Iglesia mira a la conciencia de los esposos, vamos a referirnos ahora a la competencia del Magisterio de la Iglesia *en los principios morales* de la ley natural.

Para plantear bien este problema concreto, es de todo punto necesario precisar bien de qué se trata aquí, a fin de no confundir planos y competencias. Se trata del Magisterio de la Iglesia, no ya simplemente en la ley natural, sino en "los principios de la doctrina moral del matrimonio, que se apoya en la ley natural, ilustrada y enriquecida por la revelación divina"[80].

[79] HV n.10. La competencia del Magisterio de la Iglesia en esta materia es meramente declarativa, no constitutiva de la norma moral (HV n.10).

[80] HV n.4.

La afirmación de la competencia en esta materia, así delimitada, está avalada en muchas razones a juicio del papa y del concilio mismo. "Ningún fiel querrá negar, dice el papa, que corresponda al Magisterio de la Iglesia tal potestad de interpretación de la ley moral natural"[81]. Las razones o pruebas que la avalan, aducidas por el papa y el concilio, pueden reducirse a las siguientes:

1. Esta potestad fue *concedida por Cristo* mismo, el cual, al comunicar a Pedro y a los apóstoles su autoridad divina y al enviarlos a enseñar a todas las gentes sus mandamientos, los constituía en custodios e intérpretes auténticos *(certos)* de toda ley moral, no sólo de la ley evangélica, sino también de la natural[82].

2. También la ley natural *es voz de Dios,* voluntad de Dios, cuya interpretación —por lo tanto— no puede ir por cauces distintos, mucho menos contradictorios, que los de la plenitud de la potestad concedida por Cristo al Magisterio de la Iglesia[83].

3. También el cumplimiento de la ley natural es *necesario para la salvación* eterna y sobrenatural. Ahora bien, el tratado teológico sobre la Iglesia habla de la misión profética, sacerdotal y conductora que le corresponde en orden a la salvación eterna de los hombres[84].

4. Así lo prueba también la tradición anterior de los papas precedentes, que tantas veces han ido pronunciándose en materias similares a ésta, como puede verse en la nota primera de esta misma encíclica *Humanae vitae* y en el texto de este documento pontificio, al decirnos que, "en conformidad con este mandato [de Cristo], la Iglesia dio siempre, y con más amplitud en los tiempos recientes, documentos coherentes *(congrua)* tanto sobre la naturaleza del matrimonio como sobre el debido uso de los derechos conyugales y sobre las obligaciones de los esposos"[85]. Se refiere el papa a que el Magisterio de la Iglesia interviene en estas materias [del matrimonio] con no menor título y fundamento que en las encíclicas sociales, en las que los papas, desde León XIII, afir-

[81] HV n.4.

[82] HV n.4: "non solius legis evangelicae, sed etiam naturalis".

[83] HV n.4,2.

[84] HV n.4.

[85] HV n.4,3.

maban su competencia en la interpretación de los principios morales de ley natural, a la luz de la potestad concedida por Cristo y aplicada a los tiempos modernos[86].

5. El *Decálogo* es fundamentalmente de *ley natural.* Ahora bien, siempre la Iglesia ha ejercido su poder de interpretación del mismo y ha ofrecido todos los medios del Nuevo Testamento hacia su cumplimiento y puesta en práctica[87].

6. Una máxima parte de la moral de San Pablo se refiere a la moral natural. Por eso el papa afirma su competencia en la interpretación de la ley natural, "ilustrada y enriquecida por la revelación divina"[88].

7. La ley natural está asumida por la ley evangélica, a la que de hecho pertenece la ley natural sin perder su propia identidad y autonomía. Los fundamentos bíblicos que avalan esta afirmación son los que ofrecen la exégesis actual, que suele aducir fundamentalmente dos textos neo-testamentarios en este punto. El primero es el del evangelio de San Juan: "Todo fue hecho por El, y sin El nada se hizo. Cuanto ha sido hecho, en El es vida"[89]. Y San Pablo nos dice en la carta a los Colosenses: "Por El fueron creadas todas las cosas, las de los cielos y las de la tierra, lo visible y lo invisible [...]; absolutamente todo fue creado por El y para El; y El mismo existe antes que todas las cosas, y todas subsisten en El"[90].

Tomemos, por ejemplo, el amor al prójimo: también la ley natural prescribe el amor al prójimo. Ahora bien, es evidente que la ley de Cristo sólo puede ser cumplida cumpliendo en ella el estrato más básico, que es la ley natural del amor al prójimo, no ya prescindiendo de éste, mucho menos llevando la caridad evangélica por cauces divergentes de la ley natural del amor., sino integrándolo en la ley de Cristo como un sustrato básico de ésta. La revelación y la gracia perfeccionan la naturaleza.

[86] Cf. WEBER, L. M., *Sexualité, virginité, mariage* (Brugis, 1968) p.27.

[87] NIELSEN, E., *The Ten Commandments in New Perspective* (London, SCM Press, 1968).

[88] HV n.4,1.

[89] Jn 1,3-4.

[90] Col 1,16-17; cf. FUCHS, J., *Theologia Moralis Generalis* I (Roma, PUG, 1960) p.66ss: "De lege naturali in lege Christi".

## Comentario de Pablo VI a su propia encíclica[91]

"Queridos hijos e hijas:

Nuestras palabras tienen hoy un tema obligado: el de la encíclica titulada *Humanae vitae,* que hemos publicado esta semana y que trata de la regulación de la natalidad. Suponemos que conocéis el texto de este documento pontificio, o al menos su contenido esencial, que no es solamente la declaración de una ley moral negativa —es decir, la exclusión de toda acción que se proponga hacer imposible la procreación—, sino que es, sobre todo, la presentación positiva de la moralidad conyugal en orden a su misión de amor y de fecundidad, en la visión integral del hombre y de su vocación, no sólo natural y terrena, sino también sobrenatural y eterna".

### No es un tratado completo

"Es la aclaración de un capítulo fundamental de la vida personal, conyugal, familiar y social del hombre, pero no es el tratado completo de cuanto se refiere al ser humano en el campo del matrimonio, de la familia, de la honestidad de costumbres. Campo inmenso, sobre el cual el Magisterio de la Iglesia podrá y deberá quizá volver con una explicación más amplia, orgánica y sintética.

"Responde esta encíclica a cuestiones, a dudas, a tendencias, sobre las cuales, como todos saben, se ha discutido en estos últimos tiempos demasiado amplia y vivazmente, y en las que nuestra función doctrinal y pastoral se ha interesado grandemente.

"No os hablaremos ahora de este documento, ya por la delicadeza y gravedad del tema, que nos parece se sale de la sencillez popular de nuestro semanal discurso, ya por el hecho de que no faltan —y no faltarán en adelante— publicaciones en torno a esta encíclica a disposición de cuantos se interesan por el tema (cf. por ejemplo, G. MARTELET, *Amour conjugal et renouveau conciliaire).*

[91] PABLO VI, *La Enc. H. V. en su preparación, motivación y finalidad:* L'Osservatore Romano (31 julio-1 agosto) y en Ecclesia (10 agosto 1968) n.1402 p.5.

"A vosotros os diremos solamente algunas palabras, no tanto sobre el documento en cuestión cuanto sobre alguno de los sentimientos que han llenado nuestro espíritu en el período, nada breve, de su preparación".

## Responsabilidad

"El primer sentimiento ha sido el de una gravísima responsabilidad nuestra. Ese sentimiento nos ha introducido y sostenido en lo vivo del problema durante los cuatro años requeridos para el estudio y la elaboración de esta encíclica. Os confesamos que este sentimiento nos ha hecho incluso sufrir bastante espiritualmente. Jamás habíamos sentido como en esta coyuntura el peso de nuestro cargo.

"Hemos estudiado, leído, discutido cuanto podíamos. Y hemos rezado también mucho.

"Algunas de esas circunstancias os son conocidas: debíamos responder a la Iglesia, a la humanidad entera, debíamos valorar, con el interés y, al mismo tiempo, con la libertad de nuestra tarea apostólica, una tradición doctrinal, no solamente secular, sino también reciente, como es la de nuestros tres inmediatos predecesores".

## El concilio

"Estando obligados a hacer nuestras las enseñanzas del concilio por Nos mismo promulgadas, nos sentíamos inclinados a acoger, hasta donde nos parecía posible hacerlo, las conclusiones, aunque tuviesen sólo carácter consultivo, de la comisión instituida por el papa Juan, de venerable memoria, y ampliada por Nos mismo. Pero al mismo tiempo teníamos que ser prudentes.

"Conocíamos las discusiones encendidas, con tanta pasión y también con mucha autoridad, sobre este importantísimo tema; escuchamos las voces ruidosas de la opinión pública y de la prensa; oíamos las otras, más tenues, pero bastante más penetrantes en nuestro corazón de Padre y Pastor, de muchas personas, especialmente de mujeres respetabilísimas, angustiadas por el difícil problema y por su propia experiencia, todavía más difícil; leíamos las relaciones científicas acerca de las alarmantes cuestiones demográficas en todo el mundo, avaladas muchas veces por estudios de especialistas y por programas gubernativos; nos llegaban de muchas partes publicaciones, inspiradas algunas por el examen de especiales aspectos científicos del problema, y otras por consideraciones realistas de muchas y graves condiciones sociológicas, o también por las circunstancias, tan imperiosas hoy, de los cambios que están experimentando todos los sectores de la vida moderna".

## Dilema

Muchas veces hemos tenido la impresión de vernos como desbordados por este cúmulo de documentaciones y hemos advertido, humanamente hablando, la desproporción de nuestra pobre persona con el formidable deber apostólico de tenernos que pronunciar a este respecto. Muchas veces hemos temblado ante el dilema de una fácil condescendencia a las opiniones corrientes y de una sentencia mal soportada por la moderna sociedad, o que fuese arbitrariamente demasiado grave para la vida conyugal.

"Nos hemos valido de muchas consultas particulares de personas de alto valor moral, científico y pastoral, e invocando las luces del Espíritu Santo, hemos puesto nuestra conciencia en la plena y libre disponibilidad a la voz de la verdad, tratando de interpretar la norma divina que vemos surgir de la intrínseca exigencia del auténtico amor humano, de las estructuras esenciales del instituto matrimonial, de la dignidad personal de los esposos, de su misión al servicio de la vida; así como de la santidad del matrimonio cristiano.

"Hemos reflexionado sobre los elementos establecidos por la doctrina tradicional y por gente de la Iglesia, especialmente sobre las enseñanzas del reciente concilio; hemos ponderado las consecuencias de una y otra decisión, y no hemos tenido duda alguna al decidir que debíamos pronunciar nuestra sentencia en los términos expresados por la presente encíclica".

## Caridad

"Otro sentimiento que nos ha guiado siempre en nuestro trabajo es el de la caridad, el de la sensibilidad pastoral hacia aquellos que están llamados a integrar en la vida conyugal y en la familia su individual personalidad. Y hemos seguido de buen grado la concepción personalista, propia de la doctrina conciliar acerca de la sociedad conyugal, dando así al amor, que la engendra y la alimenta, el puesto preeminente que le corresponde en la valoración subjetiva del matrimonio. Hemos acogido, además, todas las sugerencias formuladas en el campo de la licitud, para aligerar la observancia de la norma reafirmada".

## Libertad

"Hemos querido añadir a la exposición doctrinal alguna indicación práctica de carácter pastoral. Hemos honrado la función de los hombres de ciencia en orden a la prosecución de los estudios, sobre los procesos biológicos de la natalidad y para la recta aplicación de los remedios terapéuticos y de la norma moral inherente a ello. Hemos reconocido a los cónyuges su responsabilidad y, por lo tanto, su libertad, como ministros del designio de Dios sobre la vida humana, interpretado por el Magisterio de la Iglesia, para bien personal y para el de sus hijos.

"Y hemos aludido también al intento superior de inspirar la doctrina y la práctica de la Iglesia: el de ayudar a los hombres a defender su dignidad, comprenderlos y sostenerlos en sus dificultades, educarlos hacia un vigilante sentido de la responsabilidad, hacia un fuerte y sereno dominio de sí mismos, hacia una valiente concepción de los grandes y comunes deberes de la vida y de los sacrificios inherentes a la práctica de la virtud y a la construcción de un hogar fecundo y feliz".

## Esperanza

"Finalmente, un sentido de esperanza ha acompañado la laboriosa redacción de este documento; la esperanza de que, por su propio valor, por su humana verdad, será bien acogido, a pesar de la diversidad de opiniones tan largamente difundidas hoy día y a pesar de la dificultad que el camino trazado puede presentar a quien lo quiera seguir fielmente, y también a quien lo debe claramente enseñar. Todo ello —se entiende— con la ayuda de Dios, que da la vida.

"Esperanza también de que, especialmente los estudiosos, sabrán reconocer en el documento el lazo genuino que lo liga a la concepción cristiana de la vida y que nos autoriza a hacer nuestras las palabras del Apóstol: 'nos autem sensum Christi habemus' ('tenemos el sentido de Cristo'). Esperanza, por último, en que los esposos cristianos sabrán comprender que nuestra palabra, por severa y ardua que pueda parecer, quiere ser intérprete de la autenticidad de su amor, llamado a transfigurarse a sí mismo en la imitación del de Cristo por su esposa mística, la Iglesia y en que ellos serán los primeros en saber desarrollar todo práctico movimiento tendente a asistir a la familia en sus necesidades, a hacerla florecer en su integridad y a infundir en la familia moderna su espiritualidad propia, fuente de perfección para cada uno de sus miembros y de testimonio moral en la sociedad.

"Como véis, hijos queridísimos, se trata de una cuestión muy especial que considera un aspecto extremadamente delicado y grave de la humana existencia. Y así como Nos hemos tratado de estudiarlo y exponerlo con la verdad y caridad que tal tema exigía de nuestro magisterio y de nuestro ministerio, así pedimos a todos vosotros —estéis, o no, interesados directamente— el considerarlo con el respeto que merece en el amplio y luminoso cuadro de la vida cristiana.

"Con nuestra bendición apostólica,

PABLO VI".

# CAPÍTULO VI

## *EL SINODO 1980 SOBRE MATRIMONIO Y FAMILIA**

### INTRODUCCIÓN

El Sínodo-1980 celebrado en Roma acerca de la "misión de la familia cristiana en el mundo actual" ha sido, como los demás Sínodos nacidos a raíz del Concilio Vaticano II, un esfuerzo eclesial y colegial de asesoramiento y consejo al papa en línea de continuidad, desarrollo y aplicación de los grandes temas conciliares, esta vez referido y acotado al "propósito de Dios acerca de la familia actual".

Pero este tema concreto ha venido proyectado sobre un telón de fondo eclesiológico enunciado como "propósito de Dios acerca de la peregrinación de todo el pueblo de Dios en este giro de la historia". Y es que un Sínodo nunca comienza con el tema concreto que reúne a los sinodales; esto equivaldría a la mirada inicial a una piedra preciosa del mosaico sin antes haberlo mirado y admirado con una visión de conjunto; lo primero en un Sínodo es haber tomado el pulso a los grandes temas generales de la Iglesia; la salud, el vigor y la agilidad con que ésta responde a los grandes problemas de actualidad y de siempre. En este sentido y contexto la intervención del cardenal Hume fue bien significativa y relevante: "la Iglesia debe asemejarse más y más a una peregrinación conjunta y solidaria, más que a un castillo cerrado".

En consecuencia el Sínodo ha querido auscultar, con sentido de fe, los signos de los tiempos, con discernimiento de sombras y luces, también éstas, más éstas que aquéllas, en buena y sana eclesiología. Primeramente el Sínodo ha querido ahondar en el fundamento *antropológico* del matrimonio

* Bibliografía: CAPRILE, G., *Il Sinodo dei vescovi 1980* (Lib. Vat., 1982) 842 págs.; *Instrumentum laboris* y *Elencus propositionum* (ibid., 1980). De la enc. *Familiaris consortio* tratamos luego "ex professo".

y luego en su *teología sacramental* ¿cuándo un matrimonio es sacramento? Bien necesitada estaba y está la *familia cristiana* (no sabemos qué subrayar más: si el sustantivo o el adjetivo) de más claridad y estímulo; todo lo que la Iglesia postconciliar y postsinodal haga en este sentido es poco: nos parece tarea y misión prioritarias de la Iglesia actual una visión teológica vibrante y una praxis pastoral más valiente y coherente.

El capítulo referente a la necesidad e importancia de la fe nos parece una aportación relevante, incluso decisiva, por parte del Sínodo en relación con el *sacramento* del matrimonio. Pero antes el Sínodo ha hablado del sentido de fe eclesial, de la interpretación de los signos de los tiempos y del progreso y crecimiento constantes del pueblo de Dios en el conocimiento y puesta en práctica del plan de Dios acerca del matrimonio y la familia. ¿Cuál es el propósito de Dios sobre este estado de vida en la Iglesia? No versa sólo sobre la teología del *sacramento,* sino antes sobre la antropología del *matrimonio.*

En el tema de la indisolubilidad, que la ha tratado *ex-professo* veremos que se ha referido sobre todo al matrimonio rato y consumado. Ha tratado también ¿cómo no? de la misión especial de la mujer en la familia, ¡no sólo en ella! La aportación de las diversas culturas, antiguas y modernas al sacramento del matrimonio ha quedado afirmada y revalorizada en el Sínodo; en lo que se refiere a los matrimonios mixtos, que el Sínodo los ha considerado más frágiles (fragiliora), el problema y la dificultad no han existido por parte de los cánones de la Iglesia, sino en la dificultad intrínseca de formar, por parte de tales novios, "la íntima comunidad de vida y amor" cuando no existe o no se da en materia religiosa una comunidad espiritual: ya el Derecho Romano definía el matrimonio como "comunión de toda vida".

Luego, al hablar de la misión y tareas de la familia, aparece ¿cómo no? inmediatamente después del tema del amor, el de la trasmisión de la vida humana; también ha adquirido o dado un paso de gigante en este Sínodo la misión social y cultural de la familia; y que ésta no es sólo *objeto* de la actividad apostólica de la Iglesia, sino también *sujeto,* ojalá activo y responsable ha quedado claro de principio a fin en el Sínodo. ¿Hacía falta que el Sínodo dijese una y otra vez, insistentemente, que es de todo punto necesaria la *adecuada* preparación para el matrimonio como tal, y sobre todo para el sacramento en especial? Pues bien: son incontables y unánimes las llamadas de atención y aviso al respecto. Es verdad que antes de la preparación al matrimonio ha sido tratado el problema de las situaciones difíciles y de los casos especiales; pero la causa de éstas, las más de las veces, está en la inexistente o insuficiente preparación al matrimonio y *a la vida familiar:* el subrayado no es mío, ni sacado de propia cosecha, sino auténtica y legítima aportación del Sínodo, cuyo propósito inicial era el de hablar de la misión de la familia, pero al indicárselo desde todas partes del mundo que hay que comenzar —como la familia misma— desde el matrimonio (que se presenta con signo de anterioridad a la familia), el Sínodo ha buscado la síntesis deseada subrayando que también la familia está necesitada de una verdadera teología, de una pastoral adecuada, de una auténtica espiritualidad y de solución integral de sus problemas.

En tiempos de asociacionismo, como los nuestros, tanto en el orden eclesial como ciudadano, no ha faltado por parte del Sínodo, el deseo y el ruego de que los matrimonios y familias creyentes se unan para ayudarse mutuamente en todos los órdenes. No ha faltado en el "orden del día" (mejor diríamos en el "orden del mes" sinodal), el tratamiento de los matrimonios prematuros (el mejor tratamiento es que no existan, que no se celebren, porque un embarazo prematuro no se resuelve con matrimonio prematuro, "como un mal menor no se resuelve con mal mayor y más grave"...).

¿Y el matrimonio "ad tempus"? El Sínodo dirá, ha dicho, que no es propiamente matrimonio, porque niega una de las dimensiones esenciales del mismo: a saber, su aspecto social, su valor comunitario y público, su compromiso definitivo de cara también a la sociedad, cuando no lo es en el orden suyo interpersonal, pues se trata tan sólo de unión "ad experimentum".

No nos parecen "anexos" sino que nos merece categoría y rango fundamentales en este Sínodo, la petición —jurídica y pastoral— que ha querido hacer al final clamando y reclamando ante quienes corresponda por una "Carta Magna de derechos de la familia" y un "Directorio de pastoral matrimonial y familiar". Lo primero existe ya; no así lo segundo.

## I. *Teología fundamental del tema*

Es mucho, yo me atrevo a calificar también que bueno, lo que los padres sinodales han dicho al respecto y han ofrecido a la consideración del Papa en los diversos documentos del Sínodo, a saber: "Líneas acerca de la misión de la familia cristiana en el mundo actual"; en segundo lugar, como documento mucho más rico e importante que el primero, el "Instrumento de trabajo" que los sinodales han tenido en sus manos en el aula sinodal, previamente recibido en sus domicilios; después vino la "Relación introductoria" del cardenal Ratzinger, y la "Relación sintética" del mismo después de los diálogos y aportaciones sinodales en el aula; muy significativas de éste y de todo Sínodo son las "Relaciones de los círculos menores" y, por fin, principalmente las "Propuestas peculiares que a los sinodales les ha parecido de mayor importancia"; son las 43 proposiciones dejadas, como consejo sinodal, en manos del Papa. Y no se han vuelto a casa los padres sinodales sin antes haber rogado al Papa que, a su debido tiempo, oportunamente, tenga a bien ofrecer a la Iglesia universal un documento acerca de la misión y tareas de la familia cristiana en el mundo actual, en analogía con la exhortación apostólica "Catechesi tradendae" que el propio Pontífice emitió a raíz del Sínodo de 1977 sobre el mismo tema. Voces y votos, solidarios con el matrimonio y la familia, se han hecho oír durante un mes desde esa plataforma sinodal abierta al mundo entero: ¿qué se ha dicho? Vamos a intentar recoger lo mucho y bueno que de los documentos anteriormente citados deducimos, leído en buena ley de interpretación sinodal.

### Plan de Dios acerca del matrimonio y la familia

Se ha dado respuesta a una pregunta acuciante latente, a veces emergente, en el aula sinodal, acerca del papel activo del seglar, no sólo de los obispos y sacerdotes, en la búsqueda y conocimiento de la voluntad de Dios respecto al pueblo de Dios en general y concretamente en un tema tan específicamente suyo como es su estado de vida matrimonial y familiar. El Sínodo ha dado respuesta positiva a esta cuestión diciendo que "el Señor ejerce su misión profética hasta el final de los tiempos no sólo a través de los pastores, sino también de los seglares (etiam per laicos) a los cuales constituye para este fin dotados de sentido de fe y de la gracia [de estado] de la Palabra, para que la virtud del Evangelio resplandezca en la vida cotidiana, familiar y social". No es nueva esta doctrina y esta participación de los seglares en la misión de la Iglesia; así la había promulgado o proclamado el Concilio Vaticano II en la Constitución dogmática sobre la Iglesia *Lumen gentium* (L.G.) 11.35.41.

Lejos de todo minimismo, el Sínodo sigue afirmando que "este sentido sobrenatural de la fe no consiste sólo en mero consentimiento de los cristianos" (también esto es doctrina conciliar del mismo documento sobre la Iglesia; L.G. 12). Pero advierte el Sínodo a renglón seguido que la Iglesia no se somete, no debe someterse al dominio cuantitativo o numérico de ciertas encuestas sin más discernimiento; y es que sin este discernimiento, estaría expuesta la Iglesia, toda ella, a perder su calidad interna y hasta su fidelidad a Cristo. Antes bien, el ser mismo de la Iglesia consiste en buscar la verdad, no el favor o aplauso numérico. La Iglesia debe oír a la ciencia y la conciencia (informada ésta sobre todo por la verdad evangélica), no a la voz de los poderosos; en todo caso, más que a éstos debe escuchar a los débiles y marginados. Y una vez relativizadas las encuestas y estadísticas, no niega el Sínodo su utilización práctica para plantear con realismo la pastoral "aquí y ahora", incluso para investigar más y mejor la verdad misma.

## Primera y principal colaboración de los seglares[1]

Es a través del "sentido de la fe", ya que la Iglesia es ante todo "comunidad de fe"; lo primero que da el *ser* a la Iglesia es su fe, ésta es el primer constitutivo de la Iglesia como tal. Y por fe se entiende no sólo una afirmación de verdades, sino "caminar un itinerario de la fe en la historia de salvación", profundizando más y más en la Palabra de Dios por el Espíritu Santo. El "sentido de la fe" abarca también la

[1] LARRABE, JOSÉ LUIS, *Los seglares en la Iglesia* (BAC, 1980, Cuaderno n.36).

praxis de la vida cristiana, no polarizando una verdad sobre otras, mucho menos con detrimento de otras, sino manteniendo la proporción y la relación coherente de unas verdades con otras, de la fe con la moral, de unos "misterios" con otros, del presente con el pasado (remontándose éste a Cristo y a los apóstoles).

Esta tradición no viene a negar apertura al cristianismo, antes bien a hacerle posible dicha apertura (a la universalidad temporal) y a la universalidad espacial (es decir, de todos los demás creyentes del mundo entero). La fe no encierra al hombre creyente (homo biblicus) y al hombre "eclesial" (homo ecclesialis) en un momento del tiempo o en un punto del espacio, sino que lo constituye en ser abierto a estas dimensiones fundamentales de la persona humana, máxime del creyente: al hombre de un tiempo le interesa de verdad lo que otros han creído antes que él; el creyente que vive en un ámbito espacial concreto debe ser dócil a lo que la Iglesia universal piensa y hace.

Cuando la persona humana tiene un sentido de fe viva, entonces tiene discernimiento en relación con "este mundo" en que vive inmerso, no vive al dictado del mismo, mucho menos dominado y subordinado a los "slogans" que el "mundo" se ha fabricado según sus propios módulos; de la misma manera que un ser vivo aparta la mano del fuego porque percibe vitalmente que se quema, así también el que tiene este "sentido de fe viva" discierne qué es bueno y agradable para Dios, qué es perfecto humana y evangélicamente (Rom 12,2).

Puesto que todo esto no está encomendado a un automatismo exterior a nosotros mismos, sino en el interior de la vivencia evangélica, de ahí que el Sínodo ha hablado ampliamente, insistentemente, de las bienaventuranzas en éste como en todo estado de vida[2]. El verdadero progreso en la fe no se puede hacer, dice el Sínodo, sino en comunión con toda la Iglesia. Dos pinceladas más, en línea de concreción al tema propio de este Sínodo: la primera, para decir que la aplicación responsable del sentido de fe al estado de vida matrimonial es carisma de los mismos casados creyentes; mientras que lo propio del Magisterio jerárquico es promo-

[2] LARRABE, JOSÉ LUIS, *Las bienaventuranzas* (BAC, 1980, Cuaderno n.32).

ver este mismo sentido de fe o interpretarlo auténticamente.

El Sínodo reconoce que los signos de los tiempos son lugar teológico en el sentido de que pueden ayudar a conocer mejor la voluntad de Dios concreta "aquí y ahora" y a investigar más profundamente la verdad, ya que no se trata de una verdad abstracta, sino vivida en el tiempo y en el espacio, en la "realidad" en la que vivimos. ¿Cómo sabrá el cristiano interpretar debidamente estos signos de los tiempos? El Sínodo ofrece algunos criterios: atendiendo al curso de la historia de la salvación, a la Palabra de Dios leída en su significado profundo (no basta el histórico y literal), por la analogía de la fe, atendiendo también al Magisterio de la Iglesia y a la recta razón de la prudencia humana, tal como había dicho el Concilio Vaticano II (GS 4.11.37).

El Sínodo percibe y ofrece signos positivos en los tiempos actuales; signos de la presencia activa de Dios en el mundo, de Cristo que va liberando gradualmente, progresivamente, a los hombres de la esclavitud del pecado; entre estos signos están: mayor atención a la libertad y la dignidad de la persona, al menos como aprecio y estima en el orden de los principios, si bien en la práctica esta libertad y esta dignidad de la persona humana están hoy muy disminuidas...; hoy se presta también mayor atención a la *calidad* de las relaciones en el matrimonio, a la promoción de la dignidad de la mujer, a la paternidad y *maternidad* responsables, a un mayor y mejor cuidado e interés por la educación de los hijos; ayudas de todo orden entre matrimonios y familias, tanto en lo espiritual como en lo material; conciencia más viva de la vocación eclesial del matrimonio y *la familia* como tales; mayor apertura de la familia hacia la solidaridad con los demás, sobre todo los más pobres y necesitados, preocupándose por la promoción de la justicia en el mundo (liberándose así del llamado "egoísmo de a dos").

Hay también ¿cómo no? signos negativos, pecado de la persona y pecado "del mundo": basta abrir los ojos para darse cuenta de ellos; y hay que tener los ojos bien abiertos ya que no todo es bueno en el mundo, tampoco en el mundo del uso de la sexualidad (como en el del dinero, de la política y demás valores de este mundo...); entre estas sombras, las más negras, las que impiden poderosamente, decisivamente el cumplimiento del plan de Dios en el matrimonio y la familia, son: la depravación de los valores morales y espirituales (deterioro y pérdida), de la cultura; las injusticias humanas y estructurales que amontonan el dinero en manos de unas pocas familias con detrimento de las demás... El Sínodo en este contexto se muestra preocupado por el crecimiento galopante del número de divorcios, abortos y *mentalidad* anticonceptiva. En definitiva, y en el fondo, el mal y el bien están ofrecidos en el mundo, también en el mundo de la sexualidad (no únicamente en ésta) y la lectura profunda dice que la causa del orden o desorden sexual proviene de la calidad del amor: es historia contrapuesta de dos amores, como decía San Agustín, queriendo con ello significar que las dos ciudades están entreveradas, que el trigo y la cizaña crecen juntos hasta el fin de los tiempos. El discernimiento del cristiano es necesario y no consiste en otra cosa sino en la educación al verdadero amor, como si uno tuviera la facilidad y transparencia de distinguir, en medio de la sed del desierto, el vaso de agua del de veneno a pesar de apariencias similares.

Por consiguiente, el objetivo es la transformación cristiana de la mentalidad y de las estructuras mismas (sin el cambio a mejor de éstas se caería en una pastoral individualista y puramente espiritualista insuficientes a todas luces). Propugna también el Sínodo la inculturación de la fe; por una parte las culturas cerradas se han hecho más abiertas y universales; por otra, cada cultura se ha hecho más pluralista dejando atrás la uniformidad imposible e incompatible con la dignidad y libertad de la persona humana; ya a la fe se le ofrecen menos resistencias impermeables y, con la debida libertad religiosa, puede desempeñar mejor su misión evangelizadora, no sólo de las personas, sino también de las culturas, afirmando lo mucho que tienen de bueno y purificando lo que no es bueno ni, por consiguiente, compatible con la fe. La tarea evangelizadora de la Iglesia en favor del matrimonio y la familia puede verse favorecida con el progreso de la cultura y de la justicia, creando un espacio libre y realizador del plan de Dios en el ámbito matrimonial y familiar.

El Sínodo ha hablado de la gradualidad en la conversión *(huius conversionis dantur gradus)*, ya que el mal no se suele abandonar en un instante y del todo, ni los dones de Dios se suelen asimilar, por regla general, en un momento puntual integralmente: la naturaleza del hombre es temporal y progresiva (paulatim procedit versus integrationem donorum Dei...). También la Palabra de Dios, dicha y dirigida a hombres, es entendida y asimilada gradualmente en la propia vida: con la oración y demás medios espirituales, incluida la pasión, cruz y sacrificio de Jesucristo y de nosotros mismos en todo estado de vida "a través de una progresiva liberación de mente y corazón en Cristo".

## Antropología y teología del matrimonio: el amor

Dios es amor: he aquí el punto de partida revelado desde el comienzo del mundo hasta las Cartas apostólicas (I Jn 4,16) y revelado también hasta hoy; y es que, siendo Dios amor y habiendo creado a hombre y mujer a su imagen y semejanza, queda planteado debidamente tanto la relación humana para con Dios como la relación interpersonal en general; y la de hombre y mujer en el matrimonio concretamente. El Sínodo ha ido también hasta las raíces de la teología trinitaria en las personas divinas para explicar luego las relaciones humanas; y sigue luego con la antropología del amor humano, el del espíritu en su condición corpórea (sin dualismos)[3].

La sexualidad humana es situada en la relación interpersonal y no como algo puramente biológico *(non mere biologicum est),* sino que abarca el núcleo mismo del destino del hombre, de la persona humana (hombre y mujer): "La donación total del cuerpo sería mentirosa, dice el Sínodo, si no correspondiera a la donación total de la persona como tal" y para que el compromiso humano sea total, tiene que abarcar también la totalidad de su tiempo (dado el carácter temporal de la persona humana): reservar el amor para cierto tiempo acotado y limitado, o reservarlo para otra persona hace que el amor no sea propiamente matrimonial.

El que intencionadamente (no sólo jurídicamente) se reserva decidir de otra manera, con otra persona, etc., tampoco ahora está realmente casado, no es matrimonial su psicología y, por consiguiente, su estado de vida es de "soltero".

[3] LARRABE, JOSÉ LUIS, *Catequesis y evangelización del sexo* (Madrid, PPC).

Una vez que el Sínodo ha hablado del *amor* en estos términos, es obvio y fácil el paso hacia la fecundidad de este mismo amor *matrimonial:* "este espacio de fidelidad creado en el amor corresponde también a la fecundidad responsable, que es intrínseca al amor entre hombre y mujer" así unidos. Habla aquí el Sínodo del matrimonio como único lugar de la realización verdaderamente humana de la sexualidad; y de la dimensión social y pública del matrimonio; incluso de la conciencia de su carácter sagrado en la mayoría de las culturas; y de la trascendencia de ese amor más allá de las fronteras pequeñas del hogar, extendiéndose hasta la gran "familia" humana en el amor. La institucionalización del amor, así concebida, trae, pues, consigo todos estos valores que la trascienden, elevan y extienden el influjo beneficioso del amor (que parece encerrado en un mundo pequeño: en la mirada mutua de ambos esposos nada más. Pero no es así; es más amplio).

*Para hacer la teología del sacramento,* el Sínodo no recurre a un solo texto bíblico, sino que comienza desde el Antiguo Testamento y va recogiendo ya desde allí elementos fundamentales, necesarios para el sacramento como tal: la diversidad profunda, física y psicológica, entre hombre y mujer así como la igualdad fundamental entre ambos; el diálogo y la relación indispensables; la comunión de vida y su dinamismo hacia la fecundidad; la inclusión de todo esto en la Alianza con Dios; el envío, por parte de Dios, de los profetas para dignificar y purificar la sexualidad en el interior de la alianza con minúscula y en la Alianza con mayúscula: la de Dios con su pueblo. Y ya en el Nuevo Testamento, el Sínodo destaca la donación de Cristo a su Iglesia como matrimonio eminente del que todo otro matrimonio, si quiere tener dimensión sacramental, tiene que ser imagen, semejanza y participación (GS 48). Cristo destruyó con el gesto de su donación por amor "la dureza de corazón" de los hombres, tentación de todo estado de vida, también el matrimonial, y así es constituido para todos ejemplar del amor y Salvador del amor conyugal. Cristo permanecerá fiel en su amor por la Iglesia hasta el fin de los tiempos: lo cual es manifestación, concesión de gracia y exigencia de fidelidad total para los esposos en el matrimonio (y para los demás en su estado de vida correspondiente: en toda hipótesis y situación, por muy difícil que parezca). Esto es lo que queremos significar diciendo que Cristo elevó a sacramento el matrimonio de los cristianos.

A última hora el Sínodo quiso aclarar y destacar más la gracia sacramental propia del matrimonio: "es aquella con la que los cónyuges se hacen mutuamente, mediante su amor y relación interpersonal, instrumentos o caminos de santificación": el sacramento así entendido da nuevas y definitivas dimensiones positivas y salvíficas al matrimonio y contribuye poderosamente a la verdadera promoción de la mujer [y del hombre].

La virginidad y el celibato por causa del Reino de Dios son enaltecidos por el Sínodo dando una amplísima motivación evangélica, eclesial, escatológica, pero sin rebajar para ello nunca el matrimonio y sus valores; es más: el Sínodo dice que "allí donde la sexualidad no es estimada como un gran don de Dios, carecería de sentido que el hombre renuncie a su uso por el Reino de Dios".

## La fe, necesaria para el sacramento del matrimonio

El Sínodo se sitúa en línea de continuidad y coherencia con el Concilio Vaticano II al decir ambos que "el sacramento del matrimonio, como los demás sacramentos, no sólo presupone la fe, sino que también la alimenta, la robustece y la expresa" (SC 59). En consecuencia los sinodales han querido profundizar más y más en la necesidad, importancia y significado de la fe de los contrayentes para el "sacramento" del matrimonio "como expresión de la Alianza con mayúscula y como actuación consciente y personal de la vocación bautismal".

El Sínodo dice más: "se entiende que no existe la fe si se la rechaza *formalmente*"; por supuesto hay que entender que anteriormente ha habido por parte de la comunidad eclesial y sus sacerdotes una acogida y evangelización constantes, permanentes, intensificadas al acercarse la celebración del sacramento del matrimonio. El Sínodo ha hecho análisis psicológicos e intencionales acertados sin afirmar que "el mero hecho de la petición del sacramento del matrimonio es signo de la existencia de esta fe; "si viene apoyada

—añade— en motivos verdaderamente religiosos [de fe]". Pero se lamenta con realismo de que la celebración de este sacramento no pocas veces es más una convención social que acontecimiento eclesial y de fe personal "siendo, por consiguiente, necesarios, a juicio del Sínodo, por parte de los novios, signos más fehacientes de la fe personal de los mismos".

Pide también el Sínodo que se ponderen en la pastoral de noviazgo y preparación al sacramento del matrimonio "el grado de madurez de la fe y la conciencia que los contrayentes tienen de hacer lo que hace la Iglesia con el propósito de celebrar el matrimonio en y por la Iglesia (y con la anterioridad necesaria para su adecuada preparación, claro está).

No es nueva esta doctrina: se encontraba formulada desde el II Concilio de Lión (1274) hasta el Vaticano II pasando por el de Trento; pero lo nuevo —y lo bueno— está en este recordatorio sinodal, en el aviso y la aplicación de esta verdad a los tiempos actuales más o menos secularizados: "parece difícil, dice el Sínodo, que exista esta intención de hacer lo que hace la Iglesia, si no hay al menos una mínima intención de creer con la Iglesia, de creer con su fe bautismal" nuevamente asumida con ocasión de los contactos con la Iglesia y catecumenados prematrimoniales. También aquí hubo unanimidad sinodal de palabra y por escrito "si bien las formas de estas catequesis serán distintas según tiempos, ambientes y lugares distintos".

Es voluntad del Sínodo que "se eviten en esta materia, de suyo delicada, tanto el rigorismo como el laxismo", que no se deseche la fe enferma, débil e incultivada, sino que se dediquen las mejores fuerzas a robustecerla antes, en y después de la celebración del matrimonio. ¿Cómo y quién ha de hacer esta pastoral de primerísimo rango e importancia para el futuro de la Iglesia? Toda la comunidad, responde el Sínodo, cuyo objetivo es la progresiva madurez de la fe de los novios, una fructuosa celebración de este sacramento y un compromiso, al menos una vinculación con la comunidad eclesial allí donde vayan a vivir.

Conclusión: puesto que todo esto tiene consecuencias pastorales y jurídicas, que se lleven a cabo y a praxis las primeras, y que se tengan en cuenta para la futura revisión del Código de Derecho Canónico de la Iglesia las segundas, fue deseo sinodal claramente formulado.

## Indisolubilidad del matrimonio y atención pastoral a los divorciados

Parece acertado que el Sínodo haya comenzado por afirmar lo que está más claro: "la indisolubilidad del matrimonio rato y consumado"; y a renglón seguido reconoce, con realismo, que no pocas parejas cristianas se encuentran en dificultades de cumplir esa misma fidelidad reconocida en la fe y prometida en la celebración matrimonial. Lo primero que el Sínodo hace es "traerles a la memoria la Buena Noticia de aquello que en Cristo tiene la virtualidad y el fundamento de llevar todo esto a cabo". ¿Cuál es el fundamento de esta indisolubilidad? El Sínodo pone —sin dicotomías— ambas consideraciones, humanas y divinas: "la indisolubilidad del matrimonio radica en la donación total personal de los cónyuges, en cuanto es fruto, signo y exigencia de aquel amor irreversible de Dios a su pueblo y de la donación y fidelidad de Cristo a su Iglesia". No es un moralismo lo que el Sínodo defiende, ya que habla antes de vocación y gracia que de mandato: si éste existe —y se afirma claramente— señal de que antes se da la vocación y la gracia para cumplirlo entre los esposos toda su vida. Esto supuesto, es decir, supuestas las bases antropológicas y sacramentales del matrimonio, el Sínodo recurre a la afirmación evangélica del Señor: "lo que Dios unió, no lo separe el hombre" (Mt 19,6).

Esto supuesto, y en línea de coherencia, a nadie extrañará que a continuación añada el Sínodo una mención de honor para aquellos matrimonios que a pesar de graves dificultades, dan testimonio en su propia vida de la indisolubilidad matrimonial. Reconoce también el valor del testimonio de aquellos que, *habiendo sido abandonados* de su propio cónyuge, fundados en la fe y esperanza cristianas, no *atentan* nuevo matrimonio. Como se ve, el Sínodo está procediendo aquí con cuidado, coherencia, cautela y delicadeza: y esto por fidelidad al Señor, y sin faltar al respeto a las personas, y sin irrumpir indebidamente en la intimidad de sus conciencias.

Todavía existen dos pinceladas más en este punto y en este apoyo a los matrimonios en dificultad: la primera, para decir que el mundo necesita de su testimonio; la segunda es advertencia intraeclesial, sobre todo para los pastores y comunidades eclesiales: para decirles que ayuden a quienes se encuentran en tales dificultades y situaciones. Y finalmente, es decir principalmente, la insistencia en la debida y adecuada preparación al sacramento del matrimonio, que es una vocación eclesial de gran importancia. El objetivo de esta pastoral está claro: que los que quieran contraer el matrimonio cristiano "puedan reconocer la permanencia de la unión sacramental y puedan también contraerla con la debida madurez".

Jamás la Iglesia abandonará, se dice después, a los que a pesar de todo, se encuentran divorciados. La razón de este diálogo y acercamiento está en la necesidad que tiene la Iglesia, por mandato de su Señor, de realizar la voluntad salvífica *universal*. Además, hay que reconocer que moralmente las situaciones son muy diversas, dice el Sínodo: no tienen la misma responsabilidad los que han procurado salvar a toda costa su matrimonio que los que abandonaron a la primera; y no es lo mismo abandonar que ser abandonado. Llega, incluso, el Sínodo a afirmar que puede darse el caso de quienes estén subjetivamente y en conciencia convencidos de que su primer matrimonio fue inválido; se refiere a la posibilidad subjetiva de la "certeza de que el primer matrimonio, ya irreparablemente destruido, ha sido inválido".

¿Qué decir de la pastoral y de la pastoral sacramental en concreto de tales divorciados? Los medios de comunicación social se han rasgado las vestiduras fijándose solamente en la negativa de los sacramentos a los divorciados. En realidad, honradamente, lo que el Sínodo ha dicho es algo más que esto, aunque también esto. El Sínodo ha exhortado a los pastores y a la comunidad eclesial a que ayuden a los divorciados, acogiéndolos con amor y discreción en todo momento, llevándolos a la convicción de que no están separados de la Iglesia, sino que, puesto que están bautizados, pueden y deben participar de la vida de la Iglesia [ésta no se reduce sólo a los sacramentos]; por ejemplo, abarca también: oír la Palabra de Dios, frecuentar el sacrificio de la misa, insistir en la oración, promover las obras de caridad y de justicia, educar cristianamente a los hijos (y esto por ley natural), la conversión, la petición de la gracia de Dios, etc.

¿Qué imagen de Iglesia se nos presenta a este respecto? Una Iglesia que ora por ellos, que les levanta el ánimo, que se muestra como madre misericordiosa y que los mantenga en la esperanza y en la fe, convencida como está la Iglesia "con una firme esperanza de que los hijos que están apartados de este precepto del Señor [el de la indisolubilidad], si perseveran en la oración, en la penitencia y en la caridad, pueden obtener la gracia de Dios de la conversión y salvación".

No siempre ha sido debidamente interpretado el mensaje sinodal sobre la mujer en la familia *y en la sociedad*. Lo que el Sínodo ha dicho no es pura y simplemente que el lugar de la mujer está en la casa y el del varón en la vida pública y social; sino que ha mandado reconocer la igualdad de la misión en el hogar y fuera de casa, pero no en el sentido de que abandone la debida función materna... Además, dada la evolución social y cultural, no se trata de presencias contradictorias o excluyentes entre sí por parte de la mujer, sino que deben compenetrarse ambas en la debida proporción y armonía; amén de que esta presencia en casa, en la familia, con los hijos, también es necesaria por parte del padre: el amor y la educación de los hijos son tarea de ambos a su modo pero conjuntamente, coherentemente.

Además, lo que el Sínodo ha dicho es que la razón por la que la mujer haya de salir de casa para un trabajo exterior no ha de ser la económica: no sería una sociedad bien estructurada, a juicio del Sínodo, la que saque a la mujer de casa por penuria económica, sino como realización de sus cualidades y dotes por las que todos nos beneficiamos en la sociedad. La dignidad de la mujer, que hay que promoverla en sí misma, no consiste en el imitacionismo del varón, de la forma de ser y comportarse de los hombres, sino en la igualdad fundamental entre ambos en toda hipótesis y circunstancia.

La persona humana, hombre o mujer, no es *objeto* para los fines de otras personas: de ahí que la pornografía y la prostitución, por ejemplo, hieren gravísimamente sobre todo la dignidad de la mujer [del hombre también, habría que añadir].

Dentro del contexto de la relación hombre-mujer, el Sínodo se muestra sensible sobre otras discriminaciones muy deplorables: las que se infieren contra esposos estériles, sin hijos; viudas, divorciados, madres solteras, etc. No siempre se les da la consideración personal que se merecen, ni siquiera por parte de los cristianos, a veces...

## El matrimonio cristiano y las diversas culturas

Todas ellas contribuyen de alguna manera a ofrecer la imagen total del misterio de Cristo, que es inabarcable por una sola de las culturas (GS 44; AG 15.22). Y se ofrecen algunas coordenadas de discernimiento en esta materia: la compatibilidad y conformidad de las diversas culturas con los valores del Evangelio de Jesucristo y el principio de comunión con la Iglesia universal: la cual no se agota en la Iglesia local. Viene aquí la frase más acariciada de este Sínodo: la inculturación de la fe cristiana en la teología, en la pastoral, la liturgia y la disciplina de la Iglesia. A este fin el Sínodo pide se descentralice la unidad de *formas* de contraer matrimonio dejando amplias potestades al respecto en manos de las Conferencias Episcopales.

## Cara y cruz de los matrimonios mixtos

Si la Biblia desde principio a fin y hasta el Derecho Romano hablan del matrimonio como "comunión de toda vida" (también la vida espiritual es vida), es natural que sea del agrado de la Iglesia el matrimonio de unos esposos que coinciden o al menos convergen también espiritualmente, católicamente. ¿Quién no ve las dificultades [no ya canónicas] sino más profundas que pueden surgir en la celebración del matrimonio y de otros sacramentos, en la educación de los hijos, etc., incluso para la libre vivencia de la fe de la parte creyente cuando la otra no lo es, o es de diversa religión? A la parte católica se le carga con la obligación de proveer al bautismo y a la educación católica de la prole; pero se añade "pro viribus", es decir, en la medida de la prudencia y demás virtudes en materia tan delicada. Algunas advertencias sinodales al respecto dicen que siempre y en toda hipótesis se ponga a salvo la libertad religiosa de una y otra parte sea cual fuere su religión, no debiendo ejercerse mutuamente una influencia *indebida*. Aquí, como en otros estados de vida lo que importa ante todo es el testimonio de vida, de la calidad del amor para con la otra parte y para con los hijos. En esta materia la parte católica necesitará del auxilio y apoyo de la comunidad.

El Sínodo tiene en todo esto una solicitud y delicadeza ecuménicas; busca incluso una colaboración leal, salvando los principios respectivos, entre ministros de ambas religiones: y esto tanto en la preparación y celebración como en la pastoral matrimonial.

## *II. El matrimonio, la transmisión de la vida y la educación de los hijos*

Es misión del matrimonio, sólo en el seno de la familia, la transmisión de la vida humana; "y su protección", añade el Sínodo; y califica a los esposos de "ministros de Dios", "colaboradores suyos" en esta tarea vital y educadora. Con fundamentos bíblicos que arrancan desde la creación, define el matrimonio como "unión de amor al servicio de la vida"; por consiguiente es vocación de Dios dada para ser partícipes de su potestad creadora transmitiendo el don de la vida.

Para que nadie hable de reduccionismos de la fecundidad a lo puramente biológico (dígase de entrada que los hijos no son algo puramente biológico), la fecundidad del matrimonio no se restringe a la sola procedencia física de los hijos, sino que se añaden y subrayan a continuación los frutos sobrenaturales, morales y espirituales del matrimonio cristiano (aun en la hipótesis de que no pudiera tener hijos).

Muy lejos está el Sínodo de presentar como ideal la imagen de matrimonio que, cerrada en sí misma y para *sus* hijos, todo lo conserva y atesora para luego trasmitírselo como herencia [material]; no; "esposo y esposa son llamados a la comunicación de bienes de toda índole, no sólo con sus hijos, sino también con la Iglesia y el mundo".

La razón teológica por la cual la Iglesia quiere salvar la dignidad de la persona humana, la calidad del amor y la moral de las relaciones matrimoniales es la de que "el amor conyugal es participación en el misterio de vida y amor de Dios". El Sínodo afirma que se sitúa en esta línea teológica y en línea de continuidad con el Concilio Vaticano II y la encíclica "Humanae vitae" al respecto; encíclica a la que el Sínodo le concede valor profético por su fidelidad, en medio del hedonismo de los tiempos actuales, a la doctrina de la Iglesia, antigua y moderna, sobre el matrimonio y la transmisión de la vida; es particularmente solemne la formulación sinodal al respecto: "Este Sínodo, congregado en unidad de fe con el sucesor de Pedro, sostiene firmemente todo lo que el Concilio Vaticano II y la encíclica "Humanae vitae" proponen, especialmente que el amor conyugal debe ser plenamente humano, exclusivo y abierto a la nueva vida".

Ante el continuo crecimiento de la técnica, han surgido, dice el Sínodo, dos sentimientos contrapuestos: comodidad y angustia; ésta ha llegado a tales extremos que no faltan quienes dudan sobre si será bueno vivir o mejor sería no haber nacido; y, ya se sabe, ante esta duda, la balanza de la decisión se inclina a tener menos hijos: "para ahorrarles la angustia, dicen algunos, mejor ahorrarles de raíz la existencia". Entre las causas de disminución de natalidad está también la del envío masivo de anticonceptivos a países subdesarrollados del tercer mundo y otros. Una causa profunda, el Sínodo llama "última" pero bien puede llamarse "primera y principal" de este modo de pensar [anticonceptivo], es la ausencia de Dios en los hombres: "solamente el amor de Dios es más fuerte que todos los posibles terrores del siglo", dice y subraya el Sínodo. El pensamiento fundamental de la Iglesia como tal es que la vida, toda vida, es don de Dios. La Iglesia *es* y tiene consistencia como afirmación de la vida, pequeña o grande, incluso débil y enferma; "la Iglesia quiere dedicar sus mejores fuerzas a defender al hombre y al mundo contra los que acechan la vida", sea "con la anticoncepción, esterilización, aborto o eutanasia" y demás medios "mortales".

No niega el Sínodo el poder de las autoridades públicas, reconocido por la encíclica "Populorum progressio" (n.37), de informar a los matrimonios sobre las posibilidades alimenticias de un país e incluso de dar consignas para tener más o menos hijos; lo que el Sínodo niega es la legitimidad de llevar a cabo todo esto "de cualquier manera" *(quocumque modo)*. "De la misma manera y en las relaciones internacionales, es condenable e injusto del todo el que se ponga como condición de la ayuda económica, la promoción y la aceptación de programas anticonceptivos, esterilizantes y hasta abortivos".

El Sínodo quiere proyectar este tema de la transmisión de la vida sobre un marco más amplio y profundo sin polarizarlo en los anticonceptivos y mucho menos como único problema moral: "ya el propio papa Pablo VI dijo que su encíclica no era un tratado completo sobre el hombre, el matrimonio, la familia y la conducta moral" (Alloc. 31 de julio 1968).

La invitación sinodal para que teólogos y Magisterio trabajen juntos, codo a codo, en esta profundización, visión global de la conducta humana y significado (bíblico y personalista) de este tema y de esta encíclica, está hecha una y otra vez; no hay, no tiene por qué haber contradicción entre el quehacer de unos y otros, teólogos y obispos: la coherencia evangélica y analogía de la fe así lo exige.

Luego desciende el Sínodo al lado pastoral de esta doctrina, claramente mantenida, y da unas orientaciones dignas de tenerse en cuenta: "El Sínodo no ignora la situación muy difícil y hasta dramática de tantos esposos cristianos que, no obstante su sincera voluntad, "sunt impares", es decir, están en la dificultad práctica de cumplir las normas morales enseñadas por la Iglesia, bien por su fragilidad, bien por las dificultades objetivas que encuentran en este camino".

En consecuencia [*pedagógicamente* hablando] no es cierto que el Sínodo ni el Papa hayan condenado la ley de la gradualidad, antes al contrario se dice "a los sacerdotes que en el trato *pastoral* de los casados es preciso tener en cuenta la ley de la gradualidad"; y añade el Sínodo: "cierta pedagogía concreta está en consonancia con la doctrina de la Iglesia y nunca debe separarse de ella". A esta pedagogía, por consiguiente, pertenecen los siguientes elementos: 1) que los esposos conozcan claramente la normativa del ejercicio de la propia sexualidad expresada en la encíclica "Humanae vitae"; y que se esfuercen sinceramente en crear las condiciones necesarias para el cumplimiento de esta norma; 2) pertenecen también [al concepto total e integral de esta virtud] la constancia no menos que la paciencia, la fortaleza no menos que la humildad y la plena confianza en la misericordia de Dios; 3) el Sínodo añade que el temor no debe existir en este camino; mucho menos las angustias, sino el amor que lanza fuera el temor.

Si al principio se enmarcaba este punto de la moral sexual en un marco más amplio, el de la globalidad de la conducta de la persona en el mundo, ahora ocurre lo mismo en relación con la globalidad de la conducta en el marco del matrimonio: "esta pedagogía [moral] debe abarcar toda la vida conyugal", no sólo el aspecto sexual. La misión de transmitir la vida debe integrarse en la visión global de la vida conyugal, *familiar y social,* más aún, en la visión global de toda la vida cristiana que sin la cruz del Señor no puede llegar a la resurrección. En este contexto se entiende que el sacrificio no se puede dejar de lado en la vida familiar, sino que hay que aceptarlo de corazón y que de esta manera el amor conyugal se hace más profundo.

También en este contexto se habla de la continencia como virtud positiva, nacida del amor, y se dice que es, debe ser una virtud propia de toda condición de vida; con ella la relación matrimonial se hace "más humana y más verdadera" *(humanior et verior):* se hacen una sola carne [y un solo espíritu].

Este camino común requiere reflexión, información y apta educación de los sacerdotes, religiosos y seglares que se dedican y consagran a la pastoral familiar, sobre todo considerando la necesidad de una pedagogía que conduzca a los esposos en el camino humano y espiritual; una pedagogía positiva en orden al bien y una conciencia de pecado (no complejo de culpa) cuando se ha ido por otros caminos, diversos, dice el Sínodo, recurriendo en este caso al ministerio de la reconciliación. El Sínodo hace referencia al "deseo de observar la ley", no sólo de la aspiración a "un ideal de futuro".

¿Significa esto que el Sínodo renuncia a la idea anterior de pedagogía posibilista y de crecimiento? No, sobre todo si se tiene en cuenta que en el acto conyugal están implicadas ambas voluntades en orden a la convergencia moral y comunión espiritual verdaderas: "para que esto suceda, reconoce el Sínodo, se requiere no pocas veces paciencia, simpatía y tiempo". "Siguiendo esta ley de gradualidad, ni los sacerdotes ni los casados erigen dicotomías falsas entre la doctrina y la praxis pastoral, sino con esta paciencia buscan el camino hacia la plenitud de la madurez de la fe, que es lo que busca el Señor en nosotros y con nosotros".

También en esta materia, sin duda vital, hay que procurar fidelidad y unidad de criterios entre los sacerdotes para no someter a los fieles a vicisitudes angustiosas de conciencia, observa el Sínodo; el cual no termina este apartado sin recomendar *los métodos naturales* de regulación de natalidad, entendiendo que dichos métodos son conformes a la dignidad de la persona y a la doctrina de la Iglesia. No es, pues, un natalismo, mucho menos a ultranza, lo que defiende el Sínodo, sino la paternidad responsable; y para ella proclama la licitud de los métodos naturales por ambas razones antes apuntadas que, en el fondo, son una misma: su conformidad con la dignidad de la persona humana y la doctrina de la Iglesia. Mayor investigación, información más adecuada y una mejor educación sexual son necesarias en este campo: ¿quién va a negar que la educación humana tiene que abarcar también el campo de la sexualidad para que su ejercicio sea también humano? [4]

## Misión educadora "en familia"

¿Dónde radica, a juicio del Sínodo, el fundamento de la misión educadora que primera y primariamente corresponde a los esposos? En la vocación de éstos a participar en la obra creadora de Dios: misión que, en virtud del *sacramento* del matrimonio, es también participación de la misión evangelizadora de Cristo; así el matrimonio cristiano participa de la voluntad salvífica de Dios en Cristo.

¿No peca de optimismo el Sínodo cuando a la "familia de bautizados" llama con el nombre de "iglesia doméstica"? A primera vista así parece, ya que aquella misión catequética y evangelizadora de los hijos, y más allá de las fronteras familiares, no se puede cumplir sin la calidad creyente de los bautizados, que no siempre se da. Por eso el Sínodo se corrige a sí mismo y añade a renglón seguido, como correctivo necesario, no accidental: "Iglesia doméstica, convocada [no

[4] Cf. LARRABE, JOSÉ LUIS, *Las recientes "Orientaciones educativas sobre el amor humano". "Pautas de educación sexual"* (de la S. Congregación para la Educación Católica, 1983): Surge (1984) p.93-108.

sólo] por el sacramento del bautismo, [sino también] por la Palabra de Dios, por la fe, y por ese mismo sacramento bautismal".

Familia cristiana es la que se caracteriza por ser evangélica y evangelizadora. La tarea para con los hijos no termina con engendrarlos, ya que la persona no nace hecha, sino que hay que educarla. ¿A quiénes corresponde esta tarea? La responsabilidad de la educación de los hijos afecta en primer lugar a los padres; el Sínodo dice abiertamente que es "primera misión suya, designándola con la noble expresión de "ministerio" conyugal (no sólo de una de las partes, por ejemplo la madre), un ministerio que por su misma naturaleza es indeclinable e inalienable. Pero el Sínodo se apresura muy pronto a llamar en ayuda de este ministerio a los demás miembros de la familia en plano de corresponsabilidad; luego los círculos concéntricos de esta misión se extenderán a las demás instancias educativas, civiles y eclesiales (cuando de matrimonio *cristiano* se trata).

El Sínodo da una importancia enorme, junto con la familia, la parroquia y la escuela y demás centros educativos, a los medios de comunicación social: contribuyen poderosamente a la formación o deformación de los hijos desde la más temprana edad. Lo mismo se ha de decir del ambiente concreto en que viven los niños, desde niños. ¿Cómo cree factible el Sínodo lo que pide y exige a continuación: que los padres tomen parte y partido en el uso de esos elementos educacionales, incluidos los medios de comunicación social? Lo que el Sínodo pide a los padres es más: ¡que asuman el poder y deber de discernimiento que les compete! Y en todo caso, en la hipótesis de que dichos medios no guarden la debida armonía entre el deber de información y la necesaria prudencia en relación con las vidas jóvenes de los hogares donde se introducen..., nuevamente se insiste a los padres a favor de un discernimiento y a favor de sus hijos (son suyos, más que de los medios de comunicación social). Corresponde también a los padres acompañar a los hijos, sin paternalismos, pero con toda solicitud y amor, a integrarse progresivamente en el mundo. ¿Cómo podrán educar los padres a los hijos?

A esta pregunta, fundamental, el Sínodo responde: ante todo *con el ejemplo* de sus vidas; reaccionando ante la llamada "sociedad de consumo" con sentido de austeridad y responsabilidad, de justicia y amor, de paz y oración: todo ello comenzando desde el ámbito de la comunidad familiar: mal se puede proseguir a otros niveles lo que aquí y de niño no se ha comenzado. Y no se han de olvidar "en familia" los medios más necesarios de educación, como son: la doctrina verdadera, sencilla, apta, oportuna y progresivamente comunicada a los hijos desde la más temprana edad; no han de faltar, en una convivencia familiar, debidamente organizada, momentos privilegiados de diálogo íntimo, en un clima de respeto mutuo, de confianza y amor, donde unos y otros, padres e hijos, oyen y son oídos, escuchan y hablan; la dimensión interpersonal y comunitaria de esta educación —al menos como meta y fin— se señala al decir que su objetivo es la inserción en la comunidad civil y eclesial; esta inserción será lenta, si se quiere, pero debe ser progresiva; de no ser así, no sería educación, sino individualismo y regresión...

¿Hacía falta que el Sínodo añadiera aquí mismo que "de esta manera", con este diálogo, no se pierde ni se disminuye la autoridad paterna? Es más: ¿hay manera de mantener prestigio y autoridad paterna y materna si no es a base de este diálogo constante, confiado y amigable con los hijos? De esta manera el Sínodo ha puesto en su debido orden el cuarto mandamiento: "honrar a los hijos, honrar a los padres". También aquí hay un orden, el "uno" anterior al "dos", un primero que es antes que lo segundo: no pueden, psicológicamente hablando, unos hijos honrar a los padres si primero no son honrados y amados por éstos.

El Sínodo añadió al final, en línea de concreción temática y metódica, la necesidad de que los padres "dialoguen confiadamente con los hijos acerca del misterio de la vida" "educando las conciencias" también en esta materia, de suyo delicada y difícil, pero necesaria. Tanto más, cuanto que este tema está relacionado con el de la propia vocación y destino de los hijos: la ayuda que los padres deben prestar a los hijos en la elección vocacional debe ser prudente, ya que no se trata de una vocación para los padres y según los deseos de éstos, proyectados sobre los hijos, sino que se está hablando ahora de la vocación de los hijos mismos ante Dios, ante la sociedad y, según sus propias cualidades y opción fundamental, ante la vida.

## Catequesis y evangelización "en familia"

Dicha misión educadora de la familia, a través del *sacramento* del matrimonio es elevada a un verdadero ministerio con el que se trasmite el Evangelio irradiándolo de tal manera que la vida de la familia y "en familia" se hace itinerario de la fe y es, de alguna manera, iniciación cristiana; más aún, la familia debe ser escuela de seguimiento de Cristo. "En familia todos los miembros evangelizan y son evangelizados" (Evangelii nuntiandi, 71).

Que los padres son los primeros maestros del Evangelio lo había dicho ya el Concilio Vaticano II (LG 11) y se repite ahora —no está de más esta repetición— en el Sínodo; nuevamente se designa con el nombre de verdadero ministerio a esta tarea catequética de los padres cuyo origen está en la *generación* de los hijos y en el *sacramento* del matrimonio. Es más: sólo entonces se hacen plenamente padres cuando a los hijos engendrados los educan también en la fe creando un clima cristiano en la familia: con la oración, la lectura de la Palabra de Dios, y dando pasos con los hijos en esa iniciación cristiana, cuya meta es introducirlos suavemente [respetando su libertad religiosa] en el interior del Cuerpo de Cristo, eucarístico y eclesial.

*¿Qué mas medios son necesarios* para los padres y se han de ofrecer a favor del cumplimiento de esta tarea educativa y catequética? El Sínodo ha hablado —entre otros— de un texto de catecismo para uso de las familias que sea breve y se pueda aprender fácilmente: ¡brevedad y facilidad en el anuncio de las verdades fundamentales para el pueblo de Dios!

Pero la educación en la fe no consiste sólo en aprender de memoria unas verdades por muy fundamentales que éstas sean, sino que supone también educación en el amor verdadero, dice el Sínodo siguiendo en el contexto y en el tema que le es propio; y efectivamente la familia, como comunidad de amor y de vida, es el lugar principal de la educación al amor, más aún, todo el curso de la familia, su vida diaria, es y puede llamarse pedagogía del don del amor: el contenido interno del matrimonio y la familia es el amor, no sólo el amor que genera la vida, sino también la amistad mutua, la mutua benevolencia entre los más jóvenes y los mayores, abriéndose el alma confiadamente unos a otros, hablando de sus proyectos de vida respectivos, y estando al servicio los unos de los otros "en familia". Así concibe el Sínodo la familia; será una utopía, quizá, pero ¿quién ha dicho que en la vida humana y cristiana hay que renunciar del todo a las utopías? En ese momento la vida quedaría reducida a vulgaridad, incluso paralizada.

## Educación integral

En el concepto mismo de *la educación integral* tiene que entrar el de la educación sexual, capítulo importantísimo de la vida humana; el mundo actual se caracteriza por el "descubrimiento", un nuevo "descubrimiento" de la *sexualidad;* pero el mal está o estaría en no haber descubierto el *significado* profundo de la sexualidad; por eso el Sínodo quiere que se eduque a adolescentes y jóvenes en el "sentido profundo de la sexualidad humana". Ningún ambiente mejor, para la educación de la sexualidad y afectividad, dice el Sínodo, que el ambiente de tranquilidad y paz de las familias.

No quiere pecar de ingenuidad el Sínodo dando por buena toda "educación" sexual impartida a título de tal en escuelas y colegios; antes bien le consta que no pocas veces lo que sucede bajo el epígrafe de "educación sexual" es la "iniciación a los métodos de adquirir placer sin peligro alguno". A este concepto de educación [?] sexual, se opone firmemente la Iglesia en concilios y sínodos. En este punto, las escuelas tienen una misión de subsidiariedad y la han de ejercer en estrecha vinculación y *coherencia* con los padres.

¿Extrañará a alguien que no termine este apartado sinodal sin hacer referencia a la virtud de la castidad, necesaria en todo estado de vida y en toda vocación, siempre teniendo en cuenta las características de ésta, claro está? "Castidad como donación total al Reino testificada en la virginidad, o castidad en el matrimonio vivido en el Señor".

## En y para la comunidad: Iglesia y sociedad

Además de los padres y la escuela, está la misión de la *comunidad cristiana,* que en estrecha vinculación y corresponsabilidad con los padres, debe asumir esta tarea educadora. Ninguna comunidad cristiana debe desentenderse de aspectos fundamentales de la educación cristiana como son la educación en la fe y en la moral, no sólo sexual, pero también ésta.

La familia es célula primera y primaria de la sociedad. Hay, pues, una interacción muy grande, beneficiosa o perjudicial, entre familia y sociedad. Se opone con todas sus fuerzas el Sínodo al concepto de familia cerrada en sí misma, egoísta y burguesa, como si no le importara nada de lo que ocurre más allá del ámbito y de las fronteras de su casa ¡y ésta bien provista de todo! En consecuencia el Sínodo señala caminos de apertura para matrimonios y familias "de tal manera que no sólo se preocupen de sí mismas, sino que estén abiertas a las demás familias", sobre todo más pobres y necesitadas, "a fin de que de esta manera surja en este nuestro mundo toda una civilización del amor".

Necesitado está este nuestro mundo de hoy de que los matrimonios y las familias cumplan su misión principalísima, la de colaborar en la construcción de este mundo en el amor, de forma que sea posible en él una vida propiamente humana. La familia es medio poderosísimo de humanización y personalización y sirve también para conservar y trasmitir los valores de la fe y la cultura de generación en generación y más allá de las fronteras familiares, muy reducidas éstas en sí.

La experiencia del amor [fecundo] y de la comunión en familia se muestra principalmente en la formación de la persona humana desde la más temprana edad hasta la madurez, no sólo en la generación de los hijos, pocos o muchos, siempre según criterios de paternidad responsable; tarea y misión que no quedan terminadas con engendrar hijos. De suyo la familia es un ámbito privilegiado para relaciones interpersonales de amor y mutuo respeto, para el diálogo constructivo a todo nivel: de padres a hijos y viceversa, y para el diálogo fraternal que luego se extenderá más allá de las fronteras familiares.

"En familia" se adquieren hábitos y praxis de comunión y participación de bienes espirituales y materiales, se aprende también el sentido íntimo de la solidaridad: valores que están en la base y fundamento de la sociedad misma.

## Solidaridad en favor de las familias pobres

Si hay algunos privilegiados para la Iglesia —y los hay— son las familias incompletas, los viudos y las viudas y sus familias, madres y padres abandonados, los huérfanos, etc. ¿Qué decir de los matrimonios estériles? Depende de qué sentido y dimensión se quiera dar a esta palabra tan temida y desestimada. En realidad y siguiendo una tradición antiquísima que se remonta a la Biblia y pasa por San Agustín, no hay matrimonios estériles si viven en el espíritu y en el interior del Evangelio: son fecundos en el sentido más noble de la palabra: pueden y deben ayudar a "los hijos de los demás", aunque no tengan propios.

El Sínodo se ha mostrado, en este campo, lleno de sensibilidad y solidaridad: ha ejercido un gran sentido de adopción a favor de los hijos abandonados y marginados por esta sociedad de consumo. Basta una lectura desapasionada y honrada para llegar a esta conclusión, positiva, que hay que anotar en el haber del Sínodo-1980 sobre matrimonio y familia; baste a este fin aducir una frase y enumeración textual que dice así: "la familia cristiana que progresa en el seguimiento de Cristo debe tener sentimientos de especial predilección por todos los pobres, sobre todo hambrientos, necesitados, ancianos, enfermos, drogadictos, carentes de familia" y se añadió a última hora en el Sínodo la siguiente frase: "esto ha de hacerse sobre todo comenzando desde los miembros de la propia familia".

¿Qué actitud ha de tomar la familia cristiana de cara a la sociedad de consumo? La de la *austeridad y sencillez* de vida, sin duda alguna; al mismo tiempo, también, la de la *generosidad* para con los demás, sobre todo humildes, pobres y necesitados: ¡y parados!

¿No está llamada la familia cristiana a una dimensión y compromiso políticos? Sí, al menos en el sentido de que debe promover las convicciones y hábitos éticos en orden a provocar decisiones políticas favorables a la justicia y al recto orden social y familiar: un orden en el que sea posible vivir según su dignidad de imagen de Dios, más aún, de hijo de Dios.

¿Cuál es el pensamiento sinodal respecto a las relaciones entre familia y Estado? Claramente y definitivamente están reguladas estas relaciones por el principio de la subsidiariedad: ni intromisión en la intimidad de la familia allí donde no es necesaria tal intervención, ni prescindencia o mucho menos actitud despectiva cuando se debe ayudar a la familia a conseguir sus fines en bien de la persona humana. Explícitamente el Sínodo niega todo poder al Estado o a las autoridades públicas para meterse en el interior de los matrimonios para obligar a modos y medios injustos de control de natalidad (esterilización, aborto, anticonceptivos). Los sujetos responsables de dicha paternidad-maternidad son los esposos y padres: los demás se sitúan en círculos concéntricos más lejanos y siempre en actitud de respeto y ayuda a la procreación y educación, también religiosa, de los hijos.

También en el ámbito universal e internacional pueden y deben influir las familias, no aisladas, pero sí uniéndose solidariamente con asociaciones de alcance mundial a fin de conseguir eficazmente relaciones de amor, de verdad, de justicia y libertad. ¡Y de paz!

### A los matrimonios y familias en peligro

A ejemplo de Jesucristo, la Iglesia quiere dedicar sus mejores fuerzas y energías para socorrer y ayudar a las familias que se encuentran en situaciones especiales: familias de emigrantes, sobre todo cuando dicha emigración es forzosa y por razones de trabajo para alcanzar el pan necesario, familias de soldados, de prófugos y apátridas, familias marginadas en medio de las grandes ciudades, familias sin vivienda, familias incompletas; las que tienen hijos con serios "hándicap", por ejemplo, viciados con drogas, familias de alcohólicos, familias políticamente discriminadas, familias ideológicamente divididas y separadas, familias que apenas encuentran acceso ni solidaridad en las parroquias, familias víctimas de persecución religiosa por causa de su fe, familias constituidas por matrimonio prematuro e inmaduro; a última hora el Sínodo incorporó una preocupación que estaba latente ya antes en favor de la tercera edad que no pocas veces se encuentra en soledad y sin ayuda.

Pero al Sínodo no le basta una enumeración (que, por otra parte, nunca puede ser exhaustiva) sino que desea y manda que se organice una pastoral adecuada como respuesta a todos estos problemas, reales. Ni se contenta con los diagnósticos a tales enfermedades, sino que se plantea un tratamiento eficaz y de urgencia, tanto a nivel eclesial como ciudadano, comenzando desde la toma de conciencia de las instancias públicas aludidas y, por supuesto, las eclesiales. Y las propias familias, unidas entre sí para estos fines deben ayudarse mutuamente, sin esperar pasivamente bajo las alas de la resignación...

Sobre las familias de los emigrantes el Sínodo se solidariza con unos principios y actitudes que desde un principio tienen solera en la Iglesia, desde las primeras comunidades promovidas y a veces presididas por los santos Padres: que los emigrantes en todas partes tienen que ser acogidos como en su "patria"; que esta misión de acogida y solidaridad es connatural a la Iglesia misma que es signo de unidad en la diversidad; que religiosamente sean debidamente atendidos, si es preciso por sacerdotes de su mismo rito, cultura y lengua, al menos al principio, hasta integrarse en el país donde se trabaja; que la Iglesia tiene una misión profética de llamada de atención a las autoridades públicas a fin de que no sean discriminados tales trabajadores provenientes de otros países por el mero hecho de no ser nativos y en relación con éstos; que ojalá primero se pongan todos los medios de desarrollo e inversión para que no tenga que darse, al menos en el volumen y condiciones que ahora, tal emigración; y que, si se da, sea en condiciones en que la familia pueda estar toda ella reunida, porque la separación del matrimonio y la familia trae consigo, por lo regular, consecuencias perniciosas, etc., son otros tantos principios y deseos, ojalá que también realidades en un futuro próximo, en bien del matrimonio y la familia.

Hay otro drama que se vive en el interior de muchas familias; no ya la separación física, sino la religiosa. El Sínodo hace aquí una teología bíblica al respecto, acudiendo al Evangelio mismo. En efecto los evangelistas sinópticos, los tres, hablan de este problema (Mt 24,10; Mc 13,12-13; Lc 21,16). Evangelio y Sínodo consideran que ello requiere revisión y opción evangélicas y que es cuestión pastoral que hay que tratar con cuidado, diálogo y delicadeza. ¿Quién no ve que es necesario en la Iglesia actual, en la situación desgarradora de tales familias, un contacto personal discreto y continuado? Cuando una y otra parte del matrimonio son de distintas religiones ¡y las ejercen! es necesario también un diálogo constante, respetuoso, incansable; más que un proselitismo apresurado, interesa el testimonio.

Cuando por esta u otra causa hay peligro de que el matrimonio mismo se rompa, "hay que aumentar las expresiones de amor y respeto, a fin de que se pueda conservar la firme esperanza de la unidad", "la comunión de vida y amor" (GS 48).

El Sínodo hila más fino, particulariza y concreta más en el sentido de que no sólo los padres en general, sino "el padre" concretamente guarde siempre el debido equilibrio y diálogo cuando la ideología del hijo es muy distinta de la suya. No hay ninguna duda de la postura dialogal de la Iglesia y del Sínodo cuando éste, en un solo párrafo, habla para estos casos de: "peculiar cuidado pastoral", "contacto personal", "discreción", "diálogo", "respeto", "relaciones interpersonales entre padres (padre) e hijos", etc.

Cuando los hijos son atraídos por ideologías contrarias a las de la Iglesia, se plantea con más urgencia —dice el Sínodo— este diálogo en familia sobre temas de fe. Es evidente que anteriormente e independientemente de esta circunstancia, y en todo momento, ése es el ideal de matrimonio y familia de cristianos: que se tenga suficiente confianza para hablar de temas de fe "en familia"; en toda hipótesis haya "buenas relaciones humanas entre los componentes de la familia" y que "se lleven a cabo diálogos más profundos una y otra vez sobre la fe" son las dos grandes recomendaciones, complementarias, del Sínodo a este respecto, en este problema, cada vez más frecuente y agudizado a todo nivel. Que no hay mejor camino de solución que el testimonio de fe y amor, dice una y otra vez el Sínodo. Y no faltan nuevos y reiterados avisos sinodales a los "mass-media": ¿cómo y con qué discernimiento entran estos "huéspedes" en la familia?, se pregunta el Sínodo y quiere que se pregunten los responsables de tales medios y los padres de familia. Y no termina este apartado sin el gran medio de la oración en todo matrimonio y en toda familia que quieran ¡ser cristianos de verdad!

## Familia cristiana e Iglesia del futuro

La evangelización de la Iglesia del futuro depende, en gran parte, decisiva, de la actitud evangélica y evangelizadora de esta "Iglesia doméstica". Las dos bases sacramentales que fundamentan esta misión de la familia cristiana son el bautismo y la gracia sacramental del matrimonio celebrado en la Iglesia y por la Iglesia; esta evangelización hay que entenderla no sólo como expansión de la fe, sino también como transformación del mundo, de la sociedad actual según el plan de Dios.

No cae en paternalismo ni intromisión indebida de los padres en la intimidad de la conciencia de los hijos cuando dice el Sínodo que los padres deben crear en familia el ambiente apto para que los hijos descubran *su* propia vocación como llamada de Dios dirigida a cada uno. Esta lectura de la propia vocación estará facilitada cuando la familia cultiva los valores trascendentes y se viven "en familia" con trasparencia y gozo: servir unos a otros, cumplir las propias responsabilidades, participar en el misterio de Cristo, son verbos y actitudes que constituyen internamente la familia como "el primer seminario, el mejor, para la iniciación de las vocaciones también para la vida consagrada", dice el Sínodo, el cual presenta a continuación la imagen de familia prospectiva y esperanzada, no cediendo a la tristeza y aflicción por los problemas de la difícil convivencia en la familia, cosa frecuente en los últimos tiempos...

## Observaciones pastorales

Algunas observaciones pastorales de gran relieve cierran este capítulo sinodal: la primera y principal: que se tome conciencia de la evangelización integral de los pobres, sobre todo de ellos, los más humildes y necesitados, no debiendo ser ésta una evangelización solamente espiritual; después viene la recomendación sinodal de pertenecer a las asociaciones y movimientos apostólicos de matrimonios; luego insiste el Sínodo en la vinculación —ojalá que también el compromiso con la comunidad parroquial y diocesana en el marco de una pastoral orgánica—; que las familias cristianas tienen en territorios de misión (hoy lo son todos), una tarea peculiar a favor de la "plantatio Ecclesiae"; y, por fin, la importancia, esencial, de la misión del presbítero para con el matrimonio y la familia. ¿Cuáles son los ámbitos de estas responsabilidades del presbítero en el apostolado familiar y matrimonial? El Sínodo describe, no exhaustivamente, algunos de estos campos privilegiados: en el trato personal con los novios, esposos, hijos; en materias lutúrgicas (presidir las asambleas litúrgicas requiere, hoy más que nunca, una gran preparación bíblica, litúrgica, pedagógica...); en lo social (ya que la pastoral no es, ¡no debe ser puramente individualista!); el sacerdote, en fin, está llamado a iluminar desde el Evangelio los problemas morales, múltiples y variados, que se le presentan a todo nivel.

## Mejor preparación al matrimonio y familia

"Que toda la Iglesia urja una pastoral prematrimonial más cuidadosa" fue un clamor unánime de la Iglesia sinodal. ¿Razones de esta urgencia? En primer lugar, el matrimonio mismo como tal, "al ser una relación humana muy profunda y compleja, de la cual depende el bienestar y la salvación de tantísimos hombres y mujeres".

Piensa el Sínodo acertadamente que de esta manera se va a evitar una de las causas más frecuentes de matrimonios desgraciados "en situaciones irregulares" en que se encuentran tantísimos matrimonios. Dos cualidades fundamentales se requieren para el normal desarrollo, positivo, del matrimonio cristiano: por una parte, la madurez humana, necesaria por la naturaleza misma del compromiso *matrimonial* como "íntima comunidad de vida" y "por vida" (GS 48); y, tratándose del *sacramento* del matrimonio, la fe ¿cómo asumir sin aquella madurez y esta fe las responsabilidades familiares y sociales que dimanan del sacramento del matrimonio que es una vocación dentro de la sociedad y de la Iglesia?

Ahora bien: ¿cómo hay que concebir esta preparación deseada y propiciada por el Sínodo? La respuesta es clara: "como un proceso continuo y progresivo", comenzando desde una preparación remota en dos ámbitos o vertientes: en primer lugar, en el seno de la familia ¿dónde mejor, si los padres y la familia tienen gracia de estado para ello?; y, por parte de la Iglesia, no descuidando el deber pastoral sobre la iniciación cristiana: ¿es suficiente la iniciación cristiana que actualmente hace la Iglesia? Es evidente que hay que responder en la práctica pastoral con la doble coordenada de la educación permanente en la fe (no bastando la ocasional) y cultivando la dimensión comunitaria (vinculación o compromiso con la comunidad eclesial).

La temática fundamental de dicha preparación catecumenal consistirá, desde luego, en el reconocimiento y en la interiorización del Evangelio y del misterio de Cristo, dice el Sínodo acertadamente; es lo fundamental, pero no basta: ¿y la aceptación de la Iglesia? La experiencia pastoral demuestra que, tratándose de la juventud actual, este segundo paso, necesario, resulta mucho más difícil que la aceptación de Cristo. No obstante, no es imposible presentar a la juventud misma una imagen de Iglesia como ámbito de verdadera libertad, de realización de la persona humana con su dignidad y su proyecto de vida, así como de un proyecto social amplio y hasta universal; todo esto sin renunciar a lo esencial de la Iglesia que es "comunión de fe y caridad".

No hay que minimizar, mucho menos eludir, la necesidad de esta preparación diciendo que el caso del matrimonio es distinto por existir un derecho natural a contraerlo. Existe aquí un sofisma que es preciso desenmascarar: el derecho natural se refiere al *matrimonio,* no al *sacramento* para el cual la Iglesia exige la debida preparación por fidelidad al Evangelio y a sí misma, por respeto a la vocación concreta de los novios y por consideración a sus conciencias; son, todos ellos, valores sustanciales que hay que salvar con prudente equilibrio, pero también con verdad tratándose de un [gran] sacramento.

¿Cuáles son los objetivos de esta preparación? Una vez hecha la pregunta a nivel del sacramento mismo como tal, se apunta con razón muy alto por parte del Sínodo: "que los contrayentes vean y vivan su amor como participación del amor de Dios, manifestado en el amor de Cristo a su Iglesia"; y también "que su fe sea más profunda por tratarse de una vocación a la santidad y al amor oblativo de sí mismo". Y después de esta revisión y fortalecimiento de su fe, viene la consideración del sacramento como tal: "que entiendan el sacramento como signo de la presencia de Cristo en su vida cotidiana"; finalmente, que "sus mismas relaciones sexuales puedan integrarlas como parte muy importante de su unión sacramental".

Que la preparación inmediata al sacramento del matrimonio es ya, va siendo una realidad eclesial en todas partes lo dicen abierta y gozosamente los obispos sinodales provenientes de todas partes, del mundo entero; "y por cierto fructuosamente", se añade. Pero ¿cuál es el sentido y orientación de dicha preparación? En primer lugar "es un *servicio* para todos los novios, sobre todo si se tiene en cuenta que muchos carecen de la doctrina necesaria y de la vivencia de la fe". Los seglares deben sentirse con un carisma especial, suyo, en esta materia, ya que ellos viven su condición cristiana en el estado matrimonial; familia y comunidad eclesial deben ser los ámbitos principales para esta preparación inmediata al matrimonio. A última hora del Sínodo, de forma bien destacada, se añadió que "esta preparación tiene que ser un itinerario de fe a modo de catecumenado".

Hasta aquí el principio fundamental de la necesidad de la preparación, de los objetivos, de los responsables de este ministerio eclesial y del espíritu con que debe llevarse a cabo. Pero ¿y las formas concretas? Son las conferencias episcopales y los directorios diocesanos los que tienen que afrontar esta adaptación a cada país y a cada tiempo. En todo caso no han de faltar los aspectos doctrinales del sacramento, aunque está bien, no está de más, que se añadan aspectos pedagógicos, jurídicos, médicos, etc. Pero lo principal es la fe y el sacramento.

Los padres sinodales, con buen sentido de la pastoral, añaden que esta preparación no debe ser puramente intelectual (destinada sólo a saber más cosas acerca del matrimonio) sino que el objetivo es que sea vital, destinada a que los contrayentes se vinculen y a poder ser se comprometan —a modo de catecumenado— en una comunidad eclesial viva, sobre todo la parroquia.

Para no caer en puritanismos se añadió una frase final que cierra este capítulo: que dicha preparación se haga de tal manera que no llegue a constituir un nuevo impedimento jurídico para los contrayentes. No es ése el camino; sino el espíritu y la actitud de *servicio* y que con esta preparación se quiere *ayudar* a los novios.

## El Sínodo ha hablado de la espiritualidad matrimonial

Pero no comenzando desde ahí mismo, desde la espiritualidad sin más precedentes ni fundamentos, sino poniendo como principio y fundamento la *teología* de la familia. Y tratándose de matrimonio y familia no puede ser otro el fundamento teológico que el amor de Dios en favor nuestro y la ley evangélica del amor a Dios y al prójimo. Se parte, pues, de la vocación al matrimonio como verdadera vocación de Dios a participar en su amor, vocación a la santidad, es decir, una invitación divina peculiar que requiere respuesta a semejanza de las demás vocaciones. Sólo en este caso se podría llamar plenamente a la familia cristiana con el nombre de "Iglesia doméstica", porque sería, como dice el Sínodo "comunidad de amor y de fe" (communitas amoris et fidei est). La familia es la escuela primaria de la doctrina, de la espiritualidad y del apostolado. No es una espiritualidad extrínseca al matrimonio la que propugna el Sínodo, como si la vida de familia fuera por un lado y la oración y espiritualidad por otro; sino que es precisamente "la imagen del amor de Cristo a la Iglesia la que conforta y promueve a las familias que se esfuerzan en cumplir el mandato del Señor: 'que os améis los unos a los otros'".

La teología de la familia tiene como base y fundamento la consideración de que es vocación de Dios, participación del amor de Dios, lugar privilegiado del amor mutuo y, de esta manera, a Dios. Si se ponen estos cimientos y fundamentos teológicos a la espiritualidad matrimonial y familiar, sólo falta que en las circunstancias de la vida cotidiana cada persona dé respuesta a esta vocación de Dios manifestada a través de estas mismas circunstancias.

*¿Qué rasgos* fundamentales tiene esta espiritualidad matrimonial *familiar?* El Sínodo habla de una espiritualidad de la creación, de la alianza, de la cruz, de la resurrección y de testimonio o signo para el mundo.

La espiritualidad de la creación [expresada y manifestada también en la fecundidad matrimonial, en la procreación] significa que los esposos optan por la vida y no por la nada. Es cierto que la espiritualidad creadora no equivale tan sólo a la espiritualidad procreadora, sino que la fecundidad matrimonial va más allá de la fecundidad en hijos (aun los que no tienen hijos propios pueden ser fecundos y creadores). La espiritualidad creadora se manifiesta también en edificar la comunidad: matrimonial y familiar, ¡con responsabilidad!

La espiritualidad de la alianza consiste en que la alianza con minúscula se inscriba en la Alianza de Dios con el mundo, de Cristo con la Iglesia, y de esta manera se viva el matrimonio hacia Cristo y en la dimensión eclesial (Ef 5,32); todo ello en el mundo y ambiente social concretos.

La espiritualidad de la cruz consiste en la imitación de Jesús en esto de dar la vida por los demás. En la familia cristiana se da también, no puede faltar, el sufrimiento, la pasión liberadora, el sacrificio de la cruz y la participación en la resurrección del Señor. Esta participación en el misterio cristiano del dolor se da, de forma especial, en los separados, en los ancianos, en los disminuidos o deficientes y hasta en los avatares del amor.

La espiritualidad de la resurrección, que tiene su fundamento en el acontecimiento pascual, se cumple a través de las tribulaciones de cada día, en el esfuerzo de comenzar cada día de nuevo, al concederse mutuamente el perdón y la reconciliación, al echar a buena parte las injurias o molestias que mutuamente, a veces sin querer, pueden causarse los esposos entre sí y en familia, y cuando hacen lo posible para cultivar la alegría del hogar.

La espiritualidad del signo consiste en dar testimonio del amor, signo de la respuesta positiva que están dando a la vocación de Dios. Pero el amor no es cerrado en sí mismo, ni siquiera en la dualidad del matrimonio (puede ser o degenerar en egoísmo de a dos) sino que tiene que ser, sobre todo en el sacramento, un amor sin fronteras, extendiéndose privilegiadamente hacia los necesitados. No se concibe, pues, un matrimonio cristiano si no manifiesta una responsabilidad social por la justicia y la paz.

El Sínodo observa —desde su atalaya de encuentro universal— algunos signos positivos y favorables a la realización de esta espiritualidad matrimonial y familiar en el mundo actual: la conversión familiar, de la que surge un mejor conocimiento mutuo y la benevolencia y afectos de los unos para con los otros "en familia"; el respeto mutuo, el diálogo, cierta corresponsabilidad (que el Sínodo cita con el nombre de "autoridad participada"); en la familia debe haber espacios de silencio que favorezcan esta espiritualidad; no dice en este lugar, pero está en la doctrina del Sínodo la lectura de la Palabra de Dios entre esposos y con los hijos; un mayor deseo de austeridad por parte de las familias cristianas como contrapunto y signo contra el consumismo actual: es decir, *sobriedad y sencillez* de puertas para dentro a fin de que se pueda manifestar en *justicia y generosidad* hacia la sociedad y hacia las familias pobres y necesitadas; por fin, pero no como la nota menos importante, una atmósfera de pureza contra el erotismo reinante.

La espiritualidad escatológica: ninguna duda de que la familia quiere y aspira a reunirse "en familia" también en la escatología, en el más allá: la vida eterna es término para todos los miembros de la familia.

El Sínodo se da cuenta de que la espiritualidad que ha propugnado, requiere una atmósfera adecuada, un lugar apto, y dedicarle el tiempo necesario (que no es un tiempo perdido ni vacío), condiciones que muchas veces faltan en las familias actuales. El realismo más elemental exige que primero se vayan creando estas condiciones que hacen posible aquella espiritualidad y estas características de las que el Sínodo ha hablado largamente.

Son muchas las familias que participan de los sacrificios de la cruz y que, por tanto, necesitan de esta espiritualidad pascual: ¿cómo pasar de los sufrimientos de la cruz a las alegrías de la resurrección? En este lugar y contexto se nos habla de las familias "incompletas": viudos y viudas, madres solteras, trabajadores emigrantes lejos de su mujer e hijos, etc. El Sínodo las sitúa en la espiritualidad de la cruz y las encomienda de forma especial a las comunidades y cuidados de la Iglesia. Elementos de la espiritualidad familiar son: el cumplimiento de la misión propia de la familia; la oración en familia, valiéndose sobre todo de la lectura y meditación de la Palabra de Dios; catequesis y preparación en familia para la recepción de los sacramentos, el rosario en familia, etc. No desprecia el Sínodo la piedad popular, sino que se reconoció y se recomendó —a última hora— su valor y su práctica, porque abarca los estratos más íntimos de la persona: sentimiento, tradición familiar, etc.

Pero donde más insiste el Sínodo es en la lectura y meditación de la Palabra de Dios en familia y en la participación en las celebraciones comunitarias sobre todo en tiempos litúrgicos fuertes: Adviento, Navidad, Cuaresma, Semana Santa, fiestas de los santos patronos, los domingos, y en los acontecimientos más significativos de la propia familia.

De la espiritualidad matrimonial y familiar así cultivada espera el Sínodo un resurgir de vocaciones sacerdotales y religiosas en el ámbito de las familias cristianas; y a última hora se añadió: y vocaciones también para ser seglares en la Iglesia; buenos y comprometidos seglares[5].

Del núcleo mismo de la espiritualidad familiar nace y brota la referencia constante a los otros miembros de la familia; y la referencia, también constante, al Otro con mayúscula. En familia se aprende un valor fundamental, resumen y síntesis de todos los demás valores y virtudes sociales de la vida: la solidaridad, la cual juntamente con la fe (por cierto ambas están íntimamente relacionadas) son las dos coordenadas de la espiritualidad del matrimonio cristiano y la familia[6].

De puertas hacia fuera la espiritualidad matrimonial se expresa también en la búsqueda de la verdad y la paz, promoviendo los caminos del amor en la convivencia ciudadana, impregnando ésta de justicia y paz.

### Matrimonio unido y matrimonios unidos entre sí: solidaridad

El Sínodo parte del hecho de su existencia, extendida y casi universal. ¿Qué significación tiene este hecho? La solidaridad como valor humano, el apoyo evangélico y la vivencia [mejor diríamos, la convivencia] comunitaria y eclesial a nivel más cercano e interpersonal. Es de destacar que el Sínodo atribuye a las asociaciones de matrimonios como fin y objetivo "la formación de conciencia según los valores cristianos no dejándose llevar de otros presentados por [cierta]

[5] Larrabe, José Luis, *Los seglares en la Iglesia* (BAC, 1980).
[6] Larrabe, José Luis, *Las Bienaventuranzas* (Madrid, BAC).

opinión pública". Ayudarse en la vivencia evangélica y en la promoción de la responsabilidad social, son las dos coordenadas que mejor las definen, a juicio del Sínodo.

El apoyo indiscutible a tales asociaciones no está exento, sin embargo, de ciertos avisos sinodales a modo de corrección fraterna, necesaria a toda persona o asociación: "que no se produzca la separación de sus miembros del resto de los fieles".

En resumen: misión de tales asociaciones familiares es ser "luz" y "fermento" para todas las familias; ése es su campo específico, siempre en comunión con todá la Iglesia de Dios con sus diversos estamentos, entrando dentro de la pastoral de conjunto en la visión global y total de la Iglesia.

## Ni matrimonio "ad experimentum" ni divorcio consensual

Muy pronto se llega a la evidencia fácil desde los análisis psicológicos y antropológicos, de que un divorcio consensual es muy semejante al matrimonio *ad tempus* o *ad experimentum*. Pero no es de aquel divorcio consensual sino de este matrimonio "ad experimento" del que voy a hablar ciñéndome para ello a la doctrina de la Iglesia a raíz del reciente Sínodo-1980 sobre el matrimonio y la familia.

El Evangelio mismo, visto y estudiado como primer libro de texto en éste como en los demás sínodos de la Iglesia, obligó muy pronto a padres y demás personas sinodales a prescindir del nombre mismo de matrimonio tanto en el epígrafe de este capítulo como en su contenido interior; y esto por coherencia entre el sustantivo "matrimonio", de suyo consistente, y el adjetivo "temporal" o "experimental", tan frágil y precario por definición y compromiso, limitado en extensión temporal (ad tempus) y en profundidad (ad experimentum), limitaciones que el matrimonio como tal no admite en su psicología y proyecto de vida y por vida.

Si es así ¿cómo valorar este hecho, tan frecuente y extendido en no pocos países cercanos a nosotros y en el nuestro propio? "No faltan quienes atribuyen cierto valor a este matrimonio", dijo el Sínodo en una primera aproximación valorativa del mismo. Pero muy pronto, inmediatamente, vino la corrección necesaria, nacida de la incompatibilidad entre sustantivo y adjetivo: ¿matrimonio experimental? Antes bien, por la luz de la razón misma, dijo el Sínodo, hay que rechazar todo experimento sobre personas y matrimonio; los experimentos caen y recaen sobre cosas, de ninguna manera sobre personas unidas a este nivel, que son término de amor, de un amor oblativo en este caso, sin limitaciones de tiempo *(ad tempus)* y de profundidad de entrega íntima (no, pues, *ad experimentum)*. La donación del cuerpo es un símbolo real tan profundo de toda la persona, que no puede llevarse a cabo este tipo de entrega sin un compromiso interpersonal y social proporcionados (matrimonio natural) y no puede realizarse plena y perfectamente sin la ayuda del amor de caridad *(agape)* de Cristo recibida a través del *sacramento* del matrimonio.

De esta manera el sacramento tiene la misión de dar firmeza y elevación, profundidad y extensión al amor humano entre hombre y mujer ofreciéndole metas, caminos y dimensiones insospechados y cualitativamente superiores allí donde existen tentación y peligros de quedarse en la mera genitalidad, erotización y privatización del amor humano, con el riesgo consiguiente de quedarse, aunque el matrimonio lleve y celebre bodas de plata y oro sin los quilates de la agapeización, es decir, de la forma de amar de Cristo a la Iglesia, amor de fidelidad y autosacrificio, del cual el sacramento del matrimonio es signo y participación. Sólo así, de esta manera, se llega a la perfecta liberación del sexo; sólo un amor así puede liberar a hombre y mujer "cercanos" de sus distancias y mentiras... La liberación no está en la sociedad de consumo, aunque sea sexual, sino en el amor.

¿Por qué y de dónde surge esta oposición de tantas parejas jóvenes al matrimonio como tal, pura y simplemente a casarse, sea por lo civil o eclesiástico? Las razones de fondo son muy variadas, dice el Sínodo, y dan de sí diagnósticos muy diversos: miedo al futuro, rechazo de las "formas" civiles y hasta eclesiales de contraer matrimonio (formas a veces ridículas y en todo caso necesitadas de purificación...), protesta contra la actuación de una y otra sociedad, resistencias a ambas instituciones, privatización del amor como si fuera una realidad que afecta sólo a ambas conciencias, etc. Hay aquí todo un campo de educación y catequesis orientadas a demostrar que el matrimonio y sus eventuales frutos rebasan por su dimensión social los límites y fronteras de ambas voluntades particulares, y eso en toda cultura, antigua y moderna.

Yendo de los diagnósticos hacia la terapéutica, el Sínodo recuerda, una vez más, la necesidad de la educación sexual, como educación al amor, desde el despertar de la infancia y la metamorfosis de la adolescencia, no solamente con ideas claras y sin miedos ñoños, sino también con educación de la voluntad, fortalecida ésta con los hábitos virtuosos y la gracia de Dios.

"No se puede pasar toda la vida experimentando", dice el papa Juan Pablo II con frase que se ha vuelto muy pronto lapidaria en lo que a estas uniones "ad experimentum" se refiere, porque después de un experimento puede venir otro y más tarde otro sin que la persona llegue en su vida a un compromiso definitivo (la suma de unos votos temporales no equivale psicológicamente a unos votos perpetuos; tampoco religiosamente). Hemos llegado a tocar aquí el fondo de la cuestión: y es que en el fondo se trata de crisis de vida, del proyecto de vida "y por vida". Esta crisis es parte integrante de la inestabilidad total y global a que asistimos en el mundo actual como víctimas y causantes a la vez.

El mal no está sólo o tanto en tales uniones "experimentales" sino, sobre todo, en su equiparación al matrimonio y en la sustitución progresiva de éste por aquellas uniones "ad tempus". Ahora bien: las consecuencias morales que de ahí se derivan son funestas, sin duda alguna; entre otras, quizá la más grave, la disminución en el mundo —y en la Iglesia misma— del sentido de compromiso y fidelidad, y esto tanto a nivel humano como evangélico. En efecto, si de la convivencia ciudadana se quitan valores morales merecedores del sí absoluto; si a la persona humana no se la considera capaz de este sí; si se admite esta decadencia en relación con el Evangelio y el seguimiento de Cristo, entonces hay una degradación antropológica y evangélica de consecuencias incalculables; se destruye la célula primera y vital de la sociedad y se socavan los cimientos mismos de la posibilidad de hacer Iglesia: ¿qué vale lo que se haga en ella sin el sí absoluto de la fe y del amor al prójimo?

Si se privatiza el matrimonio, si de ambas coordenadas esenciales del mismo (la personal y social) se quita ésta última, deja de ser matrimonio, no existe el sustantivo (matrimonio), queda descolgado el adjetivo "ad experimentum" sustantivado en eso: un "experimento". Y así es imposible pasar al sacramento, ya que este "experimento" no tiene mucho que ver con la fidelidad absoluta de la alianza matrimonial dentro de la Alianza de Cristo con la Iglesia, que es una Alianza absoluta.

¿Cuál es, cuál debe ser la pedagogía sexual dentro de los planes de educación integral de la persona y de las relaciones interpersonales, y cuál debe ser la pastoral de la Iglesia? Una pedagogía y una pastoral que cultiven el sentido del compromiso total en la propia vocación, más aún, en toda la educación moral y religiosa, favoreciendo para ello las condiciones y estructuras que despierten con su ejemplo el espíritu de fidelidad y merezcan —de esta manera— el crédito necesario por parte de la juventud. Y esto tanto a nivel de Iglesia como de la sociedad (ambas han de sentirse aludidas, cada cual en su campo específico, por este fenómeno de distancias y prescindencias de la juventud, distancias no pocas veces proféticas...).

Y cuando la causa de no casarse esté en la penuria económica, el Sínodo rompe algunas lanzas, muchas, en favor de tales parejas pobres (sin trabajo, sin la vivienda necesaria), las parejas carentes de todo, mientras otras nadan en la abundancia; ¡a ver cómo se promueve la justicia social, el salario familiar, la política de vivienda, la de igualdad de oportunidades culturales, médicas, etc. Es decir, la solución de convergencia!

## Proteger siempre la familia y sus derechos[7]

¿Quién puede hacer balance, inventario, historia de lo que la familia ha supuesto y es para bien de la persona humana y de la sociedad? Especialistas de las culturas antiguas y modernas, juristas de ayer y de hoy, estudiosos de las ciencias bíblicas y religiones extrabíblicas se encuentran ahí, en la familia, con algo que es preciso respetar, venerar y proteger; y es que "la salud de la persona humana y de la socie-

[7] JUAN PABLO II, *Al Consejo de Secretaría del Sínodo* (22.III.81); cf. "L'Oss. Rom." (22.III.81).

dad depende, en gran manera, del matrimonio y la familia'' ha dicho el Concilio Vaticano II (GS 46-52).

Ahora bien; siendo la familia célula básica de la sociedad, es sujeto de derechos y deberes anterior al Estado y a toda otra comunidad. Los Estados que no cuidan debidamente ni protegen eficazmente la familia socavan sus propios cimientos y se deterioran sustancialmente, por dentro, a sí mismos. Ante estas consideraciones, fundamentales, surge un clamor que hasta aquí debiera ser unánime de que el Estado reconozca y proteja la familia con leyes e instituciones de todo orden favorables a su firmeza y estabilidad, salvando siempre —claro está— el principio de subsidiariedad, es decir, no debiendo irrumpir en la intimidad de la familia en lo que ésta pueda por sí misma y ayudando eficazmente en aquello a lo que la familia no llega con sus propios medios, al fin y al cabo reducidos, a todas luces insuficientes para determinados fines que le son necesarios: cultura, sanidad, vivienda, etc.

¿Cuáles son en líneas generales estos derechos de la familia? En primer lugar está el derecho de ser, existir y progresar "en familia", derecho que asiste a todo hombre y mujer que viene a este mundo; derecho también por su parte de todos para fundar una familia sin que la pobreza sea causa suficiente, mucho menos justificante para discriminar a las personas a niveles tan fundamentales e igualitarios como éste. Y para que no quede esta formulación a nivel de meros principios, hay que urgir a renglón seguido la necesidad de que ese proyecto de vida sea dotado de medios adecuados, no se dice que lujosos ni superfluos; éstos quedan recortados en pro y en beneficio de aquéllos, los necesarios e indispensables que debieran llegar a todos.

A continuación hay que reconocer al matrimonio el derecho a ejercer la misión de trasmitir la vida y el deber de protegerla desde su misma concepción (no hay "Carta" de derecho al aborto) y sí, claro está, el derecho y el deber de educarla. A este respecto la encíclica "Populorum progressio" del papa Pablo VI había delimitado bien el horizonte de las competencias estatales diciendo que éstas abarcan tan sólo el derecho y el deber de informar sobre las posibilidades alimenticias, culturales, etc., de un país, y hasta a dar consignas sobre el número de hijos pero sin imponer —jamás—

medios ilícitos, mucho menos drásticos, de limitación de natalidad, ni entrometerse en la conciencia y libertad de los esposos para tener un hijo más o un hijo menos. En este punto las ayudas económicas a países subdesarrollados a cambio de aceptar, ¡y hasta comprar!, anticonceptivos están viciadas sustancialmente y por consiguiente descalificadas.

Hay que salvar también la intimidad de la vida conyugal y familiar y los medios necesarios para protegerla: lo cual incluye la posibilidad de trabajo y vivienda, ojalá que digna y adecuada por su repercusión en la paz y seguridad de la familia, es decir, de su convivencia. Y ¿cómo es que legisladores de algunos países, no pocos legisladores, apenas hacen caso de todo esto ocupados y preocupados en divorcios y despenalizaciones que ocupan el primer plano de sus miradas al matrimonio y la familia?[8]

Se reconoce a la familia el derecho a creer y profesar la propia fe y a protegerla; y a los padres el derecho también a educar a los hijos según las propias convicciones y valores religiosos y culturales; y a que se les dote de los medios necesarios, salvando la justicia distributiva.

En tiempos de tanta inseguridad, raíz y causa de que muchas parejas se abstengan de tener más hijos y hasta de tenerlos, a nadie extrañará el llamamiento de tantas personas de buena voluntad a favor de más seguridad física, laboral, social, política y económica; y si hay algunos privilegiados en este sentido, han de ser los pobres, enfermos, débiles y los más necesitados.

Y para defender todos estos derechos, es preciso reconocer a las familias el derecho de representación y libre expresión ante las autoridades públicas de todo orden tanto en el plano civil como eclesiástico; derecho que pueden ejercerlo las familias por sí mismas o por medio de asociaciones; con lo cual se reconoce implícitamente el derecho a crearlas con la sola determinación de la bondad del fin y de los medios: "para que la familia cumpla su misión apta y adecuadamente".

De principio a fin, una "Carta" de los derechos de la familia debe proteger a los niños y adolescentes contra toda manipulación de drogas, pornografía, alcoholismo que se filtran "en casa" de tantas maneras, malas maneras. Dada la

[8] LARRABE, JOSÉ LUIS, *Postura cristiana ante el aborto* (Madrid 1985).

densidad de población —y polución— de grandes urbes modernas ¿cómo no insistir en el derecho al ocio —y lugares aptos para el mismo— lo cual repercutirá en pro y en beneficio de la familia y la convivencia ciudadana, encrespada no pocas veces por ésta y otras causas arriba mencionadas?

El derecho al trabajo —ojalá que en el propio país— y de emigrar si no es posible así, de emigrar "en familia" no sólo y separadamente el esposo y padre, tiene que ser también afirmado y eficazmente protegido entre los derechos de la familia.

## CAPÍTULO VII

## *DESDE EL CONCILIO VATICANO II HASTA NUESTROS DIAS*

### *I. La Iglesia quiere, ante todo, acoger y evangelizar a los novios*

#### 1. Doctrinalmente

Supuesta esta acogida, decisiva, doctrinalmente interesa en gran manera saber y aclararse mejor, en qué consiste el sacramento del matrimonio, cuáles son sus elementos constitutivos tanto a nivel básico de antropología (amor interpersonal) como de teología del sacramento: por ejemplo, la referencia intrínseca de esta sacramento al bautismo; también, la fe necesaria; y cuál ha de ser la intención específica o motivación de los que piden casarse en la Iglesia: en qué consiste la "intención de casarse por la Iglesia", intención ciertamente necesaria para la sacramentalidad del matrimonio cristiano.

#### 2. Pastoralmente

Pastoralmente es necesario promover, potenciar y coordinar la acción de las comunidades eclesiales a favor del matrimonio y la familia: cómo prestar este *servicio* de preparación de los novios al matrimonio cristiano; la digna celebración sacramental, y luego, el seguimiento pastoral a la familia así constituida, prestándole todos los servicios humanos y evangélicos a su alcance, es decir, tendiendo a la solución integral al respecto.

No nos ha de asustar, si queremos trabajar con realismo y acierto en esta materia, compleja y delicada, el desconcierto y la desorientación de muchas parejas de novios a ambos niveles (doctrinal y pastoral). En cambio, no debería ser así en lo que a los agentes de esta pastoral específica se refiere:

en los seglares y sacerdotes que prestan este servicio de tanta significación y trascendencia, decisivas para el futuro de la Iglesia y de la sociedad misma: nosotros hemos de partir de una identidad clara hacia una programación coherente.

Así pues, parroquias y movimientos familiares, personas vocacionadas para esto e Instituciones todas, promovidas y coordinadas diocesanamente, han de trabajar con coherencia para lograr los objetivos pastorales que aquí se proponen y que no son otros que los del Concilio Vaticano II y de la Iglesia concliar y posconciliar.

## 3. Vertientes fundamentales

¿Vertientes fundamentales que hay que mantener en claro y en alto y potenciar con ahínco pastoralmente? En primer lugar, el matrimonio en sí, como "íntima comunidad de vida y amor conyugal" (GS 48), es decir, la *antropología* del matrimonio subyacente en el Concilio Vaticano II en conformidad con las ciencias del hombre; también, como dimensión importantísima ¿cuál es su valor o vertiente *social*? Y ¿cuáles son los constitutivos internos del *sacramento* mismo como tal? A estos tres aspectos, fundamentales, se pueden reducir, quizá, los demás puntos de interés, muchos, sin duda, tratándose de una realidad tan rica en valores y aspectos como es el matrimonio y la familia.

## 4. ¿Hacia dónde?

¿Hacia dónde debe orientarse la tarea prioritaria de la Iglesia en este tema? Hacia una *educación permanente en la fe* (siendo este elemento tan importante a juicio del Vaticano II para éste y todo otro sacramento: SC 59) y hacia la vinculación, ojalá que estrecha y comprometida, de las nuevas parejas así preparadas y constituidas en matrimonio y familia, con las comunidades eclesiales a las que van a vivir, dada la dimensión eclesial de este sacramento (SC 26.27). Casarse "por la Iglesia" es como un nuevo nacimiento dentro de ella a participar en su vida y colaboración.

### 5. Tarea de toda la comunidad

Esta pastoral, dada la opción de Pueblo de Dios en corresponsabilidad hecha por el Concilio Vaticano II (LG 11) corresponde en primer lugar a los propios seglares casados, a los novios mismos y matrimonios, animados y ayudados, eso sí, por los pastores de la Iglesia y toda la comunidad eclesial, sobre todo parroquial (tratándose del matrimonio). Ellos son no sólo destinatarios, sino también sujetos activos y responsables de esta su preparación y su participación luego en la vida de la Iglesia.

### 6. ¿Preparación obligatoria o necesaria?

Siempre hemos sido y somos partidarios de no cerrar esta cuestión a modo de dilema, mejor diríamos sofisma: "si no es obligatoria no lo hacemos". Un tema tan importante tiene que ser enfocado desde otro ángulo distinto y superior: el de la *necesidad* (que dice más que la mera obligatoriedad) de evangelización y catequesis para celebrar debidamente un sacramento, éste y todos los demás (SC 59), por ser sacramentos de la fe y acontecimientos eclesiales (SC 26.27). Se trata, en todo caso, de un *servicio* pastoral; en primer lugar, para las mismas parejas de novios y matrimonios ("así somos más felices", nos lo han dicho tantas veces) no debiendo interpretarse esta preparación como si se tratara de poner obstáculos o "pegas" en el acceso al matrimonio, mucho menos como impedimento canónico, sino como *ayuda y servicio* desde muchos y muy necesarios aspectos: los primeros beneficiarios son ellos mismos, los novios: así lo dicen la mayoría de las parejas al dar por terminada dicha preparación (incluso les resulta corta e insuficiente según su propia confesión).

### 7. En esta hora del posconcilio

En el fondo no es más que una nueva lectura, misionera y pastoral, del Concilio, y su puesta en práctica comenzando por este acercamiento de la Iglesia, en solidaridad y fe, al mundo de los novios y de la familia, y desde una opción evangelizadora, llegar a una liturgia viva y renovada en sus celebraciones (tanto de éste como de otros sacramentos: "no como mero acto social") y formar así unas comunidades vivas y vitales.

Dos aspectos más han de destacar en esta hora de posconcilio, puestos en claro ambos y que no se excluyen mutuamente, sino que se incluyen y complementan: *la fe necesaria* para la celebración de los sacramentos y *la libertad religiosa*, por otra parte: ambos aspectos han sido proclamados por el Concilio Vaticano II suficientemente (al menos no hay por qué esperar para poner manos a la obra en este campo de la pastoral matrimonial y familiar, a que se aclaren definitivamente todos y cada uno de los problemas doctrinales y teológicos relacionados con el matrimonio cristiano: en la espera prolongada de que se haga de día, mediodía, se nos haría de noche...).

Antes bien, el Concilio nos ha dado unos trazos fundamentales para echar a andar decididamente en esta pastoral y caminar acertadamente hacia los objetivos evangelizadores y comunitarios que se trazó aquel Concilio y que están todavía necesitados y a la espera de su puesta en práctica: por una parte, primera y prioritaria, *despertar la fe* (quizá no necesite más que eso la fe de muchos jóvenes y de muchas parejas: "despertar" su fe latente); por otra, una vez que se ha acogido y se ha tratado de hacer evangelización y catequesis adecuadas para este sacramento, respetar la libertad religiosa proclamada por el Concilio, según la cual *a nadie se debe obligar* —mucho menos contra su voluntad— a practicar o recibir sacrametos (DH n.1,2.20). Porque si la intención de los novios fuera diversa y hasta adversa a la de "hacer lo que hace la Iglesia", no se puede celebrar sacramento alguno, tampoco éste.

## 8. Un nuevo giro de la historia en el mundo

Nos encontramos, sin duda, en un nuevo giro de la historia en el mundo entero también en lo que a la sexualidad (y demás problemas relacionados) se refiere: en efecto, por una parte, la sociedad de consumo negocia hasta con el sexo, estimulándolo primero hacia nuevas y rebuscadas formas y necesidades; y ganando, luego, enormes e ingentes sumas de dinero tratando de ofrecer su satisfacción "variada"... A esto deben añadirse causas de orden político, económico y cultural: "represivas" unas, "liberadoras" otras y hasta partidistas en el peor sentido de la palabra: de imponer la ideología y propaganda propia como objetivo, en lugar de optar objetivamente por una antropología seria, científica y hasta prudente por tratarse de materia delicada (al menos este adjetivo debiera aceptarse por unos y por otros).

Nos encontramos, pues, ante un nuevo "descubrimiento" del sexo; pero lo que importa destacar aquí y ahora es que no se ha puesto idéntico interés en descubrir el *sentido* y *significado* del sexo: tanto a nivel personal, como social y, en nuestro caso, religioso: desde la fe: asumir en la catequesis la sexualidad como se asumen y se iluminan y educan otros aspectos humanos: el dinero, la actuación privada y pública, la vida misma, en fin: "nada humano hay que considerarlo ajeno a la catequesis"; y el sexo, lo es.

## 9. Tres actitudes fundamentales en la Iglesia

Nos parecen necesarias a la hora de abordar estos problemas, a saber:

1.ª En primer lugar, una actitud *positiva* respecto al sexo (sin dualismos ni maniqueísmos): que el sexo no es malo, es hechura de Dios ya que "varón y mujer los hizo Dios"; y "vio Dios lo que había hecho y le pareció bien" (Gén 1 y 2); 2.ª la perspectiva *cristiana* y de *fe:* sin la fe quedan muchos enigmas del sexo sin aclarar: el hombre y la mujer, su relación mutua, el sentido último (no sólo primero) del matrimonio, etcétera; 3.ª una actitud *pastoral* de la Iglesia, toda ella, en torno a temas como: la valoración vocacional del sexo y su educación correspondiente; la preparación adecuada al sacramento del matrimonio evitando también que se contraiga prematuramente por la razón que fuere: embarazo prematuro (que nunca es razón para un matrimonio prematuro o inmaduro, lo cual equivaldría a querer poner remedio a un mal menor con un mal mayor): vigilar la falta de madurez psicológica, no sólo la falta de edad...

sino también la falta de seriedad en la vida... Y promover, desde esta actitud pastoral, la solidaridad y apoyo para con el matrimonio y la familia a todo nivel (salvando siempre las competencias necesarias); y acentuar los medios propios del Evangelio: la fe y la oración, el sacrificio y la seriedad a la hora de embarcarse en una vocación de por vida como el matrimonio (no sólo en los votos y el celibato sacerdotal); promover el trabajo para todos y la justicia social familiar, la igualdad de oportunidades culturales, médicas, etc.

## 10. Partir de la situación concreta y real en que nos encontramos

Teniendo en cuenta los cambios del mundo actual y de la sociedad en que nos encontramos: en efecto, el mundo actual se encuentra en profunda crisis no sólo religiosa y de fe, sino también cultural, política, social, etc. Y concretamente en el campo del matrimonio y la familia: despenalizaciones y regulaciones del divorcio, aborto, ciertas drogas y un determinado concepto de educación sexual que dista mucho de favorecer la educación cristiana en esta materia...

Y en el ámbito religioso y moral del hombre actual, existen dificultades para percibir y vivir los valores morales y evangélicos del matrimonio, al estar concebido éste como proyecto de vida intramundano, sin ulterior significado y trascendencia. Se dan también las ideologías extremas y materialistas de un lado y otro que dificultan la visión integral de la vocación del hombre y la mujer: su dignidad humana y su libertad, su promoción personal e intersubjetiva propias del matrimonio y necesarias para la familia.

## 11. Misión de la Iglesia hoy

En toda hipótesis, máxime en la actual situación, a la Iglesia corresponde tener un talante *acogedor:* acogida y evangelización; solidaridad humana y compromiso a favor del matrimonio y la familia; de esta manera preparar adecuadamente a las nuevas parejas de novios al sacramento del matrimonio y acompañar, con una buena pastoral de seguimiento, a los que viven en ese estado de vida, sobre todo a quienes se encuentran en dificultades de cualquier tipo "ayudando en todo caso a los matrimonios en la búsqueda de la solución de problemas tan complejos" como nos decía y dice el Concilio Vaticano II (GS 46-52).

## 12. La sociedad y la familia

A la sociedad pertenecemos por nuestra corporeidad y sexualidad; por la relación interpersonal del matrimonio y por los hijos (en la familia); muy lejos, por tanto, de la privatización de este tema como si se tratara solamente de una cuestión de puras conciencias. A la sociedad civil, también a ella, corresponde proteger y promover el matrimonio y la familia en todos sus derechos y deberes, con todos los elementos *positivos* a su alcance: con la cultura y la economía (ésta no es fin sino medio para la persona y la familia); defender la estabilidad del matrimonio y la familia (y no atacarla y bombardearla desde los medios de comunicación social); promover la igualdad de oportunidades, la promoción de la vivienda (una vivienda digna para todos), el trabajo —también para todos—, no, pues, la acumulación de "enchufes" y riquezas en manos de unos pocos "privilegiados": ¿es tan difícil ponerse de acuerdo en valores tan fundamentales? No lo creo. Pero...

Uno presiente y adivina que hay algo que es más de fondo: la "filosofía" que se esconde detrás de determinadas actuaciones públicas que, por consiguiente, tendrían valor de sintomáticas... En el fondo está la cuestión fundamental de ¿qué concepto de persona, de sociedad, de libertad y de futuro del hombre se quiere propugnar? He ahí la cuestión de fondo, si no queremos quedar en la superficie; ése es el reto a la Iglesia en el mundo actual (tal como *comenzó* a afrontar la Constitución Pastoral *Gaudium et spes* de la Iglesia en el mundo actual, siempre actual). Por ejemplo: civilmente ¿qué filosofía del matrimonio se tiene, qué preparación se hace y exige, cómo dignificar su celebración a los que optan por ese camino, con qué delicadeza y atención se tratan las causas matrimoniales jurídica y judicialmente, cómo resquebrajará los valores morales la "regulación" (nada menos que) del aborto? ¿Es correcta la educación de niños, adolescentes y jóvenes en centros educativos (públicos) debiendo abarcar limpiamente, honradamente, el tema del sexo, el respeto a la mujer, la dignidad y calidad de los medios pedagógicos y de comunicación social, etc.? Y, por parte de la Iglesia, ¿no habrá que insistir —junto con la educación en la fe— también en la justicia, en la sexualidad, en el dinero, en la vida privada y pública, en definitiva educar para la vida?

## 13. Luces y sombras en la sociedad actual

Existen puntos fundamentales en esta materia de matrimonio y familia que a una y otra sociedad interesan: a la Iglesia y a la convivencia ciudadana: por ejemplo, las características fundamentales que a todo matrimonio convienen: la firmeza y estabilidad en el amor; su fidelidad mutua, su apertura y dedicación a los hijos; la promoción de la mujer, el respeto a la vida, a toda vida, incluso antes de que nazca, ya desde el primer momento de su concepción, etc.

Una y otra sociedad, civil y eclesiástica, debieran aprovechar no pocos aspectos positivos y favorables al matrimonio y la familia que la sociedad actual ofrece: en efecto, el mundo moderno, junto a sus sombras, muchas, ofrece también luces al respeto: el aprecio y estima del amor interpersonal, la relevancia del complemento mutuo de los esposos en el cuadro de los fines del matrimonio; la dimensión social de la realidad matrimonial (lejos de toda privatización a ultranza); la solidaridad con los pobres, humildes y necesitados; una mayor atención hacia los marginados y discriminados; asimismo el interés, creciente, por los enfermos, ancianos, niños, deficientes, huérfanos, etc. Otro tanto se ha de decir acerca de la sensibilidad en favor del matrimonio de los pobres (¡al menos teóricamente!) aunque queda mucho que hacer en el plano de la práctica: ¡baste citar a tantos millones que mueren de hambre cada año; casi la mitad de ellos, niños!

## 14. El Sínodo (1980) y la exhortación apostólica "Familiaris consortio", de Juan Pablo II

Un plan de pastoral familiar hoy tiene que situarse en línea de continuidad y coherencia con el Sínodo reciente sobre el matrimonio y la familia y con la exhortación apostólica FC de Juan Pablo II en que se quiere ofrecer —así se dice al comienzo mismo del documento pontificio— *una Iglesia al servicio de la familia,* convencida —de principio a fin— de que ésta es una célula vital y primordial de la Iglesia y de la sociedad.

Es muy distinta y variada la situación del matrimonio y la familia en el mundo, dice el Papa: hay quienes tratan de permanecer fieles —denodadamente— a los valores fundamentales de la familia; y quienes están perplejos, inciertos y hasta desanimados; no faltan los que se encuentran en estado de duda e ignorancia "respecto al significado último y a la verdad de la vida conyugal y familiar" (FC n.1). El Papa se hace eco también de la situación de injusticia en que se debaten no pocas familias, impedidas así de realizar sus derechos fundamentales (n.1).

El hacer un buen diagnóstico desde un principio le parece al Papa de todo punto necesario en este tema del matrimonio y la familia, dadas las diversas, muy diversas, situaciones existentes en la realidad, para luego buscar las causas, también diversas, y así ofrecer un proyecto familiar ética y evangélicamente válido para los creyentes y también para todo hombre de buena voluntad. Es un servicio humilde pero grandioso que la Iglesia se siente llamada a ofrecer al mundo de hoy; particularmente se dirige el Papa a la juventud actual, "a los jóvenes que están para emprender su camino hacia el matrimonio y la familia, con el fin de abrirles nuevos horizontes, ayudándoles a descubrir la belleza y la grandeza de la vocación al amor y al servicio de la vida" (FC 1, al final).

# *II. Amor humano y matrimonio*

## ASPECTOS BÁSICOS Y FUNDAMENTALES

### A) El amor humano

#### 1. LA DIGNIDAD DE LA PERSONA Y EL AMOR

El amor está basado en la dignidad de la persona humana: en su vocación intramundana y trascendente. La persona significa lo que es más digno y perfecto en este nuestro mundo; no es, pues, razonable y maduro el amor que no ha descubierto a la persona y su dignidad; su misma existencia constituye y sitúa a la persona en la categoría de un bien en sí misma; la persona no es medio, sino fin en sí misma. Esta relevancia de la persona y su dignidad han sido destacadas, por una parte, por las ciencias humanas (antropología y psicología fundamentalmente) y, por otra, recientemente, por el Concilio Vaticano II, sobre todo en su Constitución pastoral sobre la Iglesia en el mundo actual (I Parte y n.46-52).

#### 2. LA RELACIÓN INTERPERSONAL EN EL AMOR

Siendo la persona humana valor supremo en el mundo, no es puro medio, sino término de nuestro amor; no debe, pues, ser subordinada a nada ni a nadie en todo el orden humano (económico, social, político, etcétera). Incluso en el matrimonio, la otra persona no es puro medio o instrumento para lograr unos fines, los que sean, sino que tiene igual dignidad humana, igual vocación. Esta igualdad fundamental en el orden humano es y entra como constitutivo fundamental del matrimonio concebido como "íntima comunidad de vida y amor conyugal" (GS 48).

#### 3. ¿CÓMO EXPRESAR CONCEPTUALMENTE EL AMOR?

Por una parte, el amor es la realidad más expresiva; por otra, no es fácil expresar conceptualmente con toda su riqueza la experiencia y vivencia del amor. El amor requiere presencia y continuidad en el tiempo. De lo primero se deduce la importancia de vivir juntos en el matrimonio; y de lo segundo (de la condición temporal del hombre), la firmeza y estabilidad del amor matrimonial; y es que a través de su condición temporal, la persona humana va desplegando toda la riqueza de su amor, que no se podía expresar en los límites efímeros de un solo gesto temporal instantáneo. El que ama de verdad lleva una íntima aspiración de que ese amor sea estable, permanente, para siempre. En la extensión a través del tiempo, el amor manifiesta y desarrolla toda su virtualidad. Mientras para el animal el amor es un momento más o menos pasajero, determinado por el instinto y por los factores biológicos, para el ser humano, en cambio, está íntimamente ligado a la comunidad estable en la libertad y el amor. A través del tiempo el amor se madura, se prueba, se consolida; tanto es así que cuando se hace elogio del amor, se emplean adjetivos como: constante, asiduo, fiel, estable, permanente y hasta perpetuo: "para siempre".

## 4. El factor psicobiológico del amor

El aspecto preconsciente del amor es anterior al consciente: éste elige las vías y momentos de su realización, pero no puede dar por inexistente la presencia intrínseca y las exigencias psicobiológicas del amor, como tendencia del ser humano a la relación, conservación y expansión; y para ello, al desarrollo de sus propias potencialidades latentes. En la persona humana, esta apetencia natural lleva al hombre no sólo a conservarse y a desarrollarse en todas sus virtualidades individuales, sino que lo empuja también a irradiarse de muchas maneras; en lo que al matrimonio se refiere, el hombre y la mujer se sienten portadores de un amor y de un poder que los trascienden incluso más allá de sus relaciones interpersonales: se trata de un amor por su misma naturaleza ordenado a la prole, al hijo, como expresión y realización de ese amor interpersonal (GS 46-52).

## 5. Dinamismo trascendente del amor

Las personas humanas, seres limitados y contingentes, sin embargo, nos afirmamos como seres absolutos y eternos;

y no podemos cerrarnos en el plano de la existencia, sino que nos afirmamos en todo lo que somos y hacemos como tendiendo hacia la fuente y la meta de la vida, de toda vida; no somos seres cerrados definitivamente en nosotros mismos, sino tendiendo hacia el bien infinito, fuente de toda vida y amor, a través del amor a los demás.

## 6. La calidad de la persona en el amor

De ahí que la calidad de la persona está en función de su apertura y de su amor; no sin razón se dice que "la persona vale lo que vale su amor"; bien entendido que el amor perfecciona no sólo al que ama, sino que promueve y ayuda a desarrollarse a la persona amada. ¿Qué decir de una persona que no ama, que vive sólo para sí? Todo ser, en cuanto que es y existe, se ama a sí mismo; pero al mismo tiempo es y debe ser amable para los otros; amabilidad que se da de forma limitada y participada en nosotros, en los seres humanos; y con perfección infinita en Dios, descubierto a través del amor humano: este es el último fin de todo amor y de todo matrimonio.

## 7. Espontaneidad y libertad en el amor

La libertad aparece siempre como cualidad específica del amor humano; y sin embargo, el amor de la persona humana, espíritu en condición corpórea, se revela también como dinamismo dado, descubierto en nosotros como espontaneidad de instinto, encontrado en nosotros, no inventado por nosotros mismos. Pero en toda hipótesis, el amor no se agota en la materialidad y el determinismo de los hechos, mucho menos de las cosas, sino que significa y causa presencia de valores superiores: todo amor, si lo es de verdad, lleva a bienes y fines más elevados que la materialidad de los gestos y hechos en que se expresa. No hay que mirar los actos en su materialidad, sino ¿de qué son signos y a dónde llevan?

## 8. El amor y la generosidad

Amor y generosidad llevan a la experiencia de lo gratuito; el descubrimiento del valor y de la dignidad de la persona humana nos ponen ante un nuevo dinamismo: el de poder salir de nosotros mismos, de nuestro egoísmo, no por exigencia intrínseca del instinto, sino por la liberalidad para con los demás; de forma específica en el matrimonio como "íntima comunidad de vida y amor" (GS 48). Pero el matrimonio no es la única experiencia del amor y de lo gratuito: toda otra vocación en el mundo y en la Iglesia es también vocación de amor: las dedicaciones humanitarias al progreso de las ciencias, la vocación a la virginidad y al celibato bien entendidas son y están vitalmente relacionadas con las dimensiones del amor auténtico (aunque sin mediación de lo propiamente sexual).

## 9. Amor no posesivo, sino puro y comunicativo

La extensión del amor a las cosas, poseyéndolas, no aplaca el dinamismo de nuestro ser y amar. No se supera la soledad y la angustia de la propia existencia saliendo de sí para poseer y tener cosas, para disfrutar simplemente de las personas, sino amando a éstas por sí mismas, porque en cuanto que son y existen, no se oponen a mi ser y mi existencia: no hay rivalidad entre el ser de los demás y de mi propio ser, antes bien la comunidad de ser funda la comunidad de amor. Esta rivalidad no existe entre personas, sí en el afán posesivo de las cosas y de las riquezas; éstas en la medida en que están en manos de otro, no pueden estar en las mías. En cambio, en la relación de las personas puede haber una interacción beneficiosa: el amor hace crecer a la persona amada y a la que ama.

## 10. Disponer de sí y darse a los demás en libertad

El que está disgregado y dividido en sí mismo no dispone de sí y, por consiguiente, no puede darse por entero y en libertad (que no la posee). El amor se demuestra no en la división y fragmentación, sino en la unidad coherente de sí mismo y en la libre donación al otro. Ofrecerse, llamar, corresponder son verbos expresivos y activos cuando hay amor; las formas de este ofrecimiento y aceptación serán distintas según las diversas vocaciones tanto en el orden humano como religioso.

### 11. Amor ofrecido que quiere ser correspondido

En el matrimonio hay un amor ofrecido, siempre ofrecido, y un amor libremente asumido cada día; o rechazado... incluso cuando se viva y conviva bajo un mismo techo; un signo de este rechazo, no el único, puede ser el adulterio, no sólo el adulterio de hecho, sino el afectivo (Mt 5,28): el Evangelio avisa de que incluso de pensamiento se puede ser adúltero.

## B) El amor conyugal

### 12. Amor conyugal

El amor conyugal se inscribe en el contexto del amor encarnado; el amor conyugal es una forma específica de amor que no niega los demás componentes del amor (distintos del sexo) sino que los lleva a síntesis coherente. Se trata, más bien, de un amor en el que tienen gran relieve e importancia decisiva los aspectos interpersonales y de complemento mutuo en todos los órdenes: psicológico, cultural, espiritual, sexual. No se trata, pues, de un determinismo de la "voz de la carne y de la sangre" como única manifestación del amor, sino que, tratándose de personas humanas, los valores psicosomáticos son asumidos en libertad y amor en cuanto a las vías y modos, variados, de expresión y manifestación de ese mismo amor mutuo. Todo reduccionismo polarizante en cuanto a los modos de expresión del amor solamente a lo sexual puede ser nocivo y perjudicial como lo es la actitud despectiva o displicente de este factor sexual por parte de uno de los dos esposos, o de ambos.

## 13. Amor de "hombre" y "mujer", abierto a los hijos

Hombre y mujer en íntima unión y comunión de amor, se hacen también principio generador y educador de un nuevo ser humano; ambos en el acto generativo tienen la máxima actualidad del ser humano, de la naturaleza humana bisexuada, cuya perfección no se agota en el hombre, ni está sólo o privilegiadamente en la mujer, sino en la unión de ambos desde este punto de vista de la vocación matrimonial.

En realidad, el amor humano, en cualquiera de las vocaciones, es *de alguna manera* encarnado: con expresión corporal; siendo personas humanas, es decir, espíritus en condición corpórea, no espíritus puros, no pueden prescindir de signos y expresiones corporales, no necesariamente sexuales, siendo éstas propias y exclusivas del amor específicamente matrimonial, porque suponen mutuo compromiso total y aceptación de la socialidad de esta "íntima comunidad de vida y amor conyugal".

En lo que al matrimonio se refiere, la mediación corporal y sexual, lejos de ser separación de espíritu, ha de contribuir poderosamente, decisivamente, a su comunión de vida y amor, incluso espiritual. Pero puede comportar también algunos peligros si se tratara de gestos vacíos y sin amor: el gesto corporal, lejos de traducir todo el amor de la persona, puede a veces no expresarlo debidamente, incluso puede llegar a empobrecerlo, puede ser vacío y hasta mentiroso y egoísta; puede incluso ser ambiguo y tener diversos significados, no siempre los gestos externos son traducciones del verdadero amor.

## 14. Hombre y mujer, distintas personas unidas en el amor

Importa destacar en un primer momento esta distinción de personas para que el amor sea unión, no confusión de sexos... Dos personas que se aman, en este caso dos esposos, en su más íntima unión (en la que parece que se funden totalmente sus vidas) notan, sin embargo, la distinción y la distancia misteriosa y de alguna manera impenetrable que existe entre ambas personas; alteridad que se afirma en la reciprocidad del don, un don gratuito tratándose del amor; no remunerado: no es lo mismo *reciprocidad,* que se da, a diferencia de la *remuneración,* que no puede ni debe darse: el amor es gratuito y gratificante.

## 15. Amor de reciprocidad

El amor tiende a la reciprocidad; pero como se trata de personas libres, la correspondencia es también libre, no exigida, mucho menos violentamente y a la fuerza. La psicología actual habla de violación hasta en el seno del matrimonio. En cambio, escuchar, aceptar, dialogar, darse, son expresiones fundamentales que llenan de contenido ese amor.

## 16. Amor interpersonal

El amor tiene su pleno significado entre personas; no así de persona a cosa (polarización y desviación propias de la sociedad de consumo); tampoco de personas a animales... La psicología actual descubre a veces y avisa siempre en estos puntos suspensivos no pocas anomalías y hasta desviaciones afectivas, fruto quizá de determinadas campañas orientadas a llenar el vacío y la falta de hijos por estas otras soluciones, que no lo son.

## 17. Antropología humana y sexo

Existe hoy toda una tendencia, un clamor, desde las ciencias humanas deseando y pidiendo que el sexo sea considerado en el contexto de la relación interpersonal de los esposos y en el contexto global de los demás valores humanos y espirituales. El matrimonio no es sólo un esquema intramundano, de tejas para abajo, sino también de vocación integral y trascendente. Cuando se cultivan estos valores ulteriores, significados y facilitados en la vida matrimonial, se está en el umbral y al borde de descubrir la dimensión trascendente y espiritual del matrimonio mismo como tal, no sólo del sacramento del matrimonio.

## 18. Complementariedad en el amor de esposos

La diversidad de sexos les es motivo de unión: funda en el matrimonio una de las principales riquezas: la de dar a la persona que se ama ese complemento de perfección que la otra parte necesita; en cuyo caso, el término del amor es la otra persona (no uno mismo): con amor puro, comunicación, de amistad desinteresada, de benevolencia pura y gratuita. Para ello no basta la mera unión física que puede engañar pensando que se ha superado el propio egoísmo y aislamiento solitarios...; pero esta superación sólo se da cuando la unión física es vehículo del encuentro interpersonal de ambos esposos en el matrimonio. Y, puesto que los que se encuentran son las personas (no los cuerpos solamente), el amor conyugal debe realizarse en esa dimensión y valor interpersonal si no se quiere que quede reducido a mera genitalidad, escondiendo —en su apariencia de máxima unión— un aislamiento psicológico y espiritual a veces angustioso. En cambio, en los esposos que se aman de verdad, hay tal unidad y reciprocidad de cuerpo y alma, que es como si el espíritu se hiciera cuerpo y el cuerpo llegara a ser espiritual. Toda la vida de matrimonio debiera estar colorada y penetrada de amor; aunque los actos matrimoniales sean momentos privilegiados de ese amor, no deben existir reduccionismos del amor a "hacer el amor": el trabajo, la enfermedad, la fidelidad en las ausencias forzadas, las tareas —a veces arduas— de la manutención y educación de los hijos, ¿no son expresiones del amor matrimonial?

## 19. El matrimonio como proyecto de vida "y por vida"

Al menos así debe aparecer en la psicología de los novios que se casan: como proyecto vital interpersonal "para siempre". No sólo desde la fe, también desde un análisis serio y científico de la antropología y psicología humanas se puede llegar a la necesidad de firmeza y estabilidad en el amor, incluso al compromiso "para siempre". Las dificultades para ello, más que doctrinales y de aspiración humana, pueden ser existenciales: dadas por las características del mundo actual, víctima del desencanto fácil y de la inestabilidad en el amor en búsqueda ansiosa de variedad... El Concilio Vaticano II vio como fundamentos de la indisolubilidad del matrimonio como tal los dos valores principales del mismo: el amor y los hijos (GS 48).

## 20. Amor e hijos

Siempre hay que afirmar y hasta poner de relieve la importancia del amor y del complemento de los esposos en el matrimonio; en efecto, por la corporeidad el que ama posee cierta semejanza con la persona amada; y al mismo tiempo una diversidad y complementariedad con la otra parte (entre varón y mujer), con posibilidad de don y espera recíproca, que tienden a asemejarlos más y más profundamente y a una mayor complementariedad integral en la vida. Se buscan porque son semejantes y se asemejan más y más porque se aman.

## 21. Significación ulterior del acto de amor

El acto sexual no se agota en su materialidad, ni siquiera en su repetición, sino que ha de llevar dinámicamente hacia su significado ulterior, a saber, al amor integral, a la promoción mutua, a la dimensión comunitaria y a la vocación trascendente, a interpretar el sexo en el contexto de los demás valores intramundanos y trascendentes. Así resulta que aquel acto que parecía material y efímero llega a ser humano y hasta espiritual y admite grados de dignidad superiores en función de la mayor profundidad, interioridad personal y trascendencia. En efecto, puede llegar a ser semejante al amor puro y desinteresado de Dios hacia nosotros. Dios nos ama por el puro amor de promovernos, no de sacar provecho desde nosotros. Dios nos ama dándose a nosotros libremente y por pura comunicación de bien. Los esposos que se aman de verdad, pueden comprender mejor, desde su experiencia, el amor de Dios gratuito y gratificante hacia los hombres; otro tanto diremos más tarde, refiriéndonos al matrimonio cristiano, como signo y participación del amor de Cristo a la Iglesia (GS 48, basado en Ef 5,22-32).

Por otro lado, diverso y opaco, los cónyuges pueden privar a su matrimonio de esta significación profunda y trascendente, de esta apertura a los hijos y hacia la sociedad, en cuyo caso quedarían solos y aislados en su "egoísmo de a dos"; ahí está, acosando como tentación, la imagen de matrimonio cerrado y encerrado en sí mismo, matrimonio egoísta y burgués, que ha quedado como detenido y atrapado en la materialidad del sexo, del dinero, de las cosas: no ha hecho el salto cualitativo y trascendente del verbo "tener", "poseer" y "disfrutar" al verbo "ser"; no han pasado del signo a la realidad significada, del amor mutuo a la trascendencia en el hijo (si se puede); del proyecto meramente intramundano al más allá; del esquema de este mundo a la comprensión y vivencia de un dinamismo ulterior. Hacia estas metas tiende el matrimonio como tal máxime el matrimonio cristiano y sacramental, si se vive "en Cristo y en la Iglesia" (Ef 5,32).

## 22. El hijo, fruto del amor

Hay un hecho que ilumina ulteriormente las exigencias de este acto amoroso de los esposos en el matrimonio; es el hijo, la aparición de una nueva vida, una persona. El orden objetivo postula en el plano consciente y responsable de ambos esposos una actitud proporcionada, ya desde el origen, al fruto último de todo el proceso: es decir, que los esposos como padres tengan la responsabilidad proporcionada al hecho de traer una nueva vida a este mundo: en esa decisión y realización, los esposos expresan la máxima salida de sí mismos y se trascienden en el hijo precisamente por amor: un hijo para ser perfeccionado y desarrollado mediante la educación integral para la convivencia humana y mediante la evangelización y catequesis propiamente dichas, desde el punto de vista cristiano.

## 23. La familia como lugar de diálogo

Los matrimonios desean sin duda, en toda hipótesis, que la familia del futuro sea más amigable y dialogal a pesar de ideologías distintas, diversas y hasta extremas en los miembros de una misma familia. Aun en estos casos, hoy no poco frecuentes, la familia ha de ser y aparecer transida de personalismo, de respeto y diálogo para con todos y cada uno de sus miembros, como unidad de colaboración entre personas distintas, a veces muy distintas, pero unidas por el vínculo "familiar", irradiándose hacia el bien común de la sociedad y de la Iglesia misma, dándoles, a aquélla y ésta, una dimensión "familiar". El mundo entero debiera ser una familia; y la Iglesia debiera ser la verdad del mundo.

## 24. Crisis y oportunidad de la familia hoy

La crisis del matrimonio actual proviene, entre otros factores, del éxodo que hay en gran escala desde el campo a la ciudad, donde la vida es tan distinta y masificada en el anonimato; ahora bien, este éxodo se hace muchas veces perdiendo muchos valores fundamentales (tanto en el orden humano como religioso) si no hay una acción pastoral adecuada y anticipada de acogida y evangelización por parte de la Iglesia. Otro factor es el paso de la familia extensa a la familia nuclear, reducida; y la falta de trabajo, la escasez y estrechez de la vivienda, los salarios infrahumanos, la pérdida de valores humanos y espirituales, etc. Todos estos factores pueden, a veces, poner en peligro de rompimiento el matrimonio y la familia; rompimiento que es, en toda hipótesis, una desgracia, un drama, incluso una catástrofe; llegándose a veces, después de este rompimiento del matrimonio, a contraer —civilmente— una nueva situación "cuasimatrimonial". La actitud humana, eclesial y espiritual no puede ser de desinterés, mucho menos de displicencia, sino de cercanía, de acogida y evangelización. Tampoco basta una solución simplista, sino de convergencia: es decir, teniendo en cuenta todos los elementos humanos y espirituales que contribuyan a la solución de la crisis del matrimonio y la familia, hoy.

### 25. Hacia una solución de convergencia

Es preciso crear mejores condiciones de igualdad de oportunidades, tanto culturales como médicas, laborales, sociales, económicas, etc., en favor del matrimonio y la familia, sobre todo de los pobres y más necesitados. La Iglesia debe comenzar por esta solidaridad humana para, desde ella, llegar a la evangelización propiamente dicha en la pastoral de preparación, celebración litúrgica sacramental y posterior vinculación de los nuevos matrimonios a la comunidad eclesial: a su participación ulterior en la vida de la Iglesia.

## *III. El matrimonio como sacramento*

### 1. Realidad humana y sacramento de salvación

Para el creyente el matrimonio no es sólo una realidad terrena, un esquema sólo de este mundo, sino al mismo tiempo, si ese amor se vive como bautizados y creyentes, sacramento de salvación, es decir, misterio de comunión mutua y con Dios, vocación que "significa y participa de la relación salvadora de Cristo hacia la Iglesia" (cf. Ef 5,22-32; GS 48).

Aunque esta realidad terrena del matrimonio puede ser vivida en sí misma, independientemente de la consideración de fe, en la opción cristiana de "casarse en el Señor", que es lo mismo que "casarse por la Iglesia" (a esta identificación tiende la pastoral y la misión de la Iglesia en este campo), no debe haber separación, sino integración de esa dimensión humana en la celebración de fe y sacramento. Es esa misma realidad humana la que se eleva a sacramento si se dan los demás elementos constitutivos de éste.

El matrimonio del creyente y no creyente pueden ser dos experiencias materialmente idénticas, pero psicológica y espiritualmente distintas, muy distintas. El cristiano quiere vivir el matrimonio como lugar de encuentro entre sí y con Dios "precisamente a través del amor mutuo". Los esposos cristianos viven en el seno de su matrimonio la experiencia de un Dios gratuito, un Dios que ama en libertad "hasta el fin"; viven su amor como signo y participación del amor de Cristo a su Iglesia (Ef 5,32).

## 2. Amor elevado a sacramento

Misión de la Iglesia es, por tanto, poner en claro y en alto las dos dimensiones fundamentales del matrimonio cristiano: en primer lugar, el sustantivo "matrimonio" como "íntima comunidad de vida y por vida"; realidad básica y fundamental sin la cual no hay, no puede haber sacramento; y en segundo lugar (segundo pero no secundario) los elementos que llevan a que el matrimonio sea vivido como *sacramento* de salvación: no sólo con el amor humano, sino con la fe bautismal (SC 59) y la "intención de hacer lo que hace la Iglesia" (DS 1312).

## 3. El matrimonio como sacramento de salvación

Todo matrimonio como tal es bueno; pero no todo matrimonio es sacramento. El "sacramento" quiere decir que juntos celebran el amor mutùo como encuentro de gracia: que el encuentro mutuo de amor matrimonial, vivido en la fe bautismal, contribuye eficazmente en y hacia el encuentro con Dios. Será sacramento cuando el amor de hombre y mujer se vive en el interior de la Alianza de Dios con el hombre, de Cristo con la Iglesia. De ahí que la fe en Dios, la relación con Cristo y la vinculación —ojalá que compromiso— con la Iglesia sean necesarios para vivir en plenitud este sacramento, dice el Concilio Vaticano II (SC 26.59).

Quien no cree en Cristo podrá comprender el valor humano del matrimonio, pero no —*al menos explícitamente*— su valor cristiano. No hay cristianismo sin Cristo, sin participar en su modo de amar reflejado en la carta a los Efesios 5,32 y concedido sacramentalmente.

## 4. Lo propio y específico del sacramento

La específica aportación de la opción cristiana en relación con el matrimonio se sitúa en el orden de la intención fundamental (leída desde la Palabra de Dios, "no sólo dicha sino también creída") y de la gracia de llevarla a cabo proveniente del sacramento. La primera (la intención) se aclara desde la fe; la gracia proviene desde el hecho de ser sacramento, es decir, del matrimonio como signo y participación del amor de Cristo a la Iglesia (GS 48).

## 5. Las dimensiones del sacramento del matrimonio

Para cada esposo Cristo es el modelo de amor y entrega: El dio la vida —en libertad y amor— para que la otra parte, en este caso la Iglesia, exista en la plenitud de su ser y desarrollo. Otro tanto debe ocurrir entre los esposos cristianos en virtud de este sacramento (Ef 5,32); cada uno debe amar a la otra parte como al propio cuerpo (v.28), como a sí mismo (v.33) porque cada uno es verdaderamente la propia carne para el otro. Perder la vida en el amor es encontrarla: buscando la plenitud del otro, se logra —sin buscarla explícitamente— la propia plenitud. En todo el texto de la carta de San Pablo a los Efesios está considerado el amor de una forma pascual: es decir, morir a sí mismo para que el otro viva. Así resulta que en el matrimonio cristiano vivido "en el Señor" *(in Domino)* todo es amar, resucitar, comenzar, revivir hacia una vida nueva, siempre idéntica pero siempre nueva, como camino de santidad en que los esposos se apoyan mutuamente hacia Dios.

## 6. Para esto no basta el rito religioso

Los novios no han de esperar que el rito religioso del matrimonio vaya a operar en ellos una transformación casi mágica; el sacramento no es un talismán, ni una suerte al azar, como si una bendición pudiera llevarles automáticamente al fin deseado sin esfuerzos propios y conjuntados en su camino. El rito religioso debiera consistir en decir sí mutuamente, pero, al mismo tiempo, un sí a Jesucristo: el Sínodo 1980 sobre el matrimonio dejó dicho y puesto de relieve que "no se puede decir sí al sacramento sin decir sí al Evangelio"; lo cual es doctrina conciliar de la Iglesia proclamada en los cuatro últimos Concilios Ecuménicos de la Iglesia al respecto: DS 860,1327,1801 y GS 48.

Los jóvenes novios que se encuentran en el umbral del

matrimonio deben preguntarse: ¿en qué consiste el sacramento? ¿Qué papel juega el sacramento del matrimonio en favor de la calidad y crecimiento de su amor? ¿No tendrá algo que ver, mucho, con su felicidad y fidelidad? ¿Qué interpretación en la fe y qué fuerza trae consigo el sacramento como presencia transformante de Cristo en medio de su amor? Este capítulo es importante: descubrir y revisar las motivaciones que les llevan a casarse en la Iglesia, ojalá que también "por la Iglesia". Para las primeras comunidades cristianas "casarse en Cristo" *(in Domino)* y "casarse por la Iglesia" era lo mismo; para ello más que en el hecho del rito religioso, se fijaban y hacían hincapié en casarse como bautizados y creyentes: les parecía incomprensible que los que *son* miembros de Cristo y de la Iglesia por el bautismo, actúen de espaldas a Cristo y de la Iglesia a la hora de contraer matrimonio. Insistían, pues, en el dinamismo de la fe bautismal y en la coherencia con que ésta tenía que actuar en algo tan significativo en la vida de la persona y de la Iglesia (SC 26) como es el contraer matrimonio. Esto trae como consecuencia pastoral que si no se pone el acento prioritario en la evangelización previa (no sólo celebratoria) el rito religioso apenas tendrá sentido alguno de la fe, la fe necesaria según el Concilio (Sc 59), sino que se convertirá en un "acto social", algo así como un matrimonio civil contraído —eso sí— en los locales de la Iglesia, pero que distaría mucho de ser *en plenitud* matrimonio "por la Iglesia".

## 7. "Intención de hacer lo que hace la Iglesia"

Es dogma de fe (DS 1312) su necesidad por parte de los ministros del sacramento para la validez de éste. Y si esta intención fuera distinta y hasta opuesta a la de la Iglesia, ¿podría todavía seguir afirmándose que es sacramento por encima de todo, basándose solamente en el hecho de que se trata de dos novios bautizados, es decir, sin atender a la calidad sustancial del compromiso que contraen? Si hemos insistido en que hay que cuidar y promover la fe de los bautizados con ocasión —privilegiada— de su matrimonio, también hay que cultivar esta "intención de hacer lo que hace la Iglesia", en lo referente al matrimonio, tanto más cuanto que hay más crisis de fe eclesial que de fe en Dios y en Jesucristo. No en vano Juan Pablo II insiste en la *Familiaris consortio* en la necesidad de catequesis y evangelización de los novios en torno a los grandes temas de Jesucristo, la Iglesia y el sacramento (FC 66).

## 8. Ser y vivir como miembro de Cristo y de la Iglesia

Al acceder al sacramento del matrimonio hay que meditar su vinculación con el bautismo; en efecto, por el bautismo se *es* miembro de Cristo, pero no necesariamente se *vive* como tal; para ello se requiere la asimilación libre y la actuación psicológica de esa condición de bautizados; es decir, la fe bautismal, personalmente aceptada por cada persona adulta y comunitariamente compartida en la Iglesia con los demás. Los novios bautizados que se casan por la Iglesia tienen que ser instrumentos conscientes en manos de Cristo. Casarse por la Iglesia es una opción de fe (SC 59), aceptando así la gracia del matrimonio que es de amor, no sólo mutuo, sino universal en extensión, y vertical en cuanto que viene de Dios y les lleva a Dios: el sacramento del matrimonio da al amor mutuo esas proporciones universales y eternas. Todo esto es lo que se quiere decir de una u otra forma con la palabra "sacramento". La vivencia de la profundización eterna y de las dimensiones universales les viene desde y por las virtudes teologales de fe, esperanza y amor; de lo contrario corre el peligro de quedarse el matrimonio en "voz de la carne y de la sangre". Pueden llegar a celebrar los así casados bodas de plata y oro, pero, en lo que se refiere a los fines últimos del matrimonio, quedarían sin conseguir la calidad de la "plata" y el "oro", es decir, sin llegar a la realidad significada por el matrimonio, a sus fines últimos.

## 9. El consentimiento matrimonial cristiano

Aparece así no sólo como entrega y aceptación de dos personas en orden a formar una íntima comunidad de vida y amor, abierta a su perfección integral donde entra la función de padres y educadores, sino que toda esta realidad queda también iluminada por la fe y potenciada por la gracia, entendida ésta como participación real, viva y sacramental, de la forma de amar que Cristo tiene respecto de la Iglesia, del modo de amar que Dios tiene para con nosotros.

## 10. El matrimonio, sacramento permanente e indisoluble, no un sí momentáneo solamente

La fe y el sacramento ayudan a hacer realidad perenne el sí absoluto pronunciado en un momento dado, pero que tiene que realizarse luego como un sí histórico y existencial; ayudan a hombre y mujer a llevar a la práctica de cada día ese proyecto y compromiso vital único y para siempre que han contraído. La Iglesia y su pastoral tienen la misión de ser el ámbito donde esté facilitado el cumplimiento de este sí. La educación permanente en la fe y el espíritu comunitario son fundamentales desde el punto de vista humano y espiritual para que los matrimonios vivan esta fidelidad total y sean felices en ella. De ahí la importancia también de los movimientos matrimoniales y familiares: ni la fe se puede vivir en solitario, ni los matrimonios pueden ser dejados a su suerte sin la amistad y el apoyo mutuo que unos matrimonios pueden prestarse a otros: y estas relaciones mutuas, mutuamente beneficiosas, hacen Iglesia. Los que viven en virginidad tienen que ser, y mostrarse "amigos y solidarios de los matrimonios", de su inserción en Cristo y en la Iglesia.

## 11. El matrimonio cristiano en el misterio de la Iglesia

El matrimonio cristiano está llamado según la Iglesia (cf. LG 11) a ayudar a los esposos a conocer mejor y participar más el misterio y vida de la Iglesia. La celebración del matrimonio "en el Señor" debiera ser como una nueva entrada o nuevo nacimiento "en la Iglesia". También aquí caben para nuestra pastoral preguntas acuciantes y hasta radicales: ¿surgen estas adhesiones y colaboraciones eclesiales de las jóvenes parejas de novios a raíz de su matrimonio por la Iglesia? ¿Se mantienen a nivel de comunidades (interparroquialmente) conexiones pastorales ulteriores, por ejemplo, mediante cartas enviadas de parroquia a parroquia presentando a las jóvenes parejas de matrimonios cristianos que se han preparado debidamente y han contraído matrimonio cristiano en su parroquia (de procedencia) pero que luego se trasladan a vivir en otra?

## 12. Formar matrimonios y familias cristianas

Los concilios de la Iglesia han hablado siempre del matrimonio de "los cristianos", de "los creyentes", de "los fieles de Cristo" *(Christifidelium),* no sólo, pues, pura y simplemente de matrimonio de bautizados. La psicología prematrimonial suele estar por lo común abierta al paso desde el amor mutuo a la fe, sobre todo porque ésta —generalmente— no suele estar del todo muerta como consta por la experiencia pastoral. En toda hipótesis la Iglesia *acoge cordialmente* a todos los novios y les ofrece un plan evangelizador serio y bien planificado en esta ocasión, cuya importancia pastoral es enorme, decisiva para el futuro de la Iglesia.

Así se camina hacia la familia cristiana, en la que la misión o función de padres y educadores, vista desde el plan de Dios y en cristiano, no es sólo la de dadores de vida física o biológica, sino participación del amor creador de Dios presente en el mundo a través de tales esposos y padres (LG 11): en efecto, "son ellos, los padres, los primeros y principales educadores de los hijos" (LG 11).

El matrimonio y la familia "cristianos" escuchan la palabra de Dios y la acogen en su vida; viven la conversión y la oración; participan en la Eucaristía; y comparten comunitariamente la fe y el compromiso cristiano en la comunidad eclesial, pequeña o grande.

La pastoral del matrimonio y la familia se apoya de forma decisiva en la vivencia y testimonio cristianos de los "casados por la Iglesia" que luego viven su matrimonio "en el Señor"; afirmación que es reversible: los casados "en el Señor" dan dimensión eclesial a su matrimonio cristiano. No hay aquí, no puede haber dualismo entre la dimensión cristiana y eclesial como si se pudiera dar lo uno sin lo otro. De ahí que la eclesialidad es uno de los capítulos fundamentales —aunque difícil— de la catequesis prematrimonial.

Esa experiencia explicitada del amor mutuo en Dios, en el interior de la relación Cristo-Iglesia es *conditio sine qua non* para que la acción evangelizadora y eclesial tenga fuerza de testimonio y sea creíble por las parejas jóvenes que estando sumergidas en la secularización y materialismos de una y otra clase de esta sociedad de consumo, puedan sentirse invitadas eficazmente hacia el paso cualitativo del Reino de Dios. Sólo con el testimonio de matrimonios cristianos se podrán despertar experiencias similares en otras parejas, las que actualmente acceden al sacramento del matrimonio.

## 13. El hogar cristiano, Iglesia doméstica

Así el matrimonio cristiano está llamado a ser Iglesia doméstica (LG 11), si se contrae y se vive en el interior de la relación Cristo-Iglesia, como misterio de amor y fe. Esta relación mutua, así concebida, ayudará a los esposos a conocer mejor y a amar más el misterio de la Iglesia y a comprometerse con ella. Asimismo su espiritualidad cristiana y eclesial les ayudará a amarse más y más mutuamente: será una espiritualidad que favorecerá positivamente el mutuo conocimiento y amor; no será una espiritualidad desencarnada, sino matrimonial y familiar. Y comprometida, ya que los seglares casados tienen en la Iglesia su carisma propio y específico (LG 11.35.41). Son ellos los primeros responsables de la preparación prematrimonial y pastoral familiar a nivel de comunidades cristianas y de movimientos (GS 52) en comunión de fe y solidaridad con los Pastores de la Iglesia (FC 50).

## 14. Hacia una formación permanente de esposos y padres

Es una tarea ineludible en la actual misión evangelizadora de la Iglesia potenciar al máximo los grupos de matrimonios cristianos y la formación permanente de responsables seglares dentro de la vocación concreta de casados cristianos.

A los que se encuentran en tal vocación y situación en el mundo, la Iglesia los mira con particular solidaridad por cuanto reflejan su propia condición creyente y presente en el mundo, necesitada —también la Iglesia— de optar por Cristo en medio de avatares y tentaciones mundanas y urgida por Jesucristo a estar en el mundo sin ser del mundo, a no "mundanizarse", a no perder su fuerza de sal, levadura y luz en el mundo, debiendo, por el contrario, mantener la Iglesia y sus miembros todos, cada cual en su estado, en su contexto real y social, la fidelidad relacional con Cristo y su Evangelio, con su Persona y su causa, que no es causa distinta ni divergente que la causa de los hombres, sobre todo los más pobres y necesitados. Solidaridad humana y compromiso de evangelización para con los novios y demás matrimonios son las dos coordenadas de la pastoral de unos matrimonios para con otros.

## 15. La familia, lugar de diálogo en lo humano y religioso

Por una parte, y siendo la familia lugar de diálogo y encuentro, parecería que también el diálogo religioso podría realizarse en el interior de las familias creyentes. De hecho así es en tantísimas familias, llegando incluso a ser lugar privilegiado de catequesis y oración. Pero también es verdad que dado el pluralismo de ideologías, a veces extremas, y de creencias diversas aun en el seno de una misma familia entre sus miembros, sobre todo a determinadas edades, y dada la secularización reinante en tantos ambientes, los matrimonios cristianos viven y expresan su preocupación honda por no saber, muchas veces, cómo vivir y expresar a nivel de familia su fe, la oración, la lectura y el estudio del Evangelio, la interpretación cristiana de los diversos acontecimientos familiares, sus alegrías y sus tristezas; por ejemplo: la llegada de un hijo o la enfermedad de un miembro de la familia; el nacimiento de un hijo subnormal o unas bodas de plata; el encuentro gozoso después de ausencias prolongadas, a veces forzosas: ¿cómo sabremos a qué salmo o pasaje del Evangelio recurrir en circunstancias tan diversas?, pueden y suelen preguntarse muchos matrimonios cristianos que tienen que atravesar por acontecimientos tan distintos humana y espiritualmente, queriendo ser cristianos, y mostrarse como tales en los avatares de la vida.

## 16. Pastoral de seguimiento en favor del matrimonio y la familia

Su necesidad nace del hecho de que el sacramento del matrimonio no es sólo un "punto" o "momento" (el de su celebración), sino sacramento permanente, firme, estable, indisoluble. Ahora bien: no basta con dar la bendición inicial a la pareja y desentenderse luego de ella. La Iglesia debe seguir, también en esto, las enseñanzas de la Biblia, la Palabra de Dios, el cual aparece en el primer capítulo uniendo y bendiciendo el matrimonio, enviando luego profetas para decir y enseñar cómo ama Dios, para purificar el corazón y el amor; viene luego el matrimonio de la nueva creación, el matrimonio vivido en el Evangelio y la gracia; en efecto, los evangelistas presentan el matrimonio como medio de inserción en el Reino de Dios, presentado precisamente como celebración de bodas (de Dios con nosotros) con su banquete nupcial (Mt 22,1ss). San Pablo tuvo para sí como uno de los capítulos más importantes de su misión apostólica tratar de que los bautizados y creyentes vivan como tales el matrimonio y la familia, realidades que hay que vivirlas "en el Señor" *(in Domino)*. Hasta que el último libro de la Biblia, el Apocalipsis, nos revela cuál es el último fin del matrimonio cristiano: "El Espíritu y la novia dicen: ven..., sí, pronto vendré" (Ap 22,17-20).

## 17. Pastoral familiar según el Ritual del matrimonio

Lo que acabamos de decir está en coherencia y consonancia con lo que el nuevo Ritual quiere y desea, y formula como petición reiteradas veces, frecuentemente, diciendo que el matrimonio requiere una pastoral continuada de seguimiento desde su preparación adecuada (n.21-34), su digna celebración litúrgica (n.35-69) hasta la pastoral familiar de acompañamiento (n.70-86), insistiendo en puntos fundamentales como la consistencia del amor conyugal (n.72), la paternidad responsable (n.74-75), la educación en la fe de los hijos por parte de sus padres y de la comunidad cristiana como tal (n.76-77), la integración familiar (n.78), la misión que a los esposos cristianos corresponde en la Iglesia y en la sociedad (n.79-83) y la conveniencia de su integración, vinculación y compromiso en movimientos apostólicos específicos de la Iglesia al respecto (n.84-86 y GS 52).

## 18. Las comunidades eclesiales y la familia

Estas, todas ellas, sobre todo las parroquias, debieran dar un gran impulso a las iniciativas en favor del matrimonio y la familia, debiendo caracterizarse por una creatividad de iniciativas muy grande en este sentido. A ver si se consigue una transformación humana tal, que a las personas casadas, al matrimonio y a la familia, interese más *ser* que *poseer,* a diferencia de la familia burguesa y materialista que se interesa casi exclusivamente por los verbos "mundanos" tener y disfrutar sin llegar a profundizar en el *ser.* Esta profundización es el fin del matrimonio, de todo matrimonio.

## 19. Matrimonio cristiano y parroquia

La Iglesia busca un tiempo futuro, ojalá que próximo, en que las parroquias sean verdaderas comunidades a modo de "familia" a nivel interpersonal (de mutuo conocimiento, aprecio y ayuda). Desea también la Iglesia que las parroquias se preocupen de verdad de una pastoral familiar bien planificada en el tema que nos ocupa: desde la evangelización y catequesis de la adolescencia hasta la pastoral familiar, pasando por la debida y adecuada preparación de los novios al matrimonio, la digna celebración de este sacramento (no como mero acto social) considerando esta pastoral familiar como intrínseca y fundamental para toda comunidad eclesial que lo sea de verdad.

## 20. Pastoral interparroquial

Cuando debidamente preparados los novios celebran el sacramento del matrimonio y luego se tienen que trasladar a vivir a zona o parroquia distinta, no han de encontrarse solos y como en tierra extraña ni en casa ajena, sino como "en familia"; para ello es conveniente que lleven una carta de presentación y de comunión eclesial tal como se hizo en la Iglesia primitiva (no sólo tratándose de sacerdotes que se trasladan y van de un lugar a otro). Ya la Epístola a Diogneto (del siglo II) decía que los cristianos "vivimos en propia patria como inquilinos" "tienen todo en común con los demás viviendo como peregrinos" (5,5). En este sentido habría que recuperar la conciencia de solidaridad y corresponsabilidad intereclesial entre las diversas parroquias, sabiendo que unos siembran y otros recogen. No vale, pues, en buena y sana pastoral, la objeción de que "se preparan y celebran el sacramento muy bien, pero luego se van a otra parte". Hay parroquias a quienes corresponde trabajar aquí y construir comunidad eclesial allí, el lugar es lo de menos; lo que importa es construir entre todos la comunidad eclesial de salvación: que el Cuerpo de Cristo llegue a su plenitud y madurez.

## *IV. Pastoral del noviazgo y de la celebración del matrimonio*

### 1. El noviazgo, tiempo de opción y preparación

Todo lo anteriormente dicho acerca del sacramento del matrimonio como vocación cristiana y eclesial es el núcleo de la teología del noviazgo en la que se apoyan con solidez y equilibrio las exigencias sobre el comportamiento moral de las parejas de novios. Ahí están no sólo las normas, sino también los valores mismos del noviazgo: valores humanos y evangélicos: el muto conocimiento, aprecio y estima hasta el punto de querer formar un solo "proyecto de vida y amor para siempre" (GS 48) fundado en Cristo y vivido en la comunidad eclesial.

Ahí están también *los motivos* fundamentales de la necesidad de la preparación al matrimonio como tal y al sacramento o matrimonio cristiano: por ser opción personal estable, firme e irreversible en sí; y porque, siendo sacramento, es signo y participación del amor de Cristo a la Iglesia, que es fiel hasta el fin.

## 2. La relación propia de los novios

Los novios crecen durante el noviazgo en el mutuo conocimiento y amor; y se casan porque se quieren de verdad; pero no hay que confundir el amor entre los *novios* con las formas sexuales de expresar y manifestar el amor propiamente *matrimonial*. El acto matrimonial sin matrimonio es un contrasentido: ¿qué es lo que le falta para serlo? El compromiso total de vida y por vida y la aceptación pública y social de este mismo compromiso que sumados hacen el matrimonio: a partir de ahí adquieren verdad aquellos actos y se legitiman, por tanto, como actos "matrimoniales" (porque lo son): sólo, pues, en el marco interpersonal matrimonial tienen verdad y legitimidad estos actos.

¿Matrimonio por etapas? No. Etapas que conducen al matrimonio, sí. Basta un somero análisis psicológico para darse cuenta de que son dos cosas muy distintas entre sí: el matrimonio es una realidad absoluta, mientras que la segunda expresión, "etapas que conducen al matrimonio", significa que existe una larga preparación al mismo, la cual comienza en la adolescencia que, sin embargo, debiera denominarse y ser etapa de una educación *vocacional* no excluyendo sino incluyendo y ofreciendo positivamente ante el proyecto de vida del adolescente, *otras vocaciones* a las que le es posible acceder previa identificación según sus cualidades y deseos: por ejemplo, la vocación religiosa y sacerdotal; las etapas de la juventud, noviazgo y el tiempo propiamente prematrimonial legitiman en su continuidad y coherencia la expresión "etapas que conducen al matrimonio", pero no "el matrimonio por etapas".

## 3. ¿Queréis casaros por la Iglesia?

Pensad en los motivos que os llevan a ello: al llamar a las puertas de la Iglesia ¿esperáis algo especial? ¿Qué? ¿De quién? Sacerdotes y comunidad eclesial os acogerán muy bien, os ofrecerán unas entrevistas llenas de confianza y sinceridad tanto en el orden humano como explícitamente cristiano y os ofrecerán antes una preparación adecuada, juntamente con otros novios que están en las mismas circunstancias que vosotros. La actitud fundamental y positiva de depositar mutua confianza en orden a estos medios de preparación es de todo punto necesaria.

## 4. El encuentro personal de los novios con la parroquia

Estas entrevistas previas de los novios con la parroquia son muy importantes, a veces decisivas. El tema fundamental de las mismas es: la motivación por la que se pide el matrimonio por la Iglesia. Por supuesto estas entrevistas se hacen en despachos apropiados para tratar de temas tan delicados como son la fe y el amor, la libertad para el matrimonio y la concepción del mismo, la preparación espiritual adecuada y sacramental (por ejemplo, la referencia a la penitencia y Eucaristía, etc.). Ni qué decir tiene que estos encuentros no se celebran adecuadamente en lugares donde entran y salen otras personas, donde hay cerca otras reuniones, donde no hay discreción suficiente para ello. La acogida a un amigo no se hace sentándose al otro lado de una mesa solemne; tampoco dando la impresión de que se tiene prisa, sino siendo generoso con el tiempo, dando generosamente todo nuestro tiempo, nunca menos de lo necesario. De esta acogida cordial depende en gran parte, decisiva, el fruto y resultado de todos los demás pasos que hayan de darse en este itinerario de educación en la fe y preparación al matrimonio en contacto vivo con la comunidad eclesial, seglares y sacerdotes.

## 5. Los medios comunitarios de preparación al matrimonio

No bastan los encuentros personales con el sacerdote, ni las entrevistas de la pareja como tal con la parroquia. Se requieren también encuentros comunitarios en grupos con otros novios; y con matrimonios que están ya viviendo esa realidad tratando de ser cristianos en y a través del matrimonio. Tienen que ser encuentros comunitarios donde el trato y la comunicación sean sencillos y amigables, llenos de amistad, confianza y fe, sobre temas que a todos interesan en tal situación. Unas simples lecturas acerca de temas matrimoniales no sustituyen estos encuentros. Por otra parte, la seriedad y la honradez impedirán a novios honrados andar buscando aquellas parroquias donde todo es más fácil y más cómodo, donde no se pida preparación alguna. El cristianismo no es cuestión de comodidad por vuestra parte y de fugas de mínimos pastorales por parte de algunas parroquias, sino de sinceridad y de verdad en unos y otros; y esto tanto en el tema del amor como el de la fe con vistas al matrimonio cristiano, matrimonio celebrado en Cristo y en la Iglesia, y vivido luego en esta dimensión cristiana y eclesial.

## 6. Examen de conciencia para novios antes de casarse

Amor, libertad y fe son tres capítulos importantes de este examen de conciencia (autoexamen y en pareja) previo al matrimonio.

En primer lugar, si para casarse es necesaria una cierta madurez humana en el amor, habrán de examinar los novios si su amor es suficientemente maduro o se trata de un romanticismo sin seriedad suficiente ni consistencia duradera. Si es un matrimonio prematuro (por las causas que fueren, incluso el embarazo, que no es razón suficiente para un matrimonio prematuro o inmaduro). Si coinciden los novios en temas fundamentales de su proyecto de vida como son la fidelidad mutua, los hijos, su educación, etc.

En cuanto al examen de libertad, son ellos mismos, los novios, los primeros y principales responsables de este requisito y constitutivo fundamental del matrimonio como tal: ¿es libre vuestra elección? ¿O lo hacéis por presiones sociales, familiares, etc.? ¿Alguien o algo os está coaccionando a casaros o para hacerlo con esta persona, de esta forma concreta contra vuestra voluntad?

En cuanto a la situación de vuestra fe, esta es una ocasión privilegiada para reflexionar sobre ella y avivarla en conformidad con lo que el Concilio Vaticano II requiere (SC 59) al afirmar que los sacramentos presuponen la fe, celebran y expresan la fe, aumentan la fe. Es este un tema fundamental y primordial para este tiempo de preparación al matrimonio *cristiano*.

## 7. Motivos para casarse por la Iglesia

El acercamiento a la Iglesia con ocasión del matrimonio es al mismo tiempo acercamiento a Cristo; acercamiento que se hace en fe. Por eso, este tiempo de preparación al matrimonio ha de caracterizarse, en toda hipótesis de situación de fe, como tiempo de búsqueda y apertura en relación con la fe, de profundización y vivencia de esa misma fe: no han de ser decisivas las presiones sociales o familiares. No se trata de hacer un salto en el vacío para llegar a la fe en Dios como si nada tuviera que ver Dios con vuestro amor y felicidad. El es el origen y la fuente de vuestro amor y felicidad: como tal habéis de concebir a Dios y confiar en El.

El *amor mutuo y la fe en Dios* ¿son tan fuertes como para confiar positivamente en que es posible superar las vicisitudes de la pareja apoyándose mutuamente y en un Dios que es fuente inagotable de amor, aunque éste atraviese por momentos difíciles?

El amor manifestado por *Cristo* en su vida y para con la Iglesia os ayudará a iluminar las dudas, vacilaciones y ambigüedades que lógicamente surgen y existen en toda pareja a lo largo de su vida y existencia.

También la *Iglesia*, comunidad de fe y amor, puede dar un horizonte y unas dimensiones inmensas al amor del matrimonio cristiano. El apoyo de la comunidad eclesial es garantía de más amor. El "casarse por la Iglesia" significa querer dar al amor estas dimensiones universales y eternas (en el espacio y en el tiempo: ¡y más allá, en la trascendencia!).

Dios que da origen al amor de los novios no se desentiende una vez casados éstos; el matrimonio no está dejado de la mano de Dios, sino que el mismo Dios, que está en el origen del amor, sigue dándole sentido y firmeza, calidad y orientación hacia la meta deseada de la felicidad y realización última del amor.

El matrimonio como *sacramento* permanente se traduce a lo largo de la vida y en el inventario final como una serie ininterrumpida de realidades, gozosas unas, sacrificadas otras, todas ellas salvíficas, en días y horas bien diferentes de la vida de la pareja: "en las alegrías y en las penas, en la salud y en la enfermedad" como se dice en la fórmula misma de la celebración matrimonial. Hacia aquí se dirige el sentido de la preparación de los novios: no se trata de hacer captar previamente, teológicamente, de una vez para siempre, todas estas verdades, sino de iluminar y fortalecer las *actitudes válidas desde la fe* para tales situaciones, gozosas unas, imprevisibles otras.

## 8. Dos vidas convergentes: actitud de confianza

La confianza mutua entre los novios y en Dios ha de ser capaz de darles certeza moral de que su proyecto de vida es y será también de por vida. Esta intuición firme han de tener a la hora de casarse los novios. Con este amor todo su ser ha de verse impregnado de una fuerza misteriosa que los trasciende y que se hace vital y transformante para ellos. Así se refleja en su rostro, en su alegría y confianza en el futuro. La fe en la otra persona debe llevar a los novios a confiar plenamente en que por el amor que se tienen mutuamente puede haber también entre ellos una interacción beneficiosa y transformante: "salvífica". De esta fe mutua a la fe en Dios, de este amor trasformante hasta el sacramento está facilitado el camino: a esto queremos aludir a continuación.

## 9. Plan pastoral prematrimonial de la Iglesia hoy

Que "en nuestros días es más necesaria que nunca la preparación de los jóvenes al matrimonio y a la vida familia" es la primera afirmación, neta y explícita, que hace el Papa al respecto (FC 66). La responsabilidad de esta preparación recae en la familia (en cuanto a la preparación remota), en la Sociedad (no olvidemos que el matrimonio como tal es célula básica de la Sociedad) y en la Iglesia (al tratarse de sacramento). Todos ellos, cada cual a su nivel, deben "comprometerse en el esfuerzo de preparar convenientemente a los jóvenes para las responsabilidades de su futuro" (n.66,1). Por supuesto, los primeros y principales responsables son ellos mismos, los novios, porque de su "vocación" concreta se trata.

A continuación el Papa achaca muchos de los fracasos

actuales a la falta de esta preparación adecuada: una gran parte de fracasos matrimoniales podían haberse evitado con esta preparación; en cambio, la "experiencia enseña que los jóvenes bien preparados para la vida familiar, en general marchan mejor que los demás", dice el Papa en *Familiaris consortio* (FC).

Pasa luego directamente al tema de la preparación *al sacramento* del matrimonio, cuyo influjo en la Iglesia es enorme. "Por esto, añade, la Iglesia debe promover programas mejores y más intensos de preparación al matrimonio, para eliminar lo más posible las dificultades en que se debaten tantos matrimonios y más aún para favorecer positivamente el nacimiento de la maduración de matrimonios logrados".

Ahora bien: ¿en qué ha de consistir dicha preparación y cómo hay que concebirla? el Papa da unos trazos fundamentales al respecto: "ha de ser vista y actuada como un proceso gradual y continuo", "con tres momentos principales: una preparación remota, una próxima y otra inmediata". Por preparación *remota* entiende, sobre todo la que se imparte desde niño y "en familia" como parte integrante de una "sólida formación espiritual y catequética, que sepa mostrar en el matrimonio una verdadera vocación y misión", presentada ésta junto a la vocación sacerdotal y religiosa, añade el Papa.

Sobre esta base vendría luego la preparación *próxima*, que debe comenzar desde la edad oportuna y con una adecuada catequesis. El documento pontificio agranda el campo y el horizonte, no restringiéndolo a la preparación "prematrimonial". Antes bien, el Papa la entiende "como un camino catecumenal" (n.66,5), que desde la perspectiva de la fe, lleva a un nuevo descubrimiento de éste y de los demás sacramentos.

¿Obligatoria, o dejada a libre oportunidad de los novios? El Papa se lanza aquí a otro concepto más fundamental, el de la *necesidad*, más aún, "la absoluta necesidad', en la que insiste subrayando que "esta nueva catequesis de cuantos se preparan al matrimonio cristiano es absolutamente necesaria a fin de que el sacramento sea celebrado y vivido con las debidas disposiciones morales y espirituales".

Por fin, la preparación *inmediata* debe tener lugar "en los últimos meses y semanas que preceden a las nupcias" (la expresión del Papa es suficientemente elocuente al referirse a "meses y semanas" en plural) y pide dar "nuevo significado, nuevo contenido y forma" al llamado examen prematrimonial exigido por la Iglesia siempre. Esta necesidad es particularmente urgente en el caso de parejas "que presenten carencias y dificultades en la doctrina y en la práctica cristiana" añade el Papa, indicando al mismo tiempo la temática ineludible en unos y otros casos: la del misterio de Cristo, de la Iglesia y del sacramento que desean recibir.

El *objetivo* "además de una profundización intelectual, es que se sientan animados a inserirse vitalmente en la comunidad eclesial". Es aquí donde habla ya de obligatoriedad nacida de la necesidad, aunque no como impedimento propiamente dicho. El Papa pide que no se dispense fácilmente de esta preparación inmediata y ruega a Obispos y Conferencias Episcopales que establezcan los elementos mínimos de contenido, duración y método de los "cursos de preparación" (n.66,9) para que haya cierta uniformidad de criterios entre las diversas parroquias y diócesis y se eviten "fugas" que harían ineficaz esta pastoral tan decisiva para el futuro de la Iglesia.

## 10. Celebración de fe y sacramento

El Papa califica dicha *preparación* al matrimonio cristiano como un itinerario de fe (n.51). Y añade que es una ocasión privilegiada para que los novios vuelvan a descubrir y profundicen la fe recibida en el bautismo y añade: "alimentada luego con la educación cristiana". Y no teme el Papa en aludir a la libre incorporación de la vocación de seguimiento de Cristo con esta ocasión: "De esta manera reconocen y acogen libremente la vocación a vivir el seguimiento de Cristo y el servicio al Reino de Dios en el estado matrimonial" (n.51,3). Por eso Juan Pablo II habla a continuación de la *celebración* del sacramento del matrimonio como "el momento fundamental de la fe de los esposos"; que "la celebración sacramental del matrimonio es en sí misma una proclamación de la Palabra de Dios"; que ellos son "protagonistas y celebrantes de esta profesión de fe hecha dentro de y con la Iglesia, comunidad de creyentes" (n.51,4).

Es más: también la *pastoral de acompañamiento* posterior es educación permanente en la fe "porque (el matrimonio y la familia) tienen necesidad de ser evangelizados continua e intensamente. De ahí deriva su deber de educación permanente en la fe" (n.51,7 al final).

El Papa atribuye de esta manera a la familia cristiana un "ministerio de evangelización" (n.52), ministerio que desempeñará en la medida en que la familia cristiana acoge el Evangelio y madura en la fe y así se hace evangelizadora, dice textualmente a renglón seguido el Papa.

Más adelante, el Pontífice sitúa el sacramento del matrimonio en estrecha relación con el bautismo y la confirmación, sacramentos de iniciación cristiana, y de la fe vivida, "que constituye a los cónyuges y padres cristianos en testigos de Cristo" (n.54,2).

Sale el Papa al paso de ciertas celebraciones como mero acto social y propone, en cambio, la que corresponde a la Iglesia (a diferencia de la civil): "El anuncio del Evangelio y su acogida mediante la fe encuentran su plenitud en la celebración sacramental" (n.55). Y presenta, en este mismo apartado, el sacramento del matrimonio en coherencia y nexo íntimo con los demás sacramentos (no al margen de éstos), por ejemplo, penitencia y Eucaristía: ¿cómo prescindir de ésta si es el banquete de las bodas cristianas, la que da sentido sacramental al matrimonio cristiano?

Y ¿cómo prescindir de la catequesis del bautismo en dicha preparación si "el matrimonio presupone y especifica la gracia santificadora del bautismo"? (n.56). No es de extrañar, pues, que en el número siguiente hable de que "la primera raíz está en el bautismo y su expresión máxima en la Eucaristía, a la que está íntimamente unido el matrimonio cristiano"; en consecuencia, el Papa aduce el deseo y la voluntad del Concilio de que habitualmente el matrimonio se celebre dentro de la misma (SC 78).

Antes de referirse a la preparación "prematrimonial" en sus diversas fases, el Papa habla de "la preparación durante el noviazgo" (n.65). La razón es clara: todo el mundo estará de acuerdo en que, dada la situación de fe de muchas parejas de novios, no es suficiente el tiempo inmediatamente anterior a la celebración del matrimonio; por eso "hay que llevar a cabo, dice el Papa, toda clase de esfuerzos para que la pastoral de la familia adquiera consistencia y se desarrolle dedicándose a este sector como verdaderamente prioritario, con la certeza de que la evangelización, en el futuro, depende en gran parte de la Iglesia doméstica" (n.65,3). Para ello, lo que pide el Papa es "acompañar paso a paso (a las parejas) en las diversas etapas de su formación y de su desarrollo ulterior".

## 11. Casarse "en la Iglesia" y "por la Iglesia"

No todo matrimonio que se celebra en la Iglesia puede, sin más, considerarse como contraído "por la Iglesia". La Iglesia como templo puede ser un local parecido a otros que se dan en el "mundo". Lo verdaderamente decisivo es que se contraiga el matrimonio como bautizados y creyentes, con la "intención de hacer lo que hace la Iglesia", una intención seria de verdadero matrimonio; no, pues, un matrimonio *ad experimentum, ad tempus* ni con condiciones jurídicas limitativas que vicien sustancialmente el matrimonio como tal, por ejemplo, contra su unidad e indisolubilidad.

En primer lugar, de alguna manera, se puede hablar de cierta sacramentalidad del amor como tal: de todo matrimonio de personas honradas y honestas que se mantienen fieles en su amor matrimonial, abierto a los hijos y a su educación; y que son incluso sensibles y generosos hacia los que sufren hambre o soledad en torno a sí; si viven así su matrimonio y la familia, es *de alguna manera* sacramento, ya que sugiere y promueve hacia metas y realidades más elevadas y en definitiva salvíficas.

¿Qué es entonces lo propio y específico del sacramento del matrimonio? Ante todo y sobre todo, la conciencia de fe por la que incluyen su pacto mutuo en la Alianza con Dios: interpretan su amor mutuo en la fe y amor de Dios, como testimonio de amor de Cristo a la Iglesia, con un dinamismo sobrenatural que se inscribe dentro del amor humano valiéndose de él como sacramento. Solamente en esta perspectiva se entienden las exhortaciones de San Pablo (Ef 5,22-32) cuando dice y recomienda a los esposos: que el marido ame a su mujer como Cristo a su Iglesia, sacrificándose por ella. Se trata de un amor de convergencia que hace posible, fácil y hasta agradable la mutua sumisión en el matrimonio cristiano: en el interior del amor de Cristo a la Iglesia.

## 12. Dignificar la celebración del matrimonio

De todo lo anteriormente dicho se desprende que es un momento decisivo y no se puede, por tanto, dejar a la improvisación. Los novios deben prepararlo personalmente junto con el sacerdote y no deben polarizar la atención en "saber" responder a las preguntas del sacerdote en la ceremonia o rito religioso, sino sobre todo en *vivir* con intensidad humana y en la fe cristiana su celebración. Más importante que aprender unas fórmulas es comprender el sentido global de la celebración y participar ellos ¡y todos! activa, consciente y responsablemente en esa celebración de fe.

Hay que ir, pues, también en esto, hacia una liturgia renovada, viva y participada, tal como la quiere el Concilio Vaticano II (SC 1.26.27.59), vivificada por la Palabra de Dios (que es lo que ilumina y da sentido profundo y salvífico a la relación hombre y mujer en el matrimonio); para ello hay que buscar con vistas a la celebración apropiada a este caso y a esta situación de fe las lecturas bíblicas adecuadas. Puesto que el Concilio y el Ritual recomiendan que se haga en el contexto de la misa, hay que dar la importancia que se merecen al sacramento de la penitencia y la Eucaristía en la catequesis previa a esta celebración del sacramento del matrimonio.

Y hacer diversas celebraciones para las diversas actitudes de fe; y no caer en el automatismo de hacer las mismas lecturas de la Palabra de Dios para todas las parejas: desde las que viven explícitamente la fe hasta las que tienen dudas, vacilaciones y ambigüedades (a aclarar éstas tiene que ir la pastoral prematrimonial a la que hemos aludido anteriormente: no sólo a aclarar las dudas de fe, sino sobre todo a vivir a la luz de ésta). No adaptar la celebración a las circunstancias de la pareja concreta, hacer idéntica celebración a todas ellas, sería como si un sastre hiciera previamente y diera indistintamente "sus" trajes a medida que van entrando los eventuales clientes...

Se requiere, pues, una pastoral de adaptación a las diversas situaciones de fe, para lo cual se prestan muy bien los diversos elementos bíblicos y litúrgicos del mismo Ritual. Hay que construir, pues, *cada vez*, en cada caso, la celebración adecuada, siempre la misma en cuanto a los elementos fundamentales, pero siempre nueva y distinta puesto que distintas son también las situaciones existenciales de cada pareja. Objetivo fundamental de estas celebraciones, así adaptadas a cada persona y cada pareja, es la demostración práctica de que en cierta manera, decisiva, es verdad la afirmación de que "no hay fe sin culto" y que "creer es practicar", si bien el cristianismo es algo más, mucho más, que el culto y la práctica religiosa, pero no hay, no puede haber dualismo ni líneas divergentes entre la liturgia del templo y la ética de la vida.

## 13. Lugar de celebración del matrimonio

El lugar de la celebración debiera ser lógicamente, normalmente, la parroquia a la que se pertenece, aquélla en que se vive la vida cristiana, sobre todo aquélla a la que la pareja se traslada a vivir a raíz de su matrimonio; y en todo caso, nunca debiera hacerse la elección del lugar de la celebración por motivos puramente externos o sentimentales; mucho menos por ostentación y lujo... Unas personas que comparten en comunidad eclesial su fe y sus afanes apostólicos, sería obvio que se casen en esa misma comunidad; si ésta y las propias parejas están ausentes de esta mutua vinculación, señal de que no se está viviendo mucho el espíritu comunitario.

Pero hay un grado más en este tema: nos referimos a la corresponsabilidad de toda la comunidad eclesial en la preparación y admisión de las parejas de novios al sacramento del matrimonio que no es sólo tarea de sacerdotes, sino que es preciso llevarla a la práctica principalmente a través de seglares bien preparados para este "ministerio" eclesial de acogida de los novios y para determinadas entrevistas específicas y propias de su estado y condición de casados: también para hablar del matrimonio cristiano que ellos mismos viven como experiencia de amor y de fe.

## 14. ¿Celebración eclesial o civil?

El cristiano sabe y acepta que pertenece no sólo a la sociedad, sino también a esa otra comunidad que llamamos Iglesia; y comprende y acepta que la Iglesia se interese y se comprometa en favor de su matrimonio y sus hijos.

Al cristiano no le basta, pues, el matrimonio civil; no es ese (o sólo ese) el lugar que le corresponde a su matrimonio en virtud de su condición de bautizado. Antes bien desea, con razón, expresar y celebrar su amor y su fe bautismal (como acontecimientos decisivos de la vida) ante la comunidad eclesial. Por eso esta pareja viene a la Iglesia y se casa "por la Iglesia": en presencia del sacerdote y la comunidad eclesial.

## 15. Celebración litúrgica del matrimonio: significado profundo

Celebrar el matrimonio sacramentalmente tiene un sentido profundo: significa el *ofertorio* mutuo y que juntos se ofrecen a Dios; también aquí (como en la misa) hay una *consagración* de su amor por la presencia y permanencia de Cristo con ellos (GS 48); y una *comunión,* también mutua y con Dios. Así el matrimonio es sacramento de salvación, signo y participación del amor de Dios al mundo, de Cristo a la Iglesia. La "materia" de este sacrificio (así como en la Eucaristía es el pan y el vino) aquí es su propia afectividad y sexualidad en alas del amor y la fe, dándole un sentido cultual. "Celebrar" en Cristo *(in Domino)* significa que lo aceptan como Señor, como Maestro, Sacerdote y Guía de su matrimonio y de su familia, "familia" de Dios. Por otra parte, es lógico que celebren eclesialmente lo que son: "Iglesia" (LG 11). Los seglares casados, que tienen su propia y específica vocación o carisma en la Iglesia (LG 11.35.41), viven así, cristiana y eclesialmente, este misterio de ayuda mutua en el amor y en la gracia (amor que es gracia y salvación en virtud de este sacramento y de los demás).

"Celebrar" en la Iglesia y por la Iglesia significa prometer ser consejeros y colaboradores de la misma con simpatía y fe, en la oración y la educación en la fe, y en el compromiso cristiano en el mundo. Finalmente, también el matrimonio, como la Eucaristía, es acción de gracias y como tal hay que vivirlo en toda hipótesis y circunstancia: "en la salud y en la enfermedad, en las alegrías y en las penas" como participación del misterio pascual de Cristo (GS 52). Esta es la significación de la celebración del matrimonio por la Iglesia.

El paso que dan los novios cristianos en esta celebración es para vivir la fe y la vida cristiana conjuntamente en su único "proyecto de vida y amor"; no, pues, individualmente. Es este un momento psicológico privilegiado para revisar a la luz de la fe el sentido que están dando a su propia vida y el destino último que quieren para sí, optando libremente, y ojalá que conjuntamente, por los valores del Reino de Dios; lo que caracteriza esta espiritualidad matrimonial y familiar es que quieren realizar esos valores no de una forma individual, sino matrimonial y familiarmente.

## 16. El matrimonio en el contexto vital de los demás sacramentos

Es de fundamental importancia ver el matrimonio cristiano a la luz y con la fuerza salvadora de los demás sacramentos. En efecto, por el bautismo entramos en la Alianza vivificante con Cristo. Cuando dos bautizados como tales se casan, se comprometen a edificar sus vidas sobre este fundamento bautismal y a ayudarse mutuamente a vivir mejor su bautismo. Luego participarán activa y responsablemente en el bautismo de sus hijos, a quienes los educarán en el interior de la relación Cristo-Iglesia en que ellos mismos viven. Ojalá que unos y otros participen luego en catequesis posbautismales.

Por la confirmación habían puesto plena confianza en el Espíritu que los une: están unidos no sólo por la voz de la carne y de la sangre, sino también por un solo Espíritu que es creador y dador de vida y amor. Así también, en virtud del Espíritu recibido tendrán el discernimiento de vida cristiana necesario para su matrimonio y para la educación de sus hijos en una visión adulta de la vida de la Iglesia y de su compromiso en el mundo mirando siempre hacia el bien común.

Por la penitencia y reconciliación se trata de obtener un corazón limpio y nuevo, capaz de amar más y mejor; y, en consecuencia, de extender esta misma forma de amar a los demás, comenzando por sus hijos, a quienes iniciarán en la catequesis: también de la penitencia y confesión. El matrimonio cristiano es el que está siempre en continua conversión, en constante purificación. El amor humano es auténtico sólo si se dan esta revisión y conversión constantes en la vida cotidiana y en el sacramento de la penitencia. Es éste uno de los aspectos fundamentales de la vida cristiana y de la espiritualidad matrimonial. Cristo invita a la Iglesia a una mayor pureza en el amor, al perdón mutuo, a la mutua donación de la paz de Cristo. Los buenos esposos siempre tienen que darse bondad generosa y comprensión: "mientras se reconcilian, el amor no está muerto". También la reconciliación es experiencia de lo gratuito. ¡Muchos matrimonios que se divorcian no llegarían a tanta separación si se reconciliaran!

La Eucaristía, como hemos dicho, es la fuente de toda la significación y gracia de los demás sacramentos; también del matrimonio. Mediante la presencia de Cristo y su Espíritu, el amor mutuo se convierte y se transforma en sacramento de salvación (en una transformación semejante a la del agua en vino en las bodas de Caná; del pan y del vino en Cristo). De esta manera, a través de la Eucaristía, el encuentro de hombre y mujer adquiere una significación y una finalización que rebasan infinitamente las posibilidades y horizontes del matrimonio secular, no sacramental. Por eso a todo teólogo y pastor le resulta incomprensible la aceptación o petición del *sacramento* del matrimonio, si al mismo tiempo se diera el rechazo sistemático y formal de la Eucaristía y de los demás sacramentos que forman un todo único y coherente. Difícilmente puede darse psicología *sacramental* de matrimonio excluyendo del horizonte propio y personal la participación en la Eucaristía como banquete de las nupcias con El.

Está claro que el sacramento del matrimonio está iluminado en su significación profunda y última, y fortalecido en medio de sus avatares y fragilidades... por los demás sacramentos, que si se miran con actitud prescindente o peor aún despectiva, se cae abajo todo el edificio espiritual de quienes quisieran este *sacramento* (del matrimonio) sin los demás sacramentos.

## *V. Pastoral familiar*

### 1. Tarea de toda la Iglesia

El discernimiento evangélico y evangelizador necesario, y la misión pastoral en favor del matrimonio cristiano y la familia, es tarea de toda la Iglesia, nos dice el papa Juan Pablo II en la exhortación apostólica *Familiaris consortio* (FC n.5). Discernimiento que se convierte en un servicio para el mundo "a fin de que se salve y se realice la verdad y dignidad del matrimonio y la familia" (n.5,1); y la calidad del amor.

Pero es un discernimiento cualitativo, "que se lleva a cabo con sentido de fe" *(sensus fidei);* no, pues, cuantitativo, basado en el imperio de las encuestas de "mitad más uno", sino "mediante el don participado del Espíritu Santo a todos los fieles" (1 Jn 2,10), eso sí, "cada cual según la diversidad de los diferentes dones y carismas recibidos que, juntos y según la corresponsabilidad propia de cada uno, cooperan para un más hondo conocimiento y actuación de la Palabra de Dios" (FC n.5,2).

El ser mismo de la Iglesia en su relación con Cristo como Esposo (LG 1) queda comprometido en la misión y tarea de la pastoral matrimonial y familiar: en preparar a los novios para el matrimonio cristiano, en el modo de celebrar estos nuevos matrimonios, y en la pastoral de acompañamiento con las famlias. ¿Qué es vivir el amor "en el Señor"? Es ésta una pregunta fundamental que no pueden eludir la Iglesia, cada parroquia, cada pareja.

La Iglesia, toda ella, debe ser particularmente solidaria con el matrimonio y la familia, sobre todo, de los pobres (en cualquiera de las formas de esta pobreza) y en favor de todos aquellos que están en situaciones difíciles, acompañándolos con solidaridad humana y actitud evangélica, debiendo preguntarse una y otra vez por el camino cómo y en qué se concreta esta actitud, solidaria y evangélica, en cada una de las situaciones reales, muy distintas, sin duda, en cada matrimonio y familia.

La Iglesia tiene que plantear bien y discernir cuidadosamente entre la afirmación *doctrinal*, neta y evangélica, del sacramento del matrimonio con sus constitutivos, de sus propiedades fundamentales de unidad e indisolubilidad, por una parte, y la actitud *pastoral* de acoger bien y orientar a las parejas de novios en su camino hacia el matrimonio, en su digna celebración sacramental, y en la solución global o de convergencia de sus problemas en una pastoral coherente de toda la Iglesia. Fidelidad doctrinal y comprensión pastoral por respeto a la conciencia, no se oponen entre sí, sino que se exigen y complementan mutuamente; no son líneas divergentes, ni siquiera paralelas, sino complementarias en la vida de la Iglesia.

Debe ser ésta una actitud fundamental de toda la Iglesia, de todas y cada una de las comunidades cristianas, pequeñas o grandes, de todos y cada uno de sus miembros, en solidaridad humana y compromiso evangelizador, partiendo de una mayor toma de conciencia de la dignidad de *la persona humana* (hombre y mujer), buscando siempre el ángulo de convergencia entre ésta (la persona) y el Evangelio, ayudando a los matrimonios en las búsqueda de la solución de problemas tan complejos, dice el Concilio Vaticano II (GS 46).

Los seglares en particular tienen aquí y deben ejercer su carisma propio y específico desde su condición de casados: en efecto, también los seglares actúan "en la persona de Cristo" *(in persona Christi)* había dicho de principio a fin el Concilio Vaticano II; si bien los pastores actúan "en la persona de Cristo Cabeza": diversidad de carismas y comunión de fe y caridad en el ejercicio de los mismos, son coordenadas vitales y fundamentales de la eclesiología del Vaticano II y concretamente de esta pastoral familiar (FC n.5,5).

## 2. En el contexto de la intención evangelizadora del Concilio Vaticano II

La intención y el acierto evangelizador del Concilio Vaticano II se deben, quizá, a la atención prestada, de principio a fin, no sólo a la Palabra de Dios en sí, sino también a los signos de los tiempos (cuya lectura era también necesaria y urgente por parte de la Iglesia para que ésta pueda dialogar con el mundo de hoy).

*Cuatro grandes vertientes* destacan, entre otras, en la pastoral conciliar del matrimonio y la familia: en primer lugar, por seguir el orden mismo del Concilio, *una pastoral litúrgica* renovada, vivificada por la Palabra de Dios y celebrada de una forma participativa, activa y consciente. Ahora bien: han pasado varios largos lustros desde la aprobación conciliar de este documento litúrgico y no parece superfluo preguntarnos si son así nuestras celebraciones sacramentales, todas ellas en general, y en este caso del matrimonio en particular, que en tantos ambientes y en muchas ocasiones deja tanto que desear; en segundo lugar, el Concilio nos ofrece una nueva visión del *misterio de la Iglesia* en su relación con Cristo (LG 1.11); también ha puesto de relieve, como hemos dicho, la misión de *los seglares* en toda la pastoral de la Iglesia pero particularmente en este campo (LG 11.35.41); y finalmente (también desde aquí se puede comenzar la pastoral familiar) ha habido un gran acercamiento, solidario, de *la Iglesia al mundo* actual en estos y otros problemas (GS 46-52). Son cuatro grandes rasgos característicos, entre otros, de la Iglesia posconciliar.

## 3. Aspectos positivos y negativos de la familia hoy

Existen sombras y luces (el Papa comienza por éstas) es decir, por los aspectos positivos que hoy, no menos que ayer, se dan en este campo del matrimonio y la familia; entre otros: una conciencia más viva de la libertad personal; una mayor atención a la calidad de las relaciones interpersonales en el matrimonio (entre hombre y mujer); la promoción de la dignidad de la mujer, la procreación responsable, el interés por la educación de los hijos, también por las relaciones interfamiliares para ayudarse en el orden material y espiritual, en la corresponsabilidad eclesial y en la construcción de un mundo mejor, de una sociedad más justa (n.6).

En cuanto a los aspectos negativos el Papa alude a la *actual crisis,* entendida ésta como *peligro* de pérdida de valores fundamentales (aunque también como *ocasión* de vivencia de aquellos aspectos positivos que están ofrecidos a la libre oportunidad de los esposos en el matrimonio) si bien en no pocos casos y familias, la falta de trabajo o de salario justo, la escasez de la vivienda, la falta de oportunidades en lo fundamental inciden negativamente en la posibilidad de optar libremente y vivir aquellos valores morales y espirituales que son necesarios y hasta constitutivos del matrimonio y la familia.

## 4. Temas fundamentales de pastoral familiar

La concepción misma de la sexualidad y del matrimonio; la preparación adecuada de los novios y la digna celebración matrimonial; el divorcio y nuevo "matrimonio" *(civil)* que contraen algunos "cristianos" con la contradicción que esto supone con la vocación propia de los bautizados a "casarse en el Señor"; la celebración del sacramento del matrimonio no precisamente por motivos de fe viva, sino por otros motivos (FC n.7), la fecundidad responsable (FC n.28ss), la misión de la familia cristiana en la Iglesia y en el mundo actual (FC n.17ss), la unidad e indisolubilidad del matrimonio frente a la tentación de divorcio en sus múltiples formas... (FC n.20), la promoción de la mujer (FC n.22), los derechos del niño (FC 26) y de los ancianos (FC 27), y la presencia de la familia cristiana con su correspondiente compromiso en la sociedad actual, son algunos de los problemas pastorales que preocupan al Papa en los momentos actuales como se ve por la exhortación *Familiaris consortio* y la posterior y reciente "Carta de los Derechos de la Familia" *(L'Osservatore Romano,* ed. españ. 17 noviembre 1983, p.9-10).

## 5. Valores objetivos y conciencia subjetiva

No hay contradicción entre el poner en claro y en alto los valores *objetivos* del matrimonio y la familia con fidelidad al Evangelio y al Magisterio de la Iglesia, por una parte, y, por otra, el respeto a la *conciencia* de los esposos como norma subjetiva de apropiación de aquellos valores y normas proclamados íntegramente y sin "rebajas". Siempre la Iglesia ha querido armonizar estas dos coordenadas, que no se excluyen sino que se implican mutuamente.

En efecto, si el matrimonio es historia de la libertad, no sólo personal de cada uno, sino encuentro de dos libertades que se funden en un proyecto único de vida y por vida, en un "nosotros", es inevitable hablar de la conciencia, eso sí, prestando atención —si es conciencia cristiana— a los valores objetivos del matrimonio, a sus bienes y fines proclamados por la norma objetiva de la Biblia, de los Concilios, Encíclicas de los Papas, etc. Estas, leídas serena y objetivamente, son un *servicio auténtico* para la persona y la conciencia, para el matrimonio y la familia: de lo contrario se perdería la calidad en el amor, en las relaciones entre hombre y mujer, se desintegraría la sociedad y la Iglesia misma al faltarle esta calidad en el amor de sus células fundamentales (FC n.7).

### 6. "Gradualidad y conversión" (FC n.9)

Primero habla el Papa de ésta (de la conversión) antes que de aquélla (de su gradualidad) en línea de continuidad con el Sínodo-1980, que en la proposición 7 había proclamado esta gradualidad diciendo: "existen grados en esta conversión" *(huius conversionis dantur gradus);* "pasos que conducen cada vez más lejos", dice ahora el Papa. Ahora bien: ¿qué se quiere significar con ello?

No se trata de gradualidad de leyes, como si hubiera diversidad de normas para unos y para otros, sino que la conversión hacia el cumplimiento de las mismas presenta las siguientes características y exigencias:

"Se pide una conversión continua, permanente, que, aunque exija el alejamiento interior de todo mal y la adhesión al bien en su plenitud, se actúa, sin embargo, concretamente con pasos que conducen cada vez más lejos" (FC n.9,2). No es de extrañar; lo mismo ocurre con la Palabra de Dios, decían aquellos Padres Sinodales: "la Palabra de Dios, siendo y permaneciendo una e idéntica, sin embargo, es entendida de una forma cada vez más profunda en las nuevas circunstancias de tiempo y lugar" (Prop.7). En el fondo se trata de doctrina y mente conciliar formulada en el documento *Dei Verbum* n.8.

La conclusión es clara: que doctrina moral y pedagogía

pastoral hacia su cumplimiento no se oponen, ni se excluyen mutuamente. Para precisar este pensamiento, prosigue el Papa: "se desarrolla así un proceso dinámico que avanza gradualmente con la progresiva integración de los dones de Dios y de las exigencias de su amor definitivo y absoluto en toda la vida personal y social del hombre. Por eso es necesario un camino pedagógico de crecimiento con el fin de que los fieles, las familias y los pueblos, es más, la misma civilización, partiendo de lo que han recibido ya del misterio de Cristo sean conducidos pacientemente más allá hasta llegar a un conocimiento más rico y a una integración más plena de este misterio en su vida" (FC 9).

## 7. El prisma propio de la pastoral de la Iglesia

El punto de partida (y la meta misma) en esta pastoral es el sentido último de la vida, la dignidad de la persona humana, la necesidad y promoción de valores morales y espirituales y el valor del compromiso en tan grandes opciones de la vida (la relación hombre-mujer en el matrimonio es así) (FC n.8).

El Papa da a continuación un sí a las ciencias y a la cultura, pero manteniendo siempre en alto y poniendo en claro la primacía de la persona humana y su destino; se habla aquí no sólo de la ciencia, sino también de "sabiduría", entendida ésta en el sentido global, integral y trascendente de la vida y de la persona. Y no se olvida en este apartado algo que es fundamental en orden al futuro del matrimonio y la familia: la necesidad de imbuir e impregnar la cultura misma desde la fe (no sólo el pez, también las aguas de la pecera necesitan una limpieza respirable...). Y no valen, mejor dicho, no bastan las soluciones individuales (en este caso serían individualistas). Se requiere para ello, sobre todo, la formación de la conciencia, una conciencia recta, ya que al hombre no se le mide sólo por la conciencia, sino también por la capacidad de adaptación a la realidad, en este caso la realidad del matrimonio y la familia tal como son en sí, iluminados por la fe cristiana.

## 8. Hacia el designio de Dios sobre matrimonio y familia

Hombre y mujer son imagen de Dios en sí mismos y en su relación comunitaria; imagen de un Dios que es amor; no podía ser de otro modo el punto de partida y la meta, ya que el hombre, llamado por amor a la existencia, es llamado por Dios al mismo tiempo a una vocación de amor. Toda vida es vocación, y una vocación al amor, sea cual fuere el estado libremente asumido: el matrimonio o la virginidad, con la peculiaridad o especificidad propias de cada una de estas vocaciones; y su ayuda e interacción mutuas entre ambas vocaciones eclesiales.

## 9. Antropología y pastoral del matrimonio

Hay un punto de partida incuestionable en antropología: es el carácter globalizante de la sexualidad que impregna y va colorando toda la vida de la *persona humana* de principio a fin. Es ésta una característica fundamental de la persona humana sexuada. Asumir el propio sexo y las características de la persona humana sexuada; asumir el propio sexo y sus características como factor importante y hasta decisivo de la propia *vocación* fundamental en la vida, es tarea insoslayable de toda persona normal y adulta, máxime del cristiano desde la fe. La llamada de Dios se dirige a la persona misma, espíritu en condición corpórea; por consiguiente también ésta, la corporeidad, está aludida en la respuesta que el hombre concreto ha de dar a Dios: una respuesta libre, responsable y gozosa en la identificación de la propia vocación.

El hombre espontáneamente tiende a la relación interpersonal; relación que por tratarse de persona humana, hombre y mujer, es sexuada aunque no necesariamente sexual: en efecto, hay vocaciones humanas y evangélicas que no comportan como elemento constitutivo de esa relación y vocación el ejercicio e intercambio de la sexualidad: así son la virginidad religiosa, el celibato sacerdotal y otras opciones similares "por el Reino de los cielos". Toda vocación, digámoslo una vez más, es vocación de amor: si no, no tiene calidad humana ni evangélica: "no hay carisma comparable al amor", dice San Pablo en 1 Cor 13: "y nada hay que valga sin el amor".

## 10. El matrimonio, vocación definitiva

Después de haber afirmado el Papa (FC n.11) que "la sexualidad no es algo puramente biológico", sino que "afecta al núcleo más íntimo de la persona humana en cuanto tal", expresa y configura luego, en una frase densa, la norma moral basada en los elementos constitutivos del matrimonio mismo como tal, cuando dice: "Las sexualidad se realiza de un modo verdaderamente humano cuando solamente es parte integral del amor con el que el hombre y la mujer se comprometen totalmente entre sí hasta la muerte". "La donación física total —sigue diciendo— sería un engaño si no fuese signo y fruto de una donación en la que está presente toda la persona, incluso en su dimensión temporal"; no, pues, un matrimonio *ad tempus,* o *ad experimentum,* en suyo caso estaría simplemente de sobra el sustantivo "matrimonio"; otro tanto habría que decir "si la persona se reservase la posibilidad de decidir de otra manera en el futuro, ya no se donaría totalmente" [ni habría matrimonio en tales casos] (FC n.11,5).

## 11. El matrimonio de la nueva creación

El sacramento del matrimonio es la alianza de hombre y mujer dentro de la Alianza de Dios con nosotros, de Cristo con la Iglesia: es, pues, una vocación cristiana y eclesial (FC n.13). El matrimonio cristiano puede entender perfectamente qué significa atribuir a Cristo el título de Esposo: por su forma de amar a la Esposa, la Iglesia, a la que se da Cristo en libertad y amor salvíficos. Para hacer posible esto, Jesús proclama que han llegado ya los tiempos mesiánicos y, sobre todo, da y concede la gracia y posibilidad de vivirlos resolviendo el problema —latente y resistente en todo el Antiguo Testamento— de la "dureza del corazón" (Mt 19,8): ésta ya no tiene razón de ser, dice el Señor en el Evangelio, al menos para el matrimonio que quiera ser cristiano de verdad, antes bien está resuelta esa dureza y resistencia al plan de Dios por el Espíritu Santo que como capacidad de amar nos es dado e infundido en nuestros corazones (Rom 5,5). Así en el matrimonio se hacen "los dos una carne" y un sólo espíritu: "donde la carne es única, único es, [debe ser] el espíritu", dice la FC n.13 (citando a Tertuliano, *Ad uxorem* II, VIII 6-8: CCL I 393).

## 12. La familia, comunión y comunidad

A esto dedica el Papa en la FC sus mejores esfuerzos, consciente de las sombras y distancias, a veces enormes y hasta dramáticas que existen en no pocas familias. El documento pontificio quiere ofrecer luces, caminos, esperanzas a muchos padres de buena voluntad, quizá no siempre de acierto, en medio de la tensión y tirantez con sus hijos. Para resolverlas hay que acudir por una parte a la ayuda de la psicología y pedagogía sin duda, pero sin descuidar, desde el punto de vista cristiano y humano, el diálogo, la comprensión, el respeto a la persona y a sus ideas, y el recurso a la gracia de Dios en la oración (personal, entre esposos y familiar: "familia que ora, familia que permanece unida", dice la tradición cristiana desde siempre).

Para ayudar a los padres en el ejercicio de este "ministerio", el Papa los exhorta a que lo interpreten y ejerzan como una verdadera vocación y servicio para el bien de los hijos a fin de que éstos puedan adquirir "una libertad verdaderamente responsable" y tener conciencia de que también los padres reciben mucho de los hijos. Cuando hay amor, las otras virtudes, constitutivas de la familia, no son difíciles: sacrificio, disponibilidad, comprensión, tolerancia, perdón y reconciliación, etc., sin las cuales la familia se parecería más a un hotel, a una coexistencia yuxtapuesta, que a la cercanía e intimidad de la "familia". En fin, que la pastoral "familiar" es una de las grandes tareas de la Iglesia en el mundo actual, mitad maravilloso, mitad dramático: no en vano ella misma, la Iglesia, quiere ser una gran familia; y ¿no es ésa también la aspiración, difícil pero no imposible de lograr, de la sociedad misma: que, por fin, el mundo entero sea y se convierta en la gran "familia universal"?

## 13. Unidad e indisolubilidad del matrimonio

En primer lugar, la poligamia se opone a la igualdad fundamental de la mujer respecto del hombre, dice el Papa (FC n.19) apoyándose en los orígenes bíblicos y en la doctrina del Concilio Vaticano II (GS 48.49). Y la indisolubilidad es doctrina católica nuevamente afirmada aquí (n.20), basada, en primer lugar, en la naturaleza misma de la comunión conyugal: "la comunión conyugal se caracteriza no sólo por la unidad, sino también por la indisolubilidad". Son dos fundamentalmente las razones de dicha indisolubilidad: "esta íntima unión, en cuanto mutua donación de dos personas, y el bien de los hijos" (dice el Concilio Vaticano II: GS 48, y el Papa, FC n.20).

Indisolubilidad que no es un aspecto puramente legal del matrimonio cristiano, sino que "tiene en Cristo su fundamento y fuerza", añade el Papa (FC n.20,2), aludiendo a la dimensión cristológica y eclesial que refuerzan esta indisolubilidad y la llenan de contenido y espíritu, el Espíritu de Jesucristo que hace posible, fácil y hasta agradable esta característica propia del matrimonio. Cristo es el que revela el significado último de la indisolubilidad, da la gracia para cumplirla y así exige su cumplimiento, sobre todo, al matrimonio cristiano. De ahí la prioridad de la evangelización y catequesis hacia la transformación en "un corazón nuevo" propio de la nueva Alianza en la que se inscribe libre y voluntariamente el matrimonio de los cristianos. Es lo que decían los Concilios de la Iglesia al respecto cuando afirmaban que el matrimonio "es sacramento de la Ley Nueva o Evangélica" (DS 1310.1801). De ahí que el matrimonio cristiano sea una vocación de amor dentro de la fe en Dios (FC n.20,5), una vocación cristiana y eclesial en la forma de vivir el amor: éste puede quedar sin que se le dé el sentido último al que está destinado, si no se vive en fe y sacramento, dejado sólo "a la voz de la carne y de la sangre".

## 14. Promoción de la mujer en la sociedad

En el apartado "mujer y sociedad" el Papa atribuye un papel importantísimo a la mujer, no sólo en casa, sino también en la apertura a las funciones públicas, no estando éstas reservadas solamente al hombre; debiendo integrar, eso sí, aquella función —doméstica— y esta misión —pública— armónicamente entre sí, sin desequilibrios perjudiciales para el futuro de los hijos y para el matrimonio mismo: ¡y para la sociedad!

En especial, el Papa grita en contra de la discriminación humillante que afecta y ofende gravemente a algunos grupos particulares de mujeres, por ejemplo, las esposas que no tienen hijos, las viudas, las separadas, las divorciadas, las madres solteras, etc., y pide el Papa enérgicamente "que se alcance la plena estima de la imagen de Dios que se refleja en todos los seres humanos sin excepción alguna". Clama también el Papa contra el "machismo" [sic], al mismo tiempo que engrandece la figura y misión del hombre como esposo y padre (FC n.25).

### 15. El niño, en el centro de la atención de todos

A nadie sorprende que el Papa se muestre en su documento particularmente sensible, hasta cariñoso y tierno, en el apartado que se refiere al niño, sobre todo al niño pequeño (que necesita de todo, de los más elementales cuidados), al niño enfermo, delicado, inválido (FC n.26). Y el Papa repite, como voz de los que todavía no han nacido, lo que dijo ya en la Asamblea de las Naciones Unidas el 2 de octubre de 1979, en favor de la vida de los niños "incluso antes de su nacimiento, desde el primer momento de la concepción" (FC n.26,3).

### 16. Los ancianos y su presencia "en familia"

El Papa los considera como objeto de amor, pero también como *sujetos* dadores de este mismo amor y cariño suyo a los demás; se les pide que se muestren cariñosos con todos, sobre todo con los niños de la casa, y que respeten la autonomía de las nuevas familias que en y desde ellas se van originando: ¡Cuántos niños han hallado, dice el Papa, comprensión y amor en los ojos, palabras y caricias de los ancianos! (FC n.27).

## 17. El amor y los hijos, los dos bienes principales del matrimonio

Ambos valores deben ser presentados no en líneas divergentes (elegid entre vuestra felicidad o los hijos), no son bienes opuestos entre sí, sino convergentes. Y no dejan de tener sentido los matrimonios estériles, dice el Papa, si humanamente son un matrimonio abierto y solidario, y si viven evangélicamente en el interior de la Alianza con Dios, en la colaboración eclesial, sobre todo en favor de los niños más necesitados: ¡los hijos de los demás! (FC n.14).

La función de padres y educadores, vista así desde el plan de Dios, no es solamente de procreadores, es decir, dadores de vida física o biológica, sino también como participación del amor creador de Dios presente en el mundo a través de los esposos y padres. La historia demuestra que dentro de la Iglesia y desde ella, los padres han tenido carisma de transmisión de la fe juntamente con su testimonio y enseñanzas: la transmisión de la fe ha sido no pocas veces como una corriente vital de padres a hijos y viceversa, también esto último: transmisión de la fe de hijos a padres.

## 18. Misión de la familia cristiana

Se trata ahora de la misión de la familia cristiana, nacida de su identidad, es decir, en coherencia entre la verdad interior de la familia y su actuación histórica a favor de la historia de la salvación, suya y de los demás: de sus hijos, de otras familias, de la Iglesia misma y del mundo o ámbito en que se vive y se actúa de forma responsable y comprometida.

Lo que el matrimonio cristiano está llamado a conseguir es que la Iglesia y el mundo mismo sean una comunidad de amor, comunidad grande (familia universal) formada por pequeñas comunidades familiares: "la esencia y el cometido de la familia son en última instancia definidos por el amor" (FC 17,2). Desde esta perspectiva, única válida, la Iglesia debiera ser la verdad del mundo; y el matrimonio cristiano, la verdad de todo matrimonio. Para cumplir esta misión, la familia cristiana debe cuidar con esmero la dignidad interna (su calidad por dentro) y la responsabilidad que le incumbe como misión *ad extra* (sabiendo que ésta depende de aquélla, la misión depende de su dignidad e identidad, como el hacer depende del ser).

Cuatro vertientes de esta misión de la familia cristiana: 1) En primer lugar, "la formación suya como una comunidad de personas"; 2) el servicio a la vida; 3) participación en el desarrollo de la sociedad; 4) corresponsabilidad en la vida y misión de la Iglesia. El Papa desarrolla ampliamente estas cuatro dimensiones en su exhortación apostólica FC (n.18-64).

## 19. Los derechos de la familia

Entre otros, el derecho a existir y progresar como familia; es decir, el derecho de todo hombre a fundar una familia contando con los recursos apropiados para mantenerla dignamente; a ejercer su responsabilidad en el campo de la transmisión de la vida y a educar a los hijos; el derecho a la intimidad de la vida conyugal y familiar; a la estabilidad del vínculo y de la institución matrimonial; a creer y profesar su propia fe; a obtener la seguridad física; a educar a los hijos; a una vivienda adecuada; el derecho de expresión y representación asociada; a la protección de menores; derecho de tiempo libre, derechos de los ancianos, derecho a emigrar en familia, etc. (FC n.46): cf "Carta de los Derechos de la Familia" l.c., p.9-10.

## 20. El servicio a la vida

Comienza el Papa por admitir, nuevamente, el principio de la paternidad responsable; y la razón que da para esta responsabilidad es la de que se trata de "engendrar una persona humana" (FC n.11,6). Junto a esta afirmación está el principio moral, que recuerda de nuevo, de que el matrimonio es el único "lugar" que hace posible esta donación total, es decir, cuando previamente han aceptado social y comunitariamente este compromiso mutuo de vida y por vida (GS 48).

El Papa hace nueva afirmación del valor de la encíclica *Humanae vitae,* atribuyéndole incluso un valor profético tal como lo habían hecho poco antes los Padres del Sínodo-1980 sobre matrimonio y familia en las proposiciones 21 y 22 (FC n.28-35). Antes de terminar este apartado, habla el Papa del "itinerario moral de los esposos" (FC n.34). Ante todo se trata de percibir y mostrar a los esposos los valores, no sólo las normas, tanto más "cuanto más numerosas y graves se hacen las dificultades para respetarlos" (FC n.34,1). Una vez que ha puesto en claro y en alto esta norma, no sólo ideal, es importante y hasta de todo punto necesario desde el punto de vista pedagógico y pastoral lo que dice a continuación en este mismo apartado del "itinerario moral de los esposos".

Que "el hombre, llamado a vivir responsablemente el designio sabio y amoroso de Dios, es un ser histórico, que se construye día a día con sus opciones numerosas y libres; por eso él conoce, ama y realiza el bien moral según diversas etapas de crecimiento". "También los esposos, en el ámbito de su vida moral, están llamados a un continuo camino, sostenidos por el deseo sincero y activo de conocer cada vez mejor los valores que la ley divina tutela y promueve, y por la voluntad recta y generosa de encarnarlos en sus opciones concretas" (FC n.34,3-4). He aquí armonizadas ambas dimensiones: la doctrinal (afirmada la HV) y la pedagógico-pastoral (que lejos de oponerse a aquélla, la lleva a su conocimiento, aceptación y cumplimiento en la realidad de la vida). Otro tanto había hecho el Papa Pablo VI al promulgar su encíclica *Humanae vitae:* después de haber hablado de la situación del matrimonio y la familia en el mundo actual (I Parte), expone la doctrina propia de esta encíclica (II Parte, n.14) y dedica luego sus mejores fuerzas a la pastoral o solución de convergencia (en la III Parte).

Así la Iglesia no renuncia a su misión de ser ámbito privilegiado de proclamación de una doctrina clara y sin rebajas (en este y en los demás temas) ayudando así al mundo actual a discernir las ambigüedades del sexo y a buscar los valores eternos, como invita el Concilio Vaticano II a hacerlo en su Constitución pastoral sobre la Iglesia en el mundo de hoy (GS 52).

## 21. Los padres, primeros y principales educadores de sus hijos

Misión que nace desde el amor mutuo de los esposos como tales y de su fecundidad: ésta comporta el compromiso de educar las vidas que se engendran según paternidad y maternidad responsables, siendo la familia, por tanto, "la primera escuela de las virtudes sociales, que todas las sociedades necesitan" (FC n.36.1). Regla de oro de ésta y toda educación verdadera es, dice el Papa, que "la persona humana vale más por lo que es que por lo que tiene" (FC n.37,1). Y esto es lo que hay que inculcar a los hijos, y a todos.

Y en este contexto "familiar", son "los padres los llamados (ellos los primeros) para ofrecer a los hijos una educación sexual clara y delicada (FC n.37,3), sobre todo, ante una cultura que banaliza en gran parte la sexualidad humana, porque la interpreta y la vive de una manera reductiva y empobrecida, relacionándola únicamente con el cuerpo y el placer egoísta" debiendo, por el contrario, ser "educación personal y personalizada", una educación para la castidad, asumiendo los valores de esta virtud positiva. El Papa defiende a continuación el principio de subsidiariedad que corresponde a la escuela en relación con los padres también en esta materia y no admite la suficiencia de la mera información sexual, sobre todo no debe ser entendida ésta como introducción a la experiencia del placer, debiendo más bien consistir en la *educación* en los principios morales (FC n.37). No duda el Papa en llamar a esta misión de los padres un "verdadero y propio 'ministerio' de la Iglesia al servicio de la edificación de sus miembros" (FC n.38).

Se está desarrollando así el concepto de "Iglesia doméstica" que es la familia cristiana, basada en el bautismo, la fe y el sacramento del matrimonio de los esposos y padres cristianos. Así se formaría "en casa" una comunidad cristiana en la que "todos los miembros evangelizan y todos son evangelizados" (FC n.39, citando la encíclica *Evangelii nuntiandi*, n.71).

## 22. Familia cristiana y sociedad

La familia cristiana tiene que ser abierta porque tiene una función social y política; la misión propia y específica del matrimonio en la sociedad proviene de su misma naturaleza de ser "comunidad de amor" (GS 48); consistirá, pues, en infundir amor a este nuestro mundo erizado y hasta dramatizado, necesitado de testimonio de amor.

Familia abierta también a la hospitalidad, pide el Papa: "abrir las puertas de la propia casa" y "más aún, las del propio corazón" (FC n.44,4) al mismo tiempo que exhorta al compromiso concreto "de asegurar a cada familia su casa como ambiente natural que la conserva y la hace crecer". Tienen también las familias el derecho y el deber de la intervención política a favor de esta institución: "que las leyes e instituciones del Estado no sólo no ofendan, sino que sostengan y defiendan positivamente los derechos y los deberes de la familia" (FC n.44,5). También aquí rige y tiene vigencia el principio de subsidiariedad, en el sentido de que la sociedad está —y esté— al servicio de la familia, y que promueva y defienda los derechos de ésta, para que así pueda cumplir su misión y obligación la familia.

### 23. Misión eclesial de la familia

Como misión intraeclesial corresponde a la familia cristiana —en la triple y unitaria referencia a Cristo como Maestro, Sacerdote y Guía—, en primer lugar la de ser comunidad de amor, creyente y evangelizadora; comunidad en diálogo con Dios, comunidad orante prestando especial atención "en matrimonio" y "en familia" a la Palabra de Dios; y comunidad al servicio del hombre: "cada hombre es mi hermano" se nos recuerda aquí y es lo que hay que aprender "en casa", "en familia" desde niño (FC n.64).

"Una entrega generosa y desinteresada" en la Iglesia, y desde ella con solidaridad para con la sociedad, pide el Papa a los matrimonios cristianos en virtud del sacramento que han recibido; y ello, mediante la opción preferencial por los pobres y los marginados, por los que padecen hambre, los indigentes, los ancianos, los enfermos, los drogadictos o los que están sin familia (nadie tiene por qué estar sin "familia") (FC n.47).

La pastoral familiar está proclamada en función de la edificación de la Iglesia y la sociedad humana (una Iglesia mejor y un mundo mejor); lo cual no se logra sin comunión eclesial y sin compromiso social (FC n.69-72). Bien entendido que la familia es en todo esto no sólo objeto, sino también *sujeto* activo y responsable de evangelización y acción en favor de otros matrimonios y familias" (FC n.72).

Así las familias cristianas han de contribuir positivamente a crear también un nuevo orden internacional "porque sólo con la solidaridad mundial se pueden afrontar y resolver los enormes y dramáticos problemas de la justicia [e injusticia] en el mundo, de la libertad de los pueblos y de la paz de la humanidad" (FC n.48). Sin duda, el Papa se refiere a pueblos y naciones [¡cuántos y cuántas!] donde falta la libertad y el pan, teniendo en todo esto la familia cristiana una función profética y testimonial: "la familia cristiana debiera ser, de esta manera, la comunidad salvada y salvadora" (FC n.49).

## 24. Hacia una espiritualidad matrimonial y familiar

En toda situación matrimonial y familiar, por muy difícil que parezca, es preciso acudir a Cristo. Tocamos aquí un punto verdaderamente decisivo del matrimonio cristiano: orar en común y comunidad, que nuestras familias sean también lugares de oración. Las familias cristianas debieran hacer que los acontecimientos de cada día, sobre todo los acontecimientos relevantes de la familia, sean objeto de reflexión y oración entre sí y con los hijos, tratando de interpretarlos como explícita manifestación y expresión de fe y adoración a Dios: y con espíritu de acción de gracias en toda hipótesis. De esta manera se aprende a vivir el matrimonio en la fe y en el amor (en su interacción beneficiosa entre sí), abierto al futuro con la esperanza en Dios y en el apoyo de otros matrimonios que viven y se debaten en situaciones análogas. Es una tarea ineludible en la actual misión evangelizadora de la Iglesia potenciar al máximo los grupos y *movimientos de matrimonios y la formación permanente* de seglares responsables en este apostolado específico de tanta resonancia para el futuro de la Iglesia y de la Sociedad.

## CAPÍTULO VIII

## *PASTORAL FAMILIAR Y DE LOS DIVORCIADOS*

### *I. Aspectos fundamentales*

Nos encontramos en una situación social en la que puede haber implicaciones futuras, de tipo existencial y pastoral, entre la afirmación —neta— de la *indisolubilidad* de la doctrina del matrimonio por una parte y el hecho de la existencia del divorcio *civil*, por otra. Por esta razón, desde el principio es de todo punto necesario un buen planteamiento previo de ambas cuestiones, en sí mismas distintas e inconfundibles, es decir, que cada una de ellas tiene su propia identidad, su naturaleza, su ámbito y alcance bien definidos y delimitados. Sólo así será posible un discernimiento necesario, una coherencia y armonía perfectas entre la afirmación —neta y evangélica— de la indisolubilidad matrimonial (que es doctrina católica) y la actitud de acogida y orientación (pastoral) a los divorciados que han vuelto a casarse —civilmente claro está—.

*Que el matrimonio es indisoluble* es doctrina católica afirmada por el Concilio Vaticano II (GS 48) en línea de continuidad y coherencia con los demás Concilios de la Iglesia. Y "el Sínodo-1980 ha afirmado de nuevo la indisolubilidad del matrimonio rato y consumado entre cristianos", indisolubilidad en este caso *absoluta* por el especial significado que cobra el matrimonio sacramento en el interior de la relación de Cristo con la Iglesia.

*Misión específica* de los matrimonios cristianos es ante todo dar ejemplo y testimonio de matrimonios unidos e indisolubles en el amor en medio de los avatares de este mundo secularizado y "pluralista".

*Del sí momentáneo al sí permanente:* en primer lugar, se requiere la aceptación mental y doctrinal de que el "sí" que se dan mutuamente es un compromiso de vida "y por vida":

ésta es "la intención de hacer lo que hace la Iglesia". Pero no basta esta aceptación o afirmación momentánea: se trata luego de cumplir y realizar durante toda la vida este "sí" absoluto en un "sí" histórico y existencial ya que el matrimonio es un sacramento permanente e indisoluble. La Iglesia tiene la misión de ser un ámbito donde se posibilita y facilita este cumplimiento del compromiso adquirido, del "si" dado de una vez para siempre. *La educación permanente en la fe y la pertenencia a la comunidad eclesial* son fundamentales incluso desde este punto de vista básico y radical.

*La indisolubilidad cristiana no es puro sometimiento a la norma o a la institución,* sino visión y aceptación de los valores internos del matrimonio, de sus dimensiones fundamentales de unidad e indisolubilidad, basadas —incluso humanamente según el Concilio Vaticano II: GS 48— en el *amor y los hijos.* Entendida de esta manera la indisolubilidad del matrimonio no es frustrante, sino verdadera realización de las personas y del matrimonio mismo como tal. Esa indisolubilidad auténticamente vivida lleva a los esposos hacia la verdadera liberación del sexo, asumiéndolo como vocación humana, definitiva y eclesial, de amor. La indisolubilidad, entendida cristianamente, puede y debe estar transida de mensaje positivo (no consiste solamente en no adulterar y no divorciarse) sino en construir esa indisolubilidad de amor día a día en la vida cotidiana. La fe y el sacramento darán constantemente significado y capacidad de amarse hasta el fin; así entendida la indisolubilidad tiene una dimensión vertical de infinitud, que es el fin último del matrimonio. Lo que la indisolubilidad quiere salvar es, ante todo, la calidad del amor puro y gratuito, a pesar de las dificultades existenciales de la vida y la falta —eventual— de correspondencia.

*Existen dificultades para la indisolubilidad en el mundo de hoy:* nacidas de la profunda crisis actual, no sólo religiosa, sino también social, cultural, política, económica, etc. La dificultad de percibir y vivir los valores morales y espirituales: fidelidad, castidad, indisolubilidad; materialismos de un signo y de otro. Proyectos de vida intramundanos, "de tejas abajo"; dificultades de dar y mantener un "sí" absoluto en un mundo cambiante y pluralista; falta y ausencia del sentido transcendente de la vida y, consiguientemente, del sexo y matrimonio, criterios cuantitativos o puramente frecuentativos del sexo a diferencia de la calidad del *amor,* en cuyo contexto habría que situar el sexo y su ejercicio (éste sólo matrimonialmente digno). La conclusión que de todo esto se desprende es que la indisolubilidad tiene dificultades no sólo para su aceptación mental y doctrinal, sino también existenciales; para el mantenimiento de la palabra dada en la complejidad de la vida.

*Fe y sacramento, en favor de la indisolubilidad:* por su fuerza crítica y utópica la fe y el sacramento al mismo tiempo que posibilitan y hasta facilitan el cumplimiento de la indisolubilidad matrimonial, descalifican como inauténticas algunas formas de amor limitativas en la exclusividad y en el tiempo: como el "matrimonio *ad experimentum*", el "matrimonio *ad tempus*", etc. Otro tanto ha de decirse del recurso al divorcio civil por parte de cristianos, descalificado por la fe y el sacramento.

*El rompimiento del matrimonio es, en toda hipótesis, una desgracia, un drama, incluso una catástrofe.* Si luego se ha contraído civilmente nueva situación "matrimonial", ¿cuál será la actitud pastoral de la Iglesia cuando de bautizados se trata?

*Por atención pastoral* a divorciados no ha de entenderse solamente el acceso a los sacramentos; una cosa es la pastoral y otra, más restringida, la pastoral "sacramental". Hay que salir de este reduccionismo de la pastoral a lo puramente sacramental (a la pregunta exclusiva de si se les puede dar o no sacramentos), siendo así que la pastoral debe ser integral y de convergencia y, por consiguiente, debe abarcar todos los demás aspectos, humanos y evangélicos, comenzando por la solidaridad humana, la actitud de acogida, la promoción de la vida de fe, la consolidación de la confianza en Dios y del amor cristiano, etc.

*El fracaso del matrimonio no necesariamente apaga la fe y la caridad,* la actitud de justicia y solidaridad para con los pobres y los más necesitados, el compromiso y la acción para el bien. Ellos pueden ser incluso apóstoles de una recta concepción del matrimonio si admiten humildemente su falta y su equivocación (o su pecado). Han de dar buen ejemplo educando bien a sus hijos, unos y otros. Pueden ser incorporados activamente a la acción caritativa y social y no hay por qué excluirlos de ésta —a juicio del reciente Sínodo de los Obispos de Roma (1980) y FC n.84; y mucho menos considerarlos como excomulgados (que no lo son). Jesucristo dijo: "al que viene a Mí, no lo echaré fuera" (Jn 6,37). He aquí la actitud pastoral y misionera de la Iglesia que es preciso armonizar con la fidelidad a la indisolubilidad doctrinal del matrimonio, sobre todo del matrimonio rato y consumado.

*La acción pastoral* debe responder a las necesidades de la época y a las situaciones de las conciencias. En primer lugar, la Iglesia *puede revisar en estos casos la validez del matrimonio anterior* por si falló con alguno de los impedimentos dirimentes, o tuvo vicio sustancial de consentimiento. En cuyo caso cabría la declaración de nulidad por parte de la Iglesia y el acceso al nuevo y verdadero matrimonio.

*Si en su conciencia* están convencidos, lealmente, de que el matrimnio anterior fue ciertamente nulo (por ejemplo: por exclusión cierta del *bonum prolis,* por coacción grave, etcétera) y también aquí valdría en definitiva el principio evangélico y agustiniano de "paz a los hombres de buena voluntad". Y es que el derecho al *verdadero* matrimonio es uno de los derechos fundamentales de la persona humana: hombre y mujer. Si bien tienen que demostrar dicha nulidad.

*En el caso de los divorciados que no se han vuelto a casar,* la pastoral —incluso sacramental— no presenta serios problemas, sobre todo si dicha separación se ha llevado a cabo por serias y graves causas, convenientes y convergentes para el bien de los cónyuges. ¿Cómo y por qué privarlos del apoyo pastoral, incluso sacramental? Esto ocurre, ante todo, en el caso del cónyuge abandonado injustamente y sin culpa propia. La diferencia entre el cónyuge abandonado sin culpa propia y el cónyuge culpable (pueden serlo ambos) es grande teológicamente hablando. También psicológicamente; y hay que tenerla presente a la hora de la penitencia. Si quien se siente culpable se arrepiente de verdad, puede proclamársele la misericordia divina y hacer todo lo posible para la reconciliación de ambos entre sí, sin abrir y facilitar, mucho menos ante la primera dificultad, esperanzas de nuevos y distintos matrimonios.

*El alcance del divorcio jurídico y del nuevo "matrimo-*

*nio*" no es otro sino despojarlo de su carácter penal; no tiene poder de eximir de responsabilidades *morales* a quienes las tengan ni, por supuesto, de legitimar moralmente el *nuevo "matrimonio"*. Mucho menos, claro está, de disolver el sacramento y convalidar el nuevo y distinto matrimonio civil desde el punto de vista moral y cristiano.

## *II. Indisolubilidad matrimonial y comunión eucarística*

La comunión *eucarística* tiene sentido cuando hay comunión también en la *doctrina* católica de la Iglesia, en este caso la de la indisolubilidad matrimonial, aunque se tengan dificultades ¿y hasta caídas? en mantener y cumplir los vínculos definitivos de un matrimonio cristiano válidamente contraído y consumado. ¿Y los que se divorcian y se casan civilmente luego con otra persona, pueden comulgar? ¿Se puede bautizar a sus hijos?

A estas preguntas alguien puede presentar la enmienda a la totalidad, de esta manera: ¿por qué no puede comulgar una persona que ama a una mujer que no es suya, y sí puede hacerlo quien ama y posee un dinero que no es suyo, sino ajeno? La respuesta es doble e idéntica: también las personas injustas están excluidas de la comunión. Esto supuesto, vayamos a nuestro tema que se puede plantear en una relación coherente: 1.ª, indisolubilidad matrimonial — comunión eucarística; 2.ª, divorcio—no comunión (no hablemos de excomunión porque no lo sancionan así los cánones que hacen referencia al caso, ni los documentos recientes de la Iglesia: El Sínodo-1980 y la *Familiaris consortio* de Juan Pablo II.

*La comunión eucarística es banquete de las nupcias:* ¿cuáles? Aquellas con las cuales los fieles se casan válidamente, inscriben su alianza matrimonial dentro de la Alianza con Dios, de Cristo con la Iglesia. Cuando el Señor en la Eucaristía se está dando totalmente y por amor *a cada uno* de los esposos, está queriendo mantener la unidad y fidelidad de *la pareja misma* como tal, no se da sólo para apoyo individual, sino para que esa "casa", bien trabada en el amor, no quede reducida a un montón de escombros o al menos resquebrajada. Una función específica y esencial de la Eucaristía a favor del matrimonio consiste en ayudarle a cumplir la afirmación evangélica del Señor: "lo que Dios unió, el hombre no lo separe" (Mt 19,6).

*Elogio de la fidelidad hasta el fin:* efectivamente, de lo anteriormente dicho saca y deduce el Sínodo y la *Familiaris consortio* consecuencias que responden a nuestras preguntas: "son dignos de elogio, dice el Sínodo, tantísimos esposos, que, aunque acosados por tantas y tan graves dificultades, atestiguan en su propia vida la indisolubilidad del matrimonio" y a continuación hace extensivo este elogio a aquellos otros que "fundados en la fe y la esperanza cristianas, aunque hayan sido abandonados por su propio cónyuge, no atentaron nuevas nupcias". Estos y aquéllos dan testimonio auténtico de fidelidad de la que el mundo actual está bien necesitado"; "unos y otros tienen que ser ayudados por los pastores y fieles de la Iglesia, es decir, por toda la comunidad eclesial".

*¿Por qué no se puede dar la comunión a los divorciados y casados luego civilmente, según esta doctrina de la Iglesia?* En primer lugar, todo cónyuge, válidamente casado, tiene que hacer todo lo posible —cuanto está de su parte— por salvar su matrimonio, aquél que moral y evangélicamente es su matrimonio válido; y no abandonarlo ante las dificultades, o porque se haya encontrado una pareja más agradable a sus ojos. Pero no pueden acceder a la comunión, dice el Sínodo y la *Familiaris consortio* cuando su nuevo estado de vida y condición contradicen *objetivamente* a la indisolubilidad de aquella alianza de amor en Cristo, que es lo que se significa y actualiza en la Comunión; y se añade a renglón seguido: además hay una razón pastoral en este punto: la de que se induciría a error y confusión a los cristianos acerca de la doctrina de la indisolubilidad del matrimonio. Hay, pues, coherencia interna entre indisolubilidad matrimonial y comunión eucarística.

*Actitud pastoral de la Iglesia actual ante los divorciados:* en toda hipótesis la Iglesia quiere ayudar a los que se encuentran en tal situación con medios pastorales de salvación; ¿cuáles? Medios pastorales no precisamente sacramentales (los sacramentos, sobre todo la Eucaristía, tienen valor de afirmación y coherencia doctrinal de cara a la comunidad; con lo cual la Iglesia, si les diera la comunión, caería según esto en contradicción entre la indisolubilidad que por una parte profesa, y el aval, máximo aval, que la Iglesia puede dar y que podría ser interpretado a favor de este nuevo matrimonio: el civilmente contraído). La Eucaristía por institución y definición enseña y manda (primero hace posible) "que os améis como yo os he amado", es decir, hasta el fin. Y no puede seguir diciendo lo mismo a uno y otro... y otros "matrimonios" (si es que ha sido válido el primero).

## Actitud de toda la comunidad eclesial

La Iglesia actual pide y exhorta a los pastores y a toda la Comunidad eclesial a que ayuden a los divorciados para que éstos no se consideren separados de la Iglesia, sino que siendo bautizados como son, pueden y deben participar en la vida de la Iglesia, oír la Palabra de Dios, frecuentar el sacrificio de la misa, hacer oración, promover la justicia y practicar la caridad, educar cristianamente a sus hijos, cultivar en sí mismos la actitud y el espíritu de penitencia, de tal manera que merezcan la gracia y salvación de Dios. La Iglesia a su vez quiere orar por ellos y levantarles el ánimo y la esperanza. Y decirles que si perseveran en la oración, en la penitencia y en la caridad, pueden alcanzar la gracia de Dios de la conversión y salvación.

## ¿Se puede bautizar a sus hijos?

Toda la respuesta conciliar y posconciliar al respecto se puede resumir en una sola frase: podrían ser bautizados *sólo si se dieran garantías de educación cristiana.* Pero esta respuesta es puramente teórica y de principios. En la práctica, tanto psicológica como pastoral, la respuesta que se vislumbra es obviamente negativa (salvo en peligro de muerte de los niños, cosa que en el estado actual y avance de la medicina está reducido al mínimo). La psicología pastoral ha demostrado ampliamente que la educación cristiana de los niños pequeños, en los primeros años, está a merced de los padres. Luego sí están más al alcance de la Comunidad Cristiana. Pero el principio doctrinal de la posibilidad de bautizarlos, si se diera dicha garantía de educación en la fe, existe y subsiste. Por último, como el nuevo Ritual del bautismo de los niños dice: "se ha de evitar el bautizar sin una garantía suficiente de educación cristiana al niño" (n.60). Consiguientemente es preciso prestar atención a lo que el "Ritual de la iniciación cristiana de adultos" dice a este respecto (n.30s): la catequesis de los que se preparan para el bautismo.

*La indisolubilidad cristiana* tiene dos vertientes como una moneda con cara y cruz; negativamente significa no separarse, no abandonar a la otra parte, no serle infiel; pero hay también una vertiente positiva que le es primordial: la capacidad de profundización y resurrección de este amor, aunque parezca muerto.

*El sacramento del matrimonio,* sin embargo, no es un seguro total, sin más cuidados, contra el empobrecimiento del amor y hasta su posible ruptura. El amor puede degenerar en dominio; la entrega sexual, en un gesto vacío de contenido; lo que parece un don puede ser egoísmo. Por eso, para el matrimonio cristiano es imprescindible la teología de la cruz, del sacrificio de sí mismo en aras del amor al otro.

*La teología actual* del sacramento se está aclarando (al menos en la dimensión pastoral) en cuanto a los mínimos que se requieren para recibirlo fructuosamente: 1) la íntima comunidad de vida y amor; 2) el bautismo, no sólo certificado, sino también asumido y vivido libremente; 3) la fe (SC 49); 4) la "intención de hacer lo que hace la Iglesia". De esta manera se ha superado aquella concepción matrimonial de que "es mejor casarse que abrasarse", frase que, entendida a la letra y fuera del contexto global de San Pablo, peca de un reduccionismo tremendo en cuanto a los fines y bienes del matrimonio.

*Casarse por la Iglesia* supone vocación humana a la fidelidad total, más aún, a la indisolubilidad; supone también vocación evangélica y eclesial a participar en el amor pascual de Cristo a la Iglesia, es decir, en el amor de autosacrificio y donación total y para siempre.

De ahí que los divorciados y vueltos a casarse (por supuesto sólo civilmente) están en contraste objetivo con el Evangelio, el cual proclama y exige el matrimonio único e indisoluble. La Iglesia no puede dejar de lado el Evangelio de la indisolubilidad. La misma razón (excusa) tendría para no seguir a Cristo en sus enseñanzas sobre la justicia, la honestidad política, la verdad, etc.

Sin embargo, en virtud del bautismo que imprime el carácter indeleble de miembros del Cuerpo de Cristo que es la Iglesia, y puesto que el divorcio y nuevo matrimonio no necesariamente significa la pérdida total de la fe, los que están en tal situación son y permanecen miembros de la Iglesia. *No están, pues, del todo excluidos de la comunión de la Iglesia,* aunque por su estado de vida objetivamente contrario al Evangelio, no están en la necesaria plenitud de la comunión eclesial, dice a este respecto la Conferencia Episcopal Italiana (cf. *L'Osservatore Romano,* 28 abril 1979, n.16).

La comunidad cristiana y cada uno de los cristianos, si lo son de verdad, deben sentir esta verdad en propia carne, comulgar en espíritu con la indisolubilidad matrimonial y ser fieles a ella a lo largo de toda la vida. Para los que no la cumplen, existirá la actitud de comprensión, pero no la justificación doctrinal, sigue diciendo la CEI (n.17). Y añade: "*no* por esto es justificable la actitud de *alejarse y rechazar* a los hermanos en la fe que viven en tales situaciones".

"*Los discípulos del Señor al calificar la situación* de los divorciados y vueltos a casarse *como desordenada,* no por eso juzgan la intimidad de sus conciencias, donde sólo *Dios ve y juzga:* los creyentes, sintiendo viva su responsabilidad por tantos dones recibidos de Dios, dejen a la sabiduría y al amor del Señor el juicio sobre la responsabilidad (subjetiva) personal de cuantos están envueltos en esas situaciones nada fáciles, objetivamente desordenadas, aunque tampoco se puede reconocer como legítima su posición" (n.18).

*Sacerdotes, amigos y familiares,* lejos de apartarse de ellos, deben dialogar amplia y cordialmente con los que se encuentran en tales situaciones. Las comunidades eclesiales deben ser fieles a la doctrina del Señor pero abiertas y acogedoras, solidarias y comprensivas con los que están en tales situaciones matrimoniales. "No se trata de hacer 'rebajas doctrinales' sino de testimoniarles una sincera caridad fraterna. Ocasiones no faltarán para ello: el nacimiento de un hijo, cuando pretenden bautizarlo, cuando hay una alegría o una desgracia en esas familias, cuando quieren que un hijo suyo vaya a un colegio religioso, etc.

*¿Qué participación pueden y deber tener en la vida de la*

*Iglesia?* Por de pronto en la vida de fe y caridad de la comunidad eclesial, en la escucha de la Palabra, en la dinámica de la conversión cristiana, en las reuniones de catequesis, en las celebraciones de la Palabra, etc. A su vez, la Iglesia ora por ellos, y los exhorta a mantener vivo y abierto el diálogo con Dios; en la humilde y confiada oración podrán encontrar las ayudas necesarias para su situación. "El poder salvador de Dios no está atado ni limitado a los sacramentos" decía la teología desde siempre.

En particular, la Iglesia les invita a participar en *la misa,* como momento fundamental de la vida y la oración del pueblo de Dios, aunque ellos mismos no puedan así recibir el cuerpo y la sangre de Cristo.

*¿Ministerios eclesiales?* "Es evidente que los divorciados casados de nuevo no pueden desarrollar en la comunidad eclesial aquellos servicios que exigen la plenitud de testimonio cristiano, como son los servicios litúrgicos y en particular el de lector, el ministerio de catequista, el oficio de padrino para los sacramentos, etc." (CEI n.22).

Finalmente sí pueden y deben participar en las obras de caridad de la Iglesia, en la construcción de un mundo justo y pacífico, y en particular en la educación de sus hijos.

*La concesión de los sacramentos* a los divorciados sólo puede ser planteada debidamente en el marco de la fidelidad de la Iglesia-Esposa a Cristo como Esposo. Sobre todo, en el caso de la Eucaristía, que es sacramento del amor de fidelidad y hasta el fin.

*"Examínese cada cual":* la Iglesia lee en alto y pone en claro el evangelio de la fidelidad a Jesucristo; y *así* edifica la Iglesia. De ahí que nadie deba acercarse a la Eucaristía sin examinarse primero la conciencia con discernimiento del Cuerpo y la Sangre del Señor, como pide San Pablo (1 Cor 11,27). El cual anteriormente, en la misma Carta había proclamado esta verdad concreta diciendo: "a los que están casados ordeno, no yo, sino el Señor, que la mujer no se separe del marido; y aunque se separe, permanezca sin casarse o que se reconcilie con el marido; y que el marido no repudie a la mujer" (1 Cor 7,10-11).

La *razón* de la negativa de la comunión consiste, pues, en la necesidad de coherencia eclesial entre la verdad que predica sobre la indisolubilidad evangélica y la comunión eucarística. Tampoco se ve cómo puede subsistir el arrepentimiento verdadero y el propósito de futuro, estando en situación de contradicción objetiva e institucionalizada con la Ley del Señor sobre la indisolubilidad matrimonial.

No se puede excluir la reversibilidad de su situación en el sentido de que arreglen su "matrimonio" y se atengan al matrimonio válido: el primero, si lo fue; o si aquél se demuestra ser inválido, el que ahora puede ser convalidado y celebrado de verdad. O si, por razón de su edad o enfermedad u otra causa se comprometieran a vivir como hermano y hermana, podrían confesarse y acercarse a la Eucaristía en lugar desconocido (CEI n.28).

*La razón* de este equilibrio de la pastoral de la Iglesia es porque no puede renunciar a ninguna de las dos vertientes fundamentales de su evangelización: *la verdad y la caridad.* La no admisión de los divorciados a los sacramentos no es a modo de castigo, sino para salvar el amor auténtico, ligado indisolublemente a la verdad: no hay caridad que no esté fundada en la verdad: perdería su calidad, y por consiguiente dejaría de serlo. La Iglesia misma, en su actitud pastoral, abierta y comprensiva, debe permanecer en los límites señalados por Cristo, sobre todo en los límites doctrinales (FC n.84).

*A los que viven en común sin casarse,* sino en una especie de matrimonio "ad experimentum" y a los que siendo bautizados *se han casado sólo civilmente,* tampoco les puede la Iglesia dar los sacramentos por falta de compromiso eclesialmente celebrado. No están en consonancia con el bautismo (por el que es miembro de Cristo y de la Iglesia) esas uniones celebradas de espaldas a la Iglesia. Por supuesto, también de los unos y los otros debe preocuparse la pastoral de la Iglesia, una pastoral acogedora, misionera y evangelizadora, debiendo siempre tener en cuenta los motivos que les han llevado a tales situaciones, motivos muy diversos en unos y otros casos, que convendrá tener presentes en la pastoral concreta de las comunidades y de los cristianos como tales. Si unos y otros luego quieren casarse por la Iglesia, el objetivo primero será querer conseguir la comunión (incluso cordial) con la Iglesia y hacer una particular preparación al matrimonio también desde el punto de vista de la catequesis del matrimonio cristiano (FC n.80-81).

*¿Qué actitud tomar ante personas casadas sólo civilmente que luego vienen queriendo contraer matrimonio sacramento con persona distinta de la que aparece en su matrimonio civil?* No se les debiera admitir hasta la sentencia de divorcio civil: y esto por tres razones: 1) porque hay vínculo civil; 2) porque puede haber derechos adquiridos entre ellos o los hijos; 3) porque la prudencia misma exige no creer fácilmente al que fácilmente pasa de una situación matrimonial a otra: ¿no subyace ahí una mentalidad de "matrimonio de prueba"? En todo caso hay que salvar todos estos elementos (FC n.82).

*Y no hay que restar importancia a la mera separación,* aunque luego no contraiga nuevo matrimonio (civil): y es que el matrimonio, particularmente el sacramento, les da el don y la exigencia de permanecer unidos hasta el fin, construyendo día a día su fidelidad y entrega para siempre. Pero hay que ver cuidadosamente si la separación es conveniente o un mal (para ellos y para sus hijos).

*Poner antes los demás medios:* el divorcio no es el primer medio, precipitado, al que hay que recurrir cuando las cosas empiezan a no caminar bien. Los esposos no deben llegar ligeramente, precipitadamente, a esta decisión, y no deben ponerla fácilmente en práctica y en acto aunque hayan llegado a ella: antes bien, deben reflexionar, orar, consultar con matrimonios amigos, con el sacerdote, con especialistas en la materia; y esto por exigencias del matrimonio mismo y por la fuerza de alejamiento que tiene el divorcio, todo divorcio.

*La comunidad cristiana,* en manera particular, debe ser sensible a la soledad y tristeza de los matrimonios irregulares, de los separados, de los divorciados, de los que han contraído luego el matrimonio civil, etc. Y solidarizarse, en todo caso, en favor de los hijos: de unos y de otros. La comunidad cristiana debe ser atractiva y misionera para cuantos se encuentran en tales situaciones; y deben invitarlos, con caridad y prudencia, a participar en la vida de la comunidad: que no se retiren de ella del todo replegándose sobre sí mismos.

*Ayudar a los separados* para que no contraigan nuevo matrimonio (siendo válido el primero): los pasos que se suelen seguir en esa pendiente son conocidos: discusión, separación, soledad, divorcio y nuevo matrimonio: la pastoral familiar de la Iglesia debe hacerse siempre; y discretamente, en forma particular, desde los primeros pasos mal dados, que son causa u ocasión próxima para los subsiguientes. Frecuentemente, sólo una solidaridad cordial, impregnada de comprensión, de ayuda concreta, de sincera estima por la fidelidad mantenida en medio de no pocas vicisitudes y dificultades, puede sostener eficazmente a las personas separadas para que no den aquellos otros pasos, irreversibles (CEI n.44).

*¿Es postura cristiana,* más aún, pueden luego comulgar tranquilamente personas casadas que por terquedad, por no dar su brazo a torcer, se separan ante las primeras dificultades y luego la separación y la soledad traen los demás eslabones de la cadena? No, antes bien, en el matrimonio, como en toda otra forma de vida, la paciencia, la bondad y luego la reconciliación son virtudes necesarias, imprescindibles. A los que han puesto estos medios, aunque hayan resultado ineficaces y para evitar males mayores han tenido que separarse, si no contraen nuevas nupcias, se les puede dar la comunión, pueden confesar y comulgar en las mismas condiciones que otro fiel cristiano.

El mero hecho de haberse divorciado, cuando para evitar mayores males así se veía necesario en conciencia y para el matrimonio (y los hijos) no constituye impedimento para recibir los sacramentos *cuando no se ha contraído nueva situación matrimonial.* El prescindir de esto último es ya un testimonio de que se cree en la indisolubilidad del matrimonio; incluso puede ser ejemplo para otros que estuvieran en la tentación de proceder más allá y casarse civilmente. Tanto más, cuanto que estando así siempre puede luego llegarse a una reconciliación de los esposos entre sí: el sacramento mismo pide y exige que se pongan todos los medios para una nueva reunión de los esposos entre sí.

## ¿Y los hijos?

*Tienen derecho* al contexto afectivo de un hogar bien constituido; y *a una educación adecuada* dentro y fuera de la familia: una educación humana y cristiana de la que los esposos son los primeros responsables en toda hipótesis (LG 11).

*¿Tienen derecho a los sacramentos?* ¿Cuáles? El planteamiento es distinto según se trate de bautismo, Eucaristía o confirmación (aunque los tres sean sacramentos de la iniciación cristiana). Lo primero de todo es decir que el planteamiento del bautismo del niño pequeño no se puede hacer independientemente del planteamiento de la situación matrimonial y de la fe de los padres. Antes bien, es y puede ser un momento de gracia para ellos, primero para ellos mismos; como el mero hecho de tener un hijo es también un acontecimiento para los padres, una experiencia de gozo y reflexión.

*La catequesis pre-bautismal,* que debe ser seria, máxime en los tiempos actuales de secularización y materialismo, se refiere ante todo a los padres: es una palabra y un simbolismo dirigido a los padres (cuando se trata de bautizar a niños pequeños, es decir, antes del uso de la razón). De ahí que las comunidades eclesiales y sus sacerdotes deben acogerlos bien en toda hipótesis y tratar de que reflexionen sobre su fe y su responsabilidad de educación cristiana de los hijos. Si esto no se ha conseguido, si no hay garantías al respecto hay que esperar a que los niños, ellos mismos vengan por su propio pie a pedir el bautismo pidiéndolo libremente en virtud de su uso de razón y discreción creyente. Las comunidades parroquiales deben prepararse para estas peticiones de bautismo de adultos.

"*En el caso de padres descristianizados,* si se retrasa la fecha del bautismo, será para conceder un tiempo prudencial a su preparación, evitando que esa dilación aparezca como castigo o como cerrar las puertas de la Iglesia a los que de manera ruda o torpemente piden esta 'entrada'. Asimismo se ha de evitar el bautizar sin una garantía suficiente de educación cristiana del niño" (Ritual del bautismo de niños, n.60).

*Pueden también garantizar esa educación* —aunque subsidiariamente— si no ambos progenitores, uno de ellos, o los padrinos: ésa es su misión, subsidiaria, que habría que revalorizar más en estos tiempos en favor de los hijos de los demás; o incluso algún miembro cualificado de la comunidad cristiana (cuando ésta es a talla humana en el conocimiento mutuo y estima personal) (CEI n.52). Si bien la psicología humana dice que en esos primeros años nadie tiene tanta influencia como los padres, y en concreto como la madre. Así pues, aunque en principio pueden responsabilizarse otros a falta de la garantía de los padres, en la práctica hay que ser prudentes y realistas en esta materia, como lo es la norma del Ritual anteriormente citada.

*En aquellos casos* en que la petición del bautismo a favor del hijo es presentada por padres que conviven sin casarse, o casados sólo civilmente a los cuales nada impide que regularicen su situación y se casen incluso sacramentalmente, el sacerdote y la comunidad no deben desperdiciar una ocasión tan importante de evangelización y catequesis, antes bien les hará ver la contradicción existente entre la petición del bautismo para el hijo y su estado (objetivo) de rechazo del sacramento del matrimonio por parte de los padres; si ellos rechazan vivir el estado conyugal tal como corresponde a su condición de bautizados, de alguna manera están también rechazando su bautismo, o no están siendo coherentes con él. Por consiguiente hay que invitarles a que reflexionen primero ellos mismos sobre su situación bautismal, creyente y matrimonial, para luego proceder, con las debidas garantías, el bautismo del hijo.

*Es distinto el caso de la primera comunión y sobre todo de la confirmación* a los hijos de los que están en situaciones matrimonialmente irregulares. Y es que tanto la primera comunión, como sobre todo la confirmación se dan en edades en las que en todo caso, *son ellos mismos los primeros responsables:* también la primera comunión, no sólo la confirmación, es ya, ante todo, acto de la fe personal del niño; y no es ya tanta la dependencia de sus padres.

Los hijos, lejos de ser un estorbo en las vicisitudes matrimoniales y de fe de los padres, pueden servir de inmensa ayuda; con la debida discreción y, sobre todo, con el ejemplo y el cariño a ambos progenitores, pueden contribuir poderosamente, a veces decisivamente, a salvar la situación de los padres en cualquier hipótesis y circunstancia por la que atraviesen (en el amor y en la fe). Pueden también contribuir a la evangelización de los padres, en su acercamiento a la Iglesia con esta ocasión.

## ¿Matrimonios prematuros?

*Más vale prevenir que curar,* dice el refrán; y tiene aplicabilidad también en este campo de los matrimonios prematuros, desde dos vertientes: una, positiva: insistir en la debida preparación del sacramento del matrimonio; la otra, *se refiere a la evitación de las causas que llevan a fracaso al matrimonio.* A este fin, más vale prevenir los fracasos evitando los matrimonios prematuros e inmaduros, aunque ella esté embarazada, que para encubrir tales embarazos, cubrirlos con el manto (¿mero acto social?) de la celebración prematura del matrimonio: en cuyo caso ¿qué garantías ofrecería éste? ¿Podría *en esos casos* decirse —en contra de la psicología y de la antropología, también de la teología— que "lo que Dios ha unido el hombre no lo separe"? ¿Es que hay que dar por supuesto —también en esos casos— que Dios los ha unido? Es un capítulo en que tiene que revisarse seriamente la pastoral.

*Comenzar desde la pastoral juvenil y de novios,* sin dejar esta preparación para tiempos inmediatamente prematrimoniales. Educar a los adolescentes y jóvenes en los problemas propios de su edad a la luz del Evangelio y de la gracia; hacer una verdadera teología del noviazgo como fortalecimiento del amor y como tiempo de gracia para su proyecto de vida definitivo; preparar una digna y adecuada celebración de *su* sacramento del matrimonio, conscientes del significado, de la gracia y de la responsabilidad "de casarse en el Señor" (1 Cor 7,39).

La Iglesia en general, y cada uno de los cristianos y comunidades en concreto, tienen la misión de promover —desde el punto de vista social— los derechos de la *familia,* nacidos de la dignidad de la persona humana y de la importancia de la familia, anterior a la sociedad misma y célula básica de ésta.

*No han de faltar consultorios matrimoniales* y familiares de inspiración cristiana, cuyo objetivo primordial será promover y defender una vida matrimonial armoniosa e integrada en sí misma y en la sociedad; integrada también en la comunidad eclesial, puesto que de matrimonio cristiano estamos hablando.

*Dos conclusiones:* importancia de la educación religiosa

y de fe en el contexto de la educación integral de niños, adolescentes y jóvenes, por una parte; y *cuidar la calidad del amor* en toda vocación cristiana y eclesial según las características proclamadas por San Pablo (1 Cor 13,1ss).

## *III. Matrimonios y familias en situaciones difíciles (según la "Familiaris consortio")*

En primer lugar, dice el Papa que "es necesario un empeño pastoral todavía más generoso, inteligente y prudente, a ejemplo del Buen Pastor, hacia aquellas familias que —independientemente de la propia voluntad a menudo, o apremiados por otras exigencias de distinta naturaleza— tienen que afrontar situaciones objetivamente difíciles" (n.77).

El Papa muestra para ellos una particular sensibilidad y así la pide a los demás, haciendo de tales situaciones difíciles una enumeración no exhaustiva (tarea por otra parte imposible dada la complejidad de las situaciones reales): ¿quién va a ser insensible a matrimonios de emigrantes, de los que se ven obligadas a largas ausencias mutuas; familias de presos, prófugos, exiliados; de los marginados, de los que carecen de casa; familias con hijos minusválidos o drogadictos; de discriminados por motivos políticos o por otras razones; familias ideológicamente divididas, etc.? Y no termina la enumeración sin referirse a "esposos menores de edad" y a los "ancianos" y sobre todo a los que están abandonados de soledad o sin adecuados medios de subsistencia (n.77,3).

*A las familias de emigrantes* desea el Papa la pronta reunión familiar con todos sus derechos; en las ideológicamente divididas pide a la parte católica fidelidad a la fe pero diálogo amigable y constante con la otra parte (o con los hijos); para los de edad avanzada hace toda una teología y pastoral de la tercera edad como etapa importante (n.77,6) al mismo tiempo que pide a las potestades públicas la atención debida para los que se encuentran en tales situaciones.

*Cuando se trata de matrimonios mixtos,* pide para la parte católica fidelidad a su fe y educación católica para los hijos, al mismo tiempo que insiste en la libertad religiosa para ambos; el cónyuge católico debe ser ayudado con todos los medios en su obligación de dar, dentro de la familia, un testimonio genuino de fe y vida católica.

*Refiriéndose al matrimonio "ad experimentum"* hace dos consideraciones: una desde la naturaleza misma del matrimonio y de las personas humanas "cuya dignidad exige que sean siempre y únicamente término de un amor de donación, sin límite alguno ni de tiempo ni de otras circunstancias" (n.80.1). La otra consideración es derivada desde la fe: "el matrimonio entre los bautizados es el símbolo real de la unión de Cristo con la Iglesia, una unión no temporal o 'ad experimentum', sino fiel eternamente; por tanto, sobre todo entre dos bautizados, no puede haber más que un matrimonio indisoluble" (n.80,2).

*Uniones libres de hecho:* sin vínculo alguno institucional públicamente reconocido, ni civil ni religioso: hay que buscar sus causas; no es idéntico el diagnóstico si se trata de motivos económicos, razones religiosas o provenientes de la psicología (por ejemplo: cierta inmadurez o temor para el compromiso definitivo) (n.81). Afirmación clara de la doctrina católica acerca del matrimonio indisoluble y el acercamiento pastoral a cada caso, con discreción y respeto, son las dos coordenadas por las que discurren las consideraciones del Pontífice en esta materia, de suyo delicada... Y siempre la misma conclusión: la educación permanente de la juventud y su vinculación con la comunidad cristiana.

Al mismo tiempo, el Papa propone una solución de convergencia para el matrimonio y la familia: la solución laboral, salarial, de la vivienda, la igualdad de oportunidades, etc. (n.81, al final).

*¿Qué decir de los católicos unidos con mero matrimonio civil?* "Su situación no puede equipararse sin más, dice el Papa, a la de los que conviven sin título alguno, ya que hay en ellos, al menos un cierto compromiso a un estado de vida concreto y quizá estable" (n.82). El Papa no atribuye los epítetos que anteriormente se daban a tal situación, por una parte; y pone en alto y en claro los principios cristianos, es decir, el matrimonio cristiano o sacramento que de suyo corresponde a su condición de bautizados. Esa razón, la de la falta de coherencia en su vida sacramental, hace que no se les pueda dar los demás sacramentos (n.82, al final), sí otras ayudas pastorales.

*Finalmente el Papa alude expresamente a los divorciados casados de nuevo* (civilmente, claro está). "Los Pastores, dice el Papa a este respecto, por amor a la verdad, están obligados a discernir bien las situaciones. En efecto, hay diferencia entre los que sinceramente se han esforzado por salvar el primer matrimonio y han sido abandonados del todo injustamente, y los que por culpa grave han destruido un matrimonio canónicamente válido. Finalmente, están los que han contraído una segunda unión en vista a la educación de los hijos, y a veces están subjetivamente seguros en conciencia de que el precedente matrimonio, irreparablemente destruido, no había sido nunca válido" (n.84,2). Y en los dos párrafos siguientes el Papa dice cómo hacer una *pastoral* con ellos y en concreto qué pastoral *sacramental* llevar a cabo.

La pastoral consiste, dice el Papa, en "ayudar a los divorciados, procurando con solícita caridad que no se consideren separados de la Iglesia, pudiendo y aun debiendo, en cuanto bautizados, participar en su vida. Se les exhorta a escuchar la Palabra de Dios, a frecuentar el sacrificio de la misa, a perseverar en la oración, a incrementar las obras de caridad y las iniciativas de la comunidad en favor de la justicia, a educar a los hijos en la fe cristiana, a cultivar el espíritu y las obras de penitencia para implorar de este modo, día a día, la gracia de Dios. La Iglesia rece por ellos, los anime, se presente como Madre Misericordiosa y así los sostenga en la fe y en la esperanza" (n.84,3).

*En cuanto a la pastoral sacramental con los divorciados,* dice el Papa, "la Iglesia, fundándose en la Sagrada Escritura, reafirma su praxis de no admitir a la comunión eucarística a los divorciados que se casan otra vez. Son ellos los que 'no pueden ser admitidos, dado que su estado y situación de vida contradicen objetivamente la unión de amor entre Cristo y la Iglesia, significada y actualizada en la Eucaristía. Hay además otro motivo pastoral: si se admitieran estas personas a la Eucaristía, los fieles serían inducidos a error y confusión acerca de la doctrina de la Iglesia sobre la indisolubilidad del matrimonio" (n.84,4).

## Conclusión

Termina estas consideraciones el Papa remontándose desde la familia a la gran familia que es la Iglesia: "nadie se sienta sin familia en este mundo: la Iglesia es casa y familia para todos, especialmente para cuantos están fatigados y cargados'' (n.85, citando Mt 11,28). Y todo el mundo está llamado a ser una sola familia humana.

## *PASTORAL DEL MATRIMONIO Y DE LOS DIVORCIADOS*

### RESUMEN Y CONCLUSIONES

### I

1. *La misión de la Iglesia en relación con el matrimonio y la familia* se encuentra ahora mismo en el cruce de dos coordenadas que la Iglesia tiene que plantear bien y discernir cuidadosamente por fidelidad al Evangelio y a sí misma; por una parte, *la afirmación doctrinal,* neta y evangélica, de la indisolubilidad del matrimonio; y por otra, la necesidad, también humana y exigida por el Evangelio, de acoger y *orientar pastoralmente* a los que se encuentran en situaciones difíciles e irregulares, a veces dramáticas. ¿Cómo armonizar coherentemente ambas coordenadas manteniendo la doble fidelidad: al Evangelio y al hombre? ¿Qué medios humanos y evangélicos tiene la Iglesia para atender a estos matrimonios en cualquiera de las hipótesis y circunstancias?

2. *Crisis y oportunidad en la familia actual:* crisis no sólo religiosa, sino también cultural, social, política, económica, laboral, etc.; crisis entendida como *peligro* de perder y dejar en el camino valores sustanciales y fundamentales, intrínsecos y constitutivos, de esta célula primordial de la Iglesia y la sociedad que es el matrimonio y la familia; pero también *oportunidad,* hoy quizá mejor que nunca, de vivir y ofrecer un nuevo modelo de matrimonio y familia, humanamente solidario y evangélicamente cristiano. De todas formas, es preciso tomar conciencia, con realismo, de la dificultad actual de percibir y vivir los valores morales y espirituales en este campo no menos que en otros de la vida privada y pública: del dinero, del sexo, de la política, etc.

3. *¿Qué hacer aquí y ahora?* Misión de la Iglesia es, ante todo, poner en claro y en alto las dos dimensiones fundamentales del matrimonio cristiano: en primer lugar el sustantivo *matrimonio* como "íntima comunidad de vida y por vida" (GS 48), realidad básica y fundamental sin la cual no

puede haber sacramento; y en segundo lugar, segundo pero no secundario en la pastoral de la Iglesia, aclarar y afianzar los constitutivos internos y esenciales del *sacramento* a partir del bautismo, la fe y la "intención de hacer lo que hace la Iglesia".

4. *Misión de los seglares y de las comunidades eclesiales* es, ante todo, dar un gran impulso —con imaginación y creatividad— a las iniciativas en favor del matrimonio y la familia: ¡a ver si se consigue un doble objetivo!, por una parte, lo que se ha convenido en llamar *solución de convergencia*, es decir, que no falte el trabajo, el salario justo y familiar, la vivienda, la igualdad de oportunidades culturales médicas, etc.; y por otra, *la evangelización* propiamente dicha en la cual las comunidades cristianas y concretamente los seglares casados en ellas tienen el carisma propio y específico que el Concilio Vaticano II proclama (LG 11.35.41).

5. *Problemas a resolver:* son múltiples y escalonados, tanto en el orden *doctrinal* como *pastoral*, los temas a tratar y aclarar; entre otros, la valoración positiva del sexo y del matrimonio; la dignidad de la persona humana y de las relaciones interpersonales en esta materia; el sexo como vocación humana; una auténtica teología del noviazgo; el consentimiento al matrimonio como un sí maduro y responsable por ser proyecto de vida "y por vida"; la relación del bautismo con el sacramento del matrimonio, no bastando la referencia y exigencia de la *partida* del bautismo, sino que se requiere toda una *pastoral* bautismal; la fe necesaria para la vivencia y convivencia de este sacramento como de otros: por ejemplo, la confirmación, la Eucaristía, la penitencia; la "intención de hacer lo que hace la Iglesia" (la catequesis eclesial es difícil y necesaria en la preparación prematrimonial). Luego vienen los esfuerzos para dignificar la celebración de este sacramento que en ocasiones, ¡tantas!, se reduce a un mero acto social y no precisamente de los más serios... y, finalmente, la educación permanente en la fe y la vinculación, ¡ojalá que compromiso!, con la parroquia a la que irán a vivir los nuevos esposos constituidos en familia, o sea, la pastoral familiar.

6. *Una preparación adecuada para el matrimonio cristiano:* actualmente, la preparación "prematrimonial" es corta aun en el mejor de los casos (¿se cumplen los [tres] meses de

preparación real y efectiva necesarios, no precisamente "mandados", para dicha preparación?). La evangelización y catequesis requiere tiempo y no bastan los cursillos; hay que comenzar antes por una verdadera catequesis del noviazgo y matrimonio, entendido éste como realidad humana y sacramento de salvación. En efecto, aunque la realidad humana del matrimonio tiene consistencia en sí misma, sin embargo, en la *opción de vida cristiana* (que es el objetivo fundamental de esta pastoral) no puede haber separación sino integración de esa dimensión humana con la dimensión de fe en la manera de comprender y vivir el matrimonio y la familia. Esto supuesto, pueden ser dos experiencias materialmente idénticas, pero psicológica y evangélicamente distintas. El matrimonio cristiano, como sacramento, quiere ser lugar de encuentro con Dios y de ambos esposos en El; y de esta manera amarse hasta el fin.

7. *El testimonio de los "casados en el Señor":* esa experiencia del amor mutuo de los esposos en el interior de la relación de Cristo con la Iglesia, testimoniada y expresada por los matrimonios cristianos, es "conditio sine qua non", condición necesaria para que la acción evangelizadora de la Iglesia con los novios y los demás matrimonios tenga garra y fuerza ante tantas parejas vacilantes, sumergidas en la secularización y materialismos de esta sociedad de consumo. Cuando los esposos cristianos vivan así su amor en el Señor y no sientan la necesidad de "divorciarse", se habrán quebrado desde su eje los problemas y peligros de las leyes de divorcio de turno... Pero ahora, sólo ahora, vayamos a este segundo punto.

## II

1. *El ser mismo de la Iglesia* queda comprometido, por la fidelidad debida a Cristo, en la misión y tarea de preparar los nuevos matrimonios, en el modo de celebrarlos y en la pastoral de acompañamiento a la familia. ¿Qué es vivir el amor en el Señor? Esta es la pregunta fundamental: a ella tienen que responder los casados cristianos con su vida, las comunidades cristianas con su ejemplo e irradiación, la Jerarquía de la Iglesia con su doctrina y talante pastoral. Aho-

ra bien: ¿cómo se concreta esta actitud pastoral en cada una de las situaciones reales, difíciles y a veces dramáticas por las que atraviesan algunos, no pocos, matrimonios?

2. *La indisolubilidad cristiana del matrimonio* tiene dos vertientes (como una moneda tiene cara y cruz): por una parte, minimista, significa no separarse, no abandonar a la otra parte, no serle infiel: pero tiene también una vertiente positiva que le es primordial: la capacidad de amar hasta el fin, más aún, de profundización y hasta resurrección de este amor dentro de la Alianza con Dios, de Cristo con la Iglesia.

3. *El sacramento del matrimonio,* de suyo no es un seguro total (sin más cuidados, contra el empobrecimiento del amor y hasta su posible ruptura y pérdida): el sacramento (éste y otros) no es a modo de un talismán; antes bien, el amor puede degenerar en dominio; la entrega sexual en un gesto vacío de contenido; lo que parece un don, puede ser un egoísmo. Por eso, para el matrimonio cristiano es imprescindible la teología de la cruz, el sacrificio de sí mismo en aras del amor al otro.

4. *Casarse por la Iglesia* supone vocación humana y cristiana a la fidelidad total, más aún, a la indisolubilidad matrimonial como vocación evangélica y eclesial a participar en el "agape" o amor pascual de Cristo a la Iglesia, es decir, en el amor de autosacrificio y donación total y para siempre.

5. *Están, pues, en situación objetiva de contraste con el Evangelio* los divorciados y vueltos a casarse [civilmente] ya que el Evangelio proclama y exige el matrimonio único e indisoluble. La Iglesia no puede dejar de lado el Evangelio de la indisolubilidad. La misma razón [excusa] tendría para faltar a la fidelidad en las enseñanzas de Jesús sobre la justicia, la honestidad política, la verdad y la mentira, etc.

6. *No están excomulgados* los que así han procedido acogiéndose a la posibilidad jurídica, sólo jurídica, a su alcance. Y la razón es que en virtud del bautismo que imprime el carácter indeleble de miembros del Cuerpo de Cristo, que es la Iglesia, y puesto que el divorcio y nuevo matrimonio [civil] no necesariamente significa la pérdida total de la fe, los que están en tal situación son y permanecen miembros de la Iglesia, que no los ha excomulgado.

7. *La comunidad cristiana y cada uno de los cristianos,* si lo son de verdad, deben comulgar en espíritu y en verdad con la indisolubilidad matrimonial, asentir a esta verdad con la mente y el corazón, y ser fieles a ella a lo largo de la vida del matrimonio hasta el fin. Para los que no la cumplen, existirá por parte de todos los demás una actitud de comprensión subjetiva, pero no la justificación doctrinal. No por eso es justificable la actitud de alejamiento y rechazo hacia los hermanos en la fe que viven en tales situaciones irregulares. Antes bien, sacerdotes, amigos y familiares deben dialogar amplia y cordialmente con los que se encuentran en tales circunstancias difíciles, a veces dramáticas. Haciéndolo así, no se trata de claudicar en los principios mismos con "rebajas" doctrinales, sino de testimoniarles pastoralmente una actitud de sincera caridad fraterna.

8. *¿Qué participación pueden y deben tener en la vida de la Iglesia?* La pregunta no equivale a esta otra: ¿qué sacramentos pueden recibir? Por de pronto no están excomulgados, pueden y deben asistir a misa, a la escucha de la Palabra, participar en la fe y caridad de la comunidad eclesial, en la oración y en la dinámica de la conversión cristiana, en las reuniones de la catequesis de adultos, en las obras de caridad, de cultura, de la justicia y la paz. A su vez, la Iglesia ora por ellos, y los exhorta a mantener vivo y abierto el diálogo con Dios y con los demás miembros de la comunidad; en la humilde y confiada oración podrán encontrar las ayudas necesarias para su situación. El poder salvador de Dios no está atado y limitado a los sacramentos, se dijo desde siempre en la teología.

9. *Los cristianos divorciados y vueltos a casarse civilmente* no pueden ejercer ministerios eclesiales: "es evidente que en esta situación, no pueden desarrollar en la comunidad eclesial aquellos servicios que exigen la plenitud de comunión cristiana como son los servicios litúrgicos y en particular el de lector, de catequista y padrino en los sacramentos".

10. *¿Eucaristía y penitencia?* La concesión de los sacramentos sólo puede ser planteada debidamente en el marco de la fidelidad de la Iglesia Esposa a Cristo su Esposo; sobre todo en el caso de la Eucaristía, que es el sacramento del

amor de fidelidad hasta el fin. Es el máximo aval, doctrinal y comunitario, que tiene la Iglesia.

11. *Comunión en la indisolubilidad-comunión en la Eucaristía.* En la celebración eucarística, la Iglesia lee en alto y pone en claro el evangelio de la fidelidad a Jesucristo; y *así* edifica la Iglesia. De ahí que nadie deba acercarse a la comunión sin antes examinar la conciencia como pide San Pablo (1 Cor 11.27). La razón de la negativa de la comunión a los así divorciados y luego casados civilmente, está en la necesidad de coherencia eclesial entre la verdad que predica sobre la indisolubilidad matrimonial y la comunión eucarística. Aquella indisolubilidad y esta comunión eucarística son el anverso y reverso, la cara y cruz de una misma moneda. Pero la no admisión de los divorciados a los sacramentos no es a modo de castigo, sino precisamente para salvar el amor auténtico, la calidad y firmeza del amor. La Iglesia misma, en su actitud abierta y comprensiva, debe sin embargo permanecer en los límites señalados por Cristo, sobre todo en el aspecto doctrinal. Fidelidad doctrinal y caridad no se excluyen, sino que se exigen y requieren mutuamente.

12. *A los que viven en común sin casarse,* en una especie de matrimonio *ad experimentum* y a los que *siendo bautizados se han casado sólo civilmente* tampoco puede la Iglesia darles los sacramentos por falta de compromiso eclesialmente celebrado. No están en consonancia con el bautismo (por el que se es miembro de Cristo y de la Iglesia y como tal habría de celebrarse un acto tan importante como el matrimonio). Por supuesto, también de los unos y los otros debe preocuparse la Iglesia con una pastoral misionera y evangelizadora aunque en el ínterim (hasta que se resuelvan tales situaciones) no les pueda dar los sacramentos. Si unos y otros luego quieren casarse por la Iglesia, el objetivo primero será hacer *una particular preparación* al matrimonio desde ambas vertientes: la de un proyecto de vida *"y por vida"* y la aceptación de los elementos constitutivos del *sacramento:* el matrimonio cristiano es una vocación creyente y eclesial a la fidelidad e indisolubilidad.

13. *¿Qué actitud tomar con personas casadas civilmente que luego vienen queriendo contraer el sacramento del matrimonio con persona distinta de la que aparece en su matri-*

*monio civil?* Toda la prudencia es poca por varias razones: primero, poque hay ya vínculo civil; además, porque puede haber derechos adquiridos entre ellos o los hijos; y también porque hay razones para dudar ahora de la firmeza de su propósito matrimonial: no se puede creer fácilmente al que fácilmente pasa de una situación matrimonial a otra, con otra persona: ¿no subyace aquí una mentalidad de "matrimonio de prueba"? ¿Hay estabilidad suficiente?

14. *Poner antes los demás medios:* la separación o el divorcio (aunque no se piense en nuevo matrimonio) no es el primer medio, precipitado, al que hay que recurrir cuando las cosas *empiezan* a andar mal; los esposos, sobre todo si son cristianos, *antes* deben reflexionar, orar, consultar con matrimonios amigos, con el sacerdote, con especialistas en la materia; y esto por exigencia del matrimonio (verdadero) contraído y por la fuerza de irreversibilidad que tiene el divorcio jurídico por su misma naturaleza (¿se puede ir de divorcio en divorcio...?) Es preciso ayudar a los separados para que no sientan la necesidad de contraer nuevo matrimonio [civil por supuesto]; los pasos que se suelen dar en esa pendiente son bien conocidos: discusiones, separación, soledad, divorcio y nuevo matrimonio. ¿Es postura cristiana, más aún, pueden luego comulgar tranquilamente personas casadas que por terquedad, por no dar el brazo a torcer se separan ante las primeras dificultades y luego la separación y la soledad traen los demás eslabones de la cadena, y no creemos que liberadora sino esclavizante? En cambio, a los que han puesto todos los medios a su alcance, aunque hayan resultado ineficaces y para evitar males mayores hayan tenido que separarse y se quedan sin contraer nuevas nupcias, se les puede dar la comunión. Tanto más cuanto que siempre pueden luego reconciliarse los esposos entre sí: el matrimonio como tal y el sacramento mismo piden y exigen (y la Eucaristía ayuda) a que se pongan todos los medios para una nueva reunión de los esposos reconciliados entre sí. La reconciliación es una virtud fundamental en el Evangelio y en la convivencia ciudadana.

15. *Más vale prevenir que curar,* dice el refrán; y tiene aplicabilidad al presente caso desde dos vertientes: en primer lugar, insistiendo en la debida y adecuada preparación al

matrimonio; la otra se refiere a la evitación de las causas que suelen llevar al fracaso del matrimonio; en este sentido el Sínodo de Roma acerca del matrimonio (1980) ha lanzado un clamor y hasta un grito para que se eviten los matrimonios prematuros e inmaduros (aunque haya embarazo de por medio) "porque un mal menor (embarazo) no se resuelve con un mal mayor" (matrimonio prematuro).

16. *Necesidad de consultorios y digna administración de la justicia en la Iglesia:* también esto último es una gran preocupación de los últimos Papas: también aquí hay todo un clamor y un grito a favor de la pureza, la equidad, la transparencia, la agilidad en las causas matrimoniales y siempre la objetividad en la tramitación de dichas causas en evitación de todo escándalo, real o simplemente aparente (PABLO VI: AAS 66 [1974] p.10; AAS 71 (1979) p.422-427; JUAN PABLO II, *L'Osservatore Romano,* 17 feb. 1979; véase *Rev. Esp. Der. Can.* desde 1978).

17. *¿Y los hijos de tales matrimonios?* Los hijos tienen siempre derecho al contexto afectivo de un hogar bien constituido; y a una educación adecuada dentro y fuera de la familia: en toda hipótesis, de la comunidad cristiana, acogedora y evangelizadora: ¡ojalá que nuestras parroquias lo sean!

18. *¿Tienen derecho a los sacramentos los hijos de matrimonios irregulares?* El planteamiento es distinto según se trate del bautismo, de la Eucaristía o de la confirmación (aunque los tres son sacramentos de iniciación cristiana). Lo primero que hay que decir a los padres es que la petición del bautismo del niño pequeño no se puede hacer independientemente de la revisión de su situación matrimonial y de su situación de fe. Antes bien, es y puede ser un momento psicológicamente privilegiado de gracia para ellos mismos, primero para ellos mismos. Y sólo después se hablará del bautismo del hijo a tenor de la respuesta, positiva o negativa, dada a la pregunta de su fe y sacramento. Si esto no se ha conseguido de los padres, si no hay garantías de educación cristiana del hijo, hay que esperar a que éste venga por su propio pie en virtud de su uso de razón y discreción creyente (*Ritual del bautismo de niños,* n.60).

19. *En el caso de padres descristianizados,* si se retrasa

la fecha del bautismo, será para conceder un tiempo prudente a su preparación, no como quien cierra las puertas de la Iglesia a los que de manera ruda o torpemente piden su entrada. Asimismo se ha de evitar el bautizar sin una garantía suficiente de educación cristiana del niño" (*Ritual*, n.60).

20. *Pueden también garantizar esa educación* —aunque subsidiariamente— si no ambos progenitores, uno de ellos, o los padrinos (esa es su misión, subsidiaria, que habría que revalorizar más y más en estos tiempos en favor de los hijos de los demás; o incluso algún miembro cualificado de la comunidad cristiana (cuando ésta es a talla humana en el conocimiento mutuo y estima personal) (CEI n.52). Si bien la psicología humana dice que en esos primeros años nadie tiene tanta influencia como los padres, y en concreto como la madre. Así pues, aunque en principio pueden responsabilizarse otros a falta de la garantía de los padres, en la práctica hay que ser prudentes y realistas en esta materia, como lo es la norma del Ritual anteriormente citada.

21. *En aquellos casos en que la petición del bautismo a favor del hijo es presentada por padres que conviven sin casarse,* o casados sólo civilmente a los cuales nada impide que regularicen su situación y se casen incluso sacramentalmente, el sacerdote y la comunidad no deben desperdiciar una ocasión tan importante de evangelización y catequesis, antes bien les hará ver la contradicción entre la petición del bautismo para el hijo y su estado [objetivo] de rechazo del sacramento del matrimonio: si ellos rechazan vivir el amor conyugal tal como corresponde a los bautizados, en sacramento, de alguna manera están también rechazando su bautismo, o no están siendo coherentes con él. Por consiguiente hay que invitarles a que reflexionen primero ellos mismos sobre su situación bautismal, creyente y matrimonial, para luego proceder, con las debidas garantías, al bautismo del hijo.

22. *Es distinto el caso de la primera comunión* y sobre todo de la confirmación a los hijos de los que están en situaciones matrimoniales irregulares. Y es que tanto la primera comunión como, sobre todo, la confirmación se dan ahora en edades en las que en todo caso, son ellos mismos los primeros responsables: también la primera comunión, no sólo la confirmación, es ya, ante todo, acto de la *fe personal* del niño; y no es ya tanta la dependencia de sus padres.

23. *Los hijos, lejos de ser un estorbo* en las vicisitudes matrimoniales y de fe de los padres, pueden servir de inmensa ayuda; con la debida discreción y, sobre todo, con el ejemplo y el cariño a ambos progenitores, pueden contribuir poderosamente, a veces decisivamente, a salvar la situación de los padres en cualquier hipótesis y circunstancia por la que atraviesen (en el amor y en la fe).

## CAPÍTULO IX

## *EDUCAR EN LA CASTIDAD PARA EL MATRIMONIO Y LA VIRGINIDAD*

### Orientaciones educativas sobre el amor humano: pautas de educación sexual

Con este título ha emitido la S. Congregación para la Educación Católica (al fin y al cabo de eso se trata: de educación católica, no sólo sexual), un documento amplio de 36 páginas en fecha reciente: 1983.

Desde un primer momento se encuadra la educación sexual en el contexto y la finalidad del "desarrollo armónico de la personalidad" y se dice en primer lugar que la verdadera educación se propone la formación de la persona humana en su vocación y en su fin; y para ello quiere ofrecer "una positiva y prudente educación sexual" que hay que darla a niños y adolescentes a tenor de las necesidades, incluso anticipándose a éstas y no demasiado tarde).

No ha faltado la ayuda de expertos, muchos, en ciencias del hombre (no sólo, pues, la teología y la moral, sino también la psicología, antropología, sociología, etc.). Con todo ello se quiere examinar también el aspecto pedagógico de la educación indicando orientaciones oportunas para el desarrollo y formación integral del cristiano: como persona y como cristiano. Y dentro de esta finalidad global ya se sabe que el sexo es determinante constitutivo, no extrínseco de la persona y su vocación.

La doctrina cristiana al respecto es la misma en todas partes; no así la pedagogía que tiene que adaptarse a los diversos países y a las "necesidades propias de cada lugar". En efecto, no es lo mismo la pedagogía como no son idénticos los condicionamientos externos o internos, es decir, subjetivos, en los países tropicales que en zonas de eternos hielos.

## Interpretación de la sexualidad

¿Cuál es su sentido y significado? En primer lugar, se trata "de un elemento básico de la personalidad, un modo propio de *ser,* de manifestarse, de comunicarse con los otros, de sentir, expresar y vivir el amor humano". De ahí que no pueda pensarse en el desarrollo de la personalidad sin atender a este factor integrante decisivo; decisivo, también, para el "proceso educativo" (p.4 n.4). El factor sexual no se reduce (reduccionismo que sería fatal) al plano biológico, sino que es también de orden psicológico y espiritual. El sexo no es sólo algo puramente individual, de puertas para dentro en el individuo, sino que se refiere también a la inserción de éste en la sociedad.

Quien lea el párrafo segundo del n.5 no puede decir que la sexualidad ha sido vista y enfocada [sólo] en su orientación a la procreación ya que a renglón seguido se dice de ella que "es la expresión máxima, en el plano físico, de la comunión de amor de los cónyuges": fuera de este contexto de don recíproco interpersonal, total y perpetuo, pierde su valor ético y queda reducido a la (mera) genitalidad; mientras que en este contexto se manifiesta como amor desinteresado y en la total donación de sí. En efecto, sí es posible llegar a esta perfección humana, sobre todo ayudados (ambos esposos) de la gracia de Dios (n.6).

## Partir de la realidad

En materia de sexo, tema delicado, hay que huir de conformismos y maniqueísmos, hay que comenzar por enfocar bien una realidad tan íntima e intrínseca de la naturaleza humana y teológicamente obra del Creador: "varón y mujer los hizo Dios" (Gen 1,26-28 y 2,18-24).

Siempre a la educación sexual hay que añadir adjetivos como los de "oportuna", humana, adecuada, y en la perspectiva de la fe "cristiana" (n.8). ¿Quiénes, con qué contenidos y desde qué métodos tienen que llevar a cabo esta educación sexual? Antes de responder a estas preguntas, necesarias, está previamente la aclaración de la noción misma de esta educación que no es sólo información científica (n.9).

Tampoco basta abandonar el sexo para que, con el tiempo, se eduque a sí mismo, sino que hay que asumirlo en libertad y responsabilidad (n.10). La dificultad proviene también del hecho de que el sexo es una realidad poliédrica, es decir, abarcadora de distintos y diversos aspectos: biológicos, psicológicos, religiosos, morales, etc.: en el fondo, el sexo está ligado a la vocación humana y (desde la fe) con la vocación cristiana: es el carisma de cada uno (1 Cor 7,7.17.20).

Para pisar tierra y para que la educación sexual sea realista hay que prestar atención a "la ignorancia y degradación ambientales" sobre todo en lo referente al sentido y significado del sexo: lo alarmante no es tanto el "nuevo descubrimiento del sexo" cuanto el no descubrimiento del significado del sexo tanto en la educación del niño en la familia y en la escuela, como en la catequesis misma de la Iglesia que no puede dejar de abarcar la educación del sexo, junto con la educación en la justicia y las demás virtudes personales y sociales".

## Progreso y coherencia en la educación sexual

Ya Pío XI declaraba errónea o al menos insuficiente la educación sexual tal como se hacía a veces por reducirse a una mera información naturalista, impartida precoz e indiscriminadamente e insistía en que debe ser impartida —ante todo— por los padres y en familia, sin negar que también los educadores y sacerdotes (hoy diríamos que dentro de la comunidad cristiana) están llamados a ello.

En el n.14 se insiste en la adquisición "de la verdadera libertad, superando los obstáculos con grandeza y constancia de alma". Pero el tema es actualmente de más envergadura, ya que ha hecho su aparición una cultura (?) "que banaliza en gran parte la sexualidad humana, porque la interpreta y la vive de manera reductiva y empobrecida, relacionándola únicamente con el cuerpo y el placer egoísta" debiendo promoverse una "cultura sexual que sea verdadera y plenamente personal" (n.16).

¿Pueden estar escuela y padres en desacuerdo en materia tan delicada y hasta decisiva para la vida? De ninguna manera, sino que se requiere una coherencia pedagógica y de rectitud de doctrina ética, debiendo la escuela ser subsidiaria de esa otra "escuela" que es la de los padres "en familia" (n.17).

¿Cómo no va a entrar como componente de esta educación integral el aprecio y estima de la castidad, debidamente comprendida, desde luego, y enmarcada en el conjunto de las demás virtudes humanas (y espirituales en el caso de la educación cristiana)? Eso sí, la castidad entendida "como virtud que desarrolla la auténtica madurez de la persona y la hace capaz de respetar y promover el 'significado esponsal' del cuerpo"; "la castidad como dominio de sí (libertad) y capacidad de orientar el instinto sexual al servicio del amor y de integrarlo en el desarrollo de la persona" (n.18). "La castidad, en fin, como respuesta a la vocación divina con la gracia de Dios", incluso a las formas más elevadas: de virginidad y celibato. La castidad entendida no sólo como sumisión a la *norma,* sino anteriormente y principalmente como descubrimiento y asimilación de sus *valores* positivos tanto en el orden humano como explícitamente cristiano (sin dualismos), no sólo en el orden personal sino también social y de Iglesia (n.19). Desde esta dimensión humana surge también la vertiente ética que no es más que la traducción ética y religiosa de la conveniencia intrínseca para el hombre, no una norma vacía, arbitraria y heteronómica (impuesta desde fuera).

Mucho es lo que promete el documento en el n.20: "ofrecer a los educadores algunas orientaciones fundamentales sobre educación sexual y las *condiciones y modalidades* a tener presentes en el plano operativo". No se trata sólo de *doctrina,* sino de tener en cuenta las *condiciones subjetivas* y ambientales en esta materia y en este comportamiento sexual.

## *I. Algunos principios fundamentales*

También aquí el comienzo es acertado: que "toda educación se inspira en una determinada concepción del hombre" (n.21). Y la fe cristiana tiene su antropología, su concepto del hombre como imagen de Dios, más aún, como hijo de Dios (1 Jn 3,2).

Hay, pues, una concepción cristiana de la sexualidad y

del cuerpo humano que llega a revelar "el sentido de la vida y de la vocación humana". "La corporeidad es, en efecto, el modo específico de existir y de obrar humano" (antropología) y teológicamente es como "una especie de sacramento primordial entendido como signo que transmite eficazmente en el mundo visible, el misterio invisible escondido en Dios desde la eternidad", misterio de amor, en definitiva (n.22-23).

"Varón y mujer los hizo Dios", dice la Biblia desde sus dos primeros capítulos; son, por consiguiente iguales en cuanto a dignidad personal, "semejantes para entenderse, diferentes para complementarse" (n.25,2): este complemento tiene lugar en el amor y en la fecundidad: el matrimonio es comunidad de amor orientada a la fecundidad.

No están carentes de enigmas, de dificultades de interpretación las relaciones de hombre y mujer: basta abrir los ojos para darse cuenta de ellos. Revelación (fe) y gracia contribuyen poderosamente a esta claridad y realización humana y cristiana de la sexualidad y del amor de la pareja humana o la asunción —libremente y por amor— de la virginidad o el celibato sacerdotal. El misterio del hombre sólo se desvanece en el misterio del Verbo Encarnado y la existencia humana adquiere su significado pleno en la vocación a la vida divina, a la que es llamado el hombre (1 Jn 3,2). Y ¿la virginidad? "La virginidad implica, ciertamente, renuncia a la forma de amor típica del matrimonio, pero asume a nivel más profundo el dinamismo inherente a la sexualidad, de apertura oblativa a los otros, potenciado y trasfigurado por la presencia del Espíritu Santo, el cual enseña a amar al Padre y a los hermanos como el Señor Jesús" (n.31).

## ¿Qué es y cómo llevar adelante la educación sexual?

¿Cuál es su fin y cuáles los medios? En el n.34 se nos aclara y explica el objetivo fundamental de esta educación: en primer lugar un conocimiento adecuado de la naturaleza e importancia de la sexualidad, no sólo en su anatomía o fisiología, sino también "del desarrollo armónico e integral de la persona hacia su madurez psicológica con vistas a la plenitud de la vida espiritual, a la que todos los creyentes están llamados" citando el Concilio Vaticano II (LG 39).

[Yo diría que a la vida espiritual están llamados todos, no sólo los creyentes].

Es obvio que el educador cristiano acuda a los principios de fe y que tenga en cuenta la valoración positiva de la sexualidad en conformidad con la pedagogía actual (n.34,2). "Una verdadera *formación* no se limita a informar la inteligencia, sino que presta particular atención a la educación de la voluntad, de los sentimientos y de las emociones. En efecto, para tender a la madurez de la vida afectivo-sexual, es necesario el dominio de sí, el cual presupone virtudes como el pudor, la templanza, el respeto propio y ajeno y la apertura al prójimo" (n.35,2).

El valor sexual no es el único; hay que aceptarlo integrado en los demás valores; de lo contrario viene la polarización en el sexo (n.36). La educación en la castidad no es una represión, sino una apertura al prójimo y a Dios; comporta la potencialidad oblativa, es decir, la capacidad de donación, de amor altruista (n.36).

¿Quién es el principal educador? El propio educando, cosa que está clara en la pedagogía actual; lo cual no quiere decir que huelga toda ayuda, sino que ésta es necesaria con tal de que no se haga con "direccionismo", sino con el ofrecimiento del testimonio y los valores propios de esta virtud. Lo que hay que hacer es ayudar a desarrollar todas sus capacidades de bien: a "la asimilación de los valores correspondientes y de una viva toma de conciencia de las responsabilidades personales relacionadas con la edad adulta" (p.13 n.37).

No se trata de una moral abstracta, considerando al hombre sólo en su esencia, como si viviera aislado de ambientes y circunstancias: por eso a todos agradará leer que "debido a las repercusiones de la sexualidad en toda la persona humana, es necesario tener presentes multitud de aspectos: las condiciones de salud, las influencias del ambiente familiar y social, las impresiones recibidas y las reacciones del sujeto, la educación de la voluntad y el grado de desarrollo de la vida espiritual sostenida por el auxilio de la gracia" (n.38).

¿Cuál ha de ser el proceder y la conducta de los educadores en esta materia como en otras? Proponer valores y dar testimonio; y cuando exponen la norma moral, con claridad y sin rebajas, que vaya sostenida en claras motivaciones a fin de conseguir una sincera adhesión personal. No basta, por ejemplo, enseñar doctrinal y teóricamente en qué consiste la opción fundamental; es preciso proponerla —de palabra y con ejemplo— de tal manera que se sientan estimulados a hacerla; y eso libremente y desde dentro. También esta educación sexual está en el contexto, vivo y dinámico de la formación permanente, no se puede dar por hecha y acabada, mucho menos de una vez para siempre... (n.41). Pasar de la ambigüedad del sexo a la claridad, de la debilidad a la responsabilidad y hasta al ascetismo, del egoísmo al altruismo y hasta el amor verdadero en cualquiera de las vocaciones libremente asumidas, he aquí los objetivos de esta gradualidad en el logro de dicha educación integral y concretamente sexual. En suma: ¡de la genitalidad y erotismo cómo pasar al amor y al caridad (o agape)! El documento es realista en cuanto a los resultados: "aunque no siempre se obtiene el resultado completo, son más numerosos de los que se piensa, los que se aproximan a la meta a que aspiran" (n.42).

Bautismo, fe y Espíritu Santo son factores imprescindibles para el enfoque propiamente cristiano de la sexualidad humana en cualquiera de sus vocaciones (n.43). Ni la libertad humana ni la responsabilidad son químicamente puras, sino que tienen que tener en cuenta "las estructuras económicas, las leyes estatales, los mass-media, los sistemas de vida de las grandes metrópolis" (n.44); todo ello no para abdicar de la libertad y responsabilidad, sino para potenciar éstas con los medios humanos y sobrenaturales; y para tener en cuenta los diversos grados de responsabilidad al enfocar la culpa y la gradual superación desde la misma. La Palabra de Dios, la oración, los sacramentos, sobre todo el de la penitencia y la Eucaristía son aquí ofrecidos y subrayados con insistencia como medios para una vida casta (n.45, al final). No se reduce a ésta la vida cristiana, antes bien a renglón seguido se insiste en la pobreza y la humildad, en el cumplimiento del propio deber y en el interés por el prójimo. Y antes de terminar esta primera parte, fundamental, se habla ¿cómo no? de la capacidad del hombre como tal, máxime como cristiano, de "asumir un compromiso definitivo para toda la vida": así es el matrimonio, así la virginidad y el celibato. Y, lo que los santos han alcanzado, ¿cómo no va a ser posible a los cristianos de hoy?, se pregunta al final de esta primera parte (n.47,1). Y no termina sin hacer mención de honor, también en esta materia, de la Virgen Santísima (ibid., 2).

## *II. Los responsables de la educación sexual*

En primer lugar, la familia, claro está, lugar privilegiado de "asegurar una gradual educación en la vida sexual" (n.48); lo cual sólo es posible si se establece una relación de confianza y diálogo" (n.49).

### Confianza y diálogo

De padres a hijos y viceversa; también aquí se lleva la palma de la prioridad el ejemplo que ha de preceder a la palabra: ésta no vale sin aquél, sin el ejemplo.

Confianza y diálogo también con los demás educadores, debiendo existir una verdadera coherencia entre unos y otros, si no se quiere desconcertar a niños y jóvenes en mil direcciones y sin rumbo... ¿Cómo se va a lograr una educación verdadera si no se está de acuerdo en valores fundamentales como el respeto a la vida desde el primer momento de la concepción y siempre a lo largo de la vida, propia y ajena? (n.52).

*"En familia"* se ha de tratar también la posible y eventual vocación al sacerdocio, a la vida religiosa, al matrimonio. "De ahí que la educación sexual adquiere también una dimensión eclesial" (ibid., al final).

*"En Iglesia":* cuando ha hablado de los medios de la castidad, no se ha contentado con hablar de la oración y los sacramentos, sino que llega al fondo (eclesial) de la cuestión al sugerir e insistir en la comunidad eclesial como ámbito de o "ambiente adecuado para la asimilación de la ética cristiana en la que los fieles aprenden a testimoniar la Buena Nueva" (n.53): ya se sabe que la inserción en la Alianza divina fue el medio principal usado por Dios para la dignificación de las costumbres del pueblo de Dios también en esta materia, como en la justicia, generosidad y otras virtudes, todas

ellas constitutivas del pueblo de Dios por dentro. Subsidiariamente a la familia, se añaden aquí los ámbitos escolar y parroquial y otras instituciones eclesiales (n.54).

## Catequesis y educación sexual

La primera vocación del cristiano es amar (lo que aquí se pretende es la calidad de este amor) en los dos caminos diversos: el matrimonio o el celibato "por el Reino de los cielos" (n.56,2).

Las familias pueden encontrarse en dudas y vacilaciones de si la educación que se les da a sus hijos es conforme al Magisterio de la Iglesia; ésta debe mirar con esmero la selección y preparación de personal educador, los contenidos y hasta los métodos mismos. En cuanto a éstos, la vida misma, la vida y comentarios de la familia, darán sin duda oportunidad para enfocar debidamente, con claridad y visión cristiana, estos temas (de esto hemos tratado "ex profeso" en nuestro trabajo "Catequesis y evangelización del sexo", Madrid: PPC 1980).

En la preparación matrimonial hay que incluir esta visión exacta de la ética cristiana, dice el n.60; pero se apresura a añadir algo que es de todo punto necesario tener presente y que no se hace por lo general: a saber, "que constituya un verdadero y propio catecumenado". Se quiere también aquí que a los novios, futuros esposos, se les enseñen los métodos naturales de regulación de natalidad (n.62), para no caer en la contracepción. Y que no falten materiales adecuados, así como la ayuda y contribución de expertos de confianza que hablen de estas materias en reuniones "ad hoc" (n.63). Y que la sociedad civil garantice un sano ambiente físico y moral en las escuelas y promueva las condiciones que respondan a la positiva petición de los padres o cuenten con su libre adhesión" (n.64). Y la protección de la moralidad pública (n.65). Pero... ¿sobre qué proyecto de hombre y de vida social? Ahí está la cuestión fundamental de hoy y de siempre (n.70,2).

Prudencia y delicadeza, al mismo tiempo que la claridad y la confianza, son necesarias en esta materia en el modo de tratar estos temas en las escuelas. Siempre en coherencia y comunión con los padres, con material didáctico apropiado. Por fin, antes de terminar esta parte, se insiste en la importancia de los grupos juveniles (de adolescentes y jóvenes) para crear actitudes positivas de relaciones interpersonales (n.77). Y una verdadera pastoral juvenil, por parte de la Iglesia.

## *III. Condiciones y modalidad de la educación sexual*

Se refiere esta parte, sobre todo, a la preparación de los educadores, a las cualidades específicas que han de reunir y a los objetivos precisos en esta materia, "de suyo compleja y delicada" (n.78ss).

No se fija la edad, sino la personalidad madura de los educadores en materia sexual; también su preparación y equilibrio psíquico: cualidades no sólo pedagógicas, sino también de experiencia religiosa de fe las que requiere el n.80.

Hay que atender al educando en concreto: "entre los sujetos normales y los casos patológicos, existe toda una gama de individuos con problemas más o menos agudos y persistentes, amenazados de escasa atención pese a su gran necesidad de ayuda" (n.82). No siempre la solución es la de enviarlos al médico o psicólogo, sino la atención constante y adecuada, "siempre adaptada al individuo" (n.84), respetando el "carácter progresivo de esta educación", "se debe intervenir gradualmente", prestando atención a los momentos de desarrollo físico y psicológico (n.85).

Nos parece de particular interés el párrafo que sigue y que textualmente dice así: "Es necesario asegurarse de que el educando ha asimilado los valores, los conocimientos y las motivaciones que le han sido propuestos o los cambios y evoluciones que ha podido observar en sí mismo y de los que el educador indica oportunamente las causas, las relaciones y la finalidad" (n.85, al final).

Lo que ante todo importa en la pedagogía educativa de la castidad —como de otras virtudes— es poner en claro y en alto los valores humanos y cristianos de la sexualidad, a fin de que lleguen al aprecio y estima de esta virtud: "sin desconocer las dificultades que el desarrollo sexual supone, pero sin obsesionarse con él" (n.88).

Otra de las reglas de oro es la de "no separar los conocimientos de los valores correspondientes que dan un sentido y una orientación a las informaciones biológicas, psicológicas y sociales" (n.89). "Por tanto, cuando presenten las normas morales, es necesario que muestren su respaldo y los valores que involucran" (ibid., al final).

Y no podía terminar este apartado sin hacer elogio del pudor entendido en un sentido positivo (no como un sentimiento maniqueo de vergüenza hacia ciertas partes consideradas como deshonestas, que no lo son) sino como "conciencia vigilante en defensa de la dignidad del hombre y del amor auténtico... es un medio necesario para dominar los instintos, hacer florecer el amor verdadero e integrar la vida afectivo-sexual en el marco armonioso de la persona" (n.90).

## *IV. Algunos problemas particulares*

El amor, también en este campo en que estamos tratando, debe reunir las características y cualidades que San Pablo enuncia en su I Carta a los Corintios (c.13 vv.1ss), siendo todo esto acorde con la antropología y psicología actuales al decir éstas que el amor es oblativo, no posesivo, es capacidad de abrirse al otro en ayuda generosa, es dedicación al otro para su bien (n.94).

Que "las relaciones sexuales fuera del contexto matrimonial constituyen un desorden grave, porque son expresiones de una realidad que no existe todavía" (n.95), pues las dos personas aún no están constituidas en comunidad definitiva con el necesario reconocimiento y garantía de la sociedad civil y, para los cónyuges católicos, también religiosa" se nos dice como afirmación y demostración válida al respecto. Otro tanto y, por la misma razón, se dice de "ciertas manifestaciones de tipo sexual que de suyo disponen a la relación completa, aun sin llegar a ella".

El problema de la masturbación se aborda no sólo en sí mismo, sino también en sus repercusiones en el crecimiento integral de la persona: "la masturbación, según la doctrina católica, es un grave desorden moral (cf. *Persona humana*, n.7) principalmente porque es usar de la facultad sexual de una manera que contradice esencialmente su finalidad, por no estar al servicio del amor y de la vida según el designio de Dios" (n.98).

Acertadamente se nos dice que "la masturbación y otras formas de autoerotismo *son síntomas* de problemas mucho más profundos, los cuales provocan una tensión sexual que el sujeto busca superar recurriendo a tal comportamiento; lo cual requiere que la acción pedagógica sea orientada hacia las *causas* más que a la represión directa del fenómeno" (n.99).

Después que ha hablado de la gravedad *objetiva* de la masturbación, pasa a estudiar los aspectos *subjetivos* de la misma en el orden moral, es decir, los condicionamientos subjetivos que inciden en la responsabilidad subjetiva: y dice al respecto que "se requiere gran cautela para evaluar la responsabilidad subjetiva de la persona" (n.99, al final); y sigue a continuación con este tema al decir que: "Para ayudar al adolescente a sentirse acogido en una comunidad de caridad y liberado de su cerrazón en sí mismo, el educador debe despojar de todo dramatismo el hecho de la masturbación y no disminuir el aprecio y benevolencia al sujeto" [esta cita se nos aduce desde otro documento anterior de la Santa Sede sobre "Orientaciones para la educación en el celibato sacerdotal", n.63]. Y añade en el mismo número que estamos comentando (n.100) los medios para la educación en la castidad de quienes se encuentran en tales dificultades: "El educador debe ayudarlo a integrarse socialmente, abrirse e interesarse por los demás, para poder liberarse de esta forma de autoerotismo, orientándose hacia el amor oblativo, propio de una afectividad madura; al mismo tiempo lo animará a recurrir a los medios recomendados por la ascesis cristiana, como la oración y los sacramentos, y a ocuparse en obras de justicia y caridad" (n.100).

Realismo y comprensión por una parte, en relación con la homosexualidad, comprensión que no es una justificación objetiva y doctrinal de este desorden, son las coordenadas del tratamiento que se ofrece a tales personas a continuación. "También aquí su culpabilidad debe ser juzgada con prudencia" (n.101). Desde la vida en familia hay que vigilar estas tendencias, "ver si se trata de factores fisiológicos o psicológicos", ver "si es resultado de una falsa educación" para corregir a tiempo, "o de falta de una evolución sexual normal", "si proviene de hábitos contraídos o de malos ejemplos" (n.102).

Fidelidad a la doctrina verdadera, utilización de los medios espirituales y la ayuda de las ciencias humanas al respecto es lo que se recomienda en tales casos. Se advierte también que "droga, autonomía mal entendida y desorden sexual se encuentran a menudo juntos" (n.104). Y, también aquí, más vale prevenir que curar: "más eficaz es la acción preventiva"; "ésta procura evitar las carencias afectivas profundas. El amor y la atención educan en el valor, en la dignidad y el respeto a la vida, al cuerpo, al sexo, a la salud". La comunidad civil y cristiana tienen aquí un campo de responsabilidad ineludible, cada cual en su esfera, desde una adecuada comprensión de la educación y la cultura hasta la vivencia en la fe y en la comunidad cristiana (en Iglesia) (n.105).

"Sólo una libertad auténtica, educada, ayudada y promovida, defiende de la búsqueda de la libertad ilusoria de la droga y del sexo" (n.105, al final).

## Conclusiones

1. Que los padres ofrezcan a los hijos una educación positiva y convincente en esta materia (n.106). "El silencio no es una norma absoluta de conducta en esta materia" (ibid.). "En familia" se lleva mejor esta tarea porque hay un contexto comunitario de amor y confianza (n.107).
2. La escuela ha de ser subsidiaria y coherente con lo que los padres, primeros y principales educadores, quieren llevar a cabo (n.108).
3. La pregunta no es ¿qué hacer con el sexo?, sino la visión humana y cristiana con que el educador presentará los valores de la vida y el amor (n.109).
4. Para educadores y educandos cristianos el recurso a la fe y a la gracia es necesario para desempeñar adecuadamente esta tarea, larga y paciente, pero invocando el Espíritu porque "es Dios el que da la luz, es El el que comunica la energía suficiente" (n.110, citando Gál 5,22-24).

5. ¿A quiénes corresponde esta tarea? A los padres, no sólo "en familia" sino reuniéndose con otros padres; a las comunidades cristianas; a los educadores, en una acción convergente, "pues se trata de un sector tan importante para el futuro de los jóvenes y el bien de la sociedad", no sólo de la Iglesia.

## CAPÍTULO X

# *LA "CARTA DE LOS DERECHOS DE LA FAMILIA"*[1]

### Una carta inolvidable, casi olvidada

En efecto, hay cartas que tienen y mantienen un interés singular y eterno: se salvan y emergen a flote de toda "limpieza" y liquidación de fin de temporada, de esas que se hacen cada año o cada lustro para no quedar sepultados en papeles, salvo las que proceden de una persona singular (en este caso del Papa), de un afecto entrañable (a la "familia"), sobre un tema de perenne actualidad, como es esta misma familia. Pero ¿qué decía y qué dice esta carta y a quiénes va dirigida?

El 27 de noviembre de 1983, todas las personas, instituciones y autoridades que tienen algo que ver con la misión de la familia en el mundo contemporáneo recibían dos páginas grandes y grandiosas de "L'Osservatore Romano" (edición española, p.9-10), escritas en ese "observatorio" desde donde si mira, admira y protege la "familia" para que esta "Carta" esté sobre la mesa y en el corazón de todas las personas, instituciones y autoridades afectadas ¿hay alguna que no lo esté? Sería tanto como decir que los medios no tienen por qué mirar al fin (las Instituciones que son medio a la persona y la familia, que son fin).

### Naturaleza de esta "Carta"

No se trata de un documento donde se exponga la teología dogmática o moral sobre el matrimonio y la familia dado el destinatario de esta carta: también las autoridades e instituciones civiles de toda índole, creencia o fe (desde luego todo el mundo descubre, ante la simple y sencilla lectura de la carta, el pensamiento de la Iglesia al respecto). Tampo-

[1] *Carta de los Derechos de la Familia:* "L'Osservatore Romano", edición española: 27 noviembre 1983, p.9-10.

co se trata de un código de conducta destinado a las personas e instituciones a las que se dirige. ¿Qué es, entonces? ¿Una declaración teórica, de principios teóricos sobre la familia? No; el documento no se anda por las ramas, ni más allá de las nubes, sino que pisa tierra en todo momento, de principio a fin. Tiene más bien la finalidad de presentar a todos nuestros contemporáneos, cristianos o no, una formulación, lo más completa y ordenada posible, de los derechos fundamentales inherentes a esta sociedad natural y universal que es la familia.

No es difícil llegar a la evidencia (no sólo al diálogo sino también al reconocimiento leal) de los derechos enunciados en esta carta, impresos en la conciencia del ser humano como tal y en los valores comunes de toda la humanidad: también el Concilio Vaticano II dialogó en la "Gaudium et spes" (GS 46ss) con elementos válidos y aceptables para el mundo actual (no en vano este documento se llama y es "Constitución pastoral sobre la Iglesia en el mundo actual").

No hay dicotomías entre la validez de estos principios naturales, accesibles a toda persona e institución de buena voluntad, y los valores propiamente evangélicos y revelados a que se atiene la Iglesia como comunidad de Jesucristo. Pero no dialoga desde aquí con las demás autoridades e instituciones, sino con una "Carta de los Derechos de la Familia". Lo que aquí se quiere decir es que toda sociedad está llamada a defender esos derechos contra toda violación (propia o ajena, nunca será del todo ajena), a respetarlos y a promoverlos en la integridad de su contenido; y, en todo caso, a tender hacia ellos gradualmente: la gradualidad se refiere al cumplimiento posibilista de estos derechos plenamente aceptados, no a la existencia de éstos que son y están ahí desde un principio.

Basta la simple lectura (eso sí, reposada y atenta) para darse cuenta de que en algunos casos, conllevan normas propiamente vinculantes (por su misma naturaleza) en el plano jurídico; en otros casos, son expresión de postulados y de principios fundamentales para una ulterior y mejor elaboración de leyes y desarrollos políticos en materia familiar. En todo caso constituyen una llamada profética (¿es que no valen profecías en la ética civil y ciudadana?) en favor de la opción e institución familiar que deben ser respetadas y defendidas contra toda agresión. Al terminar y volver la página del último artículo (son doce con varios apartados cada uno) se tiene la impresión de la normalidad y hasta fácil unanimidad entre las diversas culturas y *credos,* al menos en el orden teórico y de principios; otra cosa es, sin duda, la dificultad en la práctica: la resistencia a soltar enchufes y sueldos de quienes los poseen en plural; de abrir casas e igualdad fundamental de oportunidades en el orden cultural, médico, jurídico, económico o simplemente alimenticio: en este último (que es primero), nadie tendrá, supongo yo, dificultades en el reconocimiento del pecado y responsabilidad de todos en los ¡cuarenta millones de muertos de hambre cada año...!

¿Que es utópica la "Carta"? Bien, pero no toda utopía es desechable en estos campos éticos y de valores. Esa es nuestra condición, posibilista y progresiva, ojalá que siempre progresiva, en materias decisivas como la caridad, la justicia y otras del orden ético, incluso jurídico.

Dos coordenadas fundamentales, una de orden objetivo: el *bien común,* esencialmente vinculado con el bienestar, con cierto bienestar de la familia; y la otra de carácter subjetivo: la persuasión de la *conciencia común* de los derechos esenciales de la familia, son las que guían de principio a fin esta "Carta" que está llamada a ser recordada una y otra vez y llevada a la práctica en círculos concéntricos hasta los últimos —y casi olvidados— confines de la gran "familia" humana ¿o no? No hay familia pequeña, familia nuclear, sin esta conciencia de la familia grande, la familia humana, subrayando ambas palabras: el sustantivo *familia* y el adjetivo *humana.* A eso vamos; hacia esa fraternidad hemos de caminar con ésta y otras "Cartas" similares.

## Carta de los Derechos de la Familia: origen y finalidad

Buen comienzo (no puede ser otro) el de la afirmación de la persona humana y sus derechos en cualquiera de las situaciones y estados: ¡el del matrimonio y la familia es tan cercano e intrínseco!

Ya desde el Preámbulo se señala la dimensión *social,* no sólo individual (mucho menos individualista) de la persona humana. Parecen obvias y elementales las características relacionadas con el origen de la familia y, sin embargo, no han costado poco en Congresos y proyectos previos de convergencia: que la familia está fundada sobre el matrimonio como unión íntima de vida, complemento entre un hombre y una mujer, que está constituida por el vínculo indisoluble del matrimonio, libremente contraído, públicamente afirmado y que está abierto a la trasmisión de la vida (cf. Preámbulo, B).

Que la transmisión de la vida está confiada exclusivamente al matrimonio; que la familia es fin ante el Estado (haciéndose un llamamiento —no creemos que superfluo— para que se tenga presente esta relación de medio a fin en el orden señalado y no inverso); el profetismo de este documento está también en señalar —lo hace abiertamente— que la familia no es ante todo y sobre todo una unidad económica, sino principalmente "una comunidad de amor y solidaridad, insustituible para la enseñanza y transmisión de los valores culturales, éticos, sociales, espirituales y religiosos, esenciales para el desarrollo y bienestar de sus propios miembros y de la sociedad" (ibid., E).

Hay una interacción mutua, beneficiosa o perjudicial, entre familia y sociedad, como lo estamos viendo y constatando; la política [de turno] quiere impregnar las mentes de la familia para desde ahí crear el tipo de sociedad que pretende: es aquí donde estamos tocando el núcleo mismo del problema, de todo problema social. No darse cuenta de ello es caer en la miopía.

Y si la familia es fin, por ser más cercana y hasta identificada con la persona, de ahí que el Estado y las Organizaciones Internacionales deban proteger la familia con medidas [adecuadas] de carácter político, económico, social y jurídico: ¿en qué sentido y dirección? se añade y especifica a renglón seguido: de forma que "contribuyan a consolidar la unidad y la estabilidad de la familia para que pueda cumplir su función específica [no, pues, para desestabilizar con ideologías y ciertos medios de comunicación social que irrumpen *en otro* sentido en los hogares]: es lo que vienen a decir con gran sentido de coherencia y oportunidad los apartados I-J de dicho Preámbulo.

La denuncia abierta de las situaciones de pobreza y miseria de muchas familias; la necesidad de promover, en consecuencia, los derechos más elementales de las personas constituidas en matrimonio y familia (no sólo en la Iglesia, de puertas para dentro: LG, sino también como diálogo y aportación de la Iglesia en el mundo: GS) han dado origen a esta "Carta" con ocasión del Sínodo 1980 acerca de la misión que corresponde al matrimonio y a la familia cristiana en el mundo; no, pues, cerrada y encerrada en sí misma la familia cristiana (dejaría de serlo).

## Contenidos fundamentales de la "Carta"

1. *El punto de partida,* inexorable, es la afirmación de que "todas las personas tienen el derecho de elegir libremente su estado de vida y, por tanto, derecho a contraer matrimonio y establecer una familia o a permanecer célibes" (art.1). Y no se admiten aquí discriminaciones de ningún tipo (menos las basadas en pobreza económica). El Estado y demás Instituciones públicas no son para poner cortapisas, sino para favorecer esta vocación personal (cada uno la suya) sin meterse (que sería entrometerse) en la determinación y la realización de esa vocación y derecho personal. ¿Da lo mismo al Estado la unión libre de las parejas (matrimonio "ad experimentum") que la estable, pública e institucional? A esto responde el apartado c) y último del artículo primero diciendo que "el valor institucional del matrimonio debe ser reconocido por las autoridades públicas; la situación de las parejas no casadas no debe ponerse al mismo nivel que el matrimonio debidamente contraído".

2. La Iglesia se alza como promotora de la *libertad* de cara al matrimonio: éste se contrae con pleno y libre consentimiento de los esposos debidamente expresado. Con el debido respeto a otras culturas, pero también con la claridad necesaria, se opta y alza aquí la voz en favor de la libertad personal y concreta de los contrayentes, hombres o mujeres, poniéndolos y sobre todo poniéndolas a salvo de toda presión indebida al respecto. Para unos y para otros trae consecuencias el apartado b) de este artículo 2 al decir que "los futuros esposos tienen el derecho de que se respete su libertad religiosa; que, por lo tanto, el imponer como condición previa para el matrimonio una abjuración de la fe o una

profesión de fe que sea contraria a su conciencia constituye una violación de este derecho". ¿Hacía falta decir, a estas alturas, que hombre y mujer tienen igualdad fundamental? Por si acaso, aquí queda dicho y subrayado.

3. Se afirma en este artículo 3 *el principio de la paternidad responsable* proclamado por el Concilio Vaticano II (GS 60-51) añadiendo a renglón seguido: "dentro de una justa jerarquía de valores y de acuerdo con el orden moral objetivo que excluye el recurso a la contracepción, la esterilización y el aborto". ¿Cuáles son las competencias de las autoridades públicas en esta materia? Las señaló la Encíclica "Populorum progressio" en el n.37 al decir que ellas no tienen más poder que el informativo y de consigna a que se tenga más o menos hijos, salvando siempre la licitud moral de los medios (en la moralidad no tienen competencias) y salvando también la intimidad de las conciencias de los esposos que pueden tener razones supremas para tener un hijo más o un hijo menos. Esto es lo que viene a decir fundamentalmente el artículo 3 desde su apartado a), llamando luego la atención (desde el b) de que "en las relaciones internacionales, la ayuda económica concedida para la promoción de los pueblos no debe ser condicionada a la aceptación de programas de contracepción, esterilización o aborto". Y que son los padres los que tienen derecho a la educación [y a *tal educación*] de los hijos, no debiendo ser discriminados en materia tan fundamental.

4. Tampoco ha de haber ni hay ambages y rodeos en materia de *aborto,* antes bien, "la vida debe ser respetada y protegida absolutamente desde el momento de la concepción". Luego el apartado b) excluye por esta misma dignidad del ser humano "toda manipulación experimental o explotación del embrión humano". Lo cual no va contra el progreso *humano* —ojalá que siempre creciente— de las ciencias, pero no a este precio de que seres humanos sirvan de conejitos de Indias... En cambio, se admiten ¿cómo no? las intervenciones sobre el patrimonio genético de la persona humana orientadas a corregir anomalías (art.4,c).

Y ¿quién no va a leer con gozo *lo derechos de los niños* antes y después de nacer; los de las madres en ambas circunstancias: antes y después de dar a luz; que todos los niños, nacidos dentro o fuera del matrimonio gozan del mismo derecho a la protección social para su desarrollo personal integral (lo cual no está en contradicción con la doctrina anteriormente afirmada del matrimonio a diferencia del "amor libre"?) (art. 1,*c*). ¿Quiénes han de ser los privilegiados si es que los hay —y los hay— en esta materia? Los niños huérfanos, los privados de asistencia y los marginados. Y ¿por qué no facilitar la adopción? es el grito que aquí se hace con enorme sentido común, para el bien común y de matrimonios estériles, o de los mismos niños en cuestión. Y que a los niños minusválidos no se les mire como *objetos* a los que hay que mirar —eso sí— con mucho cariño, sino también educarlos para su desarrollo humano e integral en la medida de lo posible (art.4,c).

5. Ninguna novedad en la afirmación, palmaria (art.5), del derecho originario, primario e inalienable, de los padres a la educación de los hijos; de este apartado viene, coherentemente, el siguiente: "los padres tienen el derecho de elegir libremente las escuelas u otros medios necesarios para educar a los hijos según sus conciencias". Y que "las autoridades públicas deben asegurar que las subvenciones estatales se repartan de tal manera que los padres sean verdaderamente libres para ejercer su derecho sin tener que soportar cargas injustas" (art.5,b). Pero el documento va más allá aun en esta materia al decir y puntualizar aquí que "los padres no deben soportar, directa o indirectamente, aquellas cargas suplementarias que impiden o limitan injustamente el ejercicio de esta libertad" (ibid.,b, al final).

## ¿Y la educación moral, religiosa y sexual?

Una vez que la "Carta" ha afirmado que los padres tienen el derecho de educar a sus hijos conforme a sus convicciones morales y religiosas y que también en este sentido deben recibir de la sociedad la ayuda y asistencia necesarias para realizar de modo adecuado su función educadora (art.5,a), se dice ahora la otra cara de la moneda (misma moneda); a saber: el derecho que tienen los padres de obtener que sus hijos no sean obligados a seguir cursos que no están de acuerdo con sus convicciones morales y religiosas (art.5,c). A nadie extrañará, por la singular delicadeza de este punto, que la "Carta" tenga una mención especial y específica sobre el tema, delicado, de la educación sexual:

— Esta educación sexual es un derecho básico de los padres.

— Debe ser impartida bajo atenta guía tanto en casa como en los centros educativos elegidos y controlados por ellos (cf. art.5,c).

— No puede el Estado imponer un sistema obligatorio de educación del que se excluye toda formación religiosa.

— No teme la Iglesia la afirmación de este derecho de los padres a intervenir en la formación y aplicación de la política educativa (art.5,e).

## La ética y pedagogía de los medios de comunicación social

¿Es mucho decir y pedir que "la familia tiene el derecho de esperar que los medios de comunicación social sean instrumentos *positivos* para la construcción de la sociedad y que fortalezcan los valores fundamentales de la familia"?

Así debiera ser. Pero la realidad es que la familia no se ve "adecuadamente protegida en particular respecto a sus miembros más jóvenes, contra los efectos negativos y los abusos de los medios de comunicación social" se nos dice antes de terminar ese artículo y apartado, el quinto.

6. Todo el mundo estaba de acuerdo en la elaboración y lo estará en la formulación de los derechos de la familia a "existir y progresar como familia"; y ¡qué menos que pedir a las autoridades públicas que respeten y promuevan la dignidad, la justa independencia, la intimidad, la integridad y estabilidad [no sólo de la familia en sí, sino también y en concreto] de cada familia"; "que el divorcio atenta contra la institución misma del matrimonio y la familia" (art.6,b) y el elogio para la familia amplia [la que se define a diferencia de la familia nuclear]; elogio que el Concilio Vaticano II hizo también a petición de casi doscientos padres conciliares, matizado, eso sí, este elogio conciliar a la familia numerosa por las características virtuosas de generosidad, prudencia y diálogo común entre ambos esposos y por la necesidad de tener en cuenta el bien social de la Iglesia y de la sociedad misma en que se vive inmerso y comprometido (GS 50-51).

7. Todo un artículo, el séptimo, para afirmar el derecho de la familia a vivir, dentro y fuera de sus fronteras, su vida religiosa. La libertad religiosa es un derecho (ojalá que en todas partes un hecho) puesto en claro y en alto a raíz de un documento conciliar cuyo título mismo (de la dignidad humana: D.H.) es suficientemente explicativo de la raíz de donde brota ese mismo derecho a la libertad religiosa: de la dignidad de la persona humana.

## ¿Y la familia en la sociedad?

8. "Tiene el derecho de ejercer su función social y política en la construcción de la ciudad" (art.8). Ni ella misma debe cerrarse (familia cerrada, burguesa, egoísta...) ni debe relegársela a tales límites y fronteras individualistas. Antes bien, "las familias tienen el derecho de formar asociaciones con otras familias e instituciones, con el fin de cumplir la tarea familiar de manera apropiada y eficaz, así como defender los derechos [no se dice "sus" derechos solamente], fomentar el bien y representar los intereses de la familia" (art.8,a). Y es que ¿cómo se va a programar políticamente lo referente a las familias sin contar con éstas? Ahí estriba precisamente uno de los núcleos de la contestación —el psicológico—: programar *para* las familias *sin* las familias.

El tema "familia y posesión privada" ¿cómo está visto y planteado en esta "Carta"? Con un difícil equilibrio entre la socialización y la privatización: lo primero se haga *sin discriminación alguna* [menos aún con sacrificio de los más pobres como sucede a menudo en lo que a las condiciones económicas, culturales, sociales y *fiscales* se refiere]; en cuanto a las posesiones privadas no se puede impedir a las familias que las adquieran y mantengan, aquellas "que favorecen una vida familiar estable", "las que se requieren para respetar las necesidades y derechos de los miembros de la familia", dice la "Carta". Como se ve, no se está con ello fomentando ni permitiendo acumulaciones innecesarias, mucho menos sin límite ni finalidad (el párrafo a. del art.9 lo ha querido precisar bien en evitación de familias adineradas, burguesas e insensibles a las necesidades de los demás, ¡de los más pobres, humildes y necesitados!).

La seguridad social está afirmada, exigida y ojalá que protegida de principio a fin en la "Carta"; también los casos de paro y desempleo, el de las familias con cargas extraordinarias, de ancianidad, de impedimentos físicos o psíquicos. No es un asilo pasivo el que se pide para la tercera edad, sino un ambiente sereno, activo y participativo en la vida social lo mismo si están en familia que en residencias (art.9,b y c). El párrafo final de este artículo está lleno de delicadeza para con los detenidos y encarcelados, pidiendo contacto con la familia y atención a ésta.

El principio fundamental en el tema de la *emigración* es que la familia no se resienta y que el matrimonio no se rompa ante tales y tantos distanciamientos: que la emigración no sea obstáculo para la unidad, bienestar, salud y estabilidad de la familia". Que el salario tiene que ser familiar (suficiente para que la persona trabajadora pueda tener y mantener dignamente a su familia). La "Carta" no se opone al trabajo de la mujer fuera de casa (también el que se hace en casa hay que valorarlo como trabajo, claro está); lo que la "Carta" dice es que "las madres no se vean obligadas a trabajar fuera de casa *en detrimento de la vida familiar* y especialmente de la educación de los hijos" (art.10,a). Un artículo entero para reclamar el derecho a la *vivienda* familiar, sabiendo la influencia, decisiva, que ésta tiene para la familia (art.11).

Y no termina la "Carta" sin dedicar el artículo final, el 12, nuevamente a los emigrantes: "tienen derecho a la misma protección que se da a las otras familias", a las naturales del lugar o nativas. Por fin, vemos aquí formulado un deseo que tantas veces lo habíamos expresado aquí y allá sin verlo concretado: el que se refiere al difícil equilibrio entre el *respeto a la cultura* de los emigrantes y la necesidad de integración de éstos en la comunidad a la que se trasladan y a cuyo bien contribuyen.

Y el párrafo final, también lapidario, de que "los refugiados tienen derecho a la asistencia de las autoridades públicas y de las Organizaciones Internacionales que les faciliten la reunión de sus familias" (art.12,c).

## Conclusión

Se trata, pues, de una verdadera "Carta Magna" de solidaridad ético-natural en favor del matrimonio y la familia, con afirmaciones, todas ellas, de fácil diálogo, encuentro y hasta convergencia con autoridades públicas y organismos de todo *credo* y política.

# *INDICE BIBLICO*

## ANTIGUO TESTAMENTO



## NUEVO TESTAMENTO

# INDICE ONOMASTICO

ACABOSE DE IMPRIMIR ESTA SEGUNDA EDICION DE
"EL MATRIMONIO CRISTIANO Y LA FAMILIA",
DE LA BIBLIOTECA DE AUTORES CRISTIA-
NOS, EL DIA 29 DE NOVIEMBRE DE 1986,
VIGILIA DEL DOMINGO PRIMERO
DE ADVIENTO, EN LOS TALLE-
RES DE LA IMPRENTA FA-
RESO, S. A. PASEO DE LA
DIRECCION, NUM. 5.
MADRID

*LAUS DEO VIRGINIQUE MATRI*

SICUT CERVUS AD FONTES
B.A.C.